金融科技系列

Python

斯文 著

金融实战案例精粹

Hands-On Python for Finance

人民邮电出版社

北 京

图书在版编目（CIP）数据

Python金融实战案例精粹 / 斯文著. -- 北京：人
民邮电出版社，2020.6（2021.4重印）
（金融科技系列）
ISBN 978-7-115-53629-7

Ⅰ. ①P… Ⅱ. ①斯… Ⅲ. ①软件工具－程序设计－
应用－金融－分析 Ⅳ. ①F830.49

中国版本图书馆CIP数据核字(2020)第047497号

内 容 提 要

随着金融科技时代的到来，Python 在金融领域的影响力已经有目共睹。掌握 Python 在金融实务中的应用，已经成为金融科技达人们必备的技能之一。

本书作为《基于 Python 的金融分析与风险管理》一书的配套案例集，整合了源于现实金融市场和日常实务工作的 88 个原创案例，涉及 308 项编程任务，包括超过 6000 行的 Python 代码。本书囊括了丰富多样的金融场景，涵盖利率、汇率、债券、股票、基金、远期、股指期货、外汇期货、国债期货、股票期权、商品期权等金融产品，还涉及商业银行、证券公司、期货公司、保险公司、信托公司、资产管理公司、基金管理公司、金融控股公司等各类型的金融机构，既介绍了包括我国在内的新兴市场，又介绍了欧美成熟的金融市场，囊括金融实务中可能涉及 Python 编程的各种场景。

本书着眼于一系列从业者可能涉及的金融实务案例，并结合 Python 编程给出了高效的解决方案。通过阅读本书，读者能够全方位地了解金融市场的运作，深刻洞察各类职务背后的工作技巧。

◆ 著　　　　斯　文
　　责任编辑　胡俊英
　　责任印制　王　郁　焦志炜

◆ 人民邮电出版社出版发行　　北京市丰台区成寿寺路 11 号
　　邮编　100164　　电子邮件　315@ptpress.com.cn
　　网址　https://www.ptpress.com.cn
　　固安县铭成印刷有限公司印刷

◆ 开本：800×1000　1/16
　　印张：29.75
　　字数：594 千字　　　　　　　　2020 年 6 月第 1 版
　　印数：6 001－6 600 册　　　　2021 年 4 月河北第 4 次印刷

定价：119.00 元

读者服务热线：(010)81055410　印装质量热线：(010)81055316
反盗版热线：(010)81055315
广告经营许可证：京东市监广登字20170147号

业界和学界的评价

Python 凭借其简单、易读、灵活、可扩展性强的特点和优势，在金融领域得到日益广泛的应用。面对庞杂的 Python 内容，斯文博士凭借深厚的理论功底，丰富的金融从业经验，卓越的驾驭能力，构建了较为完善的 Python 金融场景应用体系。本书与其姊妹篇《基于 Python 的金融分析与风险管理》，二者有的放矢、相得益彰，深度讲解和演示了 Python 在金融行业中的应用技巧，非常适合金融领域的研究人员和从业人员学习参考，有助于大家在金融科技时代拔得头筹，成为金融界的 Python 达人。

——徐其瑞　中信银行国际（中国）有限公司行长助理、风险管理部总经理

长期以来，斯文博士致力于通过运营自媒体、出版专业图书和组织各类研讨会等方式传播金融风险管理知识，并为此付出了大量心血。本书是基于其丰富的金融从业经验，为包括风险管理从业者在内的广大金融人士和准备从事金融工作的人士量身定制的 Python 实战案例。本书最大的特色是按照不同的职场角色，对 Python 语言在量化金融方面的应用进行了详细介绍，做到了对各种金融产品和不同金融机构的全场景式覆盖。本书内容编排独具匠心，结构紧凑、抽丝剥茧，案例翔实、实战性强，非常适合从事金融风险管理的人士阅读。

——唐虞　苏黎世财产保险（中国）有限公司总经理助理、首席风险官

金融科技转型已成为整个金融行业发展的大趋势，各家机构对于具备金融量化背景从业者的要求也越来越高。Python 作为一门灵活通用的脚本语言，非常适合解决各类金融建模问题。斯文博士在本书中为我们详述了诸多经典金融实战案例，既有理论深度，又有实战经验，是一本不可多得的金融量化技能进阶指南。

——邹伟　长江证券股份有限公司风险管理部总经理

人工智能等前沿技术在金融业的广泛应用，使"信息不对称"这一传统命题有了更有效率的解决方案。而 Python 的高度开放性使其成为金融科技领域无可争议的

主流编程语言。本书从实际工作场景出发，通过案例帮助银行、证券、基金、保险等行业的广大金融人士掌握量化分析技巧，并用可视化的手段进行沟通，可谓是用以致学。对于有志于将金融科技与传统金融相融合的读者来说，本书是一本值得反复阅读的案头书。

——姜默君　上海电气金融集团综合管理部部长

毫无疑问，Python 已经成为主流的金融量化分析工具。通过阅读本书，读者可以针对 Python 在产品定价、投资策略、风险管理的各种应用场景，由浅入深、循序渐进地进行数据、算法、模型和分析的演练，从而快速掌握 Python 编程技巧及其应用。对于有意了解或从事 Python 金融量化分析的朋友，这是一本不容错过的好书。

——缪维民　新加坡 CriAT 公司联合创始人兼首席执行官
全球金融量化分析领域的知名专家

本书是斯文博士继《基于 Python 的金融分析与风险管理》一书之后推出的又一本金融科技领域的重量级作品。斯文博士在金融与风险管理方面有着深厚的积累，同时也有着丰富的编程经验，一直致力于倡导和推广 Python 在金融领域的应用。本书专注于 Python 在金融领域的实际应用，案例清晰、深入浅出，读者可举一反三。更难能可贵的是，本书结合最近的金融市场剧烈波动，提出了解决方案，包括期货、期权等衍生品的套期保值和组合策略。所谓"不畏浮云遮望眼，只缘身在最高层"，本书对于希望从事金融工程、量化交易或者风险管理的读者着实是一本难得的案头参考书。

——陈剑　信风科技创始人兼首席执行官、明晟公司（MSCI）高级顾问
上海交通大学上海高级金融学院兼职教授

Python 语言是现代金融量化分析的重要工具。要熟练掌握 Python 金融量化编程，仅靠学习 Python 语法显然是不够的，更需要在大量金融案例分析的 Python 编程实践中去提升自己的编程能力和技巧。斯文博士根据自己渊博的金融理论知识和丰富的金融实战经验精心编写的《Python 金融实战案例精粹》，是一本难得的用于 Python 金融量化分析学习和训练的优秀案例教材。

——陈学彬　复旦大学金融研究院原常务副院长、教授、博导

斯文博士的《Python 金融实战案例精粹》提供了近百个金融编程案例和代码，可以快速实现对已有金融理论的 Python 编程。对于想学习 Python 编程的金融学子

们来说，它有很好的参考价值。

——吴文锋　上海交通大学安泰经济与管理学院副院长、金融学教授

这是一本值得每一位金融专业学生认真、系统、反复研读的书。斯文博士凭借自己对金融行业深刻的理解与非凡的洞见，运用浅显易懂却又不乏生动的笔墨，借助全球通行的计算机语言 Python，设计出一个个让读者身临其境、即学即用的金融实战案例，细细品味每个案例，处处皆有学问，处处可得惊喜！

——郑振龙　厦门大学"闽江学者"特聘教授

科技赋能金融，正在颠覆人们对金融的认知，也使金融的未来充满了无限可能。斯文博士继出版《基于 Python 的金融分析与风险管理》之后，又推出姊妹篇《Python 金融实战案例精粹》，本书将 Python 应用到广泛的金融机构和金融业态，基本涵盖了常见的金融场景和金融产品，具有很高的技术含量，有望成就更多的金融科技达人。

——宋清华　中南财经政法大学金融学院原院长、教授、博导

作者简介

斯文，笔名华尔街先生，浙江湖州人，经济学博士，中国注册会计师（CPA），特许金融分析师（CFA），金融风险管理师（FRM）。目前在一家金融资产交易中心担任风险管理部总经理，拥有在中外资银行、证券公司、信托公司、金融控股集团等机构十余年的金融与风险管理从业经验。

斯文博士也是上海财经大学风险管理校友俱乐部发起人兼理事长、《上财风险管理论坛》创刊人兼杂志主编、上海财经大学金融风险管理峰会秘书长、上海资产管理行业风险管理同业交流会秘书长，并担任中国人民大学、中南财经政法大学、华东政法大学等多所高校的金融硕士研究生合作导师或业界导师，还担任人民邮电出版社金融科技图书专家顾问。公开发表学术论文 50 余篇，出版著作《基于 Python 的金融分析与风险管理》和《中国外汇衍生品市场研究》，并荣获人民邮电出版社 "2019 年度最具影响力作者" 称号。

斯文博士还依托于互联网平台，历时 3 年多推出了《期权、期货及其他衍生产品（第九版）》视频讲解系列（共 360 讲），累计观看人次超过百万。为中国工商银行、中国人民财产保险股份有限公司等金融机构以及浙江大学、上海财经大学、中南财经政法大学等高校讲授 Python 在金融领域的实战。他还发起了 "Python 金融实战年度挑战赛"，并长期致力于倡导和推广 Python 在金融领域的运用。

谨以本书献给为金融业的数字化、科技化和智能化而奋斗的人们！

序言

在 2019 年 4 月，当《基于 Python 的金融分析与风险管理》的书稿尚在出版社内部审核之时，我就萌生了编写一本配套案例集的想法，并且开始着手准备。同年 10 月 1 日，《基于 Python 的金融分析与风险管理》一书出版，许多读者通过微信给我留言，一方面充分认可该书的内容和实用性，另一方面也提出了一些中肯的建议，其中最具代表性的建议就是希望有更多基于现实金融市场和日常实务工作的案例，可以说我个人的想法与读者们的期望不谋而合。

一、本书的目标

创作这本书有多重目标，简单归纳为 3 个关键词——"夯实能力、提升认知、传播文化"，下面就具体展开。

一是夯实在金融领域运用 Python 的能力。纵观国内外 Python 与金融相结合的图书，往往是以讲解知识点为主，将 Python 与金融有机结合并供读者练习的实操案例是十分稀缺的。因此，本书第一个目的就是希望读者通过丰富的案例，结合金融量化与建模，能够对 Python 的各种函数、语法结构、常用第三方模块以及代码的编写进行系统性地练习，巩固已学习的知识点和技能，为有效应对日常金融实务中可能涉及的编程工作打下牢固的基础。

二是提升对整个金融体系运行的认知。在金融市场日益全球化以及金融业态日益混业化的大背景下，从业者在工作中越来越需要具备国际化的视野和多维度的分析视角。本书的案例通过覆盖不同地域的金融市场、涵盖不同类型的金融机构、囊括不同种类的金融产品，很好地满足了从业者的迫切需求。通过对本书案例的练习，读者将能够强化自身对整体金融市场运作的思考，加深对整个金融行业运行的理解，提高对各类金融实务操作的认识。

　　三是传播金融领域独特的 Python 文化。我个人将常用的金融模型分为三大类：第 1 类是定价模型，也称为估值模型，它解决了金融产品值多少钱的问题；第 2 类是投资策略模型，它解决了投资可能赚多少钱的问题；第 3 类就是风险管理模型，它解决的是风险会有多大，风险是否可控、可承受的问题。当计算机编程越来越广泛地被金融从业者所接受，基于已有的数据运用 Python，我们可以便捷、高效地完成金融模型的构建，一种独特的金融 Python 文化正悄然兴起。这种文化的内核就是金融决策需要与数据、算法、模型、计算机语言（如 Python）相结合，这样的决策虽然不可能保证百分之百的正确，却能有效避免重大的错误并且显著提高效率。本书也希望能更广泛地传播金融领域的 Python 文化，从而更好地提升产品定价的准确性、投资策略的适用性和风险管理的有效性。

　　此外，由于《基于 Python 的金融分析与风险管理》一书的篇幅限制，在该书中无法详细阐述甚至尚未提及的内容，例如 K 线图和雷达图的绘制、股票套利策略的建模、期权交易策略期间收益的测算、投资组合的压力测试等日常金融实务中比较重要的工作内容，也将以案例的方式在本书中逐一呈现。

二、本书的结构安排

　　下表展示了本书的结构以及与《基于 Python 的金融分析与风险管理》一书的逻辑对应关系。

本书的章节	《基于 Python 的金融分析与风险管理》的章节	本书案例数量	本书的编程任务数量	本书的学习目标
第 1 章	第 2 章	11 个	41 个	熟练掌握金融领域常用的 Python 数据类型与结构、运算符号、编程语句，编写常用函数与代码
第 2 章	第 3 章	10 个	39 个	熟练掌握运用于金融领域的 NumPy 模块的数据结构（数组）、常用函数及其参数
第 3 章	第 4 章	10 个	40 个	熟练掌握运用于金融领域的 Pandas 模块的数据结构（序列和数据框）、常用函数及其参数
第 4 章	第 5 章	8 个	26 个	熟练掌握金融数据可视化的各类图型、Matplotlib 模块中实现可视化的常用函数及其参数

续表

本书的章节	《基于Python的金融分析与风险管理》的章节	本书案例数量	本书的编程任务数量	本书的学习目标
第5章	第6章	9个	30个	熟练掌握运用于金融领域的SciPy、StatsModel、arch以及datetime等模块的常用函数及其参数
第6章	第7章	10个	34个	熟练掌握运用Python测算利息、零息利率、远期利率、远期利率协议估值、债券定价、债券久期与凸性等
第7章	第8章	8个	26个	熟练掌握运用Python配置股票投资组合、建立资本资产定价模型、模拟股价随机过程、构建股票套利策略以及评估投资组合的绩效等
第8章	第9章	6个	21个	熟练掌握运用Python并结合股指期货、外汇期货、国债期货构建套期保值策略以及评估策略的有效性
第9章	第10章 第11章	10个	33个	熟练掌握运用Python测算期权的盈亏、价格、希腊字母、隐含波动率以及构建期权的各类交易策略等
第10章	第12章	6个	18个	熟练掌握运用Python测度不同方法下的风险价值、验证风险价值模型的合理性、实施压力测试以及测算压力风险价值等
合计		88个	308个	

三、本书案例的特色

案例是全书的核心，为此精心准备了88个原创案例，涉及308项Python编程任务。归纳而言，这些案例具有以下4个特征。

一是现实性。 金融最大的特点就是它的现实性，金融的理论与模型只有通过现实金融市场的检验才会有价值。因此，本书的全部案例以及相关的基础数据均来源于现实的金融市场，案例的内容最大化地结合日常金融实务工作，并且读者通过角色扮演、任务驱动的方式，能够在阅读和练习过程中体验到"身临其境"的真实感，彻底打通从"技能端"到"运用端"的最后一公里。

二是全面性。 本书的案例将涵盖利率、汇率、债券、股票、基金、远期、股指期货、外汇期货、国债期货、股票期权、商品期权等广泛的金融产品，涉及商业银行、证券公司、期货公司、保险公司、信托公司、资产管理公司、基金管理公司、金融控股公司等各类型的金融机构，覆盖中国在内的新兴市场和欧美成熟金融市场，囊括金融实务中可能涉及 Python 编程的各种场景。

三是关联性。作为《基于 Python 的金融分析与风险管理》的配套案例集，本书的案例与前书的知识点在逻辑上是一脉相承的，这样有利于读者系统性或者有针对性地开展练习，从而最大化地巩固所学习的知识和技能。与此同时，本书的案例又绝不是前书示例的简单复制和叠加，而是精心设计、用心编写以及逻辑自洽的一个个全新的原创案例。

四是层次性。每一个案例均由 5 个部分组成。第一，案例标题。以简洁的语言提炼出学习目标和涉及的金融市场或产品；第二，案例详情。这是案例最重要部分，内容包括案例中金融机构的背景、涉及的金融业务、相关数据列示以及读者扮演的角色等；第三，编程任务。具体描述需要完成怎样的 Python 编程，每个案例包含的编程任务数量控制在 3 ~ 5 项，编程难度逐步递增，前后任务之间保持相关性。第四，编程提示。为了便于读者针对编程任务编写代码，本书给出了一些有益的提示或线索；第五，参考代码与说明。本书展示了供读者参考的代码并且对代码输出的结果给出了必要的解读和说明。

四、本书提供的资料

为了让读者们的学习效果最大化，阅读体验最优化，本书提供以下两类资料供下载。

一是 62 张 Excel 数据表格。这些 Excel 表格是本书案例的基础数据，数据来源于国内外各大证券交易所、期货交易所以及万德、同花顺等财经金融信息服务商，并且这些数据均是市场的公开数据。

二是用 Python 绘制的彩图。在本书多数案例的"参考代码与说明"部分中，会生成共计 88 张彩色图片，由于纸质图书黑白印刷所限，为了给读者带来最佳的阅读体验，我们提供全部的彩色图片供下载。

以上的材料均已上传至异步社区，读者可以到异步社区的本书页面下载。

此外需要说明的是，针对练习案例的参考源代码不提供下载，原因有二：其一，书中已经展示了全部的参考代码，共计超过 6000 行；其二，在学习并运用

Python 编程的过程中，一定会遇到不少问题、出现各类错误，不提供源代码的下载可以更有效地促使读者亲自去编写代码，快速学会在编程中解决问题、减少犯错，同时充分享受编程带来的成就感，最终成为一位名副其实的 Python 能手。

五、本书的约定

本书提供的参考代码都是在 Spyder 3.3.1 版本上输入并完成的，运用的 Python 及第三方模块的版本详见下表。

工具名称	Python	IPython	NumPy	Pandas	Matplotlib	SciPy	StatsModels	arch
版本	3.7.3	7.4.0	1.16.2	0.24.2	2.2.3	1.2.1	0.9.0	4.8.1

为了将代码与书中的其他内容相区分，凡是涉及代码输入与输出的部分均有灰色底纹。以下的代码作为举例：

```
In [1]: name='中国通号'              #以字符串类型输入中国通号的证券名称
   ...: type(name)
Out[1]: str
```

同时，为了提升阅读体验，在不改变内容的提前下，优化了部分代码输出结果的排版格式。

此外，本书会涉及在 Python 中导入存放数据的 Excel 文件，为了演示的便捷性，这些 Excel 文件全部存放于我个人计算机 C 盘的桌面，因此在代码中文件导入的路径显示为 "C:/Desktop/文件名称.xlsx"。对此，读者大可不必拘泥于此，可以自由选择个人喜爱的计算机位置来存放这些 Excel 文件，只需要在导入文件时输入正确的路径即可。

六、如何高效使用本书

不同的读者由于自身对 Python 的掌握情况、对金融的认知状况存在差异性，因此如何使用本书也因人而异，并且差异可能会较大。这里，针对 Python 零基础、金融零基础的读者，给出如下有效使用本书的建议供参考。

一是掌握先后顺序。建议先学习《基于 Python 的金融分析与风险管理》一书的相关章节，然后有针对性地选择本书对应章节的相关案例进行强化练习。同时，在练习单个案例时，当读完"案例详情"和"编程任务"这两个主干部分以后，尽量尝试着编写代码，如果确有困难，可以阅读"编程提示"部分，最后将自己的代码与参考代码做个比较，以优化自己的代码。

二是学会举一反三。由于本书篇幅的限制，书中的每个案例只能通过有限数量的编程任务开展练习，但是读者完全可以发挥自己的想象能力与聪明才智，创新性地运用这些案例和数据，创造出更多新的案例，进而实现对相关金融知识和编程技能的多次操练，最终突破学习的瓶颈，达到学习的目标。

三是学会延伸思考。一位优秀的金融从业者应当具备独立且发散性的思考能力。希望读者在完成案例的练习以后，认真思考以下问题：假定你作为案例中的最高决策者，在做出最终决策后，金融机构或企业会面临怎样的风险以及风险会有多大？相应的机构能够承受这些风险吗？如何有效应对和管理这些风险？如果能把这些问题想清楚、弄明白，相信你将成为一名真正优秀的金融从业者。

七、致谢

本书部分案例的细节也征求了多位业界资深人士的意见，他们是复星集团联席总精算师张非非先生、招商银行首席外汇分析师李刘阳先生、光大期货首席风险官沈长征先生、东方证券固定收益业务总部副总经理吴泽智先生、中银国际证券风险管理部副总经理汤仙斌先生、天风证券上海资管分公司合规风控部总经理钱守中先生等，在此表达由衷的谢意。

同时，感谢人民邮电出版社以最严的标准、最高的要求审核本书，感谢本书的编辑胡俊英女士的热情、敬业与用心。

由于我本人的能力所限，书中的内容难免会有欠妥之处，诚恳地希望得到广大读者的意见和建议，欢迎将反馈信息发送至我的电子邮箱 siwen1980@126.com。

最后，衷心祝愿每位读者通过本书的练习成为金融界的 Python 达人。

斯文于上海

2020 年 3 月 11 日

资源与支持

本书由异步社区出品，社区（https://www.epubit.com/）为您提供相关资源和后续服务。

配套资源

本书提供配套资源，要想获得该配套资源，请在异步社区本书页面中点击 配套资源 ，跳转到下载界面，按提示进行操作即可。注意：为保证购书读者的权益，该操作会给出相关提示，要求输入提取码进行验证。

如果您是教师，希望获得教学配套资源，请在社区本书页面中直接联系本书的责任编辑。

提交勘误

作者和编辑尽最大努力来确保书中内容的准确性，但难免会存在疏漏。欢迎您将发现的问题反馈给我们，帮助我们提升图书的质量。

当您发现错误时，请登录异步社区，按书名搜索，进入本书页面，点击"提交勘误"，输入勘误信息，点击"提交"按钮即可。本书的作者和编辑会对您提交的勘误进行审核，确认并接受后，您将获赠异步社区的 100 积分。积分可用于在异步社区兑换优惠券、样书或奖品。

扫码关注本书

扫描下方二维码，您将会在异步社区微信服务号中看到本书信息及相关的服务提示。

与我们联系

我们的联系邮箱是 contact@epubit.com.cn。

如果您对本书有任何疑问或建议，请您发邮件给我们，并请在邮件标题中注明本书书名，以便我们更高效地做出反馈。

如果您有兴趣出版图书、录制教学视频，或者参与图书翻译、技术审校等工作，可以发邮件给我们；有意出版图书的作者也可以到异步社区在线提交投稿（直接访问 www.epubit.com/selfpublish/submission 即可）。

如果您是学校、培训机构或企业，想批量购买本书或异步社区出版的其他图书，也可以发邮件给我们。

如果您在网上发现有针对异步社区出品图书的各种形式的盗版行为，包括对图书全部或部分内容的非授权传播，请您将怀疑有侵权行为的链接发邮件给我们。您的这一举动是对作者权益的保护，也是我们持续为您提供有价值的内容的动力之源。

关于异步社区和异步图书

"异步社区"是人民邮电出版社旗下 IT 专业图书社区，致力于出版精品 IT 技术图书和相关学习产品，为作译者提供优质出版服务。异步社区创办于 2015 年 8 月，提供大量精品 IT 技术图书和电子书，以及高品质技术文章和视频课程。更多详情请访问异步社区官网 https://www.epubit.com。

"异步图书"是由异步社区编辑团队策划出版的精品 IT 专业图书的品牌，依托于人民邮电出版社近 30 年的计算机图书出版积累和专业编辑团队，相关图书在封面上印有异步图书的 LOGO。异步图书的出版领域包括软件开发、大数据、AI、测试、前端、网络技术等。

异步社区

微信服务号

目录

01

第 1 章
Python 基础编程的金融案例

本章导读

俗话说：“万丈高楼平地起”。在金融领域开展 Python 的编程工作，首先就需要扎实地掌握 Python 的数据类型、数据结构、运算符号、编程语法、常用内置函数、自定义函数以及 math 模块的常用函数等最基础的编程知识和技能，否则用 Python 构建的这座“金融大厦”将成为“空中楼阁”。

本章包含 11 个原创案例，共计 41 个编程任务，通过这些案例的训练，读者能熟练掌握金融实务中最基本的 Python 编程技能。下面通过表 1-1 梳理出本章的结构与内容概要。

表 1-1　第 1 章的结构与内容概要

序号	案 例 标 题	学 习 目 标	编程任务数量	读者扮演的角色
1	数据结构之元组——以科创板股票为分析对象	掌握在 Python 中进行变量赋值、数据类型判断，以及元组创建、访问等编程操作	3 个	金融工程师助理
2	数据结构之列表——以全球股票指数为分析对象	掌握列表的创建、索引、新增与删除元素、元素大小排序等编程操作	4 个	基金经理助理
3	数据结构之集合——以股票类型为分析对象	掌握集合的创建，并集、交集、差集的计算，以及新增与删除元素等编程操作	4 个	证券分析师助理

续表

序号	案 例 标 题	学 习 目 标	编程任务数量	读者扮演的角色
4	数据结构之字典——以人民币汇率为分析对象	掌握字典的创建、遍历、查询、修改、添加和删除等编程操作	4 个	外汇交易员助理
5	基本算术运算——以交通银行股票为分析对象	掌握加、减、乘、除、幂、模、整除等基本算术运算的编程操作	3 个	证券公司清算专员
6	高级赋值运算与成员运算——以中国平安股票为分析对象	掌握包括"+="、"-="、"*="、"/="等高级赋值运算以及 in 和 not in 两类成员运算符的编程操作	3 个	基金公司清算专员
7	关系运算——以四大国有银行的财务指标为分析对象	掌握等于、不等于、大于、大于等于、小于、小于等于等关系运算的编程操作	4 个	银行业分析师助理
8	Python 内置函数——以券商股为分析对象	掌握 enumerate、int、len、max、min、sorted、sum、zip 等 Python 内置函数的运用	5 个	证券投资助理
9	Python 自定义函数和 for 语句——以市场利率为分析对象	掌握 lambda 函数、def 语法自定义函数的使用方法，以及 for 语句的使用方法	3 个	金融市场分析师助理
10	条件语句和循环语句——以全球重要股指为分析对象	掌握条件语句 if、elif 和 else，循环语句 for、break、continue 和 pass 等的用法	4 个	股指研究助理
11	math 模块——以保险理赔为分析对象	掌握 math 模块中 exp、factorial、fsum、trunc 等函数的用法	4 个	精算师助理
合计			41 个	

在开始练习本章的案例之前，建议先学习《基于 Python 的金融分析与风险管理》（人民邮电出版社 2019 年 10 月出版）第 2 章的内容。

1.1 数据结构之元组——以科创板股票为分析对象

1.1.1 案例详情

2019 年 7 月 22 日，包括中国铁路通信信号股份有限公司（简称"中国通号"）在内的首批 25 家科创板公司的股票在上海证券交易所正式挂牌交易[①]，成为了中国资本市场的新生力量。

A 公司是总部位于上海的一家金融机构[②]，通过新股申购的方式获得中国通号的 10 万股 A 股股票。同时，假定你是这家金融机构的金融工程师助理，需要运用 Python 完成对表 1-2 中关于中国通号股票信息的编程工作，具体的编程任务共计 3 项。

表 1-2　中国通号 A 股股票的相关信息

变量的中文名称	变量的数值	在 Python 中的数据类型
证券名称	中国通号	字符串
证券代码	688009	字符串
上市日期	2019 年 7 月 22 日	字符串
上市交易所	上海证券交易所	字符串
注册资本（元）	10 589 819 000	整型
发行数量（股）	8 621 018 000	整型
发行价（元/股）	5.85	浮点型
收盘价（元/股）（2019 年 7 月 22 日）	12.27	浮点型
股价涨跌幅（2019 年 7 月 22 日）	109.744%	浮点型

数据来源：上海证券交易所。

1.1.2　编程任务

【任务 1】结合表 1-2 中第 1 列的变量中文名、第 2 列的变量数值以及第 3 列的数据类型信息，在 Python 中完成相应的变量赋值，变量的名称建议用对应的英文单词表示以便于理解。

【任务 2】针对任务 1 中生成的变量，将这些变量作为元素创建一个元组，并且依次访问该元组的首个元素、最后一个元素以及从第 3 个至第 6 个元素。

[①] 首批 25 家科创板上市公司的证券简称如下（按证券代码顺序排列）：华兴源创、睿创微纳、天准科技、容百科技、杭可科技、光峰科技、澜起科技、中国通号、福光股份、新光光电、中微公司、交控科技、心脉医疗、乐鑫科技、安集科技、方邦股份、瀚川智能、沃尔德、南微医学、天宜上佳、航天宏图、虹软科技、西部超导、铂力特、嘉元科技。

[②] 在本书的每一个案例中，所涉及的以单个大写英文字母标记的金融机构或公司均是虚构，如有相同或相似，纯属巧合。

【任务 3】中国通号的 H 股股票于 2015 年 8 月 7 日在香港联交所上市[①]，为了便于比较 2019 年 7 月 22 日中国通号 A 股与 H 股的走势，你需要在任务 2 创建的元组中，再增加两个新的元素，分别是中国通号 H 股股票在 2019 年 7 月 22 日的收盘价 5.43 港元/股和当日涨跌幅−11.71%。

1.1.3　编程提示

- Python 的变量名可以用英文字母、数字和下画线构成，为了便于阅读，针对金融变量的命名通常运用变量的英文单词全称、缩写或者首字母等方式表示。

- 针对百分比数据，在输入时绝对不能出现百分比符号（%）而只能以小数形式输入，这是因为在 Python 中符号%仅代表模运算。

- 针对变量的数据类型可以通过输入 type 函数进行查看。

- 当元组创建后，元组中的元素是不可修改的，只能进行索引、截取。因此，如需对已创建的元组增加新元素，只能删除原有的元组，创建一个包含新元素的新元组。

1.1.4　参考代码与说明

任务 1 的代码

```
In [1]: name='中国通号'              #以字符串类型输入中国通号的证券名称
   ...: type(name)
Out[1]: str


In [2]: code='688009'              #以字符串输入中国通号的 A 股证券代码
   ...: type(code)
Out[2]: str


In [3]: IPO_date='2019 年 7 月 22 日'    #以字符串输入中国通号 A 股上市日期
   ...: type(IPO_date)
Out[3]: str


In [4]: exchange='上海证券交易所'         #以字符串输入中国通号 A 股的上市交易所
   ...: type(exchange)
```

[①] 香港联交所，全称为香港联合交易所有限公司，是由香港证券交易所（1947 年成立）、远东证券交易所（1969 年成立）、金银证券交易所（1971 年）以及九龙证券交易所（1972 年成立）等 4 家交易所于 1986 年 3 月合并组建。由在我国境内（不含港澳台）注册的公司发行并在香港联交所上市交易的股票被称为 H 股。

```
Out[4]: str

In [5]: capital=10589819000        #以整型输入中国通号的注册资本
   ...: type(capital)
Out[5]: int

In [6]: shares=8621018000          #以整型输入中国通号 A 股的发行数量
   ...: type(shares)
Out[6]: int

In [7]: price_IPO=5.85             #以浮点型输入中国通号 A 股发行价
   ...: type(price_IPO)
Out[7]: float

In [8]: price_Jul22=12.27          #以浮点型输入中国通号 A 股 7 月 22 日收盘价
   ...: type(price_Jul22)
Out[8]: float

In [9]: change_Jul22=1.09744       #以浮点型输入中国通号 A 股股价 7 月 22 日涨跌幅
   ...: type(change_Jul22)
Out[9]: float
```

在以上的输出中，str 代表字符串的数据类型，int 代表整型的数据类型，float 表示浮点型的数据类型。此外，在 Python 中设定变量名时，需要牢记以下 3 点注意事项：一是可单独用英文字母或者下划线作为变量名，但英文字母需严格区分大小写；二是数字不能单独用于表示变量；三是变量不能以数字开头。

任务 2 的代码

```
In [10]: tup=(name,code,IPO_date,exchange,capital,shares,price_IPO,price_Jul22,change_
Jul22)    #创建一个元组

In [11]: print(tup)
('中国通号', '688009', '2019年7月22日', '上海证券交易所', 10589819000, 8621018000, 5.85, 12.27,
1.09744)

In [12]: type(tup)
Out[12]: tuple

In [13]: tup[0]          #访问该元组的首个元素
Out[13]: '中国通号'

In [14]: tup[-1]         #访问该元组的末尾元素
Out[14]: 1.09744

In [15]: tup[2:6]        #访问该元组的第 3 个至第 6 个元素
Out[15]: ('2019年7月22日', '上海证券交易所', 10589819000, 8621018000)
```

需要注意的是，在 Python 中，索引号是从 0 开始，也就是索引号 0 代表首个元素、1 代表第 2 个元素，依次类推；相反，索引号–1 代表最后一个元素、–2 代表倒数第 2 个元素，依次类推。

任务 3 的代码

```
In [16]: price_Jul22_H=5.43          #以浮点型输入中国通号 H 股 7 月 22 日收盘价
    ...: change_Jul22_H=-0.1171      #以浮点型输入中国通号 H 股 7 月 22 日涨跌幅

In [17]: del tup                     #删除任务 2 中创建的元组

In [18]: tup                         #查看是否已经成功删除
Traceback (most recent call last):

  File "<ipython-input-36-1bea2ebb17ff>", line 1, in <module>
    tup                              #查看是否已经成功删除

NameError: name 'tup' is not defined
```

输出结果表明元组 tup 已经在 Python 中不存在了，这就意味着该元组已经被成功删除。

```
In [19]: tup_new=(name,code,IPO_date,exchange,capital,shares,price_IPO,price_Jul22, change_
Jul22,price_Jul22_H,change_Jul22_H)    #创建包含 H 股股价和涨跌幅的新元组

In [20]: print(tup_new)
('中国通号', '688009', '2019年7月22日', '上海证券交易所', 10589819000, 8621018000, 5.85, 12.27,
1.09744, 5.43, -0.1171)
```

1.2 数据结构之列表——以全球股票指数为分析对象

1.2.1 案例详情

B 公司是总部位于北京的一家中外合资公募基金管理公司，随着资本市场的开放，同时依托外方股东在全球股票指数研究分析方面的丰富经验，公司正在积极研发一款跟踪并配置全球主要股票指数的指数型基金产品[1]。

---

[1] 在资本市场上，指数型基金始终受到广大投资者的青睐。畅销世界的投资经典之作《漫步华尔街（原书第 11 版）》（*A Random Walk Down Wall Street: The Time-Tested Strategy for Successful Investing (11th edition)*）一书中，作者伯顿 G.马尔基尔（Burton G. Malkiel）就一针见血地指出：“到目前为止，尚无任何科学证据表明由专业人士管理的投资组合作为一个整体，其表现较涵盖范围广泛的指数更为出色。”

假定你是这家公司负责分析和研究股票指数走势的基金经理助理。表 1-3 列示了在 2019 年 3 月 29 日（3 月末最后一个交易日）全球主要股票指数以及收盘价格。为了便于开展研究工作，你需要针对该表中的相关信息，完成 4 项 Python 编程任务。

表 1-3   全球主要股指在 2019 年 3 月 29 日的收盘价格

指 数 名 称	2019 年 3 月 29 日的收盘价
道琼斯工业平均指数	25 928.679 7
富时 100 指数	7 279.19
标普 500 指数	2 834.399 9
恒生指数	29 051.36
日经 225 指数	21 205.81
上证综指	3 090.758
深证成指	9 906.863 9

数据来源：同花顺。

1.2.2   编程任务

【任务 1】在 Python 中，用两个列表依次输入表 1-3 中的指数名称和收盘价格。同时，在包含指数名称的列表中，依次访问"标普 500 指数""上证综指"这两个元素；在包含指数收盘价的列表中，依次找出"7 279.19""21 205.81"这两个元素所在的索引值。

【任务 2】当完成任务 1 以后，你突然发现遗漏了表 1-4 中的 4 个重要股票指数，因此需要将表 1-4 中的这些新信息依次添加至任务 1 中已创建的分别包含指数名称、收盘价格的 2 个列表中，并且要将新增的元素依次放置在列表的尾部。

表 1-4   其他股指在 2019 年 3 月 29 日的收盘价格

指 数 名 称	2019 年 3 月 29 日的收盘价
法国 CAC40 指数	5 350.53
德国 DAX 指数	11 526.04
新加坡海峡指数	3 212.88
台湾加权指数	10 641.04

数据来源：同花顺。

【任务 3】当完成任务 2 以后，B 公司出台新的规定，要求不再跟踪"日经 225 指数"而改为跟踪"韩国综合指数"。对此，你需要在任务 2 完成的 2 个新列表基础上，删除"日经

225 指数"和对应的收盘价 21 205.81，并且在 2 个列表索引值均为 6 的位置分别插入"韩国综合指数"以及对应的收盘价 2 140.67。

【任务 4】你希望查看指数的大小关系，因此需要针对包含收盘价的列表，将元素先由小到大排序，然后再由大到小排序；最后，你因一时疏忽删除了收盘价格列表中的全部元素。

1.2.3　编程提示

- 在列表中找到相关元素的索引值需要用 index 函数，并且索引值 0 代表第 1 个元素，1 代表第 2 个元素，依次类推。

- 在已有列表的尾部插入新的元素就需要运用 append 函数；在列表中删除相应的元素需要运用 remove 函数；在列表的指定位置增加新元素则需要运用 insert 函数。

- 将列表中的元素由小到大排序需要运用 sort 函数，由大到小排序则运用 reverse 函数。

- 将列表中的全部元素一次性删除，可以运用 clear 函数。

1.2.4　参考代码与说明

任务 1 的代码

```
In [21]: name_index=['道琼斯工业平均指数','富时 100 指数','标普 500 指数','恒生指数','日经 225 指数
','上证综指','深证成指']
    ...: price_index=[25928.6797, 7279.19, 2834.3999, 29051.36, 21205.81, 3090.758,
9906.8639]

In [22]: name_index[2]                      #访问"标普 500 指数"这个元素
Out[22]: '标普 500 指数'

In [23]: name_index[5]                       #访问"上证综指"这个元素
Out[23]: '上证综指'

In [24]: price_index.index(7279.19)          #找出 7279.19 这个元素所在的索引值
Out[24]: 1

In [25]: price_index.index(21205.81)         #找出 21205.81 这个元素所在的索引值
Out[25]: 4
```

任务 2 的代码

```
In [26]: name_index.append('法国 CAC40 指数')
    ...: name_index.append('德国 DAX 指数')
```

```
       ...:    name_index.append('新加坡海峡指数')
       ...:    name_index.append('台湾加权指数')

In [27]:print(name_index)
['道琼斯工业平均指数', '富时 100 指数', '标普 500 指数', '恒生指数', '日经 225 指数', '上证综指', '深
证成指', '法国 CAC40 指数', '德国 DAX 指数', '新加坡海峡指数', '台湾加权指数']

In [28]: price_index.append(5350.53)
     ...: price_index.append(11526.04)
     ...: price_index.append(3212.88)
     ...: price_index.append(10641.04)
     ...: print(price_index)
[25928.6797, 7279.19, 2834.3999, 29051.36, 21205.81, 3090.758, 9906.8639, 5350.53, 11526.04,
3212.88, 10641.04]
```

需要注意的是，在运用 append 函数向列表中增加新元素时，每次新增的元素是添加至列表的末尾，并且每次只能添加一个新元素。

任务 3 的代码

```
In [29]: name_index.remove('日经 225 指数')     #删除"日经 225 指数"这个元素
     ...: print(name_index)
['道琼斯工业平均指数', '富时 100 指数', '标普 500 指数', '恒生指数', '上证综指', '深证成指', '法国 CAC40
指数', '德国 DAX 指数', '新加坡海峡指数', '台湾加权指数']
```

在列表中删除一个元素以后，后面的元素就会占据这个被删除元素的位置，在本案例中，日经 225 指数的位置就被上证综指所占据。

```
In [30]: price_index.remove(21205.81)          #删除"日经 225 指数收盘价"这个元素
     ...: print(price_index)
[25928.6797, 7279.19, 2834.3999, 29051.36, 3090.758, 9906.8639, 5350.53, 11526.04, 3212.88,
10641.04]

In [31]: name_index.insert(6,'韩国综合指数')     #括号中第一个代表索引值；第二个代表元素的数值
     ...: print(name_index)
['道琼斯工业平均指数', '富时 100 指数', '标普 500 指数', '恒生指数', '上证综指', '深证成指', '韩国综
合指数', '法国 CAC40 指数', '德国 DAX 指数', '新加坡海峡指数', '台湾加权指数']

In [32]: price_index.insert(6, 2140.67)
     ...: print(price_index)
[25928.6797, 7279.19, 2834.3999, 29051.36, 3090.758, 9906.8639, 2140.67, 5350.53, 11526.04,
3212.88, 10641.04]
```

任务 4 的代码

```
In [33]: price_index.sort()      #按照元素由小到大排序
     ...: print(price_index)
[2140.67, 2834.3999, 3090.758, 3212.88, 5350.53, 7279.19, 9906.8639, 10641.04, 11526.04,
25928.6797, 29051.36]
```

```
In [34]: price_index.reverse()  #按照元素由大到小排序
    ...: print(price_index)
[29051.36, 25928.6797, 11526.04, 10641.04, 9906.8639, 7279.19, 5350.53, 3212.88, 3090.758,
2834.3999, 2140.67]

In [35]: price_index.clear()     #删除列表中的全部元素
    ...: print(price_index)
[]
```

需要注意的是，在运用 clear 函数以后，我们得到一个空的列表而非彻底将列表删除。如果希望将整个列表删除，则可以用 del 命令，该命令在前面 1.1 节的案例中已经讨论过。

1.3 数据结构之集合——以股票类型为分析对象

1.3.1 案例详情

我国的上市公司通常会选择发行 A 股，也有些公司因为 A 股市场上市规则的限制而选择仅发行港股[①]（在香港联交所挂牌上市），当然也有部分公司既发行 A 股又发行港股（简称"A+H"），甚至还有少量公司同时发行 A 股、B 股[②]和港股（简称"A+B+H"），表 1-5 就列出了截止到 2019 年 6 月末部分上市公司发行不同股票种类（A 股、B 股、港股）的情况。

表 1-5 部分上市公司发行不同股票类型的情况

（截至 2019 年 6 月末）

序　号	证 券 名 称	是否发行 A 股	是否发行 B 股	是否发行港股
1	神州长城	是	是	否
2	中集集团	是	是	是
3	晨鸣纸业	是	是	是
4	古井贡酒	是	是	否
5	招商港口	是	是	否
6	百联股份	是	是	否
7	浙江医药	是	否	否

① 港股是泛指在香港联交所上市的股票，需要注意的是港股的范围要远大于 H 股，H 股仅是港股的一种。简而言之，H 股就是注册在我国境内（不含港澳台）的上市公司所发行的港股。

② A 股的正式名称是人民币普通股票；B 股的正式名称是人民币特种股票，是以人民币标明面值，以外币认购和买卖，B 股市场于 1992 年建立。

续表

序　号	证券名称	是否发行A股	是否发行B股	是否发行港股
8	江西铜业	是	否	是
9	中金黄金	是	否	否
10	国泰君安	是	否	是
11	掌阅科技	是	否	否
12	小米集团	否	否	是
13	阿里影业	否	否	是
14	平安好医生	否	否	是

数据来源：上海证券交易所、深圳证券交易所、香港联交所。

　　C公司是总部位于深圳的一家证券公司，假定你是该公司的一名证券分析师助理，根据工作安排需要依据表 1-5 中的信息，完成 4 项 Python 编程任务。

1.3.2　编程任务

　　【任务 1】依次创建 3 个集合，第 1 个集合以表 1-5 中全部发行 A 股的证券名称作为元素，第 2 个集合以该表中全部发行 B 股的证券名称作为元素，第 3 个集合以该表中全部发行港股的证券名称作为元素。

　　【任务 2】依次求出任务 1 创建 3 个集合的并集和交集，并集就是发行 A 股、B 股和 H 股中至少一类股票，交集则表示同时发行 A 股、B 股和港股这三类股票；求第 1 个集合对第 2 个集合的差集（相当于生成一个包括仅发行 A 股但没有发行 B 股的证券名称的集合），求第 3 个集合对第 1 个集合的差集（相当于生成一个包括仅发行港股而没有发行 A 股的证券名称的集合）。

　　【任务 3】针对任务 1 中创建的 3 个集合，在第 1 个集合、第 3 个集合均增加一个新的元素"光大证券"，因为光大证券既发行 A 股又发行港股。

　　【任务 4】针对任务 1 中创建的 3 个集合，在第 1 个集合、第 2 个集合中均删除"神州长城"这个元素，在第 3 个集合中删除"小米集团""阿里影业"这两个元素。

1.3.3　编程提示

* 需要注意的是，在 Python 中，集合不可以被截取，也不能被索引，只能进行包括并

集、差集、交集等集合运算，同时，集合元素可以被添加和删除。

- 计算并集需要运用到符号|，计算交集可以运用符号&，如果是计算两个集合的交集也可以运用函数 intersection；计算差集需要运用数学中的减号−。
- 在集合中增加 1 个新元素可以运用函数 add；在集合中删除元素则运用函数 discard。

1.3.4　参考代码与说明

任务 1 的代码

```
In [36]: set_Astock={'神州长城','中集集团','晨鸣纸业','古井贡酒','招商港口','百联股份','浙江医药',
'江西铜业','中金黄金','国泰君安','掌阅科技'}
    ...: type(set_Astock)
Out[36]: set

In [37]: set_Bstock={'神州长城','中集集团','晨鸣纸业','古井贡酒','招商港口','百联股份'}
    ...: type(set_Bstock)
Out[37]: set

In [38]: set_Hstock={'江西铜业','晨鸣纸业','中集集团','国泰君安','小米集团','阿里影业','平安好医生'}
    ...: type(set_Hstock)
Out[38]: set

In [39]: print(set_Hstock)
{'平安好医生', '江西铜业', '阿里影业', '国泰君安', '小米集团', '晨鸣纸业', '中集集团'}
```

在 Python 中，集合的类型用 set 表示。此外，在集合中输入元素的顺序与输出元素的顺序可能会存在差异性，以上集合 set_Hstock 的输入和输出就印证了这一点。

任务 2 的代码

```
In [40]: set_all=set_Astock|set_Bstock|set_Hstock    #求三个集合的并集
    ...: print(set_all)
{'掌阅科技', '神州长城', '古井贡酒', '百联股份', '小米集团', '平安好医生', '晨鸣纸业', '招商港口',
'国泰君安', '中集集团', '浙江医药', '中金黄金', '江西铜业', '阿里影业'}

In [41]: set_intersection=set_Astock&set_Bstock&set_Hstock    #求三个集合的交集
    ...: print(set_intersection)
{'中集集团', '晨鸣纸业'}

In [42]: set_AHstock=set_Astock&set_Hstock              #可以运用符号&求两个集合的交集
    ...: print(set_AHstock)
{'中集集团', '晨鸣纸业', '国泰君安', '江西铜业'}

In [43]: set_HAstock=set_Astock.intersection(set_Hstock)   #也可以运用函数 intersection 求两个
集合的交集
```

```
    ...: print(set_HAstock)
{'中集集团', '晨鸣纸业', '国泰君安', '江西铜业'}

In [44]: set_Aonly=set_Astock-set_Bstock        #生成发行A股但不发行B股的证券
    ...: print(set_Aonly)
{'掌阅科技', '国泰君安', '浙江医药', '中金黄金', '江西铜业'}

In [45]: set_Honly=set_Hstock-set_Astock         #生成发行港股但不发行A股的证券
    ...: print(set_Honly)
{'平安好医生', '小米集团', '阿里影业'}
```

任务 3 的代码

```
In [46]: set_Astock.add('光大证券')              #在集合中增加新元素，并且每次只能新增一个
    ...: print(set_Astock)
{'掌阅科技', '神州长城', '光大证券', '古井贡酒', '百联股份', '晨鸣纸业', '招商港口', '国泰君安',
'中集集团', '浙江医药', '中金黄金', '江西铜业'}

In [47]: set_Hstock.add('光大证券')
    ...: print(set_Hstock)
{'中集集团', '光大证券', '江西铜业', '阿里影业', '国泰君安', '平安好医生', '小米集团', '晨鸣纸业'}
```

任务 4 的代码

```
In [48]: set_Astock.discard('神州长城')           #在集合中删除已有元素，并且每次只能删除一个
    ...: print(set_Astock)
{'掌阅科技', '光大证券', '古井贡酒', '百联股份', '晨鸣纸业', '招商港口', '国泰君安', '中集集团',
'浙江医药', '中金黄金', '江西铜业'}

In [49]: set_Hstock.discard('小米集团')
    ...: set_Hstock.discard('阿里影业')
    ...: print(set_Hstock)
{'中集集团', '光大证券', '江西铜业', '国泰君安', '平安好医生', '晨鸣纸业'}
```

1.4　数据结构之字典——以人民币汇率为分析对象

1.4.1　案例详情

随着我国经济开放程度越来越高，人民币汇率正在成为影响我国甚至是全球金融市场的一个重要变量和风险因子。表 1-6 列示了 2019 年 3 月不同交易日美元兑人民币、欧元兑人民币、港元兑人民币以及英镑兑人民币的汇率中间价和涨跌幅等信息[①]。

---

① 针对汇率的报价存在 5 类价格，分别是现汇买入价、现钞买入价、现汇卖出价、现钞卖出价以及中间价，汇率中间价=（现汇买入价+现汇卖出价）/2，这些参数是衡量一国货币价值的关键性指标。

表 1-6 2019 年 3 月不同交易日人民币汇率的相关信息

汇 率 变 量	日 期	中 间 价	涨 跌 幅
美元兑人民币	2019-03-29	6.733 5	0.107 0%
欧元兑人民币	2019-03-21	7.637 6	0.270 4%
港元兑人民币	2019-03-19	0.854 33	−0.039 8%
英镑兑人民币	2019-03-08	8.799 7	−0.454 8%

数据来源：中国外汇交易中心。

D 银行是总部位于新加坡的一家外资商业银行，假定你是该银行上海分行的一位外汇交易员助理，根据工作要求，需要结合表 1-6 中的信息完成 4 项 Python 编程任务。

1.4.2 编程任务

【任务 1】将表 1-6 中的信息创建为字典的数据格式，并且按照不同的汇率变量创建 4 个字典；同时，针对包含美元兑人民币的字典输出全部键码（key）；针对包含欧元兑人民币的字典输出全部数值（value）；针对包含港元兑人民币的字典遍历全部元素。

【任务 2】针对任务 1 创建的字典，查询美元兑人民币汇率的具体日期，查询对欧元兑人民币汇率的中间价，查询英镑兑人民币的涨跌幅。

【任务 3】同事在对你的工作进行复核时发现，你应该输入的欧元兑人民币汇率信息是 2019 年 3 月 29 日而不是 3 月 21 日，因此针对任务 1 创建的包含欧元兑人民币的字典，你需要将日期修改为 2019-03-29、中间价修改为 7.560 7、涨跌幅修改为−0.067 4%。

【任务 4】你希望针对港元兑人民币汇率，能够与前一个交易日的相关信息进行比较，因此针对任务 1 创建的包含港元兑人民币的字典，需要新增加包括"前一日中间价""前一日涨跌幅"的键码，以及对应的 0.854 67、−0.115 7%数值；同时，在包含英镑兑人民币汇率信息的字典中，又要求删除"涨跌幅"键码以及对应的−0.454 8%数值。

1.4.3 编程提示

- 针对字典而言，输出字典的键码需要运用 keys 函数，输出字典的数值需要运用 values 函数，遍历字典全部元素则需要通过 items 函数完成。

- 在字典中新增键码和数值，需要运用 update 函数；删除相应的键码和数值，需要运用 del 命令。

1.4.4 参考代码与说明

任务 1 的代码

```
In [50]: dict1={'汇率变量':'美元兑人民币','日期':'2019-03-29','中间价':6.7335,'涨跌幅
':0.001070}            #直接生成字典
   ...: dict2={'汇率变量':'欧元兑人民币','日期':'2019-03-21','中间价':7.6376,'涨跌幅': 0.002704}

In [51]: dict3={}            #间接生成字典
   ...: dict3['汇率变量']='港元兑人民币'
   ...: dict3['日期']='2019-03-19'
   ...: dict3['中间价']=0.85433
   ...: dict3['涨跌幅']=-0.000398

In [52]: dict4={}
   ...: dict4['汇率变量']='英镑兑人民币'
   ...: dict4['日期']='2019-03-08'
   ...: dict4['中间价']=8.7997
   ...: dict4['涨跌幅']=-0.004548

In [53]: dict1.keys()            #输出字典 dict1 的全部键码
Out[53]: dict_keys(['汇率变量', '日期', '中间价', '涨跌幅'])

In [54]: dict2.values()            #输出字典 dict2 的全部数值
Out[54]: dict_values(['欧元兑人民币', '2019-03-21', 7.6376, 0.002704])

In [55]: dict3.items()            #遍历字典 dict3 的全部元素
Out[55]: dict_items([('汇率变量','港元兑人民币'), ('日期','2019-03-19'), ('中间价', 0.85433),
('涨跌幅', -0.000398)])
```

任务 2 的代码

```
In [56]: dict1['日期']            #查询美元兑人民币汇率的具体日期
Out[56]: '2019-03-29'

In [57]: dict2['中间价']            #查询对欧元兑人民币汇率的中间价
Out[57]: 7.6376

In [58]: dict4['涨跌幅']            #查询英镑兑人民币的涨跌幅
Out[58]: -0.004548
```

任务 3 的代码

```
In [59]: dict2['日期']='2019-03-29'   #修改为新的日期
   ...: dict2['中间价']=7.5607        #修改为新的中间价
   ...: dict2['涨跌幅']=-0.000674      #修改为新的涨跌幅

In [60]: print(dict2)
{'汇率变量': '欧元兑人民币', '日期': '2019-03-29', '中间价': 7.5607, '涨跌幅': -0.000674}
```

任务 4 的代码

```
In [61]: dict3.update({'前一日中间价':0.85467,'前一日涨跌幅':-0.001157})    #注意外面是小括号、里
面是大括号
   ...: print(dict3)
{'汇率变量': '港元兑人民币', '日期': '2019-03-19', '中间价': 0.85433, '涨跌幅': -0.000398, '前
一日中间价': 0.85467, '前一日涨跌幅': -0.001157}

In [62]: del dict4['涨跌幅']              #删除涨跌幅以及对应的数值
   ...: print(dict4)
{'汇率变量': '英镑兑人民币', '日期': '2019-03-08', '中间价': 8.7997}
```

需要注意的是，在 Python 中，字典有 3 个特征：一是字典中的元素必须以键码（key）和数值（value）的形式成对出现，即通过"键-值"方式存储；二是键码不能重复，数值可以重复；三是键码不可修改，数值则能够修改并且可以是任意的数据类型。

1.5 基本算术运算——以交通银行股票为分析对象

1.5.1 案例详情

E 公司是总部位于广州的一家证券公司，王先生是该公司经纪业务的一位客户，他的证券账户开立在 E 公司，并且偏好于研究和投资交通银行 A 股股票。王先生在 2019 年 4 月 15 日至 4 月 19 日期间针对交通银行 A 股股票（证券代码 601328）进行了交易，具体的交易信息如表 1-7 所示。同时，王先生在 2019 年 4 月 15 日之前不持有交通银行股票，并且均是按照交易日的收盘价买入或者卖出股票。

表 1-7 2019 年 4 月 15 日至 4 月 19 日期间王先生针对交通银行 A 股的交易信息

交 易 日 期	买 入 股 数	卖 出 股 数	收盘价（元/股）
2019-04-15	50 000	0	6.29
2019-04-16	80 000	0	6.50
2019-04-17	0	40 000	6.47
2019-04-18	30 000	0	6.39
2019-04-19	0	60 000	6.42

数据来源（收盘价）：上海证券交易所。

假定你是 E 公司负责日常清算工作的清算专员，针对王先生的交易情况需要完成 3 项 Python 编程任务，这里暂不考虑证券交易的佣金和印花税。

1.5.2 编程任务

【任务 1】计算王先生在 4 月 19 日收盘以后按照最新收盘价计算所持有交通银行 A 股股票的市值以及总盈亏金额（含浮动盈亏）。

【任务 2】分别按照算术平均（Arithmetic mean）、几何平均（Geometric mean）方法计算交通银行 A 股股价在 4 月 16 日至 4 月 19 日的平均日涨跌幅。

【任务 3】在 4 月 21 日（周日），王先生参加了一场股票投资沙龙活动，在活动中 1 位主讲嘉宾提到对交通银行未来股价的走势非常乐观，这种乐观情绪传染给了王先生。在 4 月 22 日（周一），王先生将剩余的 70 万元资金按照当天的股票开盘价 6.11 元/股用于购买交通银行 A 股股票，A 股交易规则约定交易股票数量必须是 100 股的整数倍[①]，你需要计算王先生可购买的股票数量以及股票交易完成后账户中的资金余额。

1.5.3 编程提示

- 日涨跌幅算术平均数的表达式如下：

$$\bar{R} = \frac{\sum_{t=1}^{n} R_t}{n} \qquad (1\text{-}1)$$

- 日涨跌幅几何平均数的表达式如下：

$$\bar{R} = \sqrt[n]{\prod_{t=1}^{n}(1+R_t)} - 1 \qquad (1\text{-}2)$$

在式（1-1）和式（1-2）中，$\bar{R}$ 表示平均日涨跌幅，R_t 表示第 t 个交易日的日涨跌幅（当日收盘价÷前日收盘价–1），t 是 1~n 的自然数，n 是交易日的总天数。

1.5.4 参考代码与说明

任务 1 的代码

```
In [63]: buy_Apr15=50000      #2019 年 4 月 15 日买入股数
    ...: buy_Apr16=80000      #2019 年 4 月 16 日买入股数
    ...: buy_Apr18=30000      #2019 年 4 月 18 日买入股数
```

---

① 在 A 股的交易规则中，100 股也称为 1 手，因此每次交易股票数量不得少于 1 手。

```
    ...: sell_Apr17=40000          #2019 年 4 月 17 日卖出股数
    ...: sell_Apr19=60000          #2019 年 4 月 19 日卖出股数
    ...: price_Apr15=6.29          #2019 年 4 月 15 日股票收盘价
    ...: price_Apr16=6.5           #2019 年 4 月 16 日股票收盘价
    ...: price_Apr17=6.47          #2019 年 4 月 17 日股票收盘价
    ...: price_Apr18=6.39          #2019 年 4 月 18 日股票收盘价
    ...: price_Apr19=6.42          #2019 年 4 月 19 日股票收盘价

In [64]: value=(buy_Apr15+buy_Apr16+buy_Apr18-sell_Apr17-sell_Apr19)*price_Apr19   #计算
4 月 19 日收盘后股票的市值
    ...: print('2019 年 4 月 19 日收盘后的总市值',value)
2019 年 4 月 19 日收盘后的总市值 385200.0
```

从以上的输出可以看到，在 2019 年 4 月 19 日收盘后，王先生持有的交通银行 A 股股票的市值是 38.52 万元。

```
In [65]: cost=buy_Apr15*price_Apr15+buy_Apr16*price_Apr16+buy_Apr18*price_Apr18   #期间购
买股票的现金流出
    ...: sale=sell_Apr17*price_Apr17+sell_Apr19*price_Apr19        #期间出售股票的现金流入

In [66]: profit=sale+value-cost              #计算 4 月 19 日收盘后的总盈亏额
    ...: print('2019 年 4 月 19 日收盘后的总盈亏额',profit)
2019 年 4 月 19 日收盘后的总盈亏额 3000.0
```

根据输出的结果可以得出，在 2019 年 4 月 19 日收盘之后，王先生股票投资的收益为正，不过盈利金额仅为 3 000 元。

任务 2 的代码

```
In [67]: R_Apr16=price_Apr16/price_Apr15-1      #计算 4 月 16 日的股价涨跌幅
    ...: R_Apr17=price_Apr17/price_Apr16-1      #计算 4 月 17 日的股价涨跌幅
    ...: R_Apr18=price_Apr18/price_Apr17-1      #计算 4 月 18 日的股价涨跌幅
    ...: R_Apr19=price_Apr19/price_Apr18-1      #计算 4 月 19 日的股价涨跌幅

In [68]: R_Amean=(R_Apr16+R_Apr17+R_Apr18+R_Apr19)/4      #计算算术平均的股票日涨跌幅
    ...: print('算术平均的股票日涨跌幅',round(R_Amean,6))
算术平均的股票日涨跌幅 0.005275

In [69]: R_Gmean=((1+R_Apr16)*(1+R_Apr17)*(1+R_Apr18)*(1+R_Apr19))**(1/4)-1   #计算几何平均
的股票日涨跌幅
    ...: print('几何平均的股票日涨跌幅',round(R_Gmean,6))
几何平均的股票日涨跌幅 0.005127
```

从以上的输出不难发现，按照算术平均法计算得到股票平均日涨跌幅是要略高于用几何平均法计算得到的结果。

任务 3 的代码

```
In [70]: cash=7e5              #王先生的全部资金金额
    ...: price_Apr22=6.11      #4 月 22 日股票的开盘价
```

```
      ...: N=100                #A股交易规则明确规定的最少交易股数

In [71]: share=(cash//(price_Apr22*N))*N   #计算可购买的股票数量
      ...: print('可购买的股票数量',share)
可购买的股票数量 114500.0

In [72]: cash_residual=cash%(price_Apr22*100)   #计算剩余的资金金额
      ...: print('剩余的资金金额',cash_residual)
剩余的资金金额 405.0
```

需要注意的是，在 Python 中基本算术运算符号的优先顺序规则与数学中的运算顺序是一致的，幂运算优先，其次是乘、除、模、整除，最后是加、减；如果存在括号，则括号内的运算优先于括号外的运算。

1.6　高级赋值运算与成员运算——以中国平安股票为分析对象

1.6.1　案例详情

F 公司是总部位于天津的一家公募基金管理公司，该公司目前管理的一只基金最新配置了中国平安的 A 股股票（证券代码 601318），表 1-8 展示了该基金在 2019 年 3 月 19 日至 4 月 8 日期间交易中国平安 A 股股票的相关情况，并且均按照收盘价进行买入或卖出交易。同时，在 2019 年 3 月 19 日之前该基金并不持有中国平安的 A 股股票。

表 1-8　2019 年 3 月 19 日至 4 月 8 日该基金对中国平安 A 股股票的交易情况

交 易 日 期	买 入 股 数	卖 出 股 数	收盘价（元/股）	涨 跌 幅
2019-03-19	100 万	0	75.35	0.466 7%
2019-03-20	500 万	0	76.55	1.592 6%
2019-03-21	200 万	0	75.80	−0.979 8%
2019-03-22	800 万	0	74.72	−1.424 8%
2019-03-25	300 万	0	72.29	−3.252 1%
2019-03-26	0	200 万	72.69	0.553 3%
2019-03-27	0	500 万	74.22	2.104 8%
2019-03-28	0	300 万	73.40	−1.104 8%
2019-03-29	0	400 万	77.10	5.040 9%

续表

交 易 日 期	买 入 股 数	卖 出 股 数	收盘价（元/股）	涨 跌 幅
2019-04-01	0	0	78.60	1.945 5%
2019-04-02	0	0	78.96	0.458 0%
2019-04-03	0	0	79.86	1.139 8%
2019-04-04	0	0	80.20	0.425 7%
2019-04-08	0	0	80.59	0.486 3%

数据来源（收盘价和涨跌幅）：上海证券交易所。

假定你是这家基金公司新招聘的清算专员，负责该基金日常投资的各项交易数据的计算与复核工作，需要结合表 1-8 的信息并运用 Python 完成 3 项编程任务。

1.6.2 编程任务

【任务 1】运用高级赋值运算符号计算截止到 2019 年 3 月 29 日该基金持有的中国平安 A 股股票的数量。

【任务 2】结合 2019 年 3 月 29 日的股票收盘价格以及 2019 年 4 月 1 日至 4 月 8 日期间的股价日涨跌幅，运用一个高级赋值运算符号计算在 4 月 8 日收盘后该基金持有中国平安 A 股股票的市值，并且运用另一个高级赋值运算符号验证计算结果的正确性。

【任务 3】同事突然打电话给你并且在通话中报出了 3 个价格，分别是 75.81 元、72.29 元和 72.45 元，要求马上确认这 3 个价格是否属于 2019 年 3 月 19 日至 3 月 29 日期间的中国平安 A 股收盘价，你立刻运用成员运算符号进行相关的判断。

1.6.3 编程提示

- Python 中的高级赋值运算符号是将不同的算术运算符号与基本赋值运算符号结合在一起而形成的，常用的包括 "+=" "−=" "*=" "/=" 等，以加法赋值运算符 "+=" 为例，y+=x 等价于 y=y+x，其余的以此类推。
- 成员运算符号分为 in 和 not in 两大类，分别用于判断一个数值（变量）是否在、是否不在另一个数值（变量）中，并且输出的结果是布尔值（bool），即 True 或者 False。

1.6.4　参考代码与说明

任务 1 的代码

```
In [73]: X_Mar19=1e6        #3月19日购买的股票数量
   ...: X_Mar20=5e6         #3月20日购买的股票数量
   ...: X_Mar21=2e6         #3月21日购买的股票数量
   ...: X_Mar22=8e6         #3月22日购买的股票数量
   ...: X_Mar25=3e6         #3月25日购买的股票数量
   ...: Y_Mar26=2e6         #3月26日出售的股票数量
   ...: Y_Mar27=5e6         #3月27日出售的股票数量
   ...: Y_Mar28=3e6         #3月28日出售的股票数量
   ...: Y_Mar29=4e6         #3月29日出售的股票数量

In [74]: Z=0                #基金在3月19日之前持有中国平安A股股票数量

In [75]: Z+=X_Mar19
   ...: Z+=X_Mar20
   ...: Z+=X_Mar21
   ...: Z+=X_Mar22
   ...: Z+=X_Mar25
   ...: Z-=Y_Mar26
   ...: Z-=Y_Mar27
   ...: Z-=Y_Mar28
   ...: Z-=Y_Mar29

In [76]: print('在2019年3月29日收盘后基金持有的中国平安A股股票数量',Z)
在2019年3月29日收盘后基金持有的中国平安A股股票数量 5000000.0
```

从以上的输出结果中可以得到，2019 年 3 月 29 日收盘后这只基金持有的中国平安 A 股股票数量是 500 万股。

任务 2 的代码

```
In [77]: P_Mar29=77.10      #3月29日的股票收盘价格
   ...: R_Apr1=0.019455     #4月1日股价涨跌幅
   ...: R_Apr2=0.00458      #4月2日股价涨跌幅
   ...: R_Apr3=0.011398     #4月3日股价涨跌幅
   ...: R_Apr4=0.004257     #4月4日股价涨跌幅
   ...: R_Apr8=0.004863     #4月8日股价涨跌幅

In [78]: V=Z*P_Mar29        #3月29日收盘后基金持有中国平安A股股票的市值

In [79]: V*=(1+R_Apr1)
   ...: V*=(1+R_Apr2)
   ...: V*=(1+R_Apr3)
   ...: V*=(1+R_Apr4)
   ...: V*=(1+R_Apr8)
```

```
In [80]: print('4 月 8 日收盘后基金持有的中国平安 A 股股票市值',round(V,2))
4 月 8 日收盘后基金持有的中国平安 A 股股票市值 402949650.78

In [81]: V/=(1+R_Apr8)          #验证结果的正确性
    ...: V/=(1+R_Apr4)
    ...: V/=(1+R_Apr3)
    ...: V/=(1+R_Apr2)
    ...: V/=(1+R_Apr1)

In [82]: Z_new=V/P_Mar29        #计算 3 月 29 日的持股数量
    ...: print('3 月 29 日收盘后基金持有的中国平安 A 股数量',round(Z_new,1))
3 月 29 日收盘后基金持有的中国平安 A 股数量 5000000.0
```

通过上述先运用高级赋值运算符号"*=",我们计算得到在 2019 年 4 月 8 日收盘后基金持有的中国平安 A 股股票市值达到了 4.03 亿元,然后再运用高级赋值运算符号"/="验证得到在 3 月 29 日收盘后基金持有的中国平安 A 股数量 500 万股,这与任务 1 计算得到的结果一致。

任务 3 的代码

```
In [83]: P_list=[75.35,76.55,75.80,74.72,72.29,72.69,74.22,73.40,77.10]  #生成包括 3 月 19 日
至 29 日收盘价格的列表

In [84]: P1=75.81               #同事在电话中报出的第 1 个价格
    ...: P2=72.29               #同事在电话中报出的第 2 个价格
    ...: P3=72.45               #同事在电话中报出的第 3 个价格

In [85]: P1 in P_list           #判断 P1 是否属于价格列表
Out[85]: False

In [86]: P2 in P_list           #判断 P2 是否属于价格列表
Out[86]: True

In [87]: P3 not in P_list       #判断 P3 是否不属于价格列表
Out[87]: True
```

在以上的输出结果中,True 和 False 属于布尔值,用于判断"是"与"否"。因此,可以得出只有 72.29 才属于 3 月 19 日至 3 月 29 日的收盘价,其余的两个报价则不属于。

1.7　关系运算——以四大国有银行的财务指标为分析对象

1.7.1　案例详情

G 公司是总部位于南京的一家保险资产管理公司,日常的权益类投资偏好于配置银行股,

为此公司新招聘了一位银行业分析师以提升研究能力，该分析师准备着手对我国四大国有商业银行（工商银行、建设银行、中国银行、农业银行）的基本面开展分析和研究。表 1-9 列出了这 4 家银行在 A 股市场的股票信息以及 2018 年年报披露的相关财务指标信息。

表 1-9　我国四大国有商业银行 2018 年年报的主要财务指标情况

证 券 名 称	工 商 银 行	建 设 银 行	中 国 银 行	农 业 银 行
证券代码	601398	601939	601988	601288
行业	商业银行	商业银行	商业银行	商业银行
上市日期	2006-10-27	2007-09-25	2006-07-05	2010-07-15
每股收益（元）	0.82	1.00	0.59	0.59
不良贷款率	1.52%	1.46%	1.42%	1.59%
拨备覆盖率	175.76%	208.37%	181.97%	252.18%
资本充足率①	15.39%	17.19%	14.97%	15.12%
总资产收益率	1.11%	1.13%	0.94%	0.93%
净资产收益率	13.79%	14.04%	12.06%	13.66%

数据来源：各家银行对外公布的 2018 年年报。

　　假定你是该公司的银行业分析师助理，需要协助分析师完成相关的分析研究工作。为了便于比较表 1-9 中 4 家银行的数据，你需要完成 4 项 Python 编程任务。

1.7.2　编程任务

【任务 1】以 Python 字典的方式将表 1-9 的信息全部输入，并且按照每家银行单独创建一个字典。

【任务 2】针对任务 1 创建的字典，运用关系运算符号判断工商银行、建设银行所处的行业是否一致，同时判断工商银行与中国银行的上市日期是否相同。

【任务 3】针对任务 1 创建的字典，运用关系运算符号判断建设银行的每股收益是否大于农业银行，农业银行的不良贷款率、拨备覆盖率是否大于等于建设银行。

---

① 资本充足率是指商业银行持有的资本与风险加权资产之间的比率，代表了商业银行对负债的最终偿付能力。根据 2013 年起实施的《商业银行资本管理办法（试行）》规定，我国商业银行总资本包括核心一级资本、其他一级资本和二级资本，对应的商业银行各级资本充足率最低要求如下：（1）核心一级资本充足率不得低于 5%；（2）一级资本不得低于 6%；（3）资本充足率不得低于 8%。

【任务 4】针对任务 1 创建的字典，运用关系运算符号判断工商银行的资本充足率是否小于农业银行，工商银行的总资产收益率是否小于建设银行，中国银行的净资产收益率是否小于等于建设银行。

1.7.3 编程提示

- 针对数学中的等于符号，在 Python 中是用双等号 "=="表示，单等号 "="则是赋值符号。

- 在 Python 中，不等于符号是用 "!="表示，大于、大于等于符号分别用 ">" ">=", 小于、小于等于则分别用 "<" "<="。

1.7.4 参考代码与说明

任务 1 的代码

```
In [88]: dict_ICBC={'证券名称':'工商银行','证券代码':'601398','行业':'商业银行','上市日期':
'2006-10-27','每股收益':0.82,'不良贷款率':0.0152,'拨备覆盖率':1.7576,'资本充足率':0.1539,'总资产收益
率':0.0111,'净资产收益率':0.1379}


In [89]: print(dict_ICBC)     #挑选工商银行的这个字典进行查看
{'证券名称': '工商银行', '证券代码': '601398', '行业': '商业银行', '上市日期': '2006-10-27',
'每股收益': 0.82, '不良贷款率': 0.0152, '拨备覆盖率': 1.7576, '资本充足率': 0.1539, '总资产收益率':
0.0111, '净资产收益率': 0.1379}


In [90]: dict_CCB={'证券名称':'建设银行','证券代码':'601939','行业':'商业银行','上市日期':
'2007-09-25','每股收益':1.00,'不良贷款率':0.0146,'拨备覆盖率':2.0837,'资本充足率':0.1719,'总资产收益
率':0.0113,'净资产收益率':0.1404}


In [91]: dict_BOC={'证券名称':'中国银行','证券代码':'601988','行业':'商业银行','上市日期':
'2006-07-05','每股收益':0.59,'不良贷款率':0.0142,'拨备覆盖率':1.8197,'资本充足率':0.1497,'总资产收益
率':0.0094,'净资产收益率':0.1206}


In [92]: dict_ABC={'证券名称':'农业银行','证券代码':'601288','行业':'商业银行','上市日期':
'2010-07-15','每股收益':0.59,'不良贷款率':0.0159,'拨备覆盖率':2.5218,'资本充足率':0.1512,'总资产收益
率':0.0093,'净资产收益率':0.1366}
```

任务 2 的代码

```
In [93]: dict_ICBC['行业']==dict_CCB['行业']              #判断工行与建行是否处于同一行业
Out[93]: True


In [94]: dict_ICBC['上市日期']==dict_BOC['上市日期']      #判断工行与中行的上市日期是否相同
```

```
Out[94]: False

In [95]: dict_ICBC['上市日期']!=dict_BOC['上市日期']   #判断工行与中行上市日期是否不相同
Out[95]: True
```

注意，关系运算输出的结果依然是布尔值的数据 False 和 True，这与前面 1.6 节成员运算输出的结果是一致的。

任务 3 的代码

```
In [96]: dict_CCB['每股收益']>dict_ABC['每股收益']      #判断建行的每股收益是否大于农行
Out[96]: True

In [97]: dict_ABC['不良贷款率']>=dict_CCB['不良贷款率']  #判断农行的不良贷款率是否大于等于建行
Out[97]: True

In [98]: dict_ABC['拨备覆盖率']>=dict_CCB['拨备覆盖率']  #判断农行的拨备覆盖率是否大于等于建行
Out[98]: True
```

在金融领域，大于符号的判断结果在多数情况下与大于等于符号的判断结果是保持一致的。

任务 4 的代码

```
In [99]: dict_ICBC['资本充足率']<dict_ABC['资本充足率']   #判断工行的资本充足率是否小于农行
Out[99]: False

In [100]: dict_ICBC['总资产收益率']<dict_CCB['总资产收益率']  #判断工行的总资产收益率是否小于建行
Out[100]: True

In [101]: dict_BOC['净资产收益率']<=dict_CCB['净资产收益率']  #判断中行的净资产收益率是否小于建行
Out[101]: True
```

同样，在金融领域，小于符号的判断结果在多数情况下与小于等于符号的判断结果是相同的。

1.8 Python 内置函数——以券商股为分析对象

1.8.1 案例详情

H 公司是总部位于重庆的一家券商资管公司，该公司的研究团队在 2019 年 3 月末预计二季度依然是投资券商股的良好窗口期。假定你是这家公司的证券投资助理，将协助投资经理对 A 股上市的证券公司及其股票进行研究分析。表 1-10 就是你前期已经梳理的 2018 年净利润排名前 10 位的证券公司净利润数据、2019 年一季度相应的 A 股股价涨跌幅以及在 2019 年 3 月 29 日（当月最后一个交易日）的收盘价信息。

表 1-10 2018 年净利润排名前 10 位的 A 股上市的证券公司的相关信息

证 券 名 称	证 券 代 码	2018 年净利润（亿元）	2019 年一季度股价涨跌幅	2019 年 3 月 29 日收盘价（元/股）
中信证券	600030	98.764 3	54.778 3%	24.78
国泰君安	601211	70.700 4	31.527 4%	20.15
海通证券	600837	57.707 1	59.431 8%	14.03
华泰证券	601688	51.608 9	38.333 3%	22.41
广发证券	000776	46.320 5	27.523 7%	16.17
招商证券	600999	44.462 6	30.746 3%	17.52
申万宏源	000166	42.478 1	35.626 5%	5.52
国信证券	002736	34.312 5	61.768 2%	13.54
中信建投	601066	31.034 3	193.341 0%	25.55
中国银河	601881	29.317 4	73.460 4%	11.83

数据来源：各家公司 2018 年年报、上海证券交易所、深圳证券交易所。

为了提高分析的效率，你需要结合表 1-10 的信息并运用 Python 完成 5 项编程任务。

1.8.2　编程任务

【任务 1】创建包含表 1-10 中这些证券公司 A 股证券名称的列表，计算该列表的元素个数；并将该列表转为一个带有索引的列表，索引值从 1 开始。

【任务 2】创建包含该表中每家公司 2018 年净利润数据的列表，同时计算这 10 家公司净利润的总和以及每家公司净利润的平均数。

【任务 3】分别创建包含该表中每家公司 2019 年一季度股价涨跌幅的列表和 2019 年 3 月 29 日股票收盘价的列表，在包括股价涨跌幅的列表中找出最大涨幅和最小涨幅，同时对包含股票收盘价的列表按照价格由低到高进行排序。

【任务 4】创建包含该表中每家公司 A 股证券代码的列表，并且将已创建的包含证券名称的列表、证券代码的列表、2018 年净利润的列表、2019 年一季度股价涨跌幅的列表以及 2019 年 3 月 29 日股票收盘价的列表等 5 个列表中对应的元素打包成元组，并返回由这些元组组成的列表。

【任务 5】H 公司的投资决策委员会经过集体讨论最终达成一致意见，用 1 000 万元资金购买华泰证券的股票，并且以该股票 2019 年 4 月 1 日开盘价 22.45 元/股买入，你需要计算购买的具体股票数量（必须是 100 股的整数倍）。

1.8.3　编程提示

- 计算列表中元素的数量可以运用函数 len；创建带有索引号的列表可以运用函数 enumerate 完成，该函数有两个参数需要输入，第一个参数就是输入需要生成带索引的原列表，第二个参数 start 代表索引的起始值，默认是从 0 开始，输入 start=1 就表示索引值从 1 开始。

- 计算一个列表中全部元素的合计数用函数 sum，在一个列表中找到最大值和最小值可以分别运用函数 max 和 min，对列表中元素按照由低到高排序可以运用函数 sorted。

- 可以运用 zip 函数实现将两个或者更多个列表中对应的元素打包成元组。

- 运用函数 int 可以得到一个整数的输出结果，并且需要注意输出的结果不适用于小数位"四舍五入"的规则。

1.8.4　参考代码与说明

任务 1 的代码

```
In [102]: stock=['中信证券','国泰君安','海通证券','华泰证券','广发证券','招商证券','申万宏源','国信证券','中信建投','中国银河']

In [103]: len(stock)        #计算列表中元素的个数
Out[103]: 10

In [104]: list(enumerate(stock,start=1))      #创建带有索引并且以列表方式输出
Out[104]:
[(1, '中信证券'),
 (2, '国泰君安'),
 (3, '海通证券'),
 (4, '华泰证券'),
 (5, '广发证券'),
 (6, '招商证券'),
 (7, '申万宏源'),
 (8, '国信证券'),
 (9, '中信建投'),
 (10, '中国银河')]
```

如果希望通过列表的方式输出结果就需要用到 list 函数。同时 enumerate 函数中，参数 start=1 表示索引的起始值设定为 1，以此类推可以设定任意索引起始值。

任务 2 的代码

```
In [105]: profit=[98.7643,70.7004,57.7071,51.6089,46.3205,44.4626,42.4781,34.3125,31.0343,
29.3174]                                            #每家证券公司净利润（亿元）的列表

In [106]: profit_total=sum(profit)                  #计算 10 家证券公司的净利润总和
     ...: profit_average=profit_total/len(stock)    #计算每家证券公司平均净利润
     ...: print('2018 年净利润排名前 10 位的证券公司净利润总和（亿元）',profit_total)
     ...: print('2018 年净利润排名前 10 位的证券公司净利润平均数（亿元）', round(profit_average,4))
2018 年净利润排名前 10 位的证券公司净利润总和（亿元）  506.7061
2018 年净利润排名前 10 位的证券公司净利润平均数（亿元）  50.6706
```

任务 3 的代码

```
In [107]: return_Q1=[0.547783,0.315274,0.594318,0.383333,0.275237,0.307463,0.356265,0.617682,
1.93341,0.734604]                                   #股票 2019 年第一季度涨跌幅的列表

In [108]: return_max=max(return_Q1)                 #找出最大的涨幅
     ...: return_min=min(return_Q1)                 #找出最小的涨幅
     ...: print('2019 年 1 季度股价的最大涨幅',return_max)
     ...: print('2019 年 1 季度股价的最小涨幅',return_min)
2019 年 1 季度股价的最大涨幅 1.93341
2019 年 1 季度股价的最小涨幅 0.275237

In [109]: price=[24.78,20.15,14.03,22.41,16.17,17.52,5.52,13.54,25.55,11.83]  #股价的列表

In [110]: price_sorted=sorted(price)                #将股价由小到大排序
     ...: print(price_sorted)
[5.52, 11.83, 13.54, 14.03, 16.17, 17.52, 20.15, 22.41, 24.78, 25.55]
```

任务 4 的代码

```
In [111]: code=['600030','601211','600837','601688','000776','600999','000166','002736',
'601066', '601881']    #股票代码的列表

In [112]: list(zip(stock,code,profit,return_Q1,price))    #将多个列表中对应的元素打包为一个元组
并以列表方式输出
Out[112]:
[('中信证券', '600030', 98.7643, 0.547783, 24.78),
 ('国泰君安', '601211', 70.7004, 0.315274, 20.15),
 ('海通证券', '600837', 57.7071, 0.594318, 14.03),
 ('华泰证券', '601688', 51.6089, 0.383333, 22.41),
 ('广发证券', '000776', 46.3205, 0.275237, 16.17),
 ('招商证券', '600999', 44.4626, 0.307463, 17.52),
 ('申万宏源', '000166', 42.4781, 0.356265, 5.52),
 ('国信证券', '002736', 34.3125, 0.617682, 13.54),
 ('中信建投', '601066', 31.0343, 1.93341, 25.55),
 ('中国银河', '601881', 29.3174, 0.734604, 11.83)]
```

以上的输出结果与表 1-10 比较相似，只不过在 Python 中的输出结果是以列表中嵌套元组的格式呈现，也就是一个元组作为列表中的一个元素。

任务 5 的代码

```
In [113]: fund=1e7                              #H 公司的投资资金额
     ...: price_huatai=22.45                     #华泰证券的股票开盘价
     ...: N=100                                   #A 股交易规则明确规定的最少交易股数

In [114]: share=N*int(fund/(price_huatai*N))      #购买华泰证券的股票数量
     ...: print('H 公司购买华泰证券的股票数量',share)
H 公司购买华泰证券的股票数量 445400
```

1.9 Python 自定义函数和 for 语句——以市场利率为分析对象

1.9.1 案例详情

在统计分析中，通常用方差或者标准差衡量随机变量分布的离散程度，金融市场变量的标准差也被称为波动率，波动率是衡量金融风险的一个重要指标。假定某个市场变量在第 t 个交易日的取值为 x_i，并且一共有 N 个交易日，则该变量波动率 σ 的表达式如下：

$$\sigma = \sqrt{\frac{1}{N-1}\sum_{t=1}^{N}(x_t - \overline{x})^2} \tag{1-3}$$

其中 $\overline{x}$ 是 x_t 的均值，即

$$\overline{x} = \frac{1}{N}\sum_{t=1}^{N}x_t \tag{1-4}$$

此外，在式（1-3）中，分母 N–1 有时也会替换成 N。

I 银行是总部位于上海的一家商业银行，假定你是该银行的一名金融市场分析师助理，日常的工作就是协助分析师跟踪并研判 Shibor（上海银行间同业拆放利率）、美元 Libor（伦敦银行间同业拆借利率）[1]、Hibor（香港银行间同业拆借利率）[2]等市场利率的走势。表 1-11

---

[1] 伦敦银行间同业拆借利率（London InterBank Offered Rate，Libor），诞生于 20 世纪 70 年代，是在英国伦敦的银行内部交易市场上大型国际银行愿意向其他大型国际银行借贷时所对外报出的利率价格，由英国银行家协会（BBA）制定 Libor 的形成机制，并且在每个交易日的伦敦当地时间中午 11 点 30 分进行公布。目前，Libor 利率已经成为了全球商业信贷、债券发行、衍生产品定价的基准利率。

[2] 香港银行同业拆借利率（Hongkong InterBank Offered Rate，Hibor），也称为香港银行同业拆放利率或香港银行同业拆息，是指我国香港银行间互相拆放港元资金所收取的银行利率，由我国香港财资市场公会负责对外发布，是借鉴 Libor 利率而演化出来的。

就展示了 2019 年 3 月 11 日至 3 月 29 日期间的 3 个月期 Shibor、3 个月期美元 Libor 以及 3 个月期 Hibor 的利率数据。

表 1-11　2019 年 3 月 11 日至 29 日 Shibor、美元 Libor 以及 Hibor 的数据

日　　期	Shibor (3M)	美元 Libor (3M)	Hibor (3M)
2019-03-11	2.756 5%	2.608 3%	1.671 8%
2019-03-12	2.761 0%	2.593 3%	1.664 6%
2019-03-13	2.768 0%	2.610 9%	1.693 1%
2019-03-14	2.777 0%	2.614 6%	1.697 0%
2019-03-15	2.799 0%	2.625 3%	1.723 4%
2019-03-18	2.814 0%	2.632 6%	1.721 8%
2019-03-19	2.823 0%	2.612 8%	1.724 7%
2019-03-20	2.833 0%	2.607 0%	1.766 8%
2019-03-21	2.838 0%	2.601 5%	1.801 6%
2019-03-22	2.837 0%	2.609 9%	1.842 4%
2019-03-25	2.836 0%	2.608 8%	1.870 4%
2019-03-26	2.828 0%	2.597 4%	1.875 0%
2019-03-27	2.819 0%	2.601 0%	1.832 5%
2019-03-28	2.807 0%	2.591 8%	1.781 3%
2019-03-29	2.801 0%	2.599 8%	1.761 8%

数据来源：同花顺。

根据要求，你需要结合式（1-3）和式（1-4）以及表 1-11 的信息，完成 3 项 Python 编程任务。

1.9.2　编程任务

【任务 1】运用 Python 中的 lambda 函数自定义一个计算变量样本算术平均数的函数，并且运用该函数依次计算表 1-11 中 2019 年 3 月 11 日至 3 月 29 日期间 Shibor、美元 Libor 以及 Hibor 的期间平均值。

【任务 2】运用 Python 的 def 语法并结合 for 语句自定义一个计算变量波动率的函数，同时运用该函数分别计算 Shibor、美元 Libor 以及 Hibor 的波动率。

【任务 3】依次比较 Shibor、美元 Libor 以及 Hibor 的均值之间和波动率之间的大小关系。

1.9.3 编程提示

- 在 Python 中，运用 lambda 函数定义一个新的函数时，基本的格式如下：

```
函数名 = lambda 参数:表达式
```

- 在 Python 中，运用 def 语法自定义一个函数时，基本的代码框架如下：

```
def 函数名(参数):
    '''函数说明文档（可以包括对函数的用途、参数的含义等进行说明）'''
    函数主体
    return 返回对象
```

1.9.4 参考代码与说明

任务 1 的代码

```
In [115]: f_mean=lambda x: sum(x)/len(x)    #用 lambda 函数定义并且参数 x 以列表的数据结构输入

In [116]: Shibor=[0.027565,0.027610,0.027680,0.027770,0.027990,0.028140,0.028230,0.028330,
0.028380,0.028370,0.028360,0.028280,0.028190,0.028070,0.028010]    #Shibor 利率的列表

In [117]: Libor=[0.026083,0.025933,0.026109,0.026146,0.026253,0.026326,0.026128,0.026070,
0.026015,0.026099,0.026088,0.025974,0.026010,0.025918,0.025998]  #美元 Libor 利率的列表

In [118]: Hibor=[0.016718,0.016646,0.016931,0.016970,0.017234,0.017218,0.017247,0.017668,
0.018016,0.018424,0.018704,0.018750,0.018325,0.017813,0.017618]    #Hibor 利率的列表

In [119]: Shibor_mean=f_mean(x=Shibor)        #计算 Shibor 的平均值
   ...: Libor_mean=f_mean(x=Libor)          #计算美元 Libor 的平均值
   ...: Hibor_mean=f_mean(x=Hibor)          #计算 Hibor 的平均值
   ...: print('3月11日至29日期间3个月期 Shibor 平均值',round(Shibor_mean,6))
   ...: print('3月11日至29日期间3个月期美元 Libor 平均值',round(Libor_mean,6))
   ...: print('3月11日至29日期间3个月期 Hibor 平均值',round(Hibor_mean,6))
3月11日至29日期间3个月期 Shibor 平均值    0.028065
3月11日至29日期间3个月期美元 Libor 平均值 0.026077
3月11日至29日期间3个月期 Hibor 平均值    0.017619
```

从以上的代码可以看到，通过 lambda 函数自定义计算变量算术平均数的函数明显提高了对利率数据的分析效率。但是运用 lambda 函数存在着一些缺陷，例如无法详细撰写针对自定义函数的说明文档进而降低了可读性。

任务 2 的代码

```
In [120]: def f_sigma(x):
   ...:     '''通过 Python 定义一个计算变量波动率的函数
```

```
    ...:        x: 代表变量的样本值, 可以用列表的数据结构输入。'''
    ...:        n=len(x)
    ...:        u_mean=sum(x)/n         #计算变量样本值的均值
    ...:        z=[]                    #生成一个空列表
    ...:        for t in range(n):
    ...:            z.append((x[t]-u_mean)**2)
    ...:        return   (sum(z)/(n-1))**0.5

In [121]: Shibor_sigma=f_sigma(x=Shibor)
    ...: Libor_sigma=f_sigma(x=Libor)
    ...: Hibor_sigma=f_sigma(x=Hibor)
    ...: print('3 月 11 日至 29 日期间 3 个月期 Shibor 波动率',round(Shibor_sigma,6))
    ...: print('3 月 11 日至 29 日期间 3 个月期美元 Libor 波动率',round(Libor_sigma,6))
    ...: print('3 月 11 日至 29 日期间 3 个月期 Hibor 波动率',round(Hibor_sigma,6))
3 月 11 日至 29 日期间 3 个月期 Shibor 波动率      0.000286
3 月 11 日至 29 日期间 3 个月期美元 Libor 波动率   0.000111
3 月 11 日至 29 日期间 3 个月期 Hibor 波动率       0.000702
```

任务 3 的代码

```
In [122]: Shibor_mean>Libor_mean       #判断 Shibor 的平均值是否大于美元 Libor 的平均值
Out[122]: True

In [123]: Libor_mean>Hibor_mean        #判断美元 Libor 的平均值是否大于 Hibor 的平均值
Out[123]: True

In [124]: Shibor_sigma>Libor_sigma     #判断 Shibor 的波动率是否大于美元 Libor 的波动率
Out[124]: True

In [125]: Libor_sigma>Hibor_sigma      #判断美元 Libor 的波动率是否大于 Hibor 的波动率
Out[125]: False

In [126]: Shibor_sigma>Hibor_sigma     #判断 Shibor 的波动率是否大于 Hibor 的波动率
Out[126]: False
```

从以上的输出结果可以得出两个结论：一是针对平均值，2019 年 3 月 11 日至 3 月 29 日期间 3 个月期 Shibor 平均值大于美元 Libor，美元 Libor 的平均值又大于 Hibor；二是针对波动率，在此期间 3 个月期 Hibor 的波动率最大，Shibor 的波动率次之，美元 Libor 波动率最低。

1.10 条件语句和循环语句——以全球重要股指为分析对象

1.10.1 案例详情

J 公司是一家总部位于美国纽约的资产管理公司，擅长配置全球范围的股票指数型基金。

假定你在该公司担任股指研究助理，日常的工作就是协助主管研判全球主要股票指数的未来走势。表 1-12 列出了 2019 年 4 月 1 日至 4 月 18 日期间的道琼斯工业平均指数、恒生指数、上证综指、深证成指等 4 个全球主要股票指数的日涨跌幅数据。

表 1-12　2019 年 4 月 1 日至 4 月 18 日全球主要股票指数的日涨跌幅

日　　期	道琼斯工业平均指数	恒 生 指 数	上 证 综 指	深 证 成 指
2019-04-01	1.271 7%	1.757 8%	2.575 5%	3.642 3%
2019-04-02	−0.302 0%	0.211 9%	0.203 8%	−0.071 5%
2019-04-03	0.149 0%	1.221 0%	1.242 5%	0.781 2%
2019-04-04	0.635 1%	−0.167 0%	0.941 3%	0.728 1%
2019-04-08	−0.165 3%	0.470 4%	−0.054 2%	−0.613 8%
2019-04-09	−0.723 0%	0.267 1%	−0.158 6%	0.818 7%
2019-04-10	0.025 2%	−0.125 8%	0.069 9%	−0.014 7%
2019-04-11	−0.053 9%	−0.930 0%	−1.603 0%	−2.651 4%
2019-04-12	1.029 9%	0.235 6%	−0.041 9%	−0.256 6%
2019-04-15	−0.104 2%	−0.331 1%	−0.339 9%	−0.775 5%
2019-04-16	0.257 3%	1.070 6%	2.385 7%	2.326 3%
2019-04-17	−0.011 8%	−0.017 2%	0.292 6%	0.552 0%
2019-04-18	0.415 9%	−0.535 8%	−0.395 8%	−0.548 7%

数据来源：Wind。

主管要求你撰写一份关于表 1-12 中 4 个指数的分析报告，因此需要结合该表中的数据并运用 Python 完成 4 项编程任务。

1.10.2　编程任务

【任务 1】创建包含表 1-12 中指数日涨跌幅的列表，并且要求每个指数是对应于一个列表。

【任务 2】访问包含道琼斯工业平均指数日涨跌幅的列表，找出首次跌幅超过−0.6%这一交易日之前的全部交易日涨跌幅数据，这就相当于首次访问到跌幅超出−0.6%时就立刻终止访问程序，并且输出已经访问到的全部数据。

【任务 3】访问包含恒生指数日涨跌幅的列表，找出交易日当天指数下跌的全部数据。

【任务 4】访问包含上证综指的日涨跌幅列表，找出日涨跌幅处于[−1%，1%]区间的数据并创建一个新列表；同时，访问包含深证成指的日涨跌幅列表，找出日涨幅超过 0.5%的数据并创建一个新列表。

1.10.3 编程提示

- 针对任务 2 的编程，可以运用 for、if 和 break 搭配的语法结构。

- 针对任务 3 的编程，可以运用 for、if、pass 和 else 搭配的语法结构，也可以运用 for、if 和 continue 搭配的语法结构。

- 针对任务 4 的编程，可以运用 for、if、elif、else 和 pass 搭配的语法结构。

1.10.4 参考代码与说明

任务 1 的代码

```
In [127]: DJ_index=[0.012717,-0.00302,0.00149,0.006351,-0.001653,-0.00723,0.000252,-0.000539,
0.010299,-0.001042,0.002573,-0.000118,0.004159]      #道琼斯工业平均指数的日涨跌幅列表

In [128]: HS_index=[0.017578,0.002119,0.01221,-0.00167,0.004704,0.002671,-0.001258,-0.0093,
0.002356,-0.003311,0.010706,-0.000172,-0.005358]      #恒生指数的日涨跌幅列表

In [129]: SH_index=[0.025755,0.002038,0.012425,0.009413,-0.000542,-0.001586,0.000699,-0.01603,
-0.000419,-0.003399,0.023857,0.002926,-0.003958]      #上证综指的日涨跌幅列表

In [130]: SZ_index=[0.036423,-0.000715,0.007812,0.007281,-0.006138,0.008187,-0.000147,
-0.026514,-0.002566,-0.007755,0.023263,0.00552,-0.005487]   #深证成指的日涨跌幅列表
```

任务 2 的代码

```
In [131]: for i in DJ_index:
    ...:         if i<-0.006:
    ...:             break
    ...:         print('已经访问的道琼斯工业平均指数日涨跌幅数据', i)
已经访问的道琼斯工业平均指数日涨跌幅数据 0.012717
已经访问的道琼斯工业平均指数日涨跌幅数据 -0.00302
已经访问的道琼斯工业平均指数日涨跌幅数据 0.00149
已经访问的道琼斯工业平均指数日涨跌幅数据 0.006351
已经访问的道琼斯工业平均指数日涨跌幅数据 -0.001653
```

在条件语句或者循环语句中，运用 break 就表示终止当前循环，并且是跳出整个循环且不再继续执行代码任务。

任务 3 的代码

```
In [132]: for i in HS_index:
    ...:         if i>0:
    ...:             pass
```

```
   ...:          else:
   ...:                  print('恒生指数的日下跌数据（负数）',i)
恒生指数的日下跌数据（负数） -0.00167
恒生指数的日下跌数据（负数） -0.001258
恒生指数的日下跌数据（负数） -0.0093
恒生指数的日下跌数据（负数） -0.003311
恒生指数的日下跌数据（负数） -0.000172
恒生指数的日下跌数据（负数） -0.005358
```

需要注意的是，在条件语句或者循环语句中，运用 pass 就表示不执行任何操作。此外，针对本任务还可以采用以下的代码得到一致性的结果。

```
In [133]: for i in HS_index:
   ...:          if i>0:
   ...:                  continue
   ...:          print('恒生指数的日下跌数据（负数）',i)
恒生指数的日下跌数据（负数） -0.00167
恒生指数的日下跌数据（负数） -0.001258
恒生指数的日下跌数据（负数） -0.0093
恒生指数的日下跌数据（负数） -0.003311
恒生指数的日下跌数据（负数） -0.000172
恒生指数的日下跌数据（负数） -0.005358
```

在条件语句或者循环语句中，continue 表示终止并跳出该次循环，直接执行下一次循环。

任务 4 的代码

```
In [134]: R_SH=[]        #生成一个存放上证综指日涨跌幅的初始空列表

In [135]: for i in SH_index:
   ...:          if i<-0.01:
   ...:                  pass
   ...:          elif i>0.01:
   ...:                  pass
   ...:          else:
   ...:                  R_SH.append(i)

In [136]: print('上证综指的日涨跌幅处于-1%至1%区间的列表\n',R_SH)
上证综指的日涨跌幅处于-1%至1%区间的列表
 [0.002038, 0.009413, -0.000542, -0.001586, 0.000699, -0.000419, -0.003399, 0.002926,
-0.003958]

In [137]: R_SZ=[]        #生成一个存放深圳成指日涨跌幅的初始空列表

In [138]: for i in SZ_index:
   ...:          if i<0.005:
   ...:                  pass
   ...:          else:
   ...:                  R_SZ.append(i)
```

```
In [139]: print('深证成指的日涨幅高于 0.5%的列表\n',R_SZ)
深证成指的日涨幅高于 0.5%的列表
[0.036423, 0.007812, 0.007281, 0.008187, 0.023263, 0.00552]
```

1.11 math 模块——以保险理赔为分析对象

1.11.1 案例详情

众所周知，泊松分布（Poisson distribution）是一种常用的离散概率分布，适合于描述单位时间内随机事件发生的次数，由法国数学家西莫恩·德尼·泊松（Siméon-Denis Poisson）在 1838 年最早提出。

假定随机事件发生的次数用 X 表示并且服从泊松分布，当发生次数等于 k 对概率就满足以下表达式：

$$P(X = k) = \frac{\lambda^k}{k!} \mathrm{e}^{-\lambda} \qquad (1\text{-}5)$$

式（1-5）中的参数 λ 是单位时间内随机事件的平均发生次数，并且泊松分布的期望和方差均为 λ；$k!=k\times(k-1)\times(k-2)\times\cdots\times1$ 表示 k 的阶乘（factorial）。泊松分布在保险行业有着广泛的运用，例如用于测算保险的理赔。

M 公司是总部位于杭州的一家经营财产保险的公司，目前正在考虑向市场推出一款新的财产保险产品。假定你是该公司的一名精算师助理，根据前期的市场调研整理出了如下的数据：

（1）预计在 1 年内将有 10 000 人投保该保险产品，投保人每年需缴纳的保费是 100 元；

（2）当投保人触发保险赔付条件时，保险公司需要向该投保人支付保险理赔款 20 000 元；

（3）在购买此项保险业务的投保人群中，假定获得理赔的人数服从泊松分布，并且保险理赔的概率是 0.4%（预期理赔人数/总投保人数），其他的成本和费用暂不考虑。

你的主管准备在近期向公司管理层汇报推出该保险新产品的可行性，因此你需要结合式（1-5）和以上的相关数据，通过 Python 完成 4 项编程任务。

1.11.2 编程任务

【任务 1】结合 math 模块的相关函数，在 Python 中自定义一个当变量服从泊松分布时计算概率的一个函数。

【任务 2】运用任务 1 自定义的函数，计算 M 公司推出该项保险新产品在 1 年内恰好实现盈亏平衡的概率。

【任务 3】运用任务 1 自定义的函数，分别计算公司此项保险产品在 1 年内盈利 20 万元、40 万元和 60 万元的概率。

【任务 4】运用任务 1 自定义的函数，计算公司此项保险产品在 1 年内实现盈利的概率。

1.11.3 编程提示

* 针对任务 1，在自定义函数的过程中，我们可以运用 math 模块中的 exp、factorial 等函数，其中函数 factorial 用于计算阶乘。

* 针对任务 2，你可以根据泊松分布与二项分布之间的关系，得到 λ=10 000×0.4%=40，同时保险公司 1 年的保费收入是 10 000×100=100 万元，由于触发保险理赔时保险公司赔付 2 万元/人，因此在一年内当需要理赔的投保人数等于 100/2=50 时，保险公司恰好实现盈亏平衡。

* 针对任务 3，可以根据在 1 年内理赔的投保人数等于（100-20）/2=40 时，保险公司的盈利可以实现 20 万元，按照这样的逻辑依次类推出当盈利为 40 万元、60 万元时对应需要理赔的投保人数。

* 针对任务 4，相当于计算当理赔投保人数小于盈亏平衡人数时的累积概率，可以运用 for 语句进行编程。

1.11.4 参考代码与说明

任务 1 的代码

```
In [140]: def poisson(k,Lambda):
     ...:     '''定义当变量服从泊松分布时计算概率的一个函数
     ...:     k: 表示随机事件发生的次数;
     ...:     Lambda: 表示在单位时间内随机事件的平均发生次数。'''
     ...:     from math import exp,factorial        #从 math 模块中导入 exp、factorial 函数
     ...:     P=pow(Lambda,k)*exp(-Lambda)/factorial(k)    #计算服从泊松分布的概率式子
     ...:     return P
```

通过以上自定义的函数 poisson，只需要在函数中分别输入参数 k 和 Lambda 对应的数值，

就可以计算得到相应的概率数值。

任务 2 的代码

```
In [141]: n=10000                    #预期投保人数
     ...: prob=0.004                  #每位投保人需要理赔的概率
     ...: premium=100                 #每位投保人支付的每年保费
     ...: cost=20000                  #保险公司给每位符合理赔要求的投保人支付理赔款金额

In [142]: L=n*prob                    #计算得到 lambda 数值（即 1 年内需要赔付的平均人数）
     ...: K_breakeven=n*premium/cost  #实现盈亏平衡时的 k

In [143]: prob_breakeven=poisson(k=K_breakeven,Lambda=L)   #恰好实现盈亏平衡时的概率
     ...: print('M 公司新保险产品恰好盈亏平衡的概率',round(prob_breakeven,6))
M 公司新保险产品恰好盈亏平衡的概率 0.017707
```

从以上的输出可以看到，该款新保险产品恰好实现盈亏平衡的概率仅为 1.77%，可以说概率是比较低的。

任务 3 的代码

```
In [144]: profit1=2e5                 #公司盈利 20 万元
     ...: profit2=4e5                 #公司盈利 40 万元
     ...: profit3=6e5                 #公司盈利 60 万元

In [145]: K1=(n*premium-profit1)/cost          #实现盈利 20 万元时的 k
     ...: K2=(n*premium-profit2)/cost          #实现盈利 40 万元时的 k
     ...: K3=(n*premium-profit3)/cost          #实现盈利 60 万元时的 k

In [146]: prob1=poisson(k=K1,Lambda=L)         #实现盈利 20 万元时的概率
     ...: prob2=poisson(k=K2,Lambda=L)         #实现盈利 40 万元时的概率
     ...: prob3=poisson(k=K3,Lambda=L)         #实现盈利 60 万元时的概率
     ...: print('M 公司新保险产品实现盈利 20 万元的概率',round(prob1,6))
     ...: print('M 公司新保险产品实现盈利 40 万元的概率',round(prob2,6))
     ...: print('M 公司新保险产品实现盈利 60 万元的概率',round(prob3,6))
M 公司新保险产品实现盈利 20 万元的概率 0.062947
M 公司新保险产品实现盈利 40 万元的概率 0.018465
M 公司新保险产品实现盈利 60 万元的概率 0.000192
```

从以上的分析不难看出，对于 M 公司而言，实现盈利金额越高所对应的概率是越小的，这与我们的常识也是吻合的。

任务 4 的代码

```
In [147]: import math                 #导入 math 模块

In [148]: prob_list=[]                #创建一个放置概率值的初始空列表
     ...: K_breakeven=math.trunc(K_breakeven)    #取整数

In [149]: for i in range(K_breakeven):           #依次取小于盈亏平衡时 k 值的自然数
```

```
        ...:          P=poisson(k=i,Lambda=L)            #计算概率
        ...:          prob_list.append(P)

In [150]: prob_profit=math.fsum(prob_list)      #将列表中的元素进行加总
   ...: print('M公司新保险产品实现盈利的概率',round(prob_profit,6))
M公司新保险产品实现盈利的概率 0.929665
```

从计算的结果可以看到，M 公司推出这款新保险产品在一年内实现盈利的概率高达
92.97%，亏损的概率比较低，因此具有一定可行性。

到这里，你已经完成了第 1 章全部案例的练习，想必你一定已经牢牢掌握了金融领域的
Python 基本操作了，下面就向第 2 章勇敢进发吧！

1.12 本章小结

"罗马不是一天建成的"（Rome was not built in a day）。只有夯实了 Python 最基本的编程
操作技能，才有可能在金融领域自如地运用 Python。因此针对本章的练习，无论怎么强调它
的重要性都不过分。本章包括 11 个原创的金融案例共计 41 个 Python 编程任务，希望读者熟
练掌握在 Python 中对金融变量的赋值，充分理解整型、浮点型以及字符串等基本数据类型的
特征，学会运用元组、列表、集合、字典等基本数据结构并了解它们之间的差异，扎实掌握
基本算数运算、关系运算、赋值运算和逻辑运算，学会并牢记金融领域常用的 Python 内置函
数，娴熟运用 def 语法和运用 lambda 函数构建自定义函数的方法，充分掌握循环语句、条件
语句以及两者结合的方式进行编程，熟悉 math 模块中金融领域常用的函数。

02

第 2 章
NumPy 模块编程的
金融案例

本章导读

NumPy（Numeric Python）是 Python 开源的数值计算扩展模块，可以用来存储和处理大型矩阵运算。在金融领域运用 Python 的过程中，NumPy 是必备的工具包之一，因此就需要掌握 NumPy 模块的 N 维数组结构，数组的索引、切片以及排序，数组和矩阵的运算，以及在不同分布中抽取随机数等编程操作。

本章包含 10 个原创案例，共计 39 个编程任务，通过这些案例的训练，读者能够结合金融实务工作娴熟地运用 NumPy 模块完成各项编程任务。下面通过表 2-1 梳理出本章的结构与内容概要。

表 2-1　第 2 章的结构与内容概要

序号	案 例 标 题	学 习 目 标	编程任务数量	读者扮演的角色
1	创建 N 维数组——以美国纳斯达克的科技股为分析对象	掌握创建 N 维数组、查看数组性质、生成整数序列和等差序列，以及快速生成元素为 0 和 1 的数组等编程操作	4 个	科技股研究助理
2	数组索引和切片——以互联网公司发行的港股为分析对象	掌握数组的索引、按规则找出索引值、切片（截取）以及排序等编程操作	4 个	证券投资经理助理
3	数组内部运算（一）——以保险公司股票为分析对象	掌握针对数组内部元素求最大值、最小值、均值、方差、标准差等计算	3 个	证券分析师助理
4	数组内部运算（二）——以 A 股指数为分析对象	掌握针对数组内部元素求和、乘积、对数、幂等计算	4 个	策略分析师助理

续表

序号	案 例 标 题	学 习 目 标	编程任务数量	读者扮演的角色
5	数组间运算——以中资银行股为分析对象	掌握针对数组之间元素的除法、乘法以及不同数组的对应元素取最大值、最小值等编程操作	4 个	风险经理助理
6	矩阵运算（一）——以全球主要股指为分析对象	掌握矩阵的转置运算，计算协方差矩阵和相关系数矩阵，计算矩阵的对角线、上三角、下三角以及迹	4 个	基金经理助理
7	矩阵运算（二）——以科创板股票为分析对象	掌握计算矩阵内积、行列式，以及包括特征值分解、奇异值分解、正交三角分解和乔斯基分解等矩阵分解	3 个	风险经理助理
8	二项分布与几何分布随机抽样——以保险业务为分析对象	掌握二项分布、几何分布的性质以及从这些分布中进行随机抽样	4 个	精算师助理
9	正态分布和对数正态分布随机抽样——以石油公司股票为分析对象	掌握正态分布、对数正态分布的性质以及从这些分布中进行随机抽样	5 个	策略研究助理
10	伽玛分布和贝塔分布随机抽样——以债券违约率与回收率为分析对象	掌握贝塔分布、伽玛分布的性质以及从这些分布中进行随机抽样	4 个	债券分析师助理
合计			39 个	

在开始练习本章的案例之前，建议先学习《基于 Python 的金融分析与风险管理》（人民邮电出版社 2019 年 10 月出版）第 3 章的内容。

2.1　创建*N*维数组——以美国纳斯达克的科技股为分析对象

2.1.1　案例详情

A 公司是总部位于北京的一家大型公募基金管理公司，在 2019 年年初发行了一只 QDII[①]

[①] QDII 是 "Qualified Domestic Institutional Investor" 的首字缩写，中文译为 "合格境内机构投资者"，具体是指在人民币资本项目不可兑换、资本市场未完全开放的条件下，在我国境内（不含港澳台）设立并经政府部门批准，允许境内机构投资境外资本市场的股票、债券等有价证券的一项制度安排，QDII 制度是始于 2006 年。根据国家外汇管理局公布的数据，截止到 2019 年 9 月末，已审批的 QFII 额度共计 1 113.76 亿美元。

基金并主要投资于美国纳斯达克交易所上市的科技公司股票，并且该基金主要的重仓股包括亚马逊、苹果、微软、谷歌和奈飞等 5 只全球知名科技公司股票，表 2-2 就列示了这 5 只股票在 2019 年 5 月 13 日至 5 月 17 日这一交易周的日收盘价格数据。

表 2-2　2019 年 5 月 13 日至 5 月 17 日美国知名科技公司股票的收盘价（单位：美元/股）

证券简称	证券代码	2019-05-13	2019-05-14	2019-05-15	2019-05-16	2019-05-17
亚马逊	AMZN.O	1 822.68	1 840.12	1 871.15	1 907.57	1 869.00
苹果	AAPL.O	185.72	188.66	190.92	190.08	189.00
微软	MSFT.O	123.35	124.73	126.02	128.93	128.07
谷歌	GOOGL.O	1 136.59	1 124.86	1 170.80	1 184.50	1 168.78
奈飞	NFLX.O	345.26	345.61	354.99	359.31	354.45

数据来源：纳斯达克。

假定你是该公司的一名科技股研究助理，负责协助基金经理研究全球主要科技股公司的基本面以及跟踪相关股票价格的走势。为了完成日常工作，你需要根据表 2-2 的信息并且借助 Python 完成 4 项编程任务。

2.1.2　编程任务

【任务 1】在 Python 中导入 NumPy 模块，将表 2-2 的亚马逊公司股票的收盘价直接以一维数组的数据结构进行输入；同时，将苹果公司股票收盘价先以列表的数据结构进行创建，然后转换为一维数组。

【任务 2】为了提高效率，直接将表 2-2 的 5 只股票的收盘价以二维数组的数据结构进行创建；并且查看该数组的形状、维度、元素个数以及元素类型。

【任务 3】快速创建一个包含整数序列的数组，该序列的初始值是 0，终点值等于任务 2 创建的数组中元素的个数；同时，针对苹果公司的股票价格，生成一个起始值是 2019 年 5 月 13 日的收盘价、终止值是 5 月 17 日的收盘价并且元素数量是 40 的等差序列。

【任务 4】依次创建与任务 1、任务 2 中已生成的数组同维度、同形状的零数组以及元素等于 1 的数组。

2.1.3 编程提示①

- 查看数组形状可以用函数 shape,查看数组维度用函数 ndim,查看数组的元素数量用函数 size 以及查看数组的元素类型用函数 dtype。

- 运用函数 arange 可以快速生成一个整数序列,用函数 linspace 生成等差序列。

- 通过函数 zeros_like 可以快速创建与某个数组同维度、同形状并且元素均为零的数组,通过函数 ones_like 可以快速创建与某个数组同维度、同形状并且元素均为 1 的数组。

2.1.4 参考代码与说明

任务 1 的代码

```
In [1]: import numpy as np                                              #导入 NumPy 模块并且用英文缩写 np

In [2]: price_amazon=np.array([1822.68,1840.12,1871.15,1907.57,1869.00])  #直接创建一维数组
   ...: type(price_amazon)
Out[2]: numpy.ndarray

In [3]: price_apple=[185.72,188.66,190.92,190.08,189.00]                 #先创建一个列表
   ...: price_apple=np.array(price_apple)                               #将列表转换为一维数组
   ...: type(price_apple)
Out[3]: numpy.ndarray
```

任务 2 的代码

```
In [4]: price_array=np.array([[1822.68,1840.12,1871.15,1907.57,1869.00],[185.72,188.66,
190.92,190.08,189.00],[123.35,124.73,126.02,128.93,128.07],[1136.59,1124.86,1170.80,1184.50,
1168.78],[345.26,345.61,354.99,359.31,354.45]])                         #直接以二维数组输入

In [5]: price_array                                                     #输出进行查看
Out[5]:
array([[1822.68,  1840.12,  1871.15,  1907.57,  1869.  ],
       [ 185.72,   188.66,   190.92,   190.08,   189.  ],
       [ 123.35,   124.73,   126.02,   128.93,   128.07],
       [1136.59,  1124.86,  1170.8 ,  1184.5 ,  1168.78],
       [ 345.26,   345.61,   354.99,   359.31,   354.45]])

In [6]: price_array.shape                                               #查看数组的形状
Out[6]: (5, 5)
```

---

① 在本章每个案例的"编程提示"部分中提及的函数,如无特别说明,均是指在 NumPy 模块中的函数。

```
In [7]: price_array.ndim                          #查看数组的维度
Out[7]: 2

In [8]: price_array.size                          #查看数组的元素个数
Out[8]: 25

In [9]: price_array.dtype                         #查看数组中的元素类型
Out[9]: dtype('float64')
```

任务 3 的代码

```
In [10]: n=price_array.size                       #变量 n 赋值为数组的元素个数

In [11]: x=np.arange(n+1)                         #生成整数序列
    ...: x
Out[11]:
array([ 0,  1,  2,  3,  4,  5,  6,  7,  8,  9, 10, 11, 12, 13, 14, 15, 16,
       17, 18, 19, 20, 21, 22, 23, 24, 25])

In [12]: m=40                                     #等差序列的元素个数

In [13]: y=np.linspace(price_apple[0],price_apple[-1],m)    #生成起始值是苹果公司股票 5 月 13 日
收盘价、终止值是 5 月 17 日收盘价且元素数量 40 的等差序列
    ...: y
Out[13]:
array([185.72      , 185.80410256, 185.88820513, 185.97230769,
       186.05641026, 186.14051282, 186.22461538, 186.30871795,
       186.39282051, 186.47692308, 186.56102564, 186.64512821,
       186.72923077, 186.81333333, 186.8974359 , 186.98153846,
       187.06564103, 187.14974359, 187.23384615, 187.31794872,
       187.40205128, 187.48615385, 187.57025641, 187.65435897,
       187.73846154, 187.8225641 , 187.90666667, 187.99076923,
       188.07487179, 188.15897436, 188.24307692, 188.32717949,
       188.41128205, 188.49538462, 188.57948718, 188.66358974,
       188.74769231, 188.83179487, 188.91589744, 189.        ])
```

任务 4 的 Python 代码

```
In [14]: zero_array1=np.zeros_like(price_amazon)  #快速生成元素为零的一维数组
    ...: zero_array1
Out[14]: array([0., 0., 0., 0., 0.])

In [15]: zero_array2=np.zeros_like(price_array)   #快速生成元素为零的二维数组
    ...: zero_array2
Out[15]:
array([[0., 0., 0., 0., 0.],
       [0., 0., 0., 0., 0.],
       [0., 0., 0., 0., 0.],
       [0., 0., 0., 0., 0.],
       [0., 0., 0., 0., 0.]])

In [16]: one_array1=np.ones_like(price_amazon)    #快速生成元素等于 1 的一维数组
    ...: one_array1
```

```
Out[16]: array([1., 1., 1., 1., 1.])

In [17]: one_array2=np.ones_like(price_array)        #快速生成元素等于1的二维数组
    ...: one_array2
Out[17]:
array([[1., 1., 1., 1., 1.],
       [1., 1., 1., 1., 1.],
       [1., 1., 1., 1., 1.],
       [1., 1., 1., 1., 1.],
       [1., 1., 1., 1., 1.]])
```

需要注意的是，数组与列表是具有关联性的，数组结构中的圆括号内的元素就是数列。因此，数组就可以通过列表定义出不同的维度。

2.2 数组索引和切片——以互联网公司发行的港股为分析对象

2.2.1 案例详情

B 公司是总部位于上海的一家信托公司，为了有效满足高净值投资者配置港股资产的需求，公司在 2019 年年初发行了一款集合资金信托管理计划（简称"信托计划"）[①]，该信托计划的投资范围集中于在香港联交所上市的互联网公司股票。截止到 2019 年 6 月末，该信托计划配置的重仓股包括了阿里健康、平安好医生、腾讯控股、小米集团以及美团点评等 5 家知名互联网公司发行的港股股票。表 2-3 就列出了这些股票 2019 年上半年的月度涨跌幅信息。

表 2-3 2019 年上半年 5 家互联网公司港股的月度涨跌幅情况

证券简称	证券代码	2019 年 1 月	2019 年 2 月	2019 年 3 月	2019 年 4 月	2019 年 5 月	2019 年 6 月
阿里健康	0241	13.070 9%	12.117%	12.670 8%	3.417 9%	−20.788 9%	0.672 9%
平安好医生	1833	33.695 7%	6.775 1%	12.436 5%	−13.318 3%	−8.333 3%	−7.528 4%
腾讯控股	0700	10.191 1%	−2.948%	7.504 5%	7.479 2%	−15.979 4%	8.159 5%
小米集团	1810	−23.839%	21.544 7%	−4.849 5%	5.623 9%	−20.299 5%	4.384 1%
美团点评	3690	21.412 3%	14.258 9%	−13.136 3%	7.750 5%	6.228 1%	13.129 6%

数据来源：香港联交所。

[①] 集合资金信托管理计划是指信托公司作为受托管理人受托管理 2 个或 2 个以上委托人（自然人或法人）交付的资金，进行集中管理、运用或处分并实现相应信托目的的信托产品。

假定你是这家信托公司的证券投资经理助理，日常工作就是负责对公司已投资的股票进行跟踪分析。根据工作安排，你需要结合表 2-3 的信息并运用 Python 完成 4 项编程任务。

2.2.2 编程任务

【任务 1】创建包含表 2-3 中 5 只股票的月度涨跌幅数据的一个数组；同时针对该数组，分别索引阿里健康在 2019 年 2 月的涨跌幅、腾讯控股在 2019 年 3 月的涨跌幅以及美团点评在 2019 年 6 月的涨跌幅。

【任务 2】针对任务 1 创建的数组，依次找出股票的月度涨幅高于 10%、月度跌幅超过 –15%的数值所在数组中的索引值以及对应的数据。

【任务 3】针对任务 1 创建的数组，分别截取小米集团的全部月度涨跌幅数据、2019 年 5 月全部股票的涨跌幅数据以及同时截取平安好医生和腾讯控股在 2019 年 2 月至 4 月期间的月度涨跌幅数据。

【任务 4】针对任务 1 创建的数组，分别按照行、列对月度涨跌幅由小到大进行排序。

2.2.3 编程提示

- 对二维数组的索引需要同时输入相关元素在数组中的行数与列数，按照某个特定规则对数组进行索引，可以运用 where 函数。
- 对数组内部的元素按照由小到大排序，可以运用 sort 函数，并且在函数中输入参数 axis=0 表示按列对元素排序，输入参数 axis=1 则代表按行对元素排序，不输入参数则默认按行对元素排序。

2.2.4 参考代码与说明

任务 1 的代码

```
In [18]: return_stocks=np.array([[0.130709,0.121170,0.126708,0.034179,-0.207889,0.006729],
[0.336957,0.067751,0.124365,-0.133183,-0.083333,-0.075284],[0.101911,-0.029480,0.075045, 0.074792,
-0.159794,0.081595],[-0.238390,0.215447,-0.048495,0.056239,-0.202995,0.043841], [0.214123,
0.142589,-0.131363,0.077505,0.062281,0.131296]])        #以数组格式输入

In [19]: return_stocks                              #输出查看一下
Out[19]:
```

```
array([[ 0.130709,  0.12117 ,  0.126708,  0.034179, -0.207889,  0.006729],
       [ 0.336957,  0.067751,  0.124365, -0.133183, -0.083333, -0.075284],
       [ 0.101911, -0.02948 ,  0.075045,  0.074792, -0.159794,  0.081595],
       [-0.23839 ,  0.215447, -0.048495,  0.056239, -0.202995,  0.043841],
       [ 0.214123,  0.142589, -0.131363,  0.077505,  0.062281,  0.131296]])

In [20]: return_stocks[0,1]        #索引阿里健康在 2019 年 2 月的涨跌幅
Out[20]: 0.12117

In [21]: return_stocks[2,2]        #索引腾讯控股在 2019 年 3 月的涨跌幅
Out[21]: 0.075045

In [22]: return_stocks[-1,-1]      #索引美团点评在 2019 年 6 月的涨跌幅
Out[22]: 0.131296
```

任务 2 的代码

```
In [23]: index1=np.where(return_stocks>0.1)       #股票月度涨幅高于 10%所在数组中的索引值
    ...: print('股票月度涨幅高于 10%所在数组中的索引值\n',index1)
股票月度涨幅高于 10%所在数组中的索引值
(array([0, 0, 0, 1, 1, 2, 3, 4, 4, 4], dtype=int64), array([0, 1, 2, 0, 2, 0, 1, 0, 1, 5],
dtype=int64))

In [24]: index2=np.where(return_stocks<-0.15)     #股票月度跌幅超过-15%所在数组中的索引值
    ...: print('股票月度跌幅超过-15%所在数组中的索引值\n',index2)
股票月度跌幅超过-15%所在数组中的索引值
(array([0, 2, 3, 3], dtype=int64), array([4, 4, 0, 4], dtype=int64))
```

需要说明的是，由于在任务 1 中创建的数组 return_stocks 是二维数组，因此得到的索引值就依次有两个数组，第 1 个数组中的数字代表二维数组中的行索引值，第 2 个数组中的数字则是二维数组中的列索引值。

```
In [25]: return_stocks[index1]        #找出股票月度涨幅高于 10%的数据
Out[25]:
array([0.130709, 0.12117 , 0.126708, 0.336957, 0.124365, 0.101911,
       0.215447, 0.214123, 0.142589, 0.131296])

In [26]: return_stocks[index2]        #找出股票月度跌幅超过-15%的数据
Out[26]: array([-0.207889, -0.159794, -0.23839 , -0.202995])
```

任务 3 的代码

```
In [27]: return_stocks[3]             #截取小米集团的全部月度涨跌幅数据
Out[27]: array([-0.23839 ,  0.215447, -0.048495,  0.056239, -0.202995,  0.043841])

In [28]: return_stocks[:,4]           #截取 2019 年 5 月全部股票的涨跌幅数据
Out[28]: array([-0.207889, -0.083333, -0.159794, -0.202995,  0.062281])

In [29]: return_stocks[1:3,1:4]       #截取平安好医生、腾讯控股 2 月至 4 月的月度涨跌幅数据
Out[29]:
array([[ 0.067751,  0.124365, -0.133183],
       [-0.02948 ,  0.075045,  0.074792]])
```

任务 4 的代码

```
In [30]: np.sort(return_stocks,axis=1)        #按行对元素进行由小到大的排序
Out[30]:
array([[-0.207889,  0.006729,  0.034179,  0.12117 ,  0.126708,  0.130709],
       [-0.133183, -0.083333, -0.075284,  0.067751,  0.124365,  0.336957],
       [-0.159794, -0.02948 ,  0.074792,  0.075045,  0.081595,  0.101911],
       [-0.23839 , -0.202995, -0.048495,  0.043841,  0.056239,  0.215447],
       [-0.131363,  0.062281,  0.077505,  0.131296,  0.142589,  0.214123]])

In [31]: np.sort(return_stocks,axis=0)        #按列对元素进行由小到大的排序
Out[31]:
array([[-0.23839 , -0.02948 , -0.131363, -0.133183, -0.207889, -0.075284],
       [ 0.101911,  0.067751, -0.048495,  0.034179, -0.202995,  0.006729],
       [ 0.130709,  0.12117 ,  0.075045,  0.056239, -0.159794,  0.043841],
       [ 0.214123,  0.142589,  0.124365,  0.074792, -0.083333,  0.081595],
       [ 0.336957,  0.215447,  0.126708,  0.077505,  0.062281,  0.131296]])
```

需要注意的是，如果按行对数组中的元素进行由小到大的排序，原先按照时间排序的涨跌幅数据就会被打乱。同样，如果按列对数组中的元素进行由小到大的排序，则原先按照证券简称排序的数据将会被打乱。

2.3　数组内部运算（一）——以保险公司股票为分析对象

2.3.1　案例详情

C 公司是总部位于深圳的一家券商资产管理公司，在 2018 年年底面向投资者发行了一款集合资产管理计划（简称"资管计划"）[1]，该资管计划的投资范围就限定于 A 股上市的保险公司股票，并且主要配置包括中国平安、中国人保、中国人寿、中国太保、新华保险在内的5 家保险公司股票。表 2-4 就列出了在 2019 年 5 月最后一个交易周（即 5 月 27 日至 5 月 31日）这些股票每日的市盈率[2]。

---

[1] 集合资产管理计划是指集合多个投资者（2～200 人）的委托资金，由专业的投资机构进行管理，并投资于约定的权益类、固定收益类、衍生品类等投资品种的资管产品。

[2] 市盈率（Price Earnings Ratio，PE）是指股票价格除以每股收益的比率，市盈率是用于评估股价是否合理的最常用指标之一，是具有一定参考价值的股市指标。

表 2-4　2019 年 5 月最后一个交易周 5 家 A 股上市保险公司股票的每日市盈率

证券简称	证券代码	2019-05-27	2019-05-28	2019-05-29	2019-05-30	2019-05-31
中国平安	601318	11.090 1	11.235 2	11.463 7	11.364 5	11.351 6
中国人保	601319	26.496 1	26.244 9	28.568 1	28.442 5	28.442 5
中国人寿	601628	30.332 2	30.391 3	31.857 0	31.171 4	30.875 9
中国太保	601601	15.180 6	15.332 0	16.433 4	16.038 7	15.795 5
新华保险	601336	18.124 3	18.329 1	19.694 8	18.968 9	18.544 8

注：表中计算的市盈率是采用了滚动市盈率（Trailing Twelve Months，TTM），具体是通过最近 12 个月或者 4 个季度的每股盈利计算得到市盈率，这样就能有效剔除上市公司财务的季节性变化，使市盈率指标更加严谨。
数据来源：Wind。

　　假定你是这家资产管理公司的证券分析师助理，主要的工作职责就是跟踪并分析保险公司股票。现在，你需要结合表 2-4 的信息并且运用 Python 完成 3 项编程任务。

2.3.2　编程任务

【任务 1】创建包含表 2-4 中每日市盈率信息的一个数组，并且分别找出每只股票的最大市盈率和最小市盈率，然后找出在每个交易日的最大市盈率和最小市盈率，最后找出整个数组的最大市盈率和最小市盈率。

【任务 2】针对任务 1 创建的数组，分别计算每只股票在此期间的平均市盈率、在每个交易日 5 只股票的平均市盈率以及整个数组的平均市盈率。

【任务 3】针对任务 1 创建的数组，分别计算每只股票市盈率在此期间的方差和标准差、在每个交易日 5 只股票市盈率的方差和标准差，以及整个数组的市盈率方差和标准差。

2.3.3　编程提示

- 针对数组内部元素求最大值需要用函数 max，求最小值则用函数 min，并且可通过参数 axis=0 表示按列求最值、axis=1 则表示按行求最值，不输入参数默认是对数组内的所有元素求最值。

- 针对数组内部元素求算术平均值要运用函数 mean，输入参数 axis=0 是表示按列求均值、axis=1 则是按行求均值，不输入参数是对数组内所有元素求均值。

- 对数组内部元素求方差需要用函数 var、求标准差则要用函数 std，并且可通过参数 axis=0 表示按列计算、axis=1 表示按行计算，不输入参数就是对数组内的所有元素计算。

2.3.4 参考代码与说明

任务 1 的代码

```
In [32]: PE=np.array([[11.0901,11.2352,11.4637,11.3645,11.3516],[26.4961,26.2449,28.5681,
28.4425,28.4425],[30.3322,30.3913,31.8570,31.1714,30.8759],[15.1806,15.3320,16.4334,16.0387,
15.7955],[18.1243,18.3291,19.6948,18.9689,18.5448]])          #创建包含表 2-4 数据的一个数组

In [33]: PE                              #输出数组进行查看
Out[33]:
array([[11.0901, 11.2352, 11.4637, 11.3645, 11.3516],
       [26.4961, 26.2449, 28.5681, 28.4425, 28.4425],
       [30.3322, 30.3913, 31.857 , 31.1714, 30.8759],
       [15.1806, 15.332 , 16.4334, 16.0387, 15.7955],
       [18.1243, 18.3291, 19.6948, 18.9689, 18.5448]])

In [34]: PE.max(axis=1)              #找到每只股票在 2019 年 5 月 27 日至 31 日的最高市盈率
Out[34]: array([11.4637, 28.5681, 31.857 , 16.4334, 19.6948])

In [35]: PE.min(axis=1)              #找到每只股票在 2019 年 5 月 27 日至 31 日的最低市盈率
Out[35]: array([11.0901, 26.2449, 30.3322, 15.1806, 18.1243])

In [36]: PE.max(axis=0)              #找到 2019 年 5 月 27 日至 31 日每个交易日的最高市盈率
Out[36]: array([30.3322, 30.3913, 31.857 , 31.1714, 30.8759])

In [37]: PE.min(axis=0)              #找到 2019 年 5 月 27 日至 31 日每个交易日的最低市盈率
Out[37]: array([11.0901, 11.2352, 11.4637, 11.3645, 11.3516])

In [38]: PE.max()                    #找到整个数组的最高市盈率
Out[38]: 31.857

In [39]: PE.min()                    #找到整个数组的最低市盈率
Out[39]: 11.0901
```

任务 2 的代码

```
In [40]: PE_mean_eachstock=PE.mean(axis=1)          #计算每只股票的期间平均市盈率

In [41]: print('每只股票 2019 年 5 月 27 日至 31 日的期间平均市盈率\n',PE_mean_eachstock)
每只股票 2019 年 5 月 27 日至 31 日的期间平均市盈率
 [11.30102 27.63882 30.92556 15.75604 18.73238]
```

```
In [42]: PE_mean_eachstock
Out[42]: array([11.30102, 27.63882, 30.92556, 15.75604, 18.73238])
```

需要注意的是，针对一个数组，如果用函数 print 进行输出，则输出的结果是在格式上与数列有些相似，但是元素之间不是用逗号而是用空格隔开。

```
In [43]: PE_mean_eachday=PE.mean(axis=0)          #计算每个交易日 5 只股票的平均市盈率

In [44]: print('2019 年 5 月 27 日至 31 日每个交易日的平均市盈率\n',PE_mean_eachday)
2019 年 5 月 27 日至 31 日每个交易日的平均市盈率
[20.24466 20.3065  21.6034  21.1972  21.00206]

In [45]: PE_mean=PE.mean()                         #计算整个数组的平均市盈率

In [45]: print('整个数组的平均市盈率',PE_mean)
整个数组的平均市盈率 20.870763999999998
```

任务 3 的代码

```
In [46]: PE_var_eachstock=PE.var(axis=1)           #计算每只股票市盈率的期间方差
    ...: PE_std_eachstock=PE.std(axis=1)           #计算每只股票市盈率的期间标准差

In [47]: print('每只股票 2019 年 5 月 27 日至 31 日市盈率的期间方差\n',PE_var_eachstock)
    ...: print('每只股票 2019 年 5 月 27 日至 31 日市盈率的期间标准差\n',PE_std_eachstock)
每只股票 2019 年 5 月 27 日至 31 日市盈率的期间方差
[0.01637447 1.08083727 0.31359875 0.21024229 0.30995525]
每只股票 2019 年 5 月 27 日至 31 日市盈率的期间标准差
[0.12796277 1.03963324 0.55999888 0.45852185 0.55673625]

In [48]: PE_var_eachday=PE.var(axis=0)             #每个交易日市盈率的方差
    ...: PE_std_eachday=PE.std(axis=0)             #每个交易日市盈率的标准差
    ...: print('2019 年 5 月 27 日至 31 日的每日市盈率方差\n',PE_var_eachday)
    ...: print('2019 年 5 月 27 日至 31 日的每日市盈率标准差\n',PE_std_eachday)
2019 年 5 月 27 日至 31 日的每日市盈率方差
[50.95711287 49.58240606 57.36570582 56.04729403 55.82612714]
2019 年 5 月 27 日至 31 日的每日市盈率标准差
[7.1384251  7.04147755 7.57401517 7.48647407 7.47168837]

In [49]: PE_var=PE.var()                           #计算整个数组的市盈率方差
    ...: PE_std=PE.std()                           #计算整个数组的市盈率标准差
    ...: print('整个数组的市盈率方差',PE_var)
    ...: print('整个数组的市盈率标准差',PE_std)
整个数组的市盈率方差 54.229920121504
整个数组的市盈率标准差 7.364096694198413
```

从以上的输出结果不难发现，针对单只股票而言，由于不同交易日的市盈率变化不大，因此期间的方差和标准差均比较小。相比之下，在同一个交易日，不同公司股票的市盈率存在着较大差异性，这就导致了在每个交易日市盈率的方差和标准差均比较高。

2.4 数组内部运算（二）——以 A 股指数为分析对象

2.4.1 案例详情

D 公司是总部位于武汉的一家证券公司，假定你在该公司研究所担任宏观策略分析师助理，平时主要的工作就是帮助分析师整理并初步分析各类经济、金融数据。表 2-5 就列出了在 2019 年 4 月 15 日至 4 月 18 日期间，上证综指、深证综指、中小板综指以及创业板综指等 A 股市场主要股票指数的交易金额以及交易额变动比例情况，其中，交易额变动比例的计算公式如下：

$$交易额变动比例 = \frac{当日的交易额}{上一个交易日的交易额}$$

表 2-5 2019 年 4 月 15 日至 4 月 18 日期间股票指数交易额及交易额变动比例

股票指数	2019-04-15		2019-04-16		2019-04-17		2019-04-18	
	交易额（亿元）	交易额变动比例	交易额（亿元）	交易额变动比例	交易额（亿元）	交易额变动比例	交易额（亿元）	交易额变动比例
上证综指	3 556.66	1.231 1	3 601.67	1.012 7	3 545.10	0.984 3	3 235.08	0.912 6
深证综指	4 201.12	1.140 8	4 308.79	1.025 6	4 755.93	1.103 8	4 299.14	0.904 0
中小板综指	1 752.39	1.114 1	1 763.23	1.006 2	1 990.95	1.129 1	1 842.32	0.925 3
创业板综指	1 120.65	1.143 1	1 201.82	1.072 4	1 342.21	1.116 8	1 167.79	0.870 0

注：表中 2019 年 4 月 15 日的交易额变动比例等于当日的交易额除以前一个交易日（即 4 月 12 日）的交易额。

数据来源：同花顺。

为了满足后续分析工作的需要，你将根据表 2-5 的信息并运用 Python 完成 3 项编程任务。

2.4.2 编程任务

【任务 1】根据表 2-5 中的数据依次创建两个数组，一个数组是以交易额数据为元素，另一个数组是以交易额变动比例数据为元素。

【任务 2】针对任务 1 创建的以交易额作为元素的数组，依次计算每个指数在 2019 年 4

月 15 日至 4 月 18 日期间的累积交易额、在每个交易日全部指数的合计交易额以及整个数组的累积交易额。

【任务 3】在线性回归的模型中，通常会对交易额数据采用取对数的方式进行数值缩减。因此，为了后续建立线性回归的需要，针对任务 1 以交易额作为元素的数组，分别计算每个交易额的自然对数、底数 10 的对数、底数 2 的对数；同时为了进行验证，针对以每个交易额自然对数结果作为元素的新数组，计算以 e 为底的指数次方。

【任务 4】针对以交易额变动比例作为元素的数组，计算每个指数在 2019 年 4 月 15 日至 4 月 18 日期间的累积变动比例。

2.4.3 编程提示

- 针对数组内部元素的求和需要运用函数 sum，输入参数 axis=0 代表按列求和，输入参数 axis=1 代表按行求和，不输入参数则默认对所有元素求和。

- 对数组中每个元素依次计算自然对数、底数 10 的对数、底数 2 的对数以及以 e 为底的指数次方时，需要分别运用函数 log、log10、log2 和 exp。

- 针对数组内部元素求乘积，可以运用函数 prod，同时，输入参数 axis=0 代表按列求乘积，输入参数 axis=1 表示按行求乘积，不输入参数则默认是对所有元素求乘积。

2.4.4 参考代码与说明

任务 1 的代码

```
In  [50]:  volume=np.array([[3556.66,3601.67,3545.10,3235.08],[4201.12,4308.79,4755.93,
4299.14],[1752.39,1763.23,1990.95,1842.32],[1120.65,1201.82,1342.21,1167.79]])  #创建包含交易
额的数组

In [51]: volume        #输出数组的结果进行查看
Out[51]:
array([[3556.66, 3601.67, 3545.1 , 3235.08],
       [4201.12, 4308.79, 4755.93, 4299.14],
       [1752.39, 1763.23, 1990.95, 1842.32],
       [1120.65, 1201.82, 1342.21, 1167.79]])

In [52]: volume_change=np.array([[1.2311,1.0127,0.9843,0.9126],[1.1408,1.0256,1.1038,0.9040],
[1.1141,1.0062,1.1291,0.9253],[1.1431,1.0724,1.1168,0.8700]])     #创建包含交易额变动比例的数组
```

```
In [53]: volume_change                              #输出数组的结果进行查看
Out[53]:
array([[1.2311, 1.0127, 0.9843, 0.9126],
       [1.1408, 1.0256, 1.1038, 0.904 ],
       [1.1141, 1.0062, 1.1291, 0.9253],
       [1.1431, 1.0724, 1.1168, 0.87  ]])
```

任务 2 的代码

```
In [54]: value_total_eachindex=volume.sum(axis=1) #2019年4月15日至18日期间每个指数的累积交易额
    ...: print('2019年4月15日至18日期间每个指数的累积交易额\n',value_total_eachindex)
2019年4月15日至18日期间每个指数的累积交易额
[13938.51 17564.98 7348.89 4832.47]
```

从输出的结果可以看到，在 2019 年 4 月 15 日至 4 月 18 日期间，深证综指的累计交易额是最高的，而创业板综指的累计交易额是最低的。

```
In [55]: value_total_eachday=volume.sum(axis=0)        #每个交易日全部指数的合计交易额
    ...: print('2019年4月15日至18日每个交易日全部指数的合计交易额\n', value_total_eachday)
2019年4月15日至18日每个交易日全部指数的合计交易额
[10630.82 10875.51 11634.19 10544.33]
```

从输出的结果可以看到，2019 年 4 月 17 日全部指数的合计交易额是最大的，而随后第 2 天（2019 年 4 月 18 日）的合计交易额则是最小的。

```
In [56]: value_total=volume.sum()                      #整个数组的累积交易额
    ...: print('整个数组的累积交易额',round(value_total,2))
整个数组的累积交易额 43684.85
```

任务 3 的代码

```
In [57]: volume_log=np.log(volume)                  #针对数组中的每个交易额计算自然对数
    ...: volume_log
Out[57]:
array([[8.17657718, 8.18915291, 8.17332165, 8.08180894],
       [8.34310644, 8.3684124 , 8.46714754, 8.36617028],
       [7.46873585, 7.47490263, 7.59636719, 7.51878093],
       [7.02166415, 7.09159235, 7.20207279, 7.06286835]])

In [58]: volume_log10=np.log10(volume)              #针对数组中的每个交易额计算底数 10 的对数
    ...: volume_log10
Out[58]:
array([[3.55104235, 3.55650392, 3.54962849, 3.50988502],
       [3.62336509, 3.63435533, 3.67723545, 3.63338159],
       [3.24363077, 3.24630897, 3.29906035, 3.26536507],
       [3.04947   , 3.07983943, 3.12782047, 3.06736475]])

In [59]: volume_log2=np.log2(volume)                #针对数组中的每个交易额计算底数 2 的对数
    ...: volume_log2
Out[59]:
array([[11.79630735, 11.81445029, 11.79161061, 11.65958567],
```

```
          [12.03655828, 12.07306707, 12.21551177, 12.06983238],
          [10.77510817, 10.78400496, 10.95924127, 10.84730796],
          [10.13012005, 10.23100512, 10.3903947 , 10.18956515]])

In [60]: volume_new=np.exp(volume_log)    #针对数组的每个元素计算e为底的指数次方
    ...: volume_new
Out[60]:
array([[3556.66, 3601.67, 3545.1 , 3235.08],
       [4201.12, 4308.79, 4755.93, 4299.14],
       [1752.39, 1763.23, 1990.95, 1842.32],
       [1120.65, 1201.82, 1342.21, 1167.79]])
```

经过验证发现，对交易额先计算自然对数然后再计算以 e 为底的指数次方所得到的结果，与任务 1 中创建的以交易额作为元素的数组是完全一致的。

任务 4 的代码

```
In [61]: volume_change.prod(axis=1)    #计算各指数在 2019 年 4 月 15 日至 18 日期间的累积变动比例

In [62]: print('上证综指在 2019 年 4 月 15 日至 18 日期间的累积变动比例', round(volume_change_eachindex
[0],4))
    ...: print('深证综指在 2019 年 4 月 15 日至 18 日期间的累积变动比例', round(volume_change_eachindex
[1],4))
    ...: print('中小板综指在 2019 年 4 月 15 日至 18 日期间的累积变动比例', round(volume_change_eachindex
[2],4))
    ...: print('创业板综指在 2019 年 4 月 15 日至 18 日期间的累积变动比例', round(volume_change_eachindex
[3],4))
上证综指在 2019 年 4 月 15 日至 18 日期间的累积变动比例    1.1199
深证综指在 2019 年 4 月 15 日至 18 日期间的累积变动比例    1.1675
中小板综指在 2019 年 4 月 15 日至 18 日期间的累积变动比例 1.1712
创业板综指在 2019 年 4 月 15 日至 18 日期间的累积变动比例 1.1911
```

以上的输出结果就表明，相比 2019 年 4 月 12 日，4 月 18 日上证综指的交易额增加 11.99%，深圳综指的交易额增加 16.75%，中小板综指和创业板综指的交易额则分别增加 17.12%和 19.11%，显然在此期间创业板综指的交易额增长最快，上证综指的交易额增长则最慢。

2.5 数组间运算——以中资银行股为分析对象

2.5.1 案例详情

E 公司是一家历史悠久、投资稳健并致力于为投资者实现长期资产增值的全球性投资管理公司，公司亚太区总部位于我国香港，近年来一直对我国商业银行的经营前景保持乐观，该公司发行的多只资管产品中均配置了在香港联交所上市的中资银行股（H 股）以及通过沪港通投资 A 股的银行股[1]。工商银行、中国银行、交通银行、招商银行以及民生银行这 5 家银行的股票是这些资管产品的重仓股，表 2-6 就列出了这 5 家银行 A 股和 H 股的相关信息。

表 2-6　工商银行、中国银行、交通银行、招商银行和民生银行的 A 股和 H 股信息

证券名称	工商银行	中国银行	交通银行	招商银行	民生银行
H 股的证券代码	1398	3988	3328	3968	1988
A 股的证券代码	601398	601988	601328	600036	600016
2019 年 6 月末 A 股收盘价（人民币元/股）	5.89	3.74	6.12	35.98	6.35
2019 年 6 月末港股收盘价（港元/股）	5.70	3.30	5.93	38.95	5.41
总股本（亿股）	3 564.062 6	2 943.877 9	742.627 3	252.198 5	437.824 2
A 股净资产（亿元）	23 448.83	17 253.97	7 053.08	5 436.05	4 310.01
A 股净利润（亿元）	2 987.23	1 924.35	741.65	808.19	503.30
H 股净资产（亿港元）	26 698.837 8	19 645.370 2	8 030.636 9	6 189.486 5	4 703.568
H 股净利润（亿港元）	3 401.260 1	2 191.064 9	844.442 7	920.205 1	573.057 4
7月2日H股涨跌幅（7月1日港股休市）	-0.526 3%	0.303 0%	2.023 6%	1.412 1%	0.739 4%

注：表中的净资产、净利润均是 2018 年的数据。

数据来源：Wind。

　　假定你在 E 公司担任风险经理助理，日常的工作之一就是协助风险经理对中资银行股进行风险分析，结合表 2-6 的信息并运用 Python 完成 4 项编程任务。

2.5.2　编程任务

　　【任务 1】依次创建包含总股本、A 股披露的净资产和净利润、H 股披露的净资产和净利润的 3 个数组，并且分别计算 A 股的每股净资产和每股收益、H 股的每股净资产和每股收益[2]。

[1] 沪港通（Shanghai-Hong Kong Stock Connect，SHSC）是指上海证券交易所和香港联交所允许两地投资者通过当地证券公司（或经纪商）买卖规定范围内的对方交易所上市的股票，是沪（上海）港（香港）股票市场交易互联互通的一种机制安排，沪港通下的股票交易于 2014 年 11 月 17 日正式开始实施。

[2] 每股净资产=净资产/总股本，每股收益=净利润/总股本。

【任务 2】依次创建包含 2019 年 6 月末 A 股收盘价、H 股收盘价的两个数组，分别计算 6 月末 A 股的市净率（PB）[1]和市盈率（PE）、H 股的市净率和市盈率。

【任务 3】比较每家银行 A 股和 H 股的市净率和市盈率，并且创建以市净率的最大值、市盈率的最大值作为元素的新数组，同时以市净率的最小值、市盈率的最小值作为元素的另一个新数组。

【任务 4】假定 E 公司的全部资管产品共持有表 2-6 中这 5 家银行 H 股股票各 2 000 万股，计算持有的每只股票在 6 月末的市值情况；同时创建以 7 月 2 日 H 股涨跌幅作为元素的数组，并且以 6 月末的市值作为基准计算所持有的每只股票在 7 月 2 日的盈亏情况，此外还需要计算 7 月 2 日 H 股收盘价数据。

2.5.3 编程提示

- 针对任务 1 和任务 2，需要用到两个数组之间的除法运算。
- 针对任务 3，可以运用函数 maximum、函数 minimum 分别创建新的数组。
- 针对任务 4，需要运用到两个数组之间的乘法运算。

2.5.4 参考代码与说明

任务 1 的代码

```
In [63]: share=np.array([3564.0626,2943.8779,742.6273,252.1985,437.8242])    #总股本的数组

In [64]: data1_A=np.array([[23448.83,17253.97,7053.08,5436.05,4310.01],[2987.23,1924.35,
741.65,808.19,503.30]])              #A 股的净资产和净利润的数组

In [65]: data1_H=np.array([[26698.8378,19645.3702,8030.6369,6189.4865,4703.568],[3401.2601,
2191.0649,844.4427,920.2051,573.0574]])     #H 股的净资产和净利润的数组

In [66]: data2_A=data1_A/share          #A 股的每股净资产和每股收益的数组
    ...: data2_A
Out[66]:
array([[ 6.5792419 , 5.86096658, 9.49746932, 21.55464842, 9.84415663],
       [ 0.83815307, 0.65367861, 0.998684  , 3.20457893, 1.14954815]])
```

---

[1] 市净率（Price-to-Book Ratio，PB）是指股价与每股净资产的比率，市净率和市盈率都是用于评估股价是否合理的常用指标；相比其他行业的上市公司，市净率更广泛地应用于评估金融机构发行股票的价值。

```
In [67]: data2_H=data1_H/share                          #H 股的每股净资产和每股收益
    ...: data2_H
Out[67]:
array([[ 7.49112482,  6.67329654, 10.81381859, 24.54212257, 10.74305166],
       [ 0.95432109,  0.74427846,  1.13710161,  3.64873344,  1.30887557]])
```

从以上的输出可以看到，由于人民币与港币之间的币值差异，5 家银行 H 股的每股净资产和每股收益是高于 A 股的相关数据。

任务 2 的代码

```
In [68]: price_A=np.array([5.89,3.74,6.12,35.98,6.35])    #2019 年 6 月末 A 股的收盘价
    ...: price_H=np.array([5.70,3.30,5.93,38.95,5.41])    #2019 年 6 月末 H 股的收盘价

In [69]: PB_PE_A=price_A/data2_A                          #2019 年 6 月末 A 股的市净率和市盈率
    ...: PB_PE_A
Out[69]:
array([[ 0.89523992,  0.63812   ,  0.64438218,  1.66924551,  0.64505272],
       [ 7.02735602,  5.72146613,  6.12806455, 11.27768412,  5.52390954]])

In [70]: PB_PE_H=price_H/data2_H                          #2019 年 6 月末 H 股的市净率和市盈率
    ...: PB_PE_H
Out[70]:
array([[ 0.76090042,  0.49450822,  0.54837243,  1.58706729,  0.50358131],
       [ 5.97283249,  4.43382442,  5.21501327, 10.67493711,  4.13331879]])
```

从以上的输出可以看到，无论是市净率还是市盈率，H 股均低于 A 股，背后的原因在于香港资本市场是比较成熟的市场，相比之下虽然 A 股市场经过近 30 年的发展，但依然是新兴加转轨的市场，导致 A 股股票估值普遍偏高。

任务 3 的代码

```
In [71]: PB_PE_max=np.maximum(PB_PE_A,PB_PE_H)     #创建市净率、市盈率的最大值作为元素的数组
    ...: PB_PE_max
Out[71]:
array([[ 0.89523992,  0.63812   ,  0.64438218,  1.66924551,  0.64505272],
       [ 7.02735602,  5.72146613,  6.12806455, 11.27768412,  5.52390954]])
```

在输出的结果中，第 1 行代表每只股票 A 股与 H 股市净率的最大值，第 2 行代表每只股票 A 股与 H 股市盈率的最大值。

```
In [72]: PB_PE_min=np.minimum(PB_PE_A,PB_PE_H)     #创建市净率、市盈率的最小值作为元素的数组
    ...: PB_PE_min
Out[72]:
array([[ 0.76090042,  0.49450822,  0.54837243,  1.58706729,  0.50358131],
       [ 5.97283249,  4.43382442,  5.21501327, 10.67493711,  4.13331879]])
```

在输出的结果中，第 1 行代表每只股票 A 股与 H 股市净率的最小值，第 2 行代表每只

股票 A 股与 H 股市盈率的最小值。

任务 4 的代码

```
In [73]: N=2e7                                    #持有每家银行H股股票数量

In [74]: value_H=price_H*N                        #持有每只股票2019年6月末的市值情况
    ...: value_H
Out[74]: array([1.140e+08, 6.600e+07, 1.186e+08, 7.790e+08, 1.082e+08])
```

在输出的结果中，e+08 代表了 10^8，e+07 代表了 10^7。就 E 公司持有的单只股票市值而言，招商银行是最高的，中国银行则是最低的。

```
In [75]: price_change=np.array([-0.005263,0.003030,0.020236,0.014121,0.007394])  #7月2
日H股涨跌幅的数组

In [76]: value_change=value_H*price_change        #投资者持有每只股票在7月2日的盈亏金额
    ...: value_change
Out[76]: array([ -599982. ,   199980. ,  2399989.6,  11000259. ,   800030.8])

In [77]: newprice_H=price_H*(price_change+1)       #计算7月2日每只H股的收盘价
    ...: newprice_H.round(2)                        #输出结果保留至小数点后2位
Out[77]: array([ 5.67,  3.31,  6.05, 39.5 ,  5.45])
```

2.6　矩阵运算（一）——以全球主要股指为分析对象

2.6.1　案例详情

F 公司是总部位于广州的一家私募基金管理公司[1]，"秉承价值投资、追求绝对收益"是公司的投资理念。为了满足投资者日益增长的对全球资本市场的投资需求，公司于 2019 年一季度发行了一款以股票指数作为投资标的的私募基金产品，主要配置的指数包括道琼斯工业平均指数、富时 100 指数、日经 225 指数、恒生指数以及海峡指数（新加坡）这 5 只全球知名的股票指数。表 2-7 列示了这些股票指数在 2019 年 6 月的最后两个交易周每日涨跌幅情况。

---

[1] 私募基金（全称为"私募投资基金"）是指以非公开方式向合格投资者募集资金设立的投资基金，包括资产由基金管理人或者普通合伙人管理的以投资活动为目的设立的公司或者合伙企业。目前，在我国境内（不含港澳台）是由中国证券投资基金业协会负责办理私募基金管理人登记及私募基金备案，对私募基金业务活动进行自律管理。

表2-7 2019 年 6 月最后两个交易周全球主要股票指数的日涨跌幅情况

交 易 日	道琼斯工业平均指数	富时 100 指数	日经 225 指数	恒 生 指 数	海 峡 指 数
2019-06-17	0.087 9%	0.157 0%	0.033 7%	0.401 2%	−0.454 3%
2019-06-18	1.351 9%	1.165 2%	−0.716 2%	0.997 6%	0.958 2%
2019-06-19	0.145 3%	−0.530 7%	1.722 0%	2.557 8%	1.526 5%
2019-06-20	0.940 1%	0.282 3%	0.604 6%	1.235 0%	0.801 1%
2019-06-21	−0.127 2%	−0.228 2%	−0.951 5%	−0.268 7%	0.207 9%
2019-06-24	0.031 5%	0.124 1%	0.128 7%	0.138 0%	−0.297 2%
2019-06-25	−0.670 9%	0.077 4%	−0.433 1%	−1.146 9%	−0.219 2%
2019-06-26	−0.042 9%	−0.081 4%	−0.505 9%	0.127 7%	−0.091 4%
2019-06-27	−0.038 6%	−0.189 6%	1.193 1%	1.415 4%	0.828 5%
2019-06-28	0.276 6%	0.314 8%	−0.291 7%	−0.275 3%	−0.210 0%

数据来源：Wind。

　　假定你是这家公司的基金经理助理，负责跟踪并分析全球主要股指的走势。下面，你需要结合表 2-7 的信息并且运用 Python 完成 4 项编程任务。

2.6.2 编程任务

　　【任务 1】将表 2-7 中的指数涨跌幅数据首先按每个交易日依次创建相应的数组，然后将不同的数组进行拼接并转置，最终形成每行代表某只指数涨跌幅的 5 行 10 列（5×10）的一个数组。

　　【任务 2】针对任务 1 创建的数组，分别计算不同指数之间的协方差矩阵以及相关系数矩阵。

　　【任务 3】针对任务 2 创建的协方差矩阵，分别计算该矩阵的对角线、上三角、下三角以及迹。

　　【任务 4】针对任务 2 创建的相关系数矩阵，也依次计算该矩阵的对角线、上三角、下三角以及迹。

2.6.3 编程提示

* 数组的拼接可以运用函数 concatenate，同时，输入参数 axis=0 表示向下拼接。

* 矩阵的转置需要运用函数 transpose 或者"数组名称.T"的方式实现。

- 计算协方差矩阵需要运用函数 cov，计算相关系数矩阵则要用到函数 corrcoef。
- 求矩阵的对角线用函数 diag、矩阵的上三角用函数 triu、矩阵的下三角用函数 tril 以及矩阵的迹用函数 trace。

2.6.4　参考代码与说明

任务 1 的代码

```
In [78]: index_Jun17=np.array([0.000879,0.001570,0.000337,0.004012,-0.004543])   #6 月 17
日的主要股票指数涨跌幅数组
    ...: index_Jun18=np.array([0.013519,0.011652,-0.007162,0.009976,0.009582])
    ...: index_Jun19=np.array([0.001453,-0.005307,0.017220,0.025578,0.015265])
    ...: index_Jun20=np.array([0.009401,0.002823,0.006046,0.012350,0.008011])
    ...: index_Jun21=np.array([-0.001272,-0.002282,-0.009515,-0.002687,0.002079])
    ...: index_Jun24=np.array([0.000315,0.001241,0.001287,0.001380,-0.002972])
    ...: index_Jun25=np.array([-0.006709,0.000774,-0.004331,-0.011469,-0.002192])
    ...: index_Jun26=np.array([-0.000429,-0.000814,-0.005059,0.001277,-0.000914])
    ...: index_Jun27=np.array([-0.000386,-0.001896,0.011931,0.014154,0.008285])
    ...: index_Jun28=np.array([0.002766,0.003148,-0.002917,-0.002753,-0.002100])

In [79]: index_data=np.concatenate((index_Jun17,index_Jun18,index_Jun19,index_Jun20, index_
Jun21,index_Jun24,index_Jun25,index_Jun26,index_Jun27,index_Jun28),axis=0)   #将数组向下拼接

In [80]: index_data                          #输出新数组进行查看
Out[80]:
array([ 0.000879,  0.00157 ,  0.000337,  0.004012, -0.004543,  0.013519,
        0.011652, -0.007162,  0.009976,  0.009582,  0.001453, -0.005307,
        0.01722 ,  0.025578,  0.015265,  0.009401,  0.002823,  0.006046,
        0.01235 ,  0.008011, -0.001272, -0.002282, -0.009515, -0.002687,
        0.002079,  0.000315,  0.001241,  0.001287,  0.00138 , -0.002972,
       -0.006709,  0.000774, -0.004331, -0.011469, -0.002192, -0.000429,
       -0.000814, -0.005059,  0.001277, -0.000914, -0.000386, -0.001896,
        0.011931,  0.014154,  0.008285,  0.002766,  0.003148, -0.002917,
       -0.002753, -0.0021  ])
```

需要注意的是，若干个数组拼接之后形成的新数组是一个一维数组。

```
In [81]: index_data=index_data.reshape(10,5)      #生成10 行 5 列的数组

In [82]: index_data=index_data.T                  #将数组进行转置
    ...: index_data
Out[82]:
array([[ 0.000879,  0.013519,  0.001453,  0.009401, -0.001272,  0.000315,
        -0.006709, -0.000429, -0.000386,  0.002766],
       [ 0.00157 ,  0.011652, -0.005307,  0.002823, -0.002282,  0.001241,
         0.000774, -0.000814, -0.001896,  0.003148],
```

```
            [ 0.000337, -0.007162,  0.01722 ,  0.006046, -0.009515,  0.001287,
             -0.004331, -0.005059,  0.011931, -0.002917],
            [ 0.004012,  0.009976,  0.025578,  0.01235 , -0.002687,  0.00138 ,
             -0.011469,  0.001277,  0.014154, -0.002753],
            [-0.004543,  0.009582,  0.015265,  0.008011,  0.002079, -0.002972,
             -0.002192, -0.000914,  0.008285, -0.0021 ]])
```

通过以上的输入、拼接、转置等一系列操作，最终完成了 5 行 10 列（5×10）的数组创建工作，数组中的每行代表每个指数涨跌幅，每列对应于每个交易日的涨跌幅。

任务 2 的代码

```
In [83]: index_cov=np.cov(index_data)              #计算各股票指数涨跌幅之间的协方差
    ...: index_cov
Out[83]:
array([[ 3.22853620e-05,  1.82564155e-05,  1.20310122e-07,
         2.86216066e-05,  1.84398188e-05],
       [ 1.82564155e-05,  2.04423279e-05, -1.92798069e-05,
        -8.04911758e-06, -2.09524343e-06],
       [ 1.20310122e-07, -1.92798069e-05,  7.39720842e-05,
         7.24302290e-05,  3.47468624e-05],
       [ 2.86216066e-05, -8.04911758e-06,  7.24302290e-05,
         1.11563397e-04,  6.06699868e-05],
       [ 1.84398188e-05, -2.09524343e-06,  3.47468624e-05,
         6.06699868e-05,  4.53850365e-05]])

In [84]: index_corr=np.corrcoef(index_data)         #计算各股票指数涨跌幅之间的相关系数
    ...: index_corr
Out[84]:
array([[ 1.        ,  0.71063649,  0.00246187,  0.47690328,  0.4817231 ],
       [ 0.71063649,  1.        , -0.49579664, -0.16854747, -0.06878805],
       [ 0.00246187, -0.49579664,  1.        ,  0.79730606,  0.59968795],
       [ 0.47690328, -0.16854747,  0.79730606,  1.        ,  0.85262231],
       [ 0.4817231 , -0.06878805,  0.59968795,  0.85262231,  1.        ]])
```

从以上的相关系数矩阵中可以发现，恒生指数与新加坡海峡指数的相关系数最高，超过 0.85，这说明我国香港的资本市场与新加坡资本市场具有很强的联动性；道琼斯工业平均指数与日经 225 指数的相关系数则最低并且仅为 0.002，表明两地在资本市场上几乎不存在联动性。

任务 3 的代码

```
In [85]: np.diag(index_cov)                          #协方差矩阵的对角线矩阵
Out[85]:
array([3.22853620e-05, 2.04423279e-05, 7.39720842e-05, 1.11563397e-04, 4.53850365e-05])

In [86]: np.triu(index_cov)                          #协方差矩阵的上三角矩阵
Out[86]:
array([[ 3.22853620e-05,  1.82564155e-05,  1.20310122e-07,
         2.86216066e-05,  1.84398188e-05],
```

```
         [ 0.00000000e+00,  2.04423279e-05, -1.92798069e-05,
          -8.04911758e-06, -2.09524343e-06],
         [ 0.00000000e+00,  0.00000000e+00,  7.39720842e-05,
           7.24302290e-05,  3.47468624e-05],
         [ 0.00000000e+00,  0.00000000e+00,  0.00000000e+00,
           1.11563397e-04,  6.06699868e-05],
         [ 0.00000000e+00,  0.00000000e+00,  0.00000000e+00,
           0.00000000e+00,  4.53850365e-05]])

In [87]: np.tril(index_cov)          #协方差矩阵的下三角矩阵
Out[87]:
array([[ 3.22853620e-05,  0.00000000e+00,  0.00000000e+00,
          0.00000000e+00,  0.00000000e+00],
         [ 1.82564155e-05,  2.04423279e-05,  0.00000000e+00,
           0.00000000e+00,  0.00000000e+00],
         [ 1.20310122e-07, -1.92798069e-05,  7.39720842e-05,
           0.00000000e+00,  0.00000000e+00],
         [ 2.86216066e-05, -8.04911758e-06,  7.24302290e-05,
           1.11563397e-04,  0.00000000e+00],
         [ 1.84398188e-05, -2.09524343e-06,  3.47468624e-05,
           6.06699868e-05,  4.53850365e-05]])

In [88]: np.trace(index_cov)          #协方差矩阵的迹
Out[88]: 0.0002836482079555555
```

任务4的代码

```
In [89]: np.diag(index_corr)          #相关系数矩阵的对角线矩阵
Out[89]: array([1., 1., 1., 1., 1.])

In [90]: np.triu(index_corr)          #相关系数矩阵的上三角矩阵
Out[90]:
array([[ 1.        ,  0.71063649,  0.00246187,  0.47690328,  0.4817231 ],
         [ 0.        ,  1.        , -0.49579664, -0.16854747, -0.06878805],
         [ 0.        ,  0.        ,  1.        ,  0.79730606,  0.59968795],
         [ 0.        ,  0.        ,  0.        ,  1.        ,  0.85262231],
         [ 0.        ,  0.        ,  0.        ,  0.        ,  1.        ]])

In [91]: np.tril(index_corr)          #相关系数矩阵的下三角矩阵
Out[91]:
array([[ 1.        ,  0.        ,  0.        ,  0.        ,  0.        ],
         [ 0.71063649,  1.        ,  0.        ,  0.        ,  0.        ],
         [ 0.00246187, -0.49579664,  1.        ,  0.        ,  0.        ],
         [ 0.47690328, -0.16854747,  0.79730606,  1.        ,  0.        ],
         [ 0.4817231 , -0.06878805,  0.59968795,  0.85262231,  1.        ]])

In [92]: np.trace(index_corr)          #相关系数矩阵的迹
Out[92]: 5.0
```

通常，对于相关系数矩阵仅需要查看其上三角矩阵或者下三角矩阵即可，这是因为相关系数矩阵是一个典型的对称矩阵（Symmetric Matrices），并且矩阵对角线上的元素均等于 1，这是因为一个变量与其自身之间的相关系数是恒等于 1。

2.7 矩阵运算（二）——以科创板股票为分析对象

2.7.1 案例详情

G 公司是总部位于天津的一家期货公司，公司拥有比较充裕的自有资金并且一直在等待科创板推出之后的股票投资机会。

在 2019 年 7 月 22 日伴随着科创板首批 25 家公司登陆上海证券交易所并开始交易，G 公司决策层认为投资科创板股票的时机已经成熟，经过认真调研和分析以后精选了杭可科技、澜起科技、心脉医疗、乐鑫科技、虹软科技共 5 只科创板股票，并且投资的总金额每日均保持 3 000 万元。表 2-8 就列出了这些股票的价格在 2019 年 7 月 29 日至 8 月 2 日这个交易周的每日涨跌幅以及每只股票的投资权重，并且在该交易周每只股票的配置权重保持不变。

表 2-8 2019 年 7 月 29 日至 8 月 2 日 5 只科创板股票价格涨跌幅和投资权重

证券简称	证券代码	2019-07-29	2019-07-30	2019-07-31	2019-08-01	2019-08-02	权重
杭可科技	688006	8.211 7%	2.229 8%	2.357 1%	11.376 5%	5.277 0%	10%
澜起科技	688008	4.045 8%	0.697 2%	2.889 5%	3.274 2%	5.100 3%	15%
心脉医疗	688016	5.712 3%	15.944 7%	−1.893 3%	3.734 2%	1.700 8%	20%
乐鑫科技	688018	3.821 7%	0.673 2%	1.104 3%	1.699 0%	2.410 5%	25%
虹软科技	688088	12.648 6%	2.049 7%	3.086 7%	4.656 2%	4.722 8%	30%

数据来源（除权重以外）：上海证券交易所。

假定你是这家期货公司的风险经理助理，日常的工作就是协助风险经理对公司自有资金投资的各类资产进行风险监测与分析，现在需要结合表 2-8 的数据并通过 Python 完成 4 项编程任务。

2.7.2 编程任务

【任务 1】分别创建表 2-8 中股票涨跌幅的数组以及每只股票投资权重的数组，然后计算 2019 年 7 月 29 日至 8 月 2 日科创板股票投资组合的每日盈亏金额以及累积盈亏金额。

【任务 2】针对任务 1 中创建的股票价格涨跌幅数组（矩阵），计算该矩阵的行列式和逆矩阵，同时对该矩阵进行特征值分解和奇异值分解。

【任务 3】计算表 2-8 中 5 只股票价格涨跌幅的相关系数矩阵，并且求该矩阵的正交三角（QR）分解和乔斯基分解。

2.7.3 编程提示

- 针对任务 1，在计算每日盈亏金额时可以计算两个或多个矩阵内积的函数 dot。
- 计算矩阵的行列式需要运用 NumPy 子模块 linalg 中的函数 det，计算逆矩阵需要运用子模块 linalg 的函数 inv。
- 针对矩阵的特征值分解和奇异值分解需要分别运用子模块 linalg 中的函数 eig 和函数 svd。
- 矩阵的正交三角（QR）分解和乔斯基分解依然需要分别运用子模块 linalg 中的函数 qr 和函数 cholesky。

2.7.4 参考代码与说明

任务 1 的代码

```
In [93]: price_change=np.array([[0.082117,0.022298,0.023571,0.113765,0.052770],[0.040458,
0.006972,0.028895,0.032742,0.051003],[0.057123,0.159447,-0.018933,0.037342,0.017008],[0.038217,
0.006732,0.011043,0.016990,0.024105],[0.126486,0.020497,0.030867,0.046562,0.047228]])
                                              #股价涨跌幅的数组

In [94]: weight=np.array([0.1,0.15,0.2,0.25,0.3])    #股票权重比例的数组
    ...: value=3e7                                    #投资金额 3000 万元

In [95]: value_change=value*np.dot(weight,price_change)   #7 月 29 日至 8 月 2 日每日投资组合的盈亏
    ...: value_change
Out[95]: array([2196151.5, 1289913. , 447768. , 1259169. , 1095711. ])

In [96]: value_change_total=value_change.sum()        #7 月 29 日至 8 月 2 日期间股票投资组合的盈亏合计
    ...: print('7 月 29 日至 8 月 2 日期间股票投资组合的总盈亏',round(value_change_total,2))
    ...: print('7 月 29 日至 8 月 2 日期间股票投资组合的总盈亏比率', round(value_change_total/
value,6))
7 月 29 日至 8 月 2 日期间股票投资组合的总盈亏  6288712.5
7 月 29 日至 8 月 2 日期间股票投资组合的总盈亏比率 0.209624
```

从以上的计算结果可以看到，在短短的一个交易周，3000 万元的投资就获利 628.87 万元，收益率高达近 21%，投资科创板股票的财富效应非常明显。

任务 2 的代码

```
In [97]: import numpy.linalg as la      #导入 NumPy 子模块 linalg

In [98]: la.det(price_change)           #矩阵的行列式
Out[98]: -1.7501069902315793e-07
```

输出结果中的 e-07 表示 10^{-7}。

```
In [99]: la.inv(price_change)           #计算逆矩阵
Out[99]:
array([[ -1.55001629, -16.6620793 ,  -1.03291035,  25.87936478,
          6.88904974],
       [-3.23620459,  17.53185215,   6.99589861, -53.6389033 ,
         9.54046289],
       [ -7.87749564,  81.32832662,   1.24607203, -278.5733853 ,
        62.70697598],
       [ 13.28586941,  -1.42605251,  -0.70179695, -24.96870404,
        -0.30819851],
       [ -2.39421842, -14.73262073,  -0.39238739, 160.65420406,
        -42.09674563]])

In [100]: la.eig(price_change)          #矩阵的特征值分解
Out[100]:
(array([ 0.21629349+0.j       , -0.06269276+0.j       ,
         0.02397042+0.j       , -0.02159857+0.00848117j,
        -0.02159857-0.00848117j]),
 array([[-0.54526238+0.j       , -0.01193373+0.j       ,
         -0.22021644+0.j       ,  0.10554606-0.05607351j,
          0.10554606+0.05607351j],
        [-0.34270002+0.j       , -0.22553004+0.j       ,
          0.35132247+0.j       ,  0.00906146+0.05210189j,
          0.00906146-0.05210189j],
        [-0.44085416+0.j       ,  0.95395102+0.j       ,
          0.89107334+0.j       ,  0.81737458+0.j       ,
          0.81737458-0.j       ],
        [-0.21170819+0.j       , -0.0496262 +0.j       ,
         -0.05995677+0.j       , -0.00450785+0.05836251j,
         -0.00450785-0.05836251j],
        [-0.5882796 +0.j       , -0.19107192+0.j       ,
         -0.17455869+0.j       , -0.55764173-0.02066569j,
         -0.55764173+0.02066569j]]))
```

需要说明的是，在以上矩阵特征值分析的输出结果中，j 代表了复数中的虚数单位 i。

```
In [101]: la.svd(price_change)          #矩阵的奇异值分解
Out[101]:
```

```
(array([[-5.65812932e-01,  3.33283498e-01,  7.09291647e-01,
          2.55855881e-01, -1.48648560e-02],
        [-2.67536972e-01,  2.33001810e-01,  8.53243383e-03,
         -9.05235289e-01,  2.33688670e-01],
        [-5.27427077e-01, -8.47419180e-01, -6.05084267e-04,
         -6.04249257e-02,  7.06216274e-03],
        [-1.85147596e-01,  1.18927139e-01, -1.65398163e-01,
         -1.60906083e-01, -9.47802397e-01],
        [-5.43894053e-01,  3.19952083e-01, -6.85182924e-01,
          2.92480598e-01,  2.16308539e-01]]),
 array([0.24781306, 0.13782786, 0.0579821 , 0.03057659, 0.00289015]),
 array([[-0.6589074 , -0.4478095 , -0.12071375, -0.48946186, -0.33341112],
        [ 0.24234868, -0.86124624,  0.30343555,  0.22360353,  0.23968805],
        [-0.59383031,  0.01071261, -0.10346848,  0.79741403,  0.02599883],
        [ 0.38525584, -0.17428513, -0.3836549 ,  0.2647951 , -0.77710688],
        [-0.07779233,  0.16501973,  0.85758863,  0.06665564, -0.47625163]]))
```

任务 3 的代码

```
In [102]: price_corr=np.corrcoef(price_change)     #股票收益率的相关系数矩阵
     ...: price_corr
Out[102]:
array([[ 1.        ,  0.44614748, -0.17984346,  0.53213741,  0.51060184],
       [ 0.44614748,  1.        , -0.70635396,  0.72887498,  0.50733022],
       [-0.17984346, -0.70635396,  1.        , -0.2411109 , -0.11018642],
       [ 0.53213741,  0.72887498, -0.2411109 ,  1.        ,  0.94959116],
       [ 0.51060184,  0.50733022, -0.11018642,  0.94959116,  1.        ]])
```

基于相关系数矩阵的结果，不同科创板股票之间的相关性差异较大，乐鑫科技与虹软科技这两只股票之间的相关系数达到了 0.94，属于高度正相关；澜起科技与心脉医疗这两只股票之间的相关系数为–0.71，属于较高的负相关，这背后的原因在于不同上市公司所处行业的相似性或差异性。

```
In [103]: la.qr(price_corr)                        #矩阵的正交三角分解
Out[103]:
(array([[-0.75052834,  0.51263154,  0.35577449,  0.21620998, -0.02436944],
        [-0.33484632, -0.60510188, -0.16841548,  0.59206488,  0.37792204],
        [ 0.13497761,  0.55961001, -0.72469708,  0.35040581,  0.14369271],
        [-0.3993842 , -0.23883486, -0.46900442, -0.13165262, -0.73902139],
        [-0.38322115, -0.02924334, -0.31608501, -0.68014394,  0.53831297]]),
 array([[-1.33239472e+00, -1.25055544e+00,  6.44996908e-01,
         -1.43927751e+00, -1.33044437e+00],
        [ 0.00000000e+00, -9.60592136e-01,  9.55640591e-01,
         -5.69785345e-01, -3.62936096e-01],
        [ 0.00000000e+00,  0.00000000e+00, -5.21809498e-01,
         -5.27856502e-01, -5.85378836e-01],
        [ 0.00000000e+00,  0.00000000e+00,  0.00000000e+00,
         -3.15403269e-01, -4.33000453e-01],
        [ 0.00000000e+00,  0.00000000e+00,  0.00000000e+00,
          0.00000000e+00,  1.11022302e-16]]))
```

```
In [104]: la.cholesky(price_corr)      #矩阵的乔斯基分解
Out[104]:
array([[ 1.00000000e+00,  0.00000000e+00,  0.00000000e+00,
         0.00000000e+00,  0.00000000e+00],
       [ 4.46147476e-01,  8.94959457e-01,  0.00000000e+00,
         0.00000000e+00,  0.00000000e+00],
       [-1.79843461e-01, -6.99604045e-01,  6.91527664e-01,
         0.00000000e+00,  0.00000000e+00],
       [ 5.32137405e-01,  5.49145787e-01,  3.45286471e-01,
         5.44101038e-01,  0.00000000e+00],
       [ 5.10601840e-01,  3.12334259e-01,  2.89434974e-01,
         7.46967514e-01,  2.10734243e-08]])
```

2.8 二项分布与几何分布随机抽样——以保险业务为分析对象

2.8.1 案例详情

　　H 公司是总部位于上海的一家中外合资财产保险公司，目前该公司正在开展一项涉及汽车车辆的保险业务。假定你是该公司的一名精算师助理，通过采集此项业务已发生的数据，梳理并归纳出以下的核心数据信息：

　　（1）目前已经有 10 000 人对该项保险进行了投保并且每人仅购买 1 份保单，每位投保人的理赔概率等于 6%，保险理赔人数是服从二项分布（Binomial distribution）；

　　（2）每份保单的有效期是 1 年，也就是从投保之日起 1 年内只要触发理赔条件就可以获得理赔，并且每份保单仅能获得 1 次理赔机会，理赔完成后保单就作废；

　　（3）每份保单每月发生理赔的概率等于 0.5%，并且每份保单从生效到触发理赔所经历的时间长度服从几何分布（Geometric distribution）。

　　为了能够让主管更好地理解你对该项保险业务的分析结果，需要运用 Python 完成 4 项编程任务。

2.8.2 编程任务

【任务 1】写出当保险理赔人数变量服从二项分布的概率表达式以及该变量期望值、方差的表达式，并且结合以上案例详情中提到的信息计算该变量期望值和标准差的数值结果。

【任务2】针对保险理赔人数变量服从的二项分布，进行100次随机抽样，计算抽样结果的平均值、标准差，并且与任务1中计算的结果进行比较。

【任务3】写出保单从生效到触发理赔条件所经历的时间长度变量服从几何分布的概率表达式以及该变量期望值、方差的表达式，结合案例中的信息计算该变量期望值和标准差的数值结果。

【任务4】针对保单从生效到触发理赔条件所经历的时间长度服从的几何分布，进行200次随机抽样，计算抽样结果的平均值、标准差，并且与任务3中计算的结果进行比较。

2.8.3   编程提示

- 对二项分布进行随机抽样需要用到 NumPy 子模块 random 中的函数 binomial，该函数有以下3个主要参数需要输入：一是参数 n 表示二项分布中重复的伯努利试验次数；二是参数 p 表示事件发生的概率；三是参数 size 表示随机抽样的次数。

- 对几何分布进行随机抽样需要运用到 NumPy 子模块 random 中的函数 geometric，该函数有以下2个主要参数需要输入：一是参数 p 表示在伯努利试验中试验成功的概率；二是参数 size 依然表示随机抽样的次数。

2.8.4   参考代码与说明

任务1的代码

二项分布是表示重复 n 次的伯努利试验，用 X 表示随机试验的结果，p 表示事件发生的概率（对应案例中赔付的概率），$1-p$ 表示不发生的概率（对应案例中不赔付的概率），在 n 次独立重复试验中发生 k 次事件的概率：

$$P(X=k) = C_n^k p^k (1-p)^{n-k} \tag{2-1}$$

其中，$C_n^k = \dfrac{n!}{k!(n-k)!}$。二项分布的期望值 $E(X) = np$，方差 $D(X) = np(1-p)$，标准差就是 $\sqrt{D(X)} = \sqrt{np(1-p)}$。

```
In [105]: num=10000                    #投保人数
    ...: prob1=0.06                     #每位投保人的赔付概率
```

```
In [106]: binomial_mean=num*prob1                           #二项分布的均值
    ...: binomial_std=np.sqrt(num*prob1*(1-prob1))          #二项分布的标准差
    ...: print('二项分布的均值',binomial_mean)
    ...: print('二项分布的标准差',round(binomial_std,2))
二项分布的均值   600.0
二项分布的标准差 23.75
```

从以上的输出结果可以看到，该项保险理赔人数的期望值是 600 人，标准差接近于 24 人。

任务 2 的代码

```
In [107]: import numpy.random as npr                        #导入 NumPy 子模块 random

In [108]: I=100                                             #随机抽样的次数

In [109]: random_binomial=npr.binomial(n=num,p=prob1,size=I)  #从二项分布中进行随机抽样
    ...: random_binomial                                    #输出随机抽样的结果
Out[109]:
array([586, 616, 566, 599, 594, 601, 579, 588, 612, 598, 576, 582, 642,
       607, 598, 615, 620, 581, 549, 610, 619, 633, 597, 577, 580, 596,
       628, 603, 650, 583, 601, 621, 627, 617, 639, 559, 633, 588, 589,
       557, 589, 583, 609, 582, 621, 618, 558, 605, 617, 608, 571, 627,
       615, 603, 585, 570, 613, 636, 612, 589, 593, 599, 579, 578, 585,
       607, 594, 608, 579, 635, 654, 613, 641, 627, 576, 622, 614, 578,
       600, 605, 560, 622, 604, 598, 576, 588, 606, 605, 599, 604, 569,
       582, 588, 599, 595, 621, 551, 591, 603, 591])

In [110]: random_binomial_mean=random_binomial.mean()       #随机抽样结果的平均值
    ...: random_binomial_std=random_binomial.std()          #随机抽样结果的方差
    ...: print('从二项分布中随机抽样结果的平均值',random_binomial_mean)
    ...: print('从二项分布中随机抽样结果的标准差',round(random_binomial_std,2))
从二项分布中随机抽样结果的平均值 599.66
从二项分布中随机抽样结果的标准差 22.06
```

通过随机抽样得到结果的平均值为 599.66，与任务 1 中按照二项分布均值表达式计算得到的平均值 600 是非常接近的；同时，通过随机抽样得到结果的标准差为 22.06，与按照二项分布标准差表达式计算得出的 23.75 之间的差异也较小。此外，需要注意的是每次随机抽样的结果会存在一定差异性，但是差异性不大。

任务 3 的代码

几何分布是二项分布的一种延伸，表示在 n 次伯努利试验中，试验 k 次才得到首次成功的机率，即从第 1 次试验至第 $k-1$ 次试验均失败、第 k 次试验才成功的概率。假定试验次数用 Y 表示，在试验中成功的概率是 p（对应案例中每月保单赔付的概率），不成功概率是 $1-p$（对应案例中每月保单不赔付的概率），则随机变量 $Y=k$ 的概率如下：

$$P(Y=k)=(1-p)^{k-1}p \tag{2-2}$$

几何分布的期望值 $E(Y)=(1-p)/p$ ，方差 $D(Y)=(1-p)/p^2$ ，标准差就是 $\sqrt{D(Y)}=$
$\sqrt{(1-p)/p^2}$ 。

```
In [111]: prob2=0.005                                    #每份保单每月理赔的概率

In [112]: geometric_mean=(1-prob2)/prob2                 #几何分布的均值
     ...: geometric_std=np.sqrt((1-prob2)/(prob2**2))    #几何分布的标准差
     ...: print('几何分布的均值',geometric_mean)
     ...: print('几何分布的标准差',round(geometric_std,2))
几何分布的均值  199.0
几何分布的标准差 199.5
```

从以上输出的结果来看，每份保单从生效到触发理赔条件的时间平均长达 199 个月（即 16.6 年），但是标准差和均值之间的差异很小，说明不同保单触发理赔的时间长度存在很大的差异。

任务 4 的代码

```
In [113]: I_new=200                                      #新的随机抽样次数

In [114]: random_geometric=npr.geometric(p=prob2,size=I_new)    #从几何分布中随机抽样
     ...: random_geometric
Out[114]:
array([  44,    5,  941,   44,  800,  197,  192,  138,   14,  242,    3,
        107,  178,   24,   56,   42,  154,  115,  105,   48,  266,   88,
        128,  158,  244,  589,  236,  159,  124,  141,  131,  482,   73,
         35,  140,   80,  145,  175,   98,  678,  203,  116,   37,  112,
        111,   88,    2,   42,  184,   49,  258,   73,   28,  179,  342,
        305,   86,  198,  447,  299,   13,  350,   68,  590,   35,    5,
        388,  105,  444,   23,  472,  137,  447,   67,   29,  138,  109,
         69,   24,  460,   62,  212,   50,   45,  279,  453,  206,   81,
        817,   60,   60,   96,   20,   85,  162,   44,   98,  438,  145,
        226,   26,    6,   93,  389,  433,  111,  265,  274,  112,  255,
        146,  208,  101,   59,   65,   42,   31,  330,  245,  425,   11,
        567,   41,   72,   16,   23,  301,  187,   31,  733,   10,   25,
        269,  106,  347,  112,  118,  205,   70,  302,  108,   73,   45,
        483,   94,  118,   48,   18,  549,   92,  352,  147,  102,   66,
        131,   62,  592,  156,  186,  212, 1040,  629,  273,  763,  162,
        228,  268,  329,  161,  531,  362,  505,  108,   50,  309,  244,
         12,  251,  181,  458,  338,  352,  233,  182,  261,   59,   37,
        165,  158,   54,   35,   32,  132,  217,  229,  108,   50,   18,
        155,  481])

In [115]: random_geometric.min()    #抽样结果中的最小值
Out[115]: 2

In [116]: random_geometric.max()    #抽样结果中的最大值
Out[116]: 1040
```

```
In [117]: random_geometric_mean=random_geometric.mean()        #随机抽样结果的平均值
     ...: random_geometric_std=random_geometric.std()          #随机抽样结果的标准差
     ...: print('从几何分布中随机抽样结果的平均值',random_geometric_mean)
     ...: print('从几何分布中随机抽样结果的方差',round(random_geometric_std,2))
从几何分布中随机抽样结果的平均值 196.73
从几何分布中随机抽样结果的方差    189.48
```

从以上的几何分布随机抽样结果可以看到，每份保单生效到触发理赔条件所经历的时间长度存在很大的波动，最短的时间长度仅 2 个月，最长的时间长度则高达 1 040 个月（86.67年）。此外，从抽样结果的平均值和标准差来看，与任务 3 中按照几何分布的均值、标准差公式计算得出的结果比较接近。

2.9　正态分布和对数正态分布随机抽样——以石油公司股票为分析对象

2.9.1　案例详情

I 公司是一家依靠数学与人工智能开展 A 股量化选股与投资的私募基金管理公司，总部位于杭州，该公司的策略团队目前正在研究可否利用 A 股上市的中国石油（CNPC）、中国石化（Sinopec）的公司股票开展低风险的套利交易。表 2-9 列示了 2019 年 4 月 8 日至 4 月 19日这 10 个交易日两家石油公司股票每日的收盘价和涨跌幅情况。

表 2-9　2019 年 4 月 8 日至 4 月 19 日中国石油、中国石化的股票交易信息

交 易 日 期	中国石油（证券代码：601857）		中国石化（证券代码：600028）	
	收盘价（元/股）	涨跌幅	收盘价（元/股）	涨跌幅
2019-04-08	7.77	0.517 5%	6.03	1.686 3%
2019-04-09	7.73	−0.514 8%	5.96	−1.160 9%
2019-04-10	7.69	−0.517 5%	5.90	−1.006 7%
2019-04-11	7.62	−0.910 3%	5.83	−1.186 4%
2019-04-12	7.64	0.262 5%	5.82	−0.171 5%
2019-04-15	7.61	−0.392 7%	5.81	−0.171 8%
2019-04-16	7.73	1.576 9%	5.90	1.549 1%
2019-04-17	7.68	−0.646 8%	5.88	−0.339 0%
2019-04-18	7.67	−0.130 2%	5.85	−0.510 2%
2019-04-19	7.66	−0.130 4%	5.87	0.341 9%

数据来源：上海证券交易所。

假定你是这家公司的策略研究助理，日常工作就是运用 Python 编写程序从而为整个团队提供研究支持。为了更好地完成下一步的量化分析，你首先需要设定股票价格服从对数正态分布（Logarithmic normal distribution）、股票价格涨跌幅服从正态分布（Normal distribution），同时结合表 2-9 的数据并运用 Python 完成 5 项编程任务。

2.9.2 编程任务

【任务 1】写出当股票价格涨跌幅服从正态分布的概率密度函数以及期望值、标准差的表达式；同时，写出当股票价格服从对数正态分布的概率密度函数以及期望值、标准差的表达式。

【任务 2】分别创建表 2-9 中股票收盘价、股票价格涨跌幅的数组，并且分别计算两只股票价格的均值和标准差，以及股票价格涨跌幅的均值和标准差。

【任务 3】结合任务 2 计算得到两只股票价格涨跌幅的均值和标准差，从涨跌幅所服从的正态分布中进行 1 万次随机抽样，分别计算随机抽样结果的均值与标准差。

【任务 4】由于假定股票价格服从对数正态分布，根据任务 2 计算得到两只股票收盘价的均值和标准差，以及根据对数正态分布的期望值和方差表达式，计算股票价格的自然对数所服从正态分布的期望值和标准差。

【任务 5】结合任务 4 计算得到的股票价格自然对数所服从正态分布的期望值和标准差，对相应的自然对数正态分布进行 1 万次随机抽样，分别计算随机抽样结果的均值与标准差。

2.9.3 编程提示

- 从正态分布中进行随机抽样需要用到 NumPy 子模块 random 的函数 normal，并且有如下 3 个主要的参数需要输入：一是参数 loc 表示正态分布的期望值；二是参数 scale 表示正态分布的标准差；三是参数 size 表示随机抽样的次数。

- 从对数正态分布中进行随机抽样需要用到子模块 random 的函数 lognormal，并且也有如下 3 个主要的参数需要输入：一是参数 mean 表示变量的自然对数所服从正态分布的期望值；二是参数 sigma 表示变量的自然对数所服从正态分布的标准差；三是参数 size 表示随机抽样的次数。

2.9.4 参考代码与说明

任务 1 的答案

假设股票价格涨跌幅变量 x 服从正态分布，变量 x 的概率密度函数如下：

$$f(x) = \frac{1}{\sqrt{2\pi}\sigma} e^{-\frac{(x-\mu)^2}{2\sigma^2}} \qquad (2\text{-}3)$$

其中，μ 是变量 x 的期望值（均值），σ 是变量的标准差，σ^2 是变量的方差，通常是标记为 $x \sim N(\mu, \sigma^2)$。

假设股票价格变量 y 服从对数正态分布，并且 y 的自然对数（$\ln y$）就是服从期望值 μ、方差 σ^2 的正态分布，对数正态分布的概率密度函数如下：

$$f(y) = \begin{cases} \dfrac{1}{\sqrt{2\pi}y\sigma} e^{-\frac{(\ln y - \mu)^2}{2\sigma^2}} & y > 0 \\ 0 & y \leqslant 0 \end{cases} \qquad (2\text{-}4)$$

变量 y 的期望值 $E(y) = e^{\mu + \sigma^2/2}$，方差 $D(y) = (e^{\sigma^2} - 1)e^{2\mu + \sigma^2}$，标准差就是 $\sqrt{D(y)} = \sqrt{(e^{\sigma^2} - 1)e^{2\mu + \sigma^2}}$。

任务 2 的代码

```
In [118]: price=np.array([[7.77,7.73,7.69,7.62,7.64,7.61,7.73,7.68,7.67,7.66],[6.03,5.96,5.9,
5.83, 5.82,5.81,5.9,5.88,5.85,5.87]])                        #股票收盘价的数组

In [119]: change=np.array([[0.005175,-0.005148,-0.005175,-0.009103,0.002625,-0.003927,
0.015769,-0.006468,-0.001302,-0.001304],[0.016863,-0.011609,-0.010067,-0.011864,-0.001715,
-0.001718,0.015491,-0.003390,-0.005102,0.003419]])           #股价涨跌幅的数组

In [120]: price_mean=price.mean(axis=1)                      #计算每只股票价格的均值
     ...: print('中国石油股价的均值',price_mean[0])
     ...: print('中国石化股价的均值',price_mean[1])
中国石油股价的均值 7.68
中国石化股价的均值 5.885

In [121]: price_std=price.std(axis=1)                        #计算每只股票价格的标准差
     ...: print('中国石油股价的标准差',round(price_std[0],6))
     ...: print('中国石化股价的标准差',round(price_std[1],6))
中国石油股价的标准差 0.048785
中国石化股价的标准差 0.064382
```

从以上的输出结果可以看到,虽然中国石油股价的均值高于中国石化,但是标准差却低于中国石化,这在一定程度上说明中国石油股票的波动风险小于中国石化。

```
In [122]: change_mean=change.mean(axis=1)        #计算每只股票价格涨跌幅的均值
    ...: print('中国石油股价涨跌幅的均值',round(change_mean[0],6))
    ...: print('中国石化股价涨跌幅的均值',round(change_mean[1],6))
中国石油股价涨跌幅的均值 -0.000886
中国石化股价涨跌幅的均值 -0.000969

In [123]: change_std=change.std(axis=1)          #计算每只股票价格涨跌幅的标准差
    ...: print('中国石油股价涨跌幅的标准差',round(change_std[0],6))
    ...: print('中国石化股价涨跌幅的标准差',round(change_std[1],6))
中国石油股价涨跌幅的标准差 0.006865
中国石化股价涨跌幅的标准差 0.009731
```

以上计算得到的股价涨跌幅标准差也印证了刚才得出"中国石油股票的波动风险小于中国石化"的结论。

任务 3 的代码

```
In [124]: I=10000                                #随机抽样的次数

In [125]: random_normal_cnpc=npr.normal(loc=change_mean[0],scale=change_std[0],size=I)
                                                 #按照中国石油股价涨跌幅服从的正态分布进行随机抽样

In [126]: random_normal_cnpc.mean()              #中国石油股价涨跌幅随机抽样结果的均值
Out[126]: -0.0008734693826902783

In [127]: random_normal_cnpc.std()               #中国石油股价涨跌幅随机抽样结果的标准差
Out[127]: 0.006907857939703516

In [128]: random_normal_sinopec=npr.normal(loc=change_mean[1],scale=change_std[1],size=I)
                                                 #按照中国石化股价涨跌幅服从的正态分布进行随机抽样

In [129]: random_normal_sinopec.mean()           #中国石化股价涨跌幅随机抽样结果的均值
Out[129]: -0.0009156909851214287

In [130]: random_normal_sinopec.std()            #中国石化股价涨跌幅随机抽样结果的标准差
Out[130]: 0.009667117442886366
```

任务 4 的代码

首先需要根据对数正态分布的期望值、方差的表达式计算得出相对应的正态分布均值μ和标准差σ的表达式,具体的计算过程如下:

对期望值$E(y) = e^{\mu+\sigma^2/2}$两边取对数,得到

$$\mu + \sigma^2/2 = \ln E(y) \tag{2-5}$$

对方差 $D(y) = (e^{\sigma^2} - 1)e^{2\mu + \sigma^2}$ 两边取对数，得到

$$2\mu + \sigma^2 + \ln(e^{\sigma^2} - 1) = \ln D(y) \tag{2-6}$$

根据式（2-5）和式（2-6），可以得到

$$\mu = \ln E(y) - 2\ln[D(y)/E^2(y) + 1] \tag{2-7}$$

$$\sigma = \sqrt{\ln[D(y)/E^2(y) + 1]} \tag{2-8}$$

```
In [131]: mu=np.log(price_mean)-2*np.log(price_std**2/price_mean**2+1)  #根据式子（2-7）计算
对应的正态分布均值
    ...: print('对应正态分布的均值',mu)
对应正态分布的均值 [2.03853885 1.77216739]

In [132]: sigma=np.sqrt(np.log(price_std**2/price_mean**2+1))          #根据式子（2-8）计算
对应的正态分布标准差
    ...: print('对应正态分布的标准差',sigma)
对应正态分布的标准差 [0.00635218 0.01093963]
```

在以上输出的无论是均值还是标准差的结果中，第一个数值对应于中国石油，第二个数值对应于中国石化。

任务 5 的代码

```
In [133]: random_lognorm_cnpc=npr.lognormal(mean=mu[0],sigma=sigma[0],size=I)  #按照中国石
油股价服从的对数正态分布进行随机抽样

In [134]: random_lognorm_cnpc.mean()                    #中国石油股价随机抽样结果的均值
Out[134]: 7.678945090053346
```

该输出的均值结果与在任务 2 中计算得到的中国石油股价均值 7.68 是非常接近的。

```
In [135]: random_lognorm_cnpc.std()                    #中国石油股价随机抽样结果的标准差
Out[135]: 0.04927514081706036
```

该输出的标准差结果与在任务 2 中计算得到的中国石油股价标准差 0.048785 是很相近的。

```
In [136]: random_lognorm_cnpc.max()                    #中国石油股价随机抽样结果的最大值
Out[136]: 7.875392844717544

In [137]: random_lognorm_cnpc.min()                    #中国石油股价随机抽样结果的最小值
Out[137]: 7.486217307097601

In [138]: random_lognorm_sinopec=npr.lognormal(mean=mu[1],sigma=sigma[1],size=I)  #按照中
国石化股价服从的对数正态分布进行随机抽样

In [139]: random_lognorm_sinopec.mean()                #中国石化股价随机抽样结果的均值
Out[139]: 5.884545657614716
```

该输出的均值结果与任务 2 中计算得到的中国石化股价的均值 5.885 是十分接近的。

```
In [140]: random_lognorm_sinopec.std()        #中国石化股价随机抽样结果的标准差
Out[140]: 0.06437579332748954
```

该输出的标准差结果与任务 2 中计算得到的中国石化股价的标准差 0.064382 也是基本一致的。

```
In [141]: random_lognorm_sinopec.max()        #中国石化股价随机抽样结果的最大值
Out[141]: 6.109249778328766

In [142]: random_lognorm_sinopec.min()        #中国石化股价随机抽样结果的最小值
Out[142]: 5.647800757943963
```

2.10 伽玛分布和贝塔分布随机抽样——以债券违约率与回收率为分析对象

2.10.1 案例详情

J 银行是总部位于英国伦敦的一家商业银行,该银行的固定收益投资部门负责整个银行的债券投资业务。假定你是该部门的债券分析师助理,日常的工作之一就是协助投资经理分析债券的信用风险,并且重点参考了全球最大的 3 家信用评级机构之一——穆迪(Moody's)定期发布的全球企业债券违约率与回收率[①]。根据 2017 年 2 月穆迪发布的《年度违约研究:1920-2016 年企业违约率与回收率》(*Annual Default Study: Corporate Default and Recovery Rates, 1920-2016*)的报告,表 2-10 列出了 2000 年至 2016 年全部债券的违约率和违约发生后的回收率(简称"回收率")。

表 2-10 2000 年至 2016 年全部债券的违约率和违约发生后的回收率

年　份	违　约　率	回　收　率
2000	2.5%	25.2%
2001	3.7%	21.6%
2002	2.9%	29.5%
2003	1.8%	41.4%

---

① 违约率(default probability)和回收率(recovery rate)是衡量债券信用风险或者偿付风险的重要评价指标,违约率=新增违约主体/当年到期债券只数,回收率=实际偿付的本息金额/违约时的本息金额。

续表

年　份	违约率	回收率
2004	0.8%	58.5%
2005	0.6%	56.5%
2006	0.6%	55.0%
2007	0.3%	55.1%
2008	2.5%	34.1%
2009	5.0%	33.8%
2010	1.2%	51.5%
2011	0.9%	45.7%
2012	1.2%	44.5%
2013	1.2%	46.1%
2014	0.9%	47.9%
2015	1.7%	40.6%
2016	2.1%	35.0%

数据来源：穆迪发布的《年度违约研究：1920—2016 年企业违约率与回收率》。

　　基于投资风险分散的原则，J 银行目前配置的债券投资组合中共有 200 只债券并且每只债券的配置权重均相同，投资的债券面值共计 120 亿英镑，在分析风险时，设定债券违约金额服从伽玛分布（Gamma distribution），回收率则服从贝塔分布（Beta distribution）。

　　为了协助投资经理完成一份针对 J 银行债券投资组合的风险分析报告，你需要根据表2-10 的数据并运用 Python 完成 4 项编程任务。

2.10.2　编程任务

　　【任务 1】写出当债券违约金额服从伽玛分布的概率密度函数以及期望值、标准差的表达式，同时，也要写出当债券违约回收率服从贝塔分布的概率密度函数以及期望值、标准差的表达式。

　　【任务 2】分别创建包含表 2-10 的违约率和回收率的数组，运用这些数据计算 J 银行目前债券投资组合的违约金额、回收率的均值和标准差。

　　【任务 3】根据任务 2 计算得到的债券违约金额均值和标准差，计算债券违约金额服从伽玛分布的形状参数α、尺度参数β的数值；对满足这两个参数的伽玛分布进行 10 万次随机抽样以模拟债券违约金额，并计算随机抽样结果的均值与标准差。

【任务 4】根据任务 2 计算得到的回收率均值和标准差，计算回收率服从贝塔分布的参数 α、β；同时从满足这两个参数的贝塔分布中进行 10 万次随机抽样以模拟债券违约的回收率，并计算随机抽样结果的均值与标准差。

2.10.3 编程提示

- 从伽玛分布中进行随机抽样需要用到 NumPy 子模块 random 的函数 gamma，并且有以下 3 个主要参数需要输入：一是参数 shape 表示在伽玛分布中的形状参数 α；二是参数 scale 表示在伽玛分布中的尺度参数 β；三是参数 size 表示随机抽样的次数。

- 从贝塔分布中进行随机抽样需要用到子模块 random 的函数 beta，并且也有以下 3 个主要参数需要输入：一是参数 a 表示贝塔分布中的 α 参数；二是参数 b 表示贝塔分布中的 β 参数；三是参数 size 依然表示随机抽样的次数。

2.10.4 参考代码与说明

任务 1 的答案

假设债券违约金额变量 x 服从伽玛分布（也称伽马分布），概率密度函数如下：

$$f(x) = \begin{cases} \dfrac{\beta^{\alpha}}{\Gamma(\alpha)} x^{\alpha-1} \mathrm{e}^{-\beta x} & x > 0 \\ 0 & x \leq 0 \end{cases} \qquad (2\text{-}9)$$

式（2-9）中的 Γ 是一个伽玛函数，伽玛分布的期望值 $E(x) = \alpha\beta^{-1}$，方差 $D(x) = \alpha\beta^{-2}$，标准差是 $\sqrt{D(x)} = \sqrt{\alpha}\beta^{-1}$。其中，$\alpha$ 称为形状参数（shape parameter），β 称为尺度参数（scale parameter）。

假设回收率变量 y 服从贝塔分布（也称 B 分布），它的概率密度函数如下：

$$f(y) = \frac{\Gamma(\alpha+\beta)}{\Gamma(\alpha)\Gamma(\beta)} y^{\alpha-1}(1-y)^{\beta-1} \qquad (2\text{-}10)$$

式（2-10）中的 Γ 依然是伽玛函数，此外，$0<y<1$，有两个参数 $\alpha>0$，$\beta>0$。

贝塔分布的期望值 $E(x) = \alpha/(\alpha+\beta)$ ，方差 $D(x) = \alpha\beta/[(\alpha+\beta)^2(\alpha+\beta+1)]$ ，标准差就是 $\sqrt{D(x)} = \sqrt{\alpha\beta/[(\alpha+\beta)^2(\alpha+\beta+1)]}$ 。

任务 2 的代码

```
In [143]: default_prob=np.array([0.025,0.037,0.029,0.018,0.008,0.006,0.006,0.003,0.025,
0.050,0.012,0.009,0.012,0.012,0.009,0.017,0.021])          #债券违约率数组

In [144]: recovery=np.array([0.252,0.216,0.295,0.414,0.585,0.565,0.550,0.551,0.341,0.338,
0.515,0.457,0.445,0.461,0.479,0.406,0.350])               #债券违约回收率的数组

In [145]: par=120                                          #债券投资组合的面值（亿英镑）
     ...: default_value=default_prob*par                   #违约金额的数组

In [146]: default_mean=default_value.mean()                #计算违约金额的平均值
     ...: default_std=default_value.std()                  #计算违约金额的标准差
     ...: print('J银行债券投资组合的违约金额平均值（亿英镑）',round(default_mean,2))
     ...: print('J银行债券投资组合的违约金额的标准差（亿英镑）',round(default_std,2))
J银行债券投资组合的违约金额平均值（亿英镑）  2.11
J银行债券投资组合的违约金额的标准差（亿英镑） 1.45

In [147]: recovery_mean=recovery.mean()                    #计算回收率的平均值
     ...: recovery_std=recovery.std()                      #计算回收率的标准差
     ...: print('J银行债券违约后回收率的平均值',round(recovery_mean,6))
     ...: print('J银行债券违约后回收率的标准差',round(recovery_std,6))
J银行债券违约后回收率的平均值 0.424706
J银行债券违约后回收率的标准差 0.108919
```

任务 3 的代码

根据任务 1 的答案，由于伽玛分布的期望值 $E(x) = \alpha\beta^{-1}$ ，方差 $D(x) = \alpha\beta^{-2}$ 。因此可以分别得到计 α 和 β 的式子如下：

$$\alpha = E(x)^2/D(x) \qquad\qquad （2\text{-}11）$$

$$\beta = E(x)/D(x) \qquad\qquad （2\text{-}12）$$

```
In [148]: alpha_gamma=default_mean**2/default_std**2       #违约率服从伽玛分布的alpha
     ...: beta_gamma=default_mean/default_std**2           #违约率服从伽玛分布的beta
     ...: print('违约金额服从伽玛分布的alpha',alpha_gamma)
     ...: print('违约金额服从伽玛分布的beta',beta_gamma)
违约金额服从伽玛分布的alpha  2.1085141509433964
违约金额服从伽玛分布的beta  0.9990172955974843

In [149]: I=100000                                         #随机抽样的次数
     ...: random_gamma=npr.gamma(shape=alpha_gamma,scale=beta_gamma,size=I)  #按照债券违约
率服从的伽玛分布进行随机抽样
```

```
In [150]: random_gamma.mean()              #输出随机抽样结果的均值
Out[150]: 2.1082074817520216

In [151]: random_gamma.std()               #输出随机抽样结果的标准差
Out[151]: 1.447377926930693
```

以上随机抽样得到债券违约金额结果的均值和标准差与任务 2 中计算得到的债券违约金额的均值 2.11、标准差 1.45 是十分接近的。

任务 4 的代码

根据任务 1 的答案，由于贝塔分布的期望值 $E(x) = \alpha/(\alpha + \beta)$，方差 $D(x) = \alpha\beta/[(\alpha + \beta)^2 (\alpha + \beta + 1)]$，在已知了 $E(x)$、$D(x)$ 的数值情况下，需要运用迭代算法求解未知的参数 α、β，可以运用 SciPy 模块的 optimize 子模块中的 fsolve 函数进行求解，该函数也会在本书后面第 5 章的 5.3 节中进行介绍。

```
In [152]: import scipy.optimize as sco     #导入 SciPy 子模块 optimize

In [153]: def f(x):                        #需要定义一个函数
     ...:     a,b=x
     ...:     eq1=a/(a+b)-recovery_mean
     ...:     eq2=a*b/((a+b+1)*(a+b)**2)-recovery_std**2
     ...:     return [eq1,eq2]

In [154]: result=sco.fsolve(f,[0.5,0.5])
     ...: print('回收率服从贝塔分布的 alpha',result[0])
     ...: print('回收率服从贝塔分布的 beta',result[1])
回收率服从贝塔分布的 alpha  8.322269307092602
回收率服从贝塔分布的 beta  11.27310163750348

In [155]: random_beta=npr.beta(a=result[0],b=result[1],size=I)  #按照回收率服从的贝塔分布进行
随机抽样

In [156]: random_beta.mean()               #随机抽样的均值
Out[156]: 0.4248202338729819

In [157]: random_beta.std()                #随机抽样的标准差
Out[157]: 0.10921361885813648
```

以上随机抽样得到债券违约回收率的均值和标准差，与任务 2 中计算得出的债券违约回收率均值 0.424 706 和标准差 0.108 919 也是很接近的。

到这里，你已经完成了第 2 章全部案例的练习，想必你已经牢牢掌握了在金融领域中 NumPy 模块的操作了，下面就向第 3 章大胆前行吧！

2.11 本章小结

    NumPy 模块是在金融领域运用 Python 必备的模块之一，同时该模块也起到了承前启后的作用，可以说后面的 Pandas、SciPy 等模块在某种程度上是 NumPy 模块的更高阶版本，因此掌握该模块的重要性就显得不言而喻了。本章通过 10 个原创金融案例共计 39 个编程任务，让读者能够结合金融实务充分掌握 NumPy 模块 N 维数组的数据结构特征，围绕着数组展开索引、切片、排序、合并、运算，特别是矩阵的运算，以及运用 NumPy 子模块 random 的函数从不同分布中进行随机抽样等编程操作。

03

第 3 章
Pandas 模块编程的金融案例

本章导读

  Pandas 模块是运用 Python 分析金融时间序列的必备工具，只有扎实掌握 Pandas 模块的序列、数据框这两大数据结构，熟练操作数据框的可视化、索引、截取、排序、缺失值处理、拼接以及统计分析等编程，才能胜任金融实务领域的 Python 代码编写工作。

  本章包含 10 个原创案例共计 40 项编程任务，通过这些案例的集中反复训练，读者就能够在金融时间序列分析工作中娴熟地驾驭 Pandas 模块。下面通过表 3-1 梳理出本章的结构与内容概要。

表 3-1　第 3 章的结构与内容概要

序号	案 例 标 题	学 习 目 标	编程任务数量	读者扮演的角色
1	创建序列和数据框——以开放式基金为分析对象	掌握序列和数据框的特征与创建，以及将序列或数据框转化为列表、数组等编程操作	4 个	清算专员
2	导入外部数据文件与导出生成数据文件——以 Shibor 利率为分析对象	掌握外部 Excel 文件导入并生成数据框以及数据框导出成为 Excel、CSV、txt 文件等编程操作	4 个	报价专员
3	数据框可视化——以上证 50 指数为分析对象	掌握运用 plot 函数将数据框绘制为折线图、直方图、箱型图以及多图呈现等编程操作	4 个	分析师助理

续表

序号	案 例 标 题	学 习 目 标	编程任务 数量	读者扮演 的角色
4	数据框检索——以沪港通股票为分析对象	掌握查看数据框的行索引名、列名和形状，并依据单一条件和多重条件对数据框进行截取等编程操作	4 个	投资顾问
5	数据框缺失值处理——以金砖四国的股票指数为分析对象	掌握查找是否存在缺失值、缺失值所在的行以及对缺失值处理（直接删除法、向前补齐法、向后补齐法）等编程操作	4 个	金融工程师助理
6	数据框拼接——以纽交所上市的央企股票为分析对象	掌握对数据框拼接的函数 concat、merge 以及 join 的用法	4 个	交易员助理
7	Pandas 模块的统计功能（一）——以 QDII 基金为分析对象	掌握查找数据框每列数据的最大值、最小值以及相关索引值，计算数据框的一阶差分以及百分比变化等编程操作	4 个	投资经理助理
8	Pandas 模块的统计功能（二）——以全球大型银行股票为分析对象	掌握计算数据框每列数据的中位数、平均值、标准差、偏度、峰度、分位数等统计量	4 个	风险经理助理
9	Pandas 模块的统计功能（三）——以创业板股票为分析对象	掌握计算数据框中每列数据之间的协方差、相关系数以及求和等操作	4 个	投资顾问
10	移动窗口与动态统计——以全球主要股指为分析对象	掌握计算数据框的移动平均值、移动标准差、移动相关系数等动态统计指标	4 个	证券分析师
合计			40 个	

在开始练习本章的案例之前，建议先学习《基于 Python 的金融分析与风险管理》（人民邮电出版社 2019 年 10 月出版）第 4 章的内容。

3.1　创建序列和数据框——以开放式基金为分析对象

3.1.1　案例详情

A 公司是总部位于上海的一家基金管理公司，近期发行了一款 FoF 基金[①]，并且投资于 A

---

① FoF 基金（Fund of Fund），中文译为"基金中基金"，是指以基金为主要投资标的的证券投资基金。FoF 基金通过持有多个基金，进一步分散投资风险、优化资产配置，降低多样化基金投资门槛，为投资者提供专业化基金选择服务。

股的开放式股票型基金。根据基金对外披露的信息显示，该 FoF 基金主要配置了国泰金鑫股票基金、中海医疗保健基金、华夏优势精选股票基金、富国城镇发展股票基金以及上投摩根民生需求股票基金等 5 只股票型基金，表 3-2 就列出了这些基金从 2019 年 4 月 1 日至 4 月 12 日期间的每日净值数据。

表 3-2 2019 年 4 月 1 日至 12 日开放式股票型基金的每日净值信息（单位：元/份）

基金名称	国泰金鑫 股票基金	中海医疗 保健基金	华夏优势精选 股票基金	富国城镇发展 股票基金	上投摩根民生 需求股票基金
基金代码	519606.OF	399011.OF	005894.OF	000471.OF	000524.OF
2019-04-01	1.464	1.678	1.159 9	1.239	1.466
2019-04-02	1.459	1.664	1.156 4	1.239	1.455
2019-04-03	1.466	1.672	1.177 0	1.243	1.468
2019-04-04	1.471	1.667	1.188 4	1.249	1.468
2019-04-08	1.459	1.657	1.185 8	1.240	1.434
2019-04-09	1.454	1.674	1.189 1	1.249	1.431
2019-04-10	1.458	1.686	1.188 1	1.259	1.417
2019-04-11	1.413	1.638	1.161 6	1.233	1.388
2019-04-12	1.406	1.621	1.164 5	1.228	1.385

数据来源：Wind。

假定你在 A 公司是负责基金估值与清算的一位清算专员，按照所在部门的工作布置，需要结合表 3-2 的信息并运用 Python 完成 4 项编程任务。

3.1.2 编程任务

【任务 1】针对表 3-2 中的国泰金鑫股票基金，先依次创建该基金 2019 年 4 月 1 日至 4 月 12 日净值数据的数组和交易日的数组，然后通过数组生成该基金净值的序列（Series），要求序列的索引是交易日期；此外，创建 4 月 3 日 5 只基金净值数据的序列，要求序列的索引是基金名称。

【任务 2】针对表 3-2 中的信息，先创建中海医疗保健基金、华夏优势精选股票基金、富国城镇发展股票基金这 3 只基金在 2019 年 4 月 8 日至 4 月 12 日净值的数组，然后再通过数组生成一个数据框。

【任务 3】针对表 3-2 中的信息，创建 5 只基金从 2019 年 4 月 1 日至 4 月 12 日净值数据的数据框，要求该数据框的行索引是交易日期，列名是基金名称。

【任务 4】将任务 1 创建的国泰金鑫股票基金 2019 年 4 月 1 日至 4 月 12 日净值数据的序列转换为列表；然后，将 4 月 3 日 5 只基金净值的序列转换为数组；最后，将任务 2 中创建的 2019 年 4 月 8 日至 4 月 12 日期间 3 只基金净值的数据框转换为数组。

3.1.3　编程提示[①]

- 创建序列需要运用 Series 函数，并且需要输入序列中涉及的索引参数 index。

- 创建数据框需要运用 DataFrame 函数，并且输入以下 3 个主要的参数：一是参数 data 输入数据或者变量；二是参数 index 输入行索引；三是参数 columns 输入列名。

- 将序列转换为列表，只需要运用 Python 内置函数 list 即可完成；将序列转换为数组，仅需要运用 NumPy 模块中的函数 array；将数据框转变为数组，则运用函数 values。

3.1.4　参考代码与说明

任务 1 的代码

```
In [1]: import numpy as np
   ...: import pandas as pd                                    #导入 Pandas 模块

In [2]: value_guotai=np.array([1.464,1.459,1.466,1.471,1.459,1.454,1.458,1.413,1.406])  #
国泰金鑫股票基金 2019 年 4 月 1 日至 12 日净值数据的数组

In [3]: date=np.array(['2019-04-01','2019-04-02','2019-04-03','2019-04-04','2019-04-08',
'2019-04-09','2019-04-10','2019-04-11','2019-04-12'])                      #交易日的数组

In [4]: series_guotai=pd.Series(data=value_guotai,index=date)        #创建序列

In [5]: series_guotai
Out[5]:
2019-04-01    1.464
2019-04-02    1.459
2019-04-03    1.466
2019-04-04    1.471
2019-04-08    1.459
2019-04-09    1.454
2019-04-10    1.458
2019-04-11    1.413
```

[①] 本章案例的"编程提示"部分中提及的函数，如无特别说明，均默认指 Pandas 模块中的函数。

```
2019-04-12    1.406
dtype: float64

In [6]: type(series_guotai)              #查看变量的数据结构
Out[6]: pandas.core.series.Series

In [7]: value_0403=pd.Series(data=[1.466,1.672,1.177,1.243,1.468],index=['国泰金鑫','中海
医疗','华夏优势','富国城镇','上投摩根'])       #创建 4 月 3 日基金净值的数组
    ...: value_0403
Out[7]:
国泰金鑫    1.466
中海医疗    1.672
华夏优势    1.177
富国城镇    1.243
上投摩根    1.468
dtype: float64

In [8]: type(value_0403)
Out[8]: pandas.core.series.Series
```

任务 2 的代码

```
In [9]: name=np.array(['国泰金鑫','中海医疗','华夏优势','富国城镇','上投摩根'])     #基金名称的数组
并且用基金简称

In [10]: data_3fund_array=np.array([[1.657,1.1858,1.24],[1.674,1.1891,1.249],[1.686,1.1881,
1.259],[1.638,1.1616,1.233],[1.621,1.1645,1.228]])     #3 只基金在 2019 年 4 月 8 日至 12 日净值的数组

In [11]: data_3fund=pd.DataFrame(data=data_3fund_array,index=date[4:],columns=name[1:4])
#转成一个数据框

In [12]: data_3fund
Out[12]:
            中海医疗      华夏优势      富国城镇
2019-04-08  1.657     1.1858    1.240
2019-04-09  1.674     1.1891    1.249
2019-04-10  1.686     1.1881    1.259
2019-04-11  1.638     1.1616    1.233
2019-04-12  1.621     1.1645    1.228

In [13]: type(data_3fund)
Out[13]: pandas.core.frame.DataFrame
```

对比任务 1 创建的序列与任务 2 创建的数据框，可以发现两者之间存在两点显著差异：一是序列只有 2 列（1 列索引和 1 列数值），数据框则可以有多列，即 1 列索引和多列数值；二是序列没有列名，但是数据框可以有列名。

任务 3 的代码

```
In [14]: value_total=np.array([[1.464,1.678,1.1599,1.239,1.466],[1.459,1.664,1.1564,1.239,
1.455], [1.466,1.672,1.177,1.243,1.468],[1.471,1.667,1.1884,1.249,1.468],[1.459,1.657,1.1858,
```

```
1.24,1.434],[1.454,1.674,1.1891,1.249,1.431],[1.458,1.686,1.1881,1.259,1.417],[1.413,1.638,
1.1616,1.233,1.388],[1.406,1.621,1.1645,1.228,1.385]])    #创建数组

In [15]: data_total=pd.DataFrame(data=value_total,index=date,columns=name)  #转为数据框
    ...: data_total
Out[15]:
            国泰金鑫    中海医疗       华夏优势      富国城镇     上投摩根
2019-04-01  1.464     1.678      1.1599    1.239    1.466
2019-04-02  1.459     1.664      1.1564    1.239    1.455
2019-04-03  1.466     1.672      1.1770    1.243    1.468
2019-04-04  1.471     1.667      1.1884    1.249    1.468
2019-04-08  1.459     1.657      1.1858    1.240    1.434
2019-04-09  1.454     1.674      1.1891    1.249    1.431
2019-04-10  1.458     1.686      1.1881    1.259    1.417
2019-04-11  1.413     1.638      1.1616    1.233    1.388
2019-04-12  1.406     1.621      1.1645    1.228    1.385
```

任务 4 的代码

```
In [16]: list_guotai=list(series_guotai)      #国泰金鑫 4 月 1 日至 12 日净值数据的序列转为列表
    ...: list_guotai
Out[16]: [1.464, 1.459, 1.466, 1.471, 1.459, 1.454, 1.458, 1.413, 1.406]

In [17]: array_0403=np.array(value_0403)       #4 月 3 日 5 只基金净值的序列转为数组
    ...: array_0403
Out[17]: array([1.466, 1.672, 1.177, 1.243, 1.468])

In [18]: array_3fund=data_3fund.values         #4 月 8 日至 12 日 3 只基金净值的数据框变为数组
    ...: array_3fund
Out[18]:
array([[1.657 , 1.1858, 1.24  ],
       [1.674 , 1.1891, 1.249 ],
       [1.686 , 1.1881, 1.259 ],
       [1.638 , 1.1616, 1.233 ],
       [1.621 , 1.1645, 1.228 ]])
```

3.2 导入外部数据文件和导出生成数据文件——以 Shibor 利率为分析对象

3.2.1 案例详情

B 银行是总部位于北京的一家商业银行，同时也是上海银行间同业拆放利率（Shanghai Interbank Offered Rate，Shibor）报价团成员银行之一，目前 Shibor 品种包括隔夜（O/N）、1

周（1W）、2 周（2W）、1 个月（1M）、3 个月（3M）、6 个月（6M）、9 个月（9M）及 1 年（1Y）共 8 个期限品种。

假定你是该银行专门负责 Shibor 利率的报价专员，在每个交易日上午 10:55 以前通过上海银行间同业拆放利率网提供的报价界面完成报价工作。为了更好地开展 2019 年 5 月 Shibor 利率的报价工作，需要对 2019 年 4 月 Shibor 不同期限品种的每日利率进行分析。这些数据存放在一个 Excel 文件中，表 3-3 就列出了 4 月 Shibor 的部分日数据。

表 3-3　2019 年 4 月 Shibor 不同期限品种的部分日数据

日期	O/N	1W	2W	1M	3M	6M	9M	1Y
2019/4/1	2.315%	2.579%	2.713%	2.782%	2.795%	2.835%	2.917%	3.047%
2019/4/2	1.956%	2.453%	2.527%	2.745%	2.786%	2.825%	2.913%	3.042%
2019/4/3	1.663%	2.357%	2.403%	2.697%	2.767%	2.818%	2.909%	3.044%
				......				
2019/4/28	2.070%	2.705%	2.921%	2.857%	2.909%	2.946%	3.030%	3.142%
2019/4/29	1.700%	2.691%	2.895%	2.857%	2.923%	2.955%	3.040%	3.147%
2019/4/30	2.086%	2.683%	2.860%	2.856%	2.930%	2.963%	3.044%	3.159%

数据来源：上海银行间同业拆放利率网站。

为了做好数据分析的前期准备工作，你需要运用 Python 完成 4 项编程任务。

3.2.2　编程任务

【任务 1】在 Python 中导入包含 2019 年 4 月 Shibor 不同期限品种每日利率数据的 Excel 文件并且创建一个数据框，同时还要依次创建该数据框的最前面 5 行、末尾 5 行以及主要的统计指标等 3 个数据框。

【任务 2】你接到主管的电话，需要提供 4 月最初 5 个交易日的 Shibor 利率数据并且要求以 Excel 文件格式存放，因此将任务 1 创建包括前 5 行数据的数据框从 Python 中导出并生成 Excel 格式的文件。

【任务 3】一位同事向你索要 4 月最后 5 个交易日的 Shibor 利率数据并且要求用 csv 文件格式存放，因此将任务 1 创建包括末尾 5 行数据的数据框导出并生成 csv 格式的文件。

【任务 4】另一位同事正在撰写 4 月利率市场的分析报告，希望你能够提供 4 月 Shibor 不同期限品种的统计指标并且需要以 txt 格式的文件存放，因此将任务 1 创建的主要统计指标的数据框导出并生成 txt 格式。

3.2.3　编程提示

- 导入 Excel 文件需要运用函数 read_excel，需要注意的是，在该函数中导入文件的路径必须输入；参数 sheetname 表示选择 Excel 表中需要导入的工作表名称；参数 header 表示选择哪一行作为列名行，例如，输入 header=0 就表示选取工作表的第一行作为列名行；index_col 是选择哪一列作为索引列，例如，index_col=0 就表示将第一列作为索引列。

- 从 Python 中导出数据并存放在 Excel 文件中需要运用函数 to_excel；导出数据并存放在 CSV 文件需要运用函数 to_csv；导出数据并存放在 txt 文件也是运用函数 to_csv，但是在函数中添加带 txt 格式的文件名。

- 该数据框的前 5 行、后 5 行以及主要的统计指标需要分别用到函数 head、tail 以及 describe。

3.2.4　参考代码与说明

任务 1 的代码

```
In [19]: Shibor_excel=pd.read_excel('C:/Desktop/SHIBOR利率（2019年4月）.xlsx', sheet_name=
"Sheet1", header=0, index_col=0)                    #导入存放在计算机桌面的 Excel 文件

In [20]: Shibor_head=Shibor_excel.head()      #数据框的最前面五行
    ...: Shibor_head
Out[20]:
               O/N       1W       2W     ...       6M       9M       1Y
日期                                       ...
2019-04-01  0.02315  0.02579  0.02713    ...    0.02835  0.02917  0.03047
2019-04-02  0.01956  0.02453  0.02527    ...    0.02825  0.02913  0.03042
2019-04-03  0.01663  0.02357  0.02403    ...    0.02818  0.02909  0.03044
2019-04-04  0.01417  0.02418  0.02376    ...    0.02815  0.02906  0.03047
2019-04-08  0.01428  0.02483  0.02378    ...    0.02816  0.02906  0.03047

[5 rows x 8 columns]

In [21]: Shibor_tail=Shibor_excel.tail()        #数据框的末尾五行
    ...: Shibor_tail
Out[21]:
               O/N       1W       2W     ...       6M       9M       1Y
日期                                       ...
2019-04-25  0.02785  0.02785  0.03027    ...    0.02917  0.03005  0.03119
2019-04-26  0.02496  0.02735  0.03012    ...    0.02932  0.03016  0.03129
```

```
2019-04-28  0.02070  0.02705  0.02921   ...    0.02946  0.03030  0.03142
2019-04-29  0.01700  0.02691  0.02895   ...    0.02955  0.03040  0.03147
2019-04-30  0.02086  0.02683  0.02860   ...    0.02963  0.03044  0.03159

[5 rows x 8 columns]

In [22]: Shibor_describe=Shibor_excel.describe()   #数据框的主要统计指标
    ...: Shibor_describe
Out[22]:
             O/N         1W      ...        9M         1Y
count  22.000000  22.000000      ...  22.000000  22.000000
mean    0.023485   0.026475      ...   0.029582   0.030862
std     0.005037   0.001301      ...   0.000467   0.000369
min     0.014170   0.023570      ...   0.029060   0.030420
25%     0.019845   0.025978      ...   0.029147   0.030485
50%     0.025265   0.026870      ...   0.029535   0.030840
75%     0.027768   0.027463      ...   0.029888   0.031075
max     0.029980   0.027880      ...   0.030440   0.031590

[8 rows x 8 columns]
```

需要注意的是，用函数 describe 输出的主要统计指标，在数据结构上也是数据框，只是索引列变成了一些统计指标。

任务 2 的代码与截图

```
In [23]: Shibor_head.to_excel('C:/Desktop/2019 年 4 月 SHIBOR 利率前五个交易日.xlsx')  #将数据导出至计算机桌面并且以 Excel 文件格式存放
```

代码运行结果如图 3-1 所示。

	A	B	C	D	E	F	G	H	I	J
1	日期	O/N	1W	2W	1M	3M	6M	9M	1Y	
2	2019-04-01	0.02315	0.02579	0.02713	0.02782	0.02795	0.02835	0.02917	0.03047	
3	2019-04-02	0.01956	0.02453	0.02527	0.02745	0.02786	0.02825	0.02913	0.03042	
4	2019-04-03	0.01663	0.02357	0.02403	0.02697	0.02767	0.02818	0.02909	0.03044	
5	2019-04-04	0.01417	0.02418	0.02376	0.02664	0.02758	0.02815	0.02906	0.03047	
6	2019-04-08	0.01428	0.02483	0.02378	0.0265	0.02754	0.02816	0.02906	0.03047	
7										
8										
9										

图 3-1　导出的 Excel 表截图

任务 3 的代码与截图

```
In [24]:Shibor_tail.to_csv('C:/Desktop/2019 年 4 月 SHIBOR 利率后五个交易日.csv')    #将数据导出至计算机桌面并且以 CSV 文件格式存放
```

代码运行结果如图 3-2 所示。

	A	B	C	D	E	F	G	H	I	J
1	日期	O/N	1W	2W	1M	3M	6M	9M	1Y	
2	2019/4/25	0.02785	0.02785	0.03027	0.02851	0.0288	0.02917	0.03005	0.03119	
3	2019/4/26	0.02496	0.02735	0.03012	0.02859	0.02896	0.02932	0.03016	0.03129	
4	2019/4/28	0.0207	0.02705	0.02921	0.02857	0.02909	0.02946	0.0303	0.03142	
5	2019/4/29	0.017	0.02691	0.02895	0.02857	0.02923	0.02955	0.0304	0.03147	
6	2019/4/30	0.02086	0.02683	0.0286	0.02856	0.0293	0.02963	0.03044	0.03159	
7										
8										
9										

图 3-2　导出的 CSV 文件截图

任务 4 的代码与截图

```
In [25]:Shibor_describe.to_csv('C:/Desktop/2019 年 4 月 SHIBOR 利率主要统计指标.txt')  #将数据导出至计算机桌面并且以 txt 文件格式存放
```

代码运行结果如图 3-3 所示。

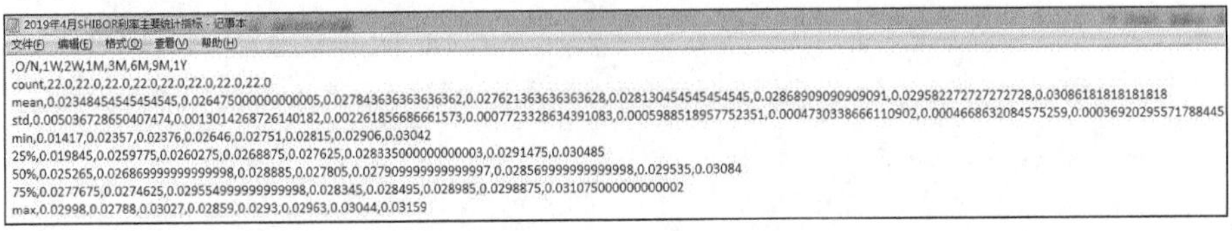

```
2019年4月SHIBOR利率主要统计指标 - 记事本
文件(F) 编辑(E) 格式(O) 查看(V) 帮助(H)
,O/N,1W,2W,1M,3M,6M,9M,1Y
count,22.0,22.0,22.0,22.0,22.0,22.0,22.0,22.0
mean,0.023484545454545454545,0.026475000000000005,0.027843636363636362,0.027621363636363628,0.028130454545454545,0.028690909090909091,0.029582272727272728,0.030861818181818 18
std,0.005036728650407474,0.0013014268726140182,0.002261856686661573,0.0007723328634391083,0.0005988518957752351,0.0004730338666110902,0.0004668632084575259,0.00036920295571788445
min,0.01417,0.02357,0.02376,0.02646,0.02751,0.02815,0.02906,0.03042
25%,0.019845,0.0259775,0.0260275,0.0268875,0.027625,0.028335000000000003,0.0291475,0.030485
50%,0.025265,0.026869999999999998,0.028885,0.027805,0.027909999999999997,0.028569999999999998,0.029535,0.03084
75%,0.0277675,0.0274625,0.029554999999999998,0.028345,0.028495,0.028985,0.0298875,0.031075000000000002
max,0.02998,0.02788,0.03027,0.02859,0.0293,0.02963,0.03044,0.03159
```

图 3-3　导出的 txt 文件截图

需要注意的是，无论是导入外部文件还是导出成外部文件，文件存放的路径必须要输入，同时该路径代表了文件存放在计算机中的具体位置。

3.3　数据框可视化——以上证 50 指数为分析对象

3.3.1　案例详情

C 公司是总部位于深圳的一家证券公司，假定你在该公司研究所担任分析师助理，日常的主要工作就是协助分析师整理 A 股各类指数的数据并且初步分析数据的变化情况。

现在，主管需要你撰写一份针对 2018 年 1 月至 2019 年 6 月期间上证 50 指数的分析报告，你已经整理了这段时间上证 50 指数每日的开盘价、最高价、最低价、收盘价、成交金额以及换手率[①]等数据，表 3-4 就列示了部分交易日的相关数据，全部的数据是按照不同工作表存放于 Excel 文件中。

表 3-4　上证 50 指数开盘、最高、最低、收盘等价格以及成交额、换手率等部分日数据

（2018 年 1 月至 2019 年 6 月期间）

日　期	开　盘　价	最　高　价	最　低　价	收　盘　价	成交额（亿元）	换　手　率
2018-01-02	2 867.528 0	2 912.269 0	2 867.528 0	2 908.732 0	634.12	0.341 3%
2018-01-03	2 914.279 0	2 947.631 0	2 906.598 0	2 913.260 0	693.40	0.304 6%
2018-01-04	2 918.256 0	2 934.152 0	2 910.662 0	2 919.479 0	590.72	0.275 0%

……

① 换手率（turnover rate，也称“周转率”），是指在一定时间内资本市场中股票转手买卖的频率，是反映市场交易活跃程度最重要的指标之一，换手率越高说明交易越活跃，反之则反。具体的计算公式：换手率=成交量/流通股本 × 100%。

续表

日　期	开　盘　价	最　高　价	最　低　价	收　盘　价	成交额（亿元）	换　手　率
2019-06-26	2 896.764 9	2 915.235 1	2 891.004 0	2 903.486 8	367.50	0.151 2%
2019-06-27	2 917.203 6	2 952.907 6	2 914.962 0	2 937.128 3	540.16	0.210 6%
2019-06-28	2 932.693 2	2 937.291 2	2 911.665 9	2 930.598 2	373.48	0.149 2%

数据来源：上海证券交易所。

为了协助主管尽快完成这份分析报告，你需要运用 Python 完成 4 项可视化的编程任务。

3.3.2　编程任务

【任务 1】从外部 Excel 文件导入 2018 年 1 月至 2019 年 6 月期间上证 50 指数每日的换手率数据并生成一个数据框，同时绘制一张折线图。

【任务 2】从外部 Excel 文件导入 2018 年 1 月至 2019 年 6 月期间上证 50 指数每日的交易金额数据并生成一个数据框，针对该数据框绘制直方图。

【任务 3】针对任务 2 创建的 2018 年 1 月至 2019 年 6 月期间上证 50 指数每日的交易金额数据的数据框，绘制一张箱型图。

【任务 4】从外部 Excel 文件导入 2018 年 1 月至 2019 年 6 月期间上证 50 指数每日的开盘价、最高价、最低价、收盘价的数据并生成一个数据框，并且以 2×2 子图的方式依次将开盘价、最高价、最低价以及收盘价进行可视化。

3.3.3　编程提示

- 可以运用函数 plot 将数据框的数据便捷地绘制成折线图，可以对图形参数 kind 输入 kind = 'line'或者不输入，因为参数 kind 在不输入时默认为折线图。

- 如需将数据框的数据绘制成直方图，在运用函数 plot 时，针对参数 kind 需要输入 kind ='hist'。

- 如需将数据框的数据绘制成箱形图，在运用函数 plot 时，针对参数 kind 需要输入 kind ='box'。

- 运用 2×2 子图的方式进行可视化需要在运用函数 plot 时，针对参数 subplots 输入 subplots=

True，同时针对参数 layout 输入 layout=(2,2)。

3.3.4　参考代码与说明

任务 1 的代码

```
In [26]: from pylab import mpl                                    #从 pylab 导入子模块 mpl
    ...: mpl.rcParams['font.sans-serif'] = ['KaiTi']              #以楷体的字体显示中文
    ...: mpl.rcParams['axes.unicode_minus']=False                 #解决保存图像是负号'-'显示为方块的问题

In [27]: turnover=pd.read_excel('C:/Desktop/上证 50 指数（2018 年 1 月至 2019 年 6 月）.xlsx',
sheet_name= "Sheet1", header=0, index_col=0)                      #导入外部换手率数据并且是 Sheet1 工作表

In [28]: turnover.head()
Out[28]:
             换手率
日期
2018-01-02  0.003413
2018-01-03  0.003046
2018-01-04  0.002750
2018-01-05  0.003156
2018-01-08  0.003668

In [29]: turnover.tail()
Out[29]:
             换手率
日期
2019-06-24  0.001827
2019-06-25  0.002402
2019-06-26  0.001512
2019-06-27  0.002106
2019-06-28  0.001492

In [30]: turnover.plot(kind='line',figsize=(9,6),title=u'2018 年 1 月至 2019 年 6 月上证 50 指数
换手率', grid=True, fontsize=13)
Out[30]:
```

从图 3-4 可以看到，在 2018 年 1 月至 2019 年 6 月这 1 年半的时间内，上证 50 指数的日换手率存在较大波动，最高的日换手率（超过 0.6%）是最低换手率（不足 0.1%）的 6 倍多。

任务 2 的代码

```
In [31]: volume=pd.read_excel('C:/Desktop/上证 50 指数（2018 年 1 月至 2019 年 6 月）.xlsx',
sheet_name= "Sheet2", header=0, index_col=0)     #导入外部成交金额数据并且是 Sheet2 工作表

In [32]: volume.plot(kind='hist',figsize=(9,6),title=u'2018 年 1 月至 2019 年 6 月上证 50 指数交
易金额', grid=True, fontsize=13)
Out[32]:
```

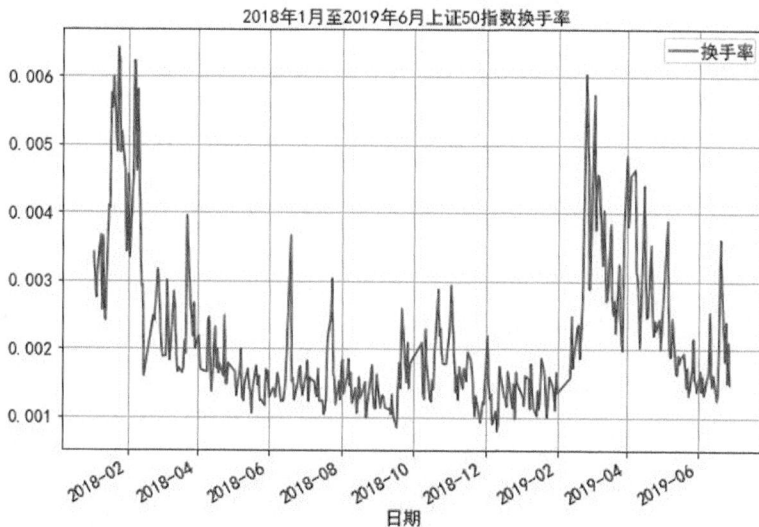

图 3-4　2018 年 1 月至 2019 年 6 月期间上证 50 指数的日换手率

图 3-5 中的横坐标代表上证 50 指数每个交易日的成交金额，并且单位是亿元；纵坐标则表示频数，此外图中共有 10 根柱子（默认值），每根柱子的宽度是相同的（即代表区间的距离相同）。从图中可以看到，上证 50 指数日成交金额主要是集中在 200 亿元至 400 亿元的区间。

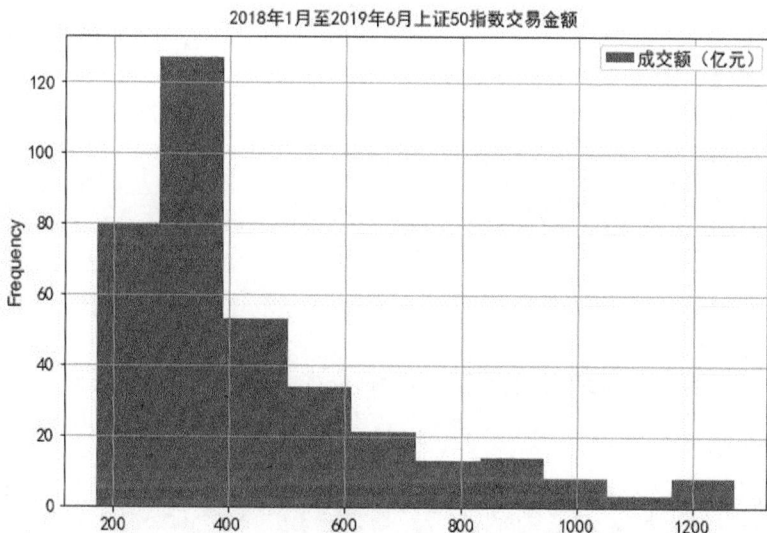

图 3-5　2018 年 1 月至 2019 年 6 月上证 50 指数日成交金额的直方图

任务 3 的代码

```
In [33]: volume.describe()
Out[33]:
         成交额（亿元）
count    361.000000
mean     448.435346
std      229.418140
min      170.570000
25%      292.260000
50%      367.540000
75%      526.130000
max     1274.060000

In [34]: volume.plot(kind='box',figsize=(9,6),title=u'2018 年 1 月至 2019 年 6 月上证 50 指数交易
金额', grid=True, fontsize=13)
Out[34]:
```

图 3-6 的箱形图从下往上一共有 5 条直线，第一条是下边缘线，第二条是四分之一（25%）的分位数，第三条是中位数，第四条是四分之三（75%）的分位数，第五条线则是上边缘线。图中的圆点代表了异常值，并且通过目测发现异常值主要聚集在 900 亿元附近和 1200 亿元附近。

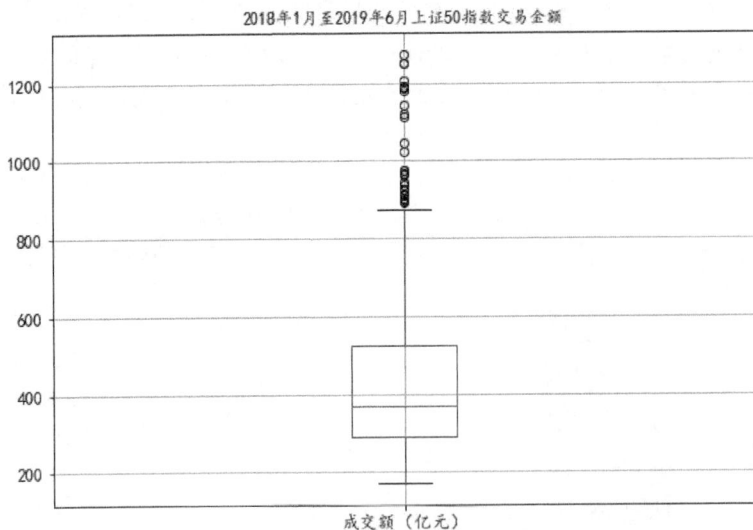

图 3-6　2018 年 1 月至 2019 年 6 月期间上证 50 指数成交金额的箱形图

任务 4 的代码

```
In [35]: price=pd.read_excel('C:/Desktop/上证 50 指数（2018 年 1 月至 2019 年 6 月）.xlsx',
sheet_name= "Sheet3", header=0, index_col=0)    #导入外部价格数据并且是 Sheet3 工作表

In [36]: price.head()
```

```
Out[36]:
              开盘价       最高价       最低价       收盘价
日期
2018-01-02  2867.528  2912.269  2867.528  2908.732
2018-01-03  2914.279  2947.631  2906.598  2913.260
2018-01-04  2918.256  2934.152  2910.662  2919.479
2018-01-05  2926.778  2940.180  2920.084  2932.356
2018-01-08  2933.825  2952.344  2926.871  2947.761


In [37]: price.tail()
Out[37]:
              开盘价        最高价        最低价        收盘价
日期
2019-06-24  2942.5061  2958.0238  2931.6665  2949.5176
2019-06-25  2946.0203  2946.7080  2875.3678  2910.1212
2019-06-26  2896.7649  2915.2351  2891.0040  2903.4868
2019-06-27  2917.2036  2952.9076  2914.9620  2937.1283
2019-06-28  2932.6932  2937.2912  2911.6659  2930.5982

In [38]: price.plot(kind='line',subplots=True,sharex=True,sharey=True,layout=(2,2), figsize=
(10,8),title=u'2018 年 1 月至 2019 年 6 月上证 50 指数走势图', grid=True, fontsize=13)
Out[38]:
```

在绘制图 3-7 的过程中，采用了不同的子图共用 *x* 轴、*y* 轴刻度及标签（即设定了参数 sharex=True 和 sharey=True）的形式，从而便于不同子图之间的对比。

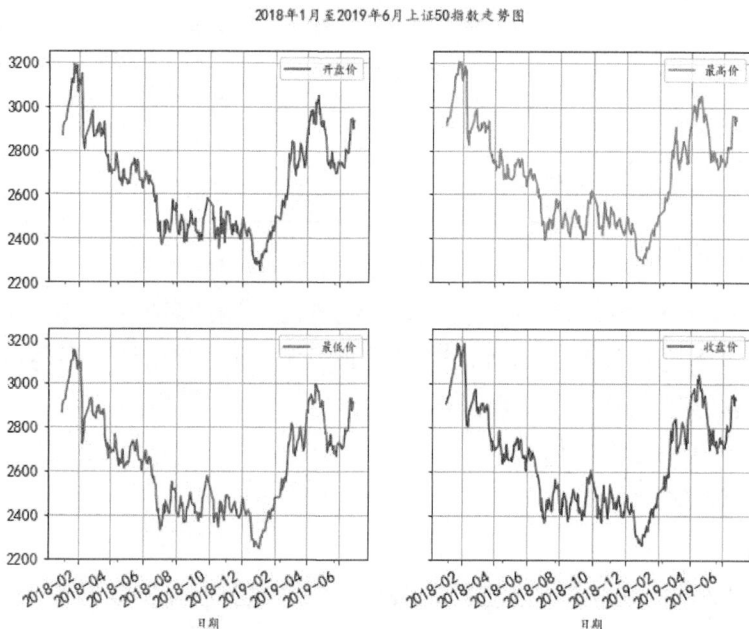

图 3-7   2018 年 1 月至 2019 年 6 月上证 50 指数走势图（以子图方式展示）

3.4 数据框检索——以沪港通股票为分析对象

3.4.1 案例详情

D 公司是总部位于我国香港的一家证券公司，为客户提供包括证券经纪业务在内的多样化金融服务。自 2014 年 11 月上海证券交易所和香港联交所之间的沪港通（SHSC）启动之后，香港本地的投资者通过在 D 公司开立的证券投资账户参与沪港通的热情持续高涨，并且长期看好 A 股市场的投资前景。李先生就是其中的一位投资者，同时在 2019 年二季度期间果断投资了 5 只在上海证券交易所上市的沪港通股票，具体是白云机场、华能国际、南方航空、三一重工以及中体产业，表 3-5 就列出了二季度这些股票每日收盘价的部分数据，全部的日收盘价数据存放于 Excel 文件中。

表 3-5　2019 年二季度期间的 5 只沪港通股票部分日收盘价（元/股）数据

证券名称	白云机场	华能国际	南方航空	三一重工	中体产业
证券代码	600004	600011	600029	600031	600158
2019-04-01	15.01	6.67	8.70	12.95	12.56
2019-04-02	14.70	6.64	8.65	12.63	12.41
2019-04-03	14.95	6.63	8.83	12.92	12.41
……					
2019-06-26	17.72	6.47	7.55	12.95	12.08
2019-06-27	17.83	6.37	7.74	12.95	10.87
2019-06-28	18.20	6.23	7.72	13.08	10.23

数据来源：上海证券交易所。

假定你在 D 公司担任投资顾问，并且为包括李先生在内的多位客户提供日常投资咨询服务。为了能够提升服务的效率，及时解答李先生的日常咨询，你已经运用 Python 处理并分析日常的数据，现在需要完成 4 项编程任务。

3.4.2 编程任务

【任务 1】导入包含表 3-5 中这些股票 2019 年二季度日收盘价数据的 Excel 表并且创建数据框，查看该数据框的行索引名、列名以及形状参数（即数据框由几行和几列构成）。

【任务 2】针对任务 1 创建的数据框，需要依次查看 2019 年 4 月 8 日、5 月 16 日以及 6 月 10 日这 3 个交易日的收盘价数据，此外也需要查看 2019 年 6 月 18 日至 21 日期间的收盘价格数据。

【任务 3】针对任务 1 创建的数据框，截取第 16 行至第 28 行、第 2 列至第 4 列的数据。

【任务 4】针对任务 1 创建的数据框，截取白云机场的收盘价大于等于 17.6 元/股所对应的子数据框，此外截取同时满足华能国际收盘价小于 6.6 元/股、南方航空收盘价大于 7.5 元/股和三一重工收盘价小于 12.9 元/股这 3 个判断条件的子数据框。

3.4.3 编程提示

- 可以运用函数 index 查看数据框的行索引名，运用函数 columns 查看数据框的列名，运用函数 shape 查看数据框的形状。
- 可以运用函数 loc 查看数据框中的某个交易日或者若干个交易日的股票收盘价数据。
- 可以运用函数 iloc 对数据框进行截取，针对同时满足多个判断条件进行截取时，不同条件之间需要用符号&隔开。

3.4.4 参考代码与说明

任务 1 的代码

```
In [39]: price_SHSC=pd.read_excel('C:/Desktop/5 只沪港通股票的收盘价（2019 年 2 季度).xlsx',
sheet_name= "Sheet1", header=0, index_col=0)    #从外部导入沪港通股票数据

In [40]: price_SHSC.index              #查看数据框的行索引名称
Out[40]:
DatetimeIndex(['2019-04-01', '2019-04-02', '2019-04-03', '2019-04-04',
               '2019-04-08', '2019-04-09', '2019-04-10', '2019-04-11',
               '2019-04-12', '2019-04-15', '2019-04-16', '2019-04-17',
               '2019-04-18', '2019-04-19', '2019-04-22', '2019-04-23',
               '2019-04-24', '2019-04-25', '2019-04-26', '2019-04-29',
               '2019-04-30', '2019-05-06', '2019-05-07', '2019-05-08',
               '2019-05-09', '2019-05-10', '2019-05-13', '2019-05-14',
               '2019-05-15', '2019-05-16', '2019-05-17', '2019-05-20',
               '2019-05-21', '2019-05-22', '2019-05-23', '2019-05-24',
               '2019-05-27', '2019-05-28', '2019-05-29', '2019-05-30',
               '2019-05-31', '2019-06-03', '2019-06-04', '2019-06-05',
               '2019-06-06', '2019-06-10', '2019-06-11', '2019-06-12',
```

```
                       '2019-06-13', '2019-06-14', '2019-06-17', '2019-06-18',
                       '2019-06-19', '2019-06-20', '2019-06-21', '2019-06-24',
                       '2019-06-25', '2019-06-26', '2019-06-27', '2019-06-28'],
                      dtype='datetime64[ns]', name='日期', freq=None)

In [41]: price_SHSC.columns                    #查看数据框的列名名称
Out[41]: Index(['白云机场', '华能国际', '南方航空', '三一重工', '中体产业'], dtype='object')

In [42]: price_SHSC.shape                       #查看数据框的形状参数
Out[42]: (60, 5)
```

根据输出的数据框形状参数，不包含列名的行数共计 60 行，不包含索引列的列数共计 5 列。

任务 2 的代码

```
In [43]: price_SHSC.loc['2019-04-08']           #查看 2019 年 4 月 8 日的收盘价数据
Out[43]:
白云机场     14.46
华能国际      6.61
南方航空      9.12
三一重工     13.80
中体产业     12.13
Name: 2019-04-08 00:00:00, dtype: float64

In [44]: price_SHSC.loc['2019-05-16']           #查看 2019 年 5 月 16 日的收盘价数据
Out[44]:
白云机场     16.58
华能国际      6.45
南方航空      7.41
三一重工     12.15
中体产业     10.37
Name: 2019-05-16 00:00:00, dtype: float64

In [45]: price_SHSC.loc['2019-06-10']           #查看 2019 年 6 月 10 日收盘价数据
Out[45]:
白云机场     15.64
华能国际      6.59
南方航空      6.98
三一重工     12.21
中体产业     10.35
Name: 2019-06-10 00:00:00, dtype: float64

In [46]: price_SHSC.loc['2019-06-18':'2019-06-21']  #查看 2019 年 6 月 18 日至 21 日的收盘价格数据
Out[46]:
              白云机场    华能国际    南方航空    三一重工    中体产业
日期
2019-06-18   16.18     6.63     7.13     12.88    10.94
2019-06-19   16.29     6.65     7.35     12.90    11.26
```

2019-06-20	17.16	6.69	7.59	13.18	11.70
2019-06-21	17.02	6.66	7.58	13.13	11.60

任务 3 的代码

```
In [47]: price_SHSC.iloc[15:28,1:4]    #截取第16行至第28行、第2列至第4列的数据
Out[47]:
            华能国际   南方航空   三一重工
日期
2019-04-23  6.59    8.32    12.29
2019-04-24  6.62    8.36    12.33
2019-04-25  6.67    8.20    11.88
2019-04-26  6.48    8.04    11.92
2019-04-29  6.52    8.27    12.30
2019-04-30  6.75    8.48    12.25
2019-05-06  6.71    7.65    11.40
2019-05-07  6.87    7.76    12.12
2019-05-08  6.74    7.63    11.85
2019-05-09  6.75    7.41    11.86
2019-05-10  6.80    7.62    12.45
2019-05-13  6.58    7.40    12.21
2019-05-14  6.54    7.21    11.96
```

任务 4 的代码

```
In [48]: price_SHSC[price_SHSC['白云机场']>=17.6]    #截取白云机场收盘价大于等于17.6元对应的子数据框
Out[48]:
            白云机场   华能国际   南方航空   三一重工   中体产业
日期
2019-06-24  17.65   6.53    7.54    13.18   12.16
2019-06-25  17.82   6.42    7.44    13.05   12.08
2019-06-26  17.72   6.47    7.55    12.95   12.08
2019-06-27  17.83   6.37    7.74    12.95   10.87
2019-06-28  18.20   6.23    7.72    13.08   10.23

In [49]: price_SHSC[(price_SHSC['华能国际']<6.6)&(price_SHSC['南方航空']>7.5)&(price_SHSC['三一重工']<12.9)]    #同时满足3个判断条件的数据框截取
Out[49]:
            白云机场   华能国际   南方航空   三一重工   中体产业
日期
2019-04-15  14.05   6.58    8.59    12.87   13.14
2019-04-23  14.16   6.59    8.32    12.29   11.60
2019-04-26  14.51   6.48    8.04    11.92   11.18
2019-04-29  15.04   6.52    8.27    12.30   10.74
```

需要提醒的是，虽然针对数据框的索引和截取有 3 个函数 loc、iloc 以及 ix，但是在 Pandas 0.20.0 版本以及更高版本中已经不建议使用函数 ix，因此以上参考代码中未使用该函数。

3.5　数据框缺失值处理——以金砖四国的股票指数为分析对象

3.5.1　案例详情

E 公司是总部位于新加坡的一家资产管理公司，该公司发行的产品通常是偏好于投资新兴市场，并且于 2019 年 5 月底对外新发行了一款专门投资于金砖四国（巴西、俄罗斯、印度和中国，简称 "BRIC"）股票指数的基金产品，相关股票指数包括了巴西 IBOVESPA 指数[①]、俄罗斯 RTS 指数[②]、印度 Sensex30 指数[③]以及我国的上证综指。表 3-6 列示了 2019 年 6 月这四国股票指数的日收盘价，从表中可以发现由于不同国家节假日的差异性安排，造成不同国家股市在休市时间上的差别，进而导致部分交易日不同指数的收盘价数据缺失（表中的缺失值用 N/A 表示），并且 6 月的全部数据也存放在 Excel 文件中。

表 3-6　2019 年 6 月金砖四国主要股票指数的日收盘价数据

指 数 名 称	IBOVESPA 指数	RTS 指数	Sensex30 指数	上 证 综 指
所属国家	巴西	俄罗斯	印度	中国
2019-06-03	97 020.48	1 315.22	40 267.621 1	2 890.080 9
2019-06-04	97 380.28	1 307.55	40 083.539 1	2 862.280 3
2019-06-05	95 998.75	1 303.35	N/A	2 861.418 1
2019-06-06	97 204.85	1 319.85	39 529.718 8	2 827.797 8
2019-06-07	97 821.26	1 325.95	39 615.898 4	N/A

---

① IBOVESPA 指数（Índice Bovespa，中文译为"圣保罗指数"）是巴西圣保罗证券交易所的基准股票指数，指数的成份股是 52 只该交易所上市的公司股票，按照市值衡量是美洲第四大股市指数，该指数也是南美洲（拉丁美洲）资本市场的重要指标。关于该指数的详细介绍，可以访问圣保罗证券交易所的官方网站。

② RTS 指数（Russian Trading System Index，中文译为"俄罗斯交易系统指数"或"莫斯科指数"），是莫斯科交易所（Moscow Exchange）的基准股票指数，指数的成份股涵盖了莫斯科交易所上市的 42 家大型公司。关于该指数的具体介绍，可以访问莫斯科交易所的官方网站。

③ Sensex30 指数（Sensex 30 Index 或 S&P BSE SENSEX，中文译为"孟买敏感 30 指数"），由孟买证券交易所（Bombay Stock Exchange）对外发布，指数的成份股是孟买证券交易所上市的 30 只规模最大、流动性最强、财务状况良好的公司股票，该指数是印度资本市场使用最广泛的股票指数。孟买证券交易所成立于 1875 年，是亚洲最古老的证券交易所，也是印度第一大股票交易所。关于该指数的进一步介绍，可以访问孟买证券交易所的官方网站。

续表

指 数 名 称	IBOVESPA 指数	RTS 指数	Sensex30 指数	上 证 综 指
2019-06-10	97 466.69	1 335.71	39 784.519 5	2 852.130 2
2019-06-11	98 960.00	1 343.33	39 950.460 9	2 925.716 2
2019-06-12	98 320.88	N/A	39 756.808 6	2 909.379 6
2019-06-13	98 773.70	1 346.98	39 741.359 4	2 910.740 6
2019-06-14	98 040.06	1 341.05	39 452.070 3	2 881.974 3
2019-06-17	97 623.25	1 340.90	38 960.789 1	2 887.622 1
2019-06-18	99 404.39	1 359.23	39 046.339 8	2 890.158 0
2019-06-19	100 303.40	1 361.14	39 112.738 3	2 917.802 9
2019-06-20	100 303.40	1 391.21	39 601.628 9	2 987.118 6
2019-06-21	102 012.60	1 375.02	39 194.488 3	3 001.980 2
2019-06-24	102 062.30	1 387.06	39 122.960 9	3 008.147 9
2019-06-25	100 093.00	1 380.87	39 434.941 4	2 982.073 8
2019-06-26	100 688.63	1 386.63	39 592.078 1	2 976.283 7
2019-06-27	100 723.97	1 388.07	39 586.410 2	2 996.792 6
2019-06-28	100 967.20	1 380.52	39 394.640 6	2 978.878 4

数据来源：同花顺。

假定你是 E 公司的金融工程师助理，根据主管的工作安排将对表 3-6 中的数据进行一些处理从而为后续的分析做好准备，下面就是需要运用 Python 完成的 4 项编程任务。

3.5.2 编程任务

【任务 1】导入包含表 3-6 信息的 Excel 文件并且生成一个数据框，查看每一列是否存在缺失值，如有缺失值则找出具体缺失值所在的行。

【任务 2】针对任务 1 创建的数据框，直接删除存在缺失值这一整行（直接删除法）并生成一个新的数据框，查看新的数据框中每一列是否存在缺失值，并且比较原数据框与新数据框的形状参数。

【任务 3】针对任务 1 创建的数据框，采用缺失值所在列前一个非缺失值进行补齐（向前补齐法）并生成一个新的数据框，并且查看缺失值补齐之后的数据框。

【任务 4】针对任务 1 创建的数据框，采用缺失值所在列后一个非缺失值进行补齐（向后补齐法）并生成一个新的数据框，并且也查看缺失值补齐之后的数据框。

3.5.3　编程提示

- 查找数据框中的每一列是否存在缺失值，可以运用函数 isnull 或者 isna。
- 针对存在缺失值的数据框，如果采用直接删除法对存在缺失值的整行进行删除，可以运用函数 dropna。
- 针对数据框的向前补齐法，可以运用函数 fillna 将缺失值进行补充，并输入参数 method='ffill'；向后补齐法，则依然运用函数 fillna 并输入参数 method='bfill'。

3.5.4　参考代码与说明

任务 1 的代码

```
In [50]: index_bric=pd.read_excel('C:/Desktop/金砖四国股票指数(2019 年 6 月).xlsx', sheet_name=
"Sheet1", header=0, index_col=0)                            #从外部导入金砖四国股票指数的数据


In [51]: index_bric.isnull().any()        #查找每一列是否存在缺失值
Out[51]:
IBOVESPA 指数      False
RTS 指数          True
Sensex30 指数     True
上证综指           True
dtype: bool

In [52]: index_bric.isna().any()          #同样也是查找每一列是否存在缺失值
Out[52]:
IBOVESPA 指数      False
RTS 指数          True
Sensex30 指数     True
上证综指           True
dtype: bool
```

上面输出结果中 True 就表示相关的列是存在缺失值（RTS 指数、Sensex30 指数和上证综指），False 则表示相关的列不存在缺失值（IBOVESPA 指数），并且输出结果的数据类型是属于布尔值。

```
In [53]: index_bric[index_bric.isnull().values==True]        #查找存在缺失值所在的行
Out[53]:
               IBOVESPA 指数    RTS 指数     Sensex30 指数    上证综指
交易日
2019-06-05      95998.75     1303.35         NaN      2861.4181
2019-06-07      97821.26     1325.95     39615.8984      NaN
2019-06-12      98320.88       NaN       39756.8086   2909.3796
```

在以上查找存在缺失值的输出结果中，缺失值是用 NaN 表示的，并且是将存在缺失值的整行进行输出。

任务 2 的代码

```
In [55]: index_bric_dropna=index_bric.dropna()      #删除存在缺失值的行数据并创建一个新数据框

In [56]: index_bric_dropna.isnull().any()           #查看新数据框是否还存在缺失值
Out[56]:
IBOVESPA 指数      False
RTS 指数          False
Sensex30 指数     False
上证综指           False
dtype: bool
```

从以上输出结果可以发现，新的数据框中已经不存在缺失值了。

```
In [57]: index_bric.shape                            #查看原数据框的形状参数
Out[57]: (20, 4)

In [58]: index_bric_dropna.shape                     #查看新数据框的形状参数
Out[58]: (17, 4)
```

从两个数据框的形状参数可以看到，相比存在缺失值的原数据框，由于删除了缺失值所在的行数据，因此新数据框减少 3 行。

任务 3 的代码

```
In [59]: index_bric_ffill=index_bric.fillna(method='ffill')  #向前补齐

In [60: index_bric_ffill.isnull().any()                      #查看新数据框是否还存在缺失值
Out[60]:
IBOVESPA 指数      False
RTS 指数          False
Sensex30 指数     False
上证综指           False
dtype: bool

In [61]: index_bric_ffill.loc['2019-06-04':'2019-06-12']     #查看部分缺失值的补齐情况
Out[61]:
              IBOVESPA 指数     RTS 指数    Sensex30 指数      上证综指
交易日
2019-06-04     97380.28      1307.55     40083.5391     2862.2803
2019-06-05     95998.75      1303.35     40083.5391     2861.4181
2019-06-06     97204.85      1319.85     39529.7188     2827.7978
2019-06-07     97821.26      1325.95     39615.8984     2827.7978
2019-06-10     97466.69      1335.71     39784.5195     2852.1302
2019-06-11     98960.00      1343.33     39950.4609     2925.7162
2019-06-12     98320.88      1343.33     39756.8086     2909.3796
```

从以上的输出结果不难发现，通过运用向前补齐法以后，2019 年 6 月 5 日印度 Sensex30 指数的缺失数据是用前一个交易日（6 月 4 日）的数据进行补齐；同理，6 月 7 日上证综指的缺失数据是用 6 月 6 日的数据补齐，6 月 12 日俄罗斯 RTS 指数的缺失数据是用 6 月 11 日的数据补齐。

任务 4 的代码

```
In [62]: index_bric_bfill=index_bric.fillna(method='bfill')      #向后补齐

In [63]: index_bric_bfill.isnull().any()        #查看新数据框是否还存在缺失值
Out[63]:
IBOVESPA 指数     False
RTS 指数          False
Sensex30 指数     False
上证综指           False
  dtype: bool

In [64]: index_bric_bfill.loc['2019-06-05':'2019-06-13']      #查看部分缺失值的补齐情况
Out[64]:
                IBOVESPA 指数   RTS 指数   Sensex30 指数      上证综指
交易日
2019-06-05      95998.75     1303.35    39529.7188      2861.4181
2019-06-06      97204.85     1319.85    39529.7188      2827.7978
2019-06-07      97821.26     1325.95    39615.8984      2852.1302
2019-06-10      97466.69     1335.71    39784.5195      2852.1302
2019-06-11      98960.00     1343.33    39950.4609      2925.7162
2019-06-12      98320.88     1346.98    39756.8086      2909.3796
2019-06-13      98773.70     1346.98    39741.3594      2910.7406
```

从以上的输出结果可以看到，在运用了向后补齐法以后，2019 年 6 月 5 日印度 Sensex30 指数的缺失数据是用后一个交易日（6 月 6 日）的数据进行补齐；同理，6 月 7 日上证综指的缺失数据是用 6 月 8 日的数据补齐，6 月 12 日俄罗斯 RTS 指数的缺失数据是用 6 月 13 日的数据补齐。

3.6 数据框拼接——以纽交所上市的央企股票为分析对象

3.6.1 案例详情

F 公司是总部位于广州的一家基金管理公司，在 2018 年四季度发行了一款 QDII 基金，该基金主要是投资在美国纽约证券交易所（简称"纽交所"）挂牌交易的中国央企股票，并且该基金主要重仓的股票包括中国移动、中国电信、中国人寿、中国铝业以及中国海洋石油等 5 只股票。表 3-7 就列出了 2019 年 1 月至 7 月期间这些股票日收盘价格的部分数据。

表 3-7　2019 年前 7 个月纽约证券交易所上市的 5 只央企股票部分日收盘价（单位：美元）

证券简称	中国移动	中国电信	中国人寿	中国铝业	中国海洋石油
证券代码	CHL	CHA	LFC	ACH	CEO
2019-01-02	47.51	50.60	10.44	7.88	150.00
2019-01-03	47.39	49.53	10.09	7.63	147.59
2019-01-04	49.23	50.44	10.55	7.98	155.74
			……		
2019-07-29	43.29	45.39	13.00	8.30	167.54
2019-07-30	42.85	45.00	12.86	8.21	167.00
2019-07-31	42.60	44.74	12.74	8.05	165.33

数据来源：纽约证券交易所。

备注：上表中的央企股票都采用存托凭证（DR）①的方式在美国纽约交易所挂牌发行，其中，中国移动的 1 份存托凭证对应于 5 股股票，中国电信的 1 份存托凭证对应于 100 股股票，中国人寿的 1 份存托凭证对应于 5 股股票，中国铝业的 1 份存托凭证对应于 25 股股票，中国海洋石油的 1 份存托凭证对应于 100 股股票。

假定你是该公司的一位交易员助理，日常的工作就是协助交易员收集并分析相关的股票数据和信息。由于每次收集的数据仅为部分数据并且存放在 Excel 表中，为了便于后续的分析，你需要通过 Python 完成 4 项编程工作。

3.6.2　编程任务

【任务 1】表 3-7 中这 5 只股票 2019 年 1 月至 3 月期间的日收盘价数据以及 2019 年 4 月至 7 月的日收盘价数据依次存放于同一个 Excel 文件中的 Sheet1、Sheet2 工作表，需要在 Python 中依次导入并创建为 2 个数据框。

【任务 2】针对任务 1 创建的 2 个数据框，将这 2 个数据框按照列名拼接成 1 个新的数据框，新数据框包含了 5 只股票 2019 年 1 月至 7 月的日收盘价数据。

① 存托凭证（Depository Receipt，DR）是指由存托人签发、以境外证券（如股票）为基础在本国境内证券市场、代表境外基础证券权益的一种证券类型。

【任务 3】次日，你去外地出差，发现带错了笔记本电脑，幸好这台笔记本电脑中有一个 Excel 文件，该文件的 Sheet1 工作表存放了中国移动、中国电信、中国人寿这 3 只股票 2019 年前 7 个月的日收盘价数据，Sheet2 工作表则是包含中国铝业和中国海洋石油这 2 只股票相同期间的日收盘价数据，你立刻将该 Excel 文件导入 Python 中并生成 2 个数据框。

【任务 4】将任务 3 生成的 2 个数据框拼接成 1 个新的数据框，新数据框也包含 5 只股票 2019 年 1 月至 7 月的日收盘价数据。

3.6.3　编程提示

- 针对任务 2 的拼接任务，可以运用函数 concat，并且输入参数 axis=0 表示按行拼接。

- 针对任务 4 的拼接任务，包括函数 concat、merge 以及 join 等多个函数可供选择。

3.6.4　参考代码与说明

任务 1 的代码

```
In [65]: price_JantoMar=pd.read_excel('C:/Desktop/在纽约证券交易所交易的 5 只央企股票(1).xlsx ',
sheet_name= "Sheet1", header=0, index_col=0)   #从外部导入5只股票1月至3月价格数据并且是Sheet1工作表

In [66]: price_JantoMar.head()
Out[66]:
            中国移动  中国电信  中国人寿  中国铝业 中国海洋石油
日期
2019-01-02  47.51  50.60  10.44   7.88   150.00
2019-01-03  47.39  49.53  10.09   7.63   147.59
2019-01-04  49.23  50.44  10.55   7.98   155.74
2019-01-07  49.91  51.08  10.59   8.15   157.99
2019-01-08  50.33  51.36  10.72   8.48   161.07


In [67]: price_JantoMar.tail()
Out[67]:
            中国移动  中国电信  中国人寿  中国铝业 中国海洋石油
日期
2019-03-25  51.92  55.87  13.01   9.59   173.43
2019-03-26  51.57  56.66  12.95   9.40   178.09
2019-03-27  51.84  56.51  12.98   9.61   180.94
2019-03-28  51.22  56.24  12.97   9.47   182.18
2019-03-29  50.99  56.01  13.42   9.29   185.76
```

```
In [68]: price_AprtoJul=pd.read_excel('C:/Desktop/在纽约证券交易所交易的 5 只央企股票(1).xlsx',
sheet_name= "Sheet2", header=0, index_col=0)   #从外部导入 5 只股票 4 月至 7 月价格数据并且是 Sheet2 工作表
```

```
In [69]: price_AprtoJul.head()
Out[69]:
            中国移动   中国电信   中国人寿   中国铝业   中国海洋石油
日期
2019-04-01  50.00   56.55   13.66   10.12   190.75
2019-04-02  50.08   56.64   13.64   10.16   186.31
2019-04-03  50.69   55.10   13.76   10.80   184.95
2019-04-04  50.66   55.30   13.96   11.01   183.94
2019-04-05  50.73   55.43   14.06   11.11   186.47
```

```
In [70]: price_AprtoJul.tail()
Out[70]:
            中国移动   中国电信   中国人寿   中国铝业   中国海洋石油
日期
2019-07-25  43.41   46.17   13.08   8.21    167.80
2019-07-26  43.48   45.58   13.08   8.29    166.82
2019-07-29  43.29   45.39   13.00   8.30    167.54
2019-07-30  42.85   45.00   12.86   8.21    167.00
2019-07-31  42.60   44.74   12.74   8.05    165.33
```

任务 2 的代码

```
In [71]: price_JantoJul=pd.concat([price_JantoMar,price_AprtoJul],axis=0)   #按行拼接
```

```
In [72]: price_JantoJul.head()
Out[72]:
            中国移动   中国电信   中国人寿   中国铝业   中国海洋石油
日期
2019-01-02  47.51   50.60   10.44   7.88    150.00
2019-01-03  47.39   49.53   10.09   7.63    147.59
2019-01-04  49.23   50.44   10.55   7.98    155.74
2019-01-07  49.91   51.08   10.59   8.15    157.99
2019-01-08  50.33   51.36   10.72   8.48    161.07
```

```
In [73]: price_JantoJul.tail()
Out[73]:
            中国移动   中国电信   中国人寿   中国铝业   中国海洋石油
日期
2019-07-25  43.41   46.17   13.08   8.21    167.80
2019-07-26  43.48   45.58   13.08   8.29    166.82
2019-07-29  43.29   45.39   13.00   8.30    167.54
2019-07-30  42.85   45.00   12.86   8.21    167.00
2019-07-31  42.60   44.74   12.74   8.05    165.33
```

任务 3 的代码

```
In [74]: price_3stocks=pd.read_excel('C:/Desktop/在纽约证券交易所交易的 5 只央企股票(2).xlsx', sheet_
name= "Sheet1", header=0, index_col=0)   #从外部导入 3 只股票 2019 年前 7 个月价格数据并且是 Sheet1 工作表
```

```
In [75]: price_3stocks.head()
Out[75]:
            中国移动  中国电信  中国人寿
日期
2019-01-02  47.51  50.60  10.44
2019-01-03  47.39  49.53  10.09
2019-01-04  49.23  50.44  10.55
2019-01-07  49.91  51.08  10.59
2019-01-08  50.33  51.36  10.72

In [76]: price_3stocks.tail()
Out[76]:
            中国移动  中国电信  中国人寿
日期
2019-07-25  43.41  46.17  13.08
2019-07-26  43.48  45.58  13.08
2019-07-29  43.29  45.39  13.00
2019-07-30  42.85  45.00  12.86
2019-07-31  42.60  44.74  12.74

In [77]: price_2stocks=pd.read_excel('C:/Desktop/在纽约证券交易所交易的 5 只央企股票
(2).xlsx',sheet_name= "Sheet2", header=0, index_col=0)    #从外部导入 2 只股票 2019 年前 7 个月价格数
据并且是 Sheet2 工作表

In [78]: price_2stocks.head()
Out[78]:
            中国铝业  中国海洋石油
日期
2019-01-02  7.88   150.00
2019-01-03  7.63   147.59
2019-01-04  7.98   155.74
2019-01-07  8.15   157.99
2019-01-08  8.48   161.07

In [79]: price_2stocks.tail()
Out[79]:
            中国铝业  中国海洋石油
日期
2019-07-25  8.21   167.80
2019-07-26  8.29   166.82
2019-07-29  8.30   167.54
2019-07-30  8.21   167.00
2019-07-31  8.05   165.33
```

任务 4 的代码

```
In [80]: price_5stocks_concat=pd.concat([price_3stocks,price_2stocks],axis=1)    #用函数 concat
按列拼接

In [81]: price_5stocks_concat.head()
Out[81]:
```

```
                中国移动   中国电信   中国人寿   中国铝业  中国海洋石油
日期
2019-01-02   47.51     50.60      10.44     7.88       150.00
2019-01-03   47.39     49.53      10.09     7.63       147.59
2019-01-04   49.23     50.44      10.55     7.98       155.74
2019-01-07   49.91     51.08      10.59     8.15       157.99
2019-01-08   50.33     51.36      10.72     8.48       161.07

In [82]: price_5stocks_merge=pd.merge(left=price_3stocks,right=price_2stocks,left_index=
True, right_index=True)    #用函数 merge 按列拼接

In [83]: price_5stocks_merge.head()
Out[83]:
                中国移动   中国电信   中国人寿   中国铝业  中国海洋石油
日期
2019-01-02   47.51     50.60      10.44     7.88       150.00
2019-01-03   47.39     49.53      10.09     7.63       147.59
2019-01-04   49.23     50.44      10.55     7.98       155.74
2019-01-07   49.91     51.08      10.59     8.15       157.99
2019-01-08   50.33     51.36      10.72     8.48       161.07

In [84]: price_5stocks_join=price_3stocks.join(price_2stocks,on='日期')   #用函数 join 按列拼接

In [85]: price_5stocks_join.head()
Out[85]:
                中国移动   中国电信   中国人寿   中国铝业  中国海洋石油
日期
2019-01-02   47.51     50.60      10.44     7.88       150.00
2019-01-03   47.39     49.53      10.09     7.63       147.59
2019-01-04   49.23     50.44      10.55     7.98       155.74
2019-01-07   49.91     51.08      10.59     8.15       157.99
2019-01-08   50.33     51.36      10.72     8.48       161.07
```

需要注意的是，函数 concat 既可用于按行拼接，又可用于按列拼接，并且可通过参数 axis 进行控制；函数 merge 和 join 则主要用于按列拼接，其中，在使用 merge 时，需要明确约定放置在左侧（left）与右侧（right）的数据框。

3.7 Pandas 模块的统计功能（一）——以 QDII 基金为分析对象

3.7.1 案例详情

G 金融控股公司的总部位于重庆，并且有比较充裕的自有资金，为了提高资金的预期收益水平，同时也为了分散投资风险，公司管理层希望配置优秀的公募基金管理公司发行的 QDII 基金。

假定你是该公司的投资经理助理,已经协助投资经理从众多的 QDII 基金中精选出了包括华夏全球股票基金、华安香港精选股票基金、工银瑞信全球股票基金以及易方达亚洲精选股票基金这 4 只开放式的 QDII 基金。表 3-8 就列出了 2016 年 1 月至 2019 年 6 月期间这 4 只基金的部分每日累计净值信息,全部数据存放在 Excel 表中。

表 3-8 2016 年 1 月至 2019 年 6 月 4 只 QDII 基金的部分每日累计净值信息

基 金 名 称	华夏全球 股票基金	华安香港精选 股票基金	工银瑞信全球 股票基金	易方达亚洲精选 股票基金
基金代码	000041.OF	040018.OF	486001.OF	118001.OF
2016-01-04	0.759 0	1.075 0	1.283 0	0.761 0
2016-01-05	0.760 0	1.072 0	1.287 0	0.757 0
2016-01-06	0.758 0	1.069 0	1.276 0	0.760 0
......				
2019-06-26	0.962 0	1.310 0	1.854 0	0.915 0
2019-06-27	0.974 0	1.335 0	1.867 0	0.923 0
2019-06-28	0.977 0	1.333 0	1.870 0	0.918 0

数据来源:Wind。

为了协助投资经理撰写拟提交投资决策委员会审议的投资建议报告,你需要通过 Python 完成相关的编程任务。

3.7.2 编程任务

【任务 1】从外部导入包括表 3-8 中 4 只 QDII 基金在 2016 年 1 月至 2019 年 6 月期间基金累计净值数据的 Excel 文件并创建一个数据框,然后将基金净值按首个交易日(2016 年 1 月 4 日)净值进行归 1 处理同时绘制净值走势图。

【任务 2】针对任务 1 创建的基金净值数据框,查找数据框中每只基金净值的最大值、最小值以及最大值、最小值对应的索引值(交易日期)。

【任务 3】针对任务 1 创建的基金净值数据框,计算每日基金净值的金额变化情况。

【任务 4】针对任务 1 创建的基金净值数据框,计算每日基金净值的百分比变化。

3.7.3 编程提示

• 针对任务 2 的编程,查找数据框每列中的最大值、最小值可以分别运用函数 max、

min，查找最大值、最小值的索引值则可以运用函数 idxmax、idxmin。

- 针对任务 3 的编程，相当于计算数据框的一阶差分，可以运用函数 diff。
- 针对任务 4 的编程，可以直接运用函数 pct_change，也可以运用任务 3 生成的每日基金净值金额变化数据框除以每日基金净值数据框计算得出。

3.7.4 参考代码与说明

任务 1 的代码

```
In [86]: value_QDII=pd.read_excel('C:/Desktop/QDII基金净值（2016年1月至2019年6月）.xlsx',
sheet_name= "Sheet1", header=0, index_col=0)          #从外部导入基金净值数据

In [87]: value_QDII=value_QDII.dropna()          #删除缺失值所在的行

In [88]: (value_QDII/value_QDII.iloc[0]).plot(figsize=(8,6),grid=True)  #将基金净值按首个交
易日进行归1处理并可视化
Out[88]:
```

从图 3-8 中可以发现，这 4 只 QDII 基金净值走势有比较强的相似性，可以推测出这些基金的投资策略以及配置的资产可能存在一定的同质性。

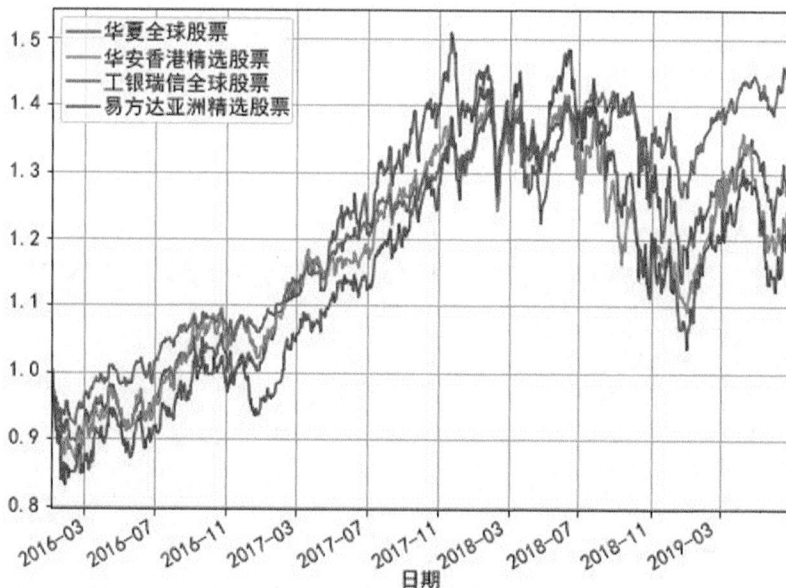

图 3-8　2016 年 1 日至 2019 年 6 月 QDII 基金净值走势（首个交易日净值归 1）

任务 2 的代码

```
In [89]: value_QDII.max()                    #找出每只基金净值的最大值
Out[89]:
华夏全球股票           1.145
华安香港精选股票        1.522
工银瑞信全球股票        1.871
易方达亚洲精选股票       1.129
dtype  : float64


In [90]: value_QDII.min()                    #找出每只基金净值的最小值
Out[90]:
华夏全球股票           0.679
华安香港精选股票        0.928
工银瑞信全球股票        1.181
易方达亚洲精选股票       0.632
dtype  : float64


In [91]: value_QDII.idxmax()                 #最大值所在的索引值
Out[91]:
华夏全球股票           2017-11-21
华安香港精选股票        2018-01-23
工银瑞信全球股票        2019-06-20
易方达亚洲精选股票       2018-06-12
dtype  : datetime64[ns]


In [92]: value_QDII.idxmin()                 #最小值所在的索引值
Out[92]:
华夏全球股票           2016-02-16
华安香港精选股票        2016-01-21
工银瑞信全球股票        2016-02-15
易方达亚洲精选股票       2016-01-28
dtype  : datetime64[ns]
```

由于数据框是用交易日进行索引，因此查找得到最大值、最小值的索引值也是以日期形式显示。

任务 3 的代码

```
In [93]: value_QDII_diff=value_QDII.diff()            #计算基金每日净值的变动金额


In [94]: value_QDII_diff.head()
Out[94]:
          华夏全球股票   华安香港精选股票   工银瑞信全球股票   易方达亚洲精选股票
日期
2016-01-04   NaN       NaN          NaN           NaN
2016-01-05   0.001    -0.003        0.004        -0.004
2016-01-06  -0.002    -0.003       -0.011         0.003
2016-01-07  -0.021    -0.042       -0.025        -0.039
2016-01-08  -0.001     0.007       -0.008         0.009
```

由于计算得到的是一阶差分的数据框，因此数据框中的第一行（2016 年 1 月 4 日）是缺失数据的。

```
In [95]: value_QDII_diff.tail()
Out[95]:
            华夏全球股票  华安香港精选股票  工银瑞信全球股票  易方达亚洲精选股票
日期
2019-06-24   -0.003      0.002        0.001        0.003
2019-06-25   -0.017     -0.012       -0.012       -0.015
2019-06-26    0.000      0.005        0.004        0.014
2019-06-27    0.012      0.025        0.013        0.008
2019-06-28    0.003     -0.002        0.003       -0.005
```

任务 4 的代码

```
In [96]: value_QDII_pctchange1=value_QDII.pct_change()    #直接运用函数 pct_change 计算基金每日
净值百分比变动

In [97]: value_QDII_pctchange1.head()
Out[97]:
            华夏全球股票   华安香港精选股票   工银瑞信全球股票   易方达亚洲精选股票
日期
2016-01-04     NaN         NaN           NaN            NaN
2016-01-05    0.001318   -0.002791      0.003118      -0.005256
2016-01-06   -0.002632   -0.002799     -0.008547       0.003963
2016-01-07   -0.027704   -0.039289     -0.019592      -0.051316
2016-01-08   -0.001357    0.006816     -0.006395       0.012483

In [98]: value_QDII_pctchange1.tail()
Out[98]:
            华夏全球股票   华安香港精选股票   工银瑞信全球股票   易方达亚洲精选股票
日期
2019-06-24   -0.003055    0.001521      0.000537       0.003286
2019-06-25   -0.017365   -0.009112     -0.006445      -0.016376
2019-06-26    0.000000    0.003831      0.002162       0.015538
2019-06-27    0.012474    0.019084      0.007012       0.008743
2019-06-28    0.003080   -0.001498      0.001607      -0.005417

In [99]: value_QDII_pctchange2=value_QDII_diff/value_QDII.shift(1)    #运用任务 3 的结果计算基
金每日净值百分比变动

In [100]: value_QDII_pctchange2.head()
Out[100]:
            华夏全球股票   华安香港精选股票   工银瑞信全球股票   易方达亚洲精选股票
日期
2016-01-04     NaN         NaN           NaN            NaN
2016-01-05    0.001318   -0.002791      0.003118      -0.005256
2016-01-06   -0.002632   -0.002799     -0.008547       0.003963
2016-01-07   -0.027704   -0.039289     -0.019592      -0.051316
2016-01-08   -0.001357    0.006816     -0.006395       0.012483

In [101]: value_QDII_pctchange2.tail()
Out[101]:
            华夏全球股票   华安香港精选股票   工银瑞信全球股票   易方达亚洲精选股票
```

日期				
2019-06-24	-0.003055	0.001521	0.000537	0.003286
2019-06-25	-0.017365	-0.009112	-0.006445	-0.016376
2019-06-26	0.000000	0.003831	0.002162	0.015538
2019-06-27	0.012474	0.019084	0.007012	0.008743
2019-06-28	0.003080	-0.001498	0.001607	-0.005417

显然,运用两种不同的方法得到并创建的每日基金净值百分比变动数据框是完全相同的,当然从撰写代码效率的角度而言,直接用函数 pct_change 能提高代码撰写的效率。

3.8 Pandas 模块的统计功能（二）——以全球大型银行股票为分析对象

3.8.1 案例详情

H 基金会是美国一所知名大学的基金会,该基金会每年都会收到大额资金的捐赠,为了能够让捐赠资金产生较高的投资收益,在该基金会的投资组合中会配置若干只在美国纽约证券交易所上市的全球性大型银行股票。根据基金会对外披露的信息,目前已经投资了包括花旗银行、德意志银行、汇丰控股、摩根大通银行以及美国银行共 5 只银行股。表 3-9 就列出了从 2012 年 1 月至 2019 年 7 月期间这些股票的部分日收盘价格,并且全部数据存放在 Excel 文件中。

表 3-9 2012 年至 2019 年 7 月期间 5 家全球大型银行股票部分日收盘价（单位：美元/股）

证 券 简 称	花 旗 银 行	德意志银行	汇 丰 控 股	摩根大通银行	美 国 银 行
证券代码	C	DB	HSBC	JPM	BAC
2012-01-03	28.33	39.83	39.23	34.98	5.80
2012-01-04	28.17	38.63	39.25	34.95	5.81
2012-01-05	28.51	36.23	38.80	35.68	6.31
......					
2019-07-29	71.76	7.83	40.60	115.85	30.52
2019-07-30	71.71	7.75	40.39	115.59	30.89
2019-07-31	71.16	7.81	40.16	116.00	30.68

数据来源：纽约证券交易所。

假定你是这家基金会的风险经理助理,日常工作是协助风险经理对投资组合中每个资产进行风险分析。近期你正在撰写一份分析以上 5 家银行股票投资风险的书面报告,为此你需要通过 Python 完成 4 项编程任务。

3.8.2 编程任务

【任务 1】导入包含表 3-9 中 5 只股票 2012 年 1 月至 2019 年 7 月期间日收盘价数据的 Excel 文件并创建一个数据框，同时将每只股票收盘价均按首个交易日（2012 年 1 月 3 日）收盘价进行归 1 处理并绘制走势图。

【任务 2】针对任务 1 创建的数据框，查找每只股票收盘价的最大值、最小值、中位数，并计算每只股票收盘价平均值以及标准差等统计指标。

【任务 3】针对任务 1 创建的数据框，计算每只股票收盘价的偏度、峰度等统计指标。

【任务 4】针对任务 1 创建的数据框，在每只股票收盘价由小到大排序的情况下，依次查找出 1%、5%、10%、20%的分位数。

3.8.3 编程提示

- 查找或计算数据框中每列的最大值、最小值、中位数、平均值以及标准差可以分别运用函数 max、min、median、mean 和 std，也可以直接运用函数 describe。

- 计算数据框中每列数据的偏度可以运用函数 skew，计算峰度则可以运用函数 kurt。

- 偏度（skewness），也称偏态、偏态系数，是指描述变量所服从分布非对称程度（即偏斜方向和程度）的统计指标。假定，μ是变量 x 的期望值（均值），σ是变量的标准差，E 代表期望算子，则变量的偏度表达式如下：

$$Skew(x) = E\left[\left(\frac{x-\mu}{\sigma}\right)^3\right] \tag{3-1}$$

当偏度等于 0，分布就是对称的，最典型的就是正态分布。偏度小于 0 则表示分布具有负偏离（也称左偏态），样本数据位于均值左边的数量比位于右边的少，呈现出左边的尾部比右边的尾部要更长。相反，当偏度大于 0 则表示分布具有正偏离（也称右偏态），样本数据位于均值右边的数量比位于左边的少，表现为右边的尾部比左边的尾部要更长。

- 峰度（Kurtosis）是描述变量所服从分布形态陡缓程度的统计指标，具体的表达式如下：

$$Kurt(x) = E\left[\left(\frac{x-\mu}{\sigma}\right)^4\right] - 3 \tag{3-2}$$

式子中相关参数的含义与式子（3-1）保持一致。当峰度等于 0 时，表示变量服从的分布
与正态分布在陡缓程度上是相同的；当峰度大于 0 就表示比正态分布陡峭；当峰度小于 0 则
表示比正态分布平坦。

- 查找数据框中每列的分位数可以运用函数 quantile，并且通过参数 q 设定具体的百分
  比，比如 q=0.2 就表示 20%的分位数。

3.8.4　参考代码与说明

任务 1 的代码

```
In [102]: price_banks=pd.read_excel('C:/Desktop/纽交所上市的大型银行股票日收盘价（2012-2019 年
7 月）.xlsx',sheet_name= "Sheet1", header=0, index_col=0)      #从外部导入股价数据

In [103]: price_banks=price_banks.dropna()                    #删除缺失值所在的行

In [104]: (price_banks/price_banks.iloc[0]).plot(figsize=(9,6),grid=True)  #将股价按首个交
易日进行归 1 处理并可视化
Out[104]:
```

从图 3-9 中不难发现，在 2012 年 1 月至 2019 年 7 月期间美国银行的股价走势最为强劲，
在期间内股价增长了 5 倍。相比之下，德意志银行的股价走势最不尽如人意，并且在期间内
的大多数时间是处于下跌的通道中，汇丰控股的股价也基本处于原地踏步的状态。

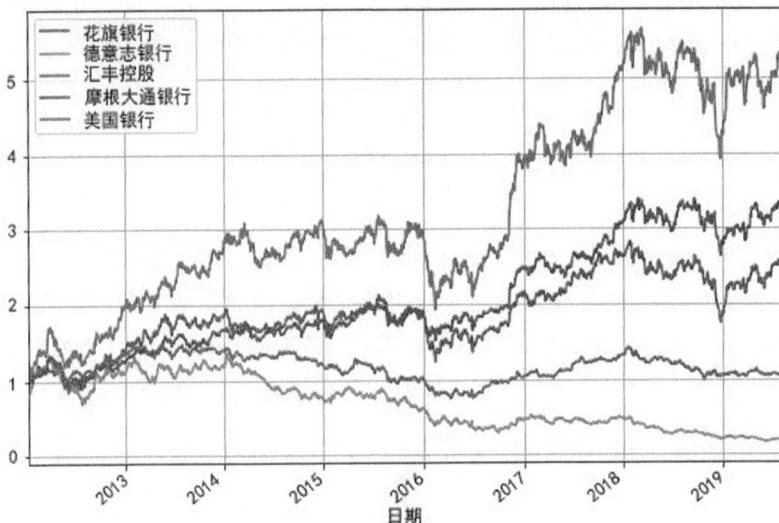

图 3-9　2012 年 1 月至 2019 年 7 月期间 5 只全球大型银行股价格走势图（首个交易日股价归 1）

任务 2 的代码

```
In [105]: price_banks.max()          #查找每只股票价格的最大值
Out[105]:
花旗银行        80.08
德意志银行      54.39
汇丰控股        58.61
摩根大通银行    118.77
美国银行        32.84
dtype   : float64

In [106]: price_banks.min()          #查找每只股票价格的最小值
Out[106]:
花旗银行        24.82
德意志银行       6.73
汇丰控股        29.26
摩根大通银行     31.00
美国银行         5.80
dtype   : float64

In [107]: price_banks.median()       #查找每只股票价格的中位数
Out[107]:
花旗银行        51.975
德意志银行      28.060
汇丰控股        45.555
摩根大通银行     62.665
美国银行        16.450
dtype   : float64

In [108]: price_banks.mean()         #计算每只股票价格的平均值
Out[108]:
花旗银行        53.237447
德意志银行      27.354795
汇丰控股        45.698903
摩根大通银行     71.771492
美国银行        18.645606
dtype   : float64

In [109]: price_banks.std()          #计算每只股票价格的标准差
Out[109]:
花旗银行        12.481348
德意志银行      13.615060
汇丰控股         6.560259
摩根大通银行     24.636560
美国银行         7.163830
dtype   : float64

In [110]: price_banks.describe()     #查看主要的统计指标
Out[110]:
```

	花旗银行	德意志银行	汇丰控股	摩根大通银行	美国银行
count	1906.000000	1906.000000	1906.000000	1906.000000	1906.000000
mean	53.237447	27.354795	45.698903	71.771492	18.645606
std	12.481348	13.615060	6.560259	24.636560	7.163830
min	24.820000	6.730000	29.260000	31.000000	5.800000
25%	46.582500	15.932500	41.160000	55.015000	13.960000
50%	51.975000	28.060000	45.555000	62.665000	16.450000
75%	63.617500	41.145000	50.940000	93.170000	24.707500
max	80.080000	54.390000	58.610000	118.770000	32.840000

```
In [111]: type(price_banks.describe())        #查看数据的类型
Out[111]: pandas.core.frame.DataFrame

In [112]: type(price_banks.std())             #查看数据的类型
Out[112]: pandas.core.series.Series
```

需要提醒的是，用函数 describe 输出的结果是一个数据框，而运用函数 max、min、media、mean 和 std 输出的结果则是序列的数据结构。

任务 3 的代码

```
In [113]: price_banks.skew()                  #计算每只股票价格的偏度
Out[113]:
花旗银行      -0.071669
德意志银行     0.184886
汇丰控股      -0.311912
摩根大通银行    0.469054
美国银行       0.365953
dtype    : float64
```

从以上的偏度计算结果来看，花旗银行、汇丰控股的股价分布具有负偏离（即左偏态），相比之下其他 3 家银行的股价分布具有正偏离（即右偏态）。

```
In [114]: price_banks.kurt()                  #计算每只股票价格的峰度
Out[114]:
花旗银行      -0.559239
德意志银行    -1.385577
汇丰控股      -0.555140
摩根大通银行   -1.087578
美国银行      -1.020423
dtype    : float64
```

从以上的峰度计算结果来看，5 家银行的股价峰度均为负数，这就表明相比于正态分布（峰度为 0）而言，这些银行股的股价分布会显得更加平缓或者说是尾部更薄（简称"宽峰薄尾"）。

任务 4 的代码

```
In [115]: price_banks.quantile(q=0.01)        #对应 1%的分位数
Out[115]:
```

```
花旗银行        26.4705
德意志银行       7.1705
汇丰控股        30.7910
摩根大通银行     34.0115
美国银行         7.0700
Name    : 0.01, dtype: float64


In [116]: price_banks.quantile(q=0.05)      #对应 5%的分位数
Out[116]:
花旗银行        30.5300
德意志银行       8.4700
汇丰控股        32.5300
摩根大通银行     37.4225
美国银行         7.9500
Name    : 0.05, dtype: float64


In [117]: price_banks.quantile(q=0.10)      #对应 10%的分位数
Out[117]:
花旗银行        35.210
德意志银行      10.465
汇丰控股        37.765
摩根大通银行     42.350
美国银行         9.350
Name    : 0.1, dtype: float64


In [118]: price_banks.quantile(q=0.2)       #对应 20%的分位数
Out[118]:
花旗银行        43.84
德意志银行      14.02
汇丰控股        40.56
摩根大通银行     52.48
美国银行        13.07
Name    : 0.2, dtype: float64
```

从以上的输出结果不难发现，选择的百分比越小，对应的股票价格分位数也是越小，反之则反是，这是由于股价按照由小到大进行排序分布。

3.9 Pandas 模块的统计功能（三）——以创业板股票为分析对象

3.9.1 案例详情

I 公司是总部位于深圳的一家证券公司，该公司的众多经纪业务客户热衷于配置创业板上市公司的股票，张先生就是其中的一位。假定你于 2019 年 8 月加入了 I 公司并且担任投资顾问，根据公司的统一安排，你服务的客户之一就是张先生。

为了能够给客户提供优质的服务，你从公司的客户信息系统中调出了张先生的交易记录，发现 2017 年 1 月至 2019 年 7 月期间，张先生一直持有包括特锐德、探路者、立思辰、机器人以及同花顺这 5 只创业板股票。表 3-10 就列示了从 2017 年 1 月至 2019 年 7 月期间这 5 只股票日收盘价的部分数据，并且全部的数据存放于 Excel 表中。

表 3-10　2017 年 1 月至 2019 年 7 月期间创业板股票日收盘价（美元/股）的部分数据

证 券 简 称	特 锐 德	立 思 辰	机 器 人	同 花 顺	电 科 院
证券代码	300001	300010	300024	300033	300215
2017-01-03	17.40	16.65	21.46	70.36	13.53
2017-01-04	17.75	16.85	21.80	72.55	13.80
2017-01-05	17.65	17.30	21.69	72.00	13.85
			……		
2019-07-29	19.27	9.13	16.19	91.10	6.88
2019-07-30	19.02	9.02	16.00	92.38	6.71
2019-07-31	18.70	8.98	15.87	91.49	6.71

数据来源：深圳证券交易所。

你正在针对张先生的投资情况撰写一份专业的分析报告，从而帮助客户充分了解过去投资的盈亏情况，你需要通过 Python 完成 4 项编程任务。

3.9.2　编程任务

【任务 1】从外部导入包含表 3-10 中这些股票 2017 年 1 月至 2019 年 7 月期间日收盘价数据的 Excel 文件并且生成一个数据框，同时计算每只股票每日的涨跌幅并且生成一个新的数据框；此外，计算 2017 年 1 月至 2019 年 7 月期间这 5 只股票累计涨跌幅的序列。

【任务 2】针对任务 1 生成的每只股票每日涨跌幅的数据框，计算 2017 年 1 月至 2019 年 7 月期间这 5 只股票收益率的协方差和相关系数。

【任务 3】针对任务 1 生成的每只股票每日涨跌幅数据框，假定张先生在 2017 年首个交易日（2017 年 1 月 3 日）收盘时持有每只股票的市值均是 200 万元，并且在 2017 年 1 月至 2019 年 7 月期间没有发生过买卖的交易，即采用的是"买入持有"策略，计算每个交易日张先生持有的每只股票市值情况并可视化，同时再计算每个交易日张先生投资组合的整体市值并可视化。

【任务4】假定刘女士也是你的客户并且投资的创业板股票恰好与张先生完全相同，但是刘女士的投资策略是采用"定投策略"，即从 2017 年首个交易日开始在每个交易日均按照当日收盘价对每只股票各购买 100 股，计算每个交易日刘女士持有每只股票的盈亏情况并可视化，同时再计算每个交易日刘女士投资组合的整体盈亏情况并可视化。

3.9.3　编程提示

- 针对任务 2 中计算数据框每列数据之间的协方差和相关系数，可以分别运用函数 cov 和 corr。

- 针对任务 3 中计算每只股票每个交易日的市值，可以先将每只股票价格在 2017 年首个交易日归 1 处理并创建一个新的数据框；计算投资组合整体的每日市值可以运用求和函数 sum 进行计算，并且输入参数 axis=1 表示按列求和。

- 针对任务 4 中计算刘女士每个交易日投资每只股票的累积成本以及每只股票的累积投资股票，均可以用累积求和函数 cumsum 进行计算，并且输入参数 axis=0 表示按行求和。

3.9.4　参考代码与说明

任务 1 的代码

```
In [119]: price_stocks=pd.read_excel( 'C:/Desktop/创业板上市的 5 只股票（2017 年 1 月至 2019 年 7
月）.xlsx',sheet_name=" Sheet1", header=0, index_col=0)        #从外部导入创业板股价数据
     ...: price_stocks=price_stocks.dropna()                  #删除缺失值所在的行


In [120]: price_perchange=price_stocks.pct_change()           #计算每只股票每日的涨跌幅
     ...: price_perchange=price_perchange.dropna()            #删除缺失值所在的行


In [121]: price_perchange.head()
Out[121]:
                特锐德        立思辰        机器人        同花顺        电科院
日期
2017-01-04   0.020115    0.012012    0.015843    0.031126    0.019956
2017-01-05  -0.005634    0.026706   -0.005046   -0.007581    0.003623
2017-01-06  -0.013598   -0.023121   -0.014292   -0.010000   -0.044043
2017-01-09   0.001723    0.023669    0.007951    0.009961    0.009063
2017-01-10  -0.005161    0.004624   -0.003712   -0.000278   -0.000749
```

```
In [122]: price_perchange.tail()
Out[122]:
              特锐德       立思辰       机器人       同花顺       电科院
日期
2019-07-25 -0.018887 -0.003257  0.010303  0.005778 -0.006024
2019-07-26 -0.010926  0.002179  0.001275 -0.021809  0.030303
2019-07-29  0.013677 -0.007609  0.030554 -0.009244  0.011765
2019-07-30 -0.012974 -0.012048 -0.011736  0.014050 -0.024709
2019-07-31 -0.016824 -0.004435 -0.008125 -0.009634  0.000000

In [123]: price_cumchange=price_stocks.iloc[-1]/price_stocks.iloc[0]-1  #每只股票2017年1
月至2019年7月的累计涨跌幅
     ...: price_cumchange
Out[123]:
特锐德    0.074713
立思辰   -0.460661
机器人   -0.260485
同花顺    0.300313
电科院   -0.504065
dtype: float64
```

从以上的输出结果可以看到，在 2017 年 1 月至 2019 年 7 月期间，不同股票的累计涨跌幅存在较大差异性，其中，同花顺股价的累计涨跌幅最高并且达到 30.03%，电科院最差并且累计跌幅超过 –50%。

任务 2 的代码

```
In [124]: price_perchange.cov()          #计算5只股票收益率的协方差
Out[124]:
              特锐德       立思辰       机器人       同花顺       电科院
特锐德   0.000578  0.000287  0.000260  0.000290  0.000274
立思辰   0.000287  0.000846  0.000326  0.000370  0.000327
机器人   0.000260  0.000326  0.000486  0.000364  0.000344
同花顺   0.000290  0.000370  0.000364  0.000886  0.000327
电科院   0.000274  0.000327  0.000344  0.000327  0.000698

In [125]: price_perchange.corr()         #计算5只股票收益率的相关系数
Out[125]:
              特锐德       立思辰       机器人       同花顺       电科院
特锐德   1.000000  0.411103  0.491550  0.406025  0.431413
立思辰   0.411103  1.000000  0.508362  0.427050  0.425956
机器人   0.491550  0.508362  1.000000  0.554876  0.590677
同花顺   0.406025  0.427050  0.554876  1.000000  0.415473
电科院   0.431413  0.425956  0.590677  0.415473  1.000000
```

从相关系数的输出结果可以看到，这 5 只创业板股票之间的相关系数最高为 0.59，最低则有 0.41，这说明股票之间的收益相关性处于中等水平。

任务 3 的代码

```
In [126]: value=2e6                          #张先生持有每只股票在 2017 年首个交易日的市值

In [127]: price_change=price_stocks/price_stocks.iloc[0]      #将 2017 年首个交易日股价归 1 处理

In [128]: value_everyday=price_change*value          #计算每个交易日投资者拥有每只股票的市值
     ...: value_everyday=round(value_everyday,2)      #每只股票的市值保留至小数点后 2 位

In [129]: value_everyday.plot(figsize=(8,6),grid=True)        #每个交易日张先生拥有每只股票的市
值进行可视化
Out[129]:
```

从图 3-10 中可以看到，由于都是创业板公司的股票，因此每只股票的市值走势存在一定的趋同性。

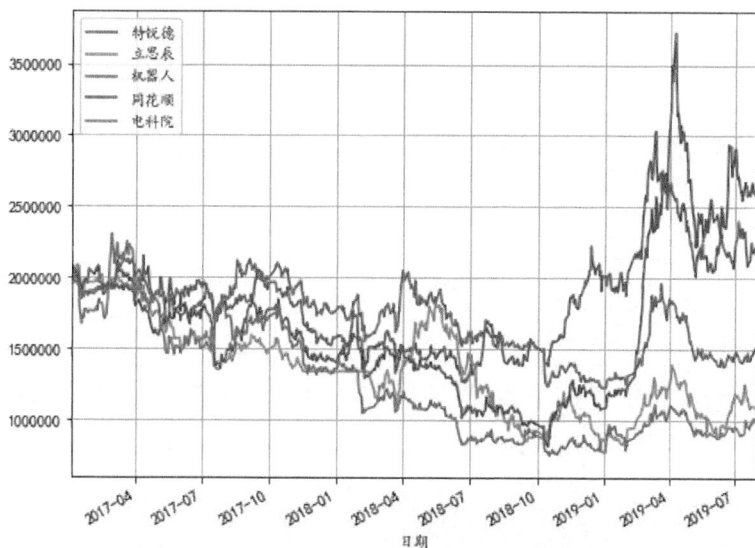

图 3-10　2017 年 1 月至 2019 年 7 月期间张先生拥有每只股票的市值走势图

```
In [130]: value_total=value_everyday.sum(axis=1)    #每个交易日张先生投资组合的整体市值

In [131]: value_total.max()                          #投资组合整体市值的最大值
Out[131]: 10497695.97

In [132]: value_total.min()                          #投资组合整体市值的最小值
Out[132]: 5103551.3

In [133]: value_total.plot(figsize=(8,6),grid=True)  #每个交易日张先生投资组合整体市值进行可视化
Out[133]:
```

从计算的结果以及图 3-11 中均不难看出，张先生投资组合整体市值在整个期间内存在较

大的波动，相比期初的整体市值 1000 万元，期间的最高整体市值仅为 1049.77 万元，但是最低却跌至 510.36 万元，几乎是被"腰斩"，这在一定程度上体现出创业板股票投资的高风险性。

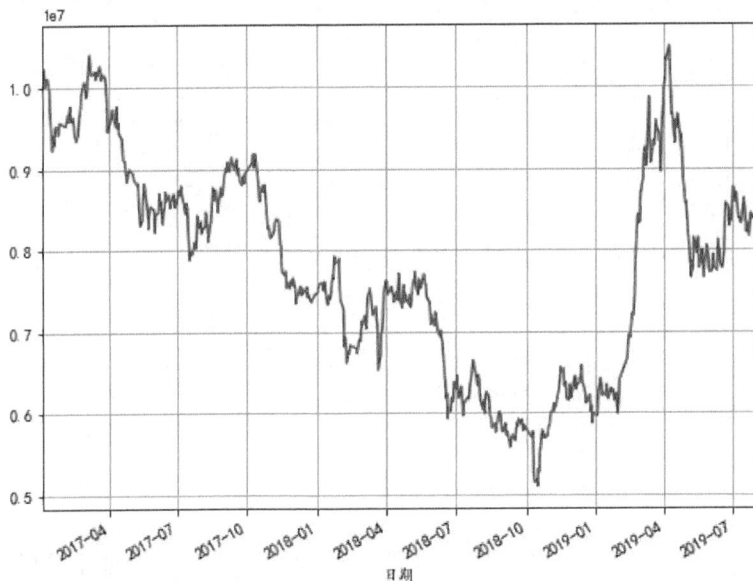

图 3-11　2017 年 1 月至 2019 年 7 月期间张先生投资组合整体市值的走势

任务 4 的代码

```
In [134]: N=100                                          #每个交易日刘女士新投资每只股票的股数

In [135]: invest_everyday=price_stocks*N                 #计算每个交易日刘女士新投资每只股票的成本

In [136]: invest_everyday_cum=invest_everyday.cumsum(axis=0)        #计算每个交易日刘女士投资每
只股票的累积成本

In [137]: shares_everyday=np.ones_like(invest_everyday_cum)         #创建一个存放每个交易日刘女
士持有每只股票累积股数的数组
    ...: shares_everyday=(N*shares_everyday).cumsum(axis=0)         #计算得到每个交易日刘女士持
有每只股票累积股数的数组

In [138]: return_everyday=shares_everyday*np.array(price_stocks)- np.array(invest_everyday_
cum)  #计算得到刘女士每个交易日持有每只股票的盈亏数组
    ...: return_everyday=pd.DataFrame(data=return_everyday,index=price_stocks.index, columns=
price_stocks.columns)  #将数组转为数据框的结构

In [139]: return_everyday.plot(figsize=(8,6),grid=True)    #每个交易日刘女士持有每只股票盈亏的
可视化
Out[139]:
In [140]: return_total_everyday=return_everyday.sum(axis=1)  #每个交易日刘女士投资组合的整体盈亏
```

```
In [141]: return_total_everyday.plot(figsize=(8,6),grid=True)    #每个交易日刘女士投在组合整体
盈亏的可视化
Out[141]:
```

代码运行结果如图 3-12 所示。

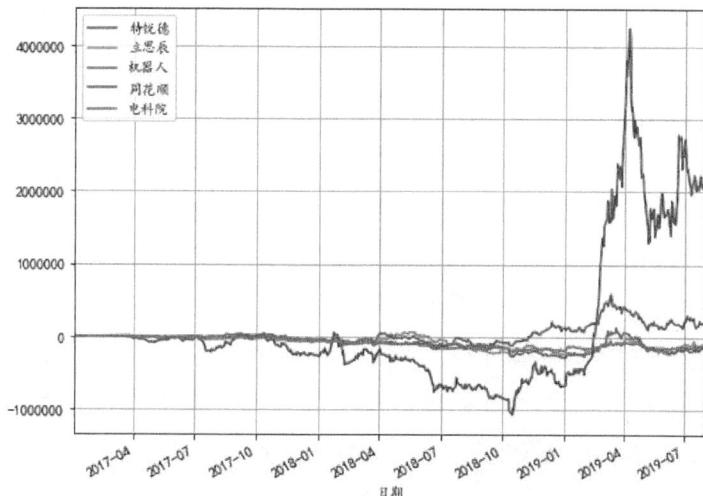

图 3-12　2017 年 1 月至 2019 年 7 月期间每个交易日刘女士持有每只股票盈亏的走势

通过图 3-13 中可以得出，刘女士采用定投策略的投资组合虽然整体盈亏存在一定的波动，例如最大亏损接近–200 万元，最高收益突破 400 万元，但是最终依然取得良好的投资业绩，2019 年 7 月末整体盈利水平接近 200 万元。这说明对于普通个人投资者而言，采用定投策略不失为一种平滑股价波动的良好投资策略，但同时定投策略也需要有足够的耐心。

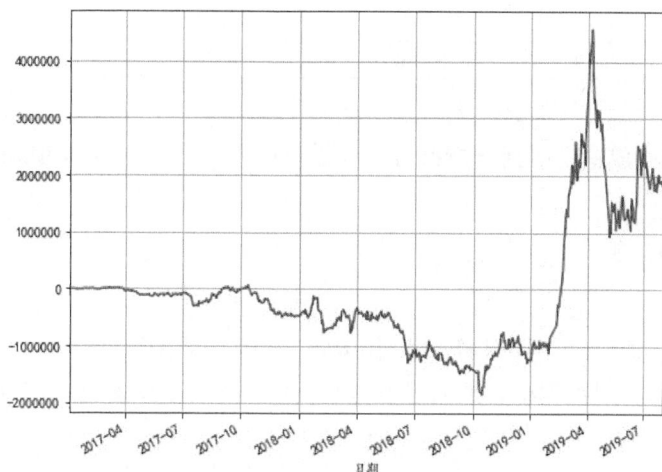

图 3-13　2017 年 1 月至 2019 年 7 月期间每个交易日刘女士投资组合的盈亏走势

3.10 移动窗口与动态统计——以全球主要股指为分析对象

3.10.1 案例详情

J 公司是一家总部位于东京的日本金融机构,提供包括证券经纪、资产管理、投资银行、商业银行等综合性金融服务。假定你是该公司负责跟踪全球主要股指的一位证券分析师,并且近期正在撰写一份针对全球重要股指走势的分析报告。

这份报告将涵盖包括标普 500 指数、富时 100 指数、日经 225 指数、恒生指数以及深圳成指在内的 5 个重要股票指数。表 3-11 就列示了 2016 年 1 月至 2019 年 8 月期间这些股指的部分日收盘价数据,并将全部数据存放在 Excel 文件中。

表 3-11 2016 年 1 月至 2019 年 8 月期间全球主要股指的部分日收盘价

日　　期	标普 500 指数	富时 100 指数	日经 225 指数	恒 生 指 数	深 证 成 指
2016-01-04	2 012.660 0	6 093.430 0	18 450.980 0	21 327.120 0	11 626.038 0
2016-01-05	2 016.710 0	6 137.240 0	18 374.000 0	21 188.720 0	11 468.060 0
2016-01-06	1 990.260 0	6 073.380 0	18 191.320 0	20 980.810 0	11 724.880 0
			......		
2019-08-28	2 887.939 9	7 114.710 0	20 479.420 0	25 615.480 0	9 414.002 2
2019-08-29	2 924.580 1	7 184.320 0	20 460.930 0	25 703.500 0	9 398.470 2
2019-08-30	2 926.460 0	7 207.180 0	20 704.370 0	25 724.730 0	9 365.676 4

数据来源:同花顺。

为了能够顺利完成这份股指分析报告,你需要运用 Python 完成 4 项编程任务。

3.10.2 编程任务

【任务 1】从外部导入 2016 年 1 月至 2019 年 8 月期间表 3-11 中这些股指收盘价数据的 Excel 文件并且创建一个数据框,然后将股指收盘价按照首个交易日(2016 年 1 月 4 日)进行归 1 处理并可视化。

【任务 2】针对标普 500 指数的收盘价,分别计算 5 日均值、20 日均值和 60 日均值,并且将这些均值数据与原始的收盘价数据放在一起创建一个新的数据框并进行可视化；此外，截取新数据框中 2018 年 1 月至 2019 年 8 月的数据进行可视化，从而便于重点观测。

【任务 3】针对富时 100 指数、日经 225 指数、恒生指数以及深证成指，生成 90 天时间窗口的收盘价移动波动率（移动标准差），并且进行可视化。

【任务 4】针对任务 1 生成的数据框，计算每个指数每日的涨跌幅并且生成一个新数据框，计算 60 天时间窗口的每个指数涨跌幅之间的移动相关系数并生成一个数据框，并且查看包含移动相关系数的数据框最前面 5 行和末尾 5 行。

3.10.3 编程提示

- 计算移动平均数、移动标准差或移动相关系数等动态统计指标，均可以运用移动窗口函数 rolling。

- 针对计算移动平均数，相应的代码格式如下：

```
数据框.rolling(window=x).mean()
```

注意，在设定参数 window 时，window=5 表示移动窗口是 5 个交易日，window=10 表示移动窗口是 10 个交易日，以此类推。

- 针对计算移动标准差，相应的代码格式如下：

```
数据框.rolling(window=x).std()
```

- 针对计算移动相关系数，相应的代码格式如下：

```
数据框.rolling(window=x).corr()
```

3.10.4 参考代码与说明

任务 1 的代码

```
In [142]: index=pd.read_excel('C:/Desktop/全球五个主要股指收盘价格（2016 年 1 月至 2019 年 8
月）.xlsx',sheet_name="Sheet1", header=0, index_col=0)          #从外部导入股票指数收盘价数据
     ...: index=index.dropna()                                  #删除缺失值

In [143]: (index/index.iloc[0]).plot(figsize=(8,6),grid=True)    #将股指收盘价按首个交易日进
行归 1 处理并可视化
     Out[143]:
```

从图 3-14 中不难发现，这 5 个股指的走势存在一定的趋同性，这在一定程度上也表明随

着资本市场全球化进程的不断加快，全球主要股指之间的相互影响也在不断加深。同时，也看到不同的股指涨跌情况存在着差异性，在 2016 年 1 月至 2019 年 9 月期间，标普 500 指数走势最强，期间涨幅超过 40%，深证成指则相对较弱，期间跌幅达到 20%，其他 3 个指数的期间涨幅则处于 15% ~ 20%的区间内。

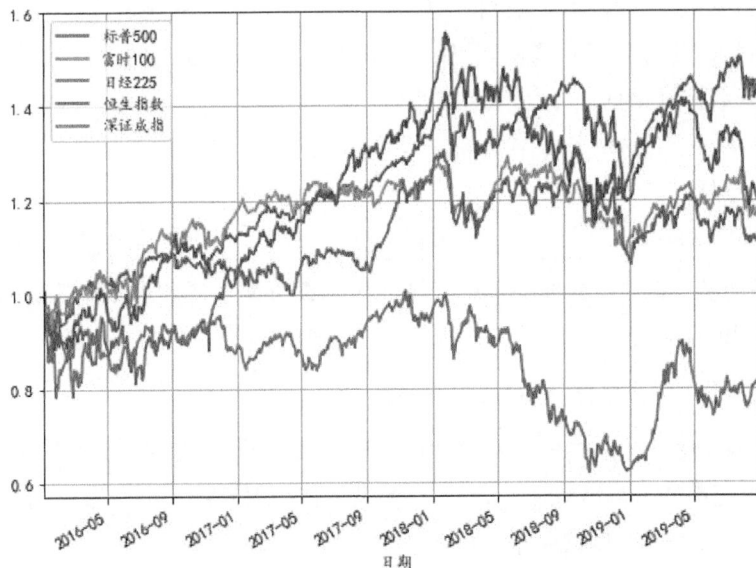

图 3-14　2016 年 1 月至 2019 年 8 月全球主要指走势图（按首个交易日归 1 处理）

任务 2 的代码

```
In [144]: SP500_MA5=index['标普 500'].rolling(window=5).mean()    #生成标普 500 的 5 日均价的序列
     ...: SP500_MA20=index['标普 500'].rolling(window=20).mean()   #生成标普 500 的 20 日均价的序列
     ...: SP500_MA60=index['标普 500'].rolling(window=60).mean()   #生成标普 500 的 60 日均价的序列

In [145]: SP500=pd.concat([index.iloc[:,0],SP500_MA5,SP500_MA20,SP500_MA60],axis=1)   #将
标普 500 指数原始的收盘价和新生成的三个均价序列进行拼接

In [146]: SP500.columns=['标普 500 收盘价','标普 500 的 5 日均价','标普 500 的 20 日均价','标普 500 的
60 日均价']    #设置列名

In [147]: SP500.plot(figsize=(8,6),grid=True)
Out[147]:
```

由于样本数据较多导致了直接目测图 3-15 可能无法有效辨认出不同均价之间的区别，因此将观测期聚焦于 2018 年 1 月至 2019 年 8 月并且进行可视化，相关代码如下：

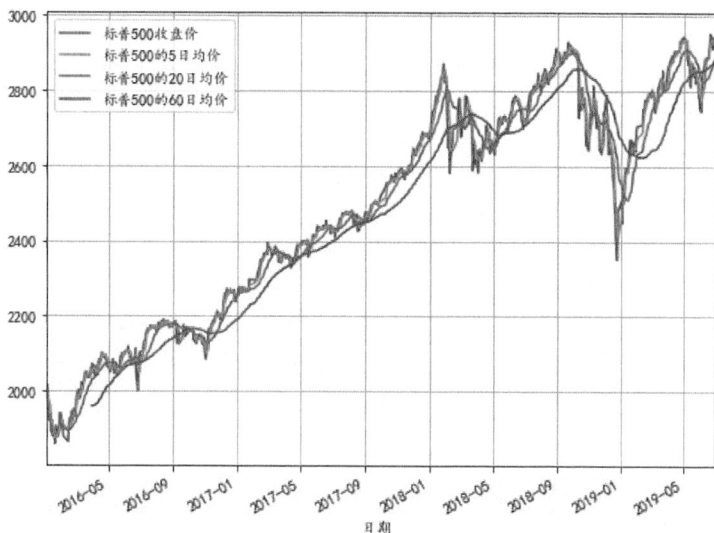

图 3-15　2015 年 1 月至 2019 年 8 月标普 500 指数走势图

```
In [148]: SP500.loc['2018-01-01':'2019-08-31'].plot(figsize=(8,6),grid=True)    #针对 2018
年 1 月至 2019 年 8 月期间的数据进行可视化
Out[148]:
```

从图 3-16 中不难发现，60 日均价的走势比 20 日均价更平坦，20 日均价的走势又比 5 日
均价更平坦，5 日均价则比日收盘价更平坦。据此，可以得出结论：均价走势的平坦程度与
计算均价的交易日数量之间成正比。

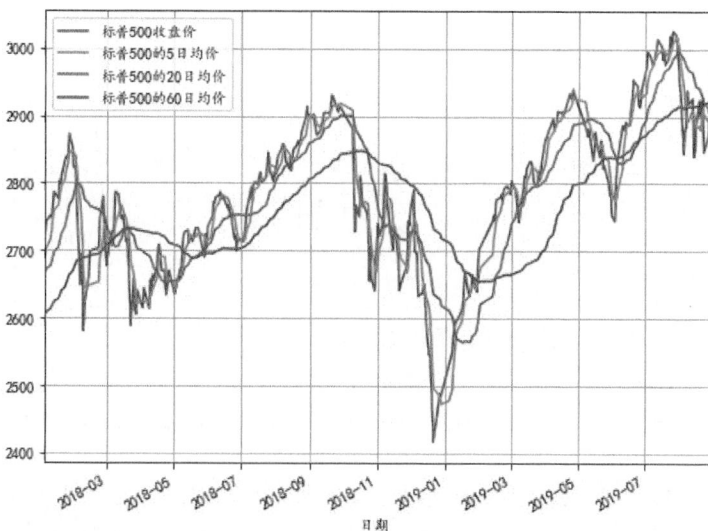

图 3-16　2018 年 1 月至 2019 年 8 月标普 500 指数走势图

任务 3 的代码

```
In [149]: FTSE_vol=index['富时100'].rolling(window=90).std()        #生成富时100指数的90
日移动波动率序列
     ...: Nikko_vol=index['日经225'].rolling(window=90).std()        #生成日经225指数的90
日移动波动率序列
     ...: HengSeng_vol=index['恒生指数'].rolling(window=90).std()    #生成恒生指数的90日移
动波动率序列
     ...: Shenzhen_vol=index['深证成指'].rolling(window=90).std()    #生成深证成指的90日移
动波动率序列

In [150]: index_vol=pd.concat([FTSE_vol,Nikko_vol,HengSeng_vol,Shenzhen_vol],axis=1) #将
4个指数的移动波动率拼接

In [151]: index_vol.plot(figsize=(8,6),grid=True)
Out[151]:
```

从图 3-17 中可以得出以下 3 个结论：一是恒生指数和深证成指在移动波动率的走势上存在一定的趋同性，原因在于伴随着"深港通"的推出[①]，两地资本市场之间的联动性和依赖性不断加强；二是日经 225 指数与恒生指数、深证成指在移动波动率走势上存在一定的负相关性，尤其是 2018 年以来这种负相关性表现得尤为明显；三是富时 100 指数移动波动率的变化程度是最低的，其他 3 个指数移动波动率的变化程度则较高，这在一定程度上凸显出英国资本市场的成熟性。

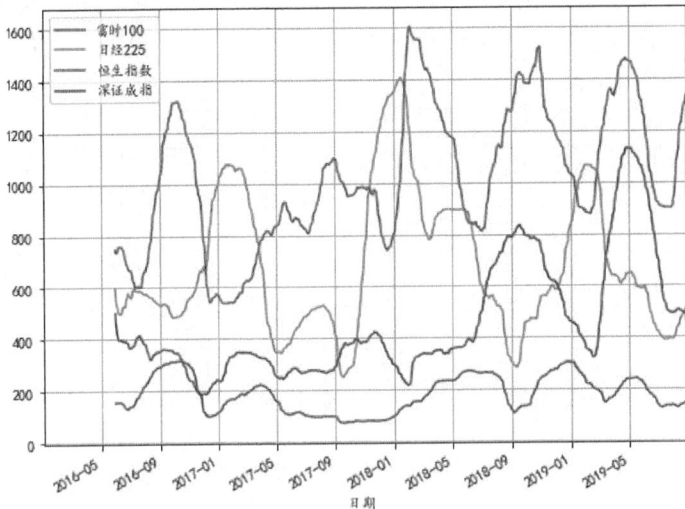

图 3-17　2016 年 1 月至 2019 年 8 月期间 4 个股指的移动波动率走势图

---

① 深港通（Shenzhen-Hong Kong stock connect）是深港股票市场交易互联互通机制的简称，具体是指深圳证券交易所和香港联交所建立技术连接，允许内地和香港投资者可以通过当地证券公司或经纪商买卖规定范围内的对方交易所上市的股票，深港通于 2016 年 12 月 5 日正式启动。

任务 4 的代码

```
In [152]: index_perchange=index.pct_change()           #计算每个股票指数每日的涨跌幅
     ...: index_perchange=index_perchange.dropna()     #删除缺失值

In [153]: index_corr=index_perchange.rolling(window=60).corr()   #计算60日移动相关系数
     ...: index_corr=index_corr.dropna()               #删除缺失值

In [154]: index_corr.head()
Out[154]:
                       标普500     富时100     日经225    恒生指数    深证成指
日期
2016-04-13 标普500   1.000000   0.613596   0.126731   0.232819   0.199147
           富时100   0.613596   1.000000   0.383884   0.478402   0.111942
           日经225   0.126731   0.383884   1.000000   0.718157   0.146425
           恒生指数   0.232819   0.478402   0.718157   1.000000   0.524353
           深证成指   0.199147   0.111942   0.146425   0.524353   1.000000

In [155]: index_corr.tail()
Out[155]:
                       标普500     富时100     日经225    恒生指数    深证成指
日期
2019-08-30 标普500   1.000000   0.632296   0.199704   0.380104   0.232744
           富时100   0.632296   1.000000   0.362045   0.460275   0.345256
           日经225   0.199704   0.362045   1.000000   0.671023   0.505611
           恒生指数   0.380104   0.460275   0.671023   1.000000   0.579600
           深证成指   0.232744   0.345256   0.505611   0.579600   1.000000
```

由于设定的时间窗口是 60 天，因此计算得到的第一个移动相关系数是在 2016 年 4 月 13 日。同时，仔细观察以上两个不同日期（2016 年 4 月 13 日和 2019 年 8 月 30 日）的相关系数，可以发现深证成指与其他指数之间的相关系数正在逐步提高，这表明随着资本市场的不断开放，A 股市场与其他市场的联动性正在逐步增大。

到这里，你已经完成了第 3 章全部案例的练习，相信已经扎实地掌握了在金融实务中运用 Pandas 模块的技能，下面就勇往直前地迈向第 4 章吧！

3.11 本章小结

Pandas 模块同样也是在金融领域运用 Python 必备的工具包之一，尤其在金融时间序列分析方面，该模块发挥着不可替代的作用，如果不能熟练掌握该模块，则会成为顺利运用 Python 编程的一个掣肘。本章包含 10 个原创金融案例共计 40 个编程任务，让读者充分熟悉 Pandas 模块的序列、数据框这 2 个极为重要的数据结构，同时熟练运用针对数据框的可视化、索引、截取、排序、缺失值处理、拼接以及静态和动态统计分析的各类编程操作。

04

第 4 章
Matplotlib 模块编程
的金融案例

本章导读

　　虽然在前面第 3 章练习的 Pandas 模块中针对序列和数据框有内置的可视化函数 plot，但是该函数的用途限定于特定的数据结构，无法广泛运用，对此 Python 有一个专业且功能强大的可视化工具包——Matplotlib 模块，同时金融实务领域也常用到该模块的 pyplot 子模块。

　　本章包含 8 个原创案例共计 26 个编程任务，通过这些案例的反复训练，读者能够掌握如何通过可视化的图形展示金融数据的必备技巧。下面通过表 4-1 梳理出本章的结构与内容概要。

表 4-1　第 4 章的结构与内容概要

序号	案 例 标 题	学 习 目 标	编程任务数量	读者扮演的角色
1	绘制曲线图——以住房按揭贷款为分析对象	掌握运用 Matplotlib 子模块 pyplot 绘制出单变量、多变量的曲线图	3 个	银行客户经理
2	绘制垂直条状图和双轴图——以货币政策为分析对象	掌握绘制垂直条状图、子图、双轴图的函数以及相关参数的设置	3 个	宏观分析师
3	绘制 K 线图——以上证综指与深证成指为分析对象	掌握运用 mpl_finance 模块绘制 K 线图，尤其需要掌握该模块函数 candlestick_ochl 的主要功能与参数	3 个	证券分析师

续表

序号	案例标题	学习目标	编程任务数量	读者扮演的角色
4	绘制直方图——以同时发行A股和美股的公司股票为分析对象	掌握绘制直方图的函数hist和主要参数的用法,以及通过堆叠和并排形式展示直方图	4个	基金经理
5	绘制条形图——以全球主要股指为分析对象	掌握绘制垂直条形图的函数bar和绘制水平条形图的函数barh以及相关参数的用法	3个	研究员
6	绘制雷达图——以四大国有银行的财务监管指标为分析对象	掌握绘制雷达图的函数polar和函数thetagrids以及相关参数的用法	3个	风险经理
7	绘制散点图——以A股和港股的股指为分析对象	掌握绘制散点图的函数scatter以及相关参数的用法	4个	证券分析师
8	绘制饼图——以社会融资规模的结构为分析对象	掌握绘制饼图的函数pie以及相关参数的用法	3个	风险政策经理
合计			26个	

在开始练习本章的案例之前,建议先学习《基于 Python 的金融分析与风险管理》(人民邮电出版社 2019 年 10 月出版)第 5 章的内容。

4.1 绘制曲线图——以住房按揭贷款为分析对象

4.1.1 案例详情

丁先生是上海一家高科技公司负责研发 6G 通讯技术的高级工程师,近期计划在上海市区购置一套总价为 1 000 万元的住房,由于资金有限而无法全额付款,希望向当地 A 银行申请住房按揭贷款。

假定你是 A 银行负责拓展住房按揭贷款的客户经理,在评估了丁先生的还款能力以后,制定了如下的贷款方案:贷款本金为 600 万元,贷款期限是 30 年,贷款利率是按照 5 年期以上贷款市场报价利率(LPR)上浮 5 个基点,即贷款利率是 4.9%/年[①]。但是针对该贷款有以

---

① 中国人民银行在 2019 年 8 月 25 日发布了《关于新发放商业性个人住房贷款利率调整的公告》,明确从当年 10 月 8 日起,新发放商业性个人住房按揭贷款利率以最近一个月相应期限的贷款市场报价利率(LPR)为定价基准加点形成。根据全国银行间同业拆借中心公布的信息,2019 年 9 月 20 日贷款市场报价利率(LPR)为:1 年期 LPR 为 4.25%,5 年期以上 LPR 为 4.85%,该利率在下一次发布 LPR 之前有效(2019 年 10 月 21 日之前)。

下两种还款方式可供丁先生选择：

第一种是等额本息还款，具体是指在贷款利率水平不变的情况下，丁先生作为借款人每月还款的本金与利息之和保持不变；

第二种是等额本金还款，具体是指在利率水平不变的情况下，丁先生每月还款的本金固定不变，支付的利息则是逐月递减。

为了能够让丁先生清楚地了解这两种还款方式的差异性，并且借助图形展示贷款还款情况，你需要运用 Python 完成 3 项编程任务。

4.1.2   编程任务

【任务 1】假定选择了等额本息还款，请计算丁先生需要每月偿还的金额，以及每月偿还金额中的本金额和利息额，并且对相关数据可视化。

【任务 2】为了能够让丁先生知道在等额本息还款的规则下贷款利率变动对每月还款金额的影响，你采用了如下的敏感性分析：即模拟出当贷款利率从 2%/年增加至 8%/年时，丁先生每月偿还金额的变化情况并且对模拟结果可视化。

【任务 3】假定采用等额本金还款规则，贷款利率依然是 4.9%/年，分别计算丁先生每月偿还的金额，以及每月偿还金额中的本金部分和利息部分，并且对计算结果进行可视化。

4.1.3   编程提示

- 在等额本息还款规则下，计算按揭贷款每月固定的还款金额可以运用 NumPy 模块中的函数 pmt，函数中的参数 rate 表示利率、nper 表示期限、pv 表示期初现金流金额（相当于贷款的全部本金）、fv 表示期末现金流金额（等于 0）、when 表示每期现金流发生的时点，输入 when='begin'表示在每期期初发生，输入 when='end'则表示在每期期末发生。

- 在等额本息还款规则下，可以分别运用 NumPy 模块中的函数 ipmt 和函数 ppmt，依次计算按揭贷款每月还款金额中的利息部分与本金部分，在这两个函数中均需要输入一个参数 per，该参数表示逐次还款的期限长度并且用数组表示，其他参数与前面的函数 pmt 相同。

4.1.4 参考代码与说明

任务 1 的代码

```
In [1]: import numpy as np
   ...: import pandas as pd
   ...: import matplotlib.pyplot as plt          #导入 matplotlib 的子模块 pyplot
   ...: from pylab import mpl                     #从 pylab 导入子模块 mpl
   ...: mpl.rcParams['font.sans-serif'] = ['KaiTi']   #以楷体的字体显示中文
   ...: mpl.rcParams['axes.unicode_minus']=False

In [2]: r=0.049              #贷款的年利率
   ...: n=30                 #贷款的期限（年）
   ...: principle=6e6        #贷款的本金

In [3]: pay_month=np.pmt(rate=r/12,nper=n*12,pv=principle,fv=0,when='end')      #计算每月支
付的本息之和
   ...: print('在等额本息规则下丁先生每月偿还的金额',round(pay_month,2))
在等额本息规则下丁先生每月偿还的金额 -31843.6
```

需要说明的是，由于是计算每月偿还的贷款本息之和，因此，在运用函数 pmt 输入利率参数 rate 时，需要将贷款利率按月折算，输入期限参数 nper 时需要以月为单位折算贷款期限，同时按月偿还的贷款本息之和是在每一期期末支付，因此参数 when 需要输入 when='end'。此外，计算结果是负数，可以理解为现金流出，也就是每月丁先生需要支付给 A 银行的本息之和等于 31 843.6 元。

```
In [4]: t=np.arange(n*12)+1 #生成一个包含每次还款期限长度的数组

In [5]: principle_pay_month=np.ppmt(rate=r/12,per=t,nper=n*12,pv=principle,fv=0,when='end')
#计算每月偿还的本金额
   ...: interest_pay_month=np.ipmt(rate=r/12,per=t,nper=n*12,pv=principle,fv=0,when='end')
#计算每月偿还的利息额
   ...: pay_month_array=pay_month*np.ones_like(principle_pay_month)  #创建一个每月偿还金额的数组
```

在运用函数 ppmt 和 ipmt 时，相关参数 rate、nper、pv、fv 以及 when 的输入规则与前面的函数 pmt 一致。

```
In [6]: plt.figure(figsize=(9,6))
   ...: plt.plot(t,-pay_month_array,'r-',label=u'每月偿还金额',lw=2.5)
   ...: plt.plot(t,-principle_pay_month,'m--',label=u'每月偿还本金金额',lw=2.5)
   ...: plt.plot(t,-interest_pay_month,'b--',label=u'每月偿还利息金额',lw=2.5)
   ...: plt.xticks(fontsize=14)
   ...: plt.xlabel(u'逐次偿还的期限（月）',fontsize=14)
   ...: plt.yticks(fontsize=13)
   ...: plt.ylabel(u'金额',fontsize=13,rotation=90)
   ...: plt.title(u'等额本息还款规则下每月偿还的金额以及本金额与利息额', fontsize=14)
   ...: plt.legend(loc=0, fontsize=13)
```

```
...: plt.grid()
...: plt.show()
```

　　从图 4-1 中不难发现，在等额本息的还款规则下，丁先生每月偿还的本金金额是逐步递增，相反，每月偿还的利息金额则是逐步递减。此外，在贷款偿还的初期，偿还的利息额高于本金额；在贷款还款的后期，偿还的利息额低于本金额。

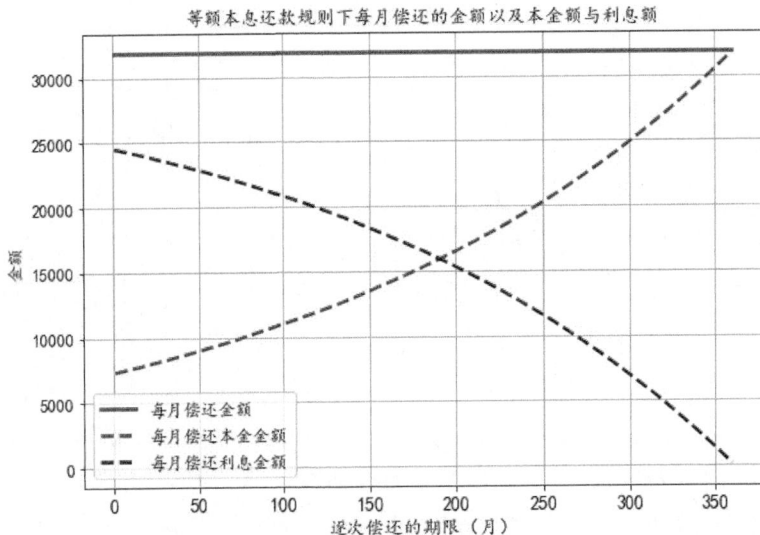

图 4-1　等额本息还款规则下丁先生每月偿还的金额以及本金额与利息额

任务 2 的代码

```
In [7]: r_list=np.linspace(0.02,0.08,100)        #生成贷款利率的一个数组

In [8]: pay_month_list=np.pmt(rate=r_list/12,nper=n*12,pv=principle,fv=0,when='end')
                                          #计算不同贷款利率条件下的每月偿还本息之和

In [9]: plt.figure(figsize=(9,6))
   ...: plt.plot(r_list,-pay_month_list,'r-',label=u'每月偿还金额',lw=2.5)
   ...: plt.plot(r,-pay_month,'bo',label=u'贷款利率 4.9%的每月偿还金额')
   ...: plt.xticks(fontsize=14)
   ...: plt.xlabel(u'贷款利率',fontsize=14)
   ...: plt.yticks(fontsize=14)
   ...: plt.ylabel(u'金额',fontsize=14,rotation=90)
   ...: plt.legend(loc=0, fontsize=14)
   ...: plt.grid()
   ...: plt.show()
```

　　从图 4-2 中可以看到，在等额本息还款规则下，贷款利率与每月还款金额之间呈现一种线性正向关系。例如当贷款利率为 8%时，丁先生每月偿还的金额将接近 4.5 万元；贷款利率

如果下降至 2%，则丁先生每月偿还的金额则不足 2.5 万元。因此，丁先生每月还款金额对贷款利率是非常敏感的。

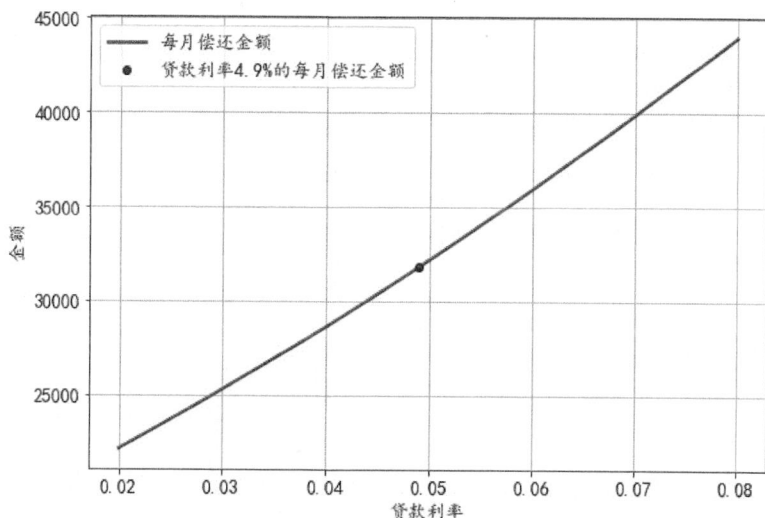

图 4-2　等额本息还款规则下不同贷款利率与每月还款金额之间的关系图

任务 3 的代码

```
In [10]: prin_month=principle/(n*12)                    #计算等额本金还款规则下的每月本金还款额
    ...: prin_month_array=np.ones(n*12)*prin_month  #生成一个每月本金还款额的数组

In [11]: int_month_array=np.zeros_like(prin_month_array)    #生成存放每月利息还款额的初始数组
    ...: for i in np.arange(n*12):
    ...:     int_month_array[i]=(principle-i*prin_month)*r/12      #计算逐月支付的利息额

In [12]: pay_total_month=prin_month_array+int_month_array            #计算等额本金还款规则下的每
月还款总额

In [13]: plt.figure(figsize=(9,6))
    ...: plt.plot(t,pay_total_month,'m-',label=u'每月偿还总额',lw=2.5)
    ...: plt.plot(t,prin_month_array,'y--',label=u'每月偿还本金额',lw=2.5)
    ...: plt.plot(t,int_month_array,'c--',label=u'每月偿还利息额',lw=2.5)
    ...: plt.xticks(fontsize=14)
    ...: plt.xlabel(u'逐次偿还的期限（月）',fontsize=14)
    ...: plt.yticks(fontsize=14)
    ...: plt.ylabel(u'金额',fontsize=14,rotation=90)
    ...: plt.title(u'等额本金还款规则下每月偿还的金额以及本金额与利息额',fontsize=14)
    ...: plt.legend(loc=0,fontsize=14)
    ...: plt.grid()
    ...: plt.show()
```

从图 4-3 不难发现，在等额本金的还款规则下，由于丁先生每月偿还的贷款本金是固定的，而每月偿还的贷款利息是逐月线性递减，因此每月偿还的总额也是逐月线性递减。

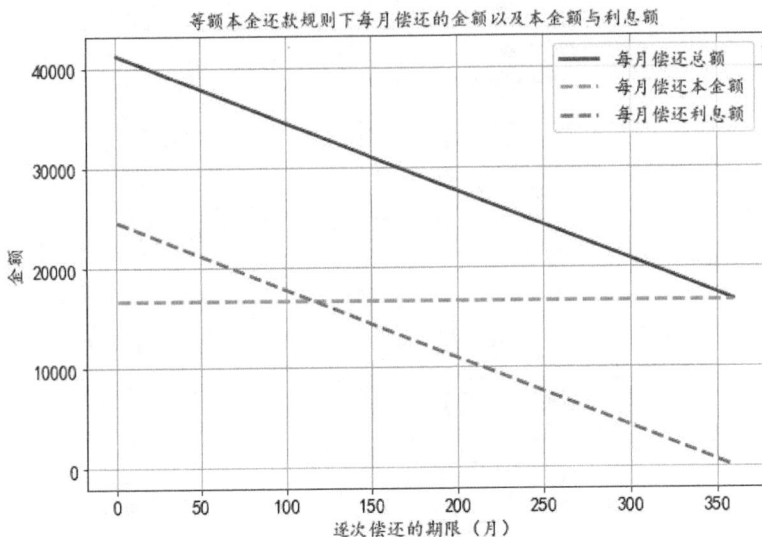

图 4-3　等额本金的还款规则下丁先生每月偿还的总额以及本金额与利息额

4.2　绘制垂直条状图和双轴图——以货币政策为分析对象

4.2.1　案例详情

B 银行是总部位于北京的一个商业银行，该银行内部设立了一个负责研究宏观经济与政策的研究中心，假定你是该研究中心负责跟踪和研判货币政策的一名宏观分析师。

目前，衡量我国货币供应量状况主要是运用 M0、M1 和 M2 这 3 个指标[①]，并且金融机构发放的人民币贷款是主要的融资渠道，这些指标都是评估我国货币政策的重要参考变量。

---

① 我国现行货币统计制度将货币供应量划分为以下 3 个层次：一是流通中现金（M0），指单位库存现金和居民手持现金之和，这里的"单位"指银行体系以外的企业、机关、团体、部队、学校等单位；二是狭义货币供应量（M1），指 M0 加上单位在银行的可开支票进行支付的活期存款；三是广义货币供应量（M2），指 M1 加上单位在银行的定期存款和城乡居民个人在银行的各项储蓄存款以及证券公司的客户保证金。

表 4-2 就列出了 2016 年至 2018 年货币供应量及人民币贷款存量的部分月末数据，并将完整的数据存放在 Excel 文件中。

表 4-2　2016 年至 2018 年货币供应量及人民币贷款存量（单位：万亿元）

日　　期	M0	M1	M2	人民币贷款存量
2016-01-31	7.25	41.27	141.63	95.29
2016-02-29	6.94	39.25	142.46	96.10
2016-03-31	6.47	41.16	144.62	97.42
		......		
2018-10-31	7.01	54.01	179.56	132.53
2018-11-30	7.06	54.35	181.32	133.76
2018-12-31	7.32	55.17	182.67	134.69

数据来源：中国人民银行。

近期你正在准备一份向银行管理层汇报相关研究成果的书面报告，在报告中会涉及数据的可视化，因此需要运用 Python 完成 3 个编程任务。

4.2.2　编程任务

【任务 1】导入包含 2016 年至 2018 年货币供应量及人民币贷款存量月末数据的 Excel 文件并且创建相应的数据框，针对 2018 年每月末的存量数据绘制垂直条状图并且以 2×2 子图的形式呈现（每个变量用一张子图）。

【任务 2】针对任务 1 生成的数据框，计算 M0、M1 和 M2 以及人民币贷款存量的每月增长率并生成数据框，同时对该数据框进行可视化。

【任务 3】针对任务 1 和任务 2 生成的数据框，对 2016 年至 2018 年期间人民币贷款存量的月末余额以及每月存量余额的增长率进行可视化，并且要求放置在一张双 Y 轴图中进行展示。

4.2.3　编程提示[①]

- 绘制垂直条状图需要运用函数 bar，有两个主要参数需要输入：一是参数 x 表示条形

[①] 在本章案例的"编程提示"部分，如无特别说明，所提及的函数均默认为是 Matplotlib 子模块 pyplot 中的函数。

图中 X 坐标轴（横坐标轴）对应的相关数据，在本案例中就是日期；二是参数 height
代表每个条形图案的高度，在本案例中就对应货币供应量和人民币贷款存量数据。

- 以子图形式展示需要运用函数 subplot，有 3 个参数需要输入：一是参数 nrows 表示
  子图的行数，二是参数 ncols 表示子图的列数，三是参数 index 就表示子图的序号（最
  小序号是 1，最大序号等于行数乘以列数）；为了代码撰写的简洁，针对这 3 个参数
  通常是直接输入数字。

- 针对绘制双 Y 轴的图形需要采用以下两个函数：一是运用函数 subplots 创建一个包
  含 figure（图案）、axes（轴域）对象的元组；二是采用函数 twinx 生成一个右侧纵坐
  标（右侧 Y 轴），进而用于绘制双 Y 轴图形。

4.2.4　参考代码与说明

任务 1 的代码

```
In [14]: data=pd.read_excel('C:/Desktop/货币供应量与人民币贷款存量的月度数据（2016 年至 2018
年）.xlsx',sheet_name= "Sheet1", header=0, index_col=0)  #从外部导入数据

In [15]: plt.figure(figsize=(11,9))
    ...: plt.subplot(2,2,1)                              #第 1 行、第 1 列的子图
    ...: plt.bar(x=data.index[-12:],height=data.iloc[-12:,0],label=u'M0 存量额',color='r')
#选择 2018 年每月的数据
    ...: plt.xticks(fontsize=13,rotation=27)
    ...: plt.yticks(fontsize=13)
    ...: plt.ylabel(u'金额（万亿元）',fontsize=13)
    ...: plt.legend(loc=9, fontsize=13)                  #图例放置在中上的位置
    ...: plt.grid()
    ...: plt.subplot(2,2,2)                              #第 1 行、第 2 列的子图
    ...: plt.bar(x=data.index[-12:],height=data.iloc[-12:,1],color='b',label=u'M1 存量额')
    ...: plt.xticks(fontsize=13,rotation=27)
    ...: plt.yticks(fontsize=13)
    ...: plt.ylim(0,65)
    ...: plt.legend(loc=9, fontsize=13)
    ...: plt.grid()
    ...: plt.subplot(2,2,3)                              #第 2 行、第 1 列的子图
    ...: plt.bar(x=data.index[-12:],height=data.iloc[-12:,2],color='c',label=u'M2 存量额')
    ...: plt.xticks(fontsize=13,rotation=27)
    ...: plt.xlabel(u'日期',fontsize=13)
    ...: plt.yticks(fontsize=13)
    ...: plt.ylim(0,210)
    ...: plt.ylabel(u'金额（万亿元）',fontsize=13)
    ...: plt.legend(loc=9, fontsize=13)
    ...: plt.grid()
```

```
    ...: plt.subplot(2,2,4)                  #第2行、第2列的子图
    ...: plt.bar(x=data.index[-12:],height=data.iloc[-12:,3],color='y',label=u'人民币贷款
存量额')
    ...: plt.xticks(fontsize=13,rotation=27)
    ...: plt.xlabel(u'日期',fontsize=13)
    ...: plt.yticks(fontsize=13)
    ...: plt.ylim(0,160)
    ...: plt.legend(loc=9, fontsize=13)
    ...: plt.grid()
    ...: plt.show()
```

代码运行结果如图 4-4 所示。

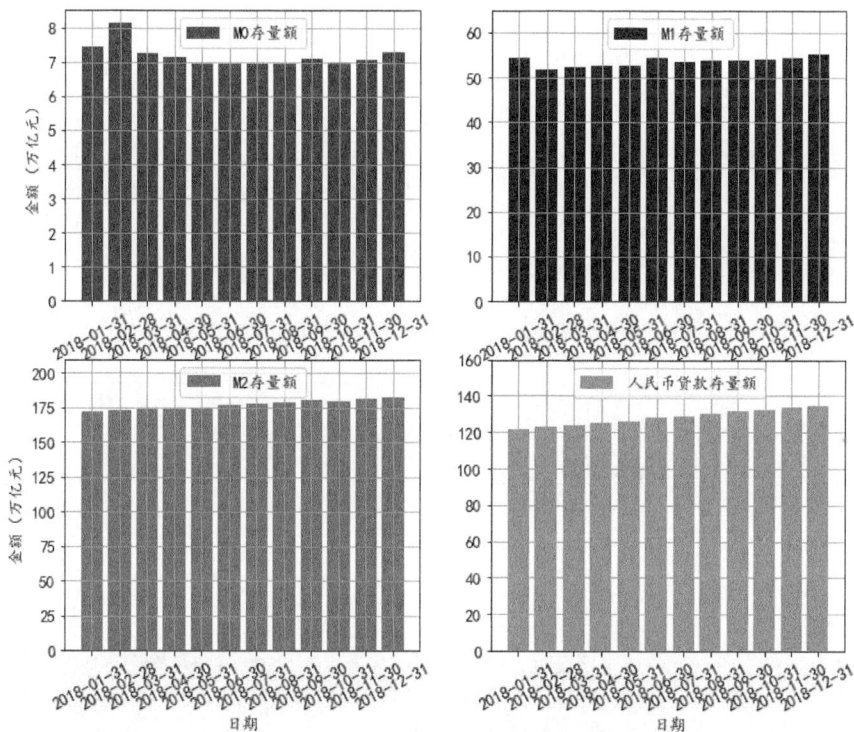

图 4-4　2018 年每月的货币供应量与人民币贷款存量

任务 2 的代码

```
In [16]: data_growth=data/data.shift(1)-1          #计算每月的增长率

In [17]: plt.figure(figsize=(9,6))
    ...: for i in range(len(data.columns)):        #运用 for 语句快速绘制数据框每列数据的曲线
    ...:     plt.plot(data_growth.iloc[:,i],label=data.columns[i],lw=2.5)
    ...: plt.xticks(fontsize=13,rotation=90)
    ...: plt.xlabel(u'日期',fontsize=13)
    ...: plt.yticks(fontsize=13)
```

```
...: plt.ylabel(u'增长率',fontsize=13,rotation=90)
...: plt.legend(loc=0, fontsize=13)
...: plt.grid()
...: plt.show()
```

从图 4-5 中不难发现，M0 的月度增长率变化是最大的，尤其是在年初的时候变动最剧烈，主要的原因可能是春节效应，也就是在我国农历春节前后存在发放年终奖、派发红包等大额现金需求。相比之下，M2 的月度增长率和人民币贷款存量的月度增长率变化是最平稳的。

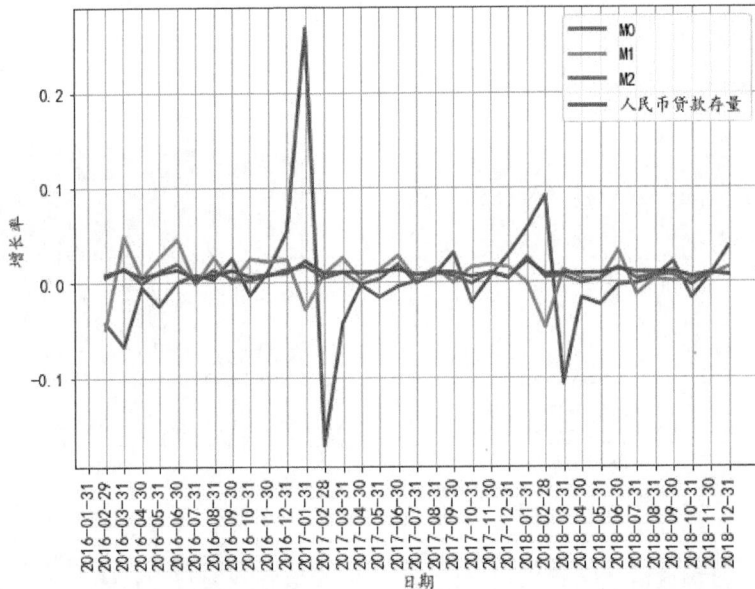

图 4-5 2016 年至 2018 年货币供应量与人民币贷款存量的月度增长率

任务 3 的代码

```
In [18]: fig, ax1 =plt.subplots(figsize=(9,6))          #运用左侧纵坐标绘制图形
    ...: plt.bar(x=data.index,height=data.iloc[:,3],color='y',label=u'人民币贷款存量额')
    ...: plt.xticks(fontsize=13,rotation=90)
    ...: plt.xlabel(u'日期',fontsize=13)
    ...: plt.yticks(fontsize=13)
    ...: plt.ylim(0,150)
    ...: plt.ylabel(u'金额（万亿元）',fontsize=13)
    ...: plt.legend(loc=2,fontsize=13)                    #图例的位置设置在左上
    ...: ax2=ax1.twinx()                                  #运用右侧纵坐标绘制图形
    ...: plt.plot(data_growth.iloc[:,3],label=u'人民币贷款存量增长率',lw=2.5)
    ...: plt.yticks(fontsize=13)
    ...: plt.ylim(0,0.025)
    ...: plt.ylabel(u'增长率',fontsize=13)
    ...: plt.legend(loc=1,fontsize=13)                    #图例的位置设置在右上
    ...: plt.grid()
```

在图 4-6 中，左侧的 Y 轴代表金额，右侧的 Y 轴代表增长率，同时，图中的垂直条形代表了每月末人民币贷款存量金额，曲线则表示人民币贷款存量金额的月增长率。从图中可以明显看到在 2017 年 1 月和 2018 年 1 月，贷款存量的增长率相比当年其他月份要高出很多，可能的原因是每年年初国内各大商业银行为了加快完成全年业绩目标而集中发放贷款，从而产生了贷款发放的"1 月份效应"（January effect）。

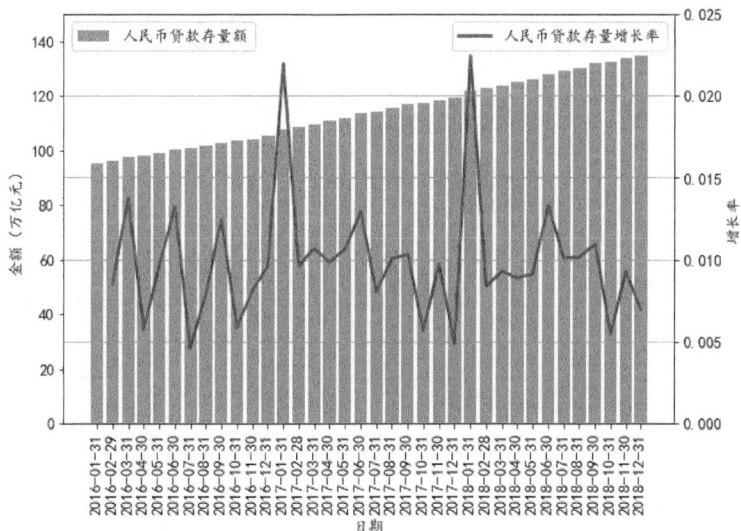

图 4-6　2016 年至 2018 年人民币贷款存量金额与月度增长率

4.3 绘制 K 线图——以上证综指与深证成指为分析对象

4.3.1 案例详情

　　C 公司是总部位于广州的一家证券公司，假定你是该公司广州越秀区营业部的证券分析师，并且推崇技术分析[①]，向营业部客户分析股票走势时习惯使用 K 线图。

[①] 技术分析（technical analysis）通常是指以市场交易信息（如价格、交易量等变量）作为研究对象，以判断市场趋势并跟随趋势的周期性变化进行投资交易决策的一种方法。技术分析是基于三大假设：一是影响市场的因素都包含在价格变化中；二是价格会以趋势方式演变；三是历史会重演。在金融市场中，技术分析经常运用于股票、期货、外汇、贵金属市场等。

根据营业部的安排，近期你需要给营业部的几位 VIP 客户深度讲解 2019 年 5 月和 6 月期间上证综指和深圳成指的走势情况。表 4-3 就列出了在此期间这 2 只指数的部分日交易数据，全部数据保存在一份 Excel 文件并且依次存放在两个工作表中。

表 4-3 2019 年 5 月和 6 月期间的上证综指和深证成指的部分日交易数据

日　　　　期	指 数 名 称	开　盘　价	最　高　价	最　低　价	收　盘　价	成交额（亿元）
2019-05-06		2 984.73	2 986.54	2 876.47	2 906.46	3 143.37
2019-05-07		2 914.29	2 937.28	2 889.07	2 926.39	2 454.44
……	上证综指					
2019-06-27		2 982.61	3 011.54	2 981.05	2 996.79	2 086.19
2019-06-28		2 992.24	2 992.24	2 961.22	2 978.88	1 836.42
2019-05-06		9 289.74	9 333.92	8 893.15	8 943.52	3 435.75
2019-05-07		9 011.52	9 160.52	8 928.57	9 089.46	2 926.41
……	深证成指					
2019-06-27		9 154.04	9 274.42	9 152.63	9 239.48	2 671.82
2019-06-28		9 236.06	9 236.06	9 126.89	9 178.31	2 318.83

数据来源：上海证券交易所、深圳证券交易所。

从 2019 年年初以来，C 公司一直鼓励营业部员工学习 Python，因此你希望通过 Python 独立绘制指数走势的 K 线图，下面就需要完成 4 个编程任务。

4.3.2　编程提示

【任务 1】导入包含上证综指、深证成指在 2019 年 5 月和 6 月期间的日交易信息的 Excel 文件并分别按照不同的指数创建 2 个数据框。

【任务 2】针对任务 1 创建的上证综指数据框，首先绘制上证综指 2019 年 5 月和 6 月期间的 K 线图；然后绘制同时包含 K 线和日成交金额的图形，以 2×1 子图的方式呈现，第 1 个子图绘制 K 线，第 2 个子图绘制成交额。

【任务 3】针对任务 1 创建的深证成指数据框，绘制同时包含 K 线和日成交金额的图形并且呈现方式与任务 2 相同。

4.3.3　编程提示

在证券投资领域，经常运用 K 线图（也称"蜡烛图"）来表示股价或者指数的走势情况。

Python 中第三方模块 mpl_finance 用于绘制 K 线图，需要注意的是该模块在 Matplotlib 2.0 版本之前是 matplotlib 的子模块 finance，但是在 Matplotlib 2.0 版本及其之后的版本，该子模块独立出来形成了现在的第三方模块 mpl_finance。

在该模块中，函数 candlestick_ochl 就可以用于绘制 K 线图，该函数的主要参数见表 4-4 所示。

表 4-4　函数 candlestick_ochl 的主要参数与含义

参 数 名 称	含　　义
ax	输入绘制图形的轴域（Axes）
quotes	输入以元组格式存放的数据集，该数据集需要依次包括日期、开盘价、最高价、最低价、收盘价，需要注意的是日期必须是浮点型数据，可以通过运用 Matplotlib 的子模块 dates 的函数 date2num 进行转换
width	表示每根蜡烛柱子的宽度
colorup	代表阳线的颜色（红色），阳线是指收盘价高于开盘价
colordown	表示阴线的颜色（绿色），阴线是指收盘价低于开盘价

此外，由于本书使用的是 Matplotlib 2.2.3 版本，因此，在绘制 K 线图时需要运用 mpl_finance 模块。考虑到该模块需要另行安装，同时本书是在 Anaconda 3.0 环境中运行 Python，可以打开 Anaconda Prompt 并且输入命令 pip install mpl_finance，就能快速安装该模块了。

4.3.4　参考代码与说明

任务 1 的代码

```
In [19]: index_SH=pd.read_excel('C:/Desktop/上证综指与深证成指的数据（2019 年 5 月和 6 月）.xlsx',
sheet_name= "上证综指", header=0, index_col=0)    #从外部导入上证综指的数据
    ...: index_SH.head()                          #查看上证综指数据框的最前面 5 行
Out[19]:
             开盘价    最高价    最低价    收盘价   成交额(亿元)
日期
2019-05-06  2984.73  2986.54  2876.47  2906.46  3143.37
2019-05-07  2914.29  2937.28  2889.07  2926.39  2454.44
2019-05-08  2873.14  2929.43  2866.70  2893.76  2188.93
2019-05-09  2871.20  2888.86  2845.04  2850.95  1974.47
2019-05-10  2878.23  2941.45  2838.38  2939.21  2741.76

In [20]: index_SZ=pd.read_excel('C:/Desktop/上证综指与深证成指的数据（2019 年 5 月和 6 月）.xlsx',
sheet_name= "深圳成指", header=0, index_col=0)    #从外部导入深证成指的数据
    ...: index_SZ.tail()                          #查看深证成指据框的末尾 5 行
Out[20]:
```

```
               开盘价      最高价     最低价      收盘价   成交额(亿元)
日期
2019-06-24  9220.23  9251.48  9171.35  9212.12  2838.34
2019-06-25  9206.18  9206.18  9004.76  9118.10  2690.41
2019-06-26  9064.13  9164.28  9040.32  9122.43  2192.14
2019-06-27  9154.04  9274.42  9152.63  9239.48  2671.82
2019-06-28  9236.06  9236.06  9126.89  9178.31  2318.83
```

任务 2 的代码

首先，需要查看所使用的 Matplotlib 模块的版本信息，具体代码如下：

```
In [21]: import matplotlib
    ...: matplotlib.__version__
Out[21]: '2.2.3'
```

从输出的版本信息来看，已经是 Matplotlib 2.0 之后的版本了，因此已经没有子模块 finance，对此可以通过以下代码验证。

```
In [22]: import matplotlib.finance         #查看是否存在着子模块 finance
Traceback (most recent call last):

  File "<ipython-input-70-1c79c48e42dd>", line 1, in <module>
    import matplotlib.finance

ModuleNotFoundError: No module named 'matplotlib.finance'
```

显然，上述的输出结果表明在 Matplotlib 模块中已经不存在子模块 finance，这就需要使用 mpl_finance 模块，接着继续输入相关的代码。

```
In [23]: import mpl_finance as mpf              #导入 mpl_finance 模块
    ...: import matplotlib.dates as dt          #导入 Matplotlib 子模块 dates

In [24]: date=dt.date2num(index_SH.index)       #将数据框中的日期格式调整为浮点型数据

In [25]: open_price=index_SH.iloc[:,0]          #上证综指的开盘价
    ...: high_price=index_SH.iloc[:,1]          #上证综指的最高价
    ...: low_price=index_SH.iloc[:,2]           #上证综指的最低价
    ...: close_price=index_SH.iloc[:,3]         #上证综指的收盘价

In [26]: quote_SH=[]    #生成一个空列表将用于存放每个交易日以元组格式保存的交易信息
    ...: for i in range(len(date)):
    ...:     data_1day=[date[i],open_price[i],close_price[i],high_price[i],low_price[i]]
                                                #创建一个列表格式的日期
    ...:     data_1day=tuple(data_1day)         #将列表转为元组
    ...:     quote_SH.append(data_1day)

In [27]: fig,ax_SH=plt.subplots(figsize=(9,6))  #创建图形和轴域
    ...: mpf.candlestick_ochl(ax=ax_SH,quotes=quote_SH,width=0.8,colorup='r',colordown='g')
                                                #生成蜡烛图
```

```
    ...: ax_SH.xaxis_date()                    #设置X轴刻度为日期时间
    ...: plt.xticks(fontsize=13,rotation=15)
    ...: plt.xlabel(u'日期',fontsize=13)
    ...: plt.yticks(fontsize=13)
    ...: plt.ylabel(u'点位',fontsize=13,rotation=90)
    ...: plt.title(u'上证综指2019年5月和6月期间的日K线图',fontsize=14)
    ...: plt.grid()
    ...: plt.show()
```

由于 mpl_finance 模块的函数 candlestick_ochl 是将一个连续的日期（包含周末）作为 X 轴的刻度，因此仔细观察图 4-7 便会发现图中的 K 线是不连续的，周末两天是存在空档。

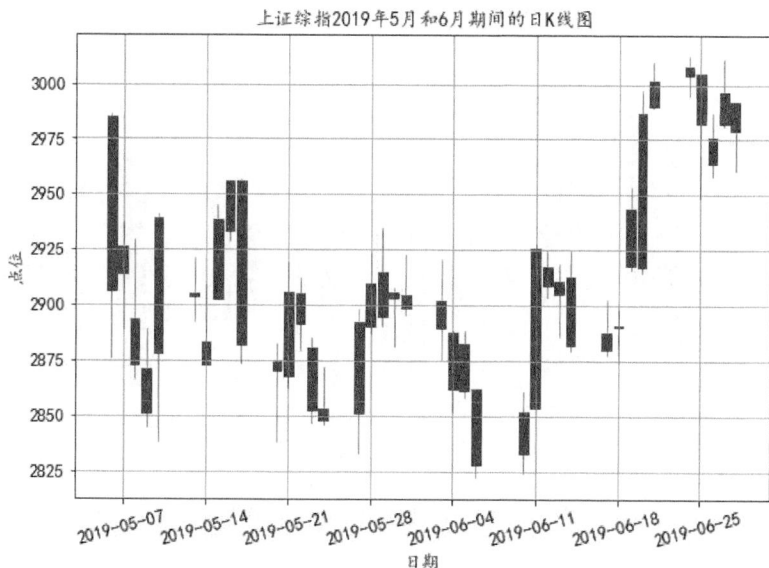

图 4-7　2019 年 5 月和 6 月期间上证综指的每日 K 线图

```
    In [28]: fig,[ax1,ax2]=plt.subplots(2,1,sharex=True,figsize=(9,9))    #创建图形和轴域，并且两
个子图共用X轴
    ...: mpf.candlestick_ochl(ax=ax1,quotes=quote_SH,width=0.6,colorup='r',colordown='g')    #
生成K线图的子图
    ...: ax1.xaxis_date()    #设置X轴刻度为日期时间
    ...: ax1.set_ylabel(u'点位',fontsize=13)
    ...: ax1.set_title(u'上证综指2019年5月和6月期间的日K线与成交金额',fontsize=14)
    ...: ax1.grid(True)
    ...: ax2.bar(x=index_SH.index,height=index_SH.iloc[:,4],width=0.75)    #生成交易金额的子图
    ...: ax2.set_xlabel(u'日期',fontsize=12)
    ...: ax2.set_ylabel(u'成交额(亿元)',fontsize=12)
    ...: ax2.grid(True)
    ...: plt.xticks(fontsize=13,rotation=15)
    ...: plt.show()
```

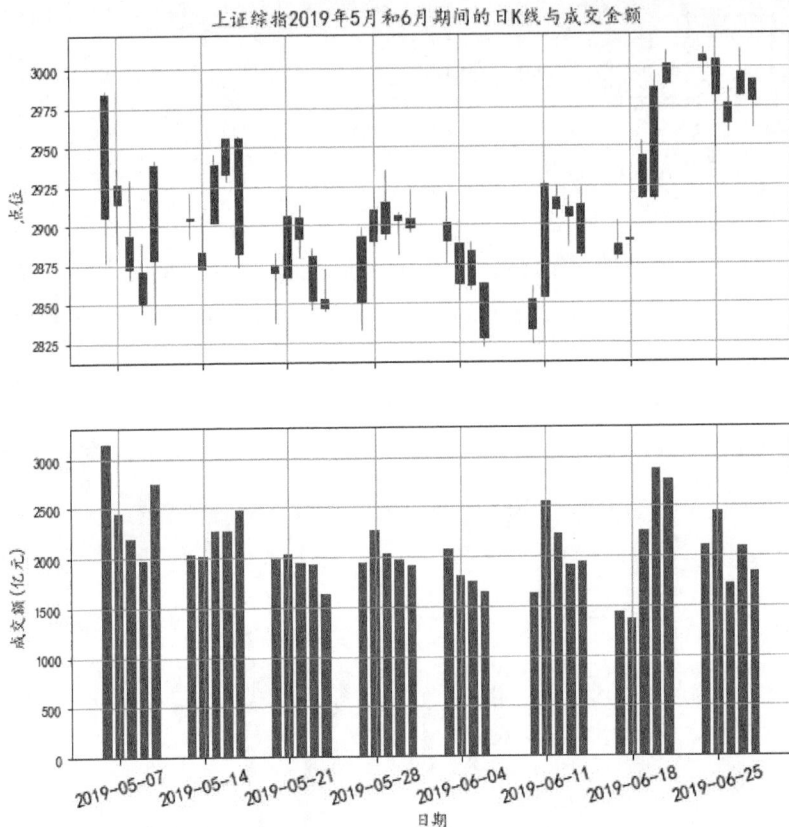

图 4-8 2019 年 5 月和 6 月期间上证综指的每日 K 线与成交金额

任务 3 的代码

```
In [29]: date_SZ=dt.date2num(index_SZ.index)        #将日期调整为浮点型数据
   ...: openprice_SZ=index_SZ.iloc[:,0]              #深圳成指的开盘价
   ...: highprice_SZ=index_SZ.iloc[:,1]              #深圳成指的最高价
   ...: lowprice_SZ=index_SZ.iloc[:,2]               #深圳成指的最低价
   ...: closeprice_SZ=index_SZ.iloc[:,3]             #深圳成指的收盘价


In [30]: quote_SZ=[]   #生成一个空列表将用于存放每个交易日以元组格式保存的交易信息
   ...: for i in range(len(date_SZ)):
   ...:    data_1day=[date_SZ[i],openprice_SZ[i],closeprice_SZ[i],highprice_SZ[i],lowprice_
SZ[i]]
   ...:    data_1day=tuple(data_1day)                #将列表转为元组
   ...:    quote_SZ.append(data_1day)


In [31]: fig_SZ,[ax1_SZ,ax2_SZ]=plt.subplots(2,1,sharex=True,figsize=(9,9))   #创建图形和
轴域，并且两个子图共用 X 轴
   ...: mpf.candlestick_ochl(ax=ax1_SZ,quotes=quote_SZ,width=0.6,colorup='r',colordown='g')
```

```
#生成K线图的子图
    ...: ax1_SZ.xaxis_date()                          #设置X轴刻度为日期时间
    ...: ax1_SZ.set_ylabel(u'点位',fontsize=13)
    ...: ax1_SZ.set_title(u'深证成指2019年5月和6月期间的每日K线与成交金额',fontsize=14)
    ...: ax1_SZ.grid(True)
    ...: ax2_SZ.bar(x=index_SZ.index,height=index_SZ.iloc[:,4],width=0.75)   #生成交易额的子图
    ...: ax2_SZ.set_xlabel(u'日期',fontsize=13)
    ...: ax2_SZ.set_ylabel(u'成交额(亿元)',fontsize=13)
    ...: ax2_SZ.grid(True)
    ...: plt.xticks(fontsize=13,rotation=15)
    ...: plt.show()
```

从图 4-8 和图 4-9 中可以看到，无论是上证综指还是深圳成指，K 线图的走势均呈现 V
字型，这种形态在股票的技术分析中是比较常见的，并且如果在底部能够有明显放大的成交
量进行配合，则技术分析就会认为是一个明确的市场反转信号。

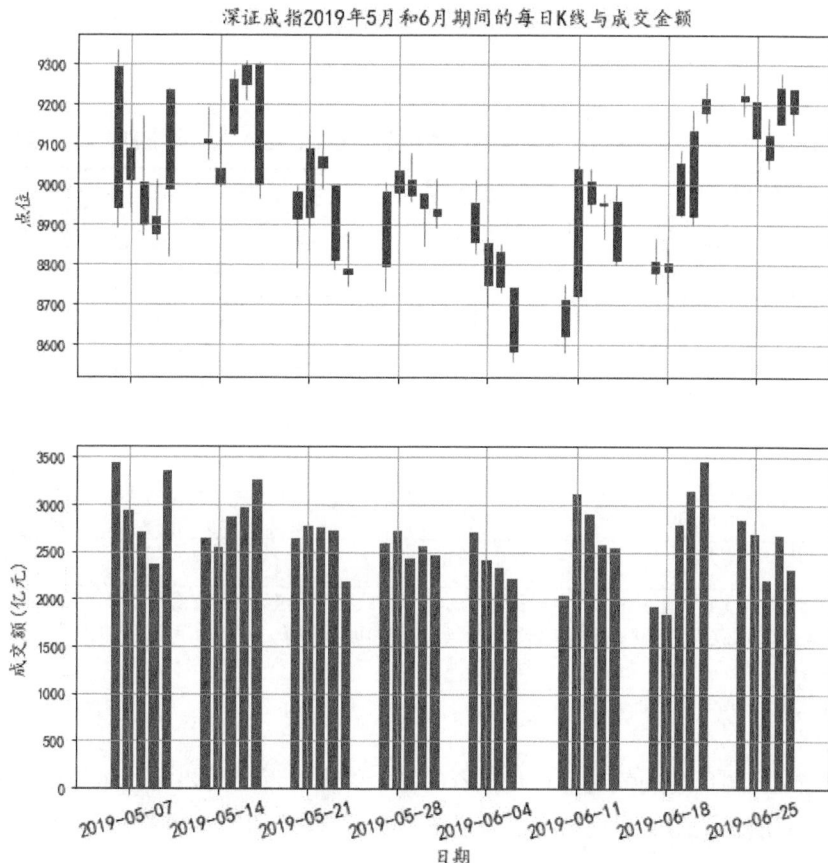

图 4-9　2019 年 5 月和 6 月期间深圳成指的每日 K 线与成交金额

4.4　绘制直方图——以同时发行 A 股和美股的公司股票为分析对象

4.4.1　案例详情

D 公司是一家总部位于我国香港的国际性投资管理机构，积极寻找全球股票和债券市场的投资机会，近期该公司发行了一款新的基金产品，投资策略是配置同时在 A 股和美股市场挂牌交易且估值偏低的中资企业股票，该基金一经面世就受到全球投资者的追捧。

根据公司对外披露的基金持仓信息显示，东方航空、上海石化这两家公司的 A 股和美股均列入十大重仓股名单。表 4-5 就列出了这 4 只股票在 2016 年 1 月至 2019 年 6 月期间的部分日收盘价格，并且全部的数据存放于 Excel 文件中。

表 4-5　2016 年 1 月至 2019 年 6 月东方航空、上海石化 A 股与美股部分日收盘价

日　　期	东方航空（A 股） （代码：600115）	东方航空（美股） （代码：CEA）	上海石化（A 股） （代码：600688）	上海石化（美股） （代码：SHI）
2016-01-04	6.98	26.28	5.89	37.01
2016-01-05	6.88	26.13	5.81	39.93
2016-01-06	7.13	25.54	6.05	39.76
……				
2019-06-26	6.17	28.95	5.16	39.37
2019-06-27	6.29	29.23	5.17	39.77
2019-06-28	6.27	29.42	5.16	39.95

注：无论是东方航空还是上海石化，都采用存托凭证（DR）的方式在美国纽约证券交易所挂牌发行，其中，东方航空的 1 份存托凭证对应于 50 股股票，上海石化的 1 份存托凭证对应于 100 股股票。A 股的单位是"人民币元/股"，美股的单位"美元/份"。

数据来源：上海证券交易所、纽约证券交易所。

假定你是该公司负责这款基金日常投资的基金经理，近期需要向公司的投资决策委员会专题汇报这 4 只股票的历史表现情况。为了充分准备这次汇报，你需要通过 Python 完成 4 项编程任务。

4.4.2 编程任务

【任务 1】导入包含 2016 年 1 月至 2019 年 6 月期间东方航空、上海石化 A 股与美股日收盘价数据的 Excel 文件并且生成数据框，计算股票的每日收益率（以自然对数方式计算）并且生成新的数据框。

【任务 2】针对任务 1 生成的每日收益率数据框，运用曲线图绘制出东方航空 A 股、美股的日收益率走势图，并且以 2×1 子图的方式展示。

【任务 3】针对任务 1 生成的每日收益率数据框，运用直方图绘制出东方航空 A 股、美股的日收益率走势图，分别以堆叠、并排的形式并通过 2×1 子图的方式展示。

【任务 4】针对任务 1 生成的每日收益率数据框，运用直方图绘制出上海石化 A 股、美股的日收益率走势图，依然以堆叠、并排的形式并通过 2×1 子图的方式展示。

4.4.3 编程提示

- 以自然对数方式计算股票日收益率 R_t 的公式如下：

$$R_t = \ln \frac{P_t}{P_{t-1}} \tag{4-1}$$

其中，P_t 表示在第 t 个交易日的股票价格，P_{t-1} 表示股票在第 $t-1$ 个交易日的股票价格。

- 绘制直方图可以运用函数 hist 完成，该函数中的参数 bins 用于控制直方图中的矩形数量；此外，如果两组或更多组样本以堆叠方式展示就需要输入参数 stacked=True，该参数在不输入的情况下就默认表示以并排方式展示。

4.4.4 参考代码与说明

任务 1 的代码

```
In [32]: stock_price=pd.read_excel( 'C:/Desktop/东方航空和上海石化股票 A 股和美股日收盘价（2016
年至 2019 年 6 月）.xlsx',sheet_name= "Sheet1", header=0, index_col=0)    #从外部导入股票收盘价的数据
    ...: stock_price=stock_price.dropna()    #删除缺失值所在的行

In [33]: stock_return=np.log(stock_price/stock_price.shift(1))    #计算股票的每日收益率
    ...: stock_return=stock_return.dropna()    #删除缺失值所在的行
```

```
In [34]: stock_return.describe()
Out[34]:
             东方航空(A股)    东方航空(美股)    上海石化(A股)    上海石化(美股)
count      821.000000    821.000000    821.000000    821.000000
mean        -0.000131      0.000137     -0.000161      0.000093
std          0.022469      0.026290      0.017137      0.019162
min         -0.105507     -0.107033     -0.095310     -0.097914
25%         -0.011396     -0.015928     -0.007937     -0.010305
50%          0.000000     -0.001807      0.000000      0.000487
75%          0.010566      0.013991      0.007737      0.011118
max          0.095745      0.145122      0.084320      0.075940
```

从以上统计量的输出结果可以看到，每只股票日收益率的样本数据共 821 个，同时，在 2016 年 1 月至 2019 年 6 月期间，无论是东方航空还是上海石化，美股的平均日收益率为正数，A 股的平均日收益率则为负数，美股的走势强于 A 股；此外，日收益率的波动率（标准差）则是美股要高于 A 股，说明美股的投资风险更大一些。

任务 2 的代码

```
In [35]: plt.figure(figsize=(9,9))
    ...: plt.subplot(2,1,1)                                #代表第 1 行的子图
    ...: plt.plot(stock_return['东方航空(A股)'],'r-',label=u'东方航空(A股)',lw=2.0)
    ...: plt.xticks(fontsize=13)
    ...: plt.yticks(fontsize=13)
    ...: plt.ylim(-0.12,0.15)
    ...: plt.ylabel(u'收益率',fontsize=13,rotation=90)
    ...: plt.legend(loc=9, fontsize=13)                     #图例放在中上位置
    ...: plt.grid()
    ...: plt.subplot(2,1,2)                                 #代表第 2 行的子图
    ...: plt.plot(stock_return['东方航空(美股)'],'b-',label=u'东方航空(美股)',lw=2.0)
    ...: plt.xticks(fontsize=13)
    ...: plt.xlabel(u'日期',fontsize=13)
    ...: plt.yticks(fontsize=13)
    ...: plt.ylim(-0.12,0.15)
    ...: plt.ylabel(u'收益率',fontsize=13,rotation=90)
    ...: plt.legend(loc=9, fontsize=13)
    ...: plt.grid()
    ...: plt.show()
```

从图 4-10 可以明显看到，对于东方航空而言，A 股的日最大涨幅不超过 10%，但是美股的日最大涨幅则接近 15%，原因是 A 股的交易规则中有每日最大涨跌幅 10%的限制，而美股则没有相应的涨跌幅限制。

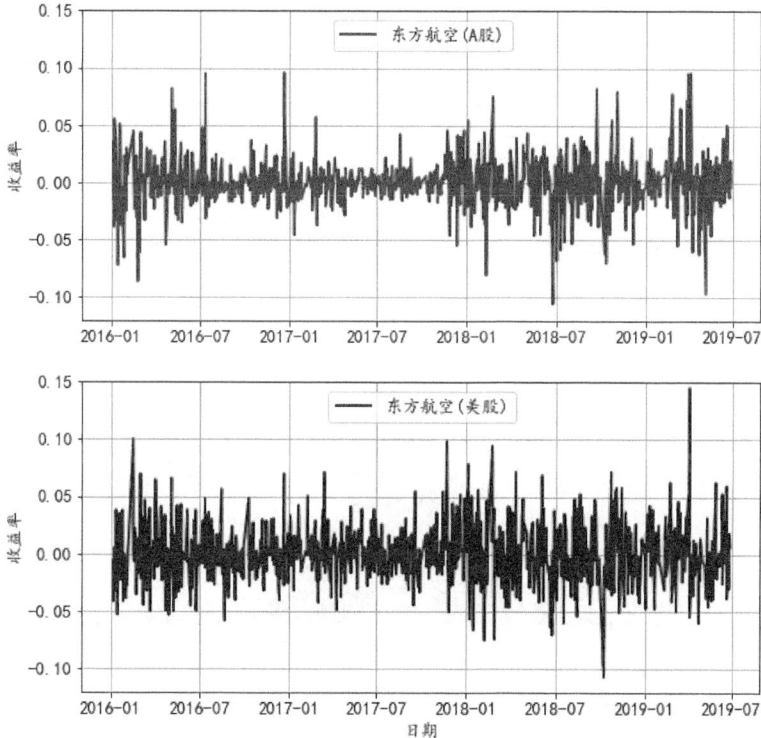

图 4-10　东方航空 A 股和美股日收益率的走势图（曲线图）

任务 3 的代码

```
In [36]: CEA_return=np.array(stock_return.iloc[:,0:2])    #将东方航空A股和美股日收益率转为数组形式

In [37]: plt.figure(figsize=(9,10))
    ...: plt.subplot(2,1,1)                                #代表第1行的子图
    ...: plt.hist(CEA_return,label=[u'东方航空 A 股日收益率', u'东方航空美股日收益率'], stacked=
True, edgecolor='k', bins=30)                              #以堆叠形式展示
    ...: plt.xticks(fontsize=13)
    ...: plt.yticks(fontsize=13)
    ...: plt.ylabel(u'频数',fontsize=13,rotation=90)
    ...: plt.legend(fontsize=13)
    ...: plt.grid()
    ...: plt.subplot(2,1,2)                                #代表第2行的子图
    ...: plt.hist(CEA_return,label=[u'东方航空 A 股日收益率', u'东方航空美股日收益率'], edgecolor= 'k',
bins=30)                                                   #以并排形式展示
    ...: plt.xticks(fontsize=13)
    ...: plt.xlabel(u'股票日收益率',fontsize=13)
    ...: plt.yticks(fontsize=13)
    ...: plt.ylabel(u'频数',fontsize=13,rotation=90)
    ...: plt.legend(fontsize=13)
    ...: plt.grid()
    ...: plt.show()
```

在图 4-11 中，上方的子图表示以堆叠形式展示的直方图，下方的子图则表示以并排方式展示。此外，从下方的子图中不难发现，当股票日收益率处于 0 附近时（即涨跌幅较小），东方航空 A 股的样本数量明显高于美股；相反，当股票日收益率越远离 0 时（即涨跌幅较大），美股的样本数量就显著高于 A 股，这也进一步印证了前面得出的"东方航空美股的投资风险比 A 股更高"的结论。

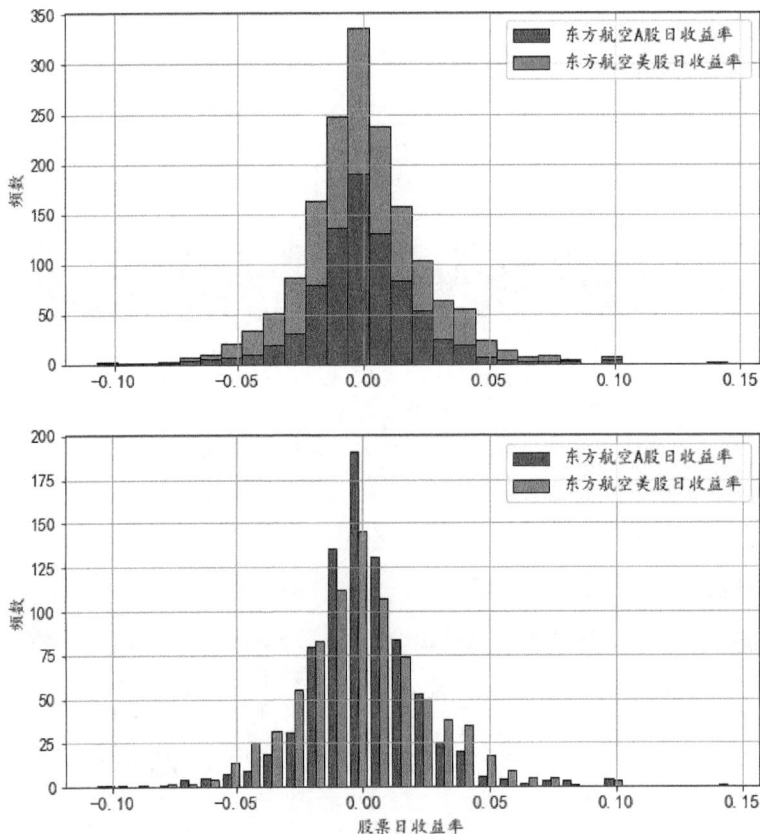

图 4-11　东方航空 A 股与美股日收益率的直方图（以堆叠和并排形式分别展示）

任务 4 的代码

```
In [38]: SHI_return=np.array(stock_return.iloc[:,2:])    #将上海石化 A 股和美股日收益率转为数组形式

In [39]: plt.figure(figsize=(9,10))
   ...: plt.subplot(2,1,1)                              #代表第 1 行的子图
   ...: plt.hist(SHI_return,label=[u'上海石化 A 股收益率', u'上海石化美股收益率'], stacked=
True, edgecolor='k', bins=30)                            #以堆叠形式展示
   ...: plt.xticks(fontsize=13)
```

```
   ...: plt.yticks(fontsize=13)
   ...: plt.ylabel(u'频数',fontsize=13,rotation=90)
   ...: plt.legend(fontsize=13)
   ...: plt.grid()
   ...: plt.subplot(2,1,2)                    #代表第 2 行的子图
   ...: plt.hist(SHI_return,label=[u'上海石化 A 股日收益率', u'上海石化美股日收益率'], edgecolor=
'k', bins=30) #以并排方式展示
   ...: plt.xticks(fontsize=13)
   ...: plt.xlabel(u'股票日收益率',fontsize=13)
   ...: plt.yticks(fontsize=13)
   ...: plt.ylabel(u'频数',fontsize=13,rotation=90)
   ...: plt.legend(fontsize=13)
   ...: plt.grid()
   ...: plt.show()
```

从图 4-12 下方的子图中依然可以看到，当上海石化股票日涨跌幅较小时，A 股的样本数量明显多于美股，而当股票日涨跌幅较大时，美股的样本数量就明显多于 A 股，说明投资上海石化美股的风险比 A 股依然要更高些。

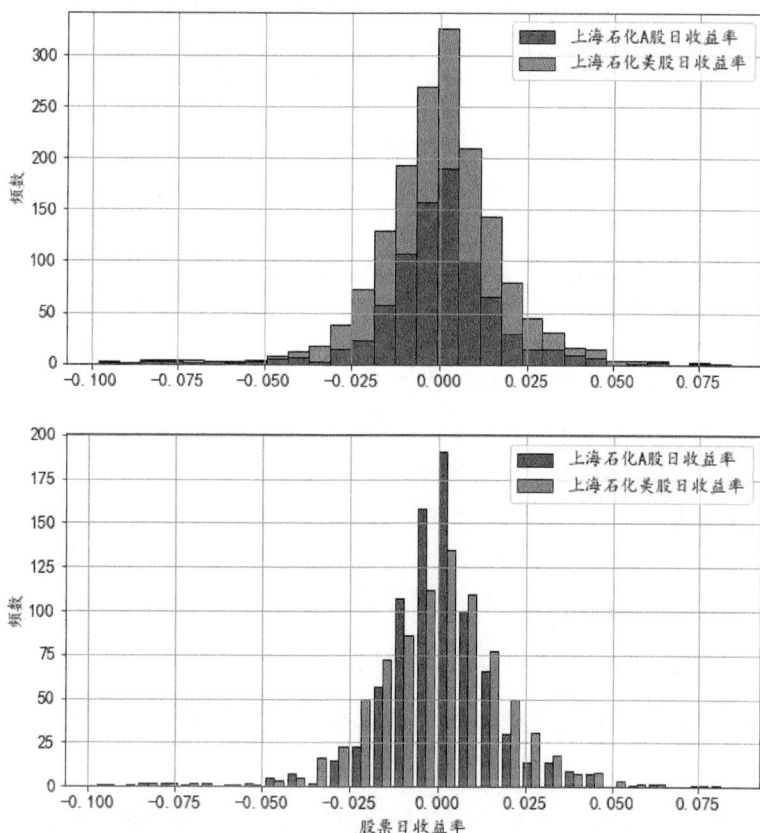

图 4-12　上海石化 A 股与美股日收益率的直方图（以堆叠和并排方式分别展示）

4.5 绘制条形图——以全球主要股指为分析对象

4.5.1 案例详情

E 公司是一家总部位于新加坡的金融机构，擅长全球市场的资产配置。假定你刚加入该公司的研究部门并且担任研究员，日常的工作就是负责跟踪和分析全球重要股指的变化情况，进而为投资部门的资产配置工作提供强有力的研究支持。在 2019 年 9 月初，你准备给投资部门分析近期全球股指的走势情况，其中需要展示 2019 年 5 月至 8 月期间全球四大股指——标普 500 指数、富时 100 指数、恒生指数以及上证综指每月的涨跌状况。表 4-6 就列示了 2019年 4 月末至 2019 年 8 月末这 4 个指数的月末收盘价。

表 4-6　2019 年 4 月末至 2019 年 8 月末全球 4 个重要股指的月末收盘价

日　　　期	标普 500 指数	富时 100 指数	恒 生 指 数	上 证 综 指
2019 年 4 月末	2 945.83	7 418.22	29 699.11	3 078.34
2019 年 5 月末	2 752.06	7 161.71	26 901.09	2 898.70
2019 年 6 月末	2 941.76	7 425.63	28 542.62	2 978.88
2019 年 7 月末	2 980.38	7 586.78	27 777.75	2 932.51
2019 年 8 月末	2 926.46	7 207.18	25 724.73	2 886.24

数据来源：Wind。

为了能够达到预期的演示效果，加深投资部门对你的印象，需要运用 Python 完成 3 项编程任务。

4.5.2 编程任务

【任务 1】将表 4-6 的数据以数据框的形式输入 Python 中，同时计算 2019 年 5 月至 8 月期间每个指数每月的涨跌幅并且创建一个新的数据框。

【任务 2】针对任务 1 创建的每月涨跌幅数据框，依次绘制出展示 4 个股指每月涨跌幅情况的垂直条形图，并且以 2×2 子图的方式呈现。

【任务 3】针对任务 1 创建的每月涨跌幅数据框，运用水平条形图对比每个股指 2019 年 6月与 7 月的月涨跌幅。

4.5.3 编程提示

- 可以运用函数 bar 绘制垂直条形图，需要输入两个主要的参数：一是参数 x 输入条形图中 X 坐标轴（横坐标轴）对应的相关数据（本案例中就是股指名称），二是参数 height 输入每个条形图案的高度（本案例中就是股指的月度涨跌幅）。

- 可以运用函数 barh 绘制水平条形图，也需要输入两个主要的参数：一是参数 y 输入条形图 Y 坐标轴（纵坐标轴）对应的相关数据（本案例中就是股指的名称），二是参数 width 输入每个条形图案的宽度（本案例中对应股指的月度涨跌幅）。

4.5.4 参考代码与说明

任务 1 的代码

```
In [40]: date=['2019年4月','2019年5月','2019年6月','2019年7月','2019年8月']  #创建一个
日期的列表
    ...: name=['标普500指数','富时100指数','恒生指数','上证综指']    #创建一个指数名称的列表

In [41]: closeprice=np.array([[2945.83,7418.22,29699.11,3078.34],[2752.06,7161.71,26901.09,
2898.70],[2941.76,7425.63,28542.62,2978.88],[2980.38,7586.78,27777.75,2932.51],[2926.46,7207.18,
25724.73,2886.24]])                                        #创建收盘价的数据框

In [42]: index_data=pd.DataFrame(data=closeprice,index=date,columns=name)
                                                          #生成月末收盘价的数据框

In [43]: index_return=index_data/index_data.shift(1)-1  #生成月度涨跌幅的数据框
    ...: index_return=index_return.dropna()              #删除缺失值
    ...: index_return                                    #输出进行查看
Out[43]:
            标普500指数    富时100指数      恒生指数      上证综指
2019年5月 -0.065778      -0.034578     -0.094212    -0.058356
2019年6月  0.068930       0.036852      0.061021     0.027661
2019年7月  0.013128       0.021702     -0.026797    -0.015566
2019年8月 -0.018092      -0.050034     -0.073909    -0.015778
```

任务 2 的代码

```
In [44]: plt.figure(figsize=(11,10))
    ...: plt.subplot(2,2,1)            #第1行、第1列子图
    ...: plt.bar(x=index_return.columns,height=index_return.iloc[0],width=0.5,label=u'2019
年5月涨跌幅',facecolor='y')
    ...: plt.xticks(fontsize=13)
    ...: plt.yticks(fontsize=13)
```

```
    ...: plt.ylabel(u'涨跌幅',fontsize=13,rotation=90)
    ...: plt.legend(loc=9,fontsize=13)                    #图列放置在中上位置
    ...: plt.grid(True)
    ...: plt.subplot(2,2,2,sharex=plt.subplot(2,2,1),sharey=plt.subplot(2,2,1))    #与第 1
个子图的 X 轴和 Y 轴相同
    ...:  plt.bar(x=index_return.columns,height=index_return.iloc[1],width=0.5,label=u'2019
年 6 月涨跌幅',facecolor='c')
    ...: plt.xticks(fontsize=13)
    ...: plt.yticks(fontsize=13)
    ...: plt.legend(loc=8,fontsize=13)                    #图列放置在中下位置
    ...: plt.grid(True)
    ...: plt.subplot(2,2,3,sharex=plt.subplot(2,2,1),sharey=plt.subplot(2,2,1))    #与第 1
个子图的 X 轴和 Y 轴相同
    ...:  plt.bar(x=index_return.columns,height=index_return.iloc[2],width=0.5,label=u'2019
年 7 月涨跌幅',facecolor='b')
    ...: plt.xticks(fontsize=13)
    ...: plt.yticks(fontsize=13)
    ...: plt.ylabel(u'涨跌幅',fontsize=13,rotation=90)
    ...: plt.legend(loc=9,fontsize=13)
    ...: plt.grid(True)
    ...: plt.subplot(2,2,4,sharex=plt.subplot(2,2,1),sharey=plt.subplot(2,2,1))    #与第 1
个子图的 X 轴和 Y 轴相同
    ...:  plt.bar(x=index_return.columns,height=index_return.iloc[3],width=0.5,label=u'2019
年 8 月涨跌幅',facecolor='g')
    ...: plt.xticks(fontsize=13)
    ...: plt.yticks(fontsize=13)
    ...: plt.legend(loc=9,fontsize=13)
    ...: plt.grid(True)
    ...: plt.show()
```

　　图 4-13 中的 4 幅子图是具有完全相同的 X 轴刻度和 Y 轴刻度,进而更加直观地对比每个指数不同月份的涨跌幅情况。此外,在 2019 年 5 月和 8 月 4 个股票指数均呈现月度下跌,6 月则指数均上涨,仅 7 月是不同指数涨跌互现,这说明全球主要指数之间存在着一定程度的共振性。

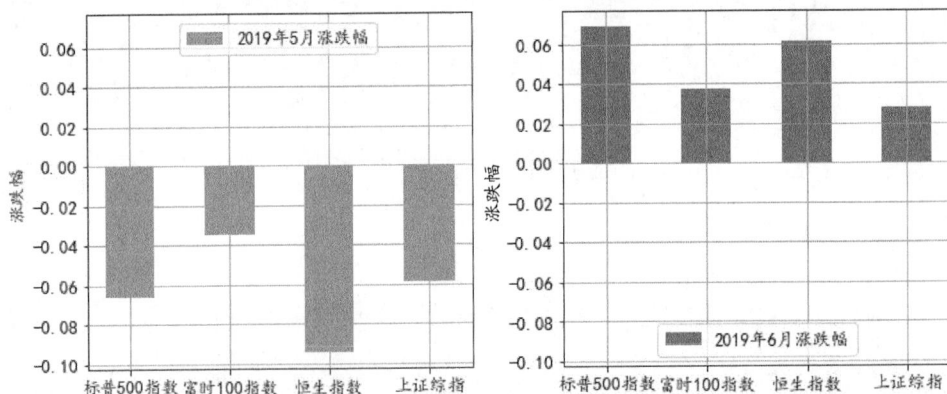

图 4-13　2019 年 5 月至 8 月期间全球 4 个股指的每月涨跌幅条形图

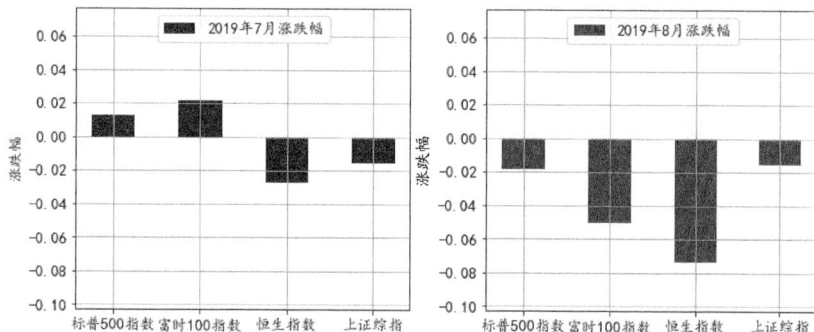

图4-13　2019年5月至8月期间全球4个股指的每月涨跌幅条形图（续）

任务3的代码

```
In [45]: plt.figure(figsize=(8,5))
    ...: plt.barh(y=index_return.columns,width=index_return.iloc[1],height=0.5,label=u'2019
年6月涨跌幅')
    ...: plt.barh(y=index_return.columns,width=index_return.iloc[2],height=0.5,label=u'2019
年7月涨跌幅')
    ...: plt.xticks(fontsize=13)
    ...: plt.xlabel(u'涨跌幅',fontsize=13)
    ...: plt.yticks(fontsize=13)
    ...: plt.title(u'比较4个股指在2019年6月和7月的月度涨跌幅',fontsize=13)
    ...: plt.legend(loc=0,fontsize=13)
    ...: plt.grid(True)
    ...: plt.show()
```

在观察图4-14时，需要特别说明的是，针对在6月和7月均上涨的富时100指数和标普500指数而言，图中的蓝色条形的实际长度应当是黄色条形的长度加上仅显露出来的蓝色条形长度，这是因为部分蓝色条形的长度被黄色条形遮掩了；对于6月和7月涨跌互现的上证综指和恒生指数而言，就不存在类似的情况。此外，通过图4-14也可以得出结论：2019年6月的指数走势均明显强于7月。

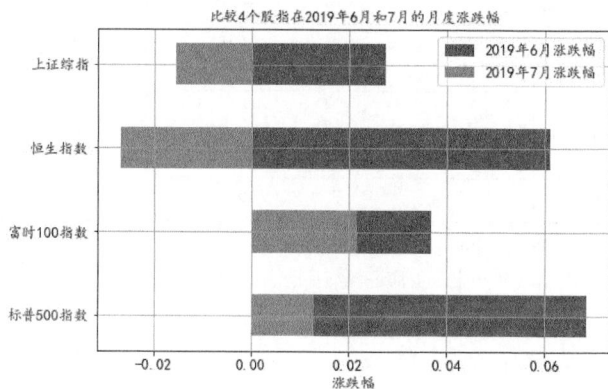

图4-14　全球4个股指2019年6月和7月的月涨跌幅对比（水平条形图）

4.6　绘制雷达图——以四大国有银行的财务监管指标为分析对象

4.6.1　案例详情

F 银行是国内四大国有银行（工行、建行、中行和农行）的其中一家，并且在 2019 年 5 月召开了银行的董事会，在董事会上安排该银行的首席风险官做工作汇报，同时要求比较四大国有商业银行 2018 年的主要财务指标和监管指标，从而找出 F 银行在经营和风险管理上的差距和短板。

假定你是该银行风险管理部的一名风险经理，需要临时协助首席风险官准备相应的汇报材料，并且根据已对外披露的 2018 年年报信息[①]，整理这 4 家银行 2018 年的相关财务与监管指标，同时还对这些指标进行排名，具体详见表 4-7。

表 4-7　四大国有商业银行 2018 年主要财务、监管指标以及排名

证券简称		中国银行	农业银行	建设银行	工商银行
证券代码		601988	601288	601939	601398
不良贷款率	数据	1.42%	1.59%	1.46%	1.52%
	排名	4	1	3	2
资本充足率	数据	15.01%	13.33%	16.37%	14.11%
	排名	2	4	1	3
净资产收益率	数据	12.06%	13.66%	14.04%	13.79%
	排名	4	3	1	2
市净率	数据	0.732 3	0.796 3	0.942 5	0.889 6
	排名	4	3	1	2
净利润增长率	数据	4.03%	4.92%	4.93%	3.92%
	排名	3	2	1	4

注：在计算市净率时运用了 2019 年 4 月 30 日的 A 股收盘价。

数据来源：4 家银行对外公布的 2018 年年报，上海证券交易所。

---

① 这 4 家银行 2018 年年报均于 2019 年 3 月末完成了对外披露。

　　为了增强汇报的可视化效果，首席风险官要求用雷达图展示各家银行在这些指标的排名情况[①]。对此，你需要结合表 4-7 并运用 Python 完成 3 项编程任务。

4.6.2　编程提示

　　【任务 1】创建一个包含表 4-7 中的银行名称、指标名称以及指标排名信息的数据框。

　　【任务 2】针对任务 1 创建的数据框，将中国银行各项指标在 4 家银行中的排名绘制成一张雷达图。

　　【任务 3】针对任务 1 创建的数据框，将 4 家银行各项指标的排名均绘制成雷达图并且以 2×2 子图的形式显示。

4.6.3　编程提示

- 绘制雷达图的过程通常分为两步完成：第一步是输入准备性的参数数据，除了指标和排名的变量以外，还需要运用 NumPy 模块的函数 linspace 将整个圆型按照需要显示的指标数量进行均匀切分，运用 NumPy 模块的另一个函数 concatenate 将相关数组进行首尾拼接以实现图形的闭合；第二步将运用 Matplotlib 子模块 pyplot 中的函数 polar 和函数 thetagrids 完成绘制，其中 polar 用于绘制雷达图的坐标系，thetagrids 则用于填写图形中涉及的指标名称。具体的代码可以参见以下的"参考代码与说明"中任务 2 的代码。

- 针对任务 3 绘制子图，可以运用函数 add_subplot，并且针对关键参数 polar 设定为 polar=True。

4.6.4　参考代码与说明

任务 1 的代码

```
In [46]: banks=['中国银行','农业银行','建设银行','工商银行']          #创建银行名称的列表
   ...: name=['不良贷款率排名','资本充足率排名','净资产收益率排名','市净率排名','净利润增长率排名']
#创建指标的名称
```

[①] 雷达图（Radar Chart）也称为网络图、蜘蛛图、星图，是以二维图表的形式从同一点开始的轴上表示 3 个或更多个变量数据的图形方法。

```
    ...: ranking=np.array([[4,1,3,2],[2,4,1,3],[4,3,1,2],[4,3,1,2],[3,2,1,4]])    #创建存放
排名数组

In [47]: bank_ranking=pd.DataFrame(data=ranking,index=name,columns=banks)   #生成数据框
    ...: bank_ranking
Out[47]:
            中国银行 农业银行 建设银行 工商银行
不良贷款率排名     4      1      3      2
资本充足率排名     2      4      1      3
净资产收益率排名    4      3      1      2
市净率排名       4      3      1      2
净利润增长率排名    3      2      1      4
```

任务 2 的代码

在绘制雷达图之前，需要先输入一些准备性的参数，具体如下：

```
In [48]: lenth=len(name)                                      #指标的个数
    ...: BOC_ranking=np.array(bank_ranking.iloc[:,0])         #中国银行各项指标排名
    ...: BOC_ranking_new=np.concatenate([BOC_ranking, [BOC_ranking[0]]])    #在中国银行各项
指标排名的数组末尾增加一个该数组首位数字，以实现绘图的闭合
    ...: angles=np.linspace(0, 2*np.pi, lenth, endpoint=False)   #将整圆按照指标数量进行均分
    ...: angles_new=np.concatenate([angles, [angles[0]]])      #在创建的 angles 数组末尾增加一个
该数组首位数字，以实现绘图的闭合
```

有了以上的参数准备，就可以绘制雷达图了，具体如下：

```
In [49]: plt.figure(figsize=(6,6))
    ...: plt.polar(angles_new,BOC_ranking_new,'--')              #绘制雷达图
    ...: plt.thetagrids(angles_new*180/np.pi, name, fontsize=13)  #绘制圆形的指标名称
    ...: plt.ylim(0,4)
    ...: plt.yticks(range(len(banks)+1),fontsize=13)             #将刻度按照银行数量进行设置
    ...: plt.fill(angles_new, BOC_ranking_new, facecolor='b',alpha=0.2)  # 对图中相关部分
用颜色填充
    ...: plt.title(u'中国银行各项指标在四大国有银行中的排名',fontsize=14)
    ...: plt.show()
```

在图 4-15 中，越靠近圆心表明排名越高，远离圆心则说明排名较低。从图中可以比较清楚地看到中国银行各项指标的排名情况，只有资本充足率的排名比较靠前，其他的指标则比较靠后。这里需要注意的是，不良贷款率越小表明信贷资产的质量越好，因此不良贷款率排名靠后说明信贷资产质量较高。

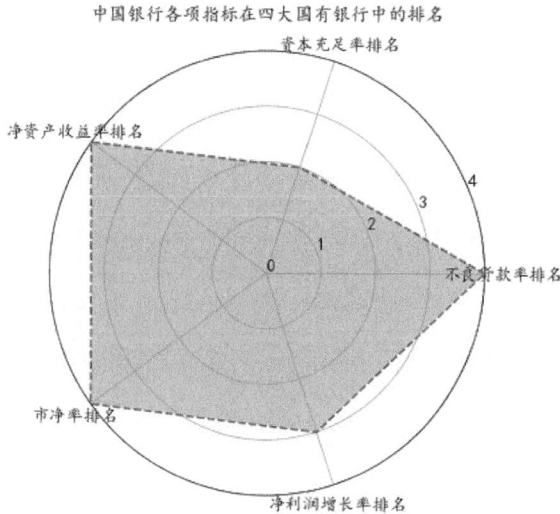

图 4-15 用雷达图显示中国银行的各项指标在四大国有银行中的排名

任务 3 的代码

```
In [50]: ABC_ranking=np.array(bank_ranking.iloc[:,1])    #农业银行各项指标排名
    ...: ABC_ranking_new=np.concatenate([ABC_ranking, [ABC_ranking[0]]]) #在农业银行各项
指标排名的数组末尾增加一个该数组首位数字，以实现绘图的闭合
    ...: CCB_ranking=np.array(bank_ranking.iloc[:,2])    #建设银行各项指标排名
    ...: CCB_ranking_new=np.concatenate([CCB_ranking, [CCB_ranking[0]]]) #在建设银行各项指
标排名的数组末尾增加一个该数组首位数字，以实现绘图的闭合
    ...: ICBC_ranking=np.array(bank_ranking.iloc[:,3])    #工商银行各项指标排名
    ...: ICBC_ranking_new=np.concatenate([ICBC_ranking, [ICBC_ranking[0]]]) #在工商银行各
项指标排名的数组末尾增加一个该数组首位数字，以实现绘图的闭合

In [51]: fig=plt.figure(figsize=(11,10))
    ...: ax1=fig.add_subplot(2,2,1,polar=True)            #设置第 1 行、第 1 列的子图为雷达图
    ...: ax1.plot(angles_new,ABC_ranking_new,'--')        #绘制农业银行各项指标排名的雷达图
    ...: ax1.fill(angles_new, ABC_ranking_new, facecolor='r',alpha=0.2)  #对图中相关部分用颜色填充
    ...: ax1.set_thetagrids(angles_new*180/np.pi, name, fontsize=13)     #绘制圆形的指标名称
    ...: ax1.set_ylim(0,4)                                #设置刻度的区间
    ...: ax1.set_yticks(range(len(banks)+1))              #将刻度按照银行数量进行设置
    ...: ax1.set_title(u'农业银行',fontsize=15)
    ...: ax2=fig.add_subplot(2,2,2,polar=True)            #设置第 1 行、第 2 列的子图为雷达图
    ...: ax2.plot(angles_new,CCB_ranking_new,'--')        #绘制建设银行各项指标排名的雷达图
    ...: ax2.fill(angles_new, CCB_ranking_new, facecolor='c',alpha=0.2)
    ...: ax2.set_thetagrids(angles_new*180/np.pi, name, fontsize=13)
    ...: ax2.set_ylim(0,4)
    ...: ax2.set_yticks(range(len(banks)+1))
    ...: ax2.set_title(u'建设银行',fontsize=15)
```

```
...: ax3=fig.add_subplot(2,2,3,polar=True)          #设置第2行、第1列的子图为雷达图
...: ax3.plot(angles_new,ICBC_ranking_new,'--')     #绘制工商银行各项指标排名的雷达图
...: ax3.fill(angles_new, ICBC_ranking_new, facecolor='y',alpha=0.2)
...: ax3.set_thetagrids(angles_new*180/np.pi, name, fontsize=13)
...: ax3.set_ylim(0,4)
...: ax3.set_yticks(range(len(banks)+1))
...: ax3.set_title(u'工商银行',fontsize=15)
...: ax4=fig.add_subplot(2,2,4,polar=True)          #设置第2行、第2列的子图为雷达图
...: ax4.plot(angles_new,BOC_ranking_new,'--')      #绘制中国银行各项指标排名的雷达图
...: ax4.fill(angles_new, BOC_ranking_new, facecolor='b',alpha=0.2)
...: ax4.set_thetagrids(angles_new*180/np.pi, name, fontsize=13)
...: ax4.set_ylim(0,4)
...: ax4.set_yticks(range(len(banks)+1))
...: ax4.set_title(u'中国银行',fontsize=15)
Out[51]:
```

根据图 4-16 不难发现，中国建设银行的主要各项指标在四大国有银行中处于领先地位，而其他 3 家银行在不同指标上的排名差异性较大。

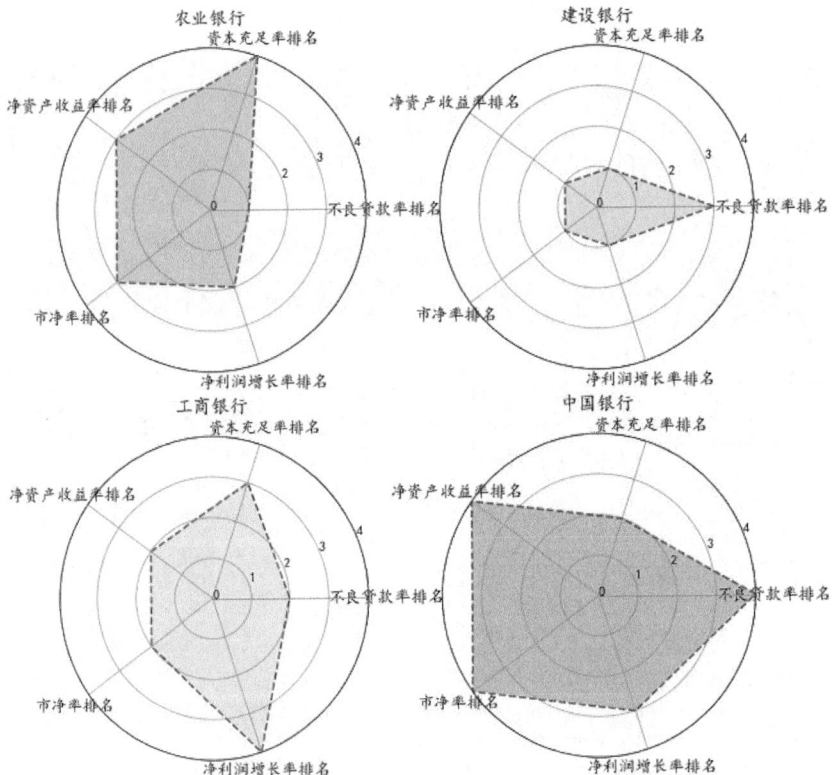

图 4-16　用雷达图显示四大国有银行各指标的排名情况（以子图形式）

4.7　绘制散点图——以 A 股和港股的股指为分析对象

4.7.1　案例详情

　　G 公司是总部位于南京的一家证券公司，假定你是该公司研究所的一名证券分析师。在 2019 年 9 月末的一次公司内部宏观策略讨论会上，研究所负责人要求你着手研究 A 股的主要股票指数（上证综指、深证成指）与恒生指数之间是否在涨跌幅方面存在着明显的联动性。尤其是在 2014 年 11 月推出沪港通、2016 年 12 月深港通正式启动以后，A 股与港股之间的联动性是否进一步提升，并且需要形成一份书面的研究报告。表 4-8 就列示了 2010 年 1 月至 2019 年 9 月这 3 个股票指数的部分周收盘价数据，并且全部数据存放于 Excel 文件。

表 4-8　2010 年 1 月至 2019 年 9 月上证综指、深证成指和恒生指数的部分周收盘价

日　　期	上 证 综 指	深 证 成 指	恒 生 指 数
2010-01-08	3 195.997 0	13 267.436 0	22 296.750 0
2010-01-15	3 224.152 0	13 264.372 0	21 654.160 2
2010-01-22	3 128.588 0	12 595.935 0	20 726.179 7
……			
2019-09-13	3 031.235 1	9 919.803 8	27 352.690 0
2019-09-20	3 006.446 7	9 881.249 0	26 435.670 0
2019-09-27	2 932.167 0	9 548.960 1	25 954.810 0

数据来源：上海证券交易所、深圳证券交易所、香港联交所。

　　在这份研究报告中，你希望运用散点图呈现不同股指之间的联动性，因此需要运用 Python 完成 4 项编程任务。

4.7.2　编程任务

　　【任务 1】导入包含 2010 年 1 月至 2019 年 9 月期间 3 个股票指数每周收盘价数据的 Excel 文件并且生成数据框，同时计算这 3 只股指每周涨跌幅并生成一个新数据框，此外测算 3 只股指每周涨跌幅的相关系数。

【任务 2】针对任务 1 生成的股指每周涨跌幅的数据框，分别绘制上证综指与恒生指数、深证成指与恒生指数的散点图，并且以 1×2 子图的形式显示。

【任务 3】针对任务 1 生成的股指每周涨跌幅的数据框，以 2014 年 11 月正式推出沪港通作为分水岭，绘制 2010 年 1 月至 2014 年 10 月、2014 年 11 月至 2019 年 9 月这两个不同时期内，上证综指与恒生指数的散点图（以 1×2 子图的形式显示），以查看沪港通的推出是否提高了上证综指与恒生指数的联动性，同时运用相关系数进行验证。

【任务 4】针对任务 1 生成的股指每周涨跌幅的数据框，以 2016 年 12 月正式推出深港通作为分界线，绘制 2010 年 1 月至 2016 年 11 月、2016 年 12 月至 2019 年 9 月这两个不同时期内，深证成指与恒生指数的散点图（以 1×2 子图的形式显示），以进一步查看深港通的推出是否提升了深证成指与恒生指数的联动性，同时运用相关系数进行验证。

4.7.3　编程提示

- 绘制散点图就需要运用函数 scatter，并且输入两个主要参数：一是参数 x 输入对应 X 轴的数据，二是参数 y 输入对应 Y 轴的数据。

- 针对任务 2 至任务 4，为了便于运用子图方式进行目测比较，可以设定子图之间共用 X 轴的刻度以及 Y 轴的刻度。

4.7.4　参考代码与说明

任务 1 的代码

```
In [52]: index_closeprice=pd.read_excel('C:/Desktop/2010年至2019年9月上证综指、深证成指和恒
生指数的周收盘价.xlsx',sheet_name= "Sheet1", header=0, index_col=0) #从外部导入股指周收盘价数据

In [53]: index_return=index_closeprice/index_closeprice.shift(1)-1    #计算股指的周涨跌幅
    ...: index_return=index_return.dropna()                        #删除缺失值

In [54]: index_return.corr()                                #计算指数周涨跌幅的相关系数
Out[54]:
           上证综指      深证成指      恒生指数
上证综指   1.000000   0.926847   0.533231
深证成指   0.926847   1.000000   0.487900
恒生指数   0.533231   0.487900   1.000000
```

从以上输出的相关系数来看，上证综指和深证成指的相关系数超过 0.9，说明沪深两市的

联动性非常高；同时，相比深市与港股的联动性，沪市与港股的联动性会更高一些。

任务 2 的代码

```
In [55]: plt.figure(figsize=(11,6))
    ...: plt.subplot(1,2,1)        #第1行、第1列子图
    ...: plt.scatter(x=index_return.iloc[:,-1],y=index_return.iloc[:,0],c='b',marker='o')
    ...: plt.xlabel(u'恒生指数',fontsize=13)
    ...: plt.xticks(fontsize=13)
    ...: plt.ylabel(u'上证综指',fontsize=13,rotation=90)
    ...: plt.yticks(fontsize=13)
    ...: plt.title(u'恒生指数与上证综指的散点图',fontsize=15)
    ...: plt.grid(True)
    ...: plt.subplot(1,2,2,sharex=plt.subplot(1,2,1),sharey=plt.subplot(1,2,1))   #与第1
个子图共用 X 轴和 Y 轴
    ...: plt.scatter(x=index_return.iloc[:,-1],y=index_return.iloc[:,1],c='c',marker='o')
    ...: plt.xlabel(u'恒生指数',fontsize=13)
    ...: plt.xticks(fontsize=13)
    ...: plt.ylabel(u'深证成指',fontsize=13,rotation=90)
    ...: plt.yticks(fontsize=13)
    ...: plt.title(u'恒生指数与深证成指的散点图',fontsize=15)
    ...: plt.grid(True)
    ...: plt.show()
```

从图 4-17 中可以看到，恒生指数与上证综指的散点图中的圆点相对比较集中，恒生指数与深证成指的散点图中的圆点则相对更加离散一些，这也印证了刚才在任务 1 中通过相关系数所得出的结论。

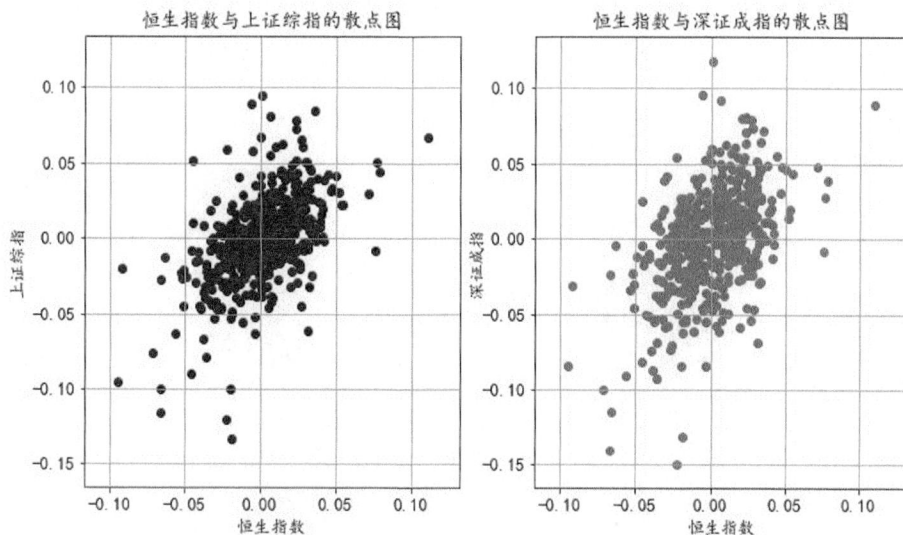

图 4-17　恒生指数与上证综指、深证成指周涨跌幅的散点图

任务 3 的代码

```
In [56]: data_10Jan_14Oct=index_return.loc['2010-01-01':'2014-10-31']  #截取 2010 年至 2014
年 10 月的数据
    ...: data_14Nov_19Sep=index_return.loc['2014-11-01':'2019-09-30']  #截取 2014 年 11 月至
2019 年 9 月的数据

In [57]: plt.figure(figsize=(10,5))
    ...: plt.subplot(1,2,1)       #第 1 行、第 1 列子图
    ...: plt.scatter(x=data_10Jan_14Oct.iloc[:,-1],y=data_10Jan_14Oct.iloc[:,0],c='b',
marker='o')
    ...: plt.xlabel(u'恒生指数',fontsize=13)
    ...: plt.xticks(fontsize=13)
    ...: plt.ylabel(u'上证综指',fontsize=13,rotation=90)
    ...: plt.yticks(fontsize=13)
    ...: plt.title(u'2010 年 1 月至 2014 年 10 月的散点图',fontsize=15)
    ...: plt.grid(True)
    ...: plt.subplot(1,2,2,sharex=plt.subplot(1,2,1),sharey=plt.subplot(1,2,1))   #与第 1
个子图共用 X 轴和 Y 轴
    ...: plt.scatter(x=data_14Nov_19Sep.iloc[:,-1],y=data_14Nov_19Sep.iloc[:,0],c='c',
marker='o')
    ...: plt.xlabel(u'恒生指数',fontsize=13)
    ...: plt.xticks(fontsize=13)
    ...: plt.yticks(fontsize=13)
    ...: plt.title(u'2014 年 11 月至 2019 年 9 月的散点图',fontsize=15)
    ...: plt.grid(True)
    ...: plt.show()
```

仅通过对图 4-18 的目测会发现，在沪港通推出之后（2014 年 11 月至 2019 年 9 月）上证综指与恒生指数周涨跌幅的圆点比沪港通推出之前更加离散一些，据此就可能倾向于得出"沪港通推出以后上证综指与恒生指数的联动性减弱"的结论。下面，需要通过相关系数进行验证。

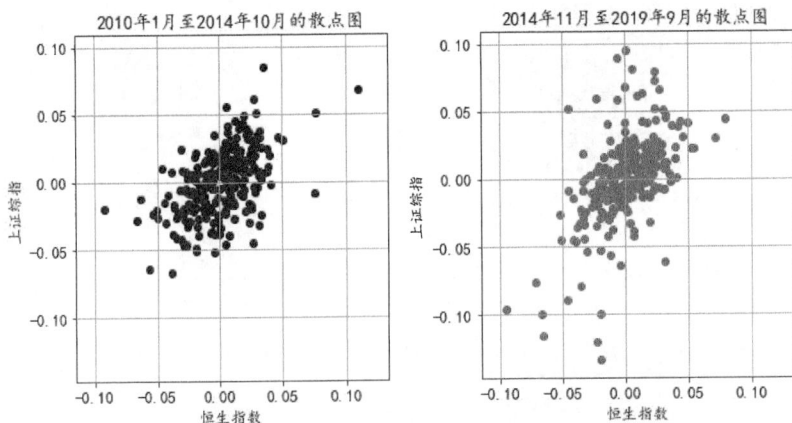

图 4-18　沪港通推出前后上证综指与恒生指数周涨跌幅的散点图

```
In [58]: data_10Jan_14Oct.corr()          #2010年至2014年10月期间的相关系数
Out[58]:
           上证综指    深证成指    恒生指数
上证综指   1.000000  0.928563  0.522405
深证成指   0.928563  1.000000  0.449981
恒生指数   0.522405  0.449981  1.000000


In [59]: data_14Nov_19Sep.corr()          #2014年11月至2019年9月期间的相关系数
Out[59]:
           上证综指    深证成指    恒生指数
上证综指   1.000000  0.926353  0.556291
深证成指   0.926353  1.000000  0.528651
恒生指数   0.556291  0.528651  1.000000
```

从相关系数的输出结果则发现，在沪港通推出之后，上证综指与恒生指数之间相关性是略有上升的，即相关系数从推出前的 0.522 4 提高至推出后的 0.556 3。因此，仅通过目测散点图就做出结论性的判断是比较武断的。

任务 4 的代码

```
In [60]: data_10Jan_16Nov=index_return.loc['2010-01-01':'2016-11-30']  #截取2010年至2016
年11月的数据
    ...: data_16Dec_19Sep=index_return.loc['2016-12-01':'2019-09-30']  #截取2016年12月至
2019年9月的数据

In [61]: plt.figure(figsize=(10,5))
    ...: plt.subplot(1,2,1)     #第1行、第1列子图
    ...:  plt.scatter(x=data_10Jan_16Nov.iloc[:,-1],y=data_10Jan_16Nov.iloc[:,1],c='b',
marker='o')
    ...: plt.xlabel(u'恒生指数',fontsize=13)
    ...: plt.xticks(fontsize=13)
    ...: plt.ylabel(u'深证成指',fontsize=13,rotation=90)
    ...: plt.yticks(fontsize=13)
    ...: plt.title(u'2010年1月至2016年11月的散点图',fontsize=15)
    ...: plt.grid(True)
    ...: plt.subplot(1,2,2,sharex=plt.subplot(1,2,1),sharey=plt.subplot(1,2,1))     #与第1
个子图共用X轴和Y轴
    ...: plt.scatter(x=data_16Dec_19Sep.iloc[:,-1],y=data_16Dec_19Sep.iloc[:,1],c='c',
marker='o')
    ...: plt.xlabel(u'恒生指数',fontsize=13)
    ...: plt.xticks(fontsize=13)
    ...: plt.yticks(fontsize=13)
    ...: plt.title(u'2016年12月至2019年9月的散点图',fontsize=15)
    ...: plt.grid(True)
    ...: plt.show()
```

目测图 4-19 可以发现，在深港通推出后（2016 年 12 月至 2019 年 9 月）深证成指与恒生指数周涨跌幅的圆点比推出前更加聚集，据此可得出"深港通的推出提升了深证成指与恒生指数的联动性"这一初步结论。下面，依然需要通过相关系数进行验证。

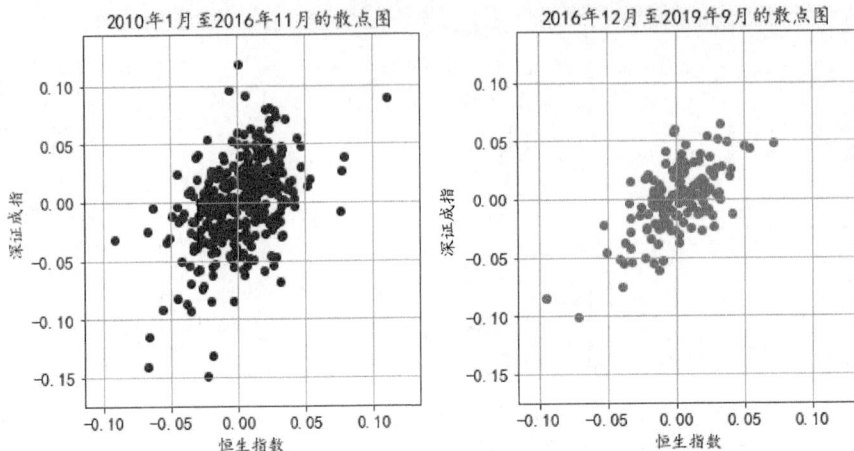

图 4-19 深港通推出前后深证成指与恒生指数周涨跌幅的散点图

```
In [62]: data_10Jan_16Nov.corr()        #2010 年至 2016 年 11 月期间的相关系数
Out[62]:
              上证综指      深证成指      恒生指数
上证综指    1.000000   0.927596   0.484333
深证成指    0.927596   1.000000   0.446996
恒生指数    0.484333   0.446996   1.000000

In [63]: data_16Dec_19Sep.corr()        #2016 年 12 月至 2019 年 9 月期间的相关系数
Out[63]:
              上证综指      深证成指      恒生指数
上证综指    1.000000   0.925883   0.720454
深证成指    0.925883   1.000000   0.628375
恒生指数    0.720454   0.628375   1.000000
```

通过相关系数的输出结果，这一次倒是印证了通过目测散点图所得出的结论，深港通推出以后深证成指与恒生指数周涨跌幅的相关性大幅提高，即相关系数从 0.447 0 上升至 0.628 4，深港两市的联动性明显增强。

4.8 绘制饼图——以社会融资规模的结构为分析对象

4.8.1 案例详情

H 银行是一家总部位于法国巴黎的全球性商业银行，中国市场的业务已经成为该银行重要的收入和盈利增长来源。假定你在该银行中国区总部担任信贷风险政策经理，日常的工作之一就是根据中国宏观经济情况的变化动态调整该银行中国区的信贷风险管理政策。

在 2019 年 10 月，你需要分析最近 4 个季度（2018 年四季度至 2019 年三季度）社会融资规模存量中各项融资类别占比情况[①]，进而为四季度银行的风险管理政策调整做好准备。表 4-9 就列示了 2018 年四季度至 2019 年三季度期间每季度末社会融资规模存量中各项融资类别的具体金额情况。你需要结合表 4-9 并运用 Python 完成 3 项编程任务。

表 4-9　2018 年四季度至 2019 年三季度期间每季度末社会融资规模存量中各项融资的金额（单位：万亿元）

指 标 名 称	2018 年 12 月末	2019 年 3 月末	2019 年 6 月末	2019 年 9 月末
人民币贷款	134.69	140.98	144.71	148.58
债券	29.25	30.53	31.89	33.54
委托贷款	12.36	12.15	11.89	11.73
信托贷款	7.85	7.88	7.88	7.68
股票	7.01	7.06	7.13	7.24
承兑汇票	3.81	4.01	3.77	3.28
贷款核销	3.01	3.18	3.43	3.66
外币贷款	2.21	2.18	2.21	2.19

注：表中的债券=地方政府专项债券+企业债券+存款类金融机构资产支持证券，股票是指非金融企业境内股票，承兑汇票是指未贴现银行承兑汇票。

数据来源：中国人民银行。

4.8.2　编程任务

【任务 1】将表 4-9 中各项融资指标、时间和金额等信息通过数据框的数据类型在 Python 中输入。

【任务 2】针对任务 1 创建的数据框，用饼图的方式绘制 2019 年 9 月末社会融资规模存量中各项融资类别的占比情况。

【任务 3】针对任务 1 创建的数据框，用饼图并且以 2×2 子图的形式绘制 2018 年四季度

---

① 2010 年中国人民银行推出了社会融资规模（Aggregate Financing to the Real Economy，AFRE）指标，成为衡量金融支持实体经济状况以及资金松紧程度的重要指标，也是货币政策与金融调控的重要参考指标。社会融资规模包括人民币贷款、外币贷款、委托贷款、信托贷款、未贴现银行承兑汇票、非金融企业境内股票、地方政府专项债券、企业债券、存款类金融机构资产支持证券以及贷款核销等。

至 2019 年三季度期间每季度末社会融资规模存量中各项融资类别的占比情况。

4.8.3　编程提示

- 绘制饼图可以运用函数 pie，有两个主要参数需要输入：一是参数 x 输入指标的具体数值，二是参数 labels 输入相关指标的名称。此外，可以通过设置参数 labeldistance 控制文字标签与饼图圆心之间的距离；通过参数 counterclock 控制饼图中指标的显示顺序是否为逆时针，不输入则默认为逆时针，输入 counterclock=False 就表示采用顺时针；通过字典格式输入参数 textprops 可以控制饼图中文字标签的字体大小，例如输入 textprops={'fontsize':12} 就表示设置的字体大小是 12 磅。

- 同时，在函数 axis 中输入字符串 equal 就可以将饼图显示成一个圆形。

4.8.4　参考代码与说明

任务 1 的代码

```
In [64]: time=['2018年12月末','2019年3月末','2019年6月末','2019年9月末']   #创建日期的列表
    ...: name=['人民币贷款','债券','委托贷款','信托贷款','股票','承兑汇票','贷款核销','外币贷款']
                                                          #创建指标名称的列表
    ...: datas=np.array([[134.69,140.98,144.71,148.58],[29.25,30.53,31.89,33.54],[12.36,
12.15, 11.89,11.73],[7.85,7.88,7.88,7.68],[7.01,7.06,7.13,7.24],[3.81,4.01,3.77,3.28],[3.01,
3.18,3.43,3.66],[2.21,2.18,2.21,2.19]])                 #创建具体数据的数组

In [65]: AFRE=pd.DataFrame(data=datas,index=name,columns=time)     #生成数据框
    ...: AFRE
Out[65]:
           2018年12月末   2019年3月末   2019年6月末   2019年9月末
人民币贷款      134.69       140.98      144.71      148.58
债券          29.25        30.53       31.89       33.54
委托贷款       12.36        12.15       11.89       11.73
信托贷款        7.85         7.88        7.88        7.68
股票           7.01         7.06        7.13        7.24
承兑汇票        3.81         4.01        3.77        3.28
贷款核销        3.01         3.18        3.43        3.66
外币贷款        2.21         2.18        2.21        2.19
```

任务 2 的代码

```
In [66]: plt.figure(figsize=(9,6))
    ...: plt.pie(x=AFRE.iloc[:,-1],labels=AFRE.index,textprops={'fontsize':13})    #绘制
2018年末各项融资存量的饼图
```

```
    ...: plt.axis('equal')                    #使饼图是一个圆形
    ...: plt.legend(fontsize=12)
    ...: plt.title(u'2019 年 9 月末各类融资存量的占比',fontsize=13)
    ...: plt.show()
```

　　从图 4-20 中不难看到，在社会融资规模存量中，人民币贷款可谓是"一家独大"，这是因为在我国的金融体系中银行占据了主导地位，相比之下债券、股票等直接融资占比较低。

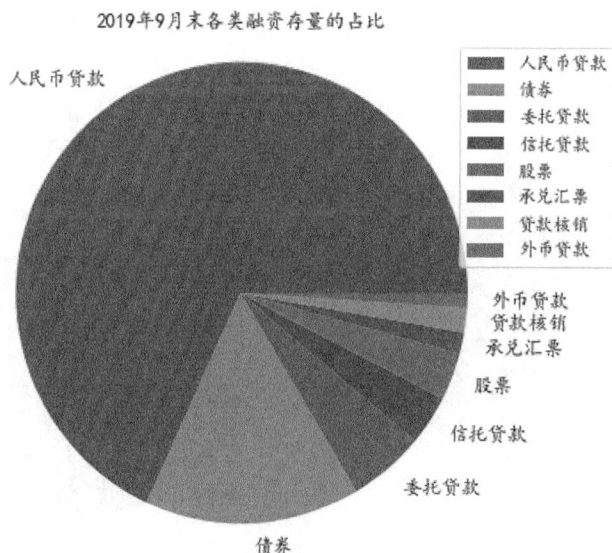

图 4-20　2019 年 9 月末社会融资规模存量中各类融资占比的饼图

任务 3 的代码

```
In [67]: plt.figure(figsize=(11,11))
    ...: plt.subplot(2,2,1)        #第 1 行、第 1 列子图
    ...: plt.pie(x=AFRE.iloc[:,0],labels=AFRE.index,labeldistance=1.03,counterclock=False,
textprops={'fontsize':12})              #绘制 2018 年 12 月末各项融资存量的饼图
    ...: plt.axis('equal')         #使饼图是一个圆形
    ...: plt.title(u'2018 年 12 月末',fontsize=14)
    ...: plt.subplot(2,2,2)        #第 1 行、第 2 列子图
    ...: plt.pie(x=AFRE.iloc[:,1],labels=AFRE.index,labeldistance=1.03,counterclock=False,
textprops={'fontsize':12})              #绘制 2019 年 3 月末各项融资存量的饼图
    ...: plt.axis('equal')
    ...: plt.title(u'2019 年 3 月末',fontsize=14)
    ...: plt.subplot(2,2,3)        #第 2 行、第 1 列子图
    ...: plt.pie(x=AFRE.iloc[:,2],labels=AFRE.index,labeldistance=1.03,counterclock=False,
textprops={'fontsize':12})              #绘制 2019 年 6 月末各项融资存量的饼图
    ...: plt.axis('equal')
    ...: plt.title(u'2019 年 6 月末',fontsize=14)
    ...: plt.subplot(2,2,4)        #第 2 行、第 2 列子图
```

```
    ...: plt.pie(x=AFRE.iloc[:,-1],labels=AFRE.index,labeldistance=1.03,counterclock=False,
textprops={'fontsize':12})                    #绘制 2019 年 9 月末各项融资存量的饼图
    ...: plt.axis('equal')
    ...: plt.title(u'2019 年 9 月末',fontsize=14)
    ...: plt.show()
```

仔细观察图 4-21 中的每张子图可以看出，委托贷款、信托贷款以及未贴现银行承兑汇票的占比是逐季降低，这背后的主要原因是金融监管部门要求金融机构将表外业务纳入到表内，并且要求压缩通道类业务，这在一定程度上也表明社会融资的结构正在趋于优化。

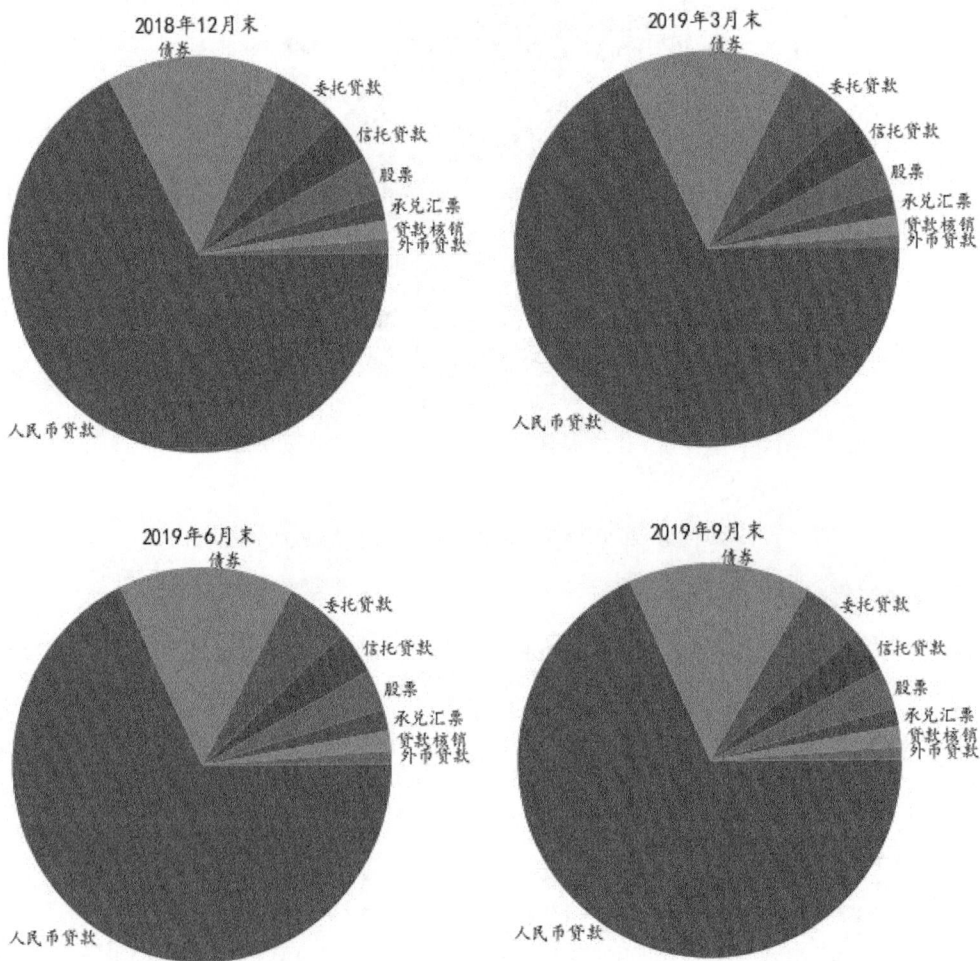

图 4-21　2018 年末至 2019 年 9 月期间每季度末社会融资规模存量中各类融资占比的饼图

到这里，你已经完成了第 4 章全部案例的练习，相信你一定已经牢固掌握了在金融领域运用 Matplotlib 模块进行可视化的编程操作了，下面就一鼓作气，向第 5 章挺进吧！

4.9 本章小结

　　无论是金融学习者还是从业者，针对金融数据的可视化编程操作是一项必备且终身受益的技能。Python 拥有一个专业且功能十分强大的可视化 Matplotlib 模块。本章包含 8 个原创案例共计 26 个编程任务，要求读者绘制 21 幅图形，涵盖了曲线图、K 线图、垂直条状图、水平条状图、直方图、雷达图、散点图、饼图等金融领域普遍运用的图案类型，并且在绘图的过程中掌握运用双轴、多图并排的子图等可视化的特别技巧，从而真正体会到"一图胜千言"的无穷魅力。

05

第 5 章

SciPy 等模块编程的
金融案例

本章导读

在金融实务中，常用的 Python 第三方模块和内置模块还包括 SciPy（高级科学计算模块）、StatsModels（统计分析建模模块）、arch（波动率建模模块）和 datetime（时间处理模块），这些模块各司其职，又能相互协同，为 Python 在金融中的运用创造了更多的可能。

本章包含 9 个原创案例共计 30 个编程任务，通过这些案例的训练，让读者掌握如何在金融实务工作中熟练运用这 4 个模块的常用函数和编程代码。下面通过表 5-1 梳理出本章的结构与内容概要。

表 5-1　第 5 章的结构与内容概要

序号	案 例 标 题	学 习 目 标	编程任务数量	读者扮演的角色
1	用 SciPy 模块运算积分——以上市的车企股票为分析对象	掌握 SciPy 模块的 integrate 子模块中用于求解积分的函数 quad、fixed_quad、quadrature、romberg 等	3 个	金融工程师
2	用 SciPy 模块计算插值——以 Shibor 利率为分析对象	掌握 SciPy 模块的 interpolate 子模块中用于插值计算的函数 interp1d 以及不同的插值方法	3 个	利率分析师
3	用 SciPy 模块求解方程组——以中小板股票为分析对象	掌握 SciPy 模块中 linalg 子模块的函数 solve 和 optimize 子模块的函数 fsolve 用于求解线性方程组	3 个	投资顾问

序号	案 例 标 题	学 习 目 标	编程任务数量	读者扮演的角色
4	用 SciPy 模块求解最优值——以投资者效用为分析对象	掌握运用SciPy模块求解最优解的步骤以及 optimize 子模块中用于求解最小值的函数 minimize	3 个	信托经理
5	SciPy 模块的统计功能——以 Hibor 和 Shibor 利率为分析对象	掌握 SciPy 模块的 stats 子模块中计算统计指标以及正态性检验的函数	3 个	交易员
6	用 SciPy 模块开展随机抽样与统计——以美国金融变量为分析对象	掌握 stats 子模块中的分布函数、随机抽样以及计算概率密度函数、测度累计分布函数等统计分析功能	4 个	风险经理
7	用 StatsModels 模块构建回归模型——以中国石油股票为分析对象	掌握 StatsModels 模块的 api 子模块中用于构建普通最小二乘法线性回归模型的函数 OLS 和相关参数的用法	3 个	投资经理
8	用 arch 模块构建波动率模型——以全球主要股指为分析对象	掌握运用 arch 模块构建包括 ARCH 模型、GARCH 模型等波动率模型的函数与参数的用法	4 个	产品经理
9	用 datetime 模块处理时间对象——以银行理财产品为分析对象	掌握运用 Python 的内置模块 datetime 创建时间对象并进行访问、运算等操作	4 个	运营经理
合计			30 个	

在开始练习本章的案例之前，建议先学习《基于 Python 的金融分析与风险管理》（人民邮电出版社 2019 年 10 月出版）第 6 章的内容。

5.1　用SciPy模块运算积分——以上市的车企股票为分析对象

5.1.1　案例详情

A 公司是总部位于广州的一家私募基金管理公司，专注于通过数学与统计分析方法寻找 A 股市场的投资机会。假定你是该公司的一名金融工程师，正在运用统计方法对 A 股市场 2 家大型的上市汽车企业股票——上汽集团（证券代码 600104）和广汽集团（证券代码 601238）进行分析，并测算股价处于具体价格区间的概率。

在分析过程中，假设这 2 家公司 A 股股价均服从对数正态分布，并且已计算出 2016 年至 2018 年期间上汽集团股票日收盘价均值是 27.21 元/股，股价标准差是 5.16，对应计算得到当股价取自然对数以后所服从正态分布的均值是 3.232 8、标准差是 0.188 1[①]；此外，同期广汽集团股票收盘价均值是 21.19 元/股，股价的标准差是 5.58，对应得到当股价取自然对数以后所服从正态分布的均值是 3.028 8、标准差是 0.111 1，表 5-2 就整理了这 2 家车企 A 股股价的相关统计量。

表 5-2　2016 年至 2018 年期间上汽集团和广汽集团 A 股股价的统计量

证券简称	证券代码	股价均值	股价标准差	股价取自然对数后服从正态分布	
				均　　值	标　准　差
上汽集团	600104	27.21	5.16	3.232 8	0.188 1
广汽集团	601238	21.19	5.58	3.028 8	0.111 1

注：股票的日收盘价数据来源于上海证券交易所。

为了能够与投资团队有效地沟通分析结果，更好地展示分析的逻辑，你需要通过 Python 完成 3 项编程任务。

5.1.2　编程任务

【任务 1】通过 Python 分别定义当随机变量是上汽集团股价、广汽集团股价并且服从对数正态分布的 2 个概率密度函数；同时，假定股票价格均处于 10 元/股 ~ 50 元/股的区间时，对这 2 个概率密度函数的计算结果可视化。

【任务 2】针对任务 1 定义的对数正态分布概率密度函数，计算当上汽集团股价处于 15 元 ~ 30 元区间的概率。

【任务 3】针对任务 1 定义的对数正态分布概率密度函数，计算当广汽集团股价处于 15 元 ~ 30 元区间的概率。

5.1.3　编程提示

- 假设变量 x 服从对数正态分布，并且 x 的自然对数（$\ln x$）是服从期望值 μ、方差 σ^2 的正态分布，则对数正态分布的概率密度函数

[①] 根据本书第 2 章 2.9 节中所提到的，对数正态分布的期望值 $E(y) = e^{\mu + \sigma^2/2}$，方差 $D(y) = (e^{\sigma^2} - 1)e^{2\mu + \sigma^2}$，可以推导出服从正态分布的变量 $\ln y$ 的期望值 $\mu = \ln E(y) - 2\ln[D(y)/E^2(y) + 1]$，标准差 $\sigma = \sqrt{\ln[D(y)/E^2(y) + 1]}$。

$$f(x) = \begin{cases} \dfrac{1}{\sqrt{2\pi}x\sigma}\mathrm{e}^{-\frac{(\ln x - \mu)^2}{2\sigma^2}} & x > 0 \\ 0 & x \leqslant 0 \end{cases} \tag{5-1}$$

在计算变量 x 处于区间 $[a, b]$ 的概率时，需要分以下 2 种情况。

情况 1：假定 $a > 0$，则对式子（5-1）求以下积分：

$$\int_a^b f(x)\mathrm{d}x = \int_a^b \frac{1}{\sqrt{2\pi}x\sigma}\mathrm{e}^{-\frac{(\ln x - \mu)^2}{2\sigma^2}}\mathrm{d}x \tag{5-2}$$

情况 2：假定 $a \leqslant 0$，则是对式子（5-1）求如下积分：

$$\int_0^b f(x)\mathrm{d}x = \int_0^b \frac{1}{\sqrt{2\pi}x\sigma}\mathrm{e}^{-\frac{(\ln x - \mu)^2}{2\sigma^2}}\mathrm{d}x \tag{5-3}$$

- 计算概率的实质就是将对数正态分布的概率密度函数求积分，并且可以运用 SciPy 模块的 integrate 子模块中相关积分函数 quad（自适应求积分）、fixed_quad（固定高斯求积分）、quadrature（自适应高斯求积分）、romberg（自适应龙贝格求积分）等。

- 需要注意的是，针对求解积分函数 quad、fixed_quad 以及 quadrature，计算输出的结果依次是积分值和最大误差，函数 romberg 则直接输出积分值的结果。此外，在 romberg 函数中，表示被积分函数的参数是用 function；在其余函数中，被积分函数的参数均是用 func。

5.1.4 参考代码与说明

任务 1 的代码

```
In [1]: import numpy as np              #首先导入常用的第三方模块（本书以后各章均相同）
   ...: import pandas as pd
   ...: import matplotlib.pyplot as plt
   ...: from pylab import mpl
   ...: mpl.rcParams['font.sans-serif'] = ['KaiTi']
   ...: mpl.rcParams['axes.unicode_minus'] = False

In [2]: def lognorm_SQ(x):
   ...:     '''建立上汽集团股价所服从对数正态分布的概率密度函数
   ...:     x: 代表了服从对数正态分布的随机变量，并且是大于零；
   ...:     mu: 代表 x 的自然对数所服从正态分布的均值；
   ...:     sigma: 代表 x 的自然对数所服从正态分布的标准差。'''
   ...:     from numpy import exp,log,sqrt,pi
```

```
    ...:      mu=3.2328
    ...:      sigma=0.1881
    ...:      y=exp(-(log(x)-mu)**2/(2*sigma**2))/(sqrt(2*pi)*x*sigma)
    ...:      return y


In [3]: def lognorm_GQ(x):
    ...:      '''建立广汽集团股价所服从对数正态分布的概率密度函数
    ...:      x: 代表了服从对数正态分布的随机变量, 并且是大于零;
    ...:      mu: 代表 x 的自然对数所服从正态分布的均值;
    ...:      sigma: 代表 x 的自然对数所服从正态分布的标准差。'''
    ...:      from numpy import exp,log,sqrt,pi
    ...:      mu=3.0288
    ...:      sigma=0.1111
    ...:      y=exp(-(log(x)-mu)**2/(2*sigma**2))/(sqrt(2*pi)*x*sigma)
    ...:      return y


In [4]: price=np.linspace(10.0, 50.0, 200)      #生成一个股价的数组


In [5]: plt.figure(figsize=(8,6))
    ...: plt.plot(price,lognorm_SQ(x=price),'r-',label=u'上汽集团',lw=2.5)
    ...: plt.plot(price,lognorm_GQ(x=price),'b-',label=u'广汽集团',lw=2.5)
    ...: plt.xticks(fontsize=14)
    ...: plt.xlabel(u'股票价格',fontsize=14)
    ...: plt.yticks(fontsize=14)
    ...: plt.ylabel(u'概率密度值',fontsize=14,rotation=90)
    ...: plt.title(u'上汽集团和广汽集团股价服从的对数正态分布图', fontsize=14)
    ...: plt.legend(loc=0, fontsize=14)
    ...: plt.grid()
    ...: plt.show()
```

从图 5-1 可以看到，当股价服从对数正态分布时，相比上汽集团而言，广汽集团股价的分布图形显得更尖瘦，这表明广汽集团的股价比较聚集，而上汽集团的股价则相对离散。通过目测可以得出，对于广汽集团而言，股价处于 15 元/股 ~ 30 元/股的概率极高，但是对于上汽集团而言，处于相同股价区间的概率则会低很多。下面就需要通过任务 2 和任务 3 的精确积分计算进行验证。

任务 2 的代码

```
In [6]: import scipy.integrate as sci                      #从 SciPy 模块中导入子模块 integrate


In [7]: SQ_quad=sci.quad(func=lognorm_SQ,a=15,b=30.0)                      #运用自适应求积分
    ...: SQ_fixed_quad=sci.fixed_quad(func=lognorm_SQ,a=15,b=30.0)         #运用固定高斯求积分
    ...: SQ_quadrature=sci.quadrature(func=lognorm_SQ,a=15,b=30.0)         #运用自适应高斯求积分
    ...: SQ_romberg=sci.romberg(function=lognorm_SQ,a=15,b=30.0)           #运用自适应龙贝格求积分
    ...: print('自适应求积分计算上汽集团股价 15 至 30 元的概率',SQ_quad[0])
    ...: print('固定高斯求积分计算上汽集团股价 15 至 30 元的概率',SQ_fixed_quad[0])
    ...: print('自适应高斯求积分计算上汽集团股价 15 至 30 元的概率',SQ_quadrature[0])
    ...: print('自适应龙贝格求积分计算上汽集团股价 15 至 30 元的概率',SQ_romberg)
```

自适应求积分计算上汽集团股价 15 至 30 元的概率	0.8120369540631466
固定高斯求积分计算上汽集团股价 15 至 30 元的概率	0.81210187166967
自适应高斯求积分计算上汽集团股价 15 至 30 元的概率	0.8120369540401883
自适应龙贝格求积分计算上汽集团股价 15 至 30 元的概率	0.8120369540611752

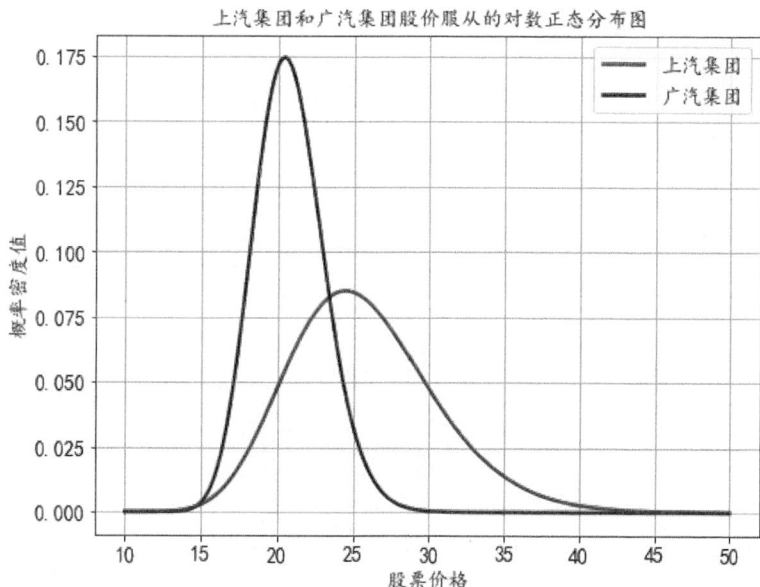

图 5-1 上汽集团和广汽集团股价服从的对数正态分布图

从以上的分析不难看出，运用不同的求解积分方法，得到的概率基本一致，也就是上汽集团股价处于 15 元/股至 30 元/股的概率是达到 81.2%。

任务 3 的代码

```
In [8]: GQ_quad=sci.quad(func=lognorm_GQ,a=15,b=30.0)              #运用自适应求积分
   ...: GQ_fixed_quad=sci.fixed_quad(func=lognorm_GQ,a=15,b=30.0)  #运用固定高斯积分
   ...: GQ_quadrature=sci.quadrature(func=lognorm_GQ,a=15,b=30.0)  #运用自适应高斯求积分
   ...: GQ_romberg=sci.romberg(function=lognorm_GQ,a=15,b=30.0)    #运用自适应龙贝格求积分
   ...: print('自适应求积分计算广汽集团股价 15 至 30 元的概率',GQ_quad[0])
   ...: print('固定高斯求积分计算广汽集团股价 15 至 30 元的概率',GQ_fixed_quad[0])
   ...: print('自适应高斯求积分计算广汽集团股价 15 至 30 元的概率',GQ_quadrature[0])
   ...: print('自适应龙贝格求积分计算广汽集团股价 15 至 30 元的概率',GQ_romberg)
自适应求积分计算广汽集团股价 15 至 30 元的概率              0.9976542786994163
固定高斯求积分计算广汽集团股价 15 至 30 元的概率            0.9843567604263211
自适应高斯求积分计算广汽集团股价 15 至 30 元的概率          0.9976542765221287
自适应龙贝格求积分计算广汽集团股价 15 至 30 元的概率        0.9976542786954494
```

虽然在以上的输出结果中，运用固定高斯求积分的结果与其他 3 种方法得到的结果略有差异，但是广汽集团股价处于 15 元/股 ~ 30 元/股区间的概率超过了 98.4%，显然是远高于上

汽集团，积分计算的结果与目测图 5-1 得到的结论是吻合的。

5.2　用 SciPy 模块计算插值——以 Shibor 利率为分析对象

5.2.1　案例详情

　　B 银行是总部位于上海的一家股份制商业银行，假定你是该银行金融市场部的一位利率分析师，负责跟踪并分析上海银行间同业拆放利率（Shibor）。目前对社会公布的 Shibor 品种包括隔夜、1 周、2 周、1 个月、3 个月、6 个月、9 个月及 1 年共 8 个期限品种。相比之下，伦敦银行间同业拆借利率（Libor）曾经包括了隔夜、1 周、2 周、1 个月、2 个月、3 个月、4 个月、5 个月、6 个月、7 个月、8 个月、9 个月、10 个月、11 个月及 1 年共 15 个期限品种。[①]

　　你准备通过 2019 年 4 月 30 日对外公布的 Shibor 各期限利率（见表 5-3），运用插值法计算出 2 个月、4 个月、5 个月、7 个月、8 个月、10 个月和 11 个月这 7 个新期限的 Shibor 利率，绘制出一条类似于 Libor 包含 15 个期限品种的新 Shibor 利率曲线，进而构建更加完整的 Shibor 利率期限结构，以满足银行内部利率产品定价的需要。对此，你需要基于表 5-3 并运用 Python 完成 4 项编程任务。

表 5-3　2019 年 4 月 30 日上海银行间同业拆放利率（Shibor）对外公布的各期限利率

日期	Shibor（隔夜）	Shibor（1 周）	Shibor（2 周）	Shibor（1 个月）	Shibor（3 个月）	Shibor（6 个月）	Shibor（9 个月）	Shibor（1 年）
2019-04-30	2.086%	2.683%	2.860%	2.856%	2.930%	2.963%	3.044%	3.159%

数据来源：上海银行间同业拆放利率网站。

5.2.2　编程任务

　　【任务 1】将表 5-3 中的 Shibor 利率和期限分别以列表方式输入 Python 中，同时生成与 Libor 利率期限品种相同的一个新的期限列表；然后，依次运用最邻近插值法、阶梯插值法（0

[①] 目前，Libor 利率的期限品种已经调整为隔夜、1 周、1 个月、2 个月、3 个月、6 个月及 1 年共 7 个。

阶样条曲线插值法）计算出 2 个月、4 个月、5 个月、7 个月、8 个月、10 个月和 11 个月这 7 个 Shibor 新期限的利率。

【任务 2】依次运用线性插值法（1 阶样条曲线插值法）、2 阶样条曲线插值法、3 阶样条曲线插值法计算出 2 个月、4 个月、5 个月、7 个月、8 个月、10 个月和 11 个月这 7 个 Shibor 新期限的利率。

【任务 3】基于任务 1、任务 2 中运用不同插值法计算得到包含新期限的 Shibor 利率，绘制出包含 15 个期限品种的新 Shibor 利率曲线。

5.2.3　编程提示

可以运用 SciPy 子模块 interpolate 的函数 interp1d 进行插值计算，并且通过参数 kind 选择不同的插值计算方法。具体而言，输入 kind='nearest'表示运用最邻近插值法，kind='zero'表示运用阶梯插值法（0 阶样条曲线插值法），kind='slinear'表示运用线性插值法（1 阶样条曲线插值法），kind='quadratic'表示 2 阶样条曲线插值法，kind='cubic'表示 3 阶样条曲线插值法。

5.2.4　参考代码与说明

任务 1 的代码

```
In [9]: import scipy.interpolate as scii      #从 SciPy 模块中导入子模块 interpolate

In [10]: Shibor=[0.02086,0.02683,0.0286,0.02856,0.0293,0.02963,0.03044,0.03159]     #Shibor 对
外报价的金额
    ...: Tenor=[1/30,7/30,14/30,1,3,6,9,12]          #Shibor 现有的期限品种(以月为单位并且 1 个月等于 30 天)
    ...: Tenor_new=[1/30,7/30,14/30,1,2,3,4,5,6,7,8,9,10,11,12]  #Libor 期限品种并以月为单位

In [11]: f_nearest=scii.interp1d(x=Tenor,y=Shibor,kind='nearest')    #运用最邻近插值法
    ...: Shibor_nearest=f_nearest(Tenor_new)  #用最邻近插值法计算 Shibor 新期限的利率
    ...: Shibor_nearest                        #输出全部结果
Out[11]:
array([0.02086, 0.02683, 0.0286 , 0.02856, 0.02856, 0.0293 , 0.0293 ,
       0.02963, 0.02963, 0.02963, 0.03044, 0.03044, 0.03044, 0.03159,
       0.03159])

In [12]: print('最邻近插值法计算 Shibor2 个月利率',Shibor_nearest[Tenor_new.index(2)])
    ...: print('最邻近插值法计算 Shibor4 个月利率',Shibor_nearest[Tenor_new.index(4)])
```

```
    ...: print('最邻近插值法计算Shibor5个月利率',Shibor_nearest[Tenor_new.index(5)])
    ...: print('最邻近插值法计算Shibor7个月利率',Shibor_nearest[Tenor_new.index(7)])
    ...: print('最邻近插值法计算Shibor8个月利率',Shibor_nearest[Tenor_new.index(8)])
    ...: print('最邻近插值法计算Shibor10个月利率',Shibor_nearest[Tenor_new.index(10)])
    ...: print('最邻近插值法计算Shibor11个月利率',Shibor_nearest[Tenor_new.index(11)])
最邻近插值法计算Shibor2个月利率  0.02856
最邻近插值法计算Shibor4个月利率  0.0293
最邻近插值法计算Shibor5个月利率  0.02963
最邻近插值法计算Shibor7个月利率  0.02963
最邻近插值法计算Shibor8个月利率  0.03044
最邻近插值法计算Shibor10个月利率 0.03044
最邻近插值法计算Shibor11个月利率 0.03159


In [13]: f_zero=scii.interp1d(x=Tenor,y=Shibor,kind='zero')    #运用阶梯插值法
    ...: Shibor_zero=f_zero(Tenor_new)             #用阶梯插值法计算Shibor新期限的利率
    ...: Shibor_zero                               #输出全部结果
Out[13]:
array([0.02086, 0.02683, 0.0286 , 0.02856, 0.02856, 0.0293 , 0.0293 ,
       0.0293 , 0.02963, 0.02963, 0.02963, 0.03044, 0.03044, 0.03044,
       0.03159])


In [14]: print('阶梯插值法计算Shibor2个月利率',Shibor_zero[Tenor_new.index(2)])
    ...: print('阶梯插值法计算Shibor4个月利率',Shibor_zero[Tenor_new.index(4)])
    ...: print('阶梯插值法计算Shibor5个月利率',Shibor_zero[Tenor_new.index(5)])
    ...: print('阶梯插值法计算Shibor7个月利率',Shibor_zero[Tenor_new.index(7)])
    ...: print('阶梯插值法计算Shibor8个月利率',Shibor_zero[Tenor_new.index(8)])
    ...: print('阶梯插值法计算Shibor10个月利率',Shibor_zero[Tenor_new.index(10)])
    ...: print('阶梯插值法计算Shibor11个月利率',Shibor_zero[Tenor_new.index(11)])
阶梯插值法计算Shibor2个月利率  0.02856
阶梯插值法计算Shibor4个月利率  0.0293
阶梯插值法计算Shibor5个月利率  0.0293
阶梯插值法计算Shibor7个月利率  0.02963
阶梯插值法计算Shibor8个月利率  0.02963
阶梯插值法计算Shibor10个月利率 0.03044
阶梯插值法计算Shibor11个月利率 0.03044
```

需要注意的是，针对上面的代码 Tenor_new.index(2)括号中的 2 代表对应的 2 个月期限，Tenor_new.index(4)括号中的 4 代表对应的 4 个月期限，以此类推。

任务 2 的代码

```
In [15]: f_slinear=scii.interp1d(x=Tenor,y=Shibor,kind='slinear')    #运用线性插值法
    ...: Shibor_slinear=f_slinear(Tenor_new)  #用线性插值法计算Shibor新期限的利率
    ...: print('线性插值法计算Shibor2个月利率',Shibor_slinear[Tenor_new.index(2)].round(5))
#保留小数点后5位
    ...: print('线性插值法计算Shibor4个月利率',Shibor_slinear[Tenor_new.index(4)].round(5))
    ...: print('线性插值法计算Shibor5个月利率',Shibor_slinear[Tenor_new.index(5)].round(5))
    ...: print('线性插值法计算Shibor7个月利率',Shibor_slinear[Tenor_new.index(7)].round(5))
```

```
   ...: print('线性插值法计算 Shibor8 个月利率',Shibor_slinear[Tenor_new.index(8)].round(5))
   ...: print('线性插值法计算 Shibor10 个月利率', Shibor_slinear[Tenor_new.index(10)].round(5))
   ...: print('线性插值法计算 Shibor11 个月利率', Shibor_slinear[Tenor_new.index(11)].round(5))
线性插值法计算 Shibor2 个月利率  0.02893
线性插值法计算 Shibor4 个月利率  0.02941
线性插值法计算 Shibor5 个月利率  0.02952
线性插值法计算 Shibor7 个月利率  0.0299
线性插值法计算 Shibor8 个月利率  0.03017
线性插值法计算 Shibor10 个月利率  0.03082
线性插值法计算 Shibor11 个月利率 0.03121


In [16]: f_quad=scii.interp1d(x=Tenor,y=Shibor,kind='quadratic')  #2 阶样条曲线插值法
   ...: Shibor_quad=f_quad(Tenor_new)          #2 阶样条曲线插值法计算 Shibor 新期限的利率
   ...: print('2 阶样条曲线插值法计算 Shibor2 个月利率', Shibor_quad[Tenor_new.index(2)].round(5))
   ...: print('2 阶样条曲线插值法计算 Shibor4 个月利率', Shibor_quad[Tenor_new.index(4)].round(5))
   ...: print('2 阶样条曲线插值法计算 Shibor5 个月利率', Shibor_quad[Tenor_new.index(5)].round(5))
   ...: print('2 阶样条曲线插值法计算 Shibor7 个月利率', Shibor_quad[Tenor_new.index(7)].round(5))
   ...: print('2 阶样条曲线插值法计算 Shibor8 个月利率', Shibor_quad[Tenor_new.index(8)].round(5))
   ...: print('2 阶样条曲线插值法计算 Shibor10 个月利率', Shibor_quad[Tenor_new.index(10)].round(5))
   ...: print('2 阶样条曲线插值法计算 Shibor11 个月利率', Shibor_quad[Tenor_new.index(11)].round(5))
2 阶样条曲线插值法计算 Shibor2 个月利率  0.02862
2 阶样条曲线插值法计算 Shibor4 个月利率  0.0296
2 阶样条曲线插值法计算 Shibor5 个月利率  0.02958
2 阶样条曲线插值法计算 Shibor7 个月利率  0.02981
2 阶样条曲线插值法计算 Shibor8 个月利率  0.03011
2 阶样条曲线插值法计算 Shibor10 个月利率 0.0308
2 阶样条曲线插值法计算 Shibor11 个月利率 0.03118


In [17]: f_cubic=scii.interp1d(x=Tenor,y=Shibor,kind='cubic')   #3 阶样条曲线插值法
   ...: Shibor_cubic=f_cubic(Tenor_new)        #用 3 阶样条曲线插值法计算 Shibor 新期限的利率
   ...: print('3 阶样条曲线插值法计算 Shibor2 个月利率', Shibor_cubic[Tenor_new.index(2)].round(5))
   ...: print('3 阶样条曲线插值法计算 Shibor4 个月利率', Shibor_cubic[Tenor_new.index(4)].round(5))
   ...: print('3 阶样条曲线插值法计算 Shibor5 个月利率', Shibor_cubic[Tenor_new.index(5)].round(5))
   ...: print('3 阶样条曲线插值法计算 Shibor7 个月利率', Shibor_cubic[Tenor_new.index(7)].round(5))
   ...: print('3 阶样条曲线插值法计算 Shibor8 个月利率', Shibor_cubic[Tenor_new.index(8)].round(5))
   ...: print('3 阶样条曲线插值法计算 Shibor10 个月利率', Shibor_cubic[Tenor_new.index(10)].round(5))
   ...: print('3 阶样条曲线插值法计算 Shibor11 个月利率', Shibor_cubic[Tenor_new.index(11)].round(5))
3 阶样条曲线插值法计算 Shibor2 个月利率  0.02852
3 阶样条曲线插值法计算 Shibor4 个月利率  0.02969
3 阶样条曲线插值法计算 Shibor5 个月利率  0.02969
3 阶样条曲线插值法计算 Shibor7 个月利率  0.02975
3 阶样条曲线插值法计算 Shibor8 个月利率  0.03004
3 阶样条曲线插值法计算 Shibor10 个月利率 0.03088
3 阶样条曲线插值法计算 Shibor11 个月利率 0.03128
```

为了便于将不同插值法计算的结果进行比较，表 5-4 就整理了任务 1 和任务 2 根据不同
插值法计算得到的 Shibor 新期限利率。从表 5-4 的结果可以清楚看到，运用最邻近插值法和

阶梯插值法计算得到部分新期限品种的 Shibor 利率是相等的，具体就是 2 个月、4 个月、7 个月和 10 个月这 4 个新期限品种。运用线性插值法、2 阶样条曲线插值法和 3 阶样条曲线插值法计算得到新期限品种的 Shibor 利率则均不相同。

表 5-4　运用不同插值方法计算得到上海银行间同业拆放利率（Shibor）的新期限利率

插 值 方 法	Shibor（2 个月）	Shibor（4 个月）	Shibor（5 个月）	Shibor（7 个月）	Shibor（8 个月）	Shibor（10 个月）	Shibor（11 个月）
最邻近插值法	2.856%	2.930%	2.963%	2.963%	3.044%	3.044%	3.159%
阶梯插值法	2.856%	2.930%	2.930%	2.963%	2.963%	3.044%	3.044%
线性插值法	2.893%	2.941%	2.952%	2.990%	3.017%	3.082%	3.121%
2 阶样条曲线插值法	2.862%	2.960%	2.958%	2.981%	3.011%	3.080%	3.118%
3 阶样条曲线插值法	2.852%	2.969%	2.969%	2.975%	3.004%	3.088%	3.128%

任务 3 的代码

```
In [18]: plt.figure(figsize=(8,6))
    ...: plt.plot(Tenor_new,Shibor_nearest,'o')              #用圆点展示
    ...: plt.plot(Tenor_new,Shibor_zero,'o')
    ...: plt.plot(Tenor_new,Shibor_slinear,'o')
    ...: plt.plot(Tenor_new,Shibor_quad,'o')
    ...: plt.plot(Tenor_new,Shibor_cubic,'o')
    ...: plt.plot(Tenor_new,Shibor_nearest,'-',label='最邻近插值法')    #用曲线呈现
    ...: plt.plot(Tenor_new,Shibor_zero,'-',label='阶梯插值法')
    ...: plt.plot(Tenor_new,Shibor_slinear,'-',label='线性插值法')
    ...: plt.plot(Tenor_new,Shibor_quad,'-',label='2 阶样条曲线插值法')
    ...: plt.plot(Tenor_new,Shibor_cubic,'-',label='3 阶样条曲线插值法')
    ...: plt.xticks(fontsize=13)
    ...: plt.xlabel(u'期限（月）',fontsize=13)
    ...: plt.yticks(fontsize=13)
    ...: plt.ylabel('Shibor',fontsize=13,rotation=90)
    ...: plt.title(u'运用不同的插值法计算得到的 Shibor',fontsize=14)
    ...: plt.legend(loc=0,fontsize=13)
    ...: plt.grid()
```

由于图 5-2 既包含原有期限又包括新期限的 Shibor 利率，因此可能无法清晰地辨认出不同插值方法计算得到的新期限品种 Shibor 利率。因此，截取图 5-2 中从 1 个月至 12 个月期限的利率进行放大，具体的代码和图形如下：

```
In [19]: plt.figure(figsize=(8,6))
    ...: plt.plot(Tenor_new,Shibor_nearest,'o')
    ...: plt.plot(Tenor_new,Shibor_zero,'o')
    ...: plt.plot(Tenor_new,Shibor_slinear,'o')
```

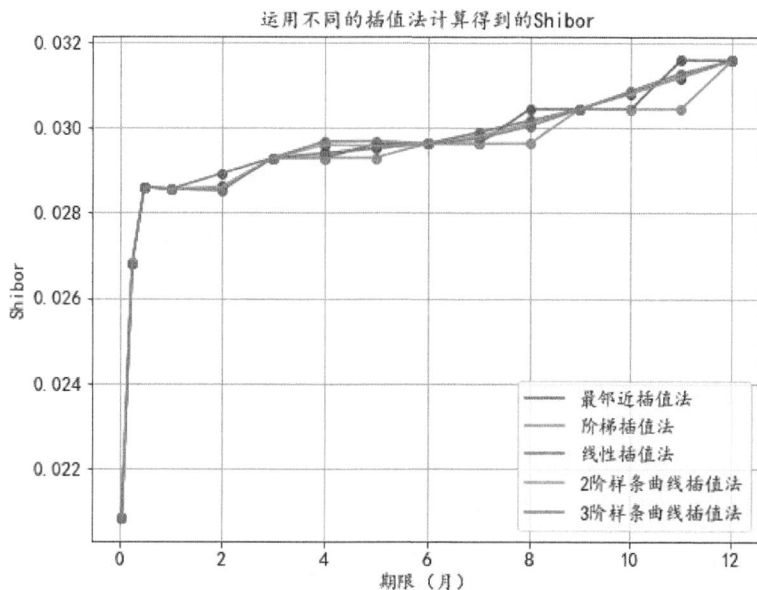

图 5-2 运用不同的插值法计算得到包含了新期限品种的 Shibor 利率曲线

```
...: plt.plot(Tenor_new,Shibor_quad,'o')
...: plt.plot(Tenor_new,Shibor_cubic,'o')
...: plt.plot(Tenor_new,Shibor_nearest,'-',label='最邻近插值法')
...: plt.plot(Tenor_new,Shibor_zero,'-',label='阶梯插值法')
...: plt.plot(Tenor_new,Shibor_slinear,'-',label='线性插值法')
...: plt.plot(Tenor_new,Shibor_quad,'-',label='2 阶样条曲线插值法')
...: plt.plot(Tenor_new,Shibor_cubic,'-',label='3 阶样条曲线插值法')
...: plt.xticks(fontsize=13)
...: plt.xlabel(u'期限（月）',fontsize=13)
...: plt.xlim(1.0,12.0)              #X 轴的坐标设置为 1 个月至 12 个月
...: plt.yticks(fontsize=13)
...: plt.ylabel('Shibor',fontsize=13,rotation=90)
...: plt.ylim(0.0285,0.032)          #Y 轴的坐标设置为 2.85% 至 3.2%
...: plt.title(u'运用不同的插值法计算得到的 Shibor（局部放大）',fontsize=14)
...: plt.legend(loc=0,fontsize=13)
...: plt.grid()
```

从图 5-3 就可以相对清楚地看到，运用不同插值法计算得到新期限品种的 Shibor 利率情况，通过目测可以发现，当期限拉长，阶梯插值法得到的结果通常是最小的，而运用其他插值法所得到的相同期限的 Shibor 利率数值则往往没有固定的大小排序规则。此外，随着阶数的递增，得到的新期限品种的 Shibor 利率曲线也更加平滑。

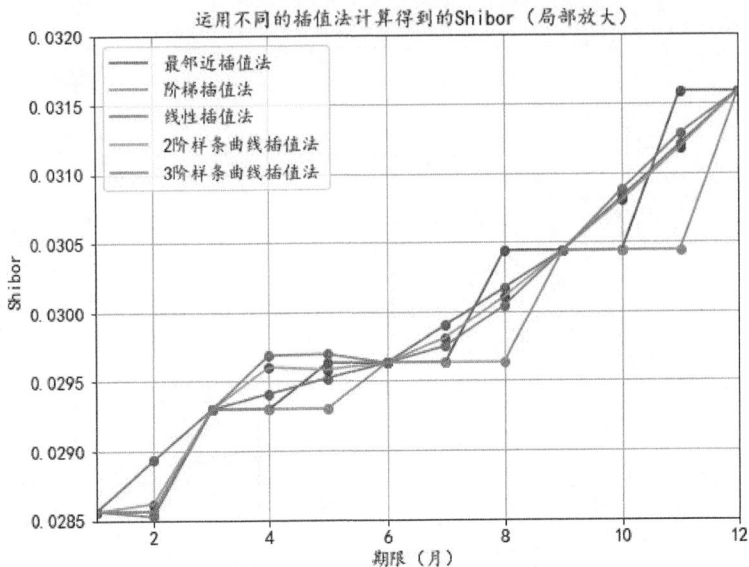

图 5-3 局部放大了运用不同插值法计算得到新期限品种的 Shibor

5.3 用 SciPy 模块求解方程组——以中小板股票为分析对象

5.3.1 案例详情

C 公司是总部位于深圳的一家证券公司,该公司经纪业务的许多个人投资者都偏好于投资深圳证券交易所的中小板股票。

假定你是该公司深圳南山区营业部的一位投资顾问,日常服务的客户中恰好有 2 位个人投资者——曹先生和周女士均偏好于投资中小板股票,同时十分巧合的是在 2019 年前 5 个月,他们都投资了新和成、苏泊尔、贝因美、索菲亚以及徐家汇这 5 只中小板股票并且未投资其他股票,此外在此期间在 2 位投资者各自投资组合中每只股票所占的比重均保持不变。表 5-5 列示了 2019 年 1 月至 5 月期间 5 只股票的月度涨跌幅情况以及这 2 位投资者的整体收益率情况。

表 5-5　2019 年 1 月至 5 月期间 5 只中小板股票月度涨跌幅以及个人投资者的收益情况

证券简称	新和成	苏泊尔	贝因美	索菲亚	徐家汇	曹先生收益率	周女士收益率
证券代码	002001	002032	002570	002572	002561		
2019 年 1 月	0.33%	0.93%	−6.05%	−9.91%	3.64%	−2.212%	−2.423%
2019 年 2 月	17.46%	16.06%	22.96%	23.00%	11.15%	18.126%	17.842%
2019 年 3 月	4.47%	22.00%	17.45%	38.20%	5.86%	17.596%	18.545%
2019 年 4 月	2.87%	−9.68%	−7.28%	−11.59%	−2.88%	−5.712%	−6.3825%
2019 年 5 月	2.05%	6.47%	−6.73%	−14.33%	−4.46%	−3.400%	−5.091%

数据来源（除曹先生、周女士收益率以外）：深圳证券交易所。

为了能够给客户提供更精准的服务，你需要计算得到曹先生和周女士持有这 5 只股票在各自投资组合中的占比数据，因此需要结合表 5-5 的信息并运用 Python 完成 3 项编程任务。

5.3.2　编程任务

【任务 1】将表 5-5 中的股票简称、股票涨跌幅、曹先生收益率和周女士收益率分别以数组的形式输入 Python 中。

【任务 2】基于任务 1 创建的数组并运用 SciPy 模块，计算出在曹先生个人的投资组合中每只股票所占的权重。

【任务 3】基于任务 1 创建的数组并运用 SciPy 模块，测算出在周女士个人的投资组合中每只股票所占的权重。

5.3.3　编程提示

针对任务 2 和任务 3 计算投资组合中每只中小板股票所占的权重，其实质就是求解以权重作为未知数的线性方程组，对此有以下 2 个函数可以运用：一是 SciPy 的子模块 linalg 中的函数 solve，参数 a 输入包含每只股票收益率的数组，参数 b 则输入投资组合的收益率数组，计算的结果就是投资组合中每只股票的权重；二是 SciPy 的子模块 optimize 中的函数 fsolve，运用该函数之前需要先自定义包含线性方程组的一个函数，并且在函数 fsolve 中输入一个任意初始的每只股票权重列表。

5.3.4　参考代码与说明

任务 1 的代码

```
In [20]: stock_name=['新和成','苏泊尔','贝因美','索菲亚','徐家汇']   #生成一个股票名称的列表

In [21]: stock_return=np.array([[0.0033,0.0093,-0.0605,-0.0991,0.0364],[0.1746,0.1606,0.2296,
0.23,0.1115],[0.0447,0.22,0.1745,0.382,0.0586],[0.0287,-0.0968,-0.0728,-0.1159,-0.0288],
[0.0205,0.0647,-0.0673,-0.1433,-0.0446]])                #生成股票涨跌幅的数组

In [22]: MrCao_return=np.array([-0.02212,0.18126,0.17596,-0.05712,-0.034])   #曹先生的收益率
    ...: MsZhou_return=np.array([-0.02423,0.17842,0.18545,-0.063825,-0.05091])   #周女士的收益率
```

任务 2 的代码

```
In [23]: import scipy.linalg as scl                #导入 SciPy 的子模块 linalg

In [24]: MrCao_weight=scl.solve(a=stock_return,b=MrCao_return)   #用函数 solve 计算曹先生投资
组合中的股票占比

In [25]: for i in range(len(stock_name)):
    ...:     print(stock_name[i],round(MrCao_weight[i],5))
新和成 0.2
苏泊尔 0.2
贝因美 0.2
索菲亚 0.2
徐家汇 0.2
```

从以上的输出结果可以得到，曹先生对于 5 只中小板股票的配置权重均为 20%。下面，运用 SciPy 的子模块 optimize 中的函数 fsolve 验证以上计算结果的准确性。

```
In [26]: import scipy.optimize as sco              #导入 SciPy 的子模块 optimize

In [27]: def F(w):                                  #需要定义一个函数
    ...:     w1,w2,w3,w4,w5 = w
    ...:     weight=np.array([w1,w2,w3,w4,w5])      #生成一个包含每只股票占比的数组
    ...:     eq1=np.sum(stock_return[0]*weight)-MrCao_return[0]   #第 1 个等于零的方程
    ...:     eq2=np.sum(stock_return[1]*weight)-MrCao_return[1]   #第 2 个等于零的方程
    ...:     eq3=np.sum(stock_return[2]*weight)-MrCao_return[2]   #第 3 个等于零的方程
    ...:     eq4=np.sum(stock_return[3]*weight)-MrCao_return[3]   #第 4 个等于零的方程
    ...:     eq5=np.sum(stock_return[4]*weight)-MrCao_return[4]   #第 5 个等于零的方程
    ...:     return [eq1,eq2,eq3,eq4,eq5]

In [28]: MrCao_result=sco.fsolve(F,[0.01,0.01,0.01,0.01,0.01])   #求解方程组（需要输入一个任
意初始权重数列）
    ...: print('曹先生投资组合中每只股票的占比',MrCao_result)
曹先生投资组合中每只股票的占比 [0.2 0.2 0.2 0.2 0.2]
```

运用函数 fsolve 得到的结果依然是在曹先生个人的投资组合中 5 只股票的配置权重均等于 20%，这与函数 solve 的计算结果保持一致。

任务 3 的代码

```
In [29]: MsZhou_weight=scl.solve(a=stock_return,b=MsZhou_return)    #用函数 solve 计算周女士投资组合的股票占比

In [30]: for i in range(len(stock_name)):
    ...:     print(stock_name[i],round(MsZhou_weight[i],5))
新和成 0.1
苏泊尔 0.15
贝因美 0.2
索菲亚 0.25
徐家汇 0.3
```

从以上的输出结果可以得到，周女士对 5 只中小板股票的配置权重是存在差异的。其中，新和成的占比最低且为 10%，苏泊尔是 15%，贝因美是 20%，索菲亚是 25%，徐家汇的占比最高达到 30%。下面，依然运用函数 fsolve 验证计算结果。

```
In [31]: def G(w):        #定义一个函数
    ...:     import numpy as np
    ...:     w1,w2,w3,w4,w5 = w
    ...:     weight=np.array([w1,w2,w3,w4,w5])          #生成一个包含每只股票占比的数组
    ...:     eq1=np.sum(stock_return[0]*weight)-MsZhou_return[0]    #第 1 个等于零的方程
    ...:     eq2=np.sum(stock_return[1]*weight)-MsZhou_return[1]    #第 2 个等于零的方程
    ...:     eq3=np.sum(stock_return[2]*weight)-MsZhou_return[2]    #第 3 个等于零的方程
    ...:     eq4=np.sum(stock_return[3]*weight)-MsZhou_return[3]    #第 4 个等于零的方程
    ...:     eq5=np.sum(stock_return[4]*weight)-MsZhou_return[4]    #第 5 个等于零的方程
    ...:     return [eq1,eq2,eq3,eq4,eq5]

In [32]: MsZhou_result=sco.fsolve(G,[0.01,0.01,0.01,0.01,0.01])    #求方程组的解
    ...: print('周女士投资组合中每只股票的占比',MsZhou_result)
周女士投资组合中每只股票的占比 [0.1  0.15  0.2  0.25  0.3 ]
```

运用函数 fsolve 得到的结果与函数 solve 的结果依然是相同的。

5.4　用 SciPy 模块求解最优值——以投资者效用为分析对象

5.4.1　案例详情

在金融学的理论研究中，假定证券市场中每位投资者都有一个效用函数，通常情况下是

用预期效用函数表示，具体的数学表达式如下：

$$EU = \sum_{i=1}^{N} p_i \sqrt{w_i} \tag{5-4}$$

其中，EU 表示投资者的预期效用，i 表示第 i 种情形并且 $i=1, 2, \cdots, N$，p_i 表示出现第 i 种情形的概率以及 $\sum_{i=1}^{N} p_i = 1$，w_i 表示出现第 i 种情形时投资者的财富水平（即投资组合市值水平）。

同时，假定投资者的投资组合中配置 M 只证券，持有每只证券的数量 x_j，其中 $j=1, 2, \cdots, M$。据此，对于理性投资者做出的投资决策就可以用数学方法抽象为求解如下最优问题：

$$\max_{x_j} (EU) = \max_{x_j} \left(\sum_{i=1}^{N} p_i \sqrt{w_i} \right) \tag{5-5}$$

其中，

$$w_i = \sum_{j=1}^{M} x_j S_{ij}$$

求最优值的约束条件如下：

$$w_0 \geqslant \sum_{j=1}^{M} x_j S_{0j}$$

$$x_j \geqslant 0$$

其中，S_{ij} 表示第 i 种情形时第 j 只证券的价格，w_0 表示初始投资金额，S_{0j} 表示投资者购买第 j 只证券的价格，$x_j \geqslant 0$ 表示不可以做空（也可以作为边界条件）。

D 公司是一家总部位于杭州的信托公司，近期有一位民营企业家郭先生希望委托 D 公司发起设立一个家族信托从而更好地将财富传承给下一代[①]。假定你是 D 公司负责这个家族信托的信托经理，在沟通的过程中了解到郭先生希望通过家族信托以 2019 年 5 月 31 日的收盘价配置中国平安、五粮液、中国石化和中国国航这 4 只 A 股的蓝筹股票，并且郭先生委托给信托公司的初始投资金额是 3 000 万元。表 5-6 就描述了这 4 只股票在 2019 年 5 月 31 日的收盘价以及你通过金融大数据预测一年后股票收盘价可能出现的 3 种情景（乐观、中性和悲观）。

---

① 家族信托是一种由信托公司受个人或家族的委托，代为管理、处置家庭财产的财产管理方式，以实现高净值客户的财富规划及传承目标，最早出现在 20 世纪 80 年代的美国。我国境内（不含港澳台）的信托行业最早在 2012 年开展家族信托业务，根据中国信托业协会的统计，2018 年末家族信托规模为 850 亿元，占总信托规模的比重为 0.37%。

表 5-6　2019 年 5 月 31 日 4 只股票收盘价与 1 年后股价的 3 种可能情景

证券代码	证券名称	2019 年 5 月 31 日 收盘价	2020 年 5 月末收盘价		
			情景 1（乐观）	情景 2（中性）	情景 3（悲观）
601318	中国平安	79	95	81	64
000858	五粮液	101.25	116	103	85
600028	中国石化	5.43	7.65	5.6	4.8
601111	中国国航	8.46	10.98	8.7	7.5
不同情景发生的概率			25%	40%	35%

注：2019 年 5 月 31 日收盘价数据来源于上海证券交易所、深圳证交易所。

你希望通过投资者预期效用最大化［即式子（5-5）］和表 5-6 的信息测算郭先生家族信托配置的最优股票数量，需要运用 Python 完成 3 项编程任务。

5.4.2　编程任务

【任务 1】将表 5-6 中关于收盘价的数据以及不同情景发生概率的数据分别用数组方式输入，对证券名称以列表方式输入，同时输入求解最优值的约束条件和边界条件。

【任务 2】根据任务 1 创建的数组和列表，计算在郭先生家族信托中配置 4 只股票的最优股票数量，并且需要满足 A 股交易规则中购买单只股票必须是 100 股整数倍的要求。

【任务 3】郭先生希望了解股价变动对持有最优股票数量的影响，因此模拟在情景 1（乐观）条件下，中国平安股价从 80 元/股逐步提高至 100 元/股时，测算家族信托在期望效用最大的情况下持有中国平安的最优股票数量，并且对中国平安股价与股票数量之间的关系进行可视化。

5.4.3　编程提示

求解最优值通常需要分以下 4 个步骤完成：一是通过 Python 自定义一个需要求解最大值或最小值的函数；二是以字典的格式创建约束条件，并且运用 lambda 函数将约束条件自定义为一个函数；三是以元组的格式创建变量的边界条件，由于本案例中每只股票持有数量不为负数，因此将下边界设为零，上边界可以设置为初始的投资金额；四是运用 SciPy 子模块 optimize 中求最小值的函数 minimize，如果是求最大值则需要在第一步自定义函数时加上负号进而转换为求最小值。

5.4.4 参考代码与说明

任务 1 的代码

```
In [33]: stock_price=np.array([[79,95,81,64],[101.25,116,103,85],[5.43,7.65,5.6,4.8],[8.46,
10.98, 8.7,7.5]])                                        #生成股价的数组

In [34]: prob=np.array([0.25,0.4,0.35])                 #生成出现不同情形的概率数组

In [35]: stock_name=['中国平安','五粮液','中国石化','中国国航']  #生成证券名称的列表

In [36]: invest=3e7                                      #初始投资金额 3000 万元

In [37]: cons= ({'type': 'ineq', 'fun': lambda x: invest-np.sum(x*stock_price[:,0])})  #约束条件

In [38]: bnds= ((0, invest), (0, invest), (0, invest),(0, invest))    #边界条件
```

任务 2 的代码

```
In [39]: import scipy.optimize as sco   #导入 SciPy 的子模块 optimize

In [40]: def EU(x):                                     #定义投资者预期效用函数
    ...:     x=np.array(x)                               #生成每只股票数量的数组
    ...:     w1=np.sum(x*stock_price[:,1])               #计算情景 1 发生时投资者的财富水平
    ...:     w2=np.sum(x*stock_price[:,2])               #计算情景 2 发生时投资者的财富水平
    ...:     w3=np.sum(x*stock_price[:,3])               #计算情景 3 发生时投资者的财富水平
    ...:     w=np.array([w1,w2,w3])                       #生成不同情景下投资者财富水平的数组
    ...:     return -np.sum(prob*np.sqrt(w))             #考虑到后面是用最小值函数,因此这里需要用负数

In [41]: result=sco.minimize(EU,[1e5, 1e5, 1e5, 1e5],method='SLSQP',bounds=bnds, constraints=cons)
    ...: result
Out[41]:
     fun: -5446.441722683481
     jac: array([-0.00720215, -0.00909424, -0.00054932, -0.00073242])
 message: 'Optimization terminated successfully.'
    nfev: 115
     nit: 16
    njev: 16
  status: 0
 success: True
       x: array([150557.90817201, 164415.47517505, 103797.78950923, 105819.90495231])
```

最优化结果就是 x:后面的一个数组,该数组就是最终得到的投资组合中每只股票的最优股票数量,下面验证一下该结果。

```
In [42]: shares=result['x']       #最优股票数量的数组(暂不考虑个股投资必须是 100 股整数倍)
    ...: round(np.sum(shares*stock_price[:,0]),2)    #测算是否能够满足初始投资金额
Out[42]: 30000000.0
```

显然，输出的结果表明计算得到的最优股票数量是与初始投资金额吻合。

```
In [43]: for i in range(len(stock_name)):
    ...:     print(stock_name[i],100*(int(shares[i]/100)))  #满足个股投资必须是100股整数倍的交易规则
中国平安 150500
五粮液   164400
中国石化 103700
中国国航 105800
```

最终，我们可以得到在满足预期效用最大化的条件下，并且在满足 A 股交易规则的情况下，郭先生家族信托中配置五粮液的股票数量最多并达到 16.44 万股，相比之下中国石化的股票数量最小且仅为 10.37 万股。

任务 3 的代码

```
In [44]: pingan_price=np.linspace(80,100,50)          #生成中国平安情景1的模拟价格数组
    ...: pingan_shares=np.zeros_like(pingan_price)     #生成存放中国平安股票数量的初始数组

In [45]: for i in range(len(pingan_price)):
    ...:     stock_price[0,1]=pingan_price[i]           #替换股票收盘价数组中国平安情景1的价格
    ...:     def EU(x):                                 #定义投资者预期效用函数
    ...:         x=np.array(x)                          #生成每只股票数量的数组
    ...:         w1=np.sum(x*stock_price[:,1])          #计算情景1发生时投资者的财富水平
    ...:         w2=np.sum(x*stock_price[:,2])          #计算情景2发生时投资者的财富水平
    ...:         w3=np.sum(x*stock_price[:,3])          #计算情景3发生时投资者的财富水平
    ...:         w=np.array([w1,w2,w3])                 #生成不同情景下投资者财富水平的数组
    ...:         return -np.sum(prob*np.sqrt(w))        #考虑到后面是运用最小值函数，因此这里需要用负数
    ...:     cons= ({'type': 'ineq', 'fun': lambda x: invest-np.sum(x*stock_price[:,0])})  #约束条件
    ...:     bnds= ((0, invest), (0, invest), (0, invest),(0, invest))          #边界条件
    ...:     result=sco.minimize(EU,[1e5, 1e5, 1e5, 1e5],method='SLSQP',bounds=bnds, constraints=
cons)
    ...:     pingan_shares[i]=result['x'][0]            #中国平安最优股票数量的数组

In [46]: plt.figure(figsize=(9,6))
    ...: plt.plot(pingan_price,pingan_shares,'o')
    ...: plt.xticks(fontsize=13)
    ...: plt.xlabel(u'股票价格',fontsize=13)
    ...: plt.yticks(fontsize=13)
    ...: plt.ylabel(u'股数',fontsize=13,rotation=0)
    ...: plt.title(u'情景1条件下中国平安的股价与最优股票数量',fontsize=14)
    ...: plt.grid()
    ...: plt.show()
```

图 5-4 中的点就表示在情景 1 条件下中国平安的股价对应于该股票最优持股数量，从图中不难发现，1 年后中国平安的股价与配置该股票的最优持股数量之间存在着非线性关系并且存在一定的跃迁现象[1]，例如当股价达到 100 元/股时股票的最优持股数量则从原先的 15 万

---

[1] 跃迁（transition）原本是量子力学的一个术语，是指从一个量子状态到另一个量子状态的变化过程。该术语后被引入金融领域，通常是指金融变量发生跳跃式变化的过程。

股跃升至 35 万股，同时，在有些情况下最优数量又突然骤降至 0。因此，需要特别关注这些跃迁情形。

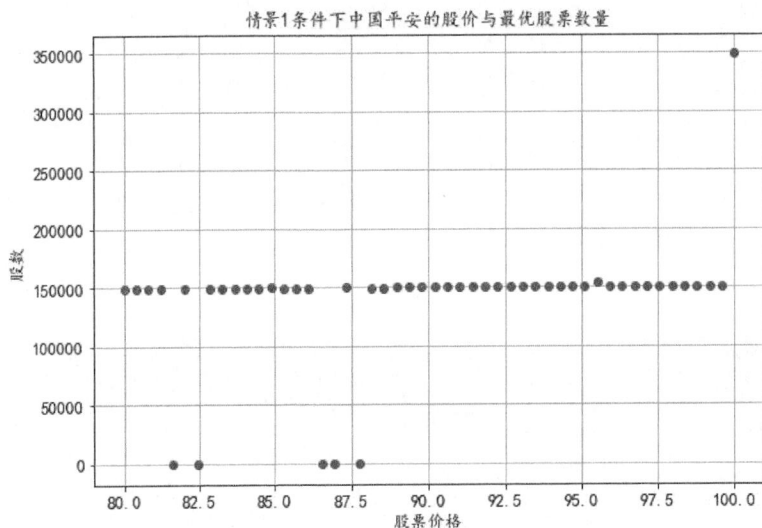

图 5-4　在情景 1（乐观）条件下中国平安的股价与该股票最优持股数量之间的关系图

5.5　SciPy 模块的统计功能——以 Hibor 和 Shibor 利率为分析对象

5.5.1　案例详情

E 银行是总部位于我国香港的一家商业银行，假定你在这家银行的资金管理中心工作，是负责日常人民币资金拆借业务的一名交易员，因此十分关注香港银行同业拆借利率（Hibor）和 Shibor 利率的走势[①]。

在 2019 年 8 月初，你需要向银行的管理层做一场近年来 3 个月期人民币 Hibor 和 Shibor 利率走势分析的专题报告。表 5-7 就列出了 2014 年 1 月至 2019 年 7 月期间，3 个月期的人民币 Hibor 和 Shibor 利率的部分每日数据，全部数据存放于 Excel 文件中。

---

① 近年来，伴随着我国香港逐步成为人民币离岸中心，香港财资市场公会从 2013 年 6 月开始公布人民币 Hibor（CNH Hibor）利率报价。

表 5-7　2014 年 1 月至 2019 年 7 月期间 3 个月人民币 Hibor 和 Shibor 的部分日数据

日　　期	3 个月期人民币 Hibor	3 个月期 Shibor
2014-01-02	2.382 0%	5.565 7%
2014-01-03	2.395 8%	5.566 1%
2014-01-06	2.387 8%	5.573 2%
……		
2019-07-29	2.287 9%	2.631 0%
2019-07-30	2.287 5%	2.636 0%
2019-07-31	2.278 1%	2.644 0%

数据来源：Shibor 官网和香港财资市场公会。

　　为了更好地完成报告工作，充分体现你的统计分析专业水平，需要运用 Python 完成 3 项编程任务。

5.5.2　编程任务

　　【任务 1】导入包含 2014 年 1 月至 2019 年 7 月期间 3 个月期人民币 Hibor 和 Shibor 日数据的 Excel 文件并且创建数据框，得到该数据框的描述性统计信息并且依次计算众数、峰度、偏度以及 3 阶矩的数值。

　　【任务 2】创建 3 个月期人民币 Hibor 和 Shibor 每日利率变化金额的数据框，并且针对利率变化绘制直方图。

　　【任务 3】针对任务 2 创建的数据框，检验每日利率变化金额样本数据是否服从正态分布。

5.5.3　编程提示

- 针对任务 1 计算相关统计指标，可以运用 SciPy 模块的 stats 子模块中的相关函数，具体如下：获取描述性统计信息可以运用函数 describe，计算众数运用函数 mode，获取峰度运用函数 kurtosis，获取偏度运用函数 skew，获取 n 阶矩运用函数 moment。

- 针对任务 3 中的样本值正态性检验，可以运用子模块 stats 中的 4 个函数，分别是 kstest、anderson、shapiro 和 normaltest。

5.5.4 参考代码与说明

任务 1 的代码

```
In [47]: Hibor_Shibor=pd.read_excel('C:/Desktop/Shibor 与 Hibor 利率数据（2014 年至 2019 年 7
月）.xlsx',sheet_name="Sheet1",header=0,index_col=0)         #导入外部数据
    ...: Hibor_Shibor=Hibor_Shibor.dropna()                 #删除缺失值

In [48]: import scipy.stats as sct                          #导入统计子模块 stats

In [49]: sct.describe(Hibor_Shibor)                         #计算描述性统计量
Out[49]: DescribeResult(nobs=1322, minmax=(array([0.021398, 0.026]), array([0.106625,
0.056037])), mean=array([0.03906785, 0.03819674]), variance=array([1.44378835e-04, 8.16303173e-05]),
skewness=array([1.5366175 , 0.28070521]), kurtosis=array([ 4.79099063, -1.35627527]))
```

以上代码用函数 describe 输出的描述性统计量结果是以数组格式呈现的。相比之下，Pandas 模块中函数 describe 输出的统计结果则以数据框的格式呈现，直观性会更强一些。

```
In [50]: sct.mode(Hibor_Shibor)                             #计算众数
Out[50]: ModeResult(mode=array([[0.023125, 0.055   ]]), count=array([[ 6, 30]]))

In [51]: sct.kurtosis(Hibor_Shibor)                         #计算峰度
Out[51]: array([ 4.79099063, -1.35627527])
```

在以上的峰度计算结果中，2 个数值依次代表了人民币 Hibor 和 Shibor 利率，可以判断出人民币 Hibor 利率的分布比正态分布陡峭，而 Shibor 利率的分布则比正态分布平坦，关于峰度的含义和表达式可以参见前面第 3 章 3.8 节中的"编程提示"部分。

```
In [52]: sct.skew(Hibor_Shibor)                             #计算偏度
Out[52]: array([1.5366175 , 0.28070521])
```

根据以上的偏度计算结果，我们可以判断出人民币 Hibor 和 Shibor 利率的分布均具有正偏离的特征，表现为右边的尾部比左边的尾部要更长，关于偏度的含义和表达式依然可以参见第 3 章 3.8 节中的"编程提示"部分。

```
In [53]: sct.moment(Hibor_Shibor,moment=3)                  #计算 3 阶矩
Out[53]: array([2.66273605e-06, 2.06792482e-07])
```

任务 2 的代码

```
In [54]: Hibor_Shibor_change=Hibor_Shibor-Hibor_Shibor.shift(1)  #生成每日利率变化数据框
    ...: Hibor_Shibor_change=Hibor_Shibor_change.dropna()         #删除缺失值
    ...: Hibor_Shibor_array=np.array(Hibor_Shibor_change)         #将数据框转化为数组

In [55]: plt.figure(figsize=(10,5))
```

```
...: plt.subplot(1,2,1)              #代表第1行、第1列的子图
...: plt.hist(Hibor_Shibor_array[:,0],facecolor='c', edgecolor='k', bins=30)
...: plt.xticks(fontsize=13,rotation=30)
...: plt.xlabel(u'利率',fontsize=13)
...: plt.xlim(-0.02,0.02)
...: plt.yticks(fontsize=13)
...: plt.ylabel(u'频数',fontsize=13)
...: plt.title(u'3个月期人民币 Hibor 日变化的直方图',fontsize=14)
...: plt.grid()
...: plt.subplot(1,2,2)              #代表第1行、第2列的子图
...: plt.hist(Hibor_Shibor_array[:,1], facecolor='y',edgecolor='k', bins=30)
...: plt.xticks(fontsize=13,rotation=30)
...: plt.xlabel(u'利率',fontsize=13)
...: plt.xlim(-0.002,0.002)
...: plt.yticks(fontsize=13)
...: plt.title(u'3个月期 Shibor 日变化的直方图',fontsize=14)
...: plt.grid()
...: plt.show()
```

通过图 5-5 可以大致判断出，无论是 3 个月人民币 Hibor 的日变化，还是 3 个月 Shibor 的日变化，都不太符合正态分布的形状，下面就通过具体的正态性检验进行验证。

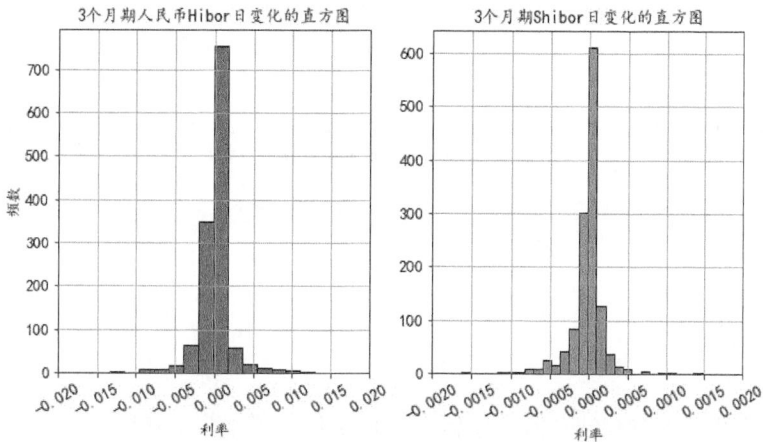

图 5-5　3 个月人民币 Hibor 与 3 个月 Shibor 的日变化直方图

任务 3 的代码

```
In [56]: sct.kstest(rvs=Hibor_Shibor_change.iloc[:,0],cdf='norm')    #用 kstest 检验人民币
Hibor 利率日变化的正态性
Out[56]: KstestResult(statistic=0.4920402690671747, pvalue=0.0)

In [57]: sct.kstest(rvs=Hibor_Shibor_change.iloc[:,1],cdf='norm')    #用 kstest 检验 Shibor
利率日变化的正态性
Out[57]: KstestResult(statistic=0.4993206016248759, pvalue=0.0)
```

```
In [58]: sct.anderson(x=Hibor_Shibor_change.iloc[:,0],dist='norm')  #用anderson检验人民币
Hibor利率日变化的正态性
   Out[58]: AndersonResult(statistic=136.58611911610387, critical_values=array([0.574, 0.654,
0.785, 0.915, 1.089]), significance_level=array([15. , 10. ,  5. ,  2.5,  1. ]))

   In [59]: sct.anderson(x=Hibor_Shibor_change.iloc[:,1],dist='norm')  #用anderson检验Shibor
利率日变化的正态性
   Out[59]: AndersonResult(statistic=93.6655808434823, critical_values=array([0.574, 0.654,
0.785, 0.915, 1.089]), significance_level=array([15. , 10. ,  5. ,  2.5,  1. ]))

   In [60]: sct.shapiro(Hibor_Shibor_change.iloc[:,0])    #用shapiro检验人民币Hibor利率日变化的正态性
   Out[60]: (0.6394211649894714, 0.0)

   In [61]: sct.shapiro(Hibor_Shibor_change.iloc[:,0])    #用shapiro检验Shibor利率日变化的正态性
   Out[61]: (0.6394211649894714, 0.0)

   In [62]: sct.normaltest(Hibor_Shibor_change,axis=0)    #用normaltest检验利率日变化的正态性
   Out[62]: NormaltestResult(statistic=array([502.83433232, 362.20560071]), pvalue=array
([6.47011621e-110, 2.22870788e-079]))
```

从以上输出的结果不难发现，无论是 3 个月人民币 Hibor 的日变化还是 3 个月 Shibor 的日变化均不服从正态分布，这一结果也验证了我们对图 5-5 的目测判断。因此，在日常对 Hibor 和 Shibor 的变化金额进行分析时，要警惕简单的正态性分析思维。

5.6　用 SciPy 模块开展随机抽样与统计——以美国金融变量为分析对象

5.6.1　案例详情

F 银行是总部位于纽约的一家商业银行，假定你是该银行的风险经理，负责银行整体风险敞口的量化分析和压力测试工作。

近期，根据美联储的监管要求，我们需要测算未来美国经济可能出现的衰退对银行自身风险的影响。对此，你收集了包括 3 个月期美元 Libor 利率、道琼斯指数日收益率、纳斯达克指数日收益率、美国债券市场违约回收率等 4 个重要的金融变量并且测度了这些变量近期所服从的分布，详见表 5-8。

为了完成相应的风险模拟工作，你需要结合表 5-8 的信息并且运用 Python 完成 4 项编程任务。

表 5-8 4 个美国金融变量以及近期所服从分布的情况

金 融 变 量	服从的分布类型	分布的相关参数
3 个月期美元 Libor 利率	正态分布	均值 μ=1.31%,标准差 σ=0.85%
道琼斯指数日收益率	学生 t 分布	自由度等于 6
纳斯达克指数日收益率	学生 t 分布	自由度等于 9
美国债券市场违约回收率	贝塔分布	α=1.95、β=2.46

5.6.2 编程任务

【任务 1】分别从以下 4 个变量服从的分布中抽取随机数,随机抽取的次数均为 10 万次:

(1)模拟 3 个月期美元 Libor 利率,也就是从均值为 1.31%、标准差为 0.85%的正态分布中进行随机抽样;

(2)模拟道琼斯指数日收益率,也就是针对服从自由度等于 6 的学生 t 分布中进行随机抽样;

(3)模拟纳斯达克指数日收益率,也就是针对服从自由度等于 9 的学生 t 分布中进行随机抽样;

(4)模拟美国债券市场违约回收率,也就是从 α=1.95、β=2.46 的贝塔分布中抽取随机数。

【任务 2】针对任务 1 的抽样结果,运用直方图并采用 2×2 子图的方式进行可视化。

【任务 3】针对任务 1 生成的 4 组基于不同分布的随机样本值,运用最大似然估计法拟合样本并计算最优的概率密度函数系数。

【任务 4】基于任务 3 得到的最优概率密度函数系数,针对美国债券市场违约回收率变量,计算当概率等于 5%时所对应的变量值(相当于 5%的分位数);同时,针对 3 个月期美元 Libor 利率变量,计算当变量等于 2%时对应的概率密度函数值;此外,针对道琼斯指数日收益率和纳斯达克指数日收益率变量,计算当变量小于–2%时的概率值。

5.6.3 编程提示

- 针对任务 1,在 SciPy 的子模块 stats 中,生成服从指定分布的随机数需要运用函数

rvs。此外，变量服从正态分布是运用函数 norm、t 分布运用函数 t、贝塔分布是函数 beta。

- 针对任务 3，运用最大似然估计法得出样本值并计算最优的概率密度函数系数，就需要运用子模块 stats 中的拟合函数 fit。
- 针对任务 4，在子模块 stats 中，计算分布的 5%分位数，就需要运用分位点函数 ppf；计算概率密度函数值需要运用函数 pdf；计算变量的概率值就相当于计算变量累积概率密度函数值，需要运用函数 cdf。

5.6.4　参考代码与说明

任务 1 的代码

```
In [63]: import scipy.stats as sct          #导入统计子模块 stats

In [64]: I=100000                           #设定随机抽样的次数 10 万次

In [65]: rand_norm=sct.norm(loc=0.0131,scale=0.085).rvs(size=I)  #从均值 1.31%和标准差 0.85%
的正态分布中随机抽样（模拟 3 个月期美元 Libor 利率）

In [66]: rand_t1=sct.t(df=6).rvs(size=I)    #从自由度 6 的 t 分布中随机抽样（模拟道琼斯指数日收益率）

In [67]: rand_t2=sct.t(df=9).rvs(size=I)    #从自由度 9 的 t 分布中随机抽样（模拟道纳斯达克指数日收益率）

In [68]: rand_beta=sct.beta(a=1.95,b=2.46).rvs(size=I)   #从阿尔法 1.95、贝塔 2.46 的贝塔分布中
随机抽样（模拟美国债券市场违约回收率）
```

任务 2 的代码

```
In [69]: plt.figure(figsize=(12,10))
    ...: plt.subplot(2,2,1)                  #第 1 行、第 1 列的子图
    ...: plt.hist(rand_norm,label=u'正态分布',bins=20,facecolor='r',edgecolor='k')
    ...: plt.xticks(fontsize=13)
    ...: plt.yticks(fontsize=13)
    ...: plt.ylabel(u'频数',fontsize=13,rotation=90)
    ...: plt.legend(loc=0,fontsize=13)
    ...: plt.grid(True)
    ...: plt.subplot(2,2,2)                  #第 1 行、第 2 列的子图
    ...: plt.hist(rand_t1,label=u'自由度 6 的 t 分布',bins=20,facecolor='m',edgecolor='k')
    ...: plt.xticks(fontsize=13)
    ...: plt.yticks(fontsize=13)
    ...: plt.legend(loc=0,fontsize=13)
    ...: plt.grid(True)
    ...: plt.subplot(2,2,3)                  #第 2 行、第 1 列的子图
    ...: plt.hist(rand_t2,label=u'自由度 9 的 t 分布',bins=20,facecolor='y',edgecolor='k')
```

```
    ...: plt.xticks(fontsize=13)
    ...: plt.xlabel(u'样本值',fontsize=13)
    ...: plt.yticks(fontsize=13)
    ...: plt.ylabel(u'频数',fontsize=13,rotation=90)
    ...: plt.legend(loc=0,fontsize=13)
    ...: plt.grid(True)
    ...: plt.subplot(2,2,4)    #第2行、第2列的子图
    ...: plt.hist(rand_beta,label=u'贝塔分布',bins=20,facecolor='c',edgecolor='k')
    ...: plt.xticks(fontsize=13)
    ...: plt.xlabel(u'样本值',fontsize=13)
    ...: plt.yticks(fontsize=13)
    ...: plt.legend(loc=0,fontsize=13)
    ...: plt.grid(True)
    ...: plt.show()
```

代码的运行结果如图 5-6 所示。

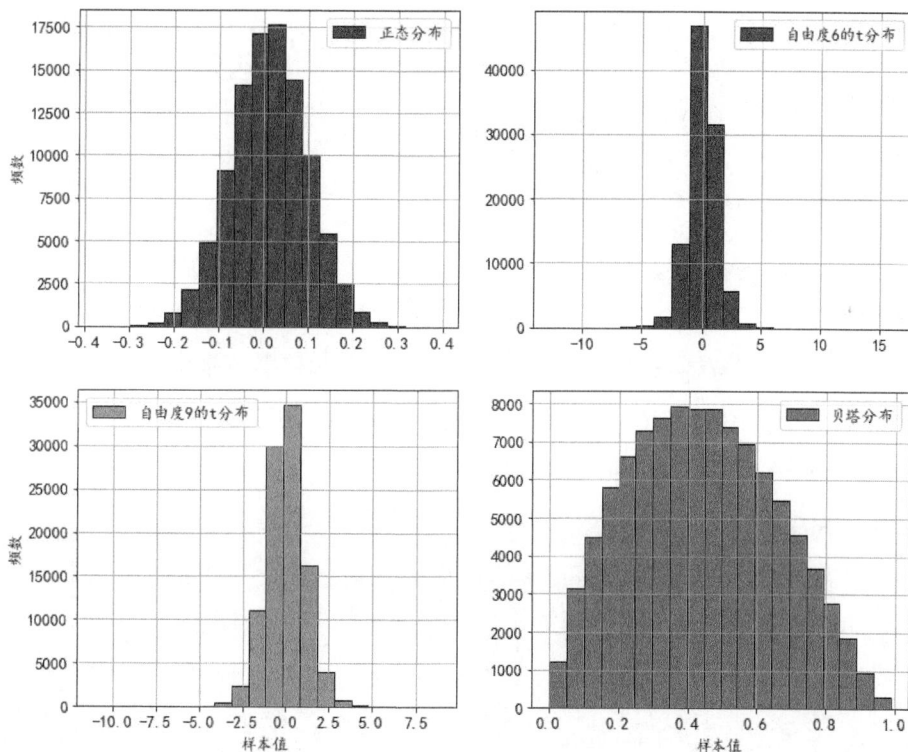

图 5-6　针对美国的金融变量服从正态分布、学生 t 分布和贝塔分布进行随机抽样的直方图

任务 3 的代码

```
In [70]: sct.norm.fit(rand_norm)    #运用最大似然估计法估计正态分布的参数
Out[70]: (0.013001918944171664, 0.085118974000494)
```

以上输出的结果是元组格式，元组中第 1 个元素代表了估计得到的均值参数，第 2 个元素代表了估计得到的标准差参数。

```
In [71]: mean, std = sct.norm.fit(rand_norm)    #也可以对最大似然估计法得到结果进行赋值

In [72]: mean                                   #输出正态分布的均值
Out[72]: 0.013001918944171664

In [73]: std                                    #输出正态分布的标准差
Out[73]: 0.085118974000494

In [74]: sct.t.fit(rand_t1)                      #运用最大似然估计法估计学生 t 分布的参数
Out[74]: (6.031012625062717, 0.00388462989454909, 0.9985647059590105)
```

在输出的结果中，第 1 个元素代表了估计得到的学生 t 分布的自由度 6.03，第 2 个元素和第 3 个元素分别是位置参数（location）和尺度参数（scale），后面 2 个元素一般可以不考虑（下同）。

```
In [75]: sct.t.fit(rand_t2)                      #运用最大似然估计法估计学生 t 分布的参数
Out[75]: (8.861135120654541, 0.0008053961815550621, 0.9982901424450576)

In [76]: sct.beta.fit(rand_beta)                 #运用最大似然估计法估计贝塔分布的参数
Out[76]:
(1.9292725089555112,
 2.4319719046156774,
 0.0011445107583511688,
 0.9972603576087093)
```

在输出的结果中，第 1 个元素代表了估计得到的贝塔分布参数 $\alpha=1.929$（保留小数点后 3 位），第 2 个元素是参数 $\beta=2.432$，第 3、第 4 个元素依然是位置参数和尺度参数。

此外，就上述运用最大似然估计法估计得出的随机抽样所服从分布的参数而言，与任务 1 进行随机抽样的分布参数是基本吻合的。

任务 4 的代码

```
In [77]: sct.beta(a=1.95,b=2.46).ppf(q=0.05)    #美国债券市场违约回收率变量服从贝塔分布的5%分位数
Out[77]: 0.10958783596452157

In [78]: sct.norm(loc=0.0131,scale=0.085).pdf(x=0.02)    #3个月期美元 Libor 利率等于2%对应的概率密度函数值
Out[78]: 4.678000053500319

In [79]: sct.t(df=6).cdf(x=-0.02)                #道琼斯指数日收益率小于-2%的概率
Out[79]: 0.4923459398623149

In [80]: sct.t(df=9).cdf(x=-0.02)                #纳斯达克指数日收益率小于-2%的概率
Out[80]: 0.49223987664311236
```

从以上输出的结果可以看到，美国债券市场违约回收率低于 5% 的概率是 10.96%，3 个月期美元 Libor 利率等于 2% 对应的概率密度函数值 4.678，无论是道琼斯指数还是纳斯达克指数的日收益率低于 –2%（即日跌幅超过 2%）的概率都达到 49.2%。

5.7 用 StatsModels 模块构建回归模型——以中国石油股票为分析对象

5.7.1 案例详情

G 公司是总部位于北京的一家保险资产管理公司，专注于以保险资金为主的受托投资管理。假定你是该公司的一位投资经理，日常负责运用保险资金配置 A 股股票，在整个股票投资组合中，中国石油 A 股股票是重仓股。

2019 年 9 月初，根据公司首席投资官的要求，你需要对中国石油 A 股日涨跌幅进行归因分析并且构建相应的线性回归模型，并以此为基础提交一篇分析报告。通过前期的理论分析，你将影响中国石油 A 股日涨跌幅的因子逐步聚焦于中国石油美股、上证 50 指数以及衡量金融市场资金面宽裕紧张程度的 7 天期银行间回购定盘利率（FR007）等 3 个因子，表 5-9 列示了从 2010 年 1 月至 2019 年 8 月期间，中国石油 A 股和美股收盘价、上证 50 指数收盘价以及 7 天期银行间回购定盘利率的部分日数据，全部数据存放于 Excel 文件。

表 5-9 中国石油 A 股和美股、上证 50 指数以及 FR007 的部分日数据

（2010 年 1 月至 2019 年 8 月期间）

日　　期	中国石油（A 股）	中国石油（美股）	上证 50 指数	FR007
2010-01-04	13.63	122.45	2 514.646 0	1.44%
2010-01-05	13.89	127.18	2 543.991 0	1.40%
2010-01-06	13.70	129.80	2 514.014 0	1.40%
......				
2019-08-28	6.09	47.98	2 867.026 9	2.90%
2019-08-29	6.09	48.78	2 855.450 4	2.85%
2019-08-30	6.12	49.05	2 872.401 0	2.75%

注：中国石油通过存托凭证的方式在纽约证券交易所挂牌，1 份 DR 相当于 100 股基础股票。

数据来源：上海证券交易所、纽约证券交易所、中国货币网。

为了顺利完成建模工作并撰写分析报告，你需要运用 Python 完成 3 项编程任务。

5.7.2 编程任务

【任务 1】导入包含 2010 年 1 月至 2019 年 8 月期间中国石油 A 股和美股收盘价、上证 50 指数收盘价以及 FR007 的日数据 Excel 文件并且创建一个数据框，同时以 2010 年首个交易日收盘价作为基准进行归 1 处理并可视化。

【任务 2】基于任务 1 创建的数据框，计算出每个变量的日收益率并创建一个新数据框，同时构建以中国石油 A 股日收益率作为因变量（被解释变量）、以上证 50 指数日收益率作为自变量（解释变量）的普通最小二乘法一元线性回归模型。

【任务 3】以任务 2 创建的日收益率数据框作为基础，同时考虑 A 股与美股之间交易的时差，也就是美股在 $T-1$ 日交易收盘以后 A 股的 T 日交易开盘，据此以中国石油 A 股日收益率作为因变量，以上证 50 指数日收益率、FR007 日收益率以及 $T-1$ 日中国石油美股日收益率这 3 个变量作为自变量，构建普通最小二乘法的多元线性回归模型。

5.7.3 编程提示

- 构建普通最小二乘法的线性回归模型，可以运用 StatsModels 模块的 api 子模块中函数 OLS，需要输入 2 个重要参数：一是参数 endog 需要输入因变量的样本值，二是参数 exog 需要输入自变量的样本值，可以由多个自变量构成并且需要添加常数项。
- 如果希望构建广义最小二乘法回归模型，则可以运用函数 GLS；如果希望构建加权最小二乘法回归模型，则可以运用函数 WLS。在这个案例中，运用函数 OLS、GLS 以及 WLS 所得到的回归模型结果均相同。

5.7.4 参考代码与说明

任务 1 的代码

```
In [81]: data=pd.read_excel('C:/Desktop/中国石油股价、上证 50 指数以及回购利率数据.xlsx',
sheet_name="Sheet1",header=0,index_col=0)          #导入外部数据
   ...: data=data.dropna()                          #删除缺失值

In [82]: (data/data.iloc[0]).plot(figsize=(9,6),grid=True, fontsize=12)
Out[82]:
```

　　从图 5-7 不难发现，无论是中国石油 A 股还是美股，股票价格走势都比较弱，从 2010 年至 2019 年 8 月股价差不多被"腰斩"，同时 A 股和美股的股价也存在较强的联动性。而在此期间，上证 50 指数也基本上是"原地踏步"。然而，7 天回购利率的波动比较高，尤其是在 2013 年 6 月期间整个金融市场处于资金荒之际回购利率创出了历史新高，达到 2010 年年初的 7 倍多。

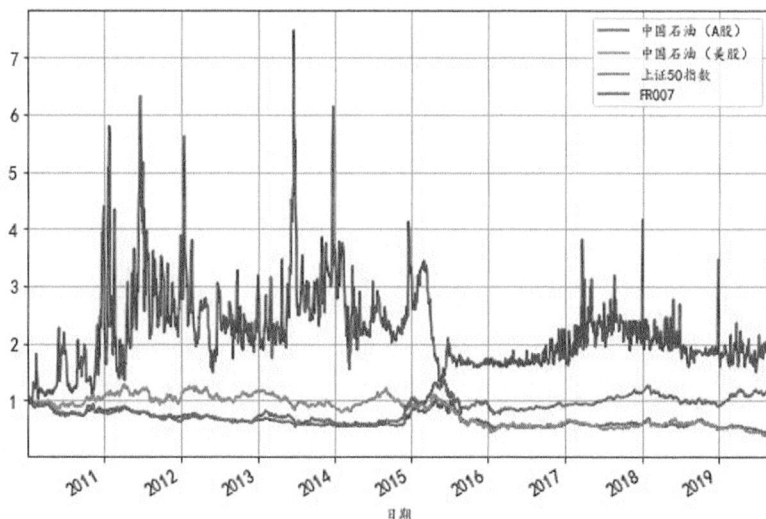

图 5-7　2010—2019 年 8 月中国石油 A 股和美股、上证 50 指数以及 7 天回购利率走势
（按照 2010 年首个交易日收盘价做归 1 处理）

任务 2 的代码

```
In [83]: import statsmodels.api as sm              #导入 StatsModels 的子模块 api

In [84]: data_change=data/data.shift(1)-1          #计算变量的日收益率
    ...: data_change=data_change.dropna()           #删除缺失值

In [85]: Y=data_change.iloc[:,0]                    #设定因变量的样本值

In [86]: SZ50=data_change.iloc[:,2]                 #设定上证 50 指数日收益率作为自变量
    ...: SZ50_addcons=sm.add_constant(SZ50)         #对自变量的样本值增加一列常数项

In [87]: model=sm.OLS(endog=Y,exog=SZ50_addcons)    #构建普通最小二乘法的一元线性回归模型
    ...: result=model.fit()                          #生成线性回归的结果对象

In [88]: result.summary()                           #输出完成的线性回归结果信息
Out[88]:
"""
                          OLS Regression Results
```

```
================================================================================
Dep. Variable:          中国石油（A股）   R-squared:                     0.427
Model:                         OLS   Adj. R-squared:                0.427
Method:              Least Squares   F-statistic:                   1695.
Date:             Mon, 25 Nov 2019   Prob (F-statistic):         3.09e-277
Time:                     15:08:42   Log-Likelihood:               6912.4
No. Observations:             2272   AIC:                       -1.382e+04
Df Residuals:                 2270   BIC:                       -1.381e+04
Df Model:                        1
Covariance Type:         nonrobust
================================================================================
                 coef    std err          t      P>|t|      [0.025      0.975]
--------------------------------------------------------------------------------
const         -0.0004      0.000     -1.447      0.148      -0.001       0.000
上证 50 指数     0.6558      0.016     41.171      0.000       0.625       0.687
================================================================================
Omnibus:                    1060.325   Durbin-Watson:                 2.009
Prob(Omnibus):                 0.000   Jarque-Bera (JB):          24160.406
Skew:                          1.677   Prob(JB):                       0.00
Kurtosis:                     18.620   Cond. No.                       65.7
================================================================================
"""

In [89]: result.params                        #输出截距项和贝塔值
Out[89]:
const       -0.000351
上证 50 指数    0.655768
dtype: float64
```

针对以上的输出结果不难看出，上证 50 指数的日收益率对中国石油 A 股日收益率的影响是非常显著的，并且系数等于 0.655 768 就表示从长期而言当上证 50 指数上涨（下跌）1%，中国石油 A 股股价就上涨（下跌）0.656%。

任务 3 的代码

```
In [90]: Stock_US=data_change.iloc[:,1]            #取中国石油美股的日收益率数据
   ...: Stock_US_previou=Stock_US.shift(1)         #取中国石油美股 T-1 日收益率数据

In [91]: X=pd.concat([data_change.iloc[:,2:],Stock_US_previou],axis=1)   #合并生成一个包括
上证 50 指数、FR007 以及 T-1 日中国石油美股收益率的新数据框
   ...: X=X.dropna()                               #删除缺失值
   ...: X
Out[91]:
              上证 50 指数     FR007   中国石油（美股）
日期
2010-01-06   -0.011783   0.003357    0.038628
2010-01-07   -0.019990  -0.007902    0.020601
2010-01-08    0.000977  -0.002583   -0.008552
...                ...        ...         ...
2019-08-28   -0.002907  -0.016949   -0.001876
2019-08-29   -0.000980  -0.017241    0.001879
```

```
2019-08-30  -0.001620  -0.035088  0.016674

[2271 rows x 3 columns]
```

限于篇幅，本书对以上输出结果做了一定的删减。需要注意的是，新数据框的第 1 行是交易日 2010 年 1 月 6 日，而非原先的 2010 年 1 月 5 日；此外，由于美股是采用 $T–1$ 日数据，因此该数据框中第 1 行的中国石油美股收益率是指 2010 年 1 月 6 日的前一个交易日（即 1 月 5 日）的数据，其余的以此类推。

```
In [92]: X_addcons=sm.add_constant(X)           #对自变量的样本值增加一列常数项

In [93]: model_new=sm.OLS(endog=Y[1:],exog=X)   #构建多元线性回归,注意因变量取值需要从第2行(2010
年1月6日)开始

   ...: result_new=model_new.fit()              #生成多元线性回归的结果对象

In [94]: result_new.summary()                    #输出完成的多元线性回归结果信息
Out[94]:
"""
                        OLS Regression Results
==============================================================================
Dep. Variable:          中国石油（A 股）  R-squared:                  0.440
Model:                            OLS   Adj. R-squared:             0.439
Method:                 Least Squares   F-statistic:                593.0
Date:                Mon, 25 Nov 2019   Prob (F-statistic):      1.59e-284
Time:                        15:11:26   Log-Likelihood:            6933.7
No. Observations:                2271   AIC:                    -1.386e+04
Df Residuals:                    2268   BIC:                    -1.384e+04
Df Model:                           3
Covariance Type:            nonrobust
==============================================================================
                  coef    std err          t      P>|t|      [0.025      0.975]
------------------------------------------------------------------------------
上证 50 指数      0.6423      0.016     40.468      0.000       0.611       0.673
FR007          -0.0017      0.003     -0.646      0.519      -0.007       0.004
中国石油（美股）  0.0941      0.013      7.134      0.000       0.068       0.120
==============================================================================
Omnibus:                     1110.043   Durbin-Watson:                  2.037
Prob(Omnibus):                  0.000   Jarque-Bera (JB):           25201.965
Skew:                           1.791   Prob(JB):                        0.00
Kurtosis:                      18.922   Cond. No.                        6.04
==============================================================================
"""

In [95]: result_new.params  #输出截距项和贝塔值
Out[95]:
上证 50 指数       0.642257
FR007          -0.001719
中国石油（美股）   0.094146
dtype: float64
```

通过对比前面的一元线性回归模型的结果，多元线性回归模型的判定系数 R^2 有所提高，说明用多元线性回归模型进行归因分析更加合适。

此外，从多元线性回归模型的输出结果不难发现，上证 50 指数的日收益率、中国石油美股 $T-1$ 日的日收益率这 2 个变量对于中国石油 A 股日收益率的影响都是很显著的，并且影响均为正；其中，中国石油美股的系数是 0.094 146 就表示，从长期来看，当 $T-1$ 日中国石油美股股价上涨（下跌）1%，T 日中国石油 A 股股价就会上涨（下跌）0.094%。此外，FR007 变化的影响则不显著，可以认为 FR007 不是影响中国石油股价变化的一个重要因子。

5.8　用 arch 模块构建波动率模型——以全球主要股指为分析对象

5.8.1　案例详情

H 公司是总部位于瑞士苏黎世的一家全球性金融机构，业务涵盖投资银行、资产管理、财富管理等综合金融服务，目前公司的投资银行部正在设计以全球主要股票指数作为标的变量的衍生产品。

假定你是这家公司投资银行部的一位产品经理并且参与此类衍生产品的设计，按照部门总经理的分工安排，你负责对上证 180 指数、标普 500 指数和恒生指数这 3 个全球重要股指构建波动率模型。表 5-10 就列示了从 2000 年 1 月至 2019 年 9 月期间这些指数的周收盘价信息，完整的数据存放在 Excel 文件中。

表 5-10　上证 180 指数、标普 500 指数和恒生指数的部分周收盘价

（2000 年 1 月至 2019 年 9 月期间）

日　　期	上证 180 指数	标普 500 指数	恒 生 指 数
1999-12-31	2 989.940 0	1 469.250 0	16 962.100 0
2000-01-07	3 330.570 0	1 441.470 0	15 405.630 0
2000-01-14	3 024.740 0	1 465.150 0	15 542.230 0
......			
2019-09-20	8 655.884 2	2 992.070 0	26 435.670 0
2019-09-27	8 495.943 0	2 961.790 0	25 954.810 0
2019-09-30	8 409.486 9	2 976.740 0	26 092.270 0

备注：上表包含 1999 年最后一周的指数收盘价数据（即 1999 年 12 月 31 日）是为了完整计算出 2010 年至 2018 年期间的周收益率。

数据来源：同花顺。

为了高效地完成指数的波动率建模工作，你需要运用 Python 完成 4 项编程任务。

5.8.2 编程任务

【任务 1】导入包含 2000 年 1 月至 2019 年 9 月期间上证 180 指数、标普 500 指数和恒生指数周收盘价的 Excel 文件并创建数据框，同时，计算这 3 个指数周收益率（运用自然对数）并创建新的数据框以及对周收益率进行可视化。

【任务 2】基于任务 1 创建的周收益率数据框，针对上证 180 指数的周收益率构建波动率模型，选用的模型是 ARCH(1)模型和 GARCH(1,1)模型，同时计算上证 180 指数周收益率的长期波动率［运用 GARCH(1,1)模型，下同］。

【任务 3】基于任务 1 创建的周收益率数据框，针对标普 500 指数的周收益率运用 ARCH(1)模型和 GARCH(1,1)模型构建波动率模型，并计算该指数周收益率的长期波动率。

【任务 4】基于任务 1 创建的周收益率数据框，针对恒生指数的周收益率依然运用 ARCH(1)模型和 GARCH(1,1)模型构建波动率模型，并计算该指数周收益率的长期波动率。

5.8.3 编程提示

- arch 模块是 Python 的第三方模块，并且未能集成在 Anaconda 3.0 版本中，需要独立安装。读者可以直接打开 Anaconda Prompt 界面输入 pip install arch 进行在线安装。

- 针对任务 2 和任务 4，读者可以运用 arch 模块中的函数 arch_model，在该函数中针对参数 vol 输入 vol='ARCH'表示运用 ARCH 模型，输入 vol='GARCH'则表示运用 GARCH 模型。

- 针对 GARCH(1,1)模型，计算长期波动率的数学公式是 $\sqrt{V_L}=\sqrt{\omega/(1-\alpha-\beta)}$。

5.8.4 参考代码与说明

任务 1 的代码

```
In [96]: index_price=pd.read_excel('C:/Desktop/上证 180、标普 500 和恒生指数周收盘价（2000 年至
2019 年 9 月）.xlsx',sheet_name="Sheet1",header=0,index_col=0)          #导入外部数据

In [97]: index_return=np.log(index_price/index_price.shift(1))          #用自然对数计算指数周收益率
```

```
    ...: index_return=index_return.dropna()              #删除缺失值

In [98]: plt.figure(figsize=(8,10))
    ...: plt.subplot(3,1,1)                              #代表第 1 行的子图
    ...: plt.plot(index_return.iloc[:,0],'b-',label=u'上证 180 指数',lw=2.0)
    ...: plt.xticks(fontsize=13)
    ...: plt.yticks(fontsize=13)
    ...: plt.ylim(-0.21,0.16)
    ...: plt.ylabel(u'周收益率',fontsize=13)
    ...: plt.legend(fontsize=13,loc=1)                    #图例放置在右上方
    ...: plt.grid()
    ...: plt.subplot(3,1,2,sharex=plt.subplot(3,1,1),sharey=plt.subplot(3,1,1))    #代表第
2 行的子图并且与第 1 个子图共用 X 轴和 Y 轴
    ...: plt.plot(index_return.iloc[:,1],'c-',label=u'标普 500 指数',lw=2.0)
    ...: plt.xticks(fontsize=13)
    ...: plt.yticks(fontsize=13)
    ...: plt.ylabel(u'周收益率',fontsize=13)
    ...: plt.legend(fontsize=13,loc=1)
    ...: plt.grid()
    ...: plt.subplot(3,1,3,sharex=plt.subplot(3,1,1),sharey=plt.subplot(3,1,1))  #代表第 3
行的子图并且与第 1 个子图共用 X 轴和 Y 轴
    ...: plt.plot(index_return.iloc[:,-1],'m-',label=u'恒生指数',lw=2.0)
    ...: plt.xticks(fontsize=13)
    ...: plt.xlabel(u'日期',fontsize=13)
    ...: plt.yticks(fontsize=13)
    ...: plt.ylabel(u'周收益率',fontsize=13)
    ...: plt.legend(fontsize=13,loc=1)
    ...: plt.grid()
    ...: plt.show()
```

从图 5-8 中不难看出，在 2000 年至 2019 年 9 月期间内，标普 500 指数的周最大跌幅达到-20%，这出现在美国次贷危机的高峰期间。相比之下，上证 180 指数和恒生指数的最大跌幅均小于标普 500 指数。同时，通过目测可以判断，上证 180 指数周跌幅超过-10%的次数均超过标普 500 指数和恒生指数。

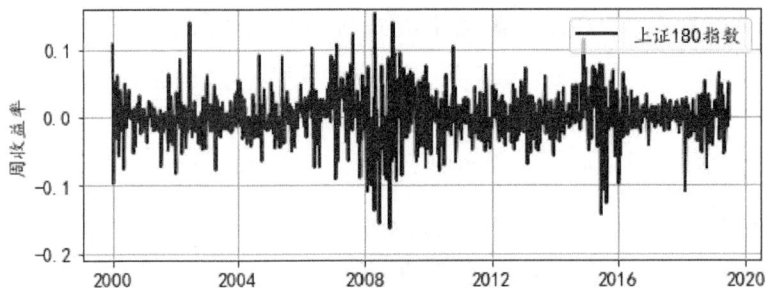

图 5-8　2000 年 1 月至 2019 年 9 月上证 180 指数、标普 500 指数和恒生指数周收益率

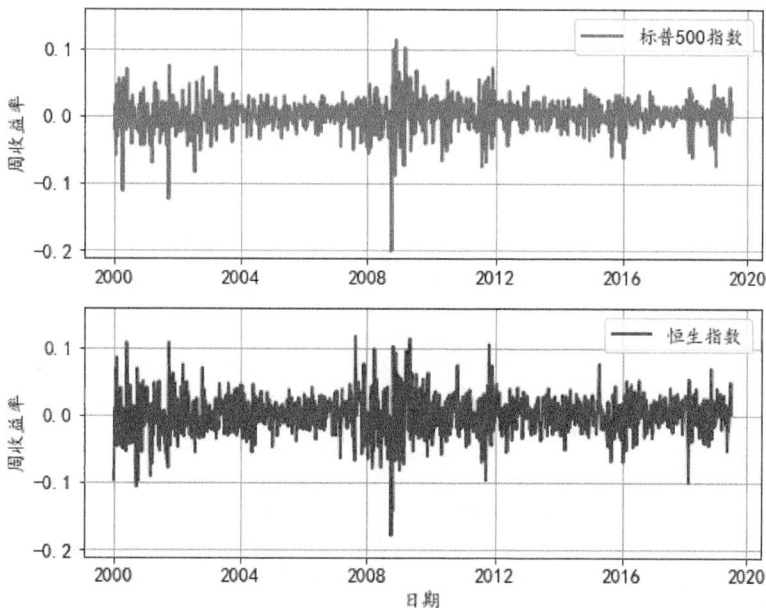

图 5-8　2000 年 1 月至 2019 年 9 月上证 180 指数、标普 500 指数和恒生指数周收益率（续）

任务 2 的代码

```
In [99]: from arch import arch_model    #从 arch 模块中导入 arch_model 函数

In [100]: SZ180_arch=arch_model(y=index_return.iloc[:,0],mean='Constant',lags=0,vol='ARCH',
p=1, o=0,q=0,dist='normal')    #针对上证 180 指数周收益率构建 ARCH(1)模型
     ...: SZ180_garch=arch_model(y=index_return.iloc[:,0],mean='Constant',lags=0,vol='GARCH',
p=1,o=0,q=1,dist='normal')     #针对上证 180 指数周收益率构建 GARCH(1,1)模型

In [101]: SZ180_result_arch=SZ180_arch.fit()        #对 ARCH 模型进行拟合
     ...: SZ180_result_arch.summary()               #对 ARCH 模型结果进行输出
Out[101]:
"""
                    Constant Mean - ARCH Model Results
==============================================================================
Dep. Variable:          上证 180 指数    R-squared:              -0.000
Mean Model:            Constant Mean    Adj. R-squared:         -0.000
Vol Model:                      ARCH    Log-Likelihood:         2012.98
Distribution:                 Normal    AIC:                    -4019.96
Method:        Maximum Likelihood       BIC:                    -4005.14
                                        No. Observations:          1031
Date:             Mon, Nov 25 2019      Df Residuals:              1028
Time:                     16:14:57      Df Model:                     3
                              Mean Model
==============================================================================
         coef    std err       t     P>|t|     95.0% Conf. Int.
```

```
-----------------------------------------------------------------------
mu         8.9747e-04  1.059e-03    0.848    0.397   [-1.177e-03,2.972e-03]
                         Volatility Model
=======================================================================
             coef     std err       t      P>|t|      95.0% Conf. Int.
-----------------------------------------------------------------------
omega     1.0093e-03  9.199e-05   10.972   5.198e-28  [8.290e-04,1.190e-03]
alpha[1]    0.1778    6.367e-02    2.793   5.226e-03  [5.302e-02, 0.303]
=======================================================================

Covariance estimator: robust
"""

In [102]: SZ180_result_garch=SZ180_garch.fit()          #对 GARCH 模型进行拟合
     ...: SZ180_result_garch.summary()                  #对 GARCH 模型结果进行输出
Out[102]:
"""
               Constant Mean - GARCH Model Results
=======================================================================
Dep. Variable:          上证 180 指数   R-squared:                -0.000
Mean Model:            Constant Mean   Adj. R-squared:           -0.000
Vol Model:                    GARCH   Log-Likelihood:            2093.39
Distribution:                Normal   AIC:                      -4178.79
Method:          Maximum Likelihood   BIC:                      -4159.04
                                       No. Observations:            1031
Date:            Mon, Nov 25 2019      Df Residuals:                1027
Time:                    16:15:54      Df Model:                       4
                          Mean Model
=======================================================================
             coef     std err       t      P>|t|      95.0% Conf. Int.
-----------------------------------------------------------------------
mu         5.5035e-04  9.696e-04    0.56     0.570   [-1.350e-03,2.451e-03]
                         Volatility Model
=======================================================================
             coef     std err       t      P>|t|      95.0% Conf. Int.
-----------------------------------------------------------------------
omega     3.3791e-05  7.963e-06    4.244   2.198e-05  [1.818e-05,4.940e-05]
alpha[1]    0.1004    2.398e-02    4.185   2.853e-05  [5.335e-02, 0.147]
beta[1]     0.8714    2.115e-02   41.209    0.000     [ 0.830, 0.913]
=======================================================================

Covariance estimator: robust
"""

In [103]: SZ180_vol=np.sqrt(SZ180_result_garch.params[1]/(1-SZ180_result_garch.params[2]-
SZ180_result_garch.params[3]))
     ...: print('利用 GARCH(1,1)模型得到上证 180 指数周收益率的长期波动率', round(SZ180_vol,4))
利用 GARCH(1,1)模型得到上证 180 指数周收益率的长期波动率 0.0346
```

从以上输出的结果不难得出，上证 180 指数周收益率的长期波动率是 3.46%。

任务 3 的代码

```
In [104]: SP500_arch=arch_model(y=index_return.iloc[:,1],mean='Constant',lags=0,vol='ARCH',
p=1, o=0,q=0,dist='normal')      #针对标普 500 指数周收益率构建 ARCH(1)模型
     ...: SP500_garch=arch_model(y=index_return.iloc[:,1],mean='Constant',lags=0,vol='GARCH',
p=1,o=0,q=1,dist='normal')       #针对标普 500 指数周收益率构建 GARCH(1,1)模型

In [105]: SP500_result_arch=SP500_arch.fit()         #对 ARCH 模型进行拟合
     ...: SP500_result_arch.summary()                #对 ARCH 模型结果进行输出
Out[105]:
"""
                 Constant Mean - ARCH Model Results
==============================================================================
Dep. Variable:              标普 500 指数   R-squared:                     -0.002
Mean Model:                Constant Mean   Adj. R-squared:                -0.002
Vol Model:                          ARCH   Log-Likelihood:                2462.73
Distribution:                     Normal   AIC:                          -4919.46
Method:             Maximum Likelihood     BIC:                          -4904.64
                                           No. Observations:                 1031
Date:                 Mon, Nov 25 2019     Df Residuals:                     1028
Time:                         16:20:17     Df Model:                            3
                               Mean Model
==============================================================================
                 coef    std err          t      P>|t|      95.0% Conf. Int.
------------------------------------------------------------------------------
mu          1.6790e-03  6.748e-04      2.488  1.284e-02  [3.564e-04,3.002e-03]
                            Volatility Model
==============================================================================
                 coef    std err          t      P>|t|      95.0% Conf. Int.
------------------------------------------------------------------------------
omega       3.6761e-04  3.842e-05      9.567  1.095e-21  [2.923e-04,4.429e-04]
alpha[1]        0.3406  6.758e-02      5.040  4.661e-07  [ 0.208,  0.473]
==============================================================================

Covariance estimator: robust
"""

In [106]: SP500_result_garch=SP500_garch.fit()       #对 GARCH 模型进行拟合
     ...: SP500_result_garch.summary()               #对 GARCH 模型结果进行输出
Out[106]:
"""
                 Constant Mean - GARCH Model Results
==============================================================================
Dep. Variable:              标普 500 指数   R-squared:                     -0.004
Mean Model:                Constant Mean   Adj. R-squared:                -0.004
Vol Model:                         GARCH   Log-Likelihood:                2526.37
Distribution:                     Normal   AIC:                          -5044.74
Method:             Maximum Likelihood     BIC:                          -5024.99
                                           No. Observations:                 1031
Date:                 Mon, Nov 25 2019     Df Residuals:                     1027
```

```
Time:                      16:21:51  Df Model:                          4
                         Mean Model
==============================================================================
                 coef    std err        t     P>|t|      95.0% Conf. Int.
------------------------------------------------------------------------------
mu         2.1326e-03  5.501e-04      3.877  1.058e-04   [1.054e-03,3.211e-03]
                       Volatility Model
==============================================================================
                 coef    std err        t     P>|t|      95.0% Conf. Int.
------------------------------------------------------------------------------
omega      5.8255e-05  2.243e-05      2.597  9.411e-03   [1.429e-05,1.022e-04]
alpha[1]       0.2000  4.487e-02      4.457  8.316e-06   [ 0.112,   0.288]
beta[1]        0.7000  6.327e-02     11.063  1.891e-28   [ 0.576,   0.824]
==============================================================================

Covariance estimator: robust
"""

In [107]: SP500_vol=np.sqrt(SP500_result_garch.params[1]/(1-SP500_result_garch.params[2]-
SP500_result_garch.params[3]))
     ...: print('利用 GARCH(1,1)模型得到标普 500 指数周收益率的长期波动率', round(SP500_vol,4))
利用 GARCH(1,1)模型得到标普 500 指数周收益率的长期波动率  0.0241
```

通过以上的计算可以得到，标普 500 指数周收益率的长期波动率为 2.41%，低于上证 180 指数的长期波动率 3.46%，说明从长期来看标普 500 指数的投资风险低于上证 180 指数，这是由于 A 股市场还是一个新兴加转轨的市场，波动性比美国这样的成熟资本市场会更高一些。

任务 4 的代码

```
In [108]: HS_arch=arch_model(y=index_return.iloc[:,2],mean='Constant',lags=0,vol='ARCH',
p=1,o=0,q=0,dist='normal')      #针对恒生指数周收益率构建 ARCH(1)模型
     ...: HS_garch=arch_model(y=index_return.iloc[:,2],mean='Constant',lags=0,vol='GARCH',
p=1,o=0,q=1,dist='normal')      #针对恒生指数周收益率构建 GARCH(1,1)模型

In [109]: HS_result_arch=HS_arch.fit()              #对 ARCH 模型进行拟合
     ...: HS_result_arch.summary()                  #对 ARCH 模型结果进行输出
Out[109]:
"""
                   Constant Mean - ARCH Model Results
==============================================================================
Dep. Variable:               恒生指数   R-squared:                     -0.001
Mean Model:          Constant Mean   Adj. R-squared:                -0.001
Vol Model:                    ARCH   Log-Likelihood:                2177.08
Distribution:               Normal   AIC:                          -4348.17
Method:          Maximum Likelihood   BIC:                         -4333.35
                                      No. Observations:                 1031
Date:           Mon, Nov 25 2019     Df Residuals:                     1028
Time:                     16:24:00   Df Model:                            3
                         Mean Model
```

```
                coef      std err        t       P>|t|      95.0% Conf. Int.
-----------------------------------------------------------------------------------
mu          1.3771e-03  8.705e-04     1.582     0.114      [-3.290e-04,3.083e-03]
                               Volatility Model
===================================================================================
                coef      std err        t       P>|t|      95.0% Conf. Int.
-----------------------------------------------------------------------------------
omega       6.6498e-04  5.200e-05    12.787    1.931e-37    [5.631e-04,7.669e-04]
alpha[1]      0.2860    7.493e-02     3.818    1.347e-04    [ 0.139, 0.433]
===================================================================================

Covariance estimator: robust
"""
```

```
In [110]: HS_result_garch=HS_garch.fit()          #对 GARCH 模型进行拟合
    ...:  HS_result_garch.summary()               #对 GARCH 模型结果进行输出
Out[110]:
"""
                 Constant Mean - GARCH Model Results
===================================================================================
Dep. Variable:             恒生指数   R-squared:                      -0.001
Mean Model:         Constant Mean   Adj. R-squared:                 -0.001
Vol Model:                  GARCH   Log-Likelihood:                2238.85
Distribution:              Normal   AIC:                          -4469.70
Method:        Maximum Likelihood   BIC:                          -4449.94
                                    No. Observations:                 1031
Date:           Mon, Nov 25 2019   Df Residuals:                     1027
Time:                  16:26:28   Df Model:                            4
                         Mean Model
===================================================================================
                coef      std err        t       P>|t|      95.0% Conf. Int.
-----------------------------------------------------------------------------------
mu          1.4513e-03  8.067e-04     1.799    7.202e-02    [-1.298e-04,3.032e-03]
                               Volatility Model
===================================================================================
                coef      std err        t       P>|t|      95.0% Conf. Int.
-----------------------------------------------------------------------------------
omega       1.9648e-05  2.950e-06     6.660    2.734e-11    [1.387e-05,2.543e-05]
alpha[1]      0.0966    3.393e-02     2.848    4.401e-03    [3.013e-02, 0.163]
beta[1]       0.8841    2.606e-02    33.921    3.260e-252   [ 0.833, 0.935]
===================================================================================

Covariance estimator: robust
"""
```

```
In [111]: HS_vol=np.sqrt(HS_result_garch.params[1]/(1-HS_result_garch.params[2] -HS_result_
garch.params[3]))
    ...:  print('利用 GARCH(1,1)模型得到恒生指数周收益率的长期波动率',round(HS_vol,4))
利用 GARCH(1,1)模型得到恒生指数周收益率的长期波动率 0.0319
```

从以上的输出结果不难看出，恒生指数周收益率的长期波动率为 3.19%，高于标普 500 指数的长期波动率 2.41%，但低于上证 180 指数的长期波动率 3.46%，这表明香港资本市场的长期风险介于美股与 A 股之间。

5.9 用 datetime 模块处理时间对象——以银行理财产品为分析对象

5.9.1 案例详情

I 银行是总部位于苏州的一家商业银行，该银行为了满足客户追求低风险、较高流动性、预期收益率又能高于定期存款的理财需求，于 2019 年 2 月初对外发行了两款期限均为 6 个月的理财产品——利利盈 A 与利利盈 B。两款产品的起始日期和到期日期均有所不同，具体详见表 5-11。此外，这两款理财产品的年化收益率均为 5%，但是给投资者的收益是按照实际天数计算并且 1 年按照 365 天计算。

表 5-11　银行对外发行的两款理财产品起始日期与到期日期

利利盈 A 理财产品		利利盈 B 理财产品	
起始日期	到期日期	起始日期	到期日期
2019 年 2 月 3 日	2019 年 8 月 3 日	2019 年 3 月 8 日	2019 年 9 月 8 日

假定你是这家银行的运营经理，负责理财产品日常的建档、估值和清算工作，下面需要运用 Python 完成 4 项编程任务。

5.9.2 编程任务

【任务 1】将表 5-11 中的两款理财产品的起始日期和到期日期以时间对象的方式输入到 Python 中，并且针对包含利利盈 A 理财产品起始日期的时间对象，依次访问年份、月份以及处于星期几。

【任务 2】针对任务 1 创建的时间对象，比较利利盈 A 理财产品的起始日期与利利盈 B 理财产品起始日期的大小。

【任务 3】针对任务 1 创建的时间对象，按照天为单位计算每款产品的期限，并且比较两款产品期限的大小。

【任务 4】钱先生是这家银行的客户并且购买了这两款理财产品，每款产品的投资金额均为 100 万元，需要计算每款理财产品到期时钱先生的收益金额以及这两款理财产品收益金额的差异额。

5.9.3 编程提示

• 创建时间对象需要运用 Python 的内置模块 datetime，并且是运用该模块中的 datetime 类。

• 访问时间对象的年份需要运用函数 year，访问月份运用函数 month，访问处于星期几运用函数 weekday。

• 比较两个日期的大小关系可以采用 datetime 模块中内置的函数，也可以运用 Python 的比较运算符号，得到的结果均是相同的。

• 计算理财产品的期限实质就是针对时间间隔的计算，并且用函数 days 计算天数。

5.9.4 参考代码与说明

任务 1 的代码

```
In [112]: import datetime as dt          #导入 datetime 模块

In [113]: begin_A=dt.datetime(2019,2,3)  #输入利利盈 A 产品的起始日期
     ...: begin_A
Out[113]: datetime.datetime(2019, 2, 3, 0, 0)

In [114]: type(begin_A)                   #查看类型
Out[114]: datetime.datetime

In [115]: end_A=dt.datetime(2019,8,3)     #输入利利盈 A 产品的到期日期
     ...: begin_B=dt.datetime(2019,3,8)   #输入利利盈 B 产品的起始日期
     ...: end_B=dt.datetime(2019,9,8)     #输入利利盈 B 产品的到期日期

In [116]: begin_A.year                    #访问利利盈 A 产品起始日的年份
Out[116]: 2019

In [117]: begin_A.month                   #访问利利盈 A 产品起始日的月份
Out[117]: 2

In [118]: begin_A.weekday()               #访问利利盈 A 产品起始日处于星期几
Out[118]: 6
```

需要注意的是，输出结果 6 是表明星期日，因为 0 表示星期一，1 表示星期二，以此类推。

任务 2 的代码

```
In [119]: begin_A.__eq__(begin_B)          #用 datetime 模块内置函数判断两个日期是否相等
Out[119]: False

In [120]: begin_A.__gt__(begin_B)          #用 datetime 模块内置函数判断利利
盈 B 产品起始日期                            盈 A 产品起始日期是否大于利利
Out[120]: False

In [121]: begin_A.__lt__(begin_B)          #用 datetime 模块内置函数判断利利盈 A 产品起始日期是否小于利利
盈 B 产品起始日期
Out[121]: True

In [122]: begin_A==begin_B                 #以下运用 Python 的关系运算符号
Out[122]: False

In [123]: begin_A>begin_B
Out[123]: False

In [124]: begin_A<begin_B
Out[124]: True
```

任务 3 的代码

```
In [125]: tenor_A=(end_A-begin_A).days     #计算利利盈 A 产品的期限并且单位是天
     ...: print('利利盈 A 产品的期限（天）',tenor_A)
利利盈 A 产品的期限（天） 181

In [126]: tenor_B=(end_B-begin_B).days     #计算利利盈 B 产品的期限并且单位是天
     ...: print('利利盈 B 产品的期限（天）',tenor_B)
利利盈 B 产品的期限（天） 184

In [127]: tenor_A>tenor_B                   #判断利利盈 A 产品的期限是否大于利利盈 B 产品
Out[127]: False

In [128]: tenor_A==tenor_B                  #判断利利盈 A 产品的期限是否等于利利盈 B 产品
Out[128]: False

In [129]: tenor_A<tenor_B                   #判断利利盈 A 产品的期限是否小于利利盈 B 产品
Out[129]: True
```

从以上的输出结果不难发现，按照天为单位进行计算，则利利盈 A 产品的期限等于 181 天，小于利利盈 B 产品 184 天的期限。

任务 4 的代码

```
In [130]: invest=1e6                        #钱先生购买每款理财产品的金额
     ...: R=0.05                            #理财产品的年化收益率
```

```
        ...: days=365                                    #1 年的天数

In [131]: return_A=invest*R*tenor_A/days               #投资利利盈 A 产品到期时的收益金额
        ...: return_B=invest*R*tenor_B/days             #投资利利盈 B 产品到期时的收益金额
        ...: return_diff=return_B-return_A              #两款理财产品收益金额的差异额
        ...: print('A 理财产品到期时支付给钱先生的收益',round(return_A,2))
        ...: print('B 理财产品到期时支付给钱先生的收益',round(return_B,2))
        ...: print('两款理财产品到期时支付给钱先生收益额的差异',round(return_diff,2))
A 理财产品到期时支付给钱先生的收益额      24794.52
B 理财产品到期时支付给钱先生的收益额      25205.48
两款理财产品到期时支付给钱先生收益额的差异  410.96
```

根据以上的计算不难发现，虽然两款理财产品均是 6 个月期限，但是由于收益是按照实际天数计算，鉴于利利盈 B 理财产品的实际天数比 A 理财产品更长，因此利利盈 B 产品到期支付给钱先生的收益额更高，两款产品之间收益额相差 410.96 元。

到这里，你已经完成了第 5 章全部案例的练习，相信你一定已经扎实掌握了 Python 以及相关常用第三方模块的代码编写技能，请不要停留，更不能懈怠，向第 6 章进发，去真正体会在金融产品定价、交易策略构建以及各类风险管理中运用 Python 的高效与便捷。

5.10 本章小结

SciPy、StatsModels、arch 和 datetime 这 4 个模块也是金融实务工作中比较常用的 Python 第三方模块或内置模块。读者可以通过本章的 9 个原创金融案例共计 30 个编程任务，扎实掌握 SciPy 模块求积分、计算插值、求解线性方程组、求解最优解以及统计分析等功能所涉及的函数和相关参数的用法，熟练运用 StatsModels 模块构建回归模型，运用 arch 模块构建波动率模型以及运用 datetime 模块创建并处理时间对象等编程操作。

06

第 6 章

用 Python 分析利率与债券的案例

本章导读

　　利率是金融市场最关键的变量之一，债券是金融市场中最常用的融资和投资工具之一，同时债券的定价与利率的变化又息息相关，而运用 Python 可以精准、高效地完成对利率和债券的分析。

　　本章包含 10 个原创案例共计 34 个编程任务，通过这些案例的充分训练，读者能够熟练掌握运用 Python 完成利息计算、零息利率测算、远期利率测度、远期利率协议估值、债券定价、债券久期与凸性计算等编程工作。下面通过表 6-1 梳理出本章的结构与内容概要。

表 6-1　第 6 章的结构与内容概要

序号	案 例 标 题	学 习 目 标	编程任务数量	读者扮演的角色
1	计算不同复利频次的利息——以定期存款为分析对象	掌握不同复利频次下的利息计算、连续复利利率与每年 m 次复利利率的等价变换，以及相关 Python 代码编写	3 个	理财顾问
2	基于单一贴现率的债券定价——以国债为分析对象	掌握基于单一贴现利率和不同支付频次票息的债券定价，以及相关 Python 代码编写	4 个	债券分析师
3	基于票息剥离法计算零息利率曲线——以国债利率为分析对象	掌握票息剥离法的内在逻辑、计算公式以及相关 Python 代码编写	3 个	债券交易员

续表

序号	案 例 标 题	学 习 目 标	编程任务数量	读者扮演的角色
4	基于不同期限零息利率的债券定价——以金融债和地方债为分析对象	掌握基于不同期限的零息利率和不同支付频次票息的债券定价，以及相关 Python 代码编写	3 个	运营经理
5	远期利率——以国债为分析对象	掌握通过即期利率计算远期利率的公式以及相关 Python 代码编写	3 个	产品经理
6	远期利率协议现金流——以 Libor 远期利率协议为分析对象	掌握远期利率协议现金流的计算公式以及相关 Python 代码编写	3 个	风险主管
7	远期利率协议定价——以 Shibor 远期利率协议为分析对象	掌握远期利率协议价值的计算公式以及相关 Python 代码编写	3 个	风险管理部总经理
8	债券麦考利久期——以利率债为分析对象	掌握麦考利久期的计算公式，运用麦考利久期计算债券价值变化的数学表达式，以及相关 Python 代码编写	4 个	债券投资总监
9	债券修正久期和美元久期——以央企债券为分析对象	掌握修正久期、美元久期的计算公式，以及相关 Python 代码编写	4 个	首席投资官
10	债券凸性——以地方政府债为分析对象	掌握债券凸性的计算公式，运用凸性计算债券价值变化的数学表达式，以及相关 Python 代码撰写	4 个	投资决策委员会主席
	合计		34 个	

注：在本章的案例中，如无特别说明，债券的价格均默认是债券的全价（dirty price）。

在开始练习本章的案例之前，建议先学习《基于 Python 的金融分析与风险管理》（人民邮电出版社 2019 年 10 月出版）第 7 章的内容。

6.1　计算不同复利频次的利息——以定期存款为分析对象

6.1.1　案例详情

A 银行、B 银行和 C 银行均是总部位于悉尼的澳大利亚商业银行，由于澳大利亚的银行存款利率是完全放开并且自由竞争，因此这 3 家银行对外公布的澳大利亚元（简称"澳元"）

5 年期定期存款利率以及复利频次均有所差异[①]，具体详见表 6-2。

表 6-2 3 家澳大利亚银行对外公布的 5 年期澳元定期存款利率和复利频次

银　行	5 年期澳元存款利率（年化）	计息的复利频次
A 银行	1.7%	灵活设定
B 银行	1.71%	半年 1 次
C 银行	1.69%	连续复利

注：上表中的"灵活设定"表示 A 银行可根据存款金额的大小为存款人量身定制复利频次。

　　假定你是当地的一位独立理财顾问，约翰先生是你长期服务的客户并且目前恰好有 1 万澳元的闲置现金，希望在 2019 年 8 月 1 日选择这 3 家银行中的 1 家办理 5 年期的定期存款，从而实现利息收益的最大化。

　　为了能够帮助客户理性选择存款银行，使客户体验极致的服务，你需要运用 Python 完成 3 项编程任务。

6.1.2　编程任务

　　【任务 1】假定选择 A 银行存款，并且依次设定复利频次为每年 1 次、每季度 1 次、每月 1 次、每周 1 次（1 年 52 周）、每日 1 次（1 年 365 天）以及连续复利，分别计算约翰先生 5 年期定期存款在到期时（2024 年 8 月 1 日）的本息之和。

　　【任务 2】假定按照 A 银行的要求，约翰先生的存款金额可以享受按照每周 1 次的复利频次计算利息，而 B 银行则是按照每半年进行复利。为了便于比较，需要依次计算 A 银行、B 银行的利率等价于具体金额的连续复利利率，并且建议约翰先生应该去哪家银行存款更划算。

　　【任务 3】琼女士也是你的一位客户，目前有 3 000 澳元，也希望办理期限为 5 年的定期存款，但是明确表示不愿意在 B 银行办理存款业务。按照 A 银行的要求，琼女士的存款金额可以享受按照半年 1 次的复利频次计算利息，同时 C 银行的利率是连续复利，为了便于比较，计算 C 银行的利率等价于具体金额的按半年复利 1 次的利率，并且建议琼女士应该去哪家银行存款将获得更高收益。

[①] 这里的定期存款特指银行约定在该存款到期日支付给存款人全部的利息和本金，在存款期内的其他时间不支付任何利息和本金，并且也不允许存款人提前支取。

6.1.3 编程提示

- 针对任务 1，假设每年复利频次用 m 表示，5 年期定期存款到期日本息之和等于 $10^4 \times \left(1+\dfrac{1.7\%}{m}\right)^{5 \times m}$，连续复利则对应的存款到期日本息和等于 $10^4 \times \mathrm{e}^{5 \times 1.7\%}$，在 Python 编程中需要运用到这些式子。

- 针对任务 2，假设 R_c 代表连续复利利率，R_m 是与连续复利利率等价的每年 m 次复利利率，则有 $R_c = m \times \ln\left(1+\dfrac{R_m}{m}\right)$，在 Python 中需要运用到该式子。

- 针对任务 3，假设 R_c 代表连续复利利率，R_m 是与连续复利利率等价的每年 m 次复利利率，则有 $R_m = m(\mathrm{e}^{R_c/m} - 1)$，在 Python 中也需要运用到该式子。

6.1.4 参考代码与说明

任务 1 的代码

```
In [1]: import numpy as np
   ...: import pandas as pd
   ...: import matplotlib.pyplot as plt
   ...: from pylab import mpl
   ...: mpl.rcParams['font.sans-serif'] = ['KaiTi']
   ...: mpl.rcParams['axes.unicode_minus'] = False

In [2]: principle=10000                          #存款本金
   ...: r_A=0.017                                 #A 银行定期存款利率
   ...: n=5                                       #存款期限（年）

In [3]: FV_annually=principle*(1+r_A)**n          #每年复利 1 次的本息和
   ...: FV_quarterly=principle*(1+r_A/4)**(n*4)   #每季度复利 1 次的本息和
   ...: FV_monthly=principle*(1+r_A/12)**(n*12)   #每月复利 1 次的本息和
   ...: FV_weekly=principle*(1+r_A/52)**(n*52)    #每周复利 1 次的本息和
   ...: FV_dayly=principle*(1+r_A/365)**(n*365)   #每天复利 1 次的本息和
   ...: FV_continuous=principle*np.exp(n*r_A)     #连续复利的本息和

In [4]: print('利率每年复利 1 次的到期存款本息和',round(FV_annually,2))
   ...: print('利率每季度复利 1 次的到期存款本息和',round(FV_quarterly,2))
   ...: print('利率每月复利 1 次的到期存款本息和',round(FV_monthly,2))
   ...: print('利率每周复利 1 次的到期存款本息和',round(FV_weekly,2))
   ...: print('利率每天复利 1 次的到期存款本息和',round(FV_dayly,2))
```

```
    ...: print('利率连续复利的到期存款本息和',round(FV_continuous,2))
利率每年复利 1 次的到期存款本息和    10879.4
利率每季度复利 1 次的到期存款本息和   10885.21
利率每月复利 1 次的到期存款本息和    10886.52
利率每周复利 1 次的到期存款本息和    10887.02
利率每天复利 1 次的到期存款本息和    10887.15
利率连续复利的到期存款本息和       10887.17
```

从以上的输出结果可以得到两个结论：一是存款本息和的金额是利率复利频次的递增函数；二是复利频次对存款本息之和的边际效应存在递减规律，例如，每天复利的存款本息之和为 10 887.15 澳元，比每周复利的存款本息之和高出 0.13 澳元，但是比连续复利的存款本息之和仅少了 0.02 澳元。

任务 2 的代码

```
In [5]: r_B=0.0171                        #B 银行的存款利率
   ...: m_B=2                             #B 银行利率的复利频次
   ...: r_B_conti=m_B*np.log(1+r_B/m_B)   #计算得到 B 银行等价的连续复利利率
   ...: print('B 银行对应的等价连续复利利率',round(r_B_conti,6))
B 银行对应的等价连续复利利率 0.017027

In [6]: m_A=52                            #A 银行利率的每周复利频次
   ...: r_A_conti=m_A*np.log(1+r_A/m_A)   #计算得到 A 银行等价的连续复利利率
   ...: print('A 银行对应的等价连续复利利率',round(r_A_conti,6))
A 银行对应的等价连续复利利率 0.016997

In [7]: r_B_conti>r_A_conti               #B 银行对应的等价连续复利利率是否高于 A 银行
Out[7]: True
```

根据以上输出的结果不难发现，B 银行对应的等价连续复利利率高于 A 银行的利率，同时也高于 C 银行的利率（连续复利利率 1.69%），因此，你应该建议约翰先生选择 B 银行办理 5 年期定期存款。

任务 3 的代码

```
In [8]: r_C_conti=0.0169                  #C 银行的存款利率并且是连续复利
   ...: m_A_new=2                         #A 银行给琼女士的复利频次

In [9]: r_C=m_A_new*(np.exp(r_C_conti/m_A_new)-1) #C 银行连续复利利率等价的按半年复利 1 次的利率
   ...: print('C 银行连续复利利率对应等价的按半年复利 1 次的利率',round(r_C,6))
C 银行连续复利利率对应等价的按半年复利 1 次的利率 0.016972

In [10]: r_C>r_A   #C 银行对应的等价按半年复利 1 次的利率是否高于 A 银行
Out[10]: False

In [11]: r_C<r_A   #C 银行对应的等价按半年复利 1 次的利率是否低于 A 银行
Out[11]: True
```

根据以上的输出结果,你应该建议琼女士选择 A 银行而不应该在 C 银行办理 5 年期的定期存款。

6.2　基于单一贴现率的债券定价——以国债为分析对象

6.2.1　案例详情

D 公司是总部位于北京的一家人寿保险公司,公司的自有资金偏好于配置低风险的国债。表 6-3 就列示了 D 公司在 2019 年 4 月 30 日投资的国债品种、债券要素信息以及持有的债券面值,同时该表中的到期收益率是连续复利的。

表 6-3　2019 年 4 月 30 日已投资国债的相关信息

证 券 简 称	债券到期日	票 面 利 率	每年付息次数	到期收益率（连续复利）	D 公司持有债券面值
17 附息国债 12	2019-06-15	3.62%	1	2.201 0%	1 亿元
15 附息国债 26	2022-10-22	3.05%	1	3.064 9%	3 亿元
16 附息国债 19	2046-08-22	3.27%	2	4.087 5%	5 亿元
18 附息国债 25	2068-11-19	3.82%	2	3.928 3%	8 亿元
合计					17 亿元

数据来源（除 D 公司持有的债券面值以外）：Wind。

假定,你是该公司的一位债券分析师,负责对公司已投资和拟投资的债券进行分析评估。下面,基于表 6-3 的信息并运用 Python 完成 4 项编程任务。

6.2.2　编程任务

【任务 1】计算 17 附息国债 12 在 2019 年 4 月 30 日的价格以及 D 公司持有该债券的市值。

【任务 2】计算 15 附息国债 26 在 2019 年 4 月 30 日的价格以及 D 公司持有该债券的市值。

【任务 3】计算 16 附息国债 19 在 2019 年 4 月 30 日的价格以及 D 公司持有该债券的市值。

【任务 4】计算 18 附息国债 25 在 2019 年 4 月 30 日的价格以及 D 公司持有该债券的市值,

同时计算 D 公司持有这些国债的总市值。

6.2.3 编程提示

- 在本案例中，需要用到基于单一贴现利率的债券定价公式，具体是假设债券票息每年支付 m 次（$m \geqslant 1$），同时假定 P 代表债券价格，C 代表票面利率，M 代表债券本金，y 代表单一贴现利率（连续复利），t_i 代表剩余票息支付的期限（以年为单位），其中 $i=1, 2, \cdots, N$，则债券价格的表达式如下：

$$P = \frac{C}{m} M \sum_{i=1}^{N} \mathrm{e}^{-yt_i} + M \mathrm{e}^{-yt_N} \tag{6-1}$$

- 针对任务 3 和任务 4，需要注意债券的票面利率是每年付息 2 次（即每半年付息 1 次）。

6.2.4 参考代码与说明

任务 1 的代码

```
In [12]: import datetime as dt              #导入 datetime 模块

In [13]: T0=dt.datetime(2019,4,30)          #计算债券价格的日期
    ...: T1=dt.datetime(2019,6,15)          #17 附息国债 12 的到期日
    ...: y1=0.022010                        #17 附息国债 12 的到期收益率
    ...: C1=0.0362                          #17 附息国债 12 的票面利率
    ...: par=100                            #计算债券价格时所对应的债券面值
    ...: par1=1e8                           #D 公司持有的 17 附息国债 12 的面值金额

In [14]: tenor1=(T1-T0).days/365            #计算 17 附息国债 12 的剩余期限
    ...: tenor1
Out[14]: 0.12602739726027398
```

根据以上的剩余期限计算结果，在 2019 年 4 月 30 日 17 附息国债 12 的剩余期限仅为 0.126 年，约等于 1.5 个月。

```
In [15]: P1=(1+C1)*par*np.exp(-y1*tenor1)   #计算 17 附息国债 12 的价格
    ...: print('2019 年 4 月 30 日的 17 附息国债 12 价格',round(P1,4))
2019 年 4 月 30 日的 17 附息国债 12 价格 103.333

In [16]: value1=par1*P1/par                 #计算投资者持有 17 附息国债 12 的市值
    ...: print('D 公司持有 17 附息国债 12 的市值',round(value1,2))
D 公司持有 17 附息国债 12 的市值 103332970.59
```

从以上的计算结果可以得出，在 2019 年 4 月 30 日 17 附息国债 12 价格等于 103.333 元，

D 公司持有该债券的市值是 1.033 3 亿元。

任务 2 的代码

```
In [17]: T2=dt.datetime(2022,10,22)              #15 附息国债 26 的到期日
    ...: C2=0.0305                               #15 附息国债 26 的票面利率
    ...: y2=0.030649                             #15 附息国债 26 的到期收益率
    ...: par2=3e8                                #D 公司持有 15 附息国债 26 的面值金额
    ...: Tenor2=(T2-T0).days/365                 #15 附息国债 26 的剩余期限

In [18]: N_coupon2=int(Tenor2)+1                 #15 附息国债 26 票息剩余支付次数
    ...: N_coupon2
Out[18]: 4

In [19]: T2_list=np.arange(N_coupon2)            #构建计算剩余每次票息支付期限的初始数组
    ...: T2_list=np.sort(Tenor2-T2_list)         #得到 15 附息国债 26 剩余每次票息支付的期限数组
    ...: T2_list
Out[19]: array([0.48219178, 1.48219178, 2.48219178, 3.48219178])
```

从输出结果可以看到 15 附息国债 26 在存续期内剩余每次票息支付的期限分别是 0.482 2 年、1.482 2 年、2.482 2 年及 3.482 2 年。

```
In [20]: PV_coupon2=np.sum(par*C2*np.exp(-y2*T2_list))   #计算 15 附息国债 26 剩余票息金额的现值
    ...: PV_par2=par*np.exp(-y2*T2_list[-1])             #计算 15 附息国债 26 本金现值

In [21]: P2=PV_coupon2+PV_par2                    #计算 15 附息国债 26 的价格
    ...: value2=par2*P2/par                       #计算 D 公司持有 15 附息国债 26 的市值
    ...: print('2019 年 4 月 30 日的 15 附息国债 26 价格',round(P2,4))
    ...: print('D 公司持有 15 附息国债 26 的市值',round(value2,2))
2019 年 4 月 30 日的 15 附息国债 26 价格 101.3648
D 公司持有 15 附息国债 26 的市值 304094541.94
```

根据以上的计算结果，在 2019 年 4 月 30 日 15 附息国债 26 的价格是 101.364 8 元，D 公司持有的该债券市值是 3.040 9 亿元。

任务 3 的代码

```
In [22]: T3=dt.datetime(2046,8,22)               #16 附息国债 19 的到期日
    ...: C3=0.0327                               #16 附息国债 19 的票面利率
    ...: y3=0.040875                             #16 附息国债 19 的到期收益率
    ...: M3=2                                    #16 附息国债 19 的每年支付票面利率次数
    ...: par3=5e8                                #D 公司持有 16 附息国债 19 的面值金额
    ...: Tenor3=(T3-T0).days/365                 #16 附息国债 19 的剩余期限

In [23]: N_coupon3=M3*int(Tenor3)+1              #16 附息国债 19 票息剩余支付次数
    ...: N_coupon3
Out[23]: 55

In [24]: T3_list=np.arange(N_coupon3)/M3         #构建计算剩余每次票息支付期限的初始数组
```

```
            ...: T3_list=np.sort(Tenor3-T3_list)        #得到16附息国债19剩余每次票息支付的期限数组

    In [25]: PV_coupon3=np.sum(par*(C3/M3)*np.exp(-y3*T3_list))   #计算16附息国债19剩余票息金额
的现值
            ...: PV_par3=par*np.exp(-y3*T3_list[-1])     #计算16附息国债19本金的现值

    In [26]: P3=PV_coupon3+PV_par3                       #计算16附息国债19的价格
            ...: value3=par3*P3/par                       #计算投资者持有16附息国债19的市值
            ...: print('2019年4月30日的16附息国债19价格',round(P3,4))
            ...: print('D公司持有16附息国债19的市值',round(value3,2))
    2019年4月30日的16附息国债19价格 86.5432
    D公司持有16附息国债19的市值   432715800.3
```

根据以上的计算结果，在 2019 年 4 月 30 日 16 附息国债 19 的价格是 86.543 2 元，D 公司持有该债券市值是 4.327 2 亿元。

任务 4 的代码

```
    In [27]: T4=dt.datetime(2068,11,19)                 #18附息国债25的到期日
            ...: C4=0.0382                                #18附息国债25的票面利率
            ...: y4=0.039283                              #18附息国债25的到期收益率
            ...: M4=2                                     #18附息国债25的每年支付票面利率次数
            ...: par4=8e8                                 #D公司持有18附息国债25的面值金额
            ...: Tenor4=(T4-T0).days/365                  #18附息国债25的剩余期限

    In [28]: N_coupon4=M4*(int(Tenor4)+1)                #18附息国债25票息剩余支付次数
            ...: N_coupon4
    Out[28]: 100

    In [29]: T4_list=np.arange(N_coupon4)/M4             #构建计算剩余每次票息支付期限的初始数组
            ...: T4_list=np.sort(Tenor4-T4_list)         #得到18附息国债25的剩余每次票息支付的期限数组

    In [30]: PV_coupon4=np.sum(par*(C4/M4)*np.exp(-y4*T4_list))   #计算18附息国债25剩余票息金额
的现值
            ...: PV_par4=par*np.exp(-y4*T4_list[-1])     #计算18附息国债25本金的现值

    In [31]: P4=PV_coupon4+PV_par4                       #计算18附息国债25的价格
            ...: value4=par4*P4/par                       #计算投资者持有18附息国债25的市值
            ...: print('2019年4月30日的18附息国债25价格',round(P4,4))
            ...: print('D公司持有18附息国债25的市值',round(value4,2))
    2019年4月30日的18附息国债25价格 98.3764
    D公司持有18附息国债25的市值   787011598.61
```

从以上的输出可以得到，在 2019 年 4 月 30 日 18 附息国债 25 的价格是 98.376 4 元，D 公司持有该债券市值是 7.870 1 亿元。

```
    In [32]: value_total=value1+value2+value3+value4     #计算D公司持有国债的市值合计
            ...: print('D公司持有全部国债的市值合计数',round(value_total,2))
    D公司持有全部国债的市值合计数 1627154911.44
```

最终可以得到 D 公司持有的全部国债在 2019 年 4 月 30 日的总市值为 16.271 5 亿元。

6.3 基于票息剥离法计算零息利率曲线—— 以国债利率为分析对象

6.3.1 案例详情

E 公司是总部位于上海的一家证券公司，公司的固定收益业务总部是负责包括国债在内的各类债券投资业务，假定你是该部门的一名债券交易员。根据部门总经理的要求，你需要依据目前存续的相关国债价格推算出在 2019 年 5 月 31 日期限分别是 0.5 年、1 年、1.5 年、2年、2.5 年和 3 年的零息利率，从而构建出一条国债零息利率曲线。

表 6-4 就列出了已经整理好的在 2019 年 5 月 31 日可观察到的相关剩余期限国债信息，鉴于债券市场上没有完全等于以上期限的国债，按照"最相近原则"选择最接近于上述期限的国债作为近似替代。

表 6-4　2019 年 5 月 31 日观察到的相关剩余期限的国债信息

序号	证券简称	到期日期	票面利率	每年付息次数	债券价格（元）（2019 年 5 月 31 日）
1	18 附息国债 26	2019-11-22	2.41%	0	101.208 4
2	15 附息国债 11	2020-05-28	3.10%	1	100.428 6
3	05 国债 12	2020-11-15	3.65%	2	101.467 6
4	11 附息国债 15	2021-06-16	3.99%	2	104.244 8
5	11 附息国债 24	2021-11-17	3.57%	2	101.869 5
6	12 附息国债 09	2022-05-24	3.36%	2	101.311 2

数据来源：Wind。

为了构建国债的零息利率（连续复利）曲线，你需要结合表 6-4 的信息并运用 Python 完成 3 项编程任务。

6.3.2 编程任务

【任务 1】运用 18 附息国债 26 计算期限 0.5 年的零息利率，运用 15 附息国债 11 计算期限为 1 年的零息利率。

【任务 2】通过 05 国债 12 和 11 附息国债 15，分别计算 1.5 年期和 2 年期的零息利率。

【任务 3】通过 11 附息国债 24 和 12 附息国债 09，分别计算 2.5 年期和 3 年期的零息利率；同时，结合任务 1 和任务 2 的计算结果，绘制出 0.5 年期至 3 年期的国债零息利率曲线。

6.3.3　编程提示

- 针对任务 1，虽然 15 附息国债 11 的票息是每年支付 1 次，而 2019 年 5 月 31 日恰好已过了票息支付日，只有到期日才支付本金与票息。因此，假定 P 表示债券价格，C 表示票面利率，R 表示零息利率，T 表示债券的剩余期限，则可以运用等式 $P = 100(1+C)e^{-R \times T}$ 计算得到 R，经过变换可以得到零息利率 $R = -\dfrac{1}{T}\ln\left[\dfrac{P}{100(1+C)}\right]$。

- 针对任务 2，由于 05 国债 12 的票息是每年支付 2 次（即每半年支付一次），因此，假定 R_1、R_2、R_3 分别表示 0.5 年期、1 年期和 1.5 年期的零息利率，其中 R_1、R_2 已通过任务 1 计算得出，T_1、T_2、T_3 分别表示该债券剩余的每次票息支付期限，根据以下公式可以计算得到 1.5 年期的零息利率：

$$100 \times \left[\frac{3.65\%}{2}e^{-R_1 T_1} + \frac{3.65\%}{2}e^{-R_2 T_2} + \left(1 + \frac{3.65\%}{2}\right)e^{-R_3 \times T_3}\right] = 101.4676$$

- 针对任务 2，由于 11 附息国债 15 最近的下一次票息支付日是 2019 年 6 月 16 日，与 5 月 31 日相差 16 天。为了便于计算假定该期限的贴现利率适用于 0.5 年期的零息利率，同时假定 R_4 表示 2 年期的零息利率，T_1、T_2、T_3、T_4 和 T_5 分别表示该债券剩余的每次票息支付期限，根据以下公式可以计算得到 2 年期的零息利率：

$$100 \times \left[\frac{3.99\%}{2}e^{-R_1 T_1} + \frac{3.99\%}{2}e^{-R_1 T_2} + \frac{3.99\%}{2}e^{-R_2 T_3} + \frac{3.99\%}{2}e^{-R_3 T_4} + \left(1 + \frac{3.99\%}{2}\right)e^{-R_4 \times T_5}\right] = 104.2448$$

- 针对任务 3，运用 11 附息国债 24 计算零息利率时，假定 R_5 表示 2.5 年期的零息利率，T_1、T_2、T_3、T_4 和 T_5 分别表示该债券剩余的票息支付期限，根据以下公式可以计算得到 2.5 年期的零息利率：

$$100 \times \left[\frac{3.57\%}{2}e^{-R_1 T_1} + \frac{3.57\%}{2}e^{-R_2 T_2} + \frac{3.57\%}{2}e^{-R_3 T_3} + \frac{3.57\%}{2}e^{-R_4 T_4} + \left(1 + \frac{3.57\%}{2}\right)e^{-R_5 \times T_5}\right] = 101.8695$$

- 针对任务 3，运用 12 附息国债 09 计算零息利率时，假定 R_6 表示 3 年期的零息利率，T_1、T_2、T_3、T_4、T_5 和 T_6 分别表示该债券剩余的每次票息支付期限，根据以下公式可以计算得到 3 年期的零息利率：

$$100 \times \left[\frac{3.36\%}{2} e^{-R_1 T_1} + \frac{3.36\%}{2} e^{-R_2 T_2} + \frac{3.36\%}{2} e^{-R_3 T_3} + \frac{3.36\%}{2} e^{-R_4 T_4} + \frac{3.36\%}{2} e^{-R_5 T_5} + \left(1 + \frac{3.36\%}{2}\right) e^{-R_6 \times T_6} \right]$$
$$= 101.3112$$

6.3.4 参考代码与说明

任务 1 的代码

```
In [33]: T0=dt.datetime(2019,5,31)           #计算零息利率的日期
    ...: T1=dt.datetime(2019,11,22)          #18 附息国债 26 的到期日
    ...: T2=dt.datetime(2020,5,28)           #15 附息国债 11 的到期日
    ...: C1=0.0241                           #18 附息国债 26 的票面利率
    ...: C2=0.031                            #15 附息国债 11 的票面利率
    ...: P1=101.2084                         #18 附息国债 26 的价格
    ...: P2=100.4286                         #15 附息国债 11 的价格
    ...: par=100                             #国债的面值

In [34]: tenor1=(T1-T0).days/365            #18 附息国债 26 的剩余期限（年）
    ...: tenor2=(T2-T0).days/365            #15 附息国债 11 的剩余期限（年）
    ...: tenor_list=np.array([tenor1,tenor2])          #构建剩余期限的数组

In [35]: coupon_list=np.array([C1,C2])      #构建票面利率的数组
    ...: P_list=np.array([P1,P2])           #构建债券价格的数组

In [36]: R_list=-np.log(P_list/(par*(1+coupon_list)))/tenor_list   #计算 0.5 年和 1 年期零息利率
    ...: print('计算得到 0.5 年期的零息利率',R_list[0].round(6))   #输出的数值保留小数点后 6 位
    ...: print('计算得到 1 年期的零息利率',R_list[1].round(6))
计算得到 0.5 年期的零息利率 0.024617
计算得到 1 年期的零息利率  0.026397
```

从以上输出的结果可以发现，1 年期的零息利率 2.639 7%略高于 0.5 年期的利率 2.461 7%。

任务 2 的代码

```
In [37]: T3=dt.datetime(2020,11,15)         #05 国债 12 的到期日
    ...: T4=dt.datetime(2021,6,16)          #11 附息国债 15 的到期日
    ...: C3=0.0365                          #05 国债 12 的票面利率
    ...: C4=0.0399                          #11 附息国债 15 的票面利率
    ...: P3=101.4676                        #05 国债 12 的价格
    ...: P4=104.2448                        #11 附息国债 15 的价格
    ...: M3=2                               #05 国债 12 的每年票息支付次数
    ...: M4=2                               #11 附息国债 15 的每年票息支付次数
```

```
In [38]: tenor3=(T3-T0).days/365          #05 国债 12 的剩余期限（年）
    ...: tenor4=(T4-T0).days/365          #11 附息国债 15 的剩余期限（年）
    ...: N_coupon3=M3*int(tenor3)+1        #05 国债 12 的剩余票息支付次数
    ...: N_coupon4=M4*int(tenor4)+1        #11 附息国债 15 的剩余票息支付次数

In [39]: T3_list=np.arange(N_coupon3)/M3  #构建计算剩余每次票息支付期限的初始数组
    ...: T3_list=np.sort(tenor3-T3_list)  #得到 05 国债 12 的剩余每次票息支付期限数组
    ...: T4_list=np.arange(N_coupon4)/M4
    ...: T4_list=np.sort(tenor4-T4_list)  #得到 11 附息国债 15 的剩余每次票息支付期限数组

In [40]: R1=R_list[0]                      #0.5 年期零息利率
    ...: R2=R_list[1]                      #1 年期零息利率

In [41]: def zero_rate(R):                 #自定义一个函数
    ...:     R3,R4=R
    ...:     R_list=np.array([R1,R2,R3,R4]) #设置一个零息利率数组
    ...:     func1=par*(np.sum(np.exp(-R_list[0:3]*T3_list))*C3/M3+ np.exp(-R_list[2]*T3_list
[-1]))-P3                                  #05 国债 12 的价格式子并且等于 0
    ...:     func2=par*(C4/M4*np.exp(-R_list[0]*T4_list[0])+np.sum(np.exp(-R_list*T4_list[1:])
*C4/M4)+ np.exp(-R_list[-1]*T4_list[-1]))-P4  #11 附息国债 15 的价格式子并且等于 0
    ...:     return np.array([func1,func2])

In [42]: import scipy.optimize as so       #导入 SciPy 的子模块 optimize

In [43]: R3_R4=so.fsolve(zero_rate,np.array([0.01,0.01]))
    ...: print('计算得到 1.5 年期的零息利率',R3_R4[0].round(6))
    ...: print('计算得到 2 年期的零息利率',R3_R4[1].round(6))
计算得到 1.5 年期的零息利率 0.02698
计算得到 2 年期的零息利率  0.027417
```

从以上计算的结果可以看到，1.5 年期的零息利率 2.698%高于 1 年期的利率 2.416 7%，2 年期的利率 2.741 7%是高于 1.5 期的利率。

任务 3 的代码

```
In [44]: T5=dt.datetime(2021,11,17)        #11 附息国债 24 的到期日
    ...: T6=dt.datetime(2022,5,24)         #12 附息国债 09 的到期日
    ...: C5=0.0357                         #11 附息国债 24 的票面利率
    ...: C6=0.0336                         #12 附息国债 09 的票面利率
    ...: P5=101.8695                       #11 附息国债 24 的价格
    ...: P6=101.3122                       #12 附息国债 09 的价格
    ...: M5=2                              #11 附息国债 24 的每年票息支付次数
    ...: M6=2                              #12 附息国债 09 的每年票息支付次数

In [45]: tenor5=(T5-T0).days/365           #11 附息国债 24 的剩余期限（年）
    ...: tenor6=(T6-T0).days/365           #12 附息国债 09 的剩余期限（年）
    ...: N_coupon5=M5*int(tenor5)+1        #11 附息国债 24 的剩余票息支付次数
    ...: N_coupon6=M6*(int(tenor6)+1)      #12 附息国债 09 的剩余票息支付次数
```

```
In [46]: T5_list=np.arange(N_coupon5)/M3
    ...: T5_list=np.sort(tenor5-T5_list)          #得到11附息国债24的剩余每次票息支付期限数组
    ...: T6_list=np.arange(N_coupon6)/M3
    ...: T6_list=np.sort(tenor6-T6_list)          #得到12附息国债09的剩余每次票息支付期限数组

In [47]: R3=R3_R4[0]                              #1.5年期零息利率
    ...: R4=R3_R4[1]                              #2年期零息利率

In [48]: def zero_rate_new(R):                    #自定义一个新函数
    ...:     R5,R6=R
    ...:     R_list=np.array([R1,R2,R3,R4,R5,R6])  #设置一个零息利率数组
    ...:     func1=par*(np.sum(np.exp(-R_list[0:5]*T5_list))*C5/M5+ np.exp(-R_list[4]*T5_
list[-1]))-P5        #11附息国债24的价格式子并且等于0
    ...:     func2=par*(np.sum(np.exp(-R_list*T6_list))*C6/M6+ np.exp(-R_list[-1]*T6_list
[-1]))-P6            #12附息国债09的价格式子并且等于0
    ...:     return np.array([func1,func2])

In [49]: R5_R6=so.fsolve(zero_rate_new,np.array([0.01,0.01]))
    ...: print('计算得到2.5年期的零息利率',R5_R6[0].round(6))
    ...: print('计算得到3年期的零息利率',R5_R6[1].round(6))
计算得到2.5年期的零息利率 0.028125
计算得到3年期的零息利率  0.029032
```

从以上计算结果可以发现，2.5年期的零息利率2.812 5%高于2年期的利率2.741 7%，同时，3年期的利率2.903 2%高于2.5年期的利率。

```
In [50]: R_list=np.array([R1,R2,R3,R4,R5_R6[0],R5_R6[1]])    #构建零息利率的数组
    ...: T_list=np.arange(1,7)/2                              #构建期限的数组

In [51]: plt.figure(figsize=(9,6))
    ...: plt.plot(T_list,R_list,'r-',label=u'零息利率曲线',lw=2.5)
    ...: plt.plot(T_list,R_list,'bo',label=u'零息利率',lw=2.5)
    ...: plt.xticks(fontsize=13)
    ...: plt.xlabel(u'期限（年）',fontsize=13)
    ...: plt.yticks(fontsize=13)
    ...: plt.ylabel(u'利率',fontsize=13)
    ...: plt.title(u'基于票息剥离法计算得到国债的零息利率曲线', fontsize=14)
    ...: plt.legend(fontsize=13)
    ...: plt.grid()
    ...: plt.show()
```

从图6-1中可以看到，国债零息利率曲线是一条向上倾斜的曲线，它表示期限越长的国债零息利率就越高，这种曲线形状也被称为"正向的利率曲线"，并且在通常情况下利率曲线是呈现出这样的形状。此外，有时利率曲线也会呈现向下倾斜（期限与利率成反比）、水平（利率不随期限变化）以及部分向下倾斜和部分向上倾斜同时出现等多种形状[1]。

① 这就引出了利率期限结构（Term Structure of Interest Rates）这个金融专业名词，具体是指在某一时刻，债券市场中不同期限的债券收益率与债券期限之间的对应关系。关于解释利率期限结构的理论，主要包括了预期理论、市场分割理论、流动性溢价理论以及期限优先理论这4种主流理论。

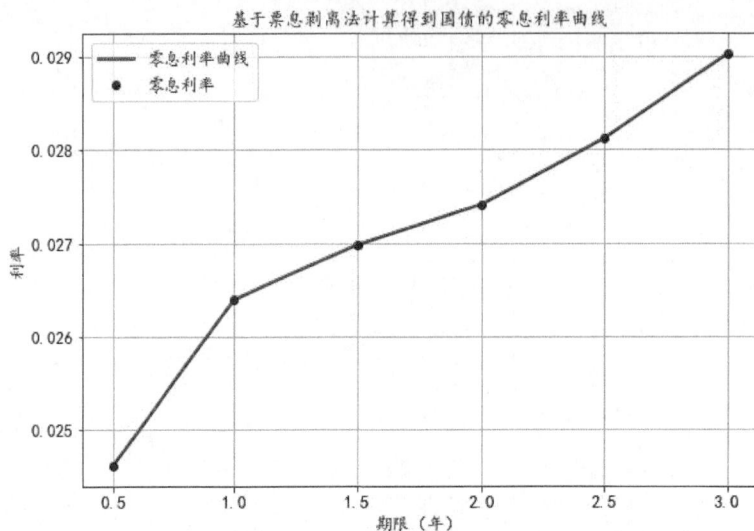

图 6-1　2019 年 5 月 31 日基于票息剥离法得到的国债零息利率曲线图

6.4　基于不同期限零息利率的债券定价——以金融债和地方债为分析对象

6.4.1　案例详情

F 公司是总部位于深圳的一家公募基金管理公司，近期发行了一款以配置低风险的政策性银行债和地方政府债作为主要投资范围的债券型基金，表 6-5 就列示了截止到 2019 年 5 月末该基金的重仓债券情况。

表 6-5　2019 年 5 月 31 日投资的政策性银行债和地方政府债信息

债 券 简 称	发 行 主 体	到 期 日 期	票 面 利 率	每年付息次数	F公司投资的债券面值
10 国开 13	国家开发银行	2020-05-25	2.71%	2	3 000 万元
05 国开 23	国家开发银行	2020-11-28	3.60%	2	5 000 万元
18 贵州债 05	贵州省人民政府	2021-5-28	3.76%	1	2 000 万元
15 广西债 03	广西壮族自治区人民政府	2022-5-29	3.42%	1	4 000 万元
合计					1.4 亿元

数据来源（除 F 公司投资的债券面值以外）：Wind。

基于审慎的原则和风险管理的需要，该公司的运营管理部在每个交易日需要对基金投资的每只债券进行独立估值，并且与基金的托管银行进行估值核对。

假定你是该部门的一位运营经理，日常负责对债券资产的估值工作。现在需要结合表 6-5 中的信息估算每只债券在 2019 年 5 月 31 日的价格，并且在定价时运用本章 6.3 节案例中计算得出的零息利率曲线。下面，你需要运用 Python 完成 3 项编程任务。

6.4.2 编程任务

【任务 1】通过 Python 自定义一个基于不同期限零息利率计算债券价格的函数，同时要求在自定义函数的参数中可以分别输入债券估值的日期以及债券到期的日期。

【任务 2】运用任务 1 自定义的函数，分别计算 2019 年 5 月 31 日的 10 国开 13 和 05 国开 23 的债券价格，以及 F 公司投资这两只债券的市值金额。

【任务 3】运用任务 1 自定义的函数，依次计算 2019 年 5 月 31 日的 18 贵州债 05 和 15 广西债 03 的债券价格，以及 F 公司投资这两只债券的市值金额。

6.4.3 编程提示

针对任务 1 的编程任务，需要用到基于不同期限零息利率的债券定价公式。假设债券票息是每年支付 m 次（$m \geqslant 1$），同时假定 P 代表债券价格，C 代表票面利率，M 代表债券本金，t_i 代表剩余票息支付的期限（以年为单位）并且 $i=1, 2, \cdots, N$，y_i 代表对应于期限 t_i 的零息利率（连续复利），则债券价格的表达式如下：

$$P = \frac{c}{m} M \sum_{i=1}^{N} e^{-y_i t_i} + M e^{-y_N t_N} \qquad (6\text{-}2)$$

6.4.4 参考代码与说明

任务 1 的代码

```
In [52]: def Bond_value(C,M,Y,T0,T1):
    ...:     '''构造基于不同期限零息利率作为贴现率计算债券价格的函数
    ...:     C: 表示债券的票面利率;
    ...:     M: 表示债券票息每年支付次数，并且每年支付次数不超过 2 次;
    ...:     Y: 表示用于贴现的不同期限的零息利率，用数组（ndarray）的数据结构输入;
```

```
...:      T0: 债券定价的日期, 以时间对象方式输入;
...:      T1: 债券到期的日期, 以时间对象方式输入。'''
...:      tenor=(T1-T0).days/365          #债券剩余期限(年)并假定 1 年是 365 天
...:      import math                     #导入 math 模块
...:      if math.modf(tenor)[0]>0.5:     #该函数返回包含小数部分和整数部分的元组
...:          N=M*math.ceil(tenor)        #计算得到剩余票息支付次数
...:      else:
...:          N=M*math.floor(tenor)+1     #计算得到剩余票息支付次数
...:      T_list=np.arange(N)/M           #构建数组为了便于计算剩余每次票息支付的期限
...:      T_list=np.sort(tenor-T_list)    #计算得到债券的剩余每次票息支付的期限数组
...:      value=100*(np.sum(np.exp(-Y*T_list))*C/M+np.exp(-Y[-1]*T_list[-1]))  #债券价值
...:      return value
```

根据以上自定义计算债券价格的函数 Bond_value, 只需要输入票面利率、每年支付票息次数、不同期限的零息利率、债券定价日以及债券到期日这 5 个参数, 就可以方便地计算得到相关债券的价格。

任务 2 的代码

```
In [53]: R_list                          #本章第 6.3 节的案例计算得到的零息利率
Out[53]:
array([0.02461687, 0.026397  , 0.02697966, 0.02741662, 0.02812507,          0.02903182])
In [54]: t0=dt.datetime(2019,5,31)       #计算零息利率的日期
    ...: t1=dt.datetime(2020,5,25)       #10 国开 13 的到期日
    ...: t2=dt.datetime(2020,11,28)      #05 国开 23 的到期日
    ...: coupon1=0.0271                  #10 国开 13 的票面利率
    ...: coupon2=0.036                   #05 国开 23 的票面利率
    ...: M1=2                            #10 国开 13 票息每年支付的次数
    ...: M2=2                            #05 国开 23 票息每年支付的次数
    ...: par1=3e7                        #F 公司投资 10 国开 13 的债券面值
    ...: par2=5e7                        #F 公司投资 05 国开 23 的债券面值
    ...: par=100                         #债券的面值 100 元

In [55]: P1=Bond_value(C=coupon1,M=M1,Y=R_list[0:2],T0=t0,T1=t1)   #计算 10 国开 13 的价值
    ...: P2=Bond_value(C=coupon2,M=M2,Y=R_list[0:3],T0=t0,T1=t2)   #计算 05 国开 23 的价值
    ...: V1=par1*P1/par                  #F 公司投资 10 国开 13 的债券市值
    ...: V2=par2*P2/par                  #F 公司投资 05 国开 23 的债券市值
    ...: print('计算得到 10 国开 13 的价值',round(P1,6))
    ...: print('计算得到 05 国开 23 的价值',round(P2,6))
    ...: print('F 公司投资 10 国开 13 的债券市值',round(V1,2))
    ...: print('F 公司投资 05 国开 23 的债券市值',round(V2,2))
计算得到 10 国开 13 的价值        100.089113
计算得到 05 国开 23 的价值        101.297279
F 公司投资 10 国开 13 的债券市值 30026733.81
F 公司投资 05 国开 23 的债券市值 50648639.64
```

根据以上的计算可以得到, 2019 年 5 月 31 日 10 国开 13 和 05 国开 23 的价格分别是 100.089 113 元和 101.297 279 元, F 公司投资这两只债券的当日市值依次是 3 002.67 万元和 5 064.86 万元。

任务 3 的代码

```
In [56]: t3=dt.datetime(2021,5,28)          #18 贵州债 05 的到期日
    ...: t4=dt.datetime(2022,5,29)          #15 广西债 03 的到期日
    ...: coupon3=0.0376                      #18 贵州债 05 的票面利率
    ...: coupon4=0.0342                      #15 广西债 03 的票面利率
    ...: M3=1                                #18 贵州债 05 票息每年支付的次数
    ...: M4=1                                #15 广西债 03 票息每年支付的次数
    ...: par3=2e7                            #F 公司投资 18 贵州债 05 的债券面值
    ...: par4=4e7                            #F 公司投资 15 广西债 03 的债券面值

In [57]: R_list3=np.array([R_list[1],R_list[3]])              #计算 18 贵州债 05 适用的零息利率
    ...: R_list4=np.array([R_list[1],R_list[3],R_list[-1]])   #计算 15 广西债 03 适用的零息利率

In [58]: P3=Bond_value(C=coupon3,M=M3,Y=R_list3,T0=t0,T1=t3)  #计算 18 贵州债 05 的价值
    ...: P4=Bond_value(C=coupon4,M=M4,Y=R_list4,T0=t0,T1=t4)  #计算 15 广西债 03 的价值
    ...: V3=par3*P3/par                      #F 公司投资 18 贵州债 05 的债券市值
    ...: V4=par4*P4/par                      #F 公司投资 15 广西债 03 的债券市值
    ...: print('计算得到 18 贵州债 05 的价值',round(P3,6))
    ...: print('计算得到 15 广西债 03 的价值',round(P4,6))
    ...: print('F 公司投资 18 贵州债 05 的债券市值',round(V3,2))
    ...: print('F 公司投资 15 广西债 03 的债券市值',round(V4,2))
计算得到 18 贵州债 05 的价值          101.901011
计算得到 15 广西债 03 的价值          101.370143
F 公司投资 18 贵州债 05 的债券市值 20380202.18
F 公司投资 15 广西债 03 的债券市值 40548057.22
```

从以上的输出可以看到，2019 年 5 月 31 日 18 贵州债 05 和 15 广西债 03 的价格依次是 101.901 011 元和 101.370 143 元，F 公司投资这两只债券的当日市值依次是 2 038.02 万元和 4 054.81 万元。

6.5 远期利率——以国债为分析对象

6.5.1 案例详情

G 银行是总部位于广州的一家商业银行，近期开发了一款以国债远期利率作为标的变量的衍生产品，从而更好地为银行客户提供对冲利率风险的工具。

假定你是该银行负责开发这款衍生产品的产品经理，为了满足产品的定价，日常需要将通过债券市场上观察到的国债零息利率（即期利率）推算得出远期国债利率。表 6-6 就列示了在 4 个不同交易日 1 年期至 10 年的零息国债利率（即期利率），并且这些交易日分别是 2018 年 6 月末（当月最后交易日是 6 月 29 日）、9 月末、12 月末以及 2019 年 3 月末（当月最后交易日是 3 月 29 日），同时假定利率是连续复利。

表 6-6 在 4 个不同交易日 1 年期至 10 年期零息国债利率（即期利率）

期　限	2018-06-29	2018-09-30	2018-12-31	2019-03-29
1 年期	3.159 0%	2.965 7%	2.600 0%	2.437 7%
2 年期	3.256 8%	3.140 2%	2.707 8%	2.585 2%
3 年期	3.312 4%	3.280 8%	2.868 8%	2.712 6%
4 年期	3.336 7%	3.374 6%	2.939 4%	2.834 3%
5 年期	3.350 7%	3.456 5%	2.967 6%	2.957 7%
6 年期	3.431 3%	3.567 1%	3.062 9%	3.076 7%
7 年期	3.485 2%	3.620 1%	3.164 1%	3.108 6%
8 年期	3.482 2%	3.617 0%	3.204 5%	3.091 4%
9 年期	3.477 3%	3.612 1%	3.218 1%	3.070 7%
10 年期	3.475 6%	3.610 3%	3.226 5%	3.068 3%

数据来源：Wind。

为了绘制不同交易日的远期国债利率曲线，你需要根据表 6-6 的信息并运用 Python 完成 3 项编程任务。

6.5.2 编程任务

【任务 1】根据远期利率的数学表达式，通过 Python 自定义一个计算远期利率的函数，并且结合表 6-6 的数据计算 2018 年 6 月末的远期利率。

【任务 2】运用任务 1 自定义的函数并且结合表中的数据，计算 2018 年 9 月末的远期利率，同时依次绘制 2018 年 6 月末、2018 年 9 月末远期利率与即期利率的曲线图（以 1×2 的子图方式展现）。

【任务 3】运用任务 1 自定义的函数并且结合表中的数据，分别计算 2018 年 12 月末和 2019 年 3 月末的远期利率，同时依次绘制这两个不同交易日远期利率与即期利率的曲线图（以 1×2 的子图方式展现）。

6.5.3 编程提示

针对任务 1 的编程，需要运用远期利率的数学表达式。假定 R_1 和 R_2 分别对应期限为 T_1 和 T_2 的零息利率（即期利率），其中，$T_1 < T_2$，R_F 表示从 T_1 至 T_2 期间的远期利率，可以得到计算远期利率的式子如下：

$$R_F = R_2 + (R_2 - R_1)T_1 / (T_2 - T_1)$$ （6-3）

6.5.4 参考代码与说明

任务 1 的代码

```
In [59]: def Forward_rate(R1,R2,T1,T2):
    ...:     '''定义计算远期利率的函数
    ...:     R1: 表示期限为 T1 的零息利率（即期利率）;
    ...:     R2: 表示期限为 T2 的零息利率（即期利率）;
    ...:     T1: 表示零息利率 R1 的期限长度;
    ...:     T2: 表示零息利率 R2 的期限长度。'''
    ...:     return R2+(R2-R1)*T1/(T2-T1)    #计算远期利率的表达式
```

通过自定义函数 Forward_rate，只需要输入相关的即期利率以及期限长度共 4 个参数，就可以计算得到相应的远期利率。

```
In [60]: T_list=np.arange(1,11)              #生成一个从 1 到 10 的整数数列

In [61]: spot_rate_Jun=np.array([0.03159,0.032568,0.033124,0.033367,0.033507,0.034313,
0.034852,0.034822,0.034773,0.034756])    #创建 2018 年 6 月末即期零息利率的数组

In [62]: forward_rate_Jun=Forward_rate(R1=spot_rate_Jun[:9],R2=spot_rate_Jun[1:],T1=T_list
[:9], T2=T_list[1:])    #计算 2018 年 6 月末第 2 年至第 10 年的远期利率
```

需要注意的是，第 1 年的远期利率与第 1 年的即期利率是相同的，因此，只需要将第 1 年的即期利率与从第 2 年至第 10 年的远期利率结合就能得到第 1 年至第 10 年的远期利率。

```
In [63]: forward_rate_Jun=np.append(spot_rate_Jun[0],forward_rate_Jun)    #将第 1 年的即期利率
与从第 2 年至第 10 年的远期利率合成一个新的数组

In [64]: forward_rate_Jun                    #查看计算得到的 2018 年 6 月末国债远期利率结果
Out[64]:
array([0.03159 , 0.033546, 0.034236, 0.034096, 0.034067, 0.038343,
       0.038086, 0.034612, 0.034381, 0.034603])
```

任务 2 的代码

```
In [65]: spot_rate_Sep=np.array([0.029657,0.031402,0.032808,0.033746,0.034565,0.035671,
0.036201,0.036170,0.036121,0.036103])    #创建 2018 年 9 月末即期零息利率的数组

In [66]: forward_rate_Sep=Forward_rate(R1=spot_rate_Sep[:9],R2=spot_rate_Sep[1:], T1=T_
list[:9],T2=T_list[1:])                #计算 2018 年 9 月末第 2 年至第 10 年的远期利率
    ...: forward_rate_Sep=np.append(spot_rate_Sep[0],forward_rate_Sep)    #生成第 1 年至第 10
年的远期利率

In [67]: plt.figure(figsize=(11,6))
    ...: plt.subplot(1,2,1)                  #第 1 行第 1 列的子图
```

```
...: plt.plot(T_list,spot_rate_Jun,'r-',label=u'即期零息利率曲线',lw=2.5)
...: plt.plot(T_list,spot_rate_Jun,'bo',label=u'即期零息利率')
...: plt.plot(T_list,forward_rate_Jun,'c-',label=u'远期零息利率曲线',lw=2.5)
...: plt.plot(T_list,forward_rate_Jun,'mo',label=u'远期零息利率',lw=2.5)
...: plt.xticks(fontsize=13)
...: plt.xlabel(u'期限（年）',fontsize=13)
...: plt.yticks(fontsize=13)
...: plt.ylabel(u'利率',fontsize=13,rotation=90)
...: plt.title(u'2018 年 6 月末国债即期与远期零息利率', fontsize=14)
...: plt.legend(fontsize=13,loc=4)              #图例放置在右下的位置
...: plt.grid()
...: plt.subplot(1,2,2,sharey=plt.subplot(1,2,1))  #第 1 行第 2 列的子图并且与第 1 个子图共用 Y 轴坐标
...: plt.plot(T_list,spot_rate_Sep,'r-',label=u'即期零息利率曲线',lw=2.5)
...: plt.plot(T_list,spot_rate_Sep,'bo',label=u'即期零息利率')
...: plt.plot(T_list,forward_rate_Sep,'c-',label=u'远期零息利率曲线',lw=2.5)
...: plt.plot(T_list,forward_rate_Sep,'mo',label=u'远期零息利率',lw=2.5)
...: plt.xticks(fontsize=13)
...: plt.xlabel(u'期限（年）',fontsize=13)
...: plt.yticks(fontsize=13)
...: plt.title(u'2018 年 9 月末国债即期与远期零息利率', fontsize=14)
...: plt.legend(fontsize=13,loc=4)
...: plt.grid()
...: plt.show()
```

观察图 6-2 可以得出以下两个结论：一是相比 2018 年 6 月末和 9 月末的国债利率曲线（包括即期和远期）均更加陡峭；二是无论是 2018 年 6 月末还是 9 月末，国债远期利率曲线均呈现出倒 V 字型，并且拐点均出现在第 6 年期的远期利率，同时在多数的期限内远期利率高于即期利率，这是因为在即期利率曲线中的期限较短利率（短端利率）随着期限变化而变动较大，相比之下期限较长利率（长端利率）则变化比较平缓。

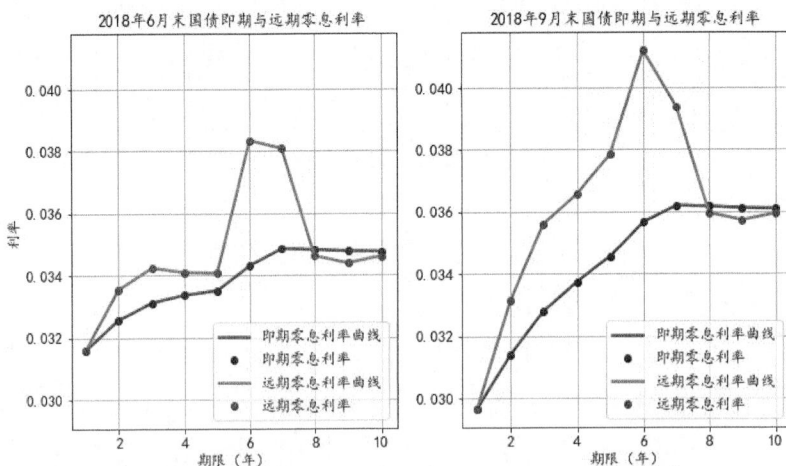

图 6-2　2018 年 6 月末和 9 月末的国债即期零息利率与远期零息利率曲线

任务 3 的代码

```
In [68]: spot_rate_Dec=np.array([0.026,0.027078,0.028688,0.029394,0.029676,0.030629,0.031641,
0.032045,0.032181,0.032265])          #创建 2018 年 12 月末即期零息利率的数组

In [69]: forward_rate_Dec=Forward_rate(R1=spot_rate_Dec[:9],R2=spot_rate_Dec[1:],T1=T_list
[:9],T2=T_list[1:])              #计算 2018 年 12 月末第 2 年至第 10 年的远期利率
    ...: forward_rate_Dec=np.append(spot_rate_Dec[0],forward_rate_Dec)  #生成 2018 年 12 月末
从第 1 年至第 10 年的远期利率

In [70]: spot_rate_Mar=np.array([0.024377,0.025852,0.027126,0.028343,0.029577,0.030767,
0.031086,0.030914,0.030707,0.030683])        #创建 2019 年 3 月末即期零息利率的数组

In [71]: forward_rate_Mar=Forward_rate(R1=spot_rate_Mar[:9],R2=spot_rate_Mar[1:],T1=T_list
[:9],T2=T_list[1:])              #计算 2019 年 3 月末第 2 年至第 10 年的远期利率
    ...: forward_rate_Mar=np.append(spot_rate_Mar[0],forward_rate_Mar)  #生成 2019 年 3 月末
从第 1 年至第 10 年的远期利率

In [72]: plt.figure(figsize=(11,6))
    ...: plt.subplot(1,2,1)          #第 1 行第 1 列的子图
    ...: plt.plot(T_list,spot_rate_Dec,'r-',label=u'即期零息利率曲线',lw=2.5)
    ...: plt.plot(T_list,spot_rate_Dec,'bo',label=u'即期零息利率',lw=2.5)
    ...: plt.plot(T_list,forward_rate_Dec,'c-',label=u'远期零息利率曲线',lw=2.5)
    ...: plt.plot(T_list,forward_rate_Dec,'mo',label=u'远期零息利率',lw=2.5)
    ...: plt.xticks(fontsize=13)
    ...: plt.xlabel(u'期限（年）',fontsize=13)
    ...: plt.yticks(fontsize=13)
    ...: plt.ylabel(u'利率',fontsize=13,rotation=90)
    ...: plt.title(u'2018 年 12 月末即期与远期零息利率', fontsize=14)
    ...: plt.legend(fontsize=13,loc=4)
    ...: plt.grid()
    ...: plt.subplot(1,2,2,sharey=plt.subplot(1,2,1))  #第 1 行第 2 列的子图并且与第 1 个子图共用
Y 轴坐标)
    ...: plt.plot(T_list,spot_rate_Mar,'r-',label=u'即期零息利率曲线',lw=2.5)
    ...: plt.plot(T_list,spot_rate_Mar,'bo',label=u'即期零息利率')
    ...: plt.plot(T_list,forward_rate_Mar,'c-',label=u'远期零息利率曲线',lw=2.5)
    ...: plt.plot(T_list,forward_rate_Mar,'mo',label=u'远期零息利率',lw=2.5)
    ...: plt.xticks(fontsize=13)
    ...: plt.xlabel(u'期限（年）',fontsize=13)
    ...: plt.yticks(fontsize=13)
    ...: plt.title(u'2019 年 3 月末即期与远期零息利率', fontsize=14)
    ...: plt.legend(fontsize=13,loc=4)
    ...: plt.grid()
    ...: plt.show()
```

观察图 6-3 可以得出两个结论：一是在 2018 年 12 月末和 2019 年 3 月末，国债即期利率曲线的陡峭程度比较相似；二是在这两个交易日，国债远期利率曲线也呈现出倒 V 字型，原因与针对图 6-2 的分析是类似的。

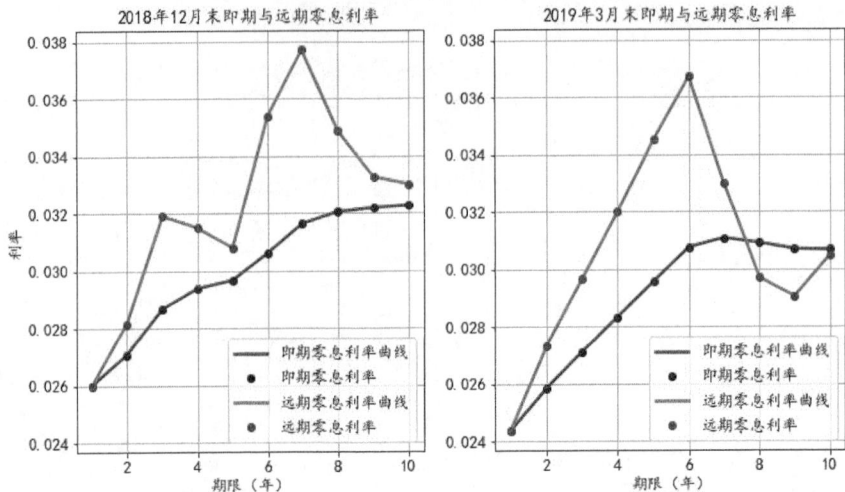

图 6-3 2018 年 12 月末与 2019 年 3 月末国债即期零息利率与远期零息利率曲线

6.6 远期利率协议现金流——以 Libor 远期利率协议为分析对象

6.6.1 案例详情

H 银行是总部位于我国香港的一家商业银行，I 公司是该银行长期合作的贷款客户，I 公司在 2017 年 12 月 31 日制定下一年度财务资金安排计划时，预计在 1 年后（即 2018 年 12 月 31 日）将与 H 银行发生两笔贷款，相关的贷款要素信息如表 6-7 所示。

表 6-7 贷款的相关要素信息

	贷 款 期 限	贷 款 本 金	贷 款 利 率
第 1 笔贷款	3 个月	6 000 万美元	3 个月期 Libor 美元利率
第 2 笔贷款	6 个月	8 000 万美元	6 个月期 Libor 美元利率

为了对冲利率上涨的风险，I 公司在 2017 年 12 月 31 日就与 H 银行签订以下两份远期利率协议：

在第 1 份协议中，约定 I 公司在 2018 年 12 月 31 日针对 3 个月期 6 000 万美元的贷款能够获取 2.7% 的 3 个月期固定利率，远期利率协议的参考利率是 3 个月期 Libor 美元利率；

在第 2 份协议中，约定 I 公司在 2018 年 12 月 31 日针对 6 个月期 8 000 万美元的贷款能够获取 3.0% 的 6 个月期固定利率，远期利率协议的参考利率是 6 个月期 Libor 美元利率。

假定你是 H 银行负责针对各类远期合约产品的风险进行量化评估的风险主管，需要测算这两份远期利率协议未来的现金流情况并通过 Python 完成 3 项编程任务。

6.6.2 编程任务

【任务 1】假定远期利率协议的双方需要在 T_1 时点（在本案例中对应于 2018 年 12 月 31 日）支付经贴现后的利差现值，通过 Python 自定义计算此类远期利率协议现金流的函数，同时要求在自定义函数的参数中可以分别输入 T_1 时点和协议到期日的具体日期。

【任务 2】在 2018 年 12 月 31 日，3 个月期 Libor 美元利率 2.807 63%，6 个月期 Libor 美元利率 2.907 88%，同时运用任务 1 自定义的函数，测算在 2018 年 12 月 31 日这两份远期利率协议双方（I 公司与 H 银行）各自的现金流金额。

【任务 3】为了模拟不同的固定利率对远期利率协议现金流的影响，针对这两份远期利率协议中约定的固定利率，在[2%, 4%]的区间内等差取值，测算在 2018 年 12 月 31 日远期利率协议双方各自的现金流变化并且进行可视化。

6.6.3 编程提示

假定 R_K 代表了远期利率协议中的固定利率，R_M 表示在 T_1 时点（2018 年 12 月 31 日）观察到的[T_1, T_2]期间的 Libor 美元利率。如果参考利率是 3 个月期 Libor，则 T_2 代表了 2019 年 3 月 31 日；如果参考利率是 6 个月期 Libor，则 T_2 代表了 2019 年 6 月 30 日，L 表示远期利率协议的本金。

因此，在 T_1 时刻，远期利率协议多头（I 公司）支付现金 C_{long} 的表达式如下：

$$C_{long} = \frac{L(R_M - R_K)(T_2 - T_1)}{1 + (T_2 - T_1)R_M} \quad (6\text{-}4)$$

根据零和原则，远期利率协议空头（H 银行）支付现金 C_{short} 恰好与 I 公司相反，具体如下：

$$C_{short} = -\frac{L(R_M - R_K)(T_2 - T_1)}{1 + (T_2 - T_1)R_M} \quad (6\text{-}5)$$

6.6.4 参考代码与说明

任务 1 的代码

```
In [73]: def FRA_Pay(Rk, Rm, L, T1, T2, position):
    ...:     '''构建计算远期利率协议在 T1 时点现金流的函数
    ...:     RK: 表示远期利率协议中的固定利率;
    ...:     Rm: 表示在 T1 时点观察到的[T1,T2]期间的参考利率;
    ...:     L: 表示远期利率协议的本金;
    ...:     T1: 表示第一个时间点,以时间对象方式输入;
    ...:     T2: 表示另一个时间点,以时间对象方式输入,并且 T2 大于 T1;
    ...:     position: 表示协议多头方或空头方,输入'long'代表多头,否则表示空头。'''
    ...:     tenor=(T2-T1).days/365
    ...:     pay=((Rm-Rk)*tenor*L)/(1+tenor*Rm)
    ...:     if position=='long':
    ...:         return pay
    ...:     else:
    ...:         return -pay
```

在以上自定义的函数 FRA_Pay 中,只需要输出固定利率、参考利率、协议本金、T1 与 T2 的具体日期以及头寸方向等参数,就可以计算得出远期利率协议的交易双方在 T_1 时点支付经贴现后的利差现值。

任务 2 的代码

```
In [74]: t0=dt.datetime(2018,12,31)    #计算远期利率协议现金流的日期
    ...: t1=dt.datetime(2019,3,31)    #第 1 份远期利率协议(参考利率是 3 个月期 Libor 美元利率)的到期日
    ...: t2=dt.datetime(2019,6,30)    #第 2 份远期利率协议(参考利率是 6 个月期 Libor 美元利率)的到期日
    ...: R1_fixed=0.027    #第 1 份远期利率协议的固定利率
    ...: R2_fixed=0.03    #第 2 份远期利率协议的固定利率
    ...: Libor_3M=0.0280763    #2018 年 12 月 31 日观察到的 3 个月期 Libor 美元利率
    ...: Libor_6M=0.0290788    #2018 年 12 月 31 日观察到的 6 个月期 Libor 美元利率
    ...: par1=6e7    #第 1 份远期利率协议的面值
    ...: par2=8e7    #第 2 份远期利率协议的面值

In [75]: pay1_long=FRA_Pay(Rk=R1_fixed, Rm=Libor_3M, L=par1, T1=t0, T2=t1, position='long')
#计算第 1 份远期利率协议多头的现金流
    ...: pay1_short=FRA_Pay(Rk=R1_fixed, Rm=Libor_3M, L=par1, T1=t0, T2=t1, position='short')
#计算第 1 份远期利率协议空头的现金流
    ...: pay2_long=FRA_Pay(Rk=R2_fixed, Rm=Libor_6M, L=par2, T1=t0, T2=t2, position='long')
#计算第 2 份远期利率协议多头的现金流
    ...: pay2_short=FRA_Pay(Rk=R2_fixed, Rm=Libor_6M, L=par2, T1=t0, T2=t2, position='short')
#计算第 2 份远期利率协议空头的现金流
    ...: print('2018 年 12 月 31 日第 1 份远期利率协议多头(I 公司)现金流',round(pay1_long,2))
    ...: print('2018 年 12 月 31 日第 1 份远期利率协议空头(H 银行)现金流', round(pay1_short,2))
    ...: print('2018 年 12 月 31 日第 2 份远期利率协议多头(I 公司)现金流',round(pay2_long,2))
```

```
    ...: print('2018 年 12 月 31 日第 2 份远期利率协议空头（H 银行）现金流', round(pay2_short,2))
2018 年 12 月 31 日第 1 份远期利率协议多头（I 公司）现金流  15813.86
2018 年 12 月 31 日第 1 份远期利率协议空头（H 银行）现金流 -15813.86
2018 年 12 月 31 日第 2 份远期利率协议多头（I 公司）现金流  -36025.65
2018 年 12 月 31 日第 2 份远期利率协议空头（H 银行）现金流  36025.65

In [76]: pay_long=pay1_long+pay2_long        #计算这两份远期利率协议多头的现金流总和
    ...: pay_short=pay1_short+pay2_short      #计算这两份远期利率协议空头的现金流总和
    ...: print('2018 年 12 月 31 日两份远期利率协议多头（I 公司）现金流之和', round(pay_long,2))
    ...: print('2018 年 12 月 31 日两份远期利率协议空头（H 银行）现金流之和', round(pay_short,2))
2018 年 12 月 31 日两份远期利率协议多头（I 公司）现金流之和 -20211.79
2018 年 12 月 31 日两份远期利率协议空头（H 银行）现金流之和 20211.79
```

从以上的输出结果可以看到，对于第 1 份远期利率协议，I 公司作为多头将收到 H 银行（空头）支付的金额 15 813.86 美元；对于第 2 份远期利率协议，I 公司作为多头将支付给 H 银行的金额 36 025.65 美元。最终，I 公司将净支付给 H 银行 20 211.79 美元。

任务 3 的代码

```
In [77]: R_fixed_list=np.linspace(0.02,0.04,100)    #模拟远期利率协议固定利率取值的数组

In [78]: pay1_long_list=FRA_Pay(Rk=R_fixed_list, Rm=Libor_3M, L=par1, T1=t0, T2=t1,
position='long')       #计算第 1 份远期利率协议多头的现金流数组
    ...: pay1_short_list=FRA_Pay(Rk=R_fixed_list, Rm=Libor_3M, L=par1, T1=t0, T2=t1,
position='short')      #计算第 1 份远期利率协议空头的现金流数组
    ...: pay2_long_list=FRA_Pay(Rk=R_fixed_list, Rm=Libor_6M, L=par2, T1=t0, T2=t2,
position='long')       #计算第 2 份远期利率协议多头的现金流数组
    ...: pay2_short_list=FRA_Pay(Rk=R_fixed_list, Rm=Libor_6M, L=par2, T1=t0, T2=t2,
position='short')      #计算第 2 份远期利率协议空头的现金流数组

In [79]: plt.figure(figsize=(9,6))
    ...: plt.plot(R_fixed_list,pay1_long_list,'r--',label=u'第 1 份远期利率协议多头',lw=2.5)
    ...: plt.plot(R_fixed_list,pay1_short_list,'b--',label=u'第 1 份远期利率协议空头',lw=2.5)
    ...: plt.plot(R_fixed_list,pay2_long_list,'c--',label=u'第 2 份远期利率协议多头',lw=2.5)
    ...: plt.plot(R_fixed_list,pay2_short_list,'m--',label=u'第 2 份远期利率协议空头',lw=2.5)
    ...: plt.plot(R_fixed_list,pay1_long_list+pay2_long_list,'y-',label=u'合计 2 份远期利率
协议多头',lw=2.5)
    ...: plt.plot(R_fixed_list,pay1_short_list+pay2_short_list,'g-',label=u'合计 2 份远期利
率协议空头',lw=2.5)
    ...: plt.xticks(fontsize=13)
    ...: plt.xlabel(u'固定利率',fontsize=13)
    ...: plt.yticks(fontsize=13)
    ...: plt.ylim(-800000,620000)
    ...: plt.ylabel(u'现金流',fontsize=14,rotation=90)
    ...: plt.title(u'2018 年 12 月末远期利率协议现金流', fontsize=14)
    ...: plt.legend(fontsize=13)
    ...: plt.grid()
    ...: plt.show()
```

从图 6-4 中可以看到，当固定利率不断增大时，远期利率协议多头（I 公司）的现金流从流入变为流出，也就是从盈利变成亏损；与此相反，空头（H 银行）的现金流则从流出转为流入，即从亏损变为盈利。

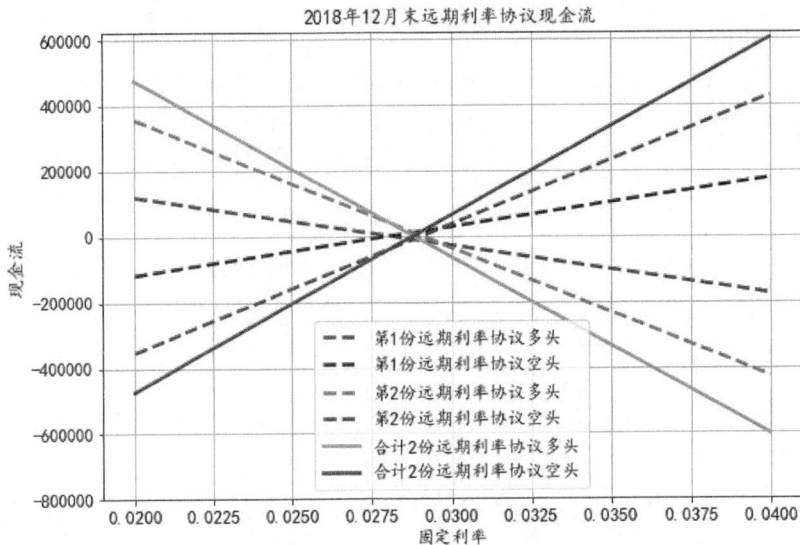

图 6-4　2018 年 12 月 31 日远期利率协议多头、空头的现金流与固定利率的关系

6.7　远期利率协议定价——以 Shibor 远期利率协议为分析对象

6.7.1　案例详情

J 公司是总部位于长春的一家制造型企业，在 2018 年 12 月 31 日制定下一年度财务预算计划时预计将在 6 个月后（即 2019 年 7 月 1 日）收到一笔金额 1 亿元的资金，同时收到该资金后将有 3 个月的闲置期。为了提高资金收益率，J 公司会将该笔资金存放于当地的 K 银行做一笔期限为 3 个月的定期存款。

J 公司由于担心在未来半年内银行的定期存款利率可能会下降，因此在 2018 年 12 月 31 日与 K 银行签署一份远期利率协议，约定 J 公司在 2019 年 7 月 1 日至 2019 年 9 月 30 日期间将收取固定利率 3.8%/年（每季度复利 1 次），同时在该期间支付 3 个月期的 Shibor 利率给

K 银行，由于远期利率协议的本金为 1 亿元，因此 J 公司是该远期利率协议的空头，K 银行则是多头。

假定你是 K 银行风险管理部总经理，正在复核部门员工已测算出的该笔远期利率协议的估值数据，因此需要运用 Python 完成 3 项编程任务。

6.7.2 编程任务

【任务 1】根据远期利率协议的定价公式，在 Python 中自定义一个计算远期利率协议价值的函数，并且该自定义函数的参数中可以分别输入估值时点 T_0 和协议涉及的 T_1、T_2 时点的具体日期。

【任务 2】在 2019 年 1 月 3 日，6 个月期 Shibor 利率是 3.286%，9 个月期 Shibor 利率是 3.466%，利用这两个利率数据计算 2019 年 7 月 1 日的 3 个月期远期 Shibor 利率，并且运用任务 1 自定义的函数计算 2019 年 1 月 3 日远期利率协议的多头和空头价值。

【任务 3】在 2019 年 1 月 7 日至 9 日这 3 个交易日，6 个月期和 9 个月期的 Shibor 利率由表 6-8 所示，通过这些信息依次计算 2019 年 1 月 7 日至 9 日的远期利率协议多头和空头价值。

表 6-8　2019 年 1 月 7 日至 9 日 6 个月期和 9 个月期的 Shibor 利率信息

日　　期	2019 年 1 月 7 日	2019 年 1 月 8 日	2019 年 1 月 9 日
6 个月期 Shibor 利率	3.233%	3.206%	3.184%
9 个月期 Shibor 利率	3.415%	3.384%	3.354%

数据来源：Shibor 网站。

6.7.3 编程提示

- 针对任务 1，假定 T_0 是估值时点，R_F 表示在 T_0 时点计算得到的介于未来时点 T_1 与 T_2 期间的远期参考利率，R_K 代表了远期利率协议中的固定利率，R 是期限长度为 $T_2 - T_0$ 的无风险利率（连续复利），远期利率协议多头价值 V_{long} 的表达式如下：

$$V_{long} = L(R_F - R_K)(T_2 - T_1)e^{-R(T_2 - T_0)} \qquad (6\text{-}6)$$

远期利率协议空头价值 V_{short} 恰好相反，也就是：

$$V_{short} = -L(R_F - R_K)(T_2 - T_1)e^{-R(T_2 - T_0)} \qquad (6\text{-}7)$$

- 针对任务 2 和任务 3，计算远期 Shibor 利率可以运用在本章前面 6.5 节案例中计算远期利率的自定义函数 Forward_rate。

6.7.4　参考代码与说明

任务 1 的代码

```
In [80]: def Value_FRA(Rk, Rf, R, L, T0, T1, T2, position):
    ...:     '''构建计算远期利率协议价值的函数
    ...:     Rk: 表示远期利率协议中的固定利率;
    ...:     Rf: 表示当前观察到的未来[T1,T2]期间的远期参考利率;
    ...:     R: 表示期限长度为 (T2-T0) 的无风险利率（连续复利）;
    ...:     L: 表示远期利率协议的本金;
    ...:     T0: 表示估值的时间点，用时间对象格式输入;
    ...:     T1: 表示T1时间点，用时间对象格式输入;
    ...:     T2: 表示T2时间点，依然用时间对象格式输入，并且T2大于T1;
    ...:     position: 表示协议多头或空头，输入'long'代表多头，否则表示空头。'''
    ...:     tenor1=(T2-T1).days/365                  #远期参考利率的期限（年）
    ...:     tenor2=(T2-T0).days/365                  #无风险利率贴现的期限（年）
    ...:     value=L*(Rf-Rk)*tenor1*np.exp(-R*tenor2) #远期利率协议的估值公式
    ...:     if position=='long':
    ...:         return value
    ...:     else:
    ...:         return -value
```

根据自定义的函数 Value_FRA，通过输入固定利率、远期参考利率、无风险利率、协议本金、相关日期以及头寸方向等参数，就可以得到远期利率协议的价值。

任务 2 的代码

```
In [81]: tenor_6M=6/12                       #6个月期限的长度（年）
    ...: tenor_9M=9/12                        #9个月期限的长度（年）
    ...: Shibor_6M_Jun3=0.03286              #2019年1月3日6个月期 Shibor 利率
    ...: Shibor_9M_Jun3=0.03466              #2019年1月3日9个月期 Shibor 利率

In [82]: Shibor_forward_Jun3=Forward_rate(R1=Shibor_6M_Jun3,R2=Shibor_9M_Jun3, T1=tenor_
6M,T2=tenor_9M)                              #计算6个月后的3个月期 Shibor 利率
    ...: print('1月3日计算得到7月1日的远期3个月 Shibor 利率', round(Shibor_forward_Jun3,6))
1月3日计算得到7月1日的远期3个月 Shibor 利率 0.03826
```

这里得到的远期 3 个月 Shibor 利率将作为一个中间变量，应用于下面的远期利率协议价值计算。

```
In [83]: T_value=dt.datetime(2019,1,3)       #远期利率协议的估值日
    ...: T_begin=dt.datetime(2019,7,1)        #远期 Shibor 利率的起始日
```

```
      ...: T_end=dt.datetime(2019,9,30)         #远期 Shibor 利率的结束日
      ...: R_fixed=0.038                        #远期利率协议的固定利率
      ...: Principle=1e8                         #远期利率协议的面值


In [84]: Value_long_Jun3=Value_FRA(Rk=R_fixed, Rf=Shibor_forward_Jun3, R=Shibor_9M_Jun3,
L=Principle, T0=T_value, T1=T_begin, T2=T_end, position='long')  #计算1月3日远期利率协议多头的价值
      ...: Value_short_Jun3=Value_FRA(Rk=R_fixed, Rf=Shibor_forward_Jun3, R=Shibor_9M_Jun3,
L=Principle, T0=T_value, T1=T_begin, T2=T_end, position='short')  #计算1月3日远期利率协议空头的价值
      ...: print('1月3日远期利率协议多头（K银行）的价值',round(Value_long_Jun3,2))
      ...: print('1月3日远期利率协议空头（J公司）的价值',round(Value_short_Jun3,2))
1月3日远期利率协议多头（K银行）的价值 6318.11
1月3日远期利率协议空头（J公司）的价值 -6318.11
```

通过以上的计算可以得到，在 2019 年 1 月 3 日对于 K 银行而言，远期利率协议的价值是 6 318.11 元；对于 J 公司而言，远期利率协议带来了浮亏–6 318.11 元。

任务 3 的代码

```
In [85]: T_value1=dt.datetime(2019,1,7)    #2019年1月7日作为远期利率协议的估值日
      ...: T_value2=dt.datetime(2019,1,8)    #2019年1月8日作为远期利率协议的估值日
      ...: T_value3=dt.datetime(2019,1,9)    #2019年1月9日作为远期利率协议的估值日
      ...: Shibor_6M_Jun7=0.03233            #2019年1月7日6个月期 Shibor 利率
      ...: Shibor_9M_Jun7=0.03415            #2019年1月7日9个月期 Shibor 利率
      ...: Shibor_6M_Jun8=0.03206            #2019年1月8日6个月期 Shibor 利率
      ...: Shibor_9M_Jun8=0.03384            #2019年1月8日9个月期 Shibor 利率
      ...: Shibor_6M_Jun9=0.03184            #2019年1月9日6个月期 Shibor 利率
      ...: Shibor_9M_Jun9=0.03354            #2019年1月9日9个月期 Shibor 利率


In [86]: Shibor_forward_Jun7=Forward_rate(R1=Shibor_6M_Jun7,R2=Shibor_9M_Jun7, T1=tenor_6M,
T2=tenor_9M)
      ...: Shibor_forward_Jun8=Forward_rate(R1=Shibor_6M_Jun8,R2=Shibor_9M_Jun8, T1=tenor_6M,
T2=tenor_9M)
      ...: Shibor_forward_Jun9=Forward_rate(R1=Shibor_6M_Jun9,R2=Shibor_9M_Jun9, T1=tenor_6M,
T2=tenor_9M)
      ...: print('1月7日计算得到7月1日的远期3个月 Shibor 利率', round(Shibor_forward_Jun7,6))
      ...: print('1月8日计算得到7月1日的远期3个月 Shibor 利率', round(Shibor_forward_Jun8,6))
      ...: print('1月9日计算得到7月1日的远期3个月 Shibor 利率', round(Shibor_forward_Jun9,6))
1月7日计算得到7月1日的远期3个月 Shibor 利率 0.03779
1月8日计算得到7月1日的远期3个月 Shibor 利率 0.0374
1月9日计算得到7月1日的远期3个月 Shibor 利率 0.03694


In [87]: Value_long_Jun7=Value_FRA(Rk=R_fixed, Rf=Shibor_forward_Jun7, R=Shibor_9M_Jun7,
L=Principle, T0=T_value1, T1=T_begin, T2=T_end, position='long')    #计算1月7日远期利率协议多头的价值
      ...: Value_short_Jun7=Value_FRA(Rk=R_fixed, Rf=Shibor_forward_Jun7, R=Shibor_9M_Jun7,
L=Principle, T0=T_value1, T1=T_begin, T2=T_end, position='short')    #计算1月7日远期利率协议空头的价值
      ...: Value_long_Jun8=Value_FRA(Rk=R_fixed, Rf=Shibor_forward_Jun8, R=Shibor_9M_Jun8,
L=Principle, T0=T_value2, T1=T_begin, T2=T_end, position='long')    #计算1月8日远期利率协议多头的价值
      ...: Value_short_Jun8=Value_FRA(Rk=R_fixed, Rf=Shibor_forward_Jun8, R=Shibor_9M_Jun8,
```

```
L=Principle, T0=T_value2, T1=T_begin, T2=T_end, position='short')    #计算1月8日远期利率协议空头的价值
   ...: Value_long_Jun9=Value_FRA(Rk=R_fixed, Rf=Shibor_forward_Jun9, R=Shibor_9M_Jun9,
L=Principle, T0=T_value3, T1=T_begin, T2=T_end, position='long')    #计算1月9日远期利率协议多头的价值
   ...: Value_short_Jun9=Value_FRA(Rk=R_fixed, Rf=Shibor_forward_Jun9, R=Shibor_9M_Jun9,
L=Principle, T0=T_value3, T1=T_begin, T2=T_end, position='short')    #计算1月9日远期利率协议空头的价值

In [88]: print('1月7日远期利率协议多头（K银行）的价值',round(Value_long_Jun7,2))
   ...: print('1月7日远期利率协议空头（J公司）的价值',round(Value_short_Jun7,2))
   ...: print('1月8日远期利率协议多头（K银行）的价值',round(Value_long_Jun8,2))
   ...: print('1月8日远期利率协议空头（J公司）的价值',round(Value_short_Jun8,2))
   ...: print('1月9日远期利率协议多头（K银行）的价值',round(Value_long_Jun9,2))
   ...: print('1月9日远期利率协议空头（J公司）的价值',round(Value_short_Jun9,2))
1月7日远期利率协议多头（K银行）的价值 -5106.92
1月7日远期利率协议空头（J公司）的价值 5106.92
1月8日远期利率协议多头（K银行）的价值 -14595.86
1月8日远期利率协议空头（J公司）的价值 14595.86
1月9日远期利率协议多头（K银行）的价值 -25794.01
1月9日远期利率协议空头（J公司）的价值 25794.01
```

观察以上的计算结果不难发现，随着 3 个月远期 Shibor 利率的不断走低，对于该远期利率协议多头的 K 银行而言，该协议带来的浮亏持续扩大，从 1 月 7 日的亏损-5 106.92 元扩大至 1 月 9 日的-25 794.01 元。相反，对于该协议的空头（J 公司）则协议带来的是浮盈并且金额不断增加。

6.8 债券麦考利久期——以利率债为分析对象

6.8.1 案例详情

L 公司是总部位于杭州市的一家期货公司，公司的自有资金偏好于配置高信用等级的利率债[①]，包括国债、地方政府债、政策性银行债等低风险的债券。表 6-9 就列示了在 2019 年 7 月 31 日 L 公司配置的相关利率债信息。

假定你是 L 公司的债券投资总监，负责该公司全部债券的投资工作，目前收到了债券分析师提交的表 6-9 中这些债券在 2019 年 7 月 31 日的麦考利久期（Macaulay duration）等信息。

---

① 在债券投资领域，通常将债券分为利率债和信用债两大类。其中，利率债是指债券的价格主要受到市场利率波动的影响，债券面临的信用风险通常非常低，此类债券主要包括国债、地方政府债券、政策性银行债和央行票据等。与利率债相对应的就是信用债，此类债券的价格除了受到市场利率的影响以外，还面临一定的信用风险，信用债包括企业债、公司债、短期融资券、中期票据、分离交易可转债、资产支持证券、次级债等品种。

你希望能够亲自核实这些信息的准确性，因此需要运用 Python 完成 4 项编程任务。

表 6-9　2019 年 7 月 31 日 L 公司配置利率债的要素信息

债券名称	发行人	债券到期日	票面利率	每年付息次数	债券到期收益率（连续复利）	L 公司投资本金
16 附息国债 10	财政部	2026-05-05	2.90%	2	3.239 7%	2.0 亿元
14 上海债 03	上海市人民政府	2024-09-12	4.33%	1	3.268 8%	1.5 亿元
05 国开 20	国家开发银行	2035-10-11	4.01%	2	3.911 3%	1.2 亿元
合计						4.7 亿元

数据来源（除 L 公司投资本金以外）：Wind。

6.8.2　编程任务

【任务 1】根据债券的麦考利久期计算公式，通过 Python 自定义一个计算债券麦考利久期的函数，并且在自定义函数中可以输入包括测算债券久期的日期、债券到期日等具体日期的参数。

【任务 2】根据任务 1 自定义的计算债券麦考利久期的函数，依次计算表 6-9 中 3 只债券的麦考利久期。

【任务 3】针对 16 附息国债 10 的麦考利久期，分别模拟出不同债券票面利率、不同到期收益率对麦考利久期的影响并且进行可视化，其中，债券的票面利率在[1%, 5%]区间内等差取值，到期收益率则在[2%, 6%]区间内等差取值。

【任务 4】假定在 2019 年 5 月 31 日这 3 只债券的到期收益率（连续复利）在表 6-9 的基础上均增加 0.1%（即 10 个基点），根据任务 2 计算得到的麦考利久期，近似计算出这 3 只债券价格的变动情况以及对 L 公司持有债券价值的影响金额。

6.8.3　编程提示

- 针对任务 1，假定债券票息每年支付 m 次（$m \geqslant 1$），同时假定 P 代表债券价格，c 代表票面利率，M 代表债券本金，y 代表债券到期收益率（连续复利），t_i 代表剩余票息支付的期限（用年表示）并且 $i=1, 2, \cdots, N$，由于债券价格是 $P = \dfrac{c}{m} M \sum_{i=1}^{N} \mathrm{e}^{-yt_i} + M \mathrm{e}^{-yt_N}$。

则债券的麦考利久期 D 的表达式如下：

$$D = \left[\sum_{i=1}^{N} t_i \left(\frac{c}{m} M e^{-yt_i} \right) + t_N M e^{-yt_N} \right] / P \qquad (6\text{-}8)$$

- 针对任务 4，如果债券到期收益率 y 存在微小变化 Δy 时，存在以下近似等式：

$$\Delta P = -PD\Delta y \qquad (6\text{-}9)$$

其中，ΔP 表示债券价格的变化。

6.8.4 参考代码与说明

任务 1 的代码

```
In [89]: def Macaulay_Duration(c,m,y,T0,T1):
    ...:     '''构建一个计算债券麦考利久期的函数
    ...:     c: 表示债券的票面利率；
    ...:     m: 表示债券票息的每年支付次数，并且次数不超过 2 次；
    ...:     y: 表示债券的到期收益率（连续复利）；
    ...:     T0: 表示计算债券久期的时点，用时间对象格式输入；
    ...:     T1: 表示债券到期日，用时间对象格式输入。'''
    ...:     tenor=(T1-T0).days/365              #计算债券剩余期限（年）并且假定一年是 365 天
    ...:     import math                          #导入 math 模块，
    ...:     if math.modf(tenor)[0]>0.5:          #该函数返回一个包含小数部分和整数部分的元组
    ...:         N=m*math.ceil(tenor)             #计算得到剩余票息支付次数
    ...:     else:
    ...:         N=m*math.floor(tenor)+1          #计算得到剩余票息支付次数
    ...:     T_list=np.arange(N)/m                #构建数组为了便于计算剩余每次票息支付的期限
    ...:     T_list=np.sort(tenor-T_list)         #计算得到债券的剩余每次票息支付的期限数组
    ...:     M=100                                #表示债券本金
    ...:     value=M*(np.sum(np.exp(-y*T_list))*c/m+np.exp(-y*T_list[-1]))   #计算债券价值
    ...:     coupon=np.sum(T_list*np.exp(-y*T_list)*M*c/m)   #计算债券剩余票息贴现值的期限加权平均值
    ...:     par=T_list[-1]*M*np.exp(-y*T_list[-1])          #计算债券本金贴现值乘以期限
    ...:     duration=(coupon+par)/value
    ...:     return duration                      #输出债券的麦考利久期
```

根据以上自定义函数 Macaulay_Duration，只需要输入债券的票面利率、票息每年支付次数、债券到期收益率、测算债券久期的日期以及债券到期日等参数，就可以快速计算得到债券的麦考利久期。

任务 2 的代码

```
In [90]: t0=dt.datetime(2019,7,31)        #计算债券麦考利久期的日期
    ...: t1_treasury=dt.datetime(2026,5,5)  #16 附息国债 10 的到期日
```

```
      ...: c_treasury=0.029                          #16 附息国债 10 的票面利率
      ...: m_treasury=2                              #16 附息国债 10 的每年票息支付次数
      ...: y_treasury=0.032397                       #16 附息国债 10 的到期收益率

In [91]: Duration_treasury=Macaulay_Duration(c=c_treasury,m=m_treasury,y=y_treasury,T0=t0,
T1=t1_treasury)                                      #16 附息国债 10 的麦考利久期
      ...: print('2019 年 7 月 31 日 16 附息国债 10 的麦考利久期',round(Duration_treasury,4))
2019 年 7 月 31 日 16 附息国债 10 的麦考利久期 6.1437

In [92]: t1_shanghai=dt.datetime(2024,9,12)          #14 上海债 03 的到期日
      ...: c_shanghai=0.0433                         #14 上海债 03 的票面利率
      ...: m_shanghai=1                              #14 上海债 03 的每年票息支付次数
      ...: y_shanghai=0.032688                       #14 上海债 03 的到期收益率

In [93]: Duration_shanghai=Macaulay_Duration(c=c_shanghai,m=m_shanghai,y=y_shanghai, T0=t0,
T1=t1_shanghai)                                      #14 上海债 03 的麦考利久期
      ...: print('2019 年 7 月 31 日 14 上海债 03 的麦考利久期',round(Duration_shanghai,4))
2019 年 7 月 31 日 14 上海债 03 的麦考利久期 4.5518

In [94]: t1_CDB=dt.datetime(2035,10,11)             #05 国开 20 的到期日
      ...: c_CDB=0.0401                             #05 国开 20 的票面利率
      ...: m_CDB=2                                  #05 国开 20 的每年票息支付次数
      ...: y_CDB=0.039113                           #05 国开 20 的到期收益率

In [95]: Duration_CDB=Macaulay_Duration(c=c_CDB,m=m_CDB,y=y_CDB,T0=t0,T1=t1_CDB)   #05 国
开 20 的麦考利久期
      ...: print('2019 年 7 月 31 日 05 国开 20 的麦考利久期',round(Duration_CDB,4))
2019 年 7 月 31 日 05 国开 20 的麦考利久期 11.9518
```

通过以上的输出结果可以看到，05 国开 20 债券久期最长并且达到 11.951 8，表示该债券面临的利率风险是最高的；相比之下，14 上海债 03 债券久期则最短并且仅为 4.551 8，表示债券面临的利率风险最低。

任务 3 的代码

```
In [96]: c_treasury_list=np.linspace(0.01,0.05,100)      #16 附息国债 10 票面利率的数组
      ...: Duration_clist=np.zeros_like(c_treasury_list)  #生成存放 16 附息国债 10 久期的初始数组

In [97]: for i in range(len(c_treasury_list)):      #用 for 语句快速计算不同票面利率对应的债券久期
      ...:         Duration_clist[i]=Macaulay_Duration(c=c_treasury_list[i],m=m_treasury, y=y_
treasury,T0=t0,T1=t1_treasury)

In [98]: plt.figure(figsize=(9,6))
      ...: plt.plot(c_treasury_list,Duration_clist,'r-',lw=2.5)
      ...: plt.xticks(fontsize=14)
      ...: plt.xlabel(u'票面利率',fontsize=14)
      ...: plt.yticks(fontsize=14)
```

```
    ...: plt.ylim(5.8,6.6)
    ...: plt.ylabel(u'久期',fontsize=14,rotation=90)
    ...: plt.title(u'16 附息国债 10 票面利率的变化与麦考利久期的关系', fontsize=14)
    ...: plt.grid()
    ...: plt.show()
In [99]: y_treasury_list=np.linspace(0.02,0.06,150)      #16 附息国债 10 到期收益率的数组
    ...: Duration_ylist=np.zeros_like(y_treasury_list)    #生成存放 16 附息国债 10 久期的初始数组

In [100]: for i in range(len(y_treasury_list)):
    ...:        Duration_ylist[i]=Macaulay_Duration(c=c_treasury,m=m_treasury, y=y_treasury_
list[i],T0=t0,T1=t1_treasury)

In [101]: plt.figure(figsize=(9,6))
    ...: plt.plot(y_treasury_list,Duration_ylist,'b-',lw=2.5)
    ...: plt.xticks(fontsize=14)
    ...: plt.xlabel(u'到期收益率',fontsize=14)
    ...: plt.yticks(fontsize=14)
    ...: plt.ylabel(u'久期',fontsize=14,rotation=90)
    ...: plt.title(u'16 附息国债 10 到期收益率的变化与麦考利久期的关系', fontsize=14)
    ...: plt.grid()
    ...: plt.show()
```

综合图 6-5 和图 6-6 可以得出，无论是票面利率还是到期收益率，均与麦考利久期之间呈现反向关系。同时，对比这两幅图也能发现，相比到期收益率，麦考利久期对票面利率更加敏感。

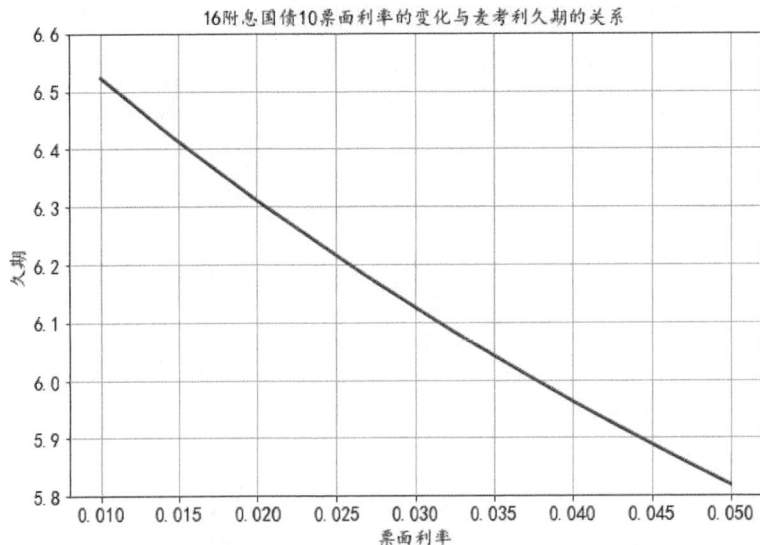

图 6-5　2019 年 7 月 31 日针对 16 附息国债 10 票面利率的变化与麦考利久期之间的关系图

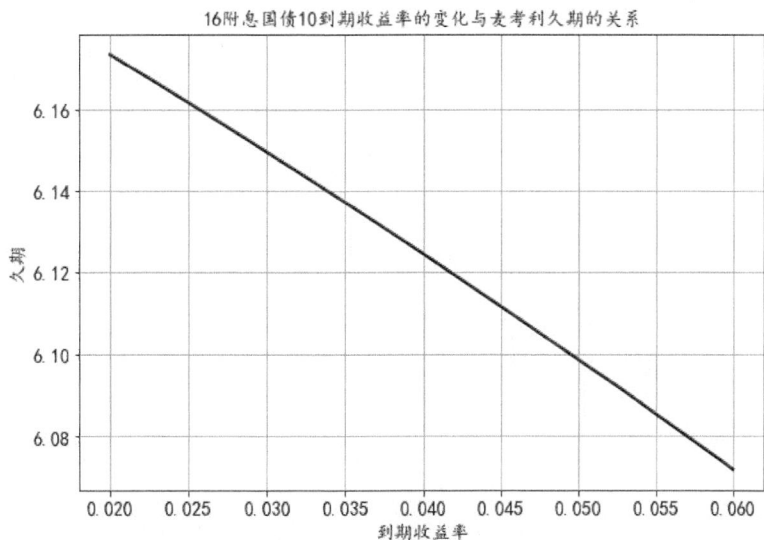

16附息国债10到期收益率的变化与麦考利久期的关系

图6-6　2019年7月31日16附息国债10的到期收益率变化与麦考利久期之间的关系图

任务4的代码

为了便于测算出当债券到期收益率发生变化时债券价值的近似变动，下面就直接通过 Python 自定义一个通过债券麦考利久期计算债券价值近似变化的函数，具体代码如下：

```
In [102]: def Bond_value_change(c,m,y,y_change,T0,T1,L):
     ...:     '''构建通过债券麦考利久期近似计算债券价值变化的函数
     ...:     c: 表示债券的票面利率；
     ...:     m: 表示债券票息的每年支付次数，并且次数不超过2次；
     ...:     y: 表示债券的原到期收益率（连续复利）；
     ...:     y_change: 表示债券到期收益率的变化金额；
     ...:     T0: 表示债券到期收益率发生变化的时点，用时间对象格式输入；
     ...:     T1: 表示债券到期日，用时间对象格式输入；
     ...:     L: 表示持有债券的本金。'''
     ...:     tenor=(T1-T0).days/365                          #计算债券剩余期限（年）并且假定一年是365天
     ...:     import math                                     #导入math模块，
     ...:     if math.modf(tenor)[0]>0.5:                     #该函数将返回包含小数部分和整数部分的元组
     ...:         N=m*math.ceil(tenor)                        #计算得到剩余票息支付次数
     ...:     else:
     ...:         N=m*math.floor(tenor)+1                     #计算得到剩余票息支付次数
     ...:     T_list=np.arange(N)/m   #构建一个数组为了便于计算剩余每次票息支付的期限
     ...:     T_list=np.sort(tenor-T_list)                    #计算得到债券的剩余每次票息支付的期限数组
     ...:     M=100                                           #表示债券本金
     ...:     value=M*(np.sum(np.exp(-y*T_list))*c/m+np.exp(-y*T_list[-1]))  #计算债券价值
     ...:     coupon=np.sum(T_list*np.exp(-y*T_list)*M*c/m)   #计算债券剩余票息贴现值的期限加权平均值
     ...:     par=T_list[-1]*M*np.exp(-y*T_list[-1])          #计算债券本金贴现值乘以期限
     ...:     duration=(coupon+par)/value                     #计算麦考利久期
```

```
    ...:        value_change=-value*duration*y_change*(L/M)  #计算因到期收益率变动导致持有债券价值变化
    ...:        return value_change
```

运用该自定义函 Bond_value_change，只需要输入债券的票面利率、票息每年支付次数、债券原到期收益率、到期收益率变动额、到期收益率发生变化的日期、债券到期日以及持有债券本金等参数，就可以快速计算出基于债券麦考利久期得到的债券价值变化近似值。

```
In [103]: yield_change=0.001      #债券到期收益率的变化
     ...: L_treasury=2e8           #持有 16 附息国债 10 的本金金额
     ...: L_shanghai=1.5e8         #持有 14 上海债 03 的本金金额
     ...: L_CDB=1.2e8              #持有 05 国开 20 的本金金额

In [104]: Value_change_treasury=Bond_value_change(c=c_treasury,m=m_treasury,y=y_treasury,
y_change=yield_change,T0=t0,T1=t1_treasury,L=L_treasury)      #持有 16 附息国债 10 的价值变化
     ...: Value_change_shanghai=Bond_value_change(c=c_shanghai,m=m_shanghai, y=y_shanghai,
y_change=yield_change,T0=t0,T1=t1_shanghai,L=L_shanghai)      #持有 14 上海债 03 的价值变化
     ...: Value_change_CDB=Bond_value_change(c=c_CDB,m=m_CDB,y=y_CDB, y_change=yield_change,
T0=t0,T1=t1_CDB,L=L_CDB)                                     #持有 05 国开 20 的价值变化
     ...: Value_change_total=Value_change_treasury+Value_change_shanghai+ Value_change_CDB
                                                            #持有全部债券的价值变化

In [105]: print('L 公司持有 16 附息国债 10 的价值变化',round(Value_change_treasury,2))
     ...: print('L 公司持有 14 上海债 03 的价值变化',round(Value_change_shanghai,2))
     ...: print('L 公司持有 05 国开 20 的价值变化',round(Value_change_CDB,2))
     ...: print('L 公司持有全部债券的价值变化',round(Value_change_total,2))
L 公司持有 16 附息国债 10 的价值变化 -1209895.49
L 公司持有 14 上海债 03 的价值变化    -740554.81
L 公司持有 05 国开 20 的价值变化     -1461191.03
L 公司持有全部债券的价值变化        -3411641.34
```

从以上的输出结果不难发现，当债券的到期收益率增加 0.1%时，L 公司持有这 3 只债券的价值均出现了一定程度的下降。其中，05 国开 20 的下跌金额最大，其次是 16 附息国债 10，14 上海债 03 则最小，全部债券给 L 公司带来亏损合计 341.16 万元。

6.9 债券修正久期和美元久期——以央企债券为分析对象

6.9.1 案例详情

M 机构是总部位于华盛顿的一家国际多边金融组织，并且于 2015 年获得中国人民银行批准允许在银行间市场开展债券交易，该机构偏好于投资由大型中央企业发行的债券（简称

"央企债券")以有效控制信用风险。表 6-10 就列出了截止到 2019 年 8 月 30 日(当月的最后一个交易日)M 机构已经投资 3 只央企债券的相关信息,需要注意的是表中的到期收益率是每年复利 1 次。

表 6-10 2019 年 8 月 30 日 M 机构已投资的相关中央企业发行的债券信息

债 券 名 称	发 行 主 体	债券到期日	票面利率	票息每年支付次数	到期收益率(每年复利 1 次)
10 航天科工债	中国航天科工集团有限公司	2020-02-02	4.40%	1	2.722 5%
12 中石油 04	中国石油天然气集团有限公司	2027-02-22	5.00%	1	3.913 9%
07 铁道 03	中国铁路总公司	2022-11-28	5.75%	1	3.383 6%

数据来源:Wind。

假定你是该机构的首席投资官,正在阅读一份由投资部门提交的债券分析报告,希望能够亲自核实报告所涉及表 6-10 中这些债券的修正久期(modified duration)和美元久期(dollar duration)的数据,因此需要运用 Python 完成 4 项编程任务。

6.9.2 编程任务

【任务 1】根据债券修正久期的计算公式,通过 Python 自定义一个计算债券修正久期的函数,并且在自定义的函数中可以输入包括测算修正久期的日期、债券到期日等具体日期参数。

【任务 2】根据任务 1 自定义的函数,依次计算出 10 航天科工债、12 中石油 04 以及 07 铁道 03 这 3 只债券的修正久期。

【任务 3】根据债券美元久期的计算公式,通过 Python 自定义一个计算债券美元久期的函数,并且在自定义的函数中可以输入包括测算美元久期的日期、债券到期日等具体日期参数。

【任务 4】根据任务 3 自定义的函数,依次计算 10 航天科工债、12 中石油 04 以及 07 铁道 03 这 3 只债券的美元久期。

6.9.3 编程提示

- 针对任务 1 需要用到修正久期的计算公式。假定债券到期收益率 y 是每年复利 m 次,

D 是麦考利久期，则可以得到债券的修正久期 D^* 表达式如下：

$$D^* = \frac{D}{1+y/m} \qquad (6\text{-}10)$$

- 针对任务 3 需要用到美元久期的计算公式。假定 P 表示债券价格，D^* 表示债券的修正久期，则债券的美元久期 D_s 表达式如下：

$$D_s = PD^* \qquad (6\text{-}11)$$

6.9.4 参考代码与说明

任务 1 的代码

```
In [106]: def Modified_Duration(c,m,y,T0,T1):
     ...:     '''构建一个计算债券修正久期的函数
     ...:     c: 表示债券的票面利率；
     ...:     m: 表示债券票息的每年支付次数，并且次数不超过 2 次；
     ...:     y: 表示债券的到期收益率，复利频次对应于票息每年支付次数；
     ...:     T0: 表示计算债券久期的时点，用时间对象格式输入；
     ...:     T1: 表示债券到期日，用时间对象格式输入。'''
     ...:     tenor=(T1-T0).days/365          #计算债券剩余期限（年）并且假定一年是 365 天
     ...:     import math                     #导入 math 模块
     ...:     if math.modf(tenor)[0]>0.5:     #该函数返回包含小数部分和整数部分的元组
     ...:         N=m*math.ceil(tenor)        #计算得到剩余票息支付次数
     ...:     else:
     ...:         N=m*math.floor(tenor)+1     #计算得到剩余票息支付次数
     ...:     T_list=np.arange(N)/m           #为便于计算剩余每次票息支付的期限而构建数组
     ...:     T_list=np.sort(tenor-T_list)    #计算得到债券剩余每次票息支付的期限数组
     ...:     M=100                           #表示债券本金
     ...:     y_continous=m*np.log(1+y/m)     #每年复利 m 次的到期收益率转换为连续复利
     ...:     value=M*(np.sum(np.exp(-y_continous*T_list))*c/m+ np.exp(-y_continous*T_list
[-1])) #计算债券价值
     ...:     coupon=np.sum(T_list*np.exp(-y_continous*T_list)*M*c/m)  #计算债券剩余票息贴
现值的期限加权平均值
     ...:     par=T_list[-1]*M*np.exp(-y*T_list[-1])  #计算债券本金贴现值乘以期限
     ...:     mac_duration=(coupon+par)/value         #计算麦考利久期
     ...:     duration=mac_duration/(1+y/m)           #计算修正久期
     ...:     return duration                         #输出债券的修正久期
```

在以上的自定义函数 Modified_Duration 中，输入债券票面利率、票息每年支付频次、到期收益率、测算债券久期的日期以及债券到期日等参数，就可以计算得到债券的修正久期。

任务 2 的代码

```
In [107]: t0=dt.datetime(2019,8,30)          #计算债券修正久期的日期
     ...: t1_space=dt.datetime(2020,2,2)      #10 航天科工债的到期日
```

```
        ...:    c_space=0.044                        #10 航天科工债的票面利率
        ...:    m_space=1                            #10 航天科工债的票息每年支付次数
        ...:    y_space=0.027225                     #10 航天科工债的到期收益率（每年复利 1 次）

In [108]: Modified_duration_space=Modified_Duration(c=c_space,m=m_space,y=y_space,T0=t0,
T1=t1_space)                                          #10 航天科工债的修正久期
        ...:    print('2019 年 8 月 30 日 10 航天科工债的修正久期',round(Modified_duration_space,6))
2019 年 8 月 30 日 10 航天科工债的修正久期 0.416008

In [109]: t1_oil=dt.datetime(2027,2,22)      #12 中石油 04 的到期日
        ...:    c_oil=0.05                           #12 中石油 04 的票面利率
        ...:    m_oil=1                              #12 中石油 04 的票息每年支付次数
        ...:    y_oil=0.039139                       #12 中石油 04 的到期收益率（每年复利 1 次）

In [110]: Modified_duration_oil=Modified_Duration(c=c_oil,m=m_oil,y=y_oil,T0=t0,T1=t1_oil)
#12 中石油 04 的修正久期
        ...:    print('2019 年 8 月 30 日 12 中石油 04 的修正久期',round(Modified_duration_oil,6))
2019 年 8 月 30 日 12 中石油 04 的修正久期 6.057074

In [111]: t1_train=dt.datetime(2022,11,28)   #07 铁道 03 的到期日
        ...:    c_train=0.0575                       #07 铁道 03 的票面利率
        ...:    m_train=1                            #07 铁道 03 的票息每年支付次数
        ...:    y_train=0.033836                     #07 铁道 03 的到期收益率（每年复利 1 次）

In [112]: Modified_duration_train=Modified_Duration(c=c_train,m=m_train,y=y_train,T0=t0,
T1=t1_train)        #07 铁道 03 的修正久期
        ...:    print('2019 年 8 月 30 日 07 铁道 03 的修正久期',round(Modified_duration_train,6))
2019 年 8 月 30 日 07 铁道 03 的修正久期 2.847887
```

从以上的输出结果不难发现，10 航天科工债的修正久期最短，其次是 07 铁道 03，12 中石油 04 的修正久期最长，这表明 10 航天科工债的利率风险最低，12 中石油 04 的利率风险最高。

任务 3 的代码

```
In [113]: def Dollar_Duration(c,m,y,T0,T1):
        ...:    '''构建一个计算债券美元久期的函数
        ...:    c: 表示债券的票面利率；
        ...:    m: 表示债券票息的每年支付次数，并且次数不超过 2 次；
        ...:    y: 表示债券的到期收益率，复利频次对应于票息每年支付次数；
        ...:    T0: 表示计算债券久期的时点，用时间对象格式输入；
        ...:    T1: 表示债券到期日，用时间对象格式输入。'''
        ...:    tenor=(T1-T0).days/365               #计算债券剩余期限（年）并且假定一年是 365 天
        ...:    import math                          #导入 math 模块
        ...:    if math.modf(tenor)[0]>0.5:          #该函数将返回包含小数部分和整数部分的元组
        ...:        N=m*math.ceil(tenor)             #计算得到剩余票息支付次数
        ...:    else:
        ...:        N=m*math.floor(tenor)+1          #计算得到剩余票息支付次数
        ...:    T_list=np.arange(N)/m                #构建数组为便于计算剩余每次票息支付期限
        ...:    T_list=np.sort(tenor-T_list)         #得到债券的剩余每次票息支付的期限数组
        ...:    M=100                                #表示债券本金
        ...:    y_continous=m*np.log(1+y/m)          #将每年复利 m 次的到期收益率转换为连续复利
```

```
    ...:          price=M*(np.sum(np.exp(-y_continous*T_list)))*c/m+ np.exp(-y_continous*T_list
[-1]))
                                                            #计算债券价格
    ...:          coupon=np.sum(T_list*np.exp(-y_continous*T_list)*M*c/m)      #计算债券剩余票息贴
现值的期限加权平均值
    ...:          par=T_list[-1]*M*np.exp(-y*T_list[-1])        #计算债券本金贴现值乘以期限
    ...:          mac_duration=(coupon+par)/price               #计算麦考利久期
    ...:          modi_duration=mac_duration/(1+y/m)            #计算修正久期
    ...:          duration=price*modi_duration                 #计算美元久期
    ...:          return duration                              #输出债券的美元久期
```

在以上的自定义函数 Dollar_Duration 中，输入债券票面利率、票息每年支付频次、到期收益率、测算债券久期的日期以及债券到期日等参数，就可以计算出债券的美元久期。

任务 4 的代码

```
    In [114]: Dollar_duration_space=Dollar_Duration(c=c_space,m=m_space,y=y_space,T0=t0, T1=t1_
space)   #10 航天科工债的美元久期
    ...: Dollar_duration_oil=Dollar_Duration(c=c_oil,m=m_oil,y=y_oil,T0=t0,T1=t1_oil)
#12 中石油 04 的美元久期
    ...: Dollar_duration_train=Dollar_Duration(c=c_train,m=m_train,y=y_train,T0=t0,T1=t1_train)
#07 铁道 03 的美元久期
    ...: print('2019 年 8 月 30 日 10 航天科工债的美元久期',round(Dollar_duration_space,4))
    ...: print('2019 年 8 月 30 日 12 中石油 04 的美元久期',round(Dollar_duration_oil,4))
    ...: print('2019 年 8 月 30 日 07 铁道 03 的美元久期',round(Dollar_duration_train,4))
2019 年 8 月 30 日 10 航天科工债的美元久期  42.9355
2019 年 8 月 30 日 12 中石油 04 的美元久期  663.0722
2019 年 8 月 30 日 07 铁道 03 的美元久期  317.4425
```

基于以上计算结果可以发现，与修正久期的结果相类似，10 航天科工债的美元久期最小，其次是 07 铁道 03，12 中石油 04 的美元久期最大。此外，通过美元久期可以快速计算得到债券的基点价值[①]，因此在 2019 年 8 月 30 日 10 航天科工债、12 中石油 04 和 07 铁道 03 这 3 只债券的基点价值依次是 0.004 3 元、0.066 3 元以及 0.031 7 元（均保留至小数点后 4 位）。

6.10 债券凸性——以地方政府债为分析对象

6.10.1 案例详情

N 银行是欧洲某个国家的中央银行，并且于 2017 年获得中国人民银行批准允许投资银行间市场的债券。除了配置国债以外，该银行还配置了部分的地方政府债，具体是北京市、上海市、广东省和深圳市等地方政府发行的债券。表 6-11 列出了 2019 年 9 月 30 日该中央银行

---

① 基点价值（DV01）是指当债券到期收益率变动 1 个基点（1 b.p.或者 0.01%）时债券价格的变化金额，是债券投资领域中广泛运用的衡量债券价格弹性的一个指标。

配置的相关地方政府债券信息。

表 6-11 2019 年 9 月 30 日 N 银行配置的地方政府债券信息

债 券 名 称	发 行 主 体	债券到期日	票面利率	票息每年支付次数	到期收益率（连续复利）	持有债券面值
15 北京债 08	北京市人民政府	2025-07-31	4.01%	2	3.831 9%	1.8 亿元
16 上海债 08	上海市人民政府	2026-08-19	2.75%	2	3.492 0%	1.6 亿元
19 广东债 05	广东省人民政府	2024-02-01	3.19%	1	3.200 8%	1.3 亿元
18 深圳债 02	深圳市人民政府	2023-09-12	3.83%	1	2.986 2%	1 亿元
合计						5.7 亿元

数据来源（不含持有债券面值）：Wind。

  假定你是这家中央银行的投资决策委员会主席，负责对每只债券投资履行最终审批并且对投资的风险承担最终责任。目前，你正在阅读风险管理部门提交的关于表 6-11 中 4 只债券的风险跟踪报告，并且希望验证报告中关于债券凸性（convexity）等数据信息，因此需要运用 Python 完成 4 项编程任务。

6.10.2 编程任务

【任务 1】根据债券凸性的计算公式，通过 Python 自定义一个计算债券凸性的函数，并且在函数中可以输入包括测算债券凸性的日期、债券到期日等具体日期参数。

【任务 2】基于任务 1 得到的计算债券凸性的自定义函数，依次计算 15 北京债 08、16 上海债 08、19 广东债 05、18 深圳债 02 这 4 只债券的凸性。

【任务 3】针对 16 上海债 08，模拟债券票面利率、债券到期收益率的不同取值对债券凸性的影响并且进行可视化，其中，无论是债券票面利率还是到期收益率均是在[1%, 6%]区间内等差取值。

【任务 4】假定在 2019 年 9 月 30 日，债券的到期收益率（连续复利）在表 6-11 的基础上均提高了 15 个基点（0.15%），结合债券麦考利久期和凸性近似测算 N 银行持有这 4 只债券的盈亏情况。

6.10.3 编程提示

- 针对任务 1 的债券凸性公式，假定债券票息每年支付 m 次（$m \geqslant 1$），c 代表票面利率，

M 代表债券本金，y 代表债券到期收益率（连续复利），t_i 代表剩余票息支付的期限（用年表示）并且 $i=1, 2, \cdots, N$，债券价格用 P 表示，则债券凸性 C 的表达式如下：

$$C = \left[\sum_{i=1}^{N} t_1^2 \left(\frac{c}{m} \times Me^{-yt_i} \right) + t_N^2 Me^{-yt_N} \right] / P \qquad （6\text{-}12）$$

- 针对任务 4，假定 P 表示债券价格，D 表示债券麦考利久期，C 表示债券凸性，Δy 表示债券到期收益率（连续复利）变动额，则债券价格变化金额 ΔP 的表达式如下：

$$\Delta P = -DP\Delta y + \frac{1}{2}CP(\Delta y)^2 \qquad （6\text{-}13）$$

6.10.4　参考代码与说明

任务 1 的代码

```
In [115]: def Convexity(c,m,y,T0,T1):
     ...:     '''构建一个计算债券凸性的函数
     ...:     c: 表示债券的票面利率;
     ...:     m: 表示债券票息的每年支付次数，并且次数不超过 2 次;
     ...:     y: 表示债券的到期收益率（连续复利）;
     ...:     T0: 表示计算债券凸性的日期，用时间对象格式输入;
     ...:     T1: 表示债券到期日，用时间对象格式输入。'''
     ...:     tenor=(T1-T0).days/365          #计算债券剩余期限（年）并且假定一年是 365 天
     ...:     import math                     #导入 math 模块
     ...:     if math.modf(tenor)[0]>0.5:      #该函数将返回包含小数部分和整数部分的元组
     ...:         N=m*math.ceil(tenor)        #计算得到剩余票息支付次数
     ...:     else:
     ...:         N=m*math.floor(tenor)+1     #计算得到剩余票息支付次数
     ...:     T_list=np.arange(N)/m           #为便于计算剩余每次票息支付的期限而构建数组
     ...:     T_list=np.sort(tenor-T_list)    #计算得到债券的剩余每次票息支付的期限数组
     ...:     M=100     #表示债券本金
     ...:     value=M*(np.sum(np.exp(-y*T_list))*c/m+np.exp(-y*T_list[-1]))  #计算债券价值
     ...:     coupon=np.sum((T_list**2)*np.exp(-y*T_list)*M*c/m)   #计算债券剩余票息贴现值的期
限平方加权平均值
     ...:     par=(T_list[-1]**2)*M*np.exp(-y*T_list[-1])      #债券本金贴现值乘以期限平方
     ...:     convexity=(coupon+par)/value
     ...:     return convexity                #输出债券的凸性
```

在以上的自定义函数 Convexity 中，输入债券票面利率、票息每年支付频次、到期收益率、测算债券凸性的日期以及债券到期日等参数，就可以计算得到债券的凸性。

任务 2 的代码

```
In [116]: t0=dt.datetime(2019,9,30)          #计算债券凸性的日期
     ...: t1_bj=dt.datetime(2025,7,31)       #15 北京债 08 的到期日
```

```
     ...: c_bj=0.0401                  #15 北京债 08 的票面利率
     ...: m_bj=2                       #15 北京债 08 票息每年支付次数
     ...: y_bj=0.038319                #15 北京债 08 的到期收益率

In [117]: Convexity_bj=Convexity(c=c_bj,m=m_bj,y=y_bj,T0=t0,T1=t1_bj)  #计算15 北京债 08 的凸性
     ...: print('2019 年 9 月 30 日 15 北京债 08 的凸性',round(Convexity_bj,4))
2019 年 9 月 30 日 15 北京债 08 的凸性 29.3808

In [118]: t1_sh=dt.datetime(2026,8,19)    #16 上海债 08 的到期日
     ...: c_sh=0.0275                  #16 上海债 08 的票面利率
     ...: m_sh=2                       #16 上海债 08 票息每年支付次数
     ...: y_sh=0.03492                 #16 上海债 08 的到期收益率

In [119]: Convexity_sh=Convexity(c=c_sh,m=m_sh,y=y_sh,T0=t0,T1=t1_sh)  #计算16 上海债 08 的凸性
     ...: print('2019 年 9 月 30 日 16 上海债 08 的凸性',round(Convexity_sh,4))
2019 年 9 月 30 日 16 上海债 08 的凸性 41.9345

In [120]: t1_gd=dt.datetime(2024,2,1)     #19 广东债 05 的到期日
     ...: c_gd=0.0319                  #19 广东债 05 的票面利率
     ...: m_gd=1                       #19 广东债 05 票息每年支付次数
     ...: y_gd=0.032008                #19 广东债 05 的到期收益率

In [121]: Convexity_gd=Convexity(c=c_gd,m=m_gd,y=y_gd,T0=t0,T1=t1_gd)  #计算19 广东债 05 的凸性
     ...: print('2019 年 9 月 30 日 19 广东债 05 的凸性',round(Convexity_gd,4))
2019 年 9 月 30 日 19 广东债 05 的凸性 17.1598

In [122]: t1_sz=dt.datetime(2023,9,12)    #18 深圳债 02 的到期日
     ...: c_sz=0.0383                  #18 深圳债 025 的票面利率
     ...: m_sz=1                       #18 深圳债 02 票息每年支付次数
     ...: y_sz=0.029862                #18 深圳债 02 的到期收益率

In [123]: Convexity_sz=Convexity(c=c_sz,m=m_sz,y=y_sz,T0=t0,T1=t1_sz)  #计算18 深圳债 02 的凸性
     ...: print('2019 年 9 月 30 日 18 深圳债 02 的凸性',round(Convexity_sz,4))
2019 年 9 月 30 日 18 深圳债 02 的凸性 14.4493
```

通过以上的计算可以判断出，在 2019 年 9 月 30 日，16 上海债 08 的债券凸性最大，其次是 15 北京债 08，19 广东债 05 和 18 深圳 02 的凸性相对较小。

任务 3 的代码

```
In [124]: c_sh_list=np.linspace(0.01,0.06,200)       #生成票面利率的一个数组
     ...: Convexity_sh_clist=np.zeros_like(c_sh_list)  #生成不同票面利率对应的债券凸性的初始数组

In [125]: for i in range(len(c_sh_list)):     #用 for 语句快速创建不同票面利率对应的债券凸性数组
     ...:     Convexity_sh_clist[i]=Convexity(c=c_sh_list[i],m=m_sh,y=y_sh,T0=t0,T1=t1_sh)
#得到不同票面利率对应的债券凸性数组

In [126]: y_sh_list=np.linspace(0.01,0.06,200)       #生成到期收益率的一个数组
     ...: Convexity_sh_ylist=np.zeros_like(y_sh_list)  #生成不同到期收益率对应的债券凸性的初始数组
```

```
In [127]: for i in range(len(y_sh_list)): #用 for 语句快速创建不同到期收益率对应的债券凸性数组
    ...:        Convexity_sh_ylist[i]=Convexity(c=c_sh,m=m_sh,y=y_sh_list[i],T0=t0,T1=t1_sh)
#得到不同到期收益率对应的债券凸性的数组

In [128]: plt.figure(figsize=(10,5))
    ...: plt.subplot(1,2,1)                 #第1行第1列的子图
    ...: plt.plot(c_sh_list,Convexity_sh_clist,'r-',lw=2.5)
    ...: plt.xticks(fontsize=13)
    ...: plt.xlabel(u'票面利率',fontsize=13)
    ...: plt.yticks(fontsize=13)
    ...: plt.ylabel(u'凸性',fontsize=13,rotation=90)
    ...: plt.title(u'票面利率与债券凸性的关系',fontsize=14)
    ...: plt.grid()
    ...: plt.subplot(1,2,2,sharey=plt.subplot(1,2,1))  #第1行第2列的子图并与第一个子图共用 Y 轴刻度
    ...: plt.plot(y_sh_list,Convexity_sh_ylist,'m-',lw=2.5)
    ...: plt.xticks(fontsize=13)
    ...: plt.xlabel(u'到期收益率',fontsize=13)
    ...: plt.yticks(fontsize=13)
    ...: plt.title(u'到期收益率与债券凸性的关系',fontsize=14)
    ...: plt.grid()
    ...: plt.show()
```

从图 6-7 中不难看出，债券凸性与票面利率、到期收益率均呈现反向关系；同时，相比到期收益率，债券凸性对票面利率的敏感性更大，这一特征与债券麦考利久期是相拟的。

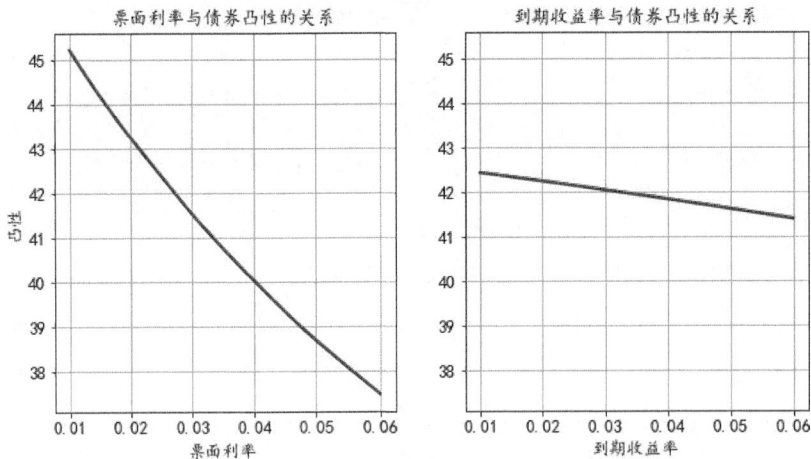

图 6-7　2019 年 9 月 30 日 16 上海债 08 票面利率、到期收益率与债券凸性的关系图

任务 4 的代码

为了便捷地测算出当债券到期收益率发生变化时债券价值的近似变动，下面就直接通过 Python 自定义一个通过债券麦考利久期和凸性计算债券价值近似变化的函数，具体代码如下：

```
In [129]: def Bvalue_change_DC(c,m,y,y_change,L,T0,T1):
    ...:     '''构建计算基于债券久期与凸性的债券价格变化金额的函数
    ...:     c: 表示债券的票面利率;
    ...:     m: 表示债券票息的每年支付次数,并且次数不超过 2 次;
    ...:     y: 表示债券的到期收益率(连续复利);
    ...:     y_change: 表示债券到期收益率的变化金额;
    ...:     L: 表示持有的债券面值;
    ...:     T0: 表示计算债券久期的时点,用时间对象格式输入;
    ...:     T1: 表示债券到期日,用时间对象格式输入。'''
    ...:     tenor=(T1-T0).days/365              #计算债券剩余期限(年)并假定一年是 365 天
    ...:     import math                         #导入 math 模块
    ...:     if math.modf(tenor)[0]>0.5:         #该函数将返回包含小数部分和整数部分的元组
    ...:         N=m*math.ceil(tenor)           #计算得到剩余票息支付次数
    ...:     else:
    ...:         N=m*math.floor(tenor)+1        #计算得到剩余票息支付次数
    ...:     T_list=np.arange(N)/m              #构建数组为便于计算剩余每次票息支付的期限
    ...:     T_list=np.sort(tenor-T_list)       #计算得到债券的剩余每次票息支付的期限数组
    ...:     M=100                              #表示债券本金
    ...:     P=M*(np.sum(np.exp(-y*T_list))*c/m+np.exp(-y*T_list[-1]))  #计算债券价格
    ...:     coupon1=np.sum(T_list*np.exp(-y*T_list)*M*c/m)   #计算债券剩余票息贴现值的期限加权
平均值
    ...:     par1=T_list[-1]*M*np.exp(-y*T_list[-1])          #计算债券本金贴现值乘以期限
    ...:     D=(coupon1+par1)/P                               #计算债券麦考利久期
    ...:     coupon2=np.sum((T_list**2)*np.exp(-y*T_list)*M*c/m)  #计算债券剩余票息贴现值的
期限平方加权平均值
    ...:     par2=(T_list[-1]**2)*M*np.exp(-y*T_list[-1])     #计算债券本金贴现值乘以期限平方
    ...:     C=(coupon2+par2)/P                               #计算债券凸性
    ...:     value_change=(-D*P*y_change+0.5*C*P*y_change**2)*L/M #计算近似的债券价值变化额
    ...:     return value_change
```

运用该自定义函数 Bvalue_change_DC,只需要输入债券的票面利率、票息每年支付次数、债券原到期收益率、到期收益率变动额、持有债券本金、到期收益率发生变化的日期以及债券到期日等参数,就可以快速计算出基于债券麦考利久期得到的债券价值变化近似值。

```
In [130]: yield_change=0.0015              #债券到期收益率的变化金额
    ...: L_bj=1.8e8                        #投资者持有的 15 北京债 08 债券面值
    ...: L_sh=1.6e8                        #投资者持有的 16 上海债 08 债券面值
    ...: L_gd=1.3e8                        #投资者持有的 19 广东债 05 债券面值
    ...: L_sz=1e8                          #投资者持有的 18 深圳债 02 债券面值

In [131]: value_change_bj=Bvalue_change_DC(c=c_bj,m=m_bj,y=y_bj,y_change=yield_change, L=L_
bj,T0=t0,T1=t1_bj)  #计算持有 15 北京债 08 的价值变化
    ...: value_change_sh=Bvalue_change_DC(c=c_sh,m=m_sh,y=y_sh,y_change=yield_change, L=L_sh,
T0=t0,T1=t1_sh)  #计算持有 16 上海债 08 的价值变化
    ...: value_change_gd=Bvalue_change_DC(c=c_gd,m=m_gd,y=y_gd,y_change=yield_change, L=L_gd,
T0=t0,T1=t1_gd)  #持有计算 19 广东债 05 的价值变化
    ...: value_change_sz=Bvalue_change_DC(c=c_sz,m=m_sz,y=y_sz,y_change=yield_change, L=L_sz,
T0=t0,T1=t1_sz)  #计算持有 18 深圳债 02 的价值变化
    ...: value_change_total=value_change_bj+value_change_sh+value_change_gd+ value_change_
```

```
sz       #计算投资者持有全部 4 只债券的价值变化之和
    ...: return_total=value_change_total/(L_bj+L_sh+L_gd+L_sz)   #计算整体的收益率

In [132]: print('到期收益率上升 15 个基点 15 北京债 08 的价值变化',round(value_change_bj,2))
    ...: print('到期收益率上升 15 个基点 16 上海债 08 的价值变化',round(value_change_sh,2))
    ...: print('到期收益率上升 15 个基点 19 广东债 05 的价值变化',round(value_change_gd,2))
    ...: print('到期收益率上升 15 个基点 18 深圳债 02 的价值变化',round(value_change_sz,2))
    ...: print('到期收益率上升 15 个基点 4 只债券的整体价值变化',round(value_change_total,2))
    ...: print('到期收益率上升 15 个基点 4 只债券的整体收益率',round(return_total,6))
到期收益率上升 15 个基点 15 北京债 08 的价值变化    -1426354.27
到期收益率上升 15 个基点 16 上海债 08 的价值变化    -1435527.96
到期收益率上升 15 个基点 19 广东债 05 的价值变化    -800156.05
到期收益率上升 15 个基点 18 深圳债 02 的价值变化    -576931.25
到期收益率上升 15 个基点 4 只债券的整体价值变化    -4238969.52
到期收益率上升 15 个基点 4 只债券的整体收益率    -0.007437
```

通过以上的计算结果可以看到，当这 4 只债券的到期收益率均上升 15 个基点时，N 银行持有的地方政府债整体亏损为 -423.90 万元，整体的收益率（基于面值）为 -0.743 7%。

到这里，你已经完成了第 6 章全部案例的练习，想必已经扎实掌握了运用 Python 分析利率与债券的编程操作技能，保持出色的状态向第 7 章积极奔跑吧！

6.11　本章小结

利率和债券是学习整个金融体系的起点，并且会涉及大量的数学表达式，运用 Python 可以很方便地将这些数学表达式转化为计算机编程语言，进而大大提升了分析利率和债券的效率。读者通过本章的 10 个原创案例共计 34 个编程任务，可以牢固掌握运用 Python 开展不同复利频次下投资本息的计算、连续复利利率与每年不同复利频次利率的等价测度、基于单一贴现利率和不同期限贴现利率的债券定价、票息剥离法的运用、远期利率协议现金流和价值测算、债券的各类久期（麦考利久期、修正久期和美元久期）以及凸性的运算等编程工作。

07

第 7 章
用 Python 分析股票投资的案例

本章导读

从人类历史上诞生的第一张股票至今已经有近 400 年的历史，目前股票已经成为最重要的金融工具之一，股票市场也是一国资本市场最重要的组成部分。"股市如此多娇，引无数投资者竞折腰"，在金融领域运用 Python 就必然会涉及分析股票投资的各种编程。

本章包含 8 个原创案例，共计 26 个编程任务，通过这些案例的训练，读者能熟练掌握运用 Python 完成投资组合收益率和收益波动率的计算、最优投资组合的建立、资本资产定价模型的建模、股价服从几何布朗运动的模拟、A 股与 H 股套利策略的构建以及针对投资组合绩效的评估等一系列编程工作。下面通过表 7-1 梳理出本章的结构与内容概要。

表 7-1　第 7 章的结构与内容概要

序号	案 例 标 题	学 习 目 标	编程任务数量	读者扮演的角色
1	投资组合收益率和波动率——以金融股为分析对象	掌握测算投资组合收益率和收益波动率的表达式以及相关 Python 代码编写	3 个	基金经理助理
2	最优投资组合——以道琼斯指数成分股为分析对象	掌握按照马考维茨投资组合理论构建最优投资组合的方法以及相关 Python 代码编写	3 个	金融工程师

续表

序号	案 例 标 题	学 习 目 标	编程任务数量	读者扮演的角色
3	资本资产定价模型（一）——以交通银行 A 股为分析对象	掌握资本资产定价模型的数学表达式以及相关 Python 代码编写	3 个	证券投资顾问
4	资本资产定价模型（二）——以美股为分析对象	掌握针对多只股票快速构建资本资产定价模型的 Python 代码编写并比较模型结果	3 个	基金经理
5	服从几何布朗运动的股价模拟——以互联网公司股票为分析对象	掌握股价服从几何布朗运动的表达式以及相关 Python 代码编写	3 个	风险总监
6	A 股与 H 股套利策略——以招商银行股票为分析对象	掌握 A 股与 H 股套利策略的基本逻辑、策略构建的思路以及相关 Python 代码编写	3 个	投资策略总监
7	投资组合绩效评估（一）——以公募基金为分析对象	掌握评估投资组合绩效指标的表达式（夏普比率、索提诺比率、特雷诺比率以及信息比率等）以及相关 Python 代码编写	4 个	首席风险官
8	投资组合绩效评估（二）——以 QDII 基金为分析对象	进一步熟练掌握评估投资组合的各种绩效指标表达式以及相关 Python 代码编写	4 个	首席投资官
合计			26 个	

在开始练习本章的案例之前，建议先学习《基于 Python 的金融分析与风险管理》（人民邮电出版社 2019 年 10 月出版）第 8 章的内容。

7.1　投资组合收益率和波动率——以金融股为分析对象

7.1.1　案例详情

A 公司是总部位于北京的一家公募基金管理公司，在公司对外发行的全部基金产品中，有一只名为"新金融股票型基金"，该基金在投资策略上是精选具有核心竞争优势、持续增长潜力且估值水平相对合理的 A 股市场金融股。截止到 2019 年 9 月末，该基金重仓的股票包括浦发银行、招商银行、中信证券、海通证券、中国平安以及中国太保这 6 只股票，表 7-2

就列示了 2014 年 1 月至 2019 年 9 月末这 6 只股票的部分日收盘价，并且全部数据均存放于 Excel 文件。

表 7-2 2014 年 1 月至 2019 年 9 月期间 A 股市场 6 只金融机构股票的部分日收盘价

（单位：元/股）

证券简称	浦发银行	招商银行	海通证券	华泰证券	中国平安	中国太保
证券代码	600000	600036	600837	601688	601318	601601
2014-01-02	9.33	10.73	11.21	8.85	41.3	18.13
2014-01-03	9.14	10.51	10.77	8.60	40.29	17.73
2014-01-06	9.19	10.46	10.89	8.75	40.29	17.24
			......			
2019-09-26	11.97	35.22	14.68	19.18	88.35	35.69
2019-09-27	11.90	35.20	14.86	19.33	88.30	35.60
2019-09-30	11.84	34.75	14.30	19.09	87.04	34.87

数据来源：上海证券交易所。

　　假定你是 A 公司的一位基金经理助理，日常的工作就是协助"新金融股票型基金"的基金经理跟踪并分析已投资的股票。根据基金经理的要求，你需要运用 Python 完成 3 项编程任务。

7.1.2 编程任务

　　【任务 1】导入存放表 7-2 中这些股票在 2014 年 1 月至 2019 年 9 月期间日收盘价的 Excel 文件，计算每只股票的日收益率、年化平均收益率、年化收益波动率，计算日收益率时需要用自然对数。

　　【任务 2】针对由这 6 只股票构建的投资组合，随机生成包含每只股票配置权重的一个数组（权重合计等于 1），并且计算以该权重配置的投资组合年化平均收益率、年化收益波动率。

　　【任务 3】随机生成包含 2 000 组不同的股票配置权重的数组，以此计算出相对应的 2 000 个不同的投资组合年化平均收益率、年化收益波动率，并且以散点图的方式绘制在横坐标为年化收益波动率、纵坐标为年化平均收益率的坐标轴中。

7.1.3 编程提示

　　针对任务 2，假定投资组合由 N 只股票组成，w_i 代表了投资组合中第 i 只股票所占的权重（股票的市值占投资组合整体市值的比例），$E(R_i)$ 代表了投资组合中第 i 只股票的预期收益率（用该股票过去收益率的均值代替），可以得到投资组合预期收益率 $E(R_P)$ 的表达式如下：

$$E(R_P) = \sum_{i=1}^{N} w_i E(R_i) \qquad （7\text{-}1）$$

同时，假设 σ_i 表示第 i 只股票的收益波动率，$Cov(R_i, R_j)$ 表示第 i 只股票收益率与第 j 只股票收益率之间的协方差，投资组合收益波动率 σ_P 的表达式如下：

$$\sigma_P = \sqrt{\sum_{i=1}^{N} \sum_{j=1}^{N} w_i w_j Cov(R_i, R_j)} \qquad （7\text{-}2）$$

7.1.4 参考代码与说明

任务 1 的代码

```
In [1]: import numpy as np
   ...: import pandas as pd
   ...: import matplotlib.pyplot as plt
   ...: from pylab import mpl
   ...: mpl.rcParams['font.sans-serif'] = ['KaiTi']
   ...: mpl.rcParams['axes.unicode_minus'] = False

In [2]: stock_price=pd.read_excel('C:/Desktop/金融股（2014 年—2019 年 9 月）.xlsx', sheet_name=
"Sheet1",header=0,index_col=0)                                    #导入外部数据
   ...: stock_price=stock_price.dropna()                          #删除缺失值的行

In [3]: (stock_price/stock_price.iloc[0]).plot(figsize=(9,6),grid=True)    #将股价按照 2014
年首个交易日进行归 1 处理并且可视化
Out[3]:
In [4]: stock_return=np.log(stock_price/stock_price.shift(1))     #计算股票的日收益率
   ...: stock_return=stock_return.dropna()                        #删除缺失值所在的行

In [5]: return_mean=stock_return.mean()*252                       #计算股票的平均年化收益率
   ...: print('2014 年至 2019 年 9 月的年化平均收益率\n',return_mean.round(6))  #保留小数点后 6 位
2014 年至 2019 年 9 月的年化平均收益率
浦发银行    0.042824
招商银行    0.211223
海通证券    0.043759
华泰证券    0.138177
中国平安    0.134000
中国太保    0.117563
dtype: float64

In [6]: return_volatility=stock_return.std()*np.sqrt(252)         #计算股票的年化收益波动率
   ...: print('2014 年至 2019 年 9 月的年化收益波动率\n',return_volatility.round(6))
2014 年至 2019 年 9 月的年化收益波动率
```

```
浦发银行    0.282428
招商银行    0.296238
海通证券    0.396386
华泰证券    0.449228
中国平安    0.465064
中国太保    0.359268
dtype: float64
```

从图 7-1 不难看出，由于 6 只股票均是金融类股票，因此在整体的走势方面存在一定的趋同性。但是每只股票的平均年化收益率则存在较大差异，其中，招商银行的平均收益率最高，浦发银行的收益率则最低。同时，从平均年化波动率来看，银行股最低，中国平安则最高。

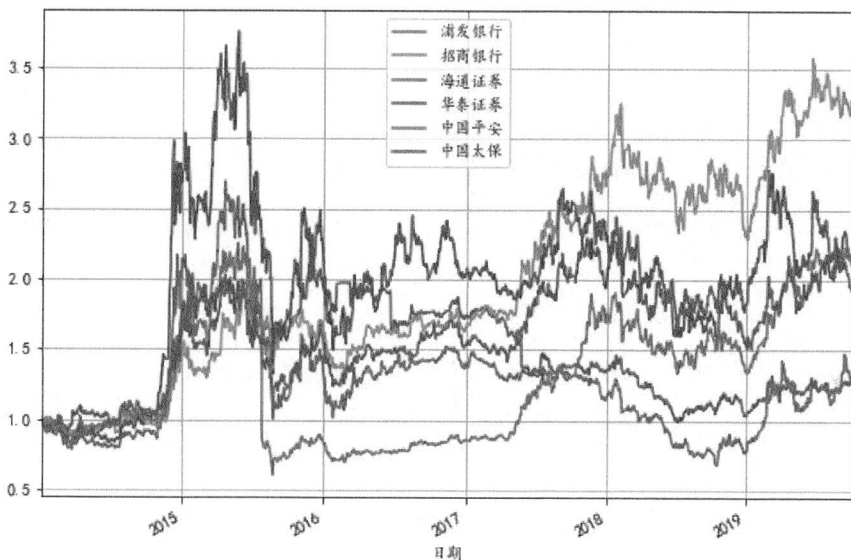

图 7-1　2014 年 1 月至 2019 年 9 月期间 6 只金融股股价走势图
（股价在 2014 年首个交易日做归 1 处理）

任务 2 的代码

```
In [7]: x=np.random.random(len(return_mean.index))   #从均匀分布中随机抽取 6 个从 0 到 1 的随机数

In [8]: w=x/np.sum(x)    #生成随机权重的一个数组
   ...: w                #查看生成的随机权重数组
Out[8]:
array([0.24372614, 0.03925093, 0.20889395, 0.20843467, 0.23808734, 0.06160696])
```

需要注意的是，由于是通过随机生成的数组，因此每一次得到的随机权重数组是不相同的，但是权重的合计数是等于 1。

```
In [9] : return_cov=stock_return.cov()*252                    #计算每只股票收益率之间的协方差
    ...: return_cov
Out[9]:
          浦发银行    招商银行    海通证券    华泰证券    中国平安    中国太保
浦发银行  0.079765  0.054347  0.055693  0.065324  0.062048  0.056216
招商银行  0.054347  0.087757  0.058148  0.066847  0.078228  0.072074
海通证券  0.055693  0.058148  0.157122  0.147365  0.092994  0.086569
华泰证券  0.065324  0.066847  0.147365  0.201806  0.102020  0.096885
中国平安  0.062048  0.078228  0.092994  0.102020  0.216285  0.110579
中国太保  0.056216  0.072074  0.086569  0.096885  0.110579  0.129074

In [10]: return_corr=stock_return.corr()                      #计算每只股票收益率之间的相关系数
    ...: return_corr
Out[10]:
          浦发银行    招商银行    海通证券    华泰证券    中国平安    中国太保
浦发银行  1.000000  0.649575  0.497483  0.514872  0.472398  0.554035
招商银行  0.649575  1.000000  0.495191  0.502310  0.567816  0.677201
海通证券  0.497483  0.495191  1.000000  0.827580  0.504459  0.607889
华泰证券  0.514872  0.502310  0.827580  1.000000  0.488321  0.600306
中国平安  0.472398  0.567816  0.504459  0.488321  1.000000  0.661823
中国太保  0.554035  0.677201  0.607889  0.600306  0.661823  1.000000

In [11]: Rp=np.dot(return_mean,w)                             #计算投资组合的年化收益率
    ...: Vp=np.sqrt(np.dot(w,np.dot(return_cov,w.T)))         #计算投资组合的年化收益波动率
    ...: print('用随机生成的权重计算得到投资组合的年化收益率',round(Rp,6))
    ...: print('用随机生成的权重计算得到投资组合的年化收益波动率',round(Vp,6))
用随机生成的权重计算得到投资组合的年化收益率       0.095816
用随机生成的权重计算得到投资组合的年化收益波动率  0.315454
```

从以上的相关系数输出结果不难看出，由于都是金融股，因此不同股票之间的相关系数是比较高的，投资组合的分散化效应可能会不太理想。此外，根据随机生成的权重数，得到投资组合的年化收益率为 9.581 6%，波动率高达 31.545 4%。

任务 3 的代码

```
In [12]: x_2000=np.random.random((len(return_mean.index),2000))  #从均匀分布中随机抽取 6 行、
2000 列的 0 到 1 的随机数

In [13]: w_2000=x_2000/np.sum(x_2000,axis=0)                  #生成包含 2000 组随机权重的数组
    ...: w_2000
Out[13]:
array([[0.19250103, 0.01845509, 0.01765565, ..., 0.33889512, 0.0463229 ,
        0.26199306],
       [0.07263106, 0.00973181, 0.13055863, ..., 0.03118864, 0.20474944,
        0.06271757],
       [0.09534805, 0.30004746, 0.18353861, ..., 0.13704764, 0.22151316,
        0.12965449],
       [0.09386134, 0.16068824, 0.212781  , ..., 0.02455051, 0.13288678,
        0.03435049],
```

```
           [0.25893945, 0.31725497, 0.14183784, ..., 0.00825204, 0.03630956,
            0.14306535],
           [0.28671907, 0.19382242, 0.31362827, ..., 0.46006606, 0.35821817,
            0.36821904]])

In [14]: Rp_2000=np.dot(return_mean,w_2000)          #计算投资组合不同的2000个收益率
    ...: Vp_2000=np.zeros_like(Rp_2000)              #生成存放投资组合2000个不同收益波动率的初始数组

In [15]: for i in range(len(Rp_2000)):               #用for语句快速计算投资组合2000个不同的收益波动率
    ...:     Vp_2000[i]=np.sqrt(np.dot((w_2000.T)[i],np.dot(return_cov,w_2000[:,i])))

In [16]: plt.figure(figsize=(9,6))
    ...: plt.scatter(Vp_2000,Rp_2000)
    ...: plt.xlabel(u'波动率',fontsize=13)
    ...: plt.ylabel(u'收益率',fontsize=13,rotation=90)
    ...: plt.xticks(fontsize=13)
    ...: plt.yticks(fontsize=13)
    ...: plt.title(u'投资组合收益率与波动率的关系', fontsize=13)
    ...: plt.grid('True')
    ...: plt.show()
```

图 7-2 中的散点就是本次随机生成 2 000 组不同投资权重所对应的投资组合收益率和波动率。通过映射至纵坐标的数值，可以目测出投资组合的最高年化收益率超过 16%，最低年化收益率则略低于 7%；通过映射至横坐标的数值可以发现，投资组合的最高波动率接近 37%，最低波动率则接近 26%。

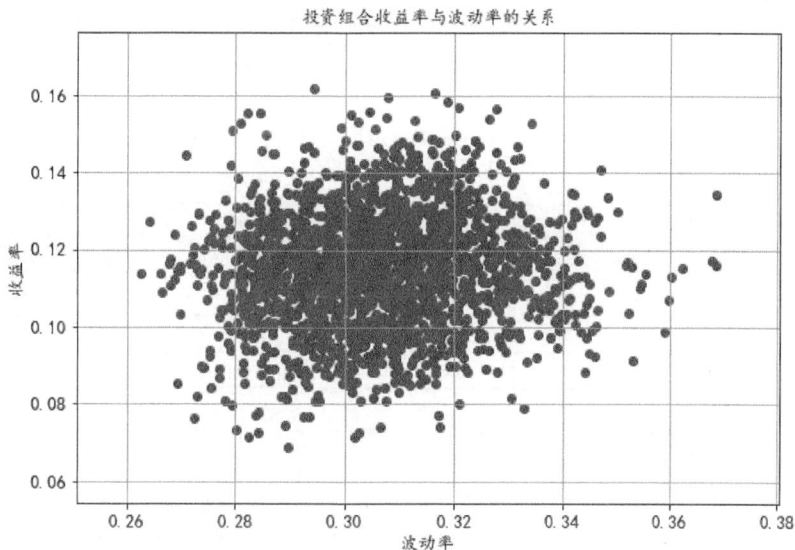

图 7-2 在随机生成的 2 000 组不同投资权重条件下投资组合的收益率与波动率的关系图

7.2 最优投资组合——以道琼斯指数成分股为分析对象

7.2.1 案例详情

B 公司是于 2017 年末新成立的一家美国私人养老基金管理公司,该公司的投资团队信奉马考维茨的投资组合理论,构建的股票投资组合是以道琼斯工业平均指数(简称"道琼斯指数")的成分股作为潜在标的股票[①],并且每日将投资组合市值走势与道琼斯指数走势进行对比,用以检验投资组合理论的适用性。构建投资组合的具体思路以及业绩对比分以下 3 步完成。

第一步,基于 2015 年至 2017 年期间道琼斯指数成分股的日收盘价数据,并且结合马考维茨的投资组合理论,测算出拟构建投资组合中每只成分股的最优配置权重。

第二步,以上一步计算出的配置权重并结合 2018 年至 2019 年 9 月末每只成分股的日收盘价数据计算该投资组合在此期间的每日净值走势。

最后,将该投资组合的每日净值与同期的道琼斯指数收盘价进行对比,检查是否能够跑赢指数。

表 7-3 就列示了 2015 年 1 月至 2019 年 9 月期间道琼斯指数部分成分股的部分日收盘价,全部数据存放于 Excel 文件中。

表 7-3　2015 年至 2019 年 9 月期间道琼斯指数部分成分股的部分日收盘价

(单位:美元/股)

日　　期	美 国 运 通	波　　音	卡 特 彼 勒	……	英 特 尔	微　　软	沃尔格林长靴联盟
2015-01-02	93.02	129.95	91.88		36.36	46.76	76
2015-01-05	90.56	129.05	87.03		35.95	46.325	74.5
2015-01-06	88.63	127.53	86.47		35.28	45.65	74.69

……

---

① 截止到 2019 年 9 月末,道琼斯工业平均指数的成分股包括了美国运通、波音、卡特彼勒、雪佛龙、迪士尼、Dow、高盛、家得宝、IBM、强生、摩根大通、可口可乐、麦当劳、3M、默克制药、耐克、辉瑞、宝洁、旅行者保险、联合健康、联合技术、Visa、威瑞森通信、沃尔玛、埃克森美孚、苹果、思科、英特尔、微软、沃尔格林长靴联盟等共计 30 家上市公司的股票。

续表

日　　　期	美国运通	波　　音	卡特彼勒	……	英　特　尔	微　　软	沃尔格林长靴联盟
2019-09-26	118.91	386.89	126.39		50.92	139.54	54.08
2019-09-27	118.59	382.86	126.59		50.78	137.73	54.41
2019-09-30	118.28	380.47	126.31		51.53	139.03	55.31

注：由于沃尔格林长靴联盟公司的股票是在 2014 年 12 月 31 日上市的，因此样本数据选择了 2015 年 1 月至 2019 年 9 月。此外，由于成分股中的 Dow 股票从 2017 年 9 月 1 日至 2019 年 4 月 1 日期间处于停牌，因此将该股票从样本中剔除。

数据来源：纽约证券交易所、纳斯达克。

　　假定你是 B 公司的一位金融工程师，负责根据投资团队提出的策略方案并运用 Python 完成构建并跟踪投资组合的相关工作。因此，你需要完成 3 项编程任务。

7.2.2　编程任务

　　【任务 1】从外部导入包含 2015 年 1 月至 2019 年 9 月期间道琼斯指数成分股日收盘价数据的 Excel 表并生成数据框，同时运用该数据框计算 2015 年至 2017 年期间内的股票日收益率数据（运用自然对数计算），此外，计算该期间内每只股票的年化平均收益率和年化收益波动率。

　　【任务 2】通常用 3 个月期美元 Libor 利率作为衡量美国无风险利率的指标，该利率在 2017 年末为 1.694 28%，因此，利用 2015 年至 2017 年期间的样本数据计算当资本市场线与有效前沿相切时（即市场组合）每只股票的最优配置权重。

　　【任务 3】利用任务 2 中计算得到的配置权重构建一个投资组合，并且根据 2018 年 1 月至 2019 年 9 月期间成分股日收盘价的数据计算出该投资组合的净值，同时从外部导入包含在此期间道琼斯指数每日收盘价的 Excel 表，通过绘制曲线图对比投资组合的每日净值与道琼斯指数收盘价，注意按照 2018 年首个交易日的净值或收盘价为 100 进行计算。

7.2.3　编程提示

　　针对任务 2，假定 w_i 代表了投资组合中第 i 只股票所占的权重，$E(R_p)$ 代表了投资组合的预期收益率，R_F 表示市场的无风险利率，σ_p 是投资组合的收益波动率。市场组合中每只股票的配置权重就是求解如下的最大值：

$$\max_{w_i} \frac{E(R_P) - R_F}{\sigma_P} \qquad (7\text{-}3)$$

并且同时满足如下的两个约束条件：

$$\sum_{i=1}^{N} w_i = 1$$

$$w_i > 0$$

其中，$E(R_p)$的表达式就是本章 7.1 节中的式子（7-1），σ_P 的表达式就是该节中的式子（7-2），$w_i > 0$ 表示股票不允许被做空。

7.2.4　参考代码与说明

任务 1 的代码

```
In [17]: prices=pd.read_excel('C:/Desktop/道琼斯工业平均指数成分股（2015 年至 2019 年 9 月的日收盘
价）.xlsx',sheet_name="Sheet1",header=0,index_col=0)                    #导入外部数据

In [18]: returns=np.log(prices/prices.shift(1))                        #计算股票的日收益率
    ...: returns=returns.dropna()                                      #删除缺失值所在的行

In [19]: returns_15to17=returns.loc['2015-01-01':'2017-12-31']         #2015 至 2017 年股票日收益率
    ...: returns_mean=returns_15to17.mean()*252                        #计算 2015 至 2017 年期间股
票年化平均收益率
    ...: print('股票 2015 年至 2017 年的年化平均收益率\n',returns_mean.round(6))
股票 2015 年至 2017 年的年化平均收益率
美国运通          0.021868
波音            0.273898
卡特彼勒          0.180294
雪佛龙           0.035483
迪士尼           0.045772
高盛            0.090357
家得宝           0.202420
IBM          -0.018311
强生            0.097011
摩根大通          0.179562
可口可乐          0.028419
麦当劳           0.204809
3M            0.120628
默克制药         -0.005420
耐克           -0.139779
辉瑞            0.048473
宝洁            0.005280
旅行者保险         0.084177
联合健康          0.261618
联合技术          0.034553
Visa         -0.281890
威瑞森通信         0.039997
```

```
沃尔玛              0.046592
埃克森美孚          -0.034842
苹果               0.146016
思科               0.109380
英特尔             0.079759
微软               0.201853
沃尔格林长靴联盟    -0.015205
dtype: float64
```

```
In [20]: vol=returns_15to17.std()*np.sqrt(252)          #计算2015年至2017年期间股票年化收益波动率
    ...: returns_cov=returns_15to17.cov()*np.sqrt(252)  #计算2015年至2017年期间股票收益的年
化协方差矩阵
```

从以上的输出结果来看，在2015年至2017年期间，道琼斯工业平均指数成分股的大多数股票的年化平均收益率为正数，说明在此期间指数成分股的表现不俗。

任务2的代码

```
In [21]: def F(w):                                      #定义求解最优化的函数
    ...:     Rf=0.0169428                               #定义无风险利率变量
    ...:     w=np.array(w)                              #设置投资组合中每只股票的权重
    ...:     Rp=np.sum(w*returns_mean)                  #计算最优投资组合的预期收益率
    ...:     Vp=np.sqrt(np.dot(w,np.dot(returns_cov,w.T)))  #计算最优投资组合收益波动率
    ...:     SR=(Rp-Rf)/Vp                              #定义投资组合的夏普比率
    ...:     return np.array([Rp,Vp,SR])                #将结果输出为数组的格式

In [22]: def SRmin_F(w):                                #定义一个使负的夏普比率最小化的函数
    ...:     return -F(w)[2]                            #输出一个负数的波动率

In [23]: import scipy.optimize as sco                   #导入SciPy的子模块optimize

In [24]: cons=({'type':'eq','fun':lambda x: np.sum(x)-1})  #权重的约束条件用于计算夏普比率最大
    ...: bnds=tuple((0,1) for x in range(len(returns_mean)))  #权重的边界条件，以元组方式
    ...: w0=np.ones_like(returns_mean)/len(returns_mean)  #生成一个初始的权重数组

In [25]: result=sco.minimize(SRmin_F,w0,method='SLSQP',bounds=bnds,constraints=cons)

In [26]: weight=result['x']                             #投资组合中每只股票最优权重
    ...: stock_name=returns_mean.index                  #生成一个股票名称的数组

In [27]: for i in range(len(returns_mean)):
    ...:     print(stock_name[i],round(weight[i],6))     #输出每只股票的最优权重
美国运通      0.0
波音         0.246704
卡特彼勒      0.0
雪佛龙       0.0
迪士尼       0.0
高盛        0.0
家得宝      0.109526
IBM        0.0
```

```
强生              0.0
摩根大通           0.0
可口可乐           0.0
麦当劳      0.345796
3M               0.0
默克制药           0.0
耐克             0.0
辉瑞             0.0
宝洁             0.0
旅行者保险         0.0
联合健康     0.297974
联合技术          0.0
Visa            0.0
威瑞森通信         0.0
沃尔玛            0.0
埃克森美孚         0.0
苹果             0.0
思科             0.0
英特尔            0.0
微软             0.0
沃尔格林长靴联盟 0.0
```

从以上的输出结果不难发现，根据马考维茨的投资组合理论计算得到的最优投资组合中仅仅配置了 4 只股票，相关的股票和权重分别是波音 24.670 4%、家得宝 10.952 6%、麦当劳 34.579 6%、联合健康 29.797 4%，其余公司股票的配置权重均为 0。

任务 3 的代码

```
In [28]: Index_18to19=pd.read_excel('C:/Desktop/2018 年至 2019 年 9 月道琼斯工业平均指数的日收盘
价.xlsx',sheet_name="Sheet1",header=0,index_col=0)          #从外部导入道琼斯指数的数据
    ...: Index_18to19=100*(Index_18to19/Index_18to19.iloc[0])    #2018 年首个交易日指数收盘
价设为 100

In [29]: prices_18to19=prices.loc['2018-01-01':'2019-09-30']      #取 2018 年至 2019 年 9 月股
票日收盘价
    ...: port_price_18to19=100*np.sum(weight*prices_18to19/prices_18to19.iloc[0],axis=1)
#计算按照最优权重计算得到的投资组合并且 2019 年首个交易日净值为 100

In [30]: plt.figure(figsize=(9,6))
    ...: plt.plot(port_price_18to19,'r-',label=u'按最优权重配置的投资组合',lw=2.5)
    ...: plt.plot(Index_18to19,'c-',label=u'道琼斯工业平均指数',lw=2.5)
    ...: plt.xlabel(u'日期',fontsize=13)
    ...: plt.xticks(fontsize=13,rotation=20)
    ...: plt.ylabel(u'价格',fontsize=13)
    ...: plt.yticks(fontsize=13)
    ...: plt.title(u'按照最优权重配置的投资组合与道琼斯工业平均指数的日走势', fontsize=14)
    ...: plt.legend(fontsize=13)
    ...: plt.grid('True')
    ...: plt.show()
```

根据图 7-3 我们可以很直观地得出以下两个结论。

一是从相对收益的角度，在 2018 年 1 月至 2019 年 9 月期间，按照最优权重配置的投资组合净值显著跑赢了道琼斯指数，并且随着时间的推移，两者的差距不断扩大，最大差距超过了 10%。

二是从绝对收益的角度，构建的投资组合在期间内绝大多数交易日都能够实现正的收益，并且最高收益甚至可以突破 20%。

因此，这个案例证明了马考维茨的投资组合理论存在一定的合理性和适用性。

图 7-3　按最优权重配置的投资组合与道琼斯指数的日走势图（2018 年 1 月至 2019 年 9 月）

7.3　资本资产定价模型（一）——以交通银行 A 股为分析对象

7.3.1　案例详情

C 公司是总部位于上海的一家证券公司，该公司的一些经纪业务客户偏好于投资 A 股市场的银行股，章先生就是其中一位代表性客户，并且他从 2010 年开始就长期坚定持有交通银行 A 股股票。

假定你是 C 公司的一位证券投资顾问，负责服务包括章先生在内的多位 VIP 客户。为了提升服务的专业性，要向客户充分解释股票投资面临的各类风险，你希望通过构建资本资产定价模型（CAPM）测度出交通银行 A 股股票面临的系统性风险的大小，同时计划在上证综指、上证 50 指数、上证 180 指数以及沪深 300 指数这 4 个常用股票指数中寻找出最接近于市场组合的指数。

表 7-4 就列示了 2010 年 1 月至 2019 年 9 月期间交通银行 A 股与 4 个股票指数的部分周收盘价格数据，并且全部数据存放于 Excel 文件中。

表 7-4　2010 年 1 月至 2019 年 9 月期间交通银行 A 股和 4 个股票指数的部分周收盘价格

日　　期	交通银行（元/股）	上证综指	上证 50 指数	上证 180 指数	沪深 300 指数
2010-01-08	8.99	3 196.000 0	2 466.170 0	7 552.980 0	3 480.130 0
2010-01-15	8.74	3 224.150 0	2 427.810 0	7 524.850 0	3 482.738 0
2010-01-22	9.11	3 128.590 0	2 380.060 0	7 322.530 0	3 366.197 0
......					
2019-09-20	5.56	3 006.446 7	2 963.434 9	8 655.884 2	3 935.651 1
2019-09-27	5.49	2 932.167 0	2 929.465 9	8 495.943 0	3 852.653 4
2019-09-30	5.45	2 905.189 2	2 897.702 7	8 409.486 9	3 814.528 2

数据来源：上海证券交易所。

下面，为了完成既定的工作，你需要运用 Python 完成 3 项编程任务。

7.3.2　编程任务

【任务 1】从外部导入包含 2010 年 1 月至 2019 年 9 月期间交通银行 A 股与 4 个股票指数的周收盘价数据，并且生成周收益率的数据框（收益率用自然对数计算），同时用散点图绘制交通银行 A 股与 4 个股票指数的周收益率（以 2×2 子图形式呈现）。

【任务 2】基于任务 1 构建的交通银行 A 股与 4 个股票指数的周收益率数据框，分别以上证综指周收益率、上证 50 指数周收益率为自变量，交通银行 A 股周收益率为因变量，分别构建两个线性回归模型。

【任务 3】依然是基于任务 1 构建的交通银行 A 股与 4 个股票指数的周收益率数据框，分别以上证 180 指数周收益率、沪深 300 指数周收益率为自变量，交通银行 A 股周收益率为因变量，分别构建两个线性回归模型。最终，根据以上 4 个线性回归模型的结果，确定哪一个指数更加适合作为资本资产定价模型中的市场组合，并写出交通银行 A 股的资本资产定价模型。

7.3.3　编程提示

- 针对任务 2 和任务 3，在实践中资本资产定价模型通常表示如下：

$$R_{it} = \alpha_i + \beta_i R_{Mt} \tag{7-4}$$

其中，R_{it} 代表在过去的 t 时刻第 i 只股票的收益率，R_{Mt} 表示在过去的 t 时刻市场组合（股票指数）的收益率，α_i 和 β_i 可以运用统计学中的线性回归拟合得到。

- 针对任务 3，在线性回归模型中，通常用判定系数 R^2（R-squared）判断模型的拟合优度情况，R^2 越高表明拟合优度越高，也就是模型更优。

7.3.4　参考代码与说明

任务 1 的代码

```
In [31]: prices=pd.read_excel('C:/Desktop/交通银行与国内 4 个股票指数（2010 至 2019 年 9 月周收盘
价）.xlsx',sheet_name="Sheet1",header=0,index_col=0)        #导入外部数据

In [32]: returns=np.log(prices/prices.shift(1))        #计算交通银行和 4 个股指的周收益率
    ...: returns=returns.dropna()                      #删除缺失值的行

In [33]: returns.describe()
Out[33]:
           交通银行       上证综指      上证 50 指数    上证 180 指数   沪深 300 指数
count   508.000000   508.000000   508.000000   508.000000   508.000000
mean     -0.000985    -0.000188     0.000317     0.000211     0.000181
std       0.036457     0.028927     0.031726     0.030614     0.030429
min      -0.159414    -0.142909    -0.143270    -0.142742    -0.140232
25%      -0.018970    -0.014907    -0.016283    -0.015866    -0.016851
50%      -0.001730     0.000090    -0.000326     0.000211     0.001166
75%       0.014294     0.016972     0.016649     0.017816     0.018813
max       0.186826     0.090735     0.139147     0.114870     0.106633
```

从以上的输出可以看到，在 2010 年 1 月至 2019 年 9 月期间，无论是平均周收益率还是最低周收益率以及周收益率分布中 25%、50% 和 75% 的分位数，交通银行 A 股均弱于 4 个股票指数，只有最高周收益率和收益标准差（波动率）高于指数。

```
In [34]: plt.figure(figsize=(10,10))
    ...: plt.subplot(2,2,1)        #第 1 行、第 1 列的子图
    ...: plt.scatter(x=returns['上证综指'],y=returns['交通银行'],c='b',marker='o')
    ...: plt.xticks(fontsize=13)
    ...: plt.xlabel(u'上证综指',fontsize=13)
    ...: plt.yticks(fontsize=13)
    ...: plt.ylabel(u'交通银行',fontsize=13,rotation=90)
    ...: plt.grid()
    ...: plt.subplot(2,2,2)        #第 1 行、第 2 列的子图
    ...: plt.scatter(x=returns['上证 50 指数'],y=returns['交通银行'],c='c',marker='o')
    ...: plt.xticks(fontsize=13)
    ...: plt.xlabel(u'上证 50 指数',fontsize=13)
    ...: plt.yticks(fontsize=13)
    ...: plt.grid()
    ...: plt.subplot(2,2,3)        #第 2 行、第 1 列的子图
    ...: plt.scatter(x=returns['上证 180 指数'],y=returns['交通银行'],c='m',marker='o')
    ...: plt.xticks(fontsize=13)
    ...: plt.xlabel(u'上证 180 指数',fontsize=13)
    ...: plt.yticks(fontsize=13)
    ...: plt.ylabel(u'交通银行',fontsize=13,rotation=90)
    ...: plt.grid()
    ...: plt.subplot(2,2,4)        #第 2 行、第 2 列的子图
    ...: plt.scatter(x=returns['沪深 300 指数'],y=returns['交通银行'],c='y',marker='o')
    ...: plt.xticks(fontsize=13)
    ...: plt.xlabel(u'沪深 300 指数',fontsize=13)
    ...: plt.yticks(fontsize=13)
    ...: plt.grid()
    ...: plt.show()
```

从图 7-4 的目测来看，交通银行 A 股与上证 50 指数的周收益率似乎更加接近于在一条直线上，不过是否如此仍需要运用回归分析进行证实。

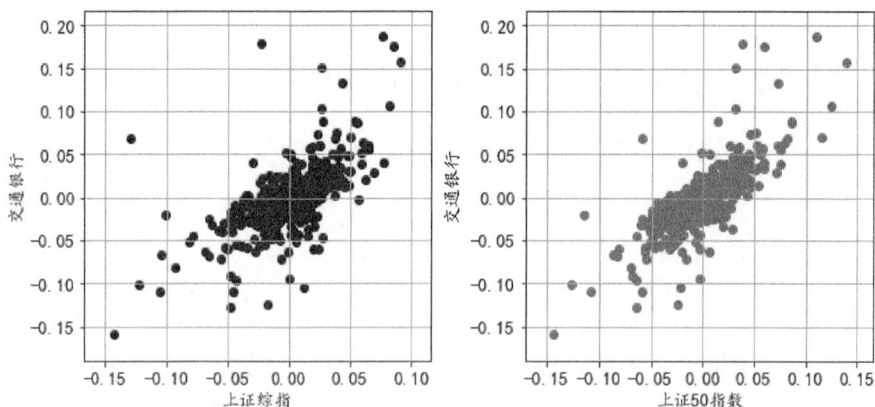

图 7-4 交通银行 A 股与 4 个股票指数周收益率的散点图（2010 年 1 月至 2019 年 9 月）

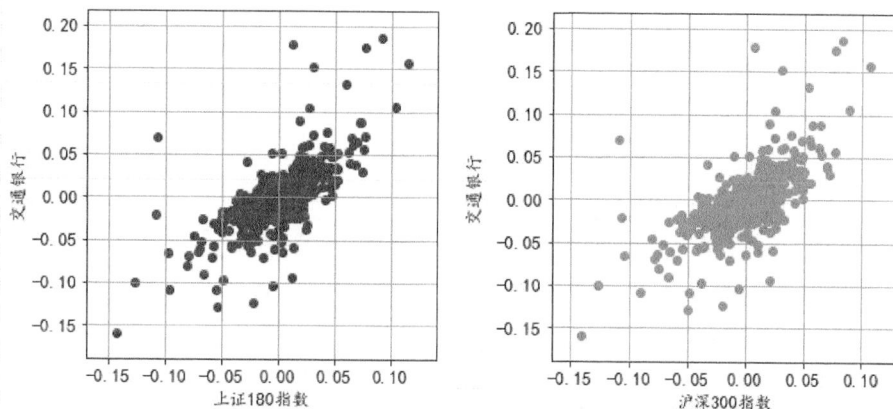

图 7-4　交通银行 A 股与 4 个股票指数周收益率的散点图（2010 年 1 月至 2019 年 9 月）（续）

任务 2 的代码

```
In [35]: import statsmodels.api as sm                                        #导入 statsmodels 的子模块 api

In [36]: SZ_index=returns['上证综指']                                         #创建上证综指周收益率的时间序列
   ...: SZ_index_addcons=sm.add_constant(SZ_index)                           #对自变量样本值增加一列常数项

In [37]: model_JT_SZ=sm.OLS(endog=returns['交通银行'],exog=SZ_index_addcons)   #构建自变量
是上证综指、因变量是交通银行的普通最小二乘法的线性回归模型

In [38]: result_JT_SZ=model_JT_SZ.fit()                                      #拟合线性回归模型

In [39]: result_JT_SZ.summary()
Out[39]:
"""
                              OLS Regression Results
==============================================================================
Dep. Variable:                  交通银行   R-squared:                       0.409
Model:                             OLS   Adj. R-squared:                  0.408
Method:                  Least Squares   F-statistic:                     350.6
Date:                Fri, 01 Nov 2019   Prob (F-statistic):           7.97e-60
Time:                        09:46:01   Log-Likelihood:                 1095.7
No. Observations:                  508   AIC:                            -2187.
Df Residuals:                      506   BIC:                            -2179.
Df Model:                            1
Covariance Type:             nonrobust
==============================================================================
                 coef    std err          t      P>|t|      [0.025      0.975]
------------------------------------------------------------------------------
const         -0.0008      0.001     -0.670      0.503      -0.003       0.002
上证综指        0.8063      0.043     18.724      0.000       0.722       0.891
==============================================================================
```

```
Omnibus:                       194.310   Durbin-Watson:                      2.232
Prob(Omnibus):                   0.000   Jarque-Bera (JB):               2453.322
Skew:                            1.296   Prob(JB):                           0.00
Kurtosis:                       13.449   Cond. No.                           34.6
=======================================================================================
"""

In [40]: SZ50_index=returns['上证 50 指数']                     #创建一个上证 50 指数周收益率的时间序列
    ...: SZ50_index_addcons=sm.add_constant(SZ50_index)    #对自变量样本值增加一列常数项
```

In [41]: model_JT_SZ50=sm.OLS(endog=returns['交通银行'],exog=SZ50_index_addcons)　#构建自变量是上证 50 指数、因变量是交通银行的普通最小二乘法的线性回归模型

```
In [42]: result_JT_SZ50=model_JT_SZ50.fit()              #拟合线性回归模型
    ...: result_JT_SZ50.summary()
Out[42]:
"""
                           OLS Regression Results
=======================================================================================
Dep. Variable:                  交通银行   R-squared:                         0.599
Model:                             OLS   Adj. R-squared:                    0.599
Method:                  Least Squares   F-statistic:                       757.2
Date:                Fri, 01 Nov 2019   Prob (F-statistic):             1.37e-102
Time:                        09:49:45   Log-Likelihood:                   1194.4
No. Observations:                  508   AIC:                              -2385.
Df Residuals:                      506   BIC:                              -2376.
Df Model:                            1
Covariance Type:             nonrobust
=======================================================================================
                 coef    std err          t      P>|t|      [0.025      0.975]
---------------------------------------------------------------------------------------
const          -0.0013      0.001     -1.237      0.217      -0.003       0.001
上证 50 指数     0.8897      0.032     27.517      0.000       0.826       0.953
=======================================================================================
Omnibus:                       177.235   Durbin-Watson:                      2.278
Prob(Omnibus):                   0.000   Jarque-Bera (JB):               1991.871
Skew:                            1.181   Prob(JB):                           0.00
Kurtosis:                       12.409   Cond. No.                           31.6
=======================================================================================
"""
```

任务 3 的代码

```
In [43]: SZ180_index=returns['上证 180 指数']        #创建一个上证 180 指数周收益率的时间序列
    ...: SZ180_index_addcons=sm.add_constant(SZ180_index)      #对自变量的样本值增加一列常数项
```

In [44]: model_JT_SZ180=sm.OLS(endog=returns['交通银行'],exog=SZ180_index_addcons) #构建自变量是上证 180 指数、因变量是交通银行的普通最小二乘法的线性回归模型

```
In [45]: result_JT_SZ180=model_JT_SZ180.fit() #拟合线性回归模型
```

```
   ...: result_JT_SZ180.summary()
Out[45]:
"""
                            OLS Regression Results
==============================================================================
Dep. Variable:              交通银行   R-squared:                       0.503
Model:                          OLS   Adj. R-squared:                  0.502
Method:               Least Squares   F-statistic:                     511.2
Date:              Fri, 01 Nov 2019   Prob (F-statistic):           9.51e-79
Time:                      09:51:35   Log-Likelihood:                 1139.3
No. Observations:               508   AIC:                            -2275.
Df Residuals:                   506   BIC:                            -2266.
Df Model:                         1
Covariance Type:          nonrobust
==============================================================================
                 coef    std err          t      P>|t|      [0.025      0.975]
------------------------------------------------------------------------------
const         -0.0012      0.001     -1.019      0.309      -0.003       0.001
上证180指数    0.8442      0.037     22.609      0.000       0.771       0.918
==============================================================================
Omnibus:                    183.219   Durbin-Watson:                   2.249
Prob(Omnibus):                0.000   Jarque-Bera (JB):             2220.078
Skew:                         1.210   Prob(JB):                         0.00
Kurtosis:                    12.951   Cond. No.                         32.7
==============================================================================
"""

In [46]: HS300_index=returns['沪深300指数']      #创建一个沪深300指数周收益率的时间序列
    ...: HS300_index_addcons=sm.add_constant(HS300_index)   #对自变量样本值增加常数列

In [47]: model_JT_HS300=sm.OLS(endog=returns['交通银行'],exog=HS300_index_addcons)
#构建自变量是沪深300指数、因变量是交通银行的普通最小二乘法的线性回归模型

In [48]: result_JT_HS300=model_JT_HS300.fit()                #拟合线性回归模型
    ...: result_JT_HS300.summary()
Out[48]:
"""
==============================================================================
Dep. Variable:              交通银行   R-squared:                       0.440
Model:                          OLS   Adj. R-squared:                  0.438
Method:               Least Squares   F-statistic:                     396.8
Date:              Fri, 01 Nov 2019   Prob (F-statistic):           1.30e-65
Time:                      09:55:19   Log-Likelihood:                 1109.0
No. Observations:               508   AIC:                            -2214.
Df Residuals:                   506   BIC:                            -2206.
Df Model:                         1
Covariance Type:          nonrobust
==============================================================================
                 coef    std err          t      P>|t|      [0.025      0.975]
------------------------------------------------------------------------------
```

```
const        -0.0011      0.001      -0.931      0.352      -0.004      0.001
沪深 300 指数  0.7943      0.040      19.920      0.000       0.716      0.873

=====================================================================================
Omnibus:                   158.676   Durbin-Watson:                    2.249
Prob(Omnibus):               0.000   Jarque-Bera (JB):              1581.902
Skew:                        1.056   Prob(JB):                         0.00
Kurtosis:                   11.383   Cond. No.                         32.9
=====================================================================================
"""
```

根据上述回归模型的输出结果，我们不难发现，以上证 50 指数周收益率作为因变量的回归模型 R^2（即在 Python 输出结果表中的 R-squared）接近于 0.6，在 4 个回归模型中是最高的，因此，可以将上证 50 指数作为市场组合，具体的资本资产定价模型表达式如下：

$$R = -0.0013 + 0.8897R_M$$

根据这个式子就可以推算出交通银行 A 股的系统风险为 0.889 7，也就是从长期来看，当上证 50 指数变动 1%，交通银行 A 股股票平均变动 0.889 7%。

7.4　资本资产定价模型（二）——以美股为分析对象

7.4.1　案例详情

D 公司是总部位于纽约的一家基金管理公司，其投资哲学主要体现在谨慎并着眼于长期收益以及低费率，该公司发行的股票型基金专注于投资在美国股票市场上市的大型美国公司股票，其中的重仓股就包括通用电气（GE）、波音公司（Boeing）、沃尔玛（Walmart）和亚马逊（Amazon）等 4 家知名美国公司的股票。

假定你是 D 公司的基金经理，并且负责公司全部股票型基金的投资工作。你正在审阅研究部门提交的以标普 500 指数作为市场组合而构建针对这 4 只重仓股的资本资产定价模型结果。在该报告中，研究部门运用了 2010 年至 2019 年 9 月期间这 4 家美国公司股票与标普 500 指数的周收盘价数据构建模型，表 7-5 就列示了在此期间的部分数据，全部数据存放于 Excel 文件。

出于谨慎性的考虑，你希望运用 Python 独立验证研究部门测算的模型结果，因此需要完成 3 项编程任务。

表 7-5　2010 年 1 月至 2019 年 9 月期间 4 只美股和标普 500 指数的部分周收盘价（单位：美元/股）

证券简称	通用电气	波音	沃尔玛	亚马逊	标普 500 指数
证券代码	GE	BA	WMT	AMZN	SPX
2010-01-01	15.13	54.13	53.45	134.52	1 115.10
2010-01-08	16.60	61.60	53.33	133.52	1 144.98
2010-01-15	16.44	60.82	53.68	127.14	1 136.03
……					
2019-09-20	9.37	379.39	116.98	1 794.16	2 992.07
2019-09-27	9.04	382.86	118.45	1 725.45	2 961.79
2019-09-30	8.94	380.47	118.68	1 735.91	2 952.01

数据来源：同花顺。

7.4.2　编程任务

【任务 1】从外部导入包含 2010 年 1 月至 2019 年 9 月期间股票和标普 500 指数周收盘价数据的 Excel 表，并且绘制股票和指数的走势图（将 2010 年首个交易日收盘价归 1 处理），此外，计算并生成周收益率的数据框（用自然对数计算收益率）。

【任务 2】根据任务 1 创建的周收益率数据框，以标普 500 指数的周收益率为自变量，依次以通用电气、波音的股票周收益率为因变量，分别构建两个线性回归模型。

【任务 3】根据任务 1 创建的周收益率数据框，依然以标普 500 指数的周收益率为自变量，依次以沃尔玛、亚马逊的股票周收益率为因变量，分别构建两个线性回归模型。

7.4.3　编程提示

在本练习案例中，通过 Python 创建针对每只美股的线性回归模型，为了便于代码编写者和阅读者的理解和识别，可以运用该股票上市公司的英文简写或者证券代码的英文字母作为需要赋值的变量名称。以波音公司线性回归模型作为举例，在 Python 中可以用 model_Boeing 进行变量赋值，也可以用 model_BA 表示，这取决于代码撰写者的习惯，但同时需要确保代码的阅读者能够易于理解。

7.4.4 参考代码与说明

任务 1 的代码

```
In [49]: Prices_US=pd.read_excel('C:/Desktop/4只美股与标普500指数的周收盘价（2010至2019年9
月）.xlsx',sheet_name="Sheet1",header=0,index_col=0)                    #导入外部数据

In [50]: (Prices_US/Prices_US.iloc[0]).plot(figsize=(9,6),grid=True)   #将股价按照首个交易日
进行归1处理并可视化
Out[50]:
```

从图 7-5 不难看出，在 2010 年 1 月至 2019 年 9 月期间，亚马逊公司的股价走势最强劲，最大涨幅超过 14 倍，相比之下沃尔玛和通用电气这类传统行业的公司股价走势比较疲软，无法跑赢股票指数，这在一定程度上反映出在该期间内，美股的投资者更热衷于投资科技股。

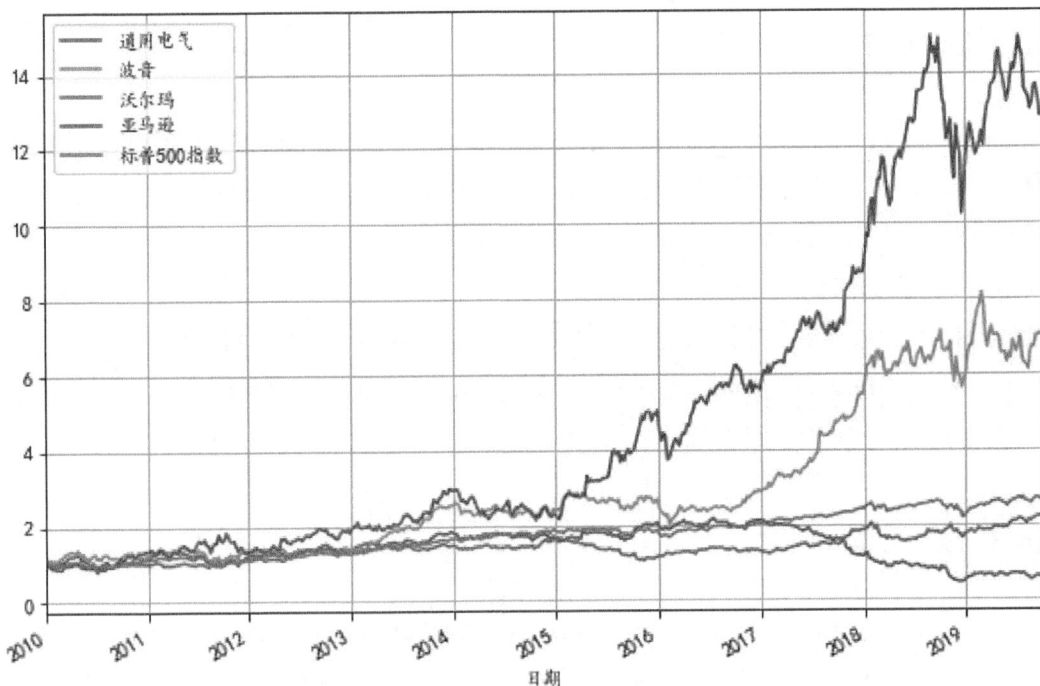

图 7-5 2010 年 1 月至 2019 年 9 月期间 4 只美股与标普 500 指数的走势图
（首个交易日收盘价归 1 处理）

```
In [51]: Returns_US=np.log(Prices_US/Prices_US.shift(1))   #计算周收益率
    ...: Returns_US=Returns_US.dropna()                     #删除缺失值的行

In [52]: Returns_US.describe()
```

```
Out[52]:
           通用电气        波音        沃尔玛      亚马逊      标普 500 指数
count   509.000000  509.000000  509.000000  509.000000   509.000000
mean     -0.001034    0.003831    0.001567    0.005025     0.001913
std       0.036482    0.034809    0.024043    0.040800     0.019592
min      -0.195864   -0.121913   -0.124384   -0.156166    -0.074603
25%      -0.018480   -0.014545   -0.010533   -0.020036    -0.007030
50%       0.000000    0.005495    0.002653    0.004821     0.002844
75%       0.019027    0.023727    0.015825    0.028103     0.013503
max       0.154783    0.129273    0.092083    0.177370     0.071284
```

从以上的统计结果可以看到，在 2010 年 1 月至 2019 年 9 月期间，通用电气的平均周收益率为负数并且是明显弱于标普 500 指数，其他 3 只股票的平均周收益率接近或者强于指数。

任务 2 的代码

```
In [53]: SP500=Returns_US['标普 500 指数']          #创建标普 500 指数周收益率的时间序列
    ...: SP500_addcons=sm.add_constant(SP500)      #对自变量样本值增加一列常数项

In [54]: model_GE=sm.OLS(endog=Returns_US['通用电气'],exog=SP500_addcons)  #构建自变量是标普
500 指数、因变量是通用电气的普通最小二乘法线性回归模型

In [55]: result_GE=model_GE.fit()                  #拟合线性回归模型
    ...: result_GE.summary()
Out[55]:
"""
                              OLS Regression Results
==============================================================================
Dep. Variable:               通用电气   R-squared:                       0.378
Model:                          OLS   Adj. R-squared:                  0.377
Method:               Least Squares   F-statistic:                     308.1
Date:              Fri, 01 Nov 2019   Prob (F-statistic):           3.07e-54
Time:                      10:37:15   Log-Likelihood:                 1084.4
No. Observations:               509   AIC:                            -2165.
Df Residuals:                   507   BIC:                            -2156.
Df Model:                         1
Covariance Type:          nonrobust
==============================================================================
                 coef    std err          t      P>|t|      [0.025      0.975]
------------------------------------------------------------------------------
const         -0.0032      0.001     -2.513      0.012      -0.006      -0.001
标普 500 指数    1.1449      0.065     17.553      0.000       1.017       1.273
==============================================================================
Omnibus:                    167.514   Durbin-Watson:                   1.790
Prob(Omnibus):                0.000   Jarque-Bera (JB):             3255.211
Skew:                        -0.915   Prob(JB):                         0.00
Kurtosis:                    15.253   Cond. No.                         51.1
==============================================================================
"""
```

```
In [56]: model_Boeing=sm.OLS(endog=Returns_US['波音'],exog=SP500_addcons)    #构建自变量是标普
500 指数、因变量是波音的普通最小二乘法线性回归模型

In [57]: result_Boeing=model_Boeing.fit()        #拟合线性回归模型
   ...: result_Boeing.summary()
Out[57]:
"""
                          OLS Regression Results
==============================================================================
Dep. Variable:                   波音   R-squared:                       0.429
Model:                          OLS   Adj. R-squared:                  0.428
Method:               Least Squares   F-statistic:                     380.7
Date:              Fri, 01 Nov 2019   Prob (F-statistic):           1.17e-63
Time:                      10:39:46   Log-Likelihood:                 1130.0
No. Observations:               509   AIC:                            -2256.
Df Residuals:                   507   BIC:                            -2247.
Df Model:                         1
Covariance Type:          nonrobust
==============================================================================
                 coef    std err          t      P>|t|      [0.025      0.975]
------------------------------------------------------------------------------
const          0.0016      0.001      1.369      0.172      -0.001       0.004
标普 500 指数    1.1635      0.060     19.511      0.000       1.046       1.281
==============================================================================
Omnibus:                     62.272   Durbin-Watson:                   2.122
Prob(Omnibus):                0.000   Jarque-Bera (JB):              472.066
Skew:                        -0.131   Prob(JB):                    3.11e-103
Kurtosis:                     7.711   Cond. No.                         51.1
==============================================================================
"""
```

任务 3 的代码

```
In [58]: model_Walmart=sm.OLS(endog=Returns_US['沃尔玛'],exog=SP500_addcons)   #构建自变量是
标普 500 指数、因变量是沃尔玛的普通最小二乘法线性回归模型

In [59]: result_Walmart=model_Walmart.fit()        #拟合线性回归模型
   ...: result_Walmart.summary()
Out[59]:
"""
                          OLS Regression Results
==============================================================================
Dep. Variable:                  沃尔玛   R-squared:                       0.179
Model:                          OLS   Adj. R-squared:                  0.177
Method:               Least Squares   F-statistic:                     110.6
Date:              Fri, 01 Nov 2019   Prob (F-statistic):           1.58e-23
Time:                      10:42:00   Log-Likelihood:                 1226.0
No. Observations:               509   AIC:                            -2448.
Df Residuals:                   507   BIC:                            -2440.
```

```
Df Model:                            1
Covariance Type:            nonrobust
=================================================================================
                 coef      std err         t       P>|t|      [0.025     0.975]
---------------------------------------------------------------------------------
const          0.0006        0.001     0.591       0.555      -0.001      0.002
标普500指数    0.5193        0.049    10.515       0.000       0.422      0.616
=================================================================================
Omnibus:                        91.530   Durbin-Watson:                    2.139
Prob(Omnibus):                   0.000   Jarque-Bera (JB):               722.688
Skew:                           -0.517   Prob(JB):                      1.18e-157
Kurtosis:                        8.745   Cond. No.                          51.1
=================================================================================
"""
```

In [60]: model_Amazon=sm.OLS(endog=Returns_US['亚马逊'],exog=SP500_addcons)   #构建自变量是标
普500指数、因变量是亚马逊的普通最小二乘法线性回归模型

In [61]: result_Amazon=model_Amazon.fit()   #拟合线性回归模型
    ...: result_Amazon.summary()
Out[61]:
"""
                          OLS Regression Results
===
Dep. Variable: 亚马逊   R-squared: 0.373
Model: OLS   Adj. R-squared: 0.372
Method: Least Squares   F-statistic: 301.4
Date: Fri, 01 Nov 2019   Prob (F-statistic):   2.48e-53
Time: 10:43:56   Log-Likelihood: 1025.3
No. Observations: 509   AIC: -2047.
Df Residuals: 507   BIC: -2038.
Df Model: 1
Covariance Type: nonrobust
===
                 coef   std err   t   P>|t| [0.025   0.975]
----
const   0.0026   0.001   1.800   0.072   -0.000   0.005
标普500指数   1.2716   0.073   17.362   0.000   1.128   1.416
===
Omnibus: 58.992   Durbin-Watson: 1.985
Prob(Omnibus):   0.000   Jarque-Bera (JB):   295.575
Skew: 0.341   Prob(JB):   6.56e-65
Kurtosis: 6.670   Cond. No.   51.1
===
"""
```

In [62]: print('通用电气股票构建资本资产定价模型的阿尔法值',round(result_GE.params[0],6))
    ...: print('通用电气股票构建资本资产定价模型的贝塔值',round(result_GE.params[1],6))
    ...: print('波音股票构建资本资产定价模型的阿尔法值',round(result_Boeing.params[0],6))
    ...: print('波音股票构建资本资产定价模型的贝塔值',round(result_Boeing.params[1],6))
```

```
    ...: print('沃尔玛股票构建资本资产定价模型的阿尔法值', round(result_Walmart.params[0], 6))
    ...: print('沃尔玛股票构建资本资产定价模型的贝塔值', round(result_Walmart.params[1], 6))
    ...: print('亚马逊股票构建资本资产定价模型的阿尔法值', round(result_Amazon.params[0], 6))
    ...: print('亚马逊股票构建资本资产定价模型的贝塔值', round(result_Amazon.params[1],6))
通用电气股票构建资本资产定价模型的阿尔法值 -0.003223
通用电气股票构建资本资产定价模型的贝塔值  1.144865
波音股票构建资本资产定价模型的阿尔法值  0.001606
波音股票构建资本资产定价模型的贝塔值  1.163534
沃尔玛股票构建资本资产定价模型的阿尔法值  0.000574
沃尔玛股票构建资本资产定价模型的贝塔值  0.519272
亚马逊股票构建资本资产定价模型的阿尔法值  0.002593
亚马逊股票构建资本资产定价模型的贝塔值  1.271632
```

从以上的输出结果可以发现，亚马逊公司的贝塔值最高，达到了 1.271 6，面临的系统性风险最高；波音公司和通用电气的贝塔值次之，但也超过了 1.14；沃尔玛的贝塔值最低，仅为 0.519 2，面临的系统性风险是最低的，这表明沃尔玛作为一家经营连锁超市的全球公司，公司股票是典型的防御型股票，比较适合于在股票市场处于下行周期时进行配置。

7.5　服从几何布朗运动的股价模拟——以互联网公司股票为分析对象

7.5.1　案例详情

E 公司是总部位于我国香港的一家大型投资公司，并且对一些互联网龙头公司股票的未来价格走势比较乐观，截止到 2019 年 8 月末，该公司自营投资组合中配置了腾讯控股、阿里巴巴和百度等 3 家互联网龙头公司的股票。

假定你是这家公司的风险总监，负责整个公司自营投资的风险管理工作，为了能够有效测度并应对这 3 家公司股票的投资风险，将运用几何布朗运动模拟股价。为此，你的助理已整理了 2015 年 1 月至 2019 年 8 月期间这 3 家公司股票价格的全部数据并存放于一份 Excel 文件同时依次放置在不同的工作表，表 7-6 列出了部分数据。

表 7-6　2015 年 1 月至 2019 年 8 月期间腾讯控股、阿里巴巴和百度的部分日收盘价

证 券 简 称	腾讯控股 （单位：港元/股）	阿里巴巴 （单位：美元/份）	百度 （单位：美元/份）
证券代码	0700	BABA	BIDU
上市交易所	香港联交所	纽约证券交易所	纳斯达克

续表

证 券 简 称	腾讯控股 （单位：港元/股）	阿里巴巴 （单位：美元/份）	百度 （单位：美元/份）
2015-01-02	112.80	103.600	223.080
2015-01-05	113.50	101.000	219.785
2015-01-06	120.00	103.320	220.180
……			
2019-08-28	319.00	167.480	103.590
2019-08-29	320.20	172.810	104.830
2019-08-30	324.80	175.030	104.470

注：阿里巴巴是通过存托凭证方式实现在纽约证券交易所挂牌上市，1 份存托凭证对应于 8 股基础证券（股票）；百度也
是通过存托凭证方式在纳斯达克挂牌上市，1 份存托凭证对应于 0.1 股基础证券（股票）。

数据来源：香港联交所、纽约证券交易所、纳斯达克。

　　由于你的助理临时有事休假，因此你需要运用 Python 亲自完成对股价的模拟工作，为此
将完成 3 项编程任务。

7.5.2　编程任务

【任务 1】导入包含 2015 年 1 月至 2019 年 8 月期间腾讯控股股票日收盘价的 Excel 文件，
同时，假定腾讯控股的股价服从几何布朗运动（geometric Brownian motion，GBM），基于这
些数据模拟出未来 5 年（2019 年 9 月至 2024 年 8 月）该股票的日收盘价。其中，腾讯公司
股票在 2019 年 9 月 2 日（周一）收盘价是 331.20 港元，假定模拟次数是 100 次，并且将模
拟结果可视化。

【任务 2】导入包含 2015 年 1 月至 2019 年 8 月期间阿里巴巴股票日收盘价的 Excel 文件，
同时，依然假定股价服从几何布朗运动，基于这些数据模拟出未来 3 年（2019 年 9 月至 2022
年 8 月）该股票的日收盘价，其中，阿里巴巴公司股票在 2019 年 9 月 3 日（周二）收盘价
172.41 美元（9 月 2 日美股休市），假定模拟次数是 200 次并将模拟结果可视化。

【任务 3】导入包含 2015 年 1 月至 2019 年 8 月期间百度股票日收盘价的 Excel 文件，依
然假定股价服从几何布朗运动，基于这些数据模拟出未来 10 年（2019 年 9 月至 2029 年 8 月）
该股票的日收盘价，其中，百度股票在 2019 年 9 月 3 日（周二）收盘价 102.56 美元，假定
模拟次数是 300 次并将模拟结果可视化。

7.5.3　编程提示

- 在 Python 中模拟股价服从几何布朗运动，需要运用经过欧拉离散方法变换后服从几何布朗运动的股价表达式，具体如下：

$$S_t = S_{t-\Delta t} \mathrm{e}^{\left(\mu - \frac{1}{2}\sigma^2\right)\Delta t + \sigma\varepsilon_t\sqrt{\Delta t}} \tag{7-5}$$

其中，S_t 和 $S_{t-\Delta t}$ 分别表示在 t 时刻和 $t-\Delta t$ 时刻的股票价格，μ 是股票收益率的期望值（年化），σ 是股票收益波动率（年化），Δt 表示单位时间长度，ε_t 是 t 时刻服从标准正态分布的随机数。

- 在模拟中，可以运用 Pandas 模块中的 date_range 函数生成一个日期数列，主要参数如下：一是参数 start 代表日期数列的起始日，并且以字符串的格式输入，例如以 2019 年 9 月 2 日作为起始日，就输入 start='2019-09-02'；二是参数 end 表示日期数列的终止日，输入的格式与起始日相同；三是参数 freq 表示时间序列的频次，例如输入 freq='B'就表示按照工作日设定日期序列。

7.5.4　参考代码与说明

任务 1 的代码

```
In [63]: price_tecent=pd.read_excel('C:/Desktop/腾讯、阿里巴巴和百度的日收盘价（2015 至 2019 年
8 月）.xlsx',sheet_name="Sheet1",header=0,index_col=0)  #导入腾讯股价数据并且是 sheet1 工作表

In [64]: R_tecent=np.log(price_tecent/price_tecent.shift(1)) #计算腾讯的日收益率
    ...: R_tecent=R_tecent.dropna()                          #删除缺失值的行
    ...: R_tecent.describe()
Out[64]:
        腾讯控股
count  1146.000000
mean      0.000923
std       0.018438
min      -0.072888
25%      -0.009955
50%       0.001040
75%       0.011126
max       0.088810

In [65]: mu_tecent=(R_tecent.describe()).loc['mean']*252     #获取腾讯的年化平均收益率
```

```
    ...: mu_tecent=np.array(mu_tecent)              #将平均收益率转换为数组的格式

In [66]: sigma_tecent=(R_tecent.describe()).loc['std']*np.sqrt(252)   #获取腾讯的年化收益波动率
    ...: sigma_tecent=np.array(sigma_tecent)        #将年化收益波动率转换为数组的格式

In [67]: import scipy.stats as st                   #导入 SciPy 模块的统计子模块 stats

In [68]: date_tecent=pd.date_range(start='2019-09-02',end='2024-08-31',freq='B')   #生成
2019 年 9 月至 2024 年 8 月的工作日数组
    ...: N_tecent=len(date_tecent)                  #赋值为工作日数组的长度
    ...: I_tecent=100                               #模拟的路径数量（随机数的个数）
    ...: dt=1.0/252                                 #单位时间的区间长度，也就是 1 天
    ...: tecent_GBM=np.zeros((N_tecent,I_tecent))   #建立模拟服从几何布朗运动的腾讯股价初始数组
    ...: tecent_GBM[0]=331.2                        #将模拟起点设为 2019 年 9 月 2 日的腾讯股票收盘价

In [69]: for t in range(1,N_tecent):
    ...:     epsilon=st.norm.rvs(size=I_tecent)     #在每个时间点上均生成 100 个随机数
    ...:     tecent_GBM[t]=tecent_GBM[t-1]*np.exp((mu_tecent-0.5*sigma_tecent**2)*dt+ sigma_
tecent*epsilon*np.sqrt(dt))                         #几何布朗运动的差分公式

In [70]: tecent_GBM=pd.DataFrame(tecent_GBM,index=date_tecent)   #将模拟的数值转化为带有时间索
引的数据框

In [71]: plt.figure(figsize=(9,6))
    ...: plt.plot(tecent_GBM)
    ...: plt.xlabel(u'日期',fontsize=13)
    ...: plt.ylabel(u'股价',fontsize=13,rotation=90)
    ...: plt.xticks(fontsize=13,rotation=30)
    ...: plt.yticks(fontsize=13)
    ...: plt.title(u'服从几何布朗运动的腾讯股价模拟全部路径（2019 年 9 月—2024 年 8 月）', fontsize=13)
    ...: plt.grid('True')
    ...: plt.show()
In [72]: max_tecent=np.max(np.max(tecent_GBM))      #模拟得到的腾讯股价最大值
    ...: min_tecent=np.min(np.min(tecent_GBM))      #模拟得到的腾讯股价最小值
    ...: median_tecent=np.median(tecent_GBM)        #模拟得到的腾讯股价中位数
    ...: print('模拟得到腾讯股价在 2019 年 9 月至 2024 年 8 月期间的最大值', round(max_tecent,4))
    ...: print('模拟得到腾讯股价在 2019 年 9 月至 2024 年 8 月期间的最小值', round(min_tecent,4))
    ...: print('模拟得到腾讯股价在 2019 年 9 月至 2024 年 8 月期间的中位数', round(median_tecent,4))
模拟得到腾讯股价在 2019 年 9 月至 2024 年 8 月期间的最大值 3509.3262
模拟得到腾讯股价在 2019 年 9 月至 2024 年 8 月期间的最小值 135.3067
模拟得到腾讯股价在 2019 年 9 月至 2024 年 8 月期间的中位数 446.9722
```

从图 7-6 的模拟结果不难发现，本次模拟的全部 100 条路径中，得到的腾讯股价最大值达到了 3 509.33 港元/股，最小值仅为 135.31 港元/股，两者之间相差近 25 倍，股价中位数是 446.97 港元/股。因此，当股价服从几何布朗运动时，模拟出的股价整体上存在上升的趋势。

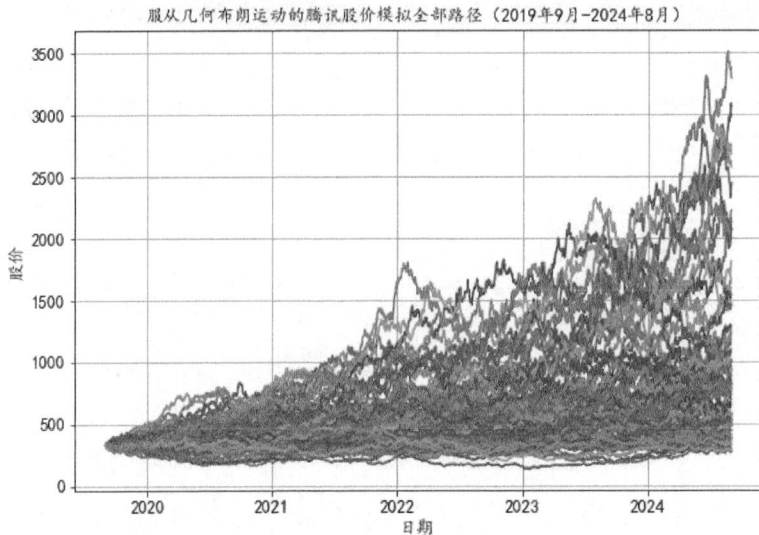

图 7-6　模拟服从几何布朗运动的腾讯股价的全部 100 条路径
（2019 年 9 月至 2024 年 8 月）

任务 2 的代码

```
In [73]: price_alibaba=pd.read_excel('C:/Desktop/腾讯、阿里巴巴和百度的日收盘价（2015 至 2019 年
8 月）.xlsx',sheet_name="Sheet2",header=0,index_col=0)    #导入阿里巴巴股价数据并且是 sheet2 工作表

In [74]: R_alibaba=np.log(price_alibaba/price_alibaba.shift(1))    #计算阿里巴巴的日收益率
    ...: R_alibaba=R_alibaba.dropna()                              #删除缺失值的行

In [75]: mu_alibaba=(R_alibaba.describe()).loc['mean']*252         #计算阿里巴巴年化平均收益率
    ...: mu_alibaba=np.array(mu_alibaba)                           #将平均收益率转换为数组的格式
    ...: sigma_alibaba=(R_alibaba.describe()).loc['std']*np.sqrt(252)    #计算阿里巴巴的年化
收益波动率
    ...: sigma_alibaba=np.array(sigma_alibaba)                     #将年化收益波动率转换为数组的格式

In [76]: date_alibaba=pd.date_range(start='2019-09-03',end='2022-08-31',freq='B')    #生成
2019 年 9 月至 2022 年 8 月的工作日数组
    ...: N_alibaba=len(date_alibaba)                              #赋值为工作日数组的长度
    ...: I_alibaba=200                                            #模拟的路径数量（随机数的个数）
    ...: dt=1.0/252                                               #单位时间的区间长度(1 天)
    ...: alibaba_GBM=np.zeros((N_alibaba,I_alibaba))              #建立模拟服从几何布朗运动的阿里巴巴股价的初
始数组
    ...: alibaba_GBM[0]=172.41                                    #模拟起点设为 2019 年 9 月 3 日阿里巴巴股票收益价

In [77]: for t in range(1,N_alibaba):
    ...:     epsilon=st.norm.rvs(size=I_alibaba)                  #在每个时间点上均生成 200 个随机数
    ...:     alibaba_GBM[t]=alibaba_GBM[t-1]*np.exp((mu_alibaba-0.5*sigma_alibaba**2)*dt+
sigma_alibaba*epsilon*np.sqrt(dt))                               #几何布朗运动的差分公式
```

```
In [78]: alibaba_GBM=pd.DataFrame(alibaba_GBM,index=date_alibaba)    #将模拟的数值转化为带有时
间索引的数据框

In [79]: plt.figure(figsize=(9,6))
    ...: plt.plot(alibaba_GBM)
    ...: plt.xlabel(u'日期',fontsize=13)
    ...: plt.ylabel(u'股价',fontsize=13,rotation=90)
    ...: plt.xticks(fontsize=13,rotation=30)
    ...: plt.yticks(fontsize=13)
    ...: plt.title(u'服从几何布朗运动的阿里巴巴股价模拟全部路径（2019 年 9 月-2022 年 8 月）',
fontsize=13)
    ...: plt.grid('True')
    ...: plt.show()
In [80]: max_alibaba=np.max(np.max(alibaba_GBM))       #模拟得到的阿里巴巴股价最大值
    ...: min_alibaba=np.min(np.min(alibaba_GBM))       #模拟得到的阿里巴巴股价最小值
    ...: median_alibaba=np.median(alibaba_GBM)         #模拟得到的阿里巴巴股价中位数
    ...:print('模拟得到阿里巴巴股价在2019年9月至2024年8月期间的最大值',round(max_alibaba,4))
    ...:print('模拟得到阿里巴巴股价在2019年9月至2024年8月期间的最小值',round(min_alibaba,4))
    ...: print('模拟得到阿里巴巴股价在2019年9月至2024年8月期间的中位数',round(median_alibaba,4))

模拟得到阿里巴巴股价在 2019 年 9 月至 2022 年 8 月期间的最大值 1304.2512
模拟得到阿里巴巴股价在 2019 年 9 月至 2022 年 8 月期间的最小值 44.089
模拟得到阿里巴巴股价在 2019 年 9 月至 2022 年 8 月期间的中位数 189.1707
```

从图 7-7 的模拟结果不难发现，在本次模拟的全部 200 条路径中，得到的阿里巴巴股价最大值达到了 1 304.25 美元，最小值仅为 44.09 美元，两者之间相差近 30 倍，股价中位数是 189.71 美元，与初始的 172.41 美元（2019 年 9 月 3 日收盘价）比较接近。

图 7-7　模拟服从几何布朗运动的阿里巴巴股价全部 200 条路径
（2019 年 9 月至 2022 年 8 月）

任务3的代码

```
In [81]: price_baidu=pd.read_excel('C:/Desktop/腾讯、阿里巴巴和百度的日收盘价（2015至2019年8
月）.xlsx',sheet_name="Sheet3",header=0,index_col=0)           #导入百度股价数据并且是sheet3工作表

In [82]: R_baidu=np.log(price_baidu/price_baidu.shift(1))      #计算百度的日收益率
    ...: R_baidu=R_baidu.dropna()                              #删除缺失值的行

In [83]: mu_baidu=(R_baidu.describe()).loc['mean']*252        #计算百度的年化平均收益率
    ...: mu_baidu=np.array(mu_baidu)                           #将平均收益率转换为数组的格式
    ...: sigma_baidu=(R_baidu.describe()).loc['std']*np.sqrt(252) #计算百度的年化收益波动率
    ...: sigma_baidu=np.array(sigma_baidu)                     #将年化收益波动率转换为数组的格式

In [84]: date_baidu=pd.date_range(start='2019-09-03',end='2029-08-31',freq='B')   #生成
2019年9月至2029年8月的工作日数组
    ...: N_baidu=len(date_baidu)                               #赋值为工作日数组的长度
    ...: I_baidu=300                                           #模拟的路径数量（随机数的个数）
    ...: dt=1.0/252                                            #单位时间的区间长度（1天）
    ...: baidu_GBM=np.zeros((N_baidu,I_baidu))                 #建立存放服从几何布朗运动的模拟百度股价的初始数组
    ...: baidu_GBM[0]=102.56                                   #模拟起点设为2019年9月3日的百度股票收盘价

In [85]: for t in range(1,N_baidu):
    ...:     epsilon=st.norm.rvs(size=I_baidu)    #在每个时间点上均生成300个随机数
    ...:     baidu_GBM[t]=baidu_GBM[t-1]*np.exp((mu_baidu-0.5*sigma_baidu**2)*dt+ sigma_
baidu*epsilon*np.sqrt(dt))     #几何布朗运动的差分公式

In [86]: baidu_GBM=pd.DataFrame(baidu_GBM,index=date_baidu)   #将模拟的数值转化为带有时间索引的
数据框

In [87]: plt.figure(figsize=(9,6))
    ...: plt.plot(baidu_GBM)
    ...: plt.xlabel(u'日期',fontsize=13)
    ...: plt.ylabel(u'股价',fontsize=13,rotation=90)
    ...: plt.xticks(fontsize=13,rotation=30)
    ...: plt.yticks(fontsize=13)
    ...: plt.title(u'服从几何布朗运动的百度股价模拟全部路径(2019年9月-2029年8月)',fontsize=13)
    ...: plt.grid('True')
    ...: plt.show()
In [88]: max_baidu=np.max(np.max(baidu_GBM))     #模拟中得到的百度股价最大值
    ...: min_baidu=np.min(np.min(baidu_GBM))      #模拟中得到的百度股价最小值
    ...: median_baidu=np.median(baidu_GBM)        #模拟中得到的百度股价中位数
    ...: print('模拟得到百度股价在2019年9月至2029年8月期间的最大值', round(max_baidu,4))
    ...: print('模拟得到百度股价在2019年9月至2029年8月期间的最小值', round(min_baidu,4))
    ...: print('模拟得到百度股价在2019年9月至2029年8月期间的中位数', round(median_baidu,4))

模拟得到百度股价在2019年9月至2029年8月期间的最大值 697.7323
模拟得到百度股价在2019年9月至2029年8月期间的最小值 0.4532
模拟得到百度股价在2019年9月至2029年8月期间的中位数 38.2311
```

从图 7-8 的模拟结果不难发现，在本次模拟的全部 300 条路径中，得到的百度股价最大值是 697.73 美元，最小值仅为 0.45 美元，两者之间相差近 1 539 倍，股价中位数是 38.23 美元，远低于初始的 102.56 美元（2019 年 9 月 3 日收盘价）。因此，当百度股价服从几何布朗运动时，模拟出的股价整体处于下降的趋势。

图 7-8　模拟服从几何布朗运动的百度股价的全部 300 条路径
（2019 年 9 月至 2029 年 8 月）

7.6　A 股与 H 股套利策略——以招商银行股票为分析对象

7.6.1　案例详情

F 公司是一家总部位于杭州的私募证券投资基金，该公司一直坚持低风险、稳收益的套利策略，伴随着沪港通、深港通的持续推进，F 公司发现 A 股与 H 股之间存在着一定的套利机会，因此正在积极着手准备开发相应的投资策略。

假定你是该公司的投资策略总监，负责牵头研究 A 股与 H 股的套利策略，并且日常特别关注招商银行 A 股与 H 股的套利机会。在 2018 年 10 月 12 日，你发现招商银行 A 股/H 股的溢价率达到了近期高点 1.13，同时观测过去 2016 年 7 月 1 日至 2018 年 10 月 12 日期间溢价率数据，发现溢价率在该期间内曾多次跌至 1.05 以下，甚至触及 1.0，根据金融资产的"一价定律"（the law of one price）[①]，当前溢价率明显偏离了正常水平而存在套利机会。表 7-7 就列出了招商银行 A 股、H 股以及港元兑人民币汇率中间价在此期间的部分数据，完整的数据存放于 Excel 文件中。

表 7-7　2016 年 7 月至 2018 年 10 月 12 日招商银行 A 股、H 股收盘价以及汇率的部分数据

股票或汇率	招商银行 A 股 （单位：元/股）	招商银行 H 股 （单位：港元/股）	港元兑人民币
证券代码	600036	3 968	无
2016-07-01	17.63	17.34	0.857 00
2016-07-04	17.72	17.56	0.856 82
2016-07-05	17.56	16.62	0.858 36
……			
2018-10-10	29.6	29.8	0.881 72
2018-10-11	28.45	28.6	0.881 70
2018-10-12	29.16	29.25	0.882 20

数据来源：上海证券交易所、香港联交所、中国人民银行。

你正在撰写一份关于招商银行 A 股与 H 股套利策略的书面报告，进而提交公司投资决策委员会审批，下面需要运用 Python 完成 3 项编程任务。

7.6.2　编程任务

【任务 1】从外部导入包含 2016 年 7 月 1 日至 2018 年 10 月 12 日期间招商银行 A 股、H 股收盘价以及港元兑人民币汇率中间价数据的 Excel 文件，计算出在此期间 A 股/H 股溢价率的时间序列并且进行可视化。

[①] 一价定律（the law of one price）是指在同一时间、针对同一资产不可能以不同的价格进行交易，该定律是金融学的一条核心准则。在金融市场中，当交易成本较小、竞争激烈的情况下，一价定律通常被认为是近似准确的，而促成一价定律成立的原动力就是因为套利交易的存在。

【任务 2】在你的报告中设计了一个在 2018 年 10 月 12 日构建 A 股与 H 股套利策略方案，具体方案是按照当日收盘价格买入招商银行 H 股 10 万股、同时做空 A 股 10 万股[①]，并且暂不考虑交易成本以及做空的资金成本，要求按照 2016 年 7 月 1 日至 2018 年 10 月 12 日期间的历史数据对该策略收益率进行回溯测算，并且对回溯测算的收益率进行可视化。

【任务 3】公司投资决策委员会审议并同意了你提交的套利策略方案，也就是任务 2 中的套利策略方案但策略构建日是定于 2018 年 10 月 15 日，并且套利实施期间从 2018 年 10 月 15 日至 2019 年 9 月 30 日（相关数据存放在与任务 1 导入的相同 Excel 文件但是在 Sheet2 工作表），同时，证券公司提供的融券资金成本是 8%/年，计算在策略实施期间每个交易日策略的收益率时间序列，并且对该收益率进行可视化。

7.6.3 编程提示

在本案例中，需要用到 A 股/H 股溢价率的计算公式。假定 P_A 代表了某上市公司的 A 股股价，P_H 代表了该上市公司 H 股股价并且用"港元/股"计价，E 表示港元兑人民币的汇率（1 港元兑换多少金额的人民币），则该上市公司 A 股/H 股溢价率 $Ratio$ 的计算公式如下：

$$Ratio = \frac{P_A}{P_H \times E}$$

（7-6）

如果当 A 股/H 股溢价率高于正常水平，说明该公司的 A 股股票价格被相对高估、H 股股价被相对低估，可以采用做空 A 股、做多 H 股的套利策略，在溢价率回归至正常水平的过程中实现套利收益；相反，当 A 股/H 股溢价率低于正常水平，则可以采用做多 A 股、做空 H 股的套利策略实现收益。

此外，针对任务 3，考虑到证券公司提供的融券业务资金成本是按照自然天计算的，为了测算该成本，就需要计算出在套利交易期间，每个交易日距离套利交易初始日的天数，在 Python 中需要用到 datetime 模块中 datetime 子模块的 strptime 函数，该函数能够将以字符串

---

① 在 A 股市场中，做空单一股票可以通过证券公司的融券业务完成，具体就是证券公司向投资者出借证券供其卖出，并约定偿还证券的期限以及券息（即融券资金成本）。因此，对于投资者而言，融券的收益=融券股票数量×（出借股票时的股价–偿还股票时的股价）–券息。此外，证券公司为了防范融券业务的风险需要投资者缴纳保证金，为了适度简化分析，在本案例中暂不考虑保证金的因素。

格式输入的日期转为 Python 中的时间对像。该函数的主要参数如下所示：

```
strptime(以字符串输入的日期, '%Y-%m-%d')
```

其中，括号中的单引号内%Y-%m-%d 代表了在 Python 中时间日期格式化符号，具体而言，%Y 表示对应的 4 位数年份，范围为 0000～9999；%m 表示月份，范围为 01～12，%d 表示月份内的日数，范围为 0～31。

通过 strptime 函数获得时间对象，从而计算出具体的天数，最终计算出在每个交易日融券的累计资金成本。

7.6.4　参考代码与说明

任务 1 的代码

```
In [89]: data=pd.read_excel('C:/Desktop/招商银行的 A 股和 H 股收盘价以及汇率数据.xlsx',
sheet_name="Sheet1",header=0,index_col=0)    #导入外部数据(2016 年 7 月 1 日至 2018 年 10 月 12 日)

In [90]: ratio=data['招商银行A股']/(data['招商银行H股']*data['港元兑人民币'])    #计算A股/H股溢价率

In [91]: ratio.plot(figsize=(9,6),grid=True,title=u'招商银行A股/H股的溢价率')
Out[91]:
In [92]: ratio.describe()
Out[92]:
count    556.000000
mean       1.098444
std        0.042068
min        0.981053
25%        1.071961
50%        1.093219
75%        1.126744
max        1.234193
dtype: float64
```

无论从图 7-9 还是从统计指标来看，招商银行 A 股/H 股的溢价率基本是处于 1.0 至 1.2 的箱体内上下波动，并且伴随着 A 股资本市场与香港资本市场互联互通越来越紧密，溢价率的变化幅度呈现收窄趋势，预示着未来套利的难度会逐步加大。

任务 2 的代码

```
In [93]: shares_A=100000          #做空招商银行 A 股股数
   ...: shares_H=100000          #买入招商银行 H 股股数
```

```
In [94]: price_A=data['招商银行A股']    #招商银行A股收盘价（2016年7月1日至2018年10月12日）
    ...: price_H=data['招商银行H股']    #招商银行H股收盘价（2016年7月1日至2018年10月12日）
    ...: HKD_RMB=data['港元兑人民币']    #港元兑人民币汇率（2016年7月1日至2018年10月12日）
    ...: price0_A=price_A.iloc[-1]     #招商银行A股在2018年10月12日的收盘价
    ...: price0_H=price_H.iloc[-1]     #招商银行H股在2018年10月12日的收盘价
    ...: exchange0=HKD_RMB.iloc[-1]    #港元兑人民币汇率在2018年10月12日的中间价

In [95]: invest=shares_H*price0_H*exchange0      #套利交易初始投资成本（仅需考虑购买H股的投资成本）

In [96]: profit_past=-shares_A*(price_A-price0_A)+HKD_RMB*shares_H*(price_H-price0_H)
                                     #回溯测试期间的套利交易收益金额序列
    ...: return_past=profit_past/invest          #回溯测试期间套利交易收益率的序列

In [97]: return_past.plot(figsize=(9,6),grid=True,title=u'回溯测试期间套利交易的收益率')
Out[97]:
```

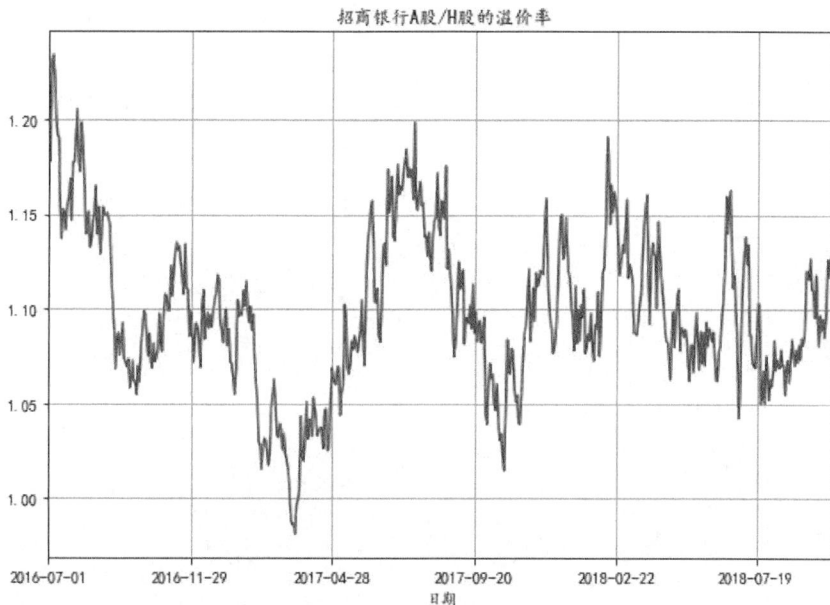

图 7-9　2016 年 7 月至 2018 年 10 月 12 日期间招商银行 A 股/H 股的溢价率走势图

　　通过对图 7-10 的目测可以发现，在不考虑交易费用以及 A 股融券（做空）资金成本的前提下，做空招商银行 A 股、持有招商银行 H 股的套利策略交易最高可以获得超过 15%的收益，并且只有极少的交易日收益率为负数。如果扣除每年 7% ~ 8%的融券资金成本，依然有机会可以获得一定正收益，这说明该套利策略存在可行性。

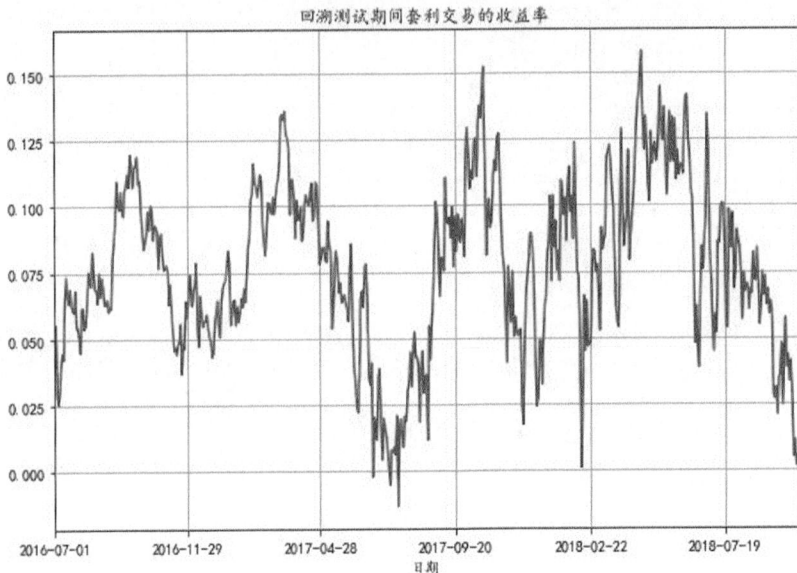

图 7-10 2016 年 7 月至 2018 年 10 月 12 日回溯测算期间套利策略模拟收益率走势图

任务 3 的代码

```
In [98]: data_new=pd.read_excel('C:/Desktop/招商银行的 A 股和 H 股收盘价以及汇率数据.xlsx',
sheet_name="Sheet2",header=0,index_col=0)    #导入 2018 年 10 月 15 日至 2019 年 9 月的数据并且是 Sheet2 工作表

In [99]: import datetime as dt                      #导入 datetime 模块

In [100]: T0=dt.datetime(2018,10,15)               #输入套利交易当日的日期
    ...: P0_A=data_new['招商银行 A 股'].iloc[0]      #2018 年 10 月 15 日(策略构建日)招商银行 A 股收盘价
    ...: P0_H=data_new['招商银行 H 股'].iloc[0]      #2018 年 10 月 15 日(策略构建日)招商银行 H 股收盘价
    ...: E0=data_new['港元兑人民币'].iloc[0]         #2018 年 10 月 15 日(策略构建日)港元兑人民币汇率中间价
    ...: r=0.08                                      #A 股市场融券的年化成本
    ...: invest_real=shares_H*P0_H*E0               #真实套利交易的初始投资成本

In [101]: cost=np.zeros_like(data_new.index)       #创建存放每个交易日融券资金成本的初始数组
    ...: for i in range(len(data_new.index)):#通过 for 循环计算融券资金成本金额时间序列
    ...:    T=str((data_new.index)[i])             #将开展真正套利交易的日期转为字符串格式
    ...:    T=dt.datetime.strptime(T,'%Y-%m-%d')    #再转为 datetime 时间对象
    ...:    cost[i]=shares_A*P0_A*r*(T-T0).days/365  #每个交易日的融券资金成本
    ...: cost=pd.DataFrame(data=cost,index=data_new.index,columns=['融券资金成本'])  #创
建融券资金成本的时间序列

    In [102]: profit_A=-shares_A*(data_new['招商银行 A 股']-P0_A)-cost['融券资金成本']    #套利交易
期间做空 A 股的收益额(考虑融券资金成本)
    ...: profit_H=shares_H*(data_new['招商银行 H 股']-P0_H)*data_new['港元兑人民币']   #套利交
易期间投资 H 股收益额
    ...: profit_real=profit_A+profit_H                 #套利交易期间套利的收益金额序列
    ...: return_real=profit_real/invest_real           #套利交易期间套利的收益率序列
```

```
In [103]: return_real.plot(figsize=(9,6),grid=True,title=u'真实交易期间套利交易的收益率')
Out[103]:
```

从图 7-11 中可以发现，在考虑了融券的资金成本以后，招商银行 A 股与 H 股的套利策略依然是在大多数交易日实现了正收益，并且最高收益率接近 15%，这证明了套利策略有机会实现较高的正收益。同时，也可以发现随着交易期限的拉长，套利策略的收益率将出现反转，在收益率触及高点后逐步下降甚至出现超过 -5% 的亏损，从而演变成为一个风险套利（risk arbitrage）。具体的原因有二：一是交易期限的拉长将导致融券的资金成本不断侵蚀套利收益；二是 A 股/H 股溢价率也是不断波动，这说明套利交易要严格控制交易期限并及时止盈。

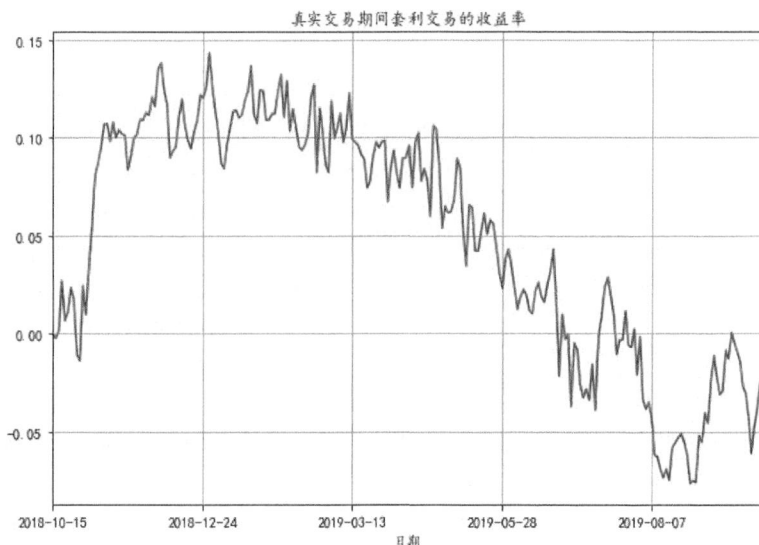

图 7-11　2018 年 10 月 15 日至 2019 年 9 月真实交易期间套利策略收益率走势图

7.7　投资组合绩效评估（一）——以公募基金为分析对象

7.7.1　案例详情

G 公司是总部位于深圳的一家保险资产管理公司，该公司在选择投资主动管理的股票型公募基金时，奉行的投资策略就是配置最近 4 年内每年投资收益率排名第一的基金，截止到

2019 年三季度末,该公司已经投资了 2015 年至 2018 年期间当年年度业绩第 1 名的 4 只基金,分别是上投摩根医疗健康股票基金（2018 年第 1 名）、易方达消费行业股票基金（2017 年第 1 名）、圆信永丰优加生活股票基金（2016 年第 1 名）、易方达新兴成长股票基金（2015 年第 1 名）。表 7-8 就列示了这 4 只基金 2016 年 1 月至 2019 年 9 月期间的部分日累计净值数据,全部数据存放于 Excel 文件中。

表 7-8　2016 年 1 月至 2019 年 9 月期间 4 只主动管理的股票型公募基金部分日累计净值

业绩排名第 1 名的年度	2018 年	2017 年	2016 年	2015 年
基金名称	上投摩根医疗健康股票基金	易方达消费行业股票基金	圆信永丰优加生活股票基金	易方达新兴成长股票基金
基金代码	001766.OF	110022.OF	001736.OF	000404.OF
2016-01-04	0.929	1.233	1.030	3.007
2016-01-05	0.902	1.241	1.030	2.826
2016-01-06	0.922	1.256	1.030	2.885
······				
2019-09-26	1.324	2.917	1.510	2.402
2019-09-27	1.327	2.913	1.514	2.439
2019-09-30	1.325	2.886	1.502	2.408

数据来源: 同花顺。

假定你是 G 公司的首席风险官,准备向公司管理层建议除了关注基金本身的收益率以外,还应当运用更科学合理的投资组合绩效评估指标分析这 4 只股票型基金, 从而更好地实现投资风险与回报之间的平衡。为了不打扰公司风险管理团队在国庆长假期间的正常休息,你需要亲自运用 Python 完成 4 项编程任务。

7.7.2　编程提示

【任务 1】从外部导入包含 2016 年 1 月至 2019 年 9 月期间这 4 只基金日累计净值数据的 Excel 文件, 对基金净值按照 2016 年首个交易日净值归 1 处理后进行可视化,并计算 4 只基金的年化平均收益率和年化收益波动率。

【任务 2】假定无风险利率按照 2019 年 9 月 30 日 3 个月期 Shibor 利率 2.728% 进行设定,同时根据任务 1 中导入的基金净值数据, 分别计算这 4 只基金的夏普比率（Sharpe Ratio, SR）和索提诺比率（Sortino Ratio, SOR）。

【任务 3】设定沪深 300 指数作为计算每只基金贝塔值的市场组合, 从外部导入存放相同期间该指数收盘价数据的 Excel 文件，并基于任务 2 设定的无风险利率和任务 1 中导入的基金净值数据，计算这 4 只基金的特里诺比率（Treynor Ratio，TR）。

【任务 4】设定沪深 300 指数作为基准组合（Benchmark Portfolio），并基于任务 2 设定的无风险利率和任务 1、任务 3 导入的数据，计算这 4 只基金的信息比率（Information Ratio，IR）。

7.7.3　编程提示

- 任务 2 需要运用夏普比率的计算公式。假定 $E(R_P)$ 表示投资组合的预期收益率（用过往年化收益率替代），R_F 表示无风险利率，σ_P 表示投资组合的年化收益波动率，则夏普比率 SR 计算公式如下：

$$SR = \frac{E(R_P) - R_F}{\sigma_P} \tag{7-7}$$

- 任务 2 需要运用索提诺比率 SOR 的计算公式，具体如下：

$$SOR = \frac{E(R_P) - R_F}{\sigma_{LP}} \tag{7-8}$$

式（7-8）中 $E(R_P)$、R_F 的含义与式（7-7）相同，σ_{LP} 代表了投资组合收益率的下偏标准差，表达式如下：

$$\sigma_{LP} = \sqrt{\frac{1}{N_L} \sum_{i=1}^{N} [Min(R_{Pi}, 0)]^2} \tag{7-9}$$

式（7-9）中的 N 代表观测到的全部样本数量，N_L 表示发生亏损的样本数量。

- 任务 3 需要运用特里诺比率 TR 的计算公式，具体如下：

$$TR = \frac{E(R_P) - R_F}{\beta_P} \tag{7-10}$$

式（7-10）中 $E(R_P)$、R_F 的含义与式（7-7）相同，β_P 代表投资组合的贝塔值。

- 任务 4 需要运用信息比率 IR 的数学表达式，具体如下：

$$IR = \frac{E(R_P) - E(R_B)}{TE} \tag{7-11}$$

式（7-11）中 $E(R_P)$ 的含义与式（7-7）相同，$E(R_B)$ 表示基准投资组合预期收益率（本案例就用沪深 300 指数的年化平均收益率），TE 是跟踪误差并且其数学表达式如下：

$$TE = \sqrt{\frac{1}{N-1}\sum_{t=1}^{N}(TD_t - \overline{TD})^2}$$ （7-12）

式（7-12）中的 TD_t 表示第 t 时刻的跟踪偏离度（即 $TD_t = R_{pt} - R_{Bt}$），$\overline{TD}$ 则表示跟踪偏离度的均值。

7.7.4　参考代码与说明

任务 1 的代码

```
In [104]: funds_price=pd.read_excel('C:/Desktop/4 只主动管理股票型公募基金累计净值数据（2016-
2019 年 9 月）.xlsx',sheet_name="Sheet1",header=0,index_col=0)          #从外部导入基金净值数据

In [105]: (funds_price/funds_price.iloc[0]).plot(figsize=(9,6),grid=True)  #将基金净值按照
首个交易日进行归 1 处理并且可视化
Out[105]:
In [106]: funds_return=np.log(funds_price/funds_price.shift(1))     #计算基金的每日收益率
     ...: funds_return=funds_return.dropna()                       #删除缺失值的行

In [107]: funds_mean=funds_return.mean()*252                       #计算基金的年化平均收益率
     ...: print('4 只基金的年化平均收益率\n',round(funds_mean,4))
4 只基金的年化平均收益率
上投摩根医疗健康      0.0980
易方达消费行业       0.2347
圆信永丰优加生活      0.1041
易方达新兴成长      -0.0613
dtype: float64

In [108]: volatility=funds_return.std()*np.sqrt(252)                #计算基金的年化收益波动率
     ...: print('4 只基金的年化收益波动率\n',round(volatility,4))
4 只基金的年化收益波动率
上投摩根医疗健康      0.2357
易方达消费行业       0.2315
圆信永丰优加生活      0.1752
易方达新兴成长       0.3080
dtype: float64
```

无论是根据计算得到的年化平均收益率还是图 7-12，我们均不难发现在 2016 年 1 月至 2019 年 9 月期间，在这 4 只基金中，易方达消费行业股票基金的表现最好。相比之下，同样是易方达基金管理公司作为基金管理人的易方达新兴成长股票基金的表现却是最差的。针对收益的波动率而言，圆信永丰优加生活股票基金最低，易方达新兴成长股票基金最高。

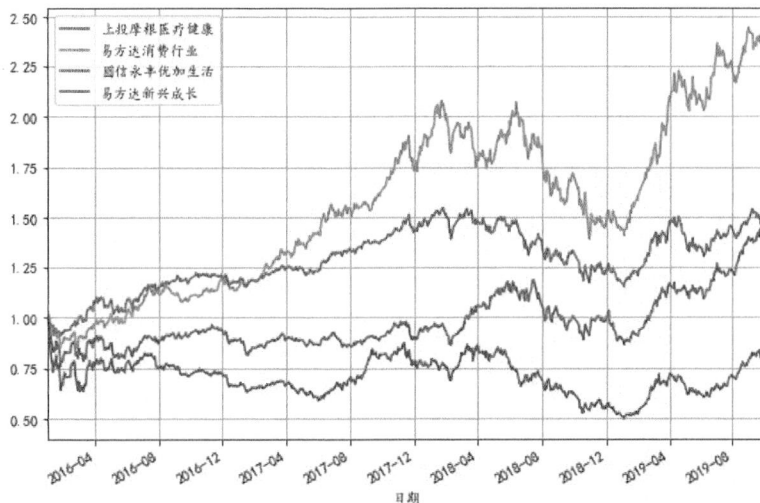

图 7-12 2016 年至 2019 年 9 月期间 4 只公募基金净值走势图
（按 2016 年首个交易日净值归 1 处理）

任务 2 的代码

```
In [109]: Rf=0.02728          #设定 2019 年 9 月 30 日 3 个月期 Shibor 利率作为无风险利率

In [110]: funds_SR=(funds_mean-Rf)/volatility          #计算 4 只基金的夏普比率
    ...: print('2016 年至 2019 年 9 月期间基金的夏普比率\n',round(funds_SR,4))
2016 年至 2019 年 9 月期间基金的夏普比率
上投摩根医疗健康    0.3000
易方达消费行业      0.8963
圆信永丰优加生活    0.4387
易方达新兴成长     -0.2876
dtype: float64

In [111]: return_neg=np.minimum(funds_return,0)     #生成基金每日收益率小于或等于 0 的数列
    ...: return_neg.head()
Out[111]:
              上投摩根医疗健康    易方达消费行业    圆信永丰优加生活    易方达新兴成长
日期
2016-01-05  -0.029494      0.000000       0.0000        -0.062081
2016-01-06   0.000000      0.000000       0.0000         0.000000
2016-01-07  -0.066131     -0.064114       0.0000        -0.092161
2016-01-08   0.000000      0.000000      -0.0386        -0.029312
2016-01-11  -0.067011     -0.050546       0.0000        -0.087474

In [112]: NL=np.zeros_like(funds_mean)              #生成存放每只基金负收益率天数的初始数组
```

```
In [113]: for i in range(len(funds_mean)):
     ...:     NL[i]=len(return_neg.iloc[:,i][return_neg.iloc[:,i]<0])   #计算每只基金负收益率的天数
     ...:     print(return_neg.columns[i],'2016年至2019年9月期间负收益率的天数',NL[i])
上投摩根医疗健康 2016年至2019年9月期间负收益率的天数 421.0
易方达消费行业 2016年至2019年9月期间负收益率的天数   440.0
圆信永丰优加生活 2016年至2019年9月期间负收益率的天数 413.0
易方达新兴成长 2016年至2019年9月期间负收益率的天数   468.0

In [114]: volatility_lower=np.sqrt(252*np.sum(return_neg**2)/NL)  #计算每只基金收益的年化下偏标准差

In [115]: funds_SOR=(funds_mean-Rf)/volatility_lower      #计算4只基金的索提诺比率
     ...: print('2016年至2019年9月期间基金的索提诺比率\n',round(funds_SOR,4))
2016年至2019年9月期间基金的索提诺比率
上投摩根医疗健康    0.2843
易方达消费行业     0.9138
圆信永丰优加生活    0.4222
易方达新兴成长     -0.2796
dtype: float64
```

从以上的输出结果来看，无论是用夏普比率还是索提诺比率，在 4 只基金中，易方达消费行业股票基金的表现最出色，易方达新兴成长股票基金的表现则最糟糕；并且在本案例中，每只基金的夏普比率与索提诺比率在数值上比较接近。

任务 3 的代码

```
In [116]: HS300_price=pd.read_excel('C:/Desktop/沪深300指数日收盘价(2016-2019年9月).xlsx',
sheet_name="Sheet1",header=0,index_col=0)              #从外部导入沪深300指数收盘价数据

In [117]: HS300_return=np.log(HS300_price/HS300_price.shift(1))   #计算沪深300指数的日收益率
     ...: HS300_return=HS300_return.dropna()                #删除缺失值的行

In [118]: import statsmodels.api as sm                     #导入StatsModels的子模块api

In [119]: HS300_addcons=sm.add_constant(HS300_return['沪深300'])   #对自变量的样本值增加常数项
     ...: betas=np.zeros_like(funds_mean)                   #生成存放基金贝塔值的初始数组

In [120]: for i in range(len(funds_mean)):
     ...:     model=sm.OLS(endog=funds_return.iloc[:,i],exog=HS300_addcons)  #构建普通最小
二乘法的线性回归模型
     ...:     result=model.fit()                            #生成线性回归的结果对象
     ...:     betas[i]=result.params[1]                      #生成基金贝塔值的数组
     ...:     print(funds_return.columns[i],'2016年至2019年9月期间贝塔值', round(betas[i],4))
上投摩根医疗健康 2016年至2019年9月期间贝塔值 0.9156
易方达消费行业 2016年至2019年9月期间贝塔值 0.9995
圆信永丰优加生活 2016年至2019年9月期间贝塔值 0.7693
易方达新兴成长 2016年至2019年9月期间贝塔值 1.1564
```

```
In [121]: funds_TR=(funds_mean-Rf)/betas                  #计算4只基金的特里诺比率
     ...: print('2016年至2019年9月期间基金的特里诺比率\n',round(funds_TR,4))
2016年至2019年9月期间基金的特里诺比率
上投摩根医疗健康    0.0772
易方达消费行业      0.2076
圆信永丰优加生活    0.0999
易方达新兴成长     -0.0766
dtype: float64
```

从以上输出的结果不难发现，用特里诺比率评价这4只基金，依然是易方达消费行业股票基金的表现最优，易方达新兴成长股票基金的表现最弱。

任务 4 的代码

```
In [122]: funds_TD=np.zeros_like(funds_return)            #生成存放基金跟踪偏离度的初始数组

In [123]: for i in range(len(funds_mean)):
     ...:     funds_TD[:,i]=np.array(funds_return.iloc[:,i])-np.array(HS300_return['沪深
300'])
                                                          #基金跟踪偏离率的数组

In [124]: funds_TE=funds_TD.std(axis=0)*np.sqrt(252)      #计算基金的年化跟踪误差数组
     ...: HS300_mean=HS300_return.mean()*252              #计算沪深300指数的年化平均收益率
     ...: HS300_mean=np.array(HS300_mean)                 #转换为数组的数据类型

In [125]: funds_IR=(funds_mean-HS300_mean)/funds_TE       #基金的信息比率
     ...: print('2016年至2019年9月期间基金的信息比率\n',round(funds_IR,4))
2016年至2019年9月期间基金的信息比率
上投摩根医疗健康    0.4545
易方达消费行业      1.6096
圆信永丰优加生活    0.7483
易方达新兴成长     -0.4058
dtype: float64
```

从以上输出的结果可以发现，用信息比率评估这4只基金，依然是易方达消费行业股票基金的表现最好，易方达新兴成长股票基金的表现依然最差。

下面，通过一张表整理上述计算得到的评价每只基金业绩的指标以及排名情况，具体详见表7-9。

表7-9 2016年1月至2019年9月期间4只基金的投资组合业绩评价指标

基 金 名 称	夏 普 比 率	索提诺比率	特里诺比率	信 息 比 率	排 名
上投摩根医疗健康股票基金	0.3000	0.2843	0.0722	0.4545	3
易方达消费行业股票基金	0.8963	0.9138	0.2076	1.6096	1
圆信永丰优加生活股票基金	0.4387	0.4222	0.0999	0.7483	2
易方达新兴成长股票基金	−0.2876	−0.2796	−0.0766	−0.4058	4

7.8 投资组合绩效评估（二）——以 QDII 基金为分析对象

7.8.1 案例详情

　　H 公司是总部位于广州的一家大型金融控股公司，公司拥有比较充裕的自有资金，该资金除了配置低风险的债券资产以外，也希望能够适度投资在香港联交所上市的公司股票，鉴于金融监管政策的限制以及公司内部针对港股研究能力的局限，只能通过配置以港股为投资对象的 QDII 基金间接参与港股的投资。

　　在 2019 年第 3 季度末，G 公司已经投资了包括南方香港优选基金、华安香港精选基金、银华恒生 H 股基金、汇添富香港优势精选基金等 4 只 QDII 基金。表 7-10 就列示了 2015 年 1 月至 2019 年 9 月期间这 4 只 QDII 基金的累计净值以及香港恒生指数收盘价的部分周数据，全部数据存放于 Excel 文件中。

表 7-10　2015 年 1 月至 2019 年 9 月 4 只 QDII 基金累计净值和恒生指数收盘价的部分周数据

基 金 名 称	南方香港优选基金	华安香港精选基金	银华恒生H 股基金	汇添富香港优势精选基金	恒 生 指 数
基金代码	160125.SZ	040018.OF	161831.OF	470888.OF	
2015-01-02	1.132 6	1.142 0	1.170 3	1.081 0	23 857.82
2015-01-09	1.161 8	1.168 0	1.173 3	1.092 0	23 919.95
2015-01-16	1.139 3	1.151 0	1.166 0	1.089 0	24 103.52
			……		
2019-09-13	1.196 8	1.367 0	1.130 4	1.124 0	27 352.69
2019-09-20	1.185 9	1.370 0	1.111 6	1.105 0	26 435.67
2019-09-27	1.145 4	1.323 0	1.088 7	1.094 0	25 954.81

数据来源：Wind。

　　假定你担任 H 公司的首席投资官，正在审核投资团队提交的针对表 7-9 中 4 只基金投资绩效评估指标的数据，因此你需要运用 Python 完成 4 项编程任务。

7.8.2 编程任务

　　【任务 1】从外部导入包含 2015 年 1 月至 2019 年 9 月期间 4 只 QDII 基金与恒生指数周

收盘数据的 Excel 文件并且进行可视化，在可视化中需要按照 2015 年首个交易日收盘价进行归 1 处理；此外，计算年化平均收益率（先运用自然对数计算周收益率）和年化收益波动率。

【任务 2】假定无风险利率按照 2019 年 9 月 27 日的 3 个月期 Hibor 利率 2.254 64% 进行设定，同时根据任务 1 导入的数据，计算这 4 只 QDII 基金的夏普比率和索提诺比率。

【任务 3】基于任务 2 设定的无风险利率和任务 1 导入的数据，同时设定恒生指数作为计算基金贝塔值的市场组合，计算这 4 只 QDII 基金的特里诺比率。

【任务 4】基于任务 2 设定的无风险利率和任务 1 导入的数据，同时设定恒生指数作为基准组合，计算这 4 只 QDII 基金的信息比率。

7.8.3 编程提示

- 针对夏普比率、索提诺比率、特里诺比率和信息比率的数学表达式，可以参见本章 7.7 节的编程提示部分。

- 由于本案例中 QDII 基金投资的是在香港资本市场交易的股票，因此，在计算投资绩效评估指标时，针对无风险利率的指标就应当选择能够衡量香港金融市场无风险利率的 3 个月期 Hibor 利率，而港股的市场组合就选择恒生指数。

7.8.4 参考代码与说明

任务 1 的代码

```
In [126]: Prices=pd.read_excel('C:/Desktop/4 只 QDII 基金与恒生指数的周收盘数据（2015-2019 年 9
月）.xlsx',sheet_name="Sheet1",header=0,index_col=0)        #导入外部数据
     ...: Prices=Prices.dropna()                          #删除缺失值的行

In [127]: (Prices/Prices.iloc[0]).plot(figsize=(9,6),grid=True)   #将基金净值按照首个交易日进
行归 1 处理并且可视化
Out[127]:
In [128]: Returns=np.log(Prices/Prices.shift(1))       #得到每周收益率的时间序列
     ...: Returns=Returns.dropna()                      #删除缺失值的行

In [129]: Returns_mean=Returns.mean()*52                #计算年化平均收益率
     ...: print('4 只 QDII 基金和恒生指数的年化平均收益率\n',round(Returns_mean,4))
4 只 QDII 基金和恒生指数的年化平均收益率
南方香港优选基金           0.0024
华安香港精选基金           0.0316
银华恒生 H 股基金         -0.0155
```

```
汇添富香港优势精选基金        0.0026
恒生指数                      0.0181
dtype: float64

In [130]: volatilities=Returns.std()*np.sqrt(52)        #计算年化收益波动率
    ...: print('4 只 QDII 基金和恒生指数的年化收益波动率\n',round(volatilities,4))
4 只 QDII 基金和恒生指数的年化收益波动率
南方香港优选基金              0.1883
华安香港精选基金              0.1996
银华恒生 H 股基金             0.1899
汇添富香港优势精选基金        0.1773
恒生指数                      0.1752
dtype: float64
```

从图 7-13 中不难发现，4 只 QDII 基金的净值走势与恒生指数的走势比较接近，因此可以推测出这些基金的重仓股可能主要配置恒生指数的成分股。此外，从以上输出的年化平均收益率来看，除了华安香港精选基金以外，其他 3 只 QDII 基金未能跑赢恒生指数[①]，此外，4 只基金的波动率均高于恒生指数，表明基金风险要高于指数。

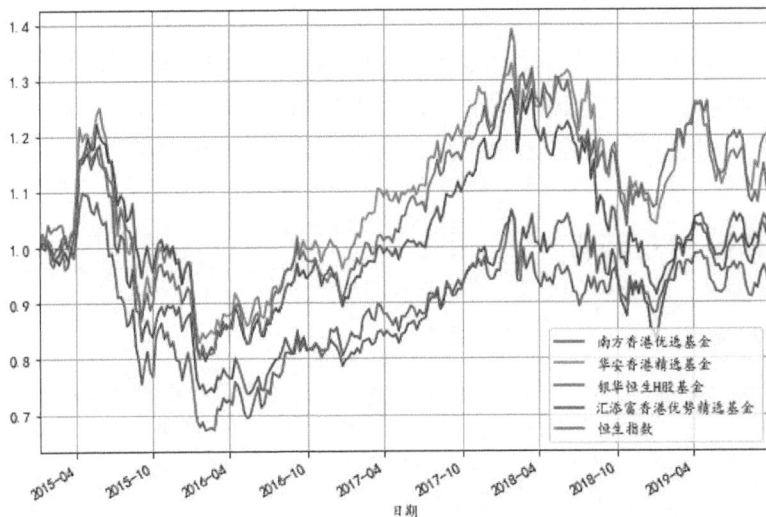

图 7-13　2015 年 1 月至 2019 年 9 月期间 4 只 QDII 基金周净值和恒生指数的周收盘价走势
（按 2015 年首个交易日收盘数据归 1 处理）

---

① 如果从行为金融学的视角出发来分析为什么这些 QDII 基金无法跑赢恒生指数，可能的原因有以下两个：一是过度自信（over-confidence），基金经理对自己的专业判断往往是过于自信而缺乏理性的认识，同时又会倾向于将出色的投资业绩都归功于自己的才能，却将不佳的投资业绩归咎于糟糕的运气而不是个人的无能；二是过度交易（over-trade），基金经理通常针对其管理的基金投资组合的股票，在交易频次方面会高于正常水平，导致过高的交易费用从而侵蚀了基金的收益。

任务 2 的代码

```
In [131]: Rf=0.0225464                                    #设定 3 个月期 Hibor 利率作为无风险利率

In [132]: QDII_SR=(Returns_mean[:4]-Rf)/volatilities[:4]    #计算 4 只 QDII 基金的夏普比率
     ...: print('2015 年至 2019 年 9 月期间 QDII 基金的夏普比率\n',round(QDII_SR,4))
2015 年至 2019 年 9 月期间 QDII 基金的夏普比率
南方香港优选基金          -0.1069
华安香港精选基金           0.0454
银华恒生 H 股基金          -0.2005
汇添富香港优势精选基金      -0.1127
dtype: float64


In [133]: QDII_VL=np.zeros_like(Returns_mean[:4])         #生成放置 4 只 QDII 基金收益率下偏标准差
的初始数组

In [134]: for i in range(len(QDII_VL)):
     ...:     Returns_neg=Returns.iloc[:,i][Returns.iloc[:,i]<0]   #生成周收益率为负的时间序列
     ...:     NL=len(Returns_neg)                          #计算周收益率为负的周数
     ...:     QDII_VL[i]=np.sqrt(52)*np.sqrt(np.sum(Returns_neg**2)/NL)   #计算年化下偏标准差
     ...:     print(Returns.columns[i],'2015 年至 2019 年 9 月期间周收益率为负的周数',NL)
     ...:     print(Returns.columns[i],'年化下偏标准差',round(QDII_VL[i],4))
南方香港优选基金 2015 年至 2019 年 9 月期间周收益率为负的周数 112
南方香港优选基金 年化下偏标准差 0.2116
华安香港精选基金 2015 年至 2019 年 9 月期间周收益率为负的周数 105
华安香港精选基金 年化下偏标准差 0.2266
银华恒生 H 股基金 2015 年至 2019 年 9 月期间周收益率为负的周数 120
银华恒生 H 股基金 年化下偏标准差 0.1986
汇添富香港优势精选基金 2015 年至 2019 年 9 月期间周收益率为负的周数 112
汇添富香港优势精选基金 年化下偏标准差 0.1969


In [135]: QDII_SOR=((Returns_mean[:4]-Rf))/QDII_VL        #计算 4 只基金的索提诺比率
     ...: print('2015 年至 2019 年 9 月期间 QDII 基金的索提诺比率\n',round(QDII_SOR,4))
2015 年至 2019 年 9 月期间 QDII 基金的索提诺比率
南方香港优选基金          -0.0952
华安香港精选基金           0.0400
银华恒生 H 股基金          -0.1918
汇添富香港优势精选基金      -0.1014
dtype: float64
```

从以上的输出结果可以看到，无论是按照夏普比率还是按照索提诺比率，在 4 只 QDII 基金中，华安香港精选基金的表现相对最好，银华恒生 H 股基金则是最差的。

任务 3 的代码

```
In [136]: HengSeng_addcons=sm.add_constant(Returns['恒生指数'])   #对自变量的样本值增加常数项
     ...: QDII_betas=np.zeros_like(Returns_mean[:4])      #生成存放 QDII 基金贝塔值的初始数组

In [137]: for i in range(len(Returns_mean[:4])):
     ...:     model=sm.OLS(endog=Returns.iloc[:,i],exog=HengSeng_addcons)   #构建普通最小二
```

```
乘法的线性回归模型
    ...:        result=model.fit()                          #生成线性回归的结果对象
    ...:        QDII_betas[i]=result.params[1]              #生成基金贝塔值的数组
    ...:        print(Returns.columns[i],'2015年至2019年9月期间贝塔值',round(QDII_betas[i],4))
南方香港优选基金 2015 年至 2019 年 9 月期间贝塔值       0.893
华安香港精选基金 2015 年至 2019 年 9 月期间贝塔值       0.953
银华恒生 H 股基金 2015 年至 2019 年 9 月期间贝塔值      0.9497
汇添富香港优势精选基金 2015 年至 2019 年 9 月期间贝塔值 0.8678

In [138]: QDII_TR=(Returns_mean[:4]-Rf)/QDII_betas      #计算 4 只 QDII 基金的特里诺比率
    ...: print('2015年至2019年9月期间 QDII 基金的特里诺比率\n',round(QDII_TR,4))
2015 年至 2019 年 9 月期间 QDII 基金的特里诺比率
南方香港优选基金        -0.0225
华安香港精选基金         0.0095
银华恒生 H 股基金        -0.0401
汇添富香港优势精选基金    -0.0230
dtype: float64
```

　　从以上的输出结果来看，4 只 QDII 基金的贝塔值均超过 0.86，其中，华安香港精选基金和银华恒生 H 股基金的贝塔值是最高的，并且接近于 1，说明这 2 只基金的系统风险比较接近于恒生指数。此外，运用特里诺比率对 4 只 QDII 基金的业绩评估，得到的排名顺序与夏普比率和索提诺比率的评估结果保持一致。

任务 4 的代码

```
In [139]: QDII_TD=np.zeros_like(Returns.iloc[:,0:4])      #存放 QDII 基金跟踪偏离度的初始数组

In [140]: for i in range(len(Returns_mean[:4])):
    ...:        QDII_TD[:,i]=np.array(Returns.iloc[:,i])-np.array(Returns['恒生指数'])    #QDII
基金跟踪偏离率的数组

In [141]: QDII_TE=QDII_TD.std(axis=0)*np.sqrt(52)          #计算基金的年化跟踪误差数组

In [142]: QDII_IR=(Returns_mean[:4]-Returns_mean[-1])/QDII_TE      #基金的信息比率
    ...: print('2015年至2019年9月期间 QDII 基金的信息比率\n',round(QDII_IR,4))
2015 年至 2019 年 9 月期间 QDII 基金的信息比率
南方香港优选基金        -0.1479
华安香港精选基金         0.1236
银华恒生 H 股基金        -0.3670
汇添富香港优势精选基金    -0.1655
dtype: float64
```

　　运用信息比率对 4 只 QDII 基金的业绩评估，得到的业绩排名顺序与其他 3 个指标比率的评估结果保持一致。

　　下面，依然通过一张表格整理出以上计算得到的评价每只 QDII 基金业绩指标以及排名情况，详见表 7-11。

表 7-11 2015 年 1 月至 2019 年 9 月期间 4 只 QDII 基金的投资组合业绩评价指标

基 金 名 称	夏 普 比 率	索提诺比率	特里诺比率	信 息 比 率	排　名
南方香港优选基金	−0.106 9	−0.095 2	−0.022 5	−0.147 9	2
华安香港精选基金	0.045 4	0.040 0	0.009 5	0.123 6	1
银华恒生 H 股基金	−0.200 5	−0.191 8	−0.040 1	−0.367 0	4
汇添富香港优势精选基金	−0.112 7	−0.101 4	−0.023 0	−0.165 5	3

到这里，你已经完成了第 7 章全部案例的练习，相信必定已经牢固掌握了分析股票投资的 Python 编程技能，下面就鼓足勇气地向第 8 章奋力攀登吧！

7.9 本章小结

股票市场是整个金融市场十分重要的组成部分，在运用 Python 分析股票投资的过程中，不仅会涉及较多的数学公式，同时与金融时间序列的结合也非常紧密。读者通过本章的 8 个原创案例共计 26 个编程任务，可以顺利完成运用 Python 计算投资组合收益率和收益波动率、依据马可维茨投资组合理论建立最优投资组合、对资本资产定价模型的建模、模拟股价服从几何布朗运动、构建 A 股与 H 股的套利策略、评估投资组合绩效等金融实务工作。

08 第 8 章
用 Python 分析期货套期保值的案例

本章导读

在 1865 年美国的芝加哥诞生了最早的期货合约，从此期货便日益成为重要的衍生产品工具。运用期货可以开展包括套期保值、套利以及投机等不同动机的交易，但是人类推出期货合约的初心是为了套期保值从而有效规避基础资产价格不利变化的风险，因此本章的案例主要聚焦于期货套期保值的 Python 编程。

本章包含了 6 个原创案例共计 21 个编程任务，通过这些案例的训练，让读者熟练掌握运用 Python 完成包括空头和多头套期保值、保证金追加、基差风险测量、交叉套期保值、最优套期保值比率测算、最优套保合约数量计算、国债期货可交割债券的转换因子测度、国债期货的最廉价交割以及基于久期的套期保值等编程工作。下面通过表 8-1 梳理出本章的结构与内容概要。

表 8-1　第 8 章的结构与内容概要

序号	案例标题	学习目标	编程任务数量	读者扮演的角色
1	期货空头套期保值——以上证 50 指数期货为分析对象	掌握空头套期保值的逻辑，期间收益与保证金的测算，以及相关 Python 代码编写	3 个	交易员
2	期货多头套期保值——以美元兑人民币期货合约为分析对象	掌握多头套期保值的逻辑，基差风险测算，套期保值有效性评估，以及相关 Python 代码编写	3 个	财务经理

续表

序号	案 例 标 题	学 习 目 标	编程任务 数量	读者扮演 的角色
3	最优套保比率和最优合约数量——以 A 股股指期货为分析对象	掌握计算最优套保比率、最优套保期货合约数量的数学表达式以及相关 Python 代码编写	3 个	投资总监
4	国债期货可交割债券转换因子——以国债为分析对象	掌握计算可交割债券转换因子的数学表达式以及相关 Python 代码编写	3 个	督察长
5	国债期货最廉价交割债券——以国债期货 TS1906 合约为分析对象	掌握计算国债期货可交割债券交割成本的数学表达式以及相关 Python 代码编写	4 个	首席债券投资官
6	基于久期的套期保值策略——以债券和国债期货为分析对象	掌握计算基于久期的套期保值国债期货数量的数学表达式以及相关 Python 代码编写	5 个	首席风险官
合计			21 个	

在开始练习本章的案例之前,建议先学习《基于 Python 的金融分析与风险管理》(人民邮电出版社 2019 年 10 月出版)第 9 章的内容。

8.1 期货空头套期保值——以上证 50 指数期货为分析对象

8.1.1 案例详情

A 公司是总部位于上海的一家证券公司,该公司在 2018 年初运用自有资金配置了一定数量份额的博时上证 50ETF 基金[①],截止到 2018 年 10 月 22 日,持有的该基金市值为 3 000 万元。

由于担心上证 50 指数未来可能会出现大幅下跌进而影响该基金的收益,因此 A 公司采用上证 50 指数期货 IH1906 合约空头头寸进行对冲,该期货合约于 2018 年 10 月 22 日上市

[①] ETF 基金,全称是交易型开放式证券投资基金(Exchange Traded Fund,ETF),是一种在交易所上市交易的、基金份额可变的一种开放式基金,它结合了封闭式基金和开放式基金的运作特点,投资者既可以向基金管理公司申购或赎回基金份额,同时,又可以类似于封闭式基金一样在二级市场上按市场价格买卖 ETF 基金份额,但是基金的申购赎回必须以一篮子股票换取基金份额或者以基金份额换回一篮子股票。

交易，并且于 2019 年 6 月 21 日到期，同时该期货合约的合约乘数是每点 300 元。为了尽可能实现完美的套期保值，A 公司是在期货 IH1906 合约上市首日并且当期货报价为 2 520 点时迅速开立了 40 手空仓（空头头寸），直至到期日持有的期货合约头寸数量未发生变化。表 8-2 列示了 2018 年 10 月 22 日至 2019 年 6 月 21 日期间，IH1906 合约、上证 50 指数以及博时上证 50ETF 基金的部分日数据，全部数据存放于 Excel 文件中。

表 8-2　上证 50 指数期货 IH1906 合约、标的指数与博时上证 50ETF 基金的部分日数据

（2018 年 10 月 22 日至 2019 年 6 月 21 日）

交 易 日 期	IH1906 合约（结算价）	上证 50 指数（收盘价）	博时上证 50ETF 基金（累计净值）
2018-10-22	2 568.40	2 540.152 0	0.853 3
2018-10-23	2 501.60	2 464.812 0	0.828 0
2018-10-24	2 510.40	2 477.488 0	0.832 2
……			
2019-06-19	2 847.40	2 842.735 8	0.962 1
2019-06-20	2 936.20	2 942.628 7	0.995 3
2019-06-21	2 936.44	2 938.772 9	0.994 1

数据来源：中国金融期货交易所、上海证券交易所。

假定你是 A 公司证券自营投资团队的一位交易员，根据投资团队的要求针对 2018 年 10 月 22 日至 2019 年 6 月 21 日期间的套期保值进行复盘分析，下面就需要运用 Python 完成 3 项编程任务。

8.1.2　编程任务

【任务 1】导入包括 2018 年 10 月 22 日至 2019 年 6 月 21 日期间上证 50 指数期货 IH1906 合约、标的指数与博时上证 50ETF 基金数据的 Excel 表并创建一个数据框，绘制期货合约、标的指数以及 ETF 基金的走势图（按照首个交易日的价格归 1 处理）。

【任务 2】基于任务 1 创建的数据框，计算运用股指期货实现套期保值后整个投资组合的期间市值并且进行可视化。

【任务 3】你了解到 A 公司在某期货公司开立了期货保证金账户，同时该期货公司要求股指期货合约的初始保证金（initial margin）比例是 16%、维持保证金（maintenance margin）比例是 13%。A 公司在 2018 年 10 月 22 日向该期货公司的保证金账户存入了 500 万元。结合任务 1 创建的数据框，查找出 A 公司的期货保证金在哪一个交易日将低于维持保证金以及计算需要追加保证金的金额。

8.1.3　编程提示

- 针对任务 2,套期保值后的投资组合市值就等于持有博时上证 50ETF 基金市值与上证 50 指数期货 IH1906 合约空头头寸盈亏额的合计数。

- 针对任务 3,计算第 T 个交易日相关保证金金额的公式如下:

初始保证金=期货合约价值×初始保证金比例（本案例是 16%）

维持保证金=期货合约价值×维持保证金比例（本案例是 13%）

是否需要追加保证金,将分以下两种情形。

情形一：保证金账户余额>维持保证金,则不需要追加保证金;

情形二：保证金账户余额<维持保证金,则需要追加保证金。具体的表达式如下:

追加保证金金额=初始保证金-保证金账户余额

8.1.4　参考代码与说明

任务 1 的代码

```
In [1]: import numpy as np
   ...: import pandas as pd
   ...: import matplotlib.pyplot as plt
   ...: from pylab import mpl
   ...: mpl.rcParams['font.sans-serif'] = ['KaiTi']
   ...: mpl.rcParams['axes.unicode_minus'] = False

In [2]: data=pd.read_excel('C:/Desktop/上证 50 指数期货 IH1906 合约结算价（2018 年 10 月至 2019 年
6 月）.xlsx',sheet_name="Sheet1",header=0,index_col=0)        #导入外部数据

In [3]: (data/data.iloc[0]).plot(figsize=(9,7),grid=True)        #将首个交易日数据归 1 处理并可视化
Out[3]:
In [4]: data.corr()        #计算相关系数
Out[4]:
                        IH1906 合约    上证 50 指数    博时上证 50ETF 基金
IH1906 合约              1.000000     0.997957       0.997253
上证 50 指数              0.997957     1.000000       0.999697
博时上证 50ETF 基金        0.997253     0.999697       1.00000
```

从图 8-1 不难发现,上证 50 指数期货 IH1906 合约、标的指数与博时上证 50ETF 基金的走势十分接近,并且通过计算这 3 个变量之间的相关系数也印证了变量之间极高的相关性和

很强的联动性。

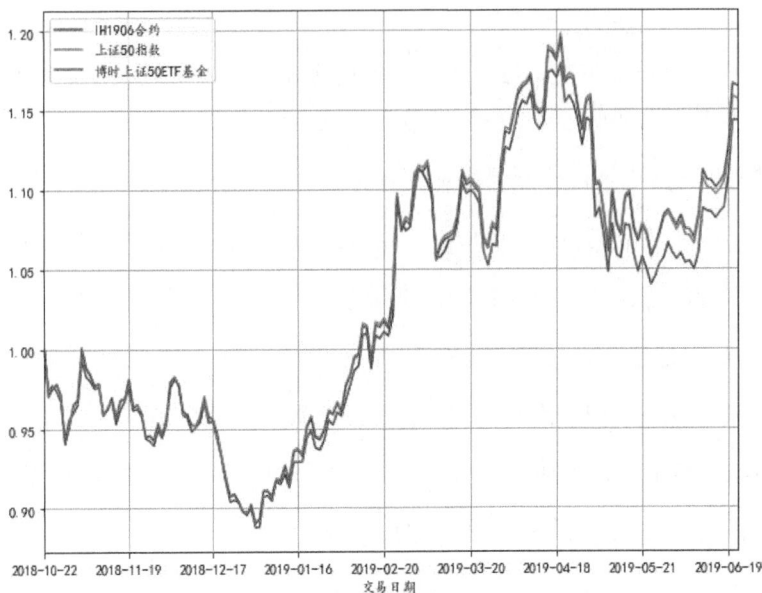

图 8-1　上证 50 指数期货 IH1906 合约、标的指数与博时上证 50ETF 基金的走势图
（2018 年 10 月 22 日至 2019 年 6 月 21 日并且对首个交易日数据归 1 处理）

任务 2 的代码

```
In [5]: V0_ETF=3e7          #2018 年 10 月 22 日持有上证 50ETF 基金的市值

In [6]: Value_ETF=V0_ETF*data['博时上证 50ETF 基金']/data['博时上证 50ETF 基金'].iloc[0]
                                                    #上证 50ETF 基金的期间市值序列

In [7]: N=40                                        #持有 IH1906 合约的空头头寸数量
   ...: P0_future=2520                              #开立空仓时的 IH1906 合约价格
   ...: unit=300                                    #IH1906 合约每点 300 元

In [8]: profit_future=-N*unit*(data['IH1906 合约']-P0_future) #计算持有期货空头头寸的盈亏金额

In [9]: Value_hedged=Value_ETF+profit_future        #计算套期保值后的投资组合市值

In [10]: Value_hedged.describe()
Out[10]:
count    1.630000e+02
mean     2.963213e+07
std      1.972465e+05
min      2.920276e+07
25%      2.950283e+07
50%      2.959745e+07
```

```
75%      2.970762e+07
max      3.018672e+07
dtype: float64

In [11]: Value_hedged.plot(figsize=(9,6),grid=True,title=u'运用股指期货套期保值后的投资组合市值')
Out[11]:
```

　　无论是采用统计分析还是运用图 8-2，我们都不难发现套期保值后的整体投资组合市值依然存在着一定的小幅波动，并且在大多数交易日是低于初始市值 3 000 万元的，套期保值期间的最大整体市值是 3 018.67 万元，最小整体市值是 2 920.27 万元，这是由于期货合约基差的变化造成的。因此，理论上的"完美套期保值"在现实金融市场中是很难实现的。

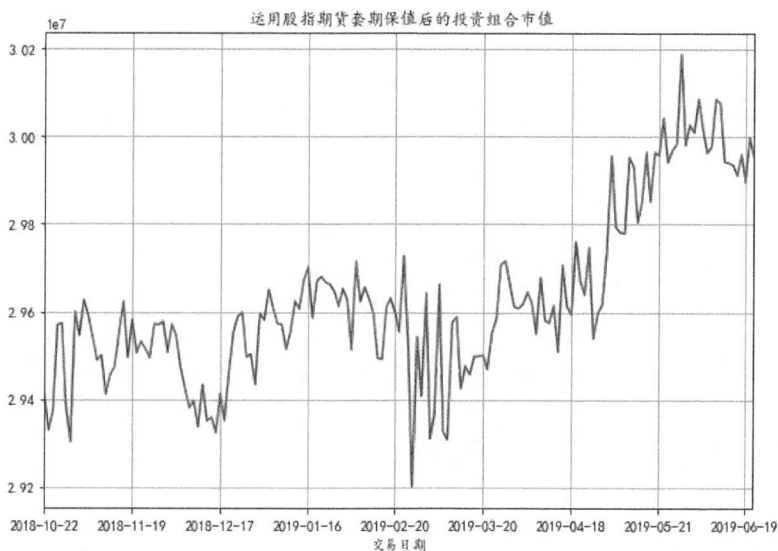

图 8-2　运用股指期货实现套期保值后的整体投资组合市值走势图
（2018 年 10 月 22 日至 2019 年 6 月 21 日）

任务 3 的代码

```
In [12]: margin=5e6                                         #保证金账户的最初余额
    ...: perc_initial=0.16                                  #初始保证金比例
    ...: perc_maintain=0.13                                 #维持保证金比例

In [13]: margin_account=margin+profit_future                #不考虑追加保证金的保证金账户余额时间数列

In [14]: margin_initial=N*unit*data['IH1906合约']*perc_initial        #按照初始保证金比例计
算的初始保证金余时间序列

In [15]: margin_maintain=N*unit*data['IH1906合约']*perc_maintain      #按照维持保证金比例计
算的维持保证金时间序列
```

```
In [16]: for i in range(len(margin_account.index)):
    ...:     if margin_account.iloc[i]>margin_maintain.iloc[i]:
    ...:         pass
    ...:     else:
    ...:         margin_call=margin_initial.iloc[i]-margin_account.iloc[i]
    ...:         print('首次跌破维持保证金的交易日',margin_account.index[i])
    ...:         print('需要追加的保证金金额',round(margin_call,2))
    ...:         break
首次跌破维持保证金的交易日 2019-02-22
需要追加的保证金金额       1219264.0
```

为了能够快速找出首次跌破维持保证金的交易日以及计算出在该交易日需要追加的保证金金额（达到初始保证金比例的水平），我们运用了 for、if 相结合的语法结构。根据以上的计算结果可以发现，首次跌破维持保证金的交易日是在 2019 年 2 月 22 日，在当天收盘以后需要追加的保证金金额是 1 219 264 元，如果 A 公司未能在随后的第二个交易日（2 月 25 日）开盘前追加保证金，期货合约就会对 A 公司的期货合约进行强制平仓从而保障期货公司的利益以及整个期货市场的稳定。

因此，在运用期货开展套期保值业务时，一定要高度重视追加保证金的风险，企业需要准备充足的资金以有效应对这一风险。

8.2 期货多头套期保值——以美元兑人民币期货合约为分析对象

8.2.1 案例详情

在 2019 年 3 月 19 日，总部位于广州的 B 公司向总部位于美国的 C 公司采购了一批价值 1 000 万美元的货物，双方协议约定 B 公司将于当年的 6 月 28 日一次性支付全部货款 1 000 万美元（不考虑运费、关税等费用）。B 公司作为中国企业是以人民币计价，因此担心在 3 月至 6 月期间可能出现美元升值（人民币贬值）的汇率风险。

为了对冲相应的汇率风险，B 公司选择在香港期货交易所挂牌交易的美元兑人民币（香港）期货合约 CUSF1907[①]，该合约标的汇率是美元兑人民币汇率，合约于 2019 年 3 月 19 日

---

① 目前，我国境内（不含港澳台）尚未推出人民币汇率期货合约，如果企业需要运用期货合约对冲美元兑人民币的汇率风险，通常会优先选择在香港期货交易所挂牌交易的美元兑人民币期货合约。此外，我国台湾交易所、美国芝加哥商品交易所和新加坡交易所也都推出了美元兑人民币期货合约。

上市并且于当年的 7 月 15 日到期。表 8-3 就列示了在香港期货交易所挂牌交易的美元兑人民币期货合约要素情况。

表 8-3　在香港期货交易所挂牌交易的美元兑人民币期货合约要素表

合 约 要 素	相 关 说 明
合约名称	美元兑人民币（香港）期货
交易代码	CUS
合约月份	即月、下 3 个历月及之后的 6 个季月
合约金额	100 000 美元
报价单位	每 1 美元兑人民币（如 1 美元兑人民币 6.248 6 元）
最低波幅	0.000 1 元人民币（小数点后 4 位）
价位值	10 元人民币
交易时间	上午 8 时 30 分至下午 4 时 30 分（不设午休） 下午 5 时 15 分至翌日凌晨 3 时 到期合约在最后交易日的收市时间为上午 11 时
最后结算日	合约到期月份的第三个星期三
最后交易日	最后结算日之前两个营业日
最后结算价	由香港财资市场公会在最后交易日上午 11 时 30 分左右公布的美元兑人民币（香港）即期汇率
结算方式	由卖方缴付合约指定的美元金额，而买方则缴付以最后结算价计算的人民币金额
交易所费用	8 元人民币

资料来源：香港交易所官方网站[①]。

　　B 公司于 3 月 19 日按照该期货合约的结算价开立了 100 手多头头寸。表 8-4 就列示了美元兑人民币在岸汇率（onshore）、离岸汇率（offshore）[②]以及期货合约结算价的部分日数据，全部数据存放于 Excel 文件中。

　　假定你是 B 公司的财务经理，在 2019 年 7 月初准备向公司管理层提交一份运用期货合约 CUSF1907 管理汇率风险的总结性报告，因此需要运用 Python 完成 3 项编程工作。

---

① 香港交易所，简称为港交所，全称为香港交易及结算所有限公司，是一家全球性的交易所集团，旗下成员包括香港联合交易所有限公司、香港期货交易所有限公司、香港中央结算有限公司、香港联合交易所期权结算所有限公司、香港期货结算有限公司以及伦敦金属交易所。因此，香港期货交易所上市的期货合约信息和数据均可在香港交易所官网查询。

② 本案例中的美元兑人民币在岸汇率是运用中国人民银行公布的美元兑人民币汇率中间价，离岸汇率则是采用香港财资市场公会发布的美元兑人民币（香港）即期汇率。

表 8-4 美元兑人民币在岸汇率、离岸汇率以及期货合约 CUSF1907 的部分日数据

日　　　期	美元兑人民币汇率	离岸美元兑人民币汇率	期货合约 CUSF1907（结算价）
2018-03-19	6.706 2	6.717 7	6.721 0
2018-03-20	6.710 1	6.688 6	6.704 8
2018-03-21	6.685 0	6.707 3	6.692 3
......			
2018-06-26	6.870 1	6.888 0	6.885 6
2018-06-27	6.877 8	6.870 9	6.877 7
2018-06-28	6.874 7	6.868 7	6.874 0

数据来源：中国人民银行、香港财资市场公会、香港交易所。

8.2.2　编程任务

【任务 1】从外部导入包含 2019 年 3 月 19 日至 6 月 28 日期间美元兑人民币在岸汇率、离岸汇率和期货合约 CUSF1907 结算价日数据的 Excel 文件并且创建一个数据框，同时对期间的走势进行可视化。

【任务 2】基于任务 1 创建的数据框，依次计算该期货合约与在岸汇率的基差、与离岸汇率的基差，并且将这两类基差进行可视化。

【任务 3】在 2019 年 6 月 28 日，B 公司需要运用人民币资金通过银行兑换成 1 000 万美元的现汇才能向 C 公司支付货款。因此，基于任务 1 创建的数据框，分别考虑采用期货套期保值与不采用期货套期保值这两种情形下，计算支付日当天 B 公司需要运用的人民币金额（可分别以在岸汇率与离岸汇率这两种汇率进行计算）。

8.2.3　编程提示

- 针对金融期货合约，通常期货基差的计算公式如下：

$$期货基差 = 期货价格 - 期货标的价格$$

- 需要注意的是，当美元兑人民币汇率下跌时（例如从 7.0 下跌至 6.5），表明美元贬值、人民币升值，此时，B 公司可以用更少的人民币兑换等值的美元；相反，当美元兑人民币汇率上升时（例如从 6.5 上涨至 7.0），则说明美元升值、人民币贬值，B 公司就需要用更多的人民币兑换等值的美元。

8.2.4　参考代码与说明

任务 1 的代码

```
In [17]: data=pd.read_excel('C:/Desktop/美元兑人民币汇率与相关期货价格（2019 年 3 月 19 日至 6 月 28
日）.xls',sheet_name="Sheet1",header=0,index_col=0)         #导入外部数据
    ...: data=data.dropna()                                #删除缺失值的行

In [18]: data.plot(figsize=(9,6),grid=True)
Out[18]:
In [19]: data.corr()                                       #计算相关系数
Out[19]:
                   美元兑人民币汇率    离岸美元兑人民币汇率    期货合约 CUSF1907
美元兑人民币汇率         1.000000         0.979482           0.982128
离岸美元兑人民币汇率     0.979482         1.000000           0.995626
期货合约 CUSF1907      0.982128         0.995626           1.000000
```

从图 8-3 不难发现，相比美元兑人民币在岸汇率，期货合约 CUSF1907 的结算价格与美元兑人民币离岸汇率在走势上更加接近，相关系数的分析结果也可以印证这一现象。

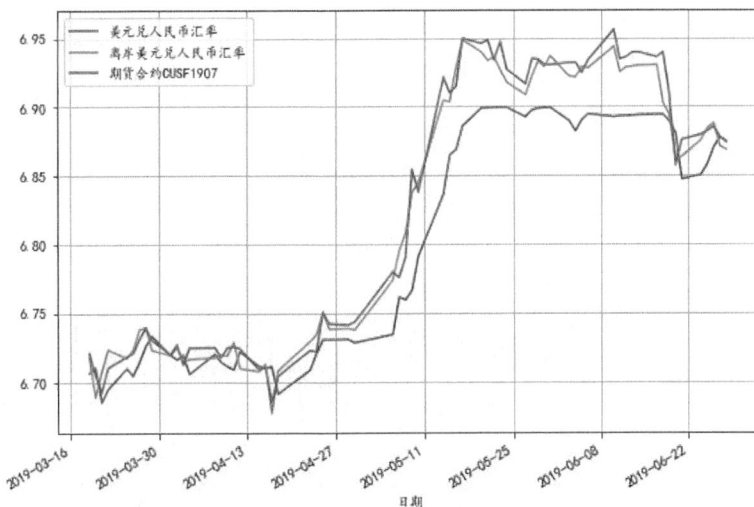

图 8-3　美元兑人民币的在岸汇率、离岸汇率与期货合约 CUSF1907 的走势图
（2019 年 3 月 19 日至 6 月 28 日）

任务 2 的代码

```
In [20]: basis_onshore=data['期货合约 CUSF1907']-data['美元兑人民币汇率']       #计算期货与在岸
汇率的基差
    ...: basis_offshore=data['期货合约 CUSF1907']-data['离岸美元兑人民币汇率']   #计算期货与离岸
```

汇率的基差

```
In [21]: basis_zero=np.zeros_like(basis_onshore)        #生成一个基差等于 0 的数组
    ...: basis_zero=pd.DataFrame(basis_zero,index=data.index)   #生成基差等于 0 的时间序列

In [22]: plt.figure(figsize=(9,6))
    ...: plt.plot(basis_onshore,'c-',label=u'期货与在岸汇率的基差',lw=2.5)
    ...: plt.plot(basis_offshore,'m-',label=u'期货与离岸汇率的基差',lw=2.5)
    ...: plt.plot(basis_zero,'r-',label=u'基差等于零',lw=2.5)
    ...: plt.xticks(fontsize=13,rotation=30)
    ...: plt.xlabel(u'日期',fontsize=13)
    ...: plt.yticks(fontsize=13)
    ...: plt.ylabel(u'基差',fontsize=13,rotation=90)
    ...: plt.title(u'美元兑人民币期货的基差走势图', fontsize=14)
    ...: plt.legend(fontsize=13)
    ...: plt.grid()
```

从图 8-4 中不难发现，期货合约 CUSF1907 与在岸汇率的基差是明显高于其与离岸汇率的基差，因此，该期货合约用于对冲离岸汇率风险要优于对冲在岸汇率风险的效果。当然，在我国境内（不含港澳台）尚未推出外汇期货的情况下，企业运用美元兑人民币（香港）期货合约对冲在岸人民币汇率风险也不失为一种比较可行的替代方案。

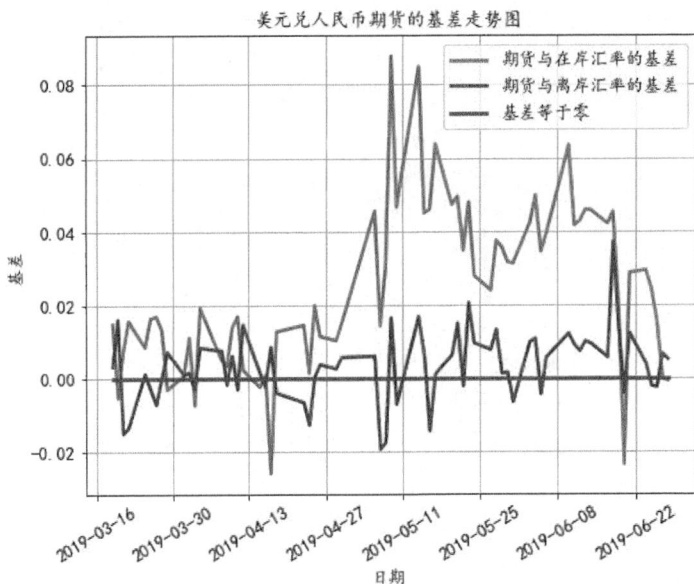

图 8-4 2019 年 3 月 19 日至 6 月 28 日期间期货合约 CUSF1907 基差的走势图

任务 3 的代码

```
In [23]: pay_USD=1e7    #在 2019 年 6 月 28 日 B 公司支付的 1000 万美元
```

```
In [24]: pay_nohedge_onshore=pay_USD*data['美元兑人民币汇率'].iloc[-1]
                          #不运用期货套期保值并以 6 月 28 日在岸汇率计算的人民币支付金额
    ...: pay_nohedge_offshore=pay_USD*data['离岸美元兑人民币汇率'].iloc[-1]
                          #不运用期货套期保值并以 6 月 28 日离岸汇率计算的人民币支付金额


In [25]: N=100                #对冲需要运用期货合约的数量
    ...: unit=1e5             #1 张期货合约的金额（10 万美元）


In [26]: profit_futures=N*unit*(data['期货合约 CUSF1907'].iloc[-1]-data['期货合约 CUSF1907'].
iloc[0])                     #计算期货合约的盈亏金额（人民币）
    ...: print('在套期保值期间内期货合约带来的盈利（人民币元）',round(profit_futures,2))
在套期保值期间内期货合约带来的盈利（人民币元） 1530000.0


In [27]: pay_hedged_onshore=pay_nohedge_onshore-profit_futures    #运用期货套期保值以后并以 6
月 28 日在岸汇率计算的人民币支付金额
    ...: pay_hedged_offshore=pay_nohedge_offshore-profit_futures #运用期货套期保值以后并以 6
月 28 日离岸汇率计算的人民币支付金额


In [28]: print('B 公司不运用期货套期保值时需支付的人民币金额（在岸汇率计算）', round(pay_nohedge_
onshore,2))
    ...: print('B 公司不运用期货套期保值时需支付的人民币金额（离岸汇率计算）', round(pay_nohedge_
offshore,2))
    ...: print('B 公司运用期货套期保值时需支付的人民币金额（在岸汇率计算）', round(pay_hedged_
onshore,2))
    ...: print('B 公司运用期货套期保值时需支付的人民币金额（离岸汇率计算）', round(pay_hedged_
offshore,2))
B 公司不运用期货套期保值时需支付的人民币金额（在岸汇率计算） 68747000.0
B 公司不运用期货套期保值时需支付的人民币金额（离岸汇率计算） 68687000.0
B 公司运用期货套期保值时需支付的人民币金额（在岸汇率计算） 67217000.0
B 公司运用期货套期保值时需支付的人民币金额（离岸汇率计算） 67157000.0
```

通过以上的计算不难发现，相比不运用期货套期保值，运用期货进行风险对冲能够为 B
公司节省一定的资金，节省的金额就是期货合约盈利额，也就是 153 万元，这就是风险管理
创造的价值。此外，相比在岸汇率，运用离岸汇率计算的人民币金额会略低一些，原因是 6
月 28 日离岸美元兑人民币汇率（6.868 7）略低于在岸汇率（6.874 7）。

8.3 最优套保比率和最优合约数量——以 A 股股指期货为分析对象

8.3.1 案例详情

D 公司是总部位于北京的一家信托公司，为了适度提高该公司自有资金的预期收益水平，

在 2019 年 6 月末将部分自有资金用于配置包括中国电影、中国平安、中国国旅、中国卫星、中国医药在内的 5 只 A 股股票，并且每只股票均买入 100 万股从而构建一个股票投资组合。

然而，公司担心股市整体下行风险而希望运用股指期货对冲该投资组合的系统风险（即贝塔），仅愿意承担非系统风险（即阿尔法）。考虑到公司之前并无运用股指期货的经验，因此基于审慎原则先采用刚退市的 3 只股指期货结算价数据和股票的过往收盘价数据进行模拟测试，从而便于设计出可行和稳健的对冲方案。

在模拟测试中，选择用于对冲的期货合约分别是中证 500 股指期货合约 IC1906、沪深 300 股指期货合约 IF1906 以及上证 50 股指期货合约 IH1906，这 3 只期货合约的挂牌日是 2018 年 10 月 22 日，到期日则是 2019 年 6 月 21 日。表 8-5 列示了 2018 年 10 月 22 日至 2019 年 6 月 21 日期间，这 5 只股票的收盘价和 3 只股指期货合约结算价的部分日数据，全部的数据存放于一份 Excel 文件中并且分 2 个工作表依次保存股票收盘价数据和期货结算价数据。

表 8-5　5 只股票收盘价和 3 只股指期货合约结算价的部分日数据

| 证券简称 | 中国电影 | 中国平安 | 中国国旅 | 中国卫星 | 中国医药 | 中证 500 期货合约 | 沪深 300 期货合约 | 上证 50 期货合约 |
证券代码	600977	601318	601888	600118	600056	IC1906	IF1906	IH1906
2018-10-22	11.48	67.93	57.80	16.28	15.26	4 182.60	3 278.20	2 568.40
2018-10-23	11.24	65.51	57.00	15.90	15.11	4 080.20	3 188.80	2 501.60
2018-10-24	11.27	66.25	55.47	15.98	15.10	4 087.20	3 196.20	2 510.40
......								
2019-06-19	15.03	83.54	82.67	22.12	13.34	4 867.80	3 720.00	2 847.40
2019-06-20	15.43	88.50	85.68	22.58	13.56	4 952.00	3 823.00	2 936.20
2019-06-21	15.44	87.97	85.04	22.98	13.65	5 011.95	3 827.96	2 936.44

数据来源：上海证券交易所、中国金融期货交易所。

假定你是该公司的投资总监，日常工作是负责公司自有资金的投资，正在审阅投资团队提交的关于运用股指期货对冲公司股票投资组合系统风险的可行性方案。为了亲自验证方案中相关信息的准确性，你需要运用 Python 完成 3 项编程任务。

8.3.2　编程任务

【任务 1】依次导入包括 2018 年 10 月 22 日至 2019 年 6 月 21 日期间 5 只股票收盘价和 3 只股指期货合约结算价的 Excel 文件并创建数据框，计算并创建在此期间 D 公司按照 2019 年 6 月末的持股数量所构建股票投资组合每日市值的数据框，此外将股票投资组合市值与股指期货结算价进行可视化（建议运用 2×1 的子图方式分别展示投资组合市值和 3 只股指期货结算价）。

【任务 2】基于任务 1 创建的数据框，分别计算在模拟测试中 3 只股指期货合约的最优套保比率，并且从中选择用于套期保值的最合适股指期货合约。

【任务 3】基于任务 2 得出的最合适股指期货合约以及相应的最优套保比率，并且结合任务 1 创建的数据框，模拟计算将 2018 年 10 月 22 日作为实施套期保值日的最优套期保值合约数量，同时测算 2018 年 10 月 22 日至 2019 年 6 月 21 日期间运用套期保值后的整个投资组合市值时间序列并且可视化。

8.3.3 编程提示

- 针对任务 2 需要运用期货合约最优套保比率的数学表达式。假定在套期保值期间内，ΔS 表示被套期保值的基础资产价格变化，ΔF 表示用于套期保值的期货价格变化，h^* 表示最优套保比率，则存在以下的线性表达式：

$$\Delta S = \alpha + h^* \Delta F + \varepsilon \qquad (8\text{-}1)$$

其中，α 是截距项，ε 是残差项，h^* 是 ΔS 对 ΔF 线性回归所产生的最优拟合直线的斜率。如果是用股指期货进行套期保值，则该斜率就是资本资产定价模型（CAPM）中的 β（贝塔值）。

- 假定在实施套期保值日，Q_A 表示被对冲投资组合的价值，Q_F 表示 1 张股指期货合约的规模，h^* 表示最优套保比率，最优的套保期货合约份数 N^* 的表达式如下：

$$N^* = \frac{h^* Q_A}{Q_F} \qquad (8\text{-}2)$$

8.3.4 参考代码与说明

任务 1 的代码

```
In [29]: stock_price=pd.read_excel('C:/Desktop/5 只 A 股股票收盘价和 3 只股指期货合约结算价的日数据.xlsx',sheet_name="Sheet1",header=0,index_col=0)          #导入股价数据并且是 Sheet1 工作表

In [30]: future_price=pd.read_excel('C:/Desktop/5 只 A 股股票收盘价和 3 只股指期货合约结算价的日数据.xlsx',sheet_name="Sheet2",header=0,index_col=0)          #导入期货价格数据并且是 Sheet2 工作表

In [31]: shares=1e6                                          #投资每只股票的股数

In [32]: port_value=np.sum(shares*stock_price,axis=1)        #计算股票投资组合每日的市值
```

```
In [33]: plt.figure(figsize=(9,9))
    ...: plt.subplot(2,1,1)                                    #第 1 行第 1 列的子图
    ...: plt.plot(port_value,label=u'股票投资组合市值',lw=2.0)
    ...: plt.xticks(fontsize=13)
    ...: plt.yticks(fontsize=13)
    ...: plt.ylabel(u'市值',fontsize=13,rotation=90)
    ...: plt.legend(fontsize=13)
    ...: plt.grid()
    ...: plt.subplot(2,1,2,sharex=plt.subplot(2,1,1))           #代表第 2 行的子图并且与第 1 个子图共用 X 轴
    ...: plt.plot(future_price['中证 500 期货 IC1906'],label=u'中证 500 期货 IC1906',lw=2.0)
    ...: plt.plot(future_price['沪深 300 期货 IF1906'],label=u'沪深 300 期货 IF1906',lw=2.0)
    ...: plt.plot(future_price['上证 50 期货 IH1906'],label=u'上证 50 期货 IH1906',lw=2.0)
    ...: plt.xticks(fontsize=13)
    ...: plt.xlabel(u'日期',fontsize=13)
    ...: plt.yticks(fontsize=13)
    ...: plt.ylabel(u'结算价',fontsize=13,rotation=90)
    ...: plt.legend(fontsize=13)
    ...: plt.grid()
    ...: plt.show()
```

通过目测图 8-5 可以发现，股票投资组合的市值与 3 只股指期货合约的结算价在走势方面存在着一定的同步性，这就为运用股指期货合约对冲投资组合的系统风险提供了基础。

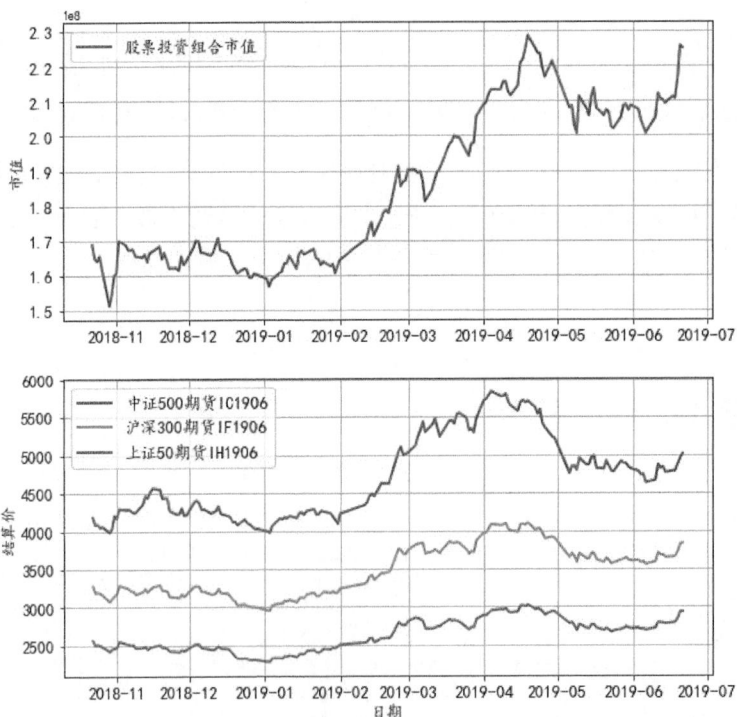

图 8-5　股票投资组合市值与 3 只股指期货结算价的走势图
（2018 年 10 月 22 日至 2019 年 6 月 21 日）

任务2的代码

```
In [34]: import statsmodels.api as sm                    #导入 statsmodel 的子模块 api

In [35]: port_return=port_value/port_value.shift(1)-1     #生成股票投资组合的日收益率序列
    ...: port_return=port_return.dropna()                #删除缺失值

In [36]: IC1906_return=future_price['中证 500 期货 IC1906']/future_price['中证 500 期货
IC1906'].shift(1)-1    #生成中证 500 期货合约 IC1906 的日收益率序列
    ...: IC1906_return=IC1906_return.dropna()             #删除缺失值
    ...: IC1906_return_addcons=sm.add_constant(IC1906_return)  #生成增加常数项的时间序列

In [37]: model_port_IC1906=sm.OLS(port_return, IC1906_return_addcons).fit()  #构建股票投资
组合的日收益率与中证 500 期货合约 IC1906 日收益率的线性回归模型
    ...: model_port_IC1906.summary()                     #输出线性回归结果
Out[37]:
"""
                          OLS Regression Results
==============================================================================
Dep. Variable:                      y   R-squared:                       0.494
Model:                            OLS   Adj. R-squared:                  0.490
Method:                 Least Squares   F-statistic:                     155.9
Date:                Mon, 01 Jul 2019   Prob (F-statistic):           2.07e-25
Time:                        11:04:59   Log-Likelihood:                 480.27
No. Observations:                 162   AIC:                            -956.5
Df Residuals:                     160   BIC:                            -950.4
Df Model:                           1
Covariance Type:            nonrobust
==============================================================================
                     coef    std err          t      P>|t|      [0.025      0.975]
------------------------------------------------------------------------------
const              0.0011      0.001      1.083      0.281      -0.001       0.003
中证 500 期货 IC1906  0.6699      0.054     12.486      0.000       0.564       0.776
==============================================================================
Omnibus:                       13.845   Durbin-Watson:                   2.001
Prob(Omnibus):                  0.001   Jarque-Bera (JB):               30.896
Skew:                          -0.302   Prob(JB):                     1.95e-07
Kurtosis:                       5.052   Cond. No.                         54.4
==============================================================================
"""

In [38]: print('运用中证 500 期货 IC1906 的最优套保比率',round(model_port_IC1906.params[1], 6))
运用中证 500 期货 IC1906 的最优套保比率 0.669865

In [39]: IF1906_return=future_price['沪深 300 期货 IF1906']/future_price['沪深 300 期货
IF1906'].shift(1)-1        #生成沪深 300 期货合约 IF1906 的日收益率序列
    ...: IF1906_return=IF1906_return.dropna()             #删除缺失值
    ...: IF1906_return_addcons=sm.add_constant(IF1906_return)  #生成增加常数项的时间序列

In [40]: model_port_IF1906=sm.OLS(port_return, IF1906_return_addcons).fit()  #构建股票投资
组合的日收益率与沪深 300 期货合约 IF1906 日收益率的线性回归模型
    ...: model_port_IF1906.summary()                     #输出线性回归结果
```

```
Out[40]:
"""
                            OLS Regression Results
==============================================================================
Dep. Variable:                      y   R-squared:                       0.729
Model:                            OLS   Adj. R-squared:                  0.727
Method:                 Least Squares   F-statistic:                     430.1
Date:                Mon, 01 Jul 2019   Prob (F-statistic):           3.34e-47
Time:                        11:05:18   Log-Likelihood:                 530.88
No. Observations:                 162   AIC:                            -1058.
Df Residuals:                     160   BIC:                            -1052.
Df Model:                           1
Covariance Type:            nonrobust
==============================================================================
                   coef    std err          t      P>|t|      [0.025      0.975]
------------------------------------------------------------------------------
const            0.000      0.001      1.214      0.226      -0.001       0.002
沪深 300 期货 IF1906  0.9819      0.047     20.739      0.000       0.888       1.075
==============================================================================
Omnibus:                        8.816   Durbin-Watson:                   1.941
Prob(Omnibus):                  0.012   Jarque-Bera (JB):               12.796
Skew:                          -0.296   Prob(JB):                      0.00167
Kurtosis:                       4.243   Cond. No.                         65.6
==============================================================================
"""

In [41]: print('运用沪深 300 期货 IF1906 的最优套保比率',round(model_port_IF1906.params[1], 6))
运用沪深 300 期货 IF1906 的最优套保比率 0.98194

In [42]: IH1906_return=future_price['上证 50 期货 IH1906']/future_price['上证 50 期货 IH1906'].
shift(1)-1   #生成上证 50 期货合约 IH1906 的日收益率序列
    ...: IH1906_return=IH1906_return.dropna()                        #删除缺失值
    ...: IH1906_return_addcons=sm.add_constant(IH1906_return)        #增加常数项的时间序列

In [43]: model_port_IH1906=sm.OLS(port_return, IH1906_return_addcons).fit()  #构建股票投资
组合的日收益率与上证 50 期货合约 IH1906 日收益率的线性回归模型
    ...: model_port_IH1906.summary()                                 #输出线性回归结果
Out[43]:
"""
                            OLS Regression Results
==============================================================================
Dep. Variable:                      y   R-squared:                       0.745
Model:                            OLS   Adj. R-squared:                  0.743
Method:                 Least Squares   F-statistic:                     466.2
Date:                Mon, 01 Jul 2019   Prob (F-statistic):           2.84e-49
Time:                        11:05:41   Log-Likelihood:                 535.69
No. Observations:                 162   AIC:                            -1067.
Df Residuals:                     160   BIC:                            -1061.
Df Model:                           1
Covariance Type:            nonrobust
==============================================================================
                   coef    std err          t      P>|t|      [0.025      0.975]
```

```
-----------------------------------------------------------------------------------
const                  0.0009    0.001       1.311      0.192     -0.000      0.002
上证 50 期货 IH1906    1.0986    0.051      21.593      0.000      0.998      1.199
===================================================================================
Omnibus:                        11.355   Durbin-Watson:                      1.845
Prob(Omnibus):                   0.003   Jarque-Bera (JB):                  27.057
Skew:                           -0.129   Prob(JB):                        1.33e-06
Kurtosis:                        4.985   Cond. No.                           72.6
===================================================================================
"""
```

```
In [44]: print('运用上证 50 期货 IH1906 的最优套保比率',round(model_port_IH1906.params[1], 6))
运用上证 50 期货 IH1906 的最优套保比率 1.098629
```

从以上的分析不难发现，上证 50 期货合约 IH1906 的确定性系数（判定系数）R^2=0.745，在 3 只股指期货合约中是最高的，因此在模拟测试中运用上证 50 期货合约 IH1906 对股票投资组合的套期保值是最优的，并且最优套保比率是 1.098 6。

以上结论可以为 D 公司未来运用股指期货合约进行对冲提供经验性规则，也就是优先选择上证 50 期货合约对冲股票投资组合的系统风险。

任务 3 的代码

为了便于快速计算期货的最优套期保值数量，可以通过 Python 自定义一个函数，具体的代码如下：

```
In [45]: def N(h,Q_A,Q_F):
    ...:      ''' 构建计算期货合约的最优套保数量的函数
    ...:      h: 代表了最优套保比率；
    ...:      Q_A: 代表了被套期保值资产的金额；
    ...:      Q_F: 代表了 1 张期货合约的规模。 '''
    ...:      import math                      #导入 math 模块
    ...:      N=h*Q_A/Q_F                      #计算期货合约的最优套保数量
    ...:      if math.modf(N)[0]>0.5:          #该函数将返回一个包含小数部分和整数部分的元组
    ...:          N=math.ceil(N)              #实现小数位的四舍五入
    ...:      else:
    ...:          N=math.floor(N)            #实现小数位的四舍五入
    ...:      return N
```

在以上自定义的函数中，输入最优套保比率、被套期保值资产的价值以及 1 张期货合约的规模，就可以计算得到期货合约的最优套保数量。

```
In [46]: unit_IH1906=300                      #上证 50 期货合约 IH1906 的合约乘数是每点 300 元

In [47]: IH1906_value0=unit_IH1906*future_price['上证 50 期货 IH1906'].iloc[0]
                                              #在 2018 年 10 月 22 日上证 50 期货 IH1906 的合约规模

In [48]: N_IH1906=N(h=model_port_IH1906.params[1],Q_A=port_value.iloc[0], Q_F=IH1906_value0)
                                              #计算运用上证 50 期货 IH1906 的最优套保合约数量
    ...: print('上证 50 期货 IH1906 套期保值的最优合约数量(空头)',N_IH1906)
```

```
上证 50 期货 IH1906 套期保值的最优合约数量(空头)  241

In [49]: profit_futures=-N_IH1906*unit_IH1906*(future_price['上证 50 期货 IH1906'] -future_
price['上证 50 期货 IH1906'].iloc[0])    #计算运用套期保值的上证 50 期货合约 IH1906 的盈亏时间序列

In [50]: port_hedged_value=port_value+profit_futures  #套期保值后的整体投资组合市值时间序列

In [51]: plt.figure(figsize=(8,6))
    ...: plt.plot(port_hedged_value,'m-',label=u'套期保值后的整体投资组合',lw=2.5)
    ...: plt.plot(port_value,'c-',label=u'未套期保值的股票投资组合',lw=2.5)
    ...: plt.xticks(fontsize=13,rotation=20)
    ...: plt.xlabel(u'日期',fontsize=13)
    ...: plt.yticks(fontsize=13)
    ...: plt.ylabel(u'市值',fontsize=13,rotation=90)
    ...: plt.title(u'未套期保值的股票投资组合与套期保值后整体投资组合',fontsize=14)
    ...: plt.legend(fontsize=13)
    ...: plt.grid()
    ...: plt.show()
```

通过目测图 8-6 可以发现，在 2018 年 10 月 22 日至 2019 年 6 月 21 日的模拟测试期间，运用股指期货进行套期保值后的投资组合市值变化是明显小于未套期保值的投资组合市值。其中，套期保值后的投资组合市值最小值不低于 1.6 亿元，最大值则接近于 2 亿元；相比之下，未套期保值的投资组合市值最低接近于 1.5 亿元，而最高则接近于 2.3 亿元。

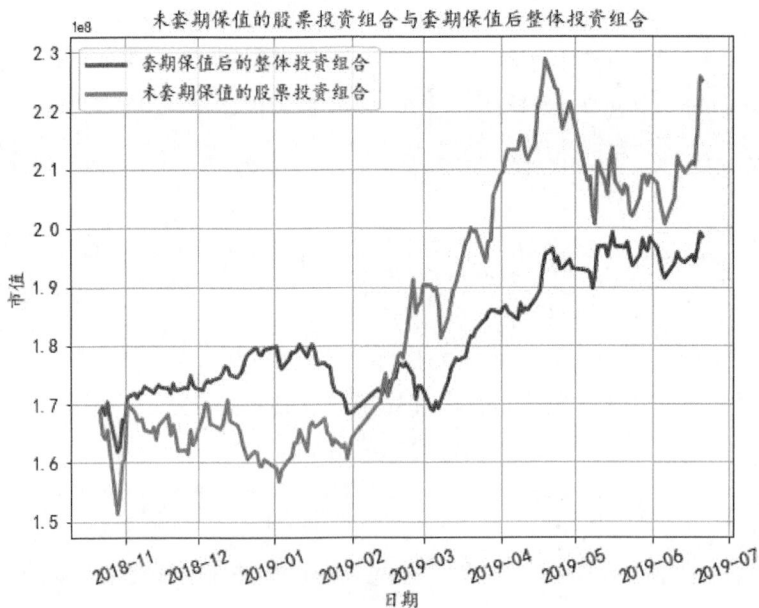

图 8-6　未套期保值的股票投资组合与套期保值后整体投资组合的市值走势图
（2018 年 10 月 22 日至 2019 年 6 月 21 日）

因此，对于风险偏好较低的 D 公司而言，用股指期货对股票投资组合进行套期保值不失为一个良好的风险控制手段。

8.4　国债期货可交割债券转换因子——以国债为分析对象

8.4.1　案例详情

E 公司是总部位于深圳的一家公募基金管理公司，在管理的全部基金产品中以债券型基金为主导，2018 年年底公司预计在未来的 9 个月内市场利率可能会出现较大的波动，进而对公司管理的基金产品收益产生负面影响。

为了能够有效管控利率风险，根据基金配置的债券剩余期限情况，公司选择运用 5 年期国债期货 1909 合约（代码 TF1909）管理日常的利率风险，该期货合约的上市日是 2018 年 12 月 17 日，最后交易日是 2019 年 9 月 16 日，最后交割日是 2019 年 9 月 19 日。

同时，针对该期货合约，可交割债券之一就是 18 附息国债 23，表 8-6 就列示了该国债的主要要素信息。

表 8-6　18 附息国债 23 要素信息表

债 券 要 素	要 素 说 明	债 券 要 素	要 素 说 明
全称	2018 年记账式附息（二十三期）国债	简称	18 附息国债 23
票面利率	3.29%	付息频率	每年付息 1 次
起息日	2018 年 10 月 18 日	到期日	2023 年 10 月 18 日
发行规模	390.7 亿元	债券代码与交易市场	101823.SZ（深圳证券交易所） 019605.SH（上海证券交易所） 180023.IB（银行间债券市场） 180023.BC（银行柜台市场）

数据来源：Wind。

假定你是 E 公司新任命的督察长，上任的首日即 2019 年 9 月 12 日就要负责核实国债期货可交割债券的转换因子（conversion factor）信息，你需要结合表 8-5 并运用 Python 完成 3 项编程任务。

8.4.2　编程任务

【任务 1】根据中国金融期货交易所官方网站对外公布的计算国债期货可交割债券转换因子的数学公式，通过 Python 自定义一个计算转换因子的函数，要求在自定义的函数中可以输入包括计算转换因子的日期、国债期货的最后交割日、可交割债券的最后到期日等日期参数。

【任务 2】通过任务 1 自定义的函数，计算出 18 附息国债 23 的转换因子；此外，当 18 附息国债 23 票面利率的取值是区间[2%, 4%]的等差数列，计算对应的转换因子并将票面利率与转换因子之间的映射关系进行可视化。

【任务 3】针对 5 年期国债期货 1909 合约的可交割债券，除 18 附息国债 23 以外，还有包括 16 附息国债 25、17 附息国债 06、17 附息国债 13 和 19 附息国债 04 等 4 只在银行间市场交易的国债，表 8-7 就列出了这 4 只国债的主要要素信息。通过任务 1 自定义的函数，依次计算出这 4 只国债的转换因子。

表 8-7　用于 5 年期国债期货 1909 合约的其他可交割债券

债券简称	票面利率	付息频率	起息日	到期日	付息日
16 附息国债 25	2.79%	每年 1 次	2016 年 11 月 17 日	2023 年 11 月 17 日	每年 11 月 17 日
17 附息国债 06	3.20%	每年 1 次	2017 年 3 月 16 日	2024 年 3 月 16 日	每年 3 月 16 日
17 附息国债 13	3.57%	每年 1 次	2017 年 6 月 22 日	2024 年 6 月 22 日	每年 6 月 22 日
19 附息国债 04	3.19%	每年 1 次	2019 年 4 月 11 日	2024 年 4 月 11 日	每年 4 月 11 日

数据来源：Wind。

8.4.3　编程提示

- 针对任务 1，假定 r 表示国债期货合约基础资产（合约标的）的票面利率（即 3%），x 表示国债期货交割月到可交割债券下一付息月的月份数，n 表示国债期货交割日以后可交割债券剩余付息次数，c 表示可交割债券的票面利率，m 表示可交割债券每年票息的支付次数，则可交割债券的转换因子 CF 的数学表达式如下：

$$CF = \frac{1}{\left(1 + \frac{r}{m}\right)^{\frac{xm}{12}}}\left[\frac{c}{m} + \frac{c}{r} + \frac{\left(1 - \frac{c}{r}\right)}{\left(1 + \frac{c}{m}\right)^{n-1}}\right] - \frac{c}{m}\left(1 - \frac{xm}{12}\right) \tag{8-3}$$

- 针对任务 2，在 5 年期国债期货 1909 合约最后交割日（2019 年 9 月 19 日）以后，可交割债券 18 附息国债 23 的下一个付息日是 2019 年 10 月 18 日。

- 同理，针对任务 3，在期货合约最后交割日以后，16 附息国债 25 的下一个付息日是 2019 年 11 月 17 日，17 附息国债 06 的下一个付息日是 2020 年 3 月 16 日，17 附息国债 13 的下一个付息日是 2020 年 6 月 22 日，19 附息国债 04 的下一个付息日是 2020 年 4 月 11 日。

8.4.4　参考代码与说明

任务 1 的代码

```
In [52]: def CF(c,m,T0,T1,T2,T3):
    ...:     '''构建计算国债期货可交割债券转换因子的函数
    ...:     c: 国债期货可交割债券的票面利率；
    ...:     m: 国债期货可交割债券每年的付息次数，并且是大于 0 小于等于 2；
    ...:     T0: 表示计算转换因子的日期，以 datetime 时间对象格式输入；
    ...:     T1: 国债期货的最后交割日，输入格式同 T0；
    ...:     T2: 期货最后交割日后的可交割债券下一个付息日，输入格式同 T0；
    ...:     T3: 可交割债券的最后到期日，输入格式同 T0。'''
    ...:     if T1>=T0:
    ...:         pass
    ...:     else:
    ...:         print('T0 或者 T1 输入错误')
    ...:     x=T2.month-T1.month        #期货合约交割月至可交割债券下一付息月的月份数
    ...:     if x>=0:                    #如果国债期货合约交割月和可交割债券的下一付息月均在同一年
    ...:         x=x
    ...:     else:                       #如果国债期货合约交割月和可交割债券的下一付息月不在同一年
    ...:         x=12+x
    ...:     tenor=(T3-T1).days/365     #国债期货最后交割日后的可交割债券剩余期限（年）
    ...:     import math                 #导入 math 模块
    ...:     if math.modf(tenor)[0]>0.5: #该函数将返回包含小数部分和整数部分的元组
    ...:         n=m*math.ceil(tenor)    #国债期货交割日后可交割债券的剩余付息次数
    ...:     else:
    ...:         n=m*math.floor(tenor)+1 #国债期货交割日后可交割债券的剩余付息次数
    ...:     r=0.03                      #国债期货合约票面利率 3%
    ...:     A=1/pow(1+r/m,x*m/12)       #计算转换因子公式中括号前面的这一项
    ...:     B=c/m+c/r+(1-c/r)/pow(1+r/m,n-1)  #计算转换因子公式中括号里面的表达式
    ...:     D=c*(1-x*m/12)/m            #计算转换因子公式的最后一项
    ...:     return A*B-D                #输出转换因子的计算结果
```

在以上的自定义函数 CF 中，输入债券票面利率、票息每年支付频次、转换因子的计算日期、国债期货的最后交割日、债券下一个付息日、债券的最后到期日等参数，就可以迅速计算得到可交割债券的转换因子。

任务 2 的代码

```
In [53]: import datetime as dt                #导入 datetime 模块
```

```
In [54]: t0=dt.datetime(2019,9,12)                    #计算可交割债转换因子的日期
    ...: t1=dt.datetime(2019,9,19)                    #5 年期国债期货 1909 合约的最后交割日
    ...: t2=dt.datetime(2019,10,18)                   #可交割债券 18 附息国债 23 的下一个付息日
    ...: t3=dt.datetime(2023,10,18)                   #18 附息国债 23 的最后到期日
    ...: coupon=0.0329                                #18 附息国债 23 的票面利率
    ...: M=1                                          #18 附息国债票息每年支付的次数

In [55]: CF_Tbond1823=CF(c=coupon,m=M,T0=t0,T1=t1,T2=t2,T3=t3)   #18 附息国债转换因子
    ...: print('2019 年 9 月 12 日 18 附息国债 23 转换因子', round(CF_Tbond1823,4))
2019 年 9 月 12 日 18 附息国债 23 转换因子 1.011

In [56]: coupon_list=np.linspace(0.02,0.04,100)       #生成 18 附息国债 23 票面利率的数组

In [57]: CF_Tbond1823_list=CF(c=coupon_list,m=M,T0=t0,T1=t1,T2=t2,T3=t3) #转换因子的数组

In [58]: plt.figure(figsize=(9,6))
    ...: plt.plot(coupon_list,CF_Tbond1823_list,'m-',lw=2.5)
    ...: plt.xticks(fontsize=13)
    ...: plt.xlabel(u'票面利率',fontsize=13)
    ...: plt.yticks(fontsize=13)
    ...: plt.ylim(0.96,1.045)
    ...: plt.ylabel(u'转换因子',fontsize=13,rotation=90)
    ...: plt.title(u'18 附息国债 23 的票面利率与转换因子的关系',fontsize=14)
    ...: plt.grid()
    ...: plt.show()
```

　　从图 8-7 中不难发现，可交割债券的票面利率与转换因子之间存在着线性关系，但是需要注意的是，转换因子对于票面利率并不十分敏感，例如当 18 附息国债 23 的票面利率为 2% 时，对应的转换因子略高于 0.96，而当票面利率达到 4%（增加 1 倍）时，对应的转换因子也仅为约 1.04（仅增长约 8%）。

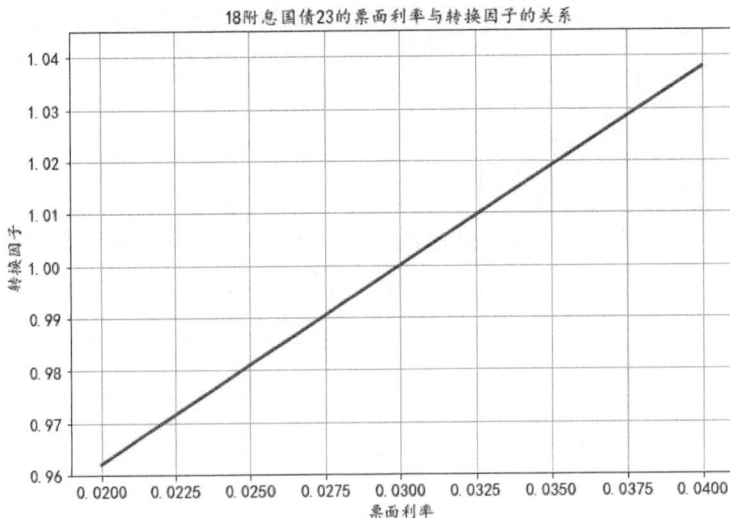

图 8-7　18 附息国债 23 的票面利率与转换因子之间的关系图

任务 3 的代码

```
In [59]: t2_Tbond1625=dt.datetime(2019,11,17)        #可交割债券 16 附息国债 25 下一个付息日
   ...: t3_Tbond1625=dt.datetime(2023,11,17)         #16 附息国债 25 的最后到期日
   ...: coupon_Tbond1625=0.0279                       #16 附息国债 25 的票面利率

In [60]: CF_Tbond1625=CF(c=coupon_Tbond1625,m=M,T0=t0,T1=t1,T2=t2_Tbond1625, T3=t3_Tbond1625)
                                                      #16 附息国债 25 转换因子
   ...: print('2019 年 9 月 12 日 16 附息国债 25 的转换因子', round(CF_Tbond1625,4))
2019 年 9 月 12 日 16 附息国债 25 的转换因子 0.9918

In [61]: t2_Tbond1706=dt.datetime(2020,3,16)         #可交割债券 17 附息国债 06 下一个付息日
   ...: t3_Tbond1706=dt.datetime(2024,3,16)          #17 附息国债 06 的最后到期日
   ...: coupon_Tbond1706=0.032                        #17 附息国债 06 的票面利率

In [62]: CF_Tbond1706=CF(c=coupon_Tbond1706,m=M,T0=t0,T1=t1,T2=t2_Tbond1706, T3=t3_Tbond1706)
                                                      #17 附息国债 06 转换因子
   ...: print('2019 年 9 月 12 日 17 附息国债 06 的转换因子', round(CF_Tbond1706,4))
2019 年 9 月 12 日 17 附息国债 06 的转换因子 1.0082

In [63]: t2_Tbond1713=dt.datetime(2020,6,22)         #可交割债券 17 附息国债 13 下一个付息日
   ...: t3_Tbond1713=dt.datetime(2024,6,22)          #17 附息国债 13 的最后到期日
   ...: coupon_Tbond1713=0.0357                       #17 附息国债 13 的票面利率

In [64]: CF_Tbond1713=CF(c=coupon_Tbond1713,m=M,T0=t0,T1=t1,T2=t2_Tbond1713, T3=t3_Tbond1713)
                                                      #17 附息国债 13 转换因子
   ...: print('2019 年 9 月 12 日 17 附息国债 13 的转换因子', round(CF_Tbond1713,4))
2019 年 9 月 12 日 17 附息国债 13 的转换因子 1.0248

In [65]: t2_Tbond1904=dt.datetime(2020,4,11)         #可交割债券 19 附息国债 04 下一个付息日
   ...: t3_Tbond1904=dt.datetime(2024,4,11)          #19 附息国债 04 的最后到期日
   ...: coupon_Tbond1904=0.0319                       #19 附息国债 04 的票面利率

In [66]: CF_Tbond1904=CF(c=coupon_Tbond1904,m=M,T0=t0,T1=t1,T2=t2_Tbond1904, T3=t3_Tbond1904)
                                                      #19 附息国债 04 转换因子
   ...: print('2019 年 9 月 12 日 19 附息国债 04 的转换因子', round(CF_Tbond1904,4))
2019 年 9 月 12 日 19 附息国债 04 的转换因子 1.0079
```

将任务 2 和任务 3 计算得到共 5 只可交割债券的转换因子放在表 8-8 中进行列示和比较。从表 8-8 中不难看出，这 5 只可交割债券的转换因子都处在 1 的附近，并且当转换因子越接近 1 就表明可交割债券越接近于 5 年期国债期货合约标的资产——票面利率 3% 的名义中期国债。

表 8-8　2019 年 9 月 12 日 5 年期国债期货 1909 合约的 5 只可交割债券转换因子

债券简称	16 附息国债 25	17 附息国债 06	17 附息国债 13	18 附息国债 23	19 附息国债 04
转换因子	0.991 8	1.008 2	1.024 8	1.011 0	1.007 9

8.5 国债期货最廉价交割债券——以国债期货 TS1906 合约为分析对象

8.5.1 案例详情

F 公司是总部位于广州的一家金融控股公司，公司将部分自有资金用于配置低风险的国债。公司在 2018 年 8 月中旬预期未来一年内的市场利率可能会存在较大的波动，进而会影响国债投资的收益，经公司风险管理委员会讨论并结合已投资国债的期限结构，决定运用 2 年期国债期货 1906 合约（代码 TS1906）进行套期保值，该合约的上市挂牌日是 2018 年 8 月 17 日，最后交易日是 2019 年 6 月 14 日，最后交割日是 2019 年 6 月 19 日。

在 2019 年 6 月 14 日该国债期货合约的结算价是 100.245 元，同时，针对该合约在银行间市场交易的可交割债券包括 16 附息国债 02、16 附息国债 07、16 附息国债 15、18 附息国债 02、18 附息国债 07、18 附息国债 14 和 19 附息国债 02 等共计 7 只国债。表 8-9 就列示了在 2019 年 6 月 14 日（2 年期国债期货 1906 合约最后交易日）这些可交割国债的主要要素信息，需要注意的是，表中的债券价格是净价而不是全价。

表 8-9 2019 年 6 月 14 日 2 年期国债期货 1906 合约的可交割债券信息

债券简称	票面利率	付息频率	债券价格（净价）	起 息 日	到 期 日	付 息 日
16 附息国债 02	2.53%	每年 1 次	99.489 1	2016 年 1 月 14 日	2021 年 1 月 14 日	每年 1 月 14 日
16 附息国债 07	2.58%	每年 1 次	99.398 8	2016 年 4 月 14 日	2021 年 4 月 14 日	每年 4 月 14 日
16 附息国债 15	2.65%	每年 1 次	99.340 3	2016 年 7 月 14 日	2021 年 7 月 14 日	每年 7 月 14 日
18 附息国债 02	3.56%	每年 1 次	101.071 9	2018 年 1 月 25 日	2021 年 1 月 25 日	每年 1 月 25 日
18 附息国债 07	3.42%	每年 1 次	100.827 4	2018 年 4 月 12 日	2021 年 4 月 12 日	每年 4 月 12 日
18 附息国债 14	3.24%	每年 1 次	100.664 9	2018 年 7 月 5 日	2021 年 7 月 5 日	每年 7 月 5 日
19 附息国债 02	2.44%	每年 1 次	99.296 1	2019 年 2 月 21 日	2021 年 2 月 21 日	每年 2 月 21 日

数据来源：Wind。

假定你是 F 公司的首席债券投资官，负责全公司债券及国债期货的投资交易工作，目前正在审阅投资部门提交的关于国债期货 1906 合约最廉价交割债券的研究报告，在报告中投资部门进行测算发现，2019 年 6 月 14 日 16 附息国债 15 是该期货合约的最廉价交割债券（cheapest-to-deliver bond，CTD bond）。

基于谨慎性的考虑，你希望亲自运用 Python 验证这份报告结论的正确性，因此需要完成 4 项编程任务。

8.5.2 编程任务

【任务 1】在国债期货交割日，国债期货是采用实物进行交割。因此，运用 Python 自定义一个计算在期货合约到期时国债期货空头方选择不同可交割债券交割成本的函数，并且要求在自定义的函数中可以输入包括计算最廉价交割的日期、国债期货最后交割日、交割日后的可交割债券的下一个付息日、可交割债券的最后到期日等日期参数。

【任务 2】运用任务 1 自定义的函数，依次计算在 2019 年 6 月 14 日 16 附息国债 02、16 附息国债 07 以及 16 附息国债 15 等 3 只可交割债券的交割成本。

【任务 3】运用任务 1 自定义的函数，分别计算在 2019 年 6 月 14 日 18 附息国债 02、18 附息国债 07、18 附息国债 14 和 19 附息国债 02 等 4 只可交割债券的交割成本。

【任务 4】根据任务 2 和任务 3 计算得到的 7 只可交割债券在 2019 年 6 月 14 日的交割成本，通过绘制垂直条形图将交割成本可视化，并且找出最廉价交割债券。

8.5.3 编程提示

- 针对任务 1 需要运用交割成本计算公式。假定在期货合约交割日，空头方并未持有国债而准备从市场上买入用于交割的国债，则空头方交割成本的公式如下：

  空头方交割成本=可交割国债的报价（净价）-期货价格×可交割国债转换因子

通过对所有可交割债券的交割成本由小到大排序，找出交割成本最低的可交割债券就是最廉价交割债券，理性的空头方会运用最廉价交割债券在国债期货合约的交割日进行实物交割。

- 针对任务 4，绘制垂直条形图可以运用 Matplotlib 模块的子模块 pyplot 的函数 bar，其中参数 x 对应输入债券名称，参数 height 则对应输入交割成本。

8.5.4　参考代码与说明

任务 1 的代码

```
In [67]: def CTD_cost(Pb,Pf,c,m,T0,T1,T2,T3):
   ...:     '''构建计算国债期货交割日空头方交割的成本函数
   ...:     Pb: 表示国债期货可交割债券的价格（净价）;
   ...:     Pf: 表示国债期货的结算价;
   ...:     c: 可交割债券的票面利率;
   ...:     m: 可交割债券每年的付息次数，并且是大于 0 小于等于 2;
   ...:     T0: 表示计算最廉价交割的日期，以 datetime 时间对象格式输入;
   ...:     T1: 国债期货的最后交割日，格式输入同 T0;
   ...:     T2: 期货最后交割日后的可交割债券下一个付息日，格式输入同 T0;
   ...:     T3: 可交割债券的最后到期日，格式输入同 T0。'''
   ...:     if T1>=T0:
   ...:         pass
   ...:     else:
   ...:         print('T0 或者 T1 输入错误')
   ...:     x=T2.month-T1.month            #国债期货合约交割月至可交割债券下一付息月月份数
   ...:     if x>=0:                       #如果国债期货合约交割月和可交割债券的下一付息月均在同一年
   ...:         x=x
   ...:     else:                          #如果国债期货合约交割月和可交割债券的下一付息月不在同一年
   ...:         x=12+x
   ...:     tenor=(T3-T1).days/365         #计算国债期货最后交割日后可交割债券剩余期限（年）
   ...:     import math                    #导入 math 模块
   ...:     if math.modf(tenor)[0]>0.5:    #该函数将返回包含小数部分和整数部分的元组
   ...:         n=m*math.ceil(tenor)       #国债期货交割日后可交割债券的剩余付息次数
   ...:     else:
   ...:         n=m*math.floor(tenor)+1    #国债期货交割日后可交割债券的剩余付息次数
   ...:     r=0.03                         #国债期货合约票面利率 3%
   ...:     A=1/pow(1+r/m,x*m/12)          #计算转换因子公式中括号前面的这一项
   ...:     B=c/m+c/r+(1-c/r)/pow(1+r/m,n-1) #计算转换因子公式中括号里面的表达式
   ...:     CF=A*B-c*(1-x*m/12)/m          #计算转换因子
   ...:     cost=Pb-CF*Pf                  #计算期货空头方的交割成本
   ...:     return cost
```

在以上的自定义函数 CTD_cost 中，输入债券的价格（净价）、国债期货的结算价、可交割债券的票面利率、可交割债券每年的付息次数、计算最廉价交割的日期、国债期货最后交割日、交割日后的可交割债券的下一个付息日、可交割债券的最后到期日等参数，就可以快速计算得到国债期货空头方的交割成本。

任务 2 的代码

```
In [68]: P_future=100.245              #2019 年 6 月 14 日 2 年期国债期货 1906 合约结算价
   ...: M=1                            #债券票面利率每年付息一次
   ...: t0=dt.datetime(2019,6,14)      #计算最廉价交割债券的日期
```

```
        ...: t1=dt.datetime(2019,6,19)              #2 年期国债期货 1906 合约的最后交割日

In [69]: t2_TB1602=dt.datetime(2020,1,14)         #16 附息国债 02 的下一次付息日
     ...: t3_TB1602=dt.datetime(2021,1,14)         #16 附息国债 02 的到期日
     ...: C_TB1602=0.0253                          #16 附息国债 02 的票面利率
     ...: P_TB1602=99.4891                         #2019 年 6 月 14 日 16 附息国债 02 的净价

In [70]: CTDcost_TB1602=CTD_cost(Pb=P_TB1602,Pf=P_future,c=C_TB1602,m=M,T0=t0,T1=t1, T2=t2_
TB1602,T3=t3_TB1602)                              #计算用 16 附息国债 02 进行交割的成本
     ...: print('2019 年 6 月 14 日用 16 附息国债 02 交割的成本',round(CTDcost_TB1602,6))
2019 年 6 月 14 日用 16 附息国债 02 交割的成本 -0.028713

In [71]: t2_TB1607=dt.datetime(2020,4,14)         #16 附息国债 07 的下一次付息日
     ...: t3_TB1607=dt.datetime(2021,4,14)         #16 附息国债 07 的到期日
     ...: C_TB1607=0.0258                          #16 附息国债 07 的票面利率
     ...: P_TB1607=99.3988                         #2019 年 6 月 14 日 16 附息国债 07 的净价

In [72]: CTDcost_TB1607=CTD_cost(Pb=P_TB1607,Pf=P_future,c=C_TB1607,m=M,T0=t0,T1=t1, T2=t2_
TB1607,T3=t3_TB1607)                              #计算用 16 附息国债 07 进行交割的成本
     ...: print('2019 年 6 月 14 日用 16 附息国债 07 交割的成本',round(CTDcost_TB1607,6))
2019 年 6 月 14 日用 16 附息国债 07 交割的成本 -0.100614

In [73]: t2_TB1615=dt.datetime(2019,7,14)         #16 附息国债 15 的下一次付息日
     ...: t3_TB1615=dt.datetime(2021,7,14)         #16 附息国债 15 的到期日
     ...: C_TB1615=0.0265                          #16 附息国债 15 的票面利率
     ...: P_TB1615=99.3403                         #2019 年 6 月 14 日 16 附息国债 15 的净价

In [74]: CTDcost_TB1615=CTD_cost(Pb=P_TB1615,Pf=P_future,c=C_TB1615,m=M,T0=t0,T1=t1, T2=t2_
TB1615,T3=t3_TB1615)                              #计算用 16 附息国债 15 进行交割的成本
     ...: print('2019 年 6 月 14 日用 16 附息国债 15 交割的成本',round(CTDcost_TB1615,6))
2019 年 6 月 14 日用 16 附息国债 15 交割的成本 -0.203212
```

任务 3 的代码

```
In [75]: t2_TB1802=dt.datetime(2020,1,25)         #18 附息国债 02 的下一次付息日
     ...: t3_TB1802=dt.datetime(2021,1,25)         #18 附息国债 02 的到期日
     ...: C_TB1802=0.0356                          #18 附息国债 02 的票面利率
     ...: P_TB1802=101.0719                        #2019 年 6 月 14 日 18 附息国债 02 的净价

In [76]: CTDcost_TB1802=CTD_cost(Pb=P_TB1802,Pf=P_future,c=C_TB1802,m=M,T0=t0,T1=t1, T2=t2_
TB1802,T3=t3_TB1802)                              #计算用 18 附息国债 02 进行交割的成本
     ...: print('2019 年 6 月 14 日用 18 附息国债 02 交割的成本',round(CTDcost_TB1802,6))
2019 年 6 月 14 日用 18 附息国债 02 交割的成本 -0.015881

In [77]: t2_TB1807=dt.datetime(2020,4,12)         #18 附息国债 07 的下一次付息日
     ...: t3_TB1807=dt.datetime(2021,4,12)         #18 附息国债 07 的到期日
     ...: C_TB1807=0.0342                          #18 附息国债 07 的票面利率
     ...: P_TB1807=100.8274                        #2019 年 6 月 14 日 18 附息国债 07 的净价

In [78]: CTDcost_TB1807=CTD_cost(Pb=P_TB1807,Pf=P_future,c=C_TB1807,m=M,T0=t0,T1=t1, T2=t2_
```

```
TB1807,T3=t3_TB1807)                           #计算用 18 附息国债 07 进行交割的成本
    ...: print('2019 年 6 月 14 日用 18 附息国债 07 交割的成本',round(CTDcost_TB1807,6))
2019 年 6 月 14 日用 18 附息国债 07 交割的成本 -0.150881

In [79]: t2_TB1814=dt.datetime(2019,7,5)   #18 附息国债 14 的下一次付息日
    ...: t3_TB1814=dt.datetime(2021,7,5)   #18 附息国债 14 的到期日
    ...: C_TB1814=0.0324                    #18 附息国债 14 的票面利率
    ...: P_TB1814=100.6649                  #2019 年 6 月 14 日 18 附息国债 14 的净价

In [80]: CTDcost_TB1814=CTD_cost(Pb=P_TB1814,Pf=P_future,c=C_TB1814,m=M,T0=t0,T1=t1, T2=t2_
TB1814,T3=t3_TB1814)                           #计算用 18 附息国债 14 进行交割的成本
    ...: print('2019 年 6 月 14 日用 18 附息国债 14 交割的成本',round(CTDcost_TB1814,6))
2019 年 6 月 14 日用 18 附息国债 14 交割的成本 -0.055373

In [81]: t2_TB1902=dt.datetime(2020,2,21) #19 附息国债 02 的下一次付息日
    ...: t3_TB1902=dt.datetime(2021,2,21) #19 附息国债 02 的到期日
    ...: C_TB1902=0.0244                    #19 附息国债 02 的票面利率
    ...: P_TB1902=99.2961                   #2019 年 6 月 14 日 19 附息国债 02 的净价

In [82]: CTDcost_TB1902=CTD_cost(Pb=P_TB1902,Pf=P_future,c=C_TB1902,m=M,T0=t0,T1=t1, T2=t2_
TB1902,T3=t3_TB1902)                           #计算用 19 附息国债 02 进行交割的成本
    ...: print('2019 年 6 月 14 日用 19 附息国债 02 交割的成本',round(CTDcost_TB1902,6))
2019 年 6 月 14 日用 19 附息国债 02 交割的成本 -0.041359
```

任务 4 的代码

```
In [83]: bond_name=['16 附息国债 02','16 附息国债 07','16 附息国债 15','18 附息国债 02','18 附息国债
07','18 附息国债 14','19 附息国债 02']                    #生成包含每只债券简称的列表

In [84]: CTDcost_list=[CTDcost_TB1602,CTDcost_TB1607,CTDcost_TB1615,CTDcost_TB1802, CTDcost_
TB1807,CTDcost_TB1814,CTDcost_TB1902]              #生成包括每只债券交割成本的列表

In [85]: plt.figure(figsize=(9,6))
    ...: plt.bar(x=bond_name,height=CTDcost_list,width=0.5,facecolor='m')
    ...: plt.xticks(fontsize=13,rotation=15)
    ...: plt.yticks(fontsize=13)
    ...: plt.ylim(-0.23,0.0)
    ...: plt.ylabel(u'交割成本',fontsize=13,rotation=90)
    ...: plt.title(u'可用于 2 年期国债期货 1906 交割的债券交割成本',fontsize=14)
    ...: plt.grid()
    ...: plt.show()
```

从图 8-8 中可以很明显看到，16 附息国债 15 的交割成本是最低的（图中的条形柱状最长），相比之下，18 付息国债 02 的交割成本是最高的。因此，对于 2 年期国债期货合约 1906 空头方而言，在 6 月 14 日会理性地选择 16 附息国债 15 作为最廉价交割债券进行交割，这也就意味着投资部门提交的报告结论是正确的。

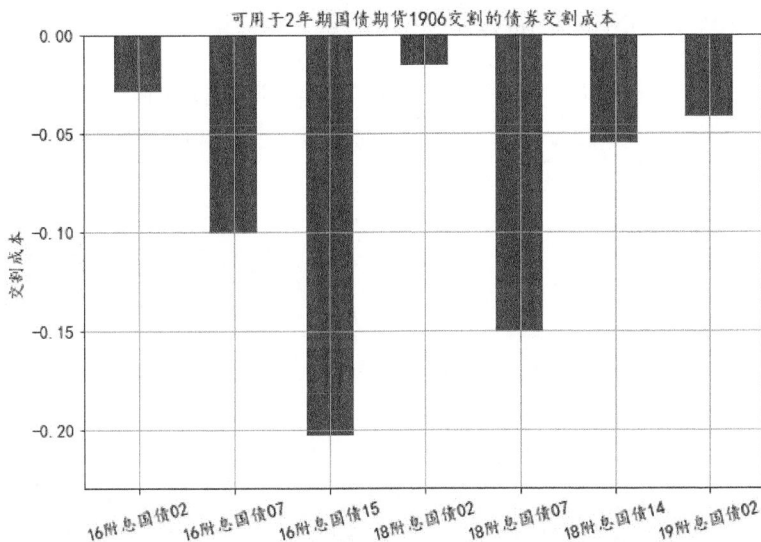

图 8-8　2019 年 6 月 14 日可用于 2 年期国债期货 1906 交割的各只债券交割成本

8.6　基于久期的套期保值策略——以债券和国债期货为分析对象

8.6.1　案例详情

G 公司是总部位于上海的一家合资汽车金融公司[①]，该公司自有资金的风险偏好较低，通常配置低风险的债券，例如国债、地方政府债、政策性银行债以及政府支持机构债，并且在 2019 年 3 月 11 日的债券投资组合中投资包括 10 附息国债 09、18 北京债 12、18 上海 10、16 农发 09 和 10 汇金 02 等共 5 只债券，并且每只债券投资的面值均为 1 000 万元从而构建了债券投资组合，表 8-10 就列示了 2018 年 3 月 11 日这 5 只债券的主要要素信息。

G 公司的管理层担心未来半年的市场利率可能会上升，同时考虑到这些债券的期限比较长，因此，运用 10 年期国债期货 1912 合约（代码 T1912）进行套期保值，该期货合约的上市日是 2019 年 3 月 11 日，最后交易日是 2019 年 12 月 13 日，最后交割日是 2019 年 12 月

[①] 本案例中的汽车金融公司是指经过中国银监会（现中国银保监会）批准设立的，为汽车购买者及销售者提供金融服务的非银行金融机构。

18 日。G 公司运用该国债期货套期保值的期间设定为 2019 年 3 月 11 日至 2019 年 9 月 30 日。

表 8-10　2019 年 3 月 11 日相关债券的主要要素信息

债 券 简 称	债券发行人	票 面 利 率	票息支付频率	到　　期　　日	到期收益率（连续复利）
10 附息国债 09	财政部	3.96%	每年 2 次	2030 年 4 月 15 日	3.215 7%
18 北京债 12	北京市人民政府	3.93%	每年 2 次	2028 年 11 月 1 日	3.522 9%
18 上海 10	上海市人民政府	4.05%	每年 2 次	2028 年 9 月 17 日	3.441 3%
16 农发 09	中国农业发展银行	3.95%	每年 1 次	2031 年 2 月 26 日	3.976 1%
10 汇金 02	中央汇金投资有限责任公司	4.05%	每年 1 次	2030 年 8 月 30 日	3.642 4%

数据来源：Wind。

假定你是该公司的首席风险官，负责公司全面风险管理工作，在 2019 年 10 月上旬审核风险管理部提交的关于公司运用国债期货进行套期保值的总结报告。你希望亲自验证报告中的相关数据，因此需要运用 Python 完成 5 项编程任务。

8.6.2　编程任务

【任务 1】结合表 8-10 中的信息，计算每只债券在 2019 年 3 月 11 日的价格（全价）以及公司整个债券投资组合的市值。

【任务 2】结合表 8-10 中的信息以及第 6 章 6.8 节案例中通过 Python 自定义计算麦考利久期的函数，测度在 2019 年 9 月 30 日（套期保值到期日）每只债券的麦考利久期（到期收益率用 2019 年 3 月 11 日的数据），同时计算整个债券投资组合的麦考利久期（按照投资的每只债券面值计算权重）。

【任务 3】假定在 2019 年 3 月 11 日，针对 10 年期国债期货 1912 合约的最廉价交割债券是 16 附息国债 17，该债券的久期可以作为国债期货合约的久期，表 8-11 就列示了当天该债券的主要要素信息。计算该债券在 2019 年 9 月 30 日的麦考利久期（到期收益率依然用 2019 年 3 月 11 日的数据）；同时，当天 10 年期国债期货 1909 合约的结算价是 97.12，以此计算 G 公司应当持有的最优期货合约数量。

表 8-11　2019 年 3 月 11 日 16 附息国债 17 的主要要素信息

债 券 简 称	债券发行人	票 面 利 率	票息支付频率	到　　期　　日	到期收益率（连续复利）
16 附息国债 17	财政部	2.74%	每年 2 次	2026 年 8 月 3 日	3.234 3%

数据来源：Wind。

【任务 4】导入包含 2019 年 3 月 11 日至 2019 年 9 月 30 日套期保值期间 5 只债券的全价以及 10 年期国债期货 1912 合约结算价数据的 Excel 表，分别计算未套期保值的债券投资组合市值与采用套期保值的整体投资组合市值，并且将这两类投资组合市值进行可视化。

【任务 5】G 公司的期货保证金账户开立在本地的一家期货公司，该期货公司收取国债期货合约初始保证金比例是 3%、维持保证金比例是 2.5%，G 公司在 2019 年 3 月 11 日开立期货空头头寸时，存放至保证金账户的金额是 230 万元；针对在套期保值期间，计算首次出现期货合约追加保证金的日期以及追加的金额；并且假定在每次出现追加保证金时，G 公司都能够在当天完成保证金的追加并且恰好满足初始保证金的要求，计算在整个套期保值期间内，每次需要追加保证金的日期和每次追加的保证金金额。

8.6.3 编程提示

针对任务 3 需用到测算基于久期的国债期货最优套期保值数量的数学表达式。假定 N^* 表示基于久期的国债期货最优套保比率，P 表示被套期保值的债券投资组合在套期保值到期日的远期价值（通常用投资组合的当前市值代替），D_P 表示被套期保值的投资组合在套期保值到期日的久期，V_P 表示 1 张国债期货合约的价格，D_F 表示国债期货合约最廉价交割债券在套期保值到期日的久期，则存在以下的数学表达式：

$$N^* = \frac{PD_P}{V_F D_F} \qquad (8\text{-}4)$$

8.6.4 参考代码与说明

任务 1 的代码

为了便于快速计算基于单一零息利率作为贴现率的债券价格，通过 Python 自定义一个函数，具体的代码如下：

```
In [86]: def Bond_price(C,M,Y,T0,T1):
    ...:     '''构造单一零息利率作为贴现率计算债券价格的函数
    ...:     C：表示债券的票面利率；
    ...:     M：表示债券票息每年支付次数，并且每年支付次数不超过 2 次；
    ...:     Y：表示用于贴现的单一零息利率（连续复利）；
    ...:     T0：债券定价日期，以时间对象方式输入；
    ...:     T1：债券到期日期，输入方式同 T0。'''
    ...:     tenor=(T1-T0).days/365        #计算债券剩余期限（年）并且假定一年是 365 天
    ...:     import math                   #导入 math 模块
```

```
    ...:     if math.modf(tenor)[0]>0.5:           #该函数将返回包含小数部分和整数部分的元组
    ...:         N=M*math.ceil(tenor)              #计算得到剩余票息支付次数
    ...:     else:
    ...:         N=M*math.floor(tenor)+1           #计算得到剩余票息支付次数
    ...:     T_list=np.arange(N)/M                 #为计算剩余每次票息支付的期限而构建数组
    ...:     T_list=np.sort(tenor-T_list)          #计算得到债券的剩余每次票息支付的期限数组
    ...:     par=100                               #债券面值
    ...:     price=par*(np.sum(np.exp(-Y*T_list))*C/M+np.exp(-Y*T_list[-1]))  #计算债券价值
    ...:     return price
```

在以上自定义的函数 Bond_price 中，只需要输入债券的票面利率、债券票息每年支付次数、单一零息利率、债券定价日及债券到期日等参数，就可以高效地计算出债券价格。

```
In [87]: t0=dt.datetime(2019,3,11)               #设定计算债券价格的日期

In [88]: C_TB1009=0.0396                         #10 附息国债 09 的票面利率
    ...: M_TB1009=2                               #10 附息国债 09 的票息每年支付 2 次
    ...: Y_TB1009=0.032157                        #10 附息国债 09 的到期收益率
    ...: t_TB1009=dt.datetime(2030,4,15)          #10 附息国债 09 的到期日

In [89]: price_TB1009=Bond_price(C=C_TB1009,M=M_TB1009,Y=Y_TB1009,T0=t0,T1=t_TB1009)
                                                  #计算 2019 年 3 月 11 日 10 附息国债 09 的价格
    ...: print('2019 年 3 月 11 日 10 附息国债 09 的价格（全价）',round(price_TB1009,6))
2019 年 3 月 11 日 10 附息国债 09 的价格（全价） 108.21884

In [90]: C_BJ1812=0.0393                          #18 北京债 12 的票面利率
    ...: M_BJ1812=2                                #18 北京债 12 的票息每年支付 2 次
    ...: Y_BJ1812=0.035229                         #18 北京债 12 的到期收益率
    ...: t_BJ1812=dt.datetime(2028,11,1)           #18 北京债 12 的到期日

In [91]: price_BJ1812=Bond_price(C=C_BJ1812,M=M_BJ1812,Y=Y_BJ1812,T0=t0,T1=t_BJ1812)
                                                  #计算 2019 年 3 月 11 日 18 北京债 12 的价格
    ...: print('2019 年 3 月 11 日 18 北京债 12 的价格（全价）',round(price_BJ1812,6))
2019 年 3 月 11 日 18 北京债 12 的价格（全价） 104.412377

In [92]: C_SH1810=0.0405                          #18 上海 10 的票面利率
    ...: M_SH1810=2                                #18 上海 10 的票息每年支付 2 次
    ...: Y_SH1810=0.034413                         #18 上海 10 的到期收益率
    ...: t_SH1810=dt.datetime(2028,9,17)           #18 上海 10 的到期日

In [93]: price_SH1810=Bond_price(C=C_SH1810,M=M_SH1810,Y=Y_SH1810,T0=t0,T1=t_SH1810)
                                                  #计算 2019 年 3 月 11 日 18 上海 10 的价格
    ...: print('2019 年 3 月 11 日 18 上海 10 的价格（全价）',round(price_SH1810,6))
2019 年 3 月 11 日 18 上海 10 的价格（全价） 106.570428

In [94]: C_NF1609=0.0395                          #16 农发 09 的票面利率
    ...: M_NF1609=1                                #16 农发 09 的票息每年支付 1 次
    ...: Y_NF1609=0.039761                         #16 农发 09 的到期收益率
    ...: t_NF1609=dt.datetime(2031,2,26)           #16 农发 09 的到期日
```

```
In [95]: price_NF1609=Bond_price(C=C_NF1609,M=M_NF1609,Y=Y_NF1609,T0=t0,T1=t_NF1609)
                                           #计算2019年3月11日16农发09的价格
    ...: print('2019年3月11日16农发09的价格（全价）',round(price_NF1609,6))
2019年3月11日16农发09的价格（全价） 99.114412


In [96]: C_HJ1002=0.0405                    #10汇金02的票面利率
    ...: M_HJ1002=1                         #10汇金02的票息每年支付1次
    ...: Y_HJ1002=0.036424                  #10汇金02的到期收益率
    ...: t_HJ1002=dt.datetime(2030,8,30)    #10汇金02的到期日


In [97]: price_HJ1002=Bond_price(C=C_HJ1002,M=M_HJ1002,Y=Y_HJ1002,T0=t0,T1=t_HJ1002)
                                           #计算2019年3月11日10汇金02的价格
    ...: print('2019年3月11日10汇金02的价格（全价）',round(price_HJ1002,6))
2019年3月11日10汇金02的价格（全价） 105.226032


In [98]: par_value=1e7                      #每只债券投资的面值
    ...: par_bond=100                       #债券面值100


In [99]: price_bond_list=np.array([price_TB1009,price_BJ1812,price_SH1810,price_NF1609,
price_HJ1002])                             #创建包括2019年3月11日每只债券价格的数组


In [100]: value_port=par_value*np.sum(price_bond_list)/par_bond  # 2019年3月11日债券投资
组合市值
    ...: print('计算得到2019年3月11日债券投资组合市值金额',round(value_port,4))
计算得到2019年3月11日债券投资组合市值金额 52354208.8266
```

通过以上的计算不难看出，在 2019 年 3 月 11 日整个债券投资组合的价值达到了 5 235.42
万元，高于债券面值 5 000 万元。

任务 2 的代码

```
In [101]: def Macaulay_Duration(c,m,y,T0,T1):   #该函数在第6章6.8节已通过Python自定义
    ...:     '''构建一个计算债券麦考利久期的函数
    ...:     c: 表示债券的票面利率;
    ...:     m: 表示债券票息的每年支付次数，并且次数不超过2次;
    ...:     y: 表示债券的到期收益率（连续复利）;
    ...:     T0: 表示计算债券久期的时点，用时间对象格式输入;
    ...:     T1: 表示债券到期日，用时间对象格式输入.'''
    ...:     tenor=(T1-T0).days/365           #计算债券剩余期限（年）并且假定一年是365天
    ...:     import math                      #导入math模块
    ...:     if math.modf(tenor)[0]>0.5:      #该函数将返回包含小数部分和整数部分的元组
    ...:         N=m*math.ceil(tenor)         #计算得到剩余票息支付次数
    ...:     else:
    ...:         N=m*math.floor(tenor)+1      #计算得到剩余票息支付次数
    ...:     T_list=np.arange(N)/m            #构建数组以便于计算剩余每次票息支付的期限
    ...:     T_list=np.sort(tenor-T_list)     #计算得到债券的剩余每次票息支付的期限数组
    ...:     M=100                            #表示债券本金
    ...:     value=M*(np.sum(np.exp(-y*T_list))*c/m+np.exp(-y*T_list[-1]))   #计算债券价值
    ...:     coupon=np.sum(T_list*np.exp(-y*T_list)*M*c/m)   #计算债券剩余票息贴现值的期限加权
```

平均值
```
        ...:    par=T_list[-1]*M*np.exp(-y*T_list[-1])        #计算债券本金贴现值乘以期限
        ...:    duration=(coupon+par)/value
        ...:    return duration                              #输出债券的麦考利久期

In [102]: t0_duration=dt.datetime(2019,9,30)        #计算久期的日期（等同于套期保值结束日）

In [103]: D_TB1009=Macaulay_Duration(c=C_TB1009,m=M_TB1009,y=Y_TB1009,T0=t0_duration, T1=t_
TB1009)                                             #计算2019年9月30日10附息国债09的麦考利久期
        ...: print('2019年9月30日10附息国债09的麦考利久期',round(D_TB1009,6))
2019年9月30日10附息国债09的麦考利久期 8.64529

In [104]: D_BJ1812=Macaulay_Duration(c=C_BJ1812,m=M_BJ1812,y=Y_BJ1812,T0=t0_duration, T1=t_
BJ1812)                                             #计算2019年9月30日18北京债12的麦考利久期
        ...: print('2019年9月30日18北京债12的麦考利久期',round(D_BJ1812,6))
2019年9月30日18北京债12的麦考利久期 7.641398

In [105]: D_SH1810=Macaulay_Duration(c=C_SH1810,m=M_SH1810,y=Y_SH1810,T0=t0_duration, T1=t_
SH1810)                                             #计算2019年9月30日18上海10的麦考利久期
        ...: print('2019年9月30日18上海10的麦考利久期',round(D_SH1810,6))
2019年9月30日18上海10的麦考利久期 7.639222

In [106]: D_NF1609=Macaulay_Duration(c=C_NF1609,m=M_NF1609,y=Y_NF1609,T0=t0_duration, T1=t_
NF1609)                                             #计算2019年9月30日16农发09的麦考利久期
        ...: print('2019年9月30日16农发09的麦考利久期',round(D_NF1609,6))
2019年9月30日16农发09的麦考利久期 9.187608

In [107]: D_HJ1002=Macaulay_Duration(c=C_HJ1002,m=M_HJ1002,y=Y_HJ1002,T0=t0_duration, T1=t_
HJ1002)                                             #计算2019年9月30日10汇金02的麦考利久期
        ...: print('2019年9月30日10汇金02的麦考利久期',round(D_HJ1002,6))
2019年9月30日10汇金02的麦考利久期 9.047091

In [108]: n=5                                       #投资组合中债券的个数
        ...: weights=np.ones(5)/5                   #每只债券的权重

In [109]: weights
Out[109]: array([0.2, 0.2, 0.2, 0.2, 0.2])

In [110]: D_list=np.array([D_TB1009,D_BJ1812,D_SH1810,D_NF1609,D_HJ1002])    #创建包含债券麦
考利久期的数组

In [111]: D_port=np.sum(weights*D_list)    #计算2019年9月30日债券投资组合的久期
        ...: print('在2019年3月11日计算出2019年9月30日债券投资组合久期', round(D_port,6))
在2019年3月11日计算出2019年9月30日债券投资组合久期 8.432122
```

通过以上的输出结果，在 2019 年 3 月 11 日计算得到 2019 年 9 月 30 日每只债券麦考利久期，其中，16 农发 09 的麦考利久期最长，18 上海 10 的久期则最短，整个债券投资组合的加权平均久期等于 8.432 1。

任务 3 的代码

```
In [112]: C_TB1617=0.0274                    #16 附息国债 17 的票面利率
     ...: M_TB1617=2                          #16 附息国债 17 的票息每年支付 2 次
     ...: Y_TB1617=0.032343                   #16 附息国债 17 的到期收益率
     ...: t_TB1617=dt.datetime(2026,8,3)      #16 附息国债 17 的到期日

In [113]: D_TB1617=Macaulay_Duration(c=C_TB1617,m=M_TB1617,y=Y_TB1617,T0=t0_duration, T1=t_
TB1617)                                       #计算 2019 年 9 月 30 日 16 附息国债 17 的麦考利久期
     ...: print('2019 年 9 月 30 日 16 附息国债 17 的麦考利久期',round(D_TB1617,6))
2019 年 9 月 30 日 16 附息国债 17 的麦考利久期 6.251655

In [114]: D_futures=D_TB1617                  #将 10 年期国债期货 1909 合约久期设定等于 16 附息国债 17 的久期

In [115]: def N_TBF(P,Dp,Vf,Df):
     ...:     ''' 构建计算基于久期套期保值的国债期货合约最优数量
     ...:     P: 表示被套期保值的资产当前价值;
     ...:     Dp: 表示被套期保值的资产在套期保值到期日的久期;
     ...:     Vf: 表示 1 张国债期货合约的当前价格;
     ...:     Df: 表示期货合约基础资产在套期保值到期日的久期。'''
     ...:     import math                     #导入 math 模块
     ...:     N=P*Dp/(Vf*Df)                  #计算期货合约的最优套保数量
     ...:     if math.modf(N)[0]>0.5:         #该函数将返回一个包含小数部分和整数部分的元组
     ...:         N=math.ceil(N)              #实现小数位的四舍五入
     ...:     else:
     ...:         N=math.floor(N)             #实现小数位的四舍五入
     ...:     return N
```

在以上自定义的函数 N_TBF 中，输入被套期保值资产的当前价值、被套期保值的资产在套期保值到期日的久期、1 张国债期货合约的当前价格以及期货合约的基础资产在套期保值到期日的久期等参数，就可以计算得出基于久期套期保值的国债期货合约的最优数量。

```
In [116]: price_futures=97.12                #10 年期国债期货 1909 合约在 2019 年 3 月 11 日的结算价
     ...: par_underlying=1e6                  #10 年期国债期货合约基础资产的面值是 100 万元
     ...: value_futures=par_underlying*price_futures/par_bond  #2019 年 3 月 11 日一张 10 年期
国债期货 1909 合约的价值

In [117]: N_futures=N_TBF(P=value_port,Dp=D_port,Vf=value_futures,Df=D_futures)    #计算
2019 年 3 月 11 日 10 年期国债期货 1909 合约的最优套期保值数量
     ...: print('2019 年 3 月 11 日 10 年期国债期货 1909 合约的最优套期保值数量',N_futures)
2019 年 3 月 11 日 10 年期国债期货 1909 合约的最优套期保值数量 73
```

从以上的输出结果中可以看到，在 2019 年 3 月 11 日为了有效对冲债券投资组合的利率风险，G 公司应当持有 10 年期国债期货 1909 合约的最优期货合约数量是 73 张空头头寸。

任务 4 的代码

```
In [118]: data=pd.read_excel('C:/Desktop/5 只债券价格与 10 年期国债期货合约 1912 的结算价数
据.xlsx',sheet_name="Sheet1",header=0,index_col=0)  #导入外部数据
    ...: data=data.dropna()                          #删除缺失值的行

In [119]: data.index                                #显示数据框的行索引
Out[119]:
DatetimeIndex(['2019-03-11', '2019-03-12', '2019-03-13', '2019-03-14',
               '2019-03-15', '2019-03-18', '2019-03-19', '2019-03-20',
               '2019-03-21', '2019-03-22',
               ...
               '2019-09-17', '2019-09-18', '2019-09-19', '2019-09-20',
               '2019-09-23', '2019-09-24', '2019-09-25', '2019-09-26',
               '2019-09-27', '2019-09-30'],
              dtype='datetime64[ns]', name='日期', length=140, freq=None)

In [120]: data.columns                              #显示数据框的列名
Out[120]: Index(['10 附息国债 09', '18 北京债 12', '18 上海 10', '16 农发 09', '10 汇金 02', '国债
期货 1912'], dtype='object')

In [121]: Value_bonds=np.sum(data.iloc[:,:5]*par_value/par_bond,axis=1)    #计算套期保值期间
的未套期保值的债券投资组合市值时间序列
    ...: profit_futures=-N_futures*(data['国债期货 1912']-data['国债期货 1912'].iloc[0])*
par_underlying/par_bond    #计算套期保值期间国债期货合约（空头）的盈亏时间序列

In [122]: Value_hedged=Value_bonds+profit_futures    #在套期保值期间经套期保值后整体投资组合的市
值时间序列

In [123]: plt.figure(figsize=(9,6))
    ...: plt.plot(Value_bonds,'m-',label=u'未套期保值的投资组合',lw=2.5)
    ...: plt.plot(Value_hedged,'c-',label=u'套期保值后的整体投资组合',lw=2.5)
    ...: plt.xticks(fontsize=13)
    ...: plt.xlabel(u'日期',fontsize=13)
    ...: plt.yticks(fontsize=13)
    ...: plt.ylabel(u'市值',fontsize=13,rotation=90)
    ...: plt.title(u'未套期保值的投资组合市值与套期保值后的整体投资组合市值', fontsize=14)
    ...: plt.legend(fontsize=13)
    ...: plt.grid()
    ...: plt.show()
```

从图 8-9 中可以十分清楚地看到，相比未套期保值的债券投资组合，运用国债期货套期保值后整体投资组合市值的波动明显收窄，避免了投资可能出现的大幅下跌，当然也放弃了潜在的高收益，这是 G 公司在风险与收益之间寻求一种平衡的结果。

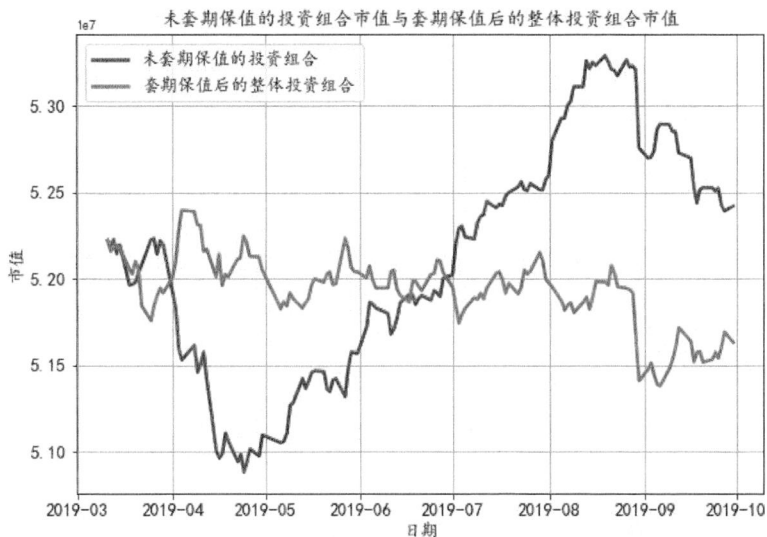

图 8-9　未套期保值的投资组合市值与套期保值后的整体投资组合市值的走势图
（2019 年 3 月 11 日至 2019 年 9 月 30 日期间）

任务 5 的代码

```
In [124]: margin=2.3e6                            #保证金账户的最初余额
     ...: perc_initial=0.03                       #初始保证金比例
     ...: perc_maintain=0.025                      #维持保证金比例

In [125]: margin_account=margin+profit_futures #不考虑追加保证金的保证金账户余额时间数列

In [126]: margin_initial=N_futures*(par_underlying/par_bond)*data['国债期货1912']*perc_
initial   #满足初始保证金比例的保证金余额时间数列
     ...: margin_maintain=N_futures*(par_underlying/par_bond)*data['国债期货1912']*perc_
maintain #满足维持保证金比例的保证金余额时间数列

In [127]: for i in range(len(margin_account.index)):
     ...:     if margin_account.iloc[i]>margin_maintain.iloc[i]:
     ...:         pass
     ...:     else:
     ...:         margin_call=margin_initial.iloc[i]-margin_account.iloc[i]
     ...:         print('跌破维持保证金的交易日',margin_account.index[i])
     ...:         print('当日需要追加的保证金金额',margin_call)
     ...:         margin_account=margin_account+margin_call
跌破维持保证金的交易日 2019-07-03 00:00:00
当日需要追加的保证金金额 390853.0
跌破维持保证金的交易日 2019-08-05 00:00:00
当日需要追加的保证金金额 526329.9999999916
跌破维持保证金的交易日 2019-08-29 00:00:00
当日需要追加的保证金金额 533849.000000006
```

从以上的输出结果不难发现，G 公司需要追加保证金的交易日一共有 3 个：第 1 个交易日是 2019 年 7 月 3 日，需要追加保证金 390 853 元；第 2 个交易日 2019 年 8 月 5 日，需要追加的保证金金额 526 330 元；第 3 个交易日 2019 年 8 月 29 日，需要追加的保证金金额 533 849 元。

需要注意的是，债券可以用于折算成一定金额的保证金，具体的债券范围和折算比例由不同的期货公司自行确定。如果运用债券充当保证金，在应对追加保证金的风险时，一定也要充分关注债券价格的波动。

到这里，你已经完成了第 8 章全部案例的练习，相信你已经扎实掌握了运用 Python 分析期货套期保值的编程操作技能，下面就向第 9 章发起冲锋吧！

8.7　本章小结

在日常金融实务中，为了规避或者控制风险敞口，运用期货开展套期保值是一项司空见惯的风险控制手段，Python 可以很便捷地运用于分析期货套期保值的有效性，进而有助于提升套期保值决策的科学性和高效性。在本章中，读者通过 6 个原创案例共计 21 个编程任务，结合股指期货、外汇期货和国债期货等常用的金融期货合约，从而牢固掌握如何运用 Python 编程来评估和分析期货的套期保值，包括空头和多头套期保值、追加保证金、基差风险、最优套期保值比率、最优套保合约数量、国债期货可交割债券的转换因子和最廉价交割以及基于久期的套期保值等工作内容的代码编写。

09

第9章

用 Python 分析期权
交易的案例

本章导读

与第 8 章的期货合约相比，期权合约具有一个很典型的特征——期权赋予了持有者（多头）一项特殊权利，也就是当持有者认为对自己有利时可以行使该项权利、对自身不利时就可以放弃该项权利。正因为期权的这一特征，使得期权逐步成为全球金融市场中最充满活力的金融产品，期权与股票、债券、期货等其他金融产品的结合正在创造交易策略和风险管理的无限可能，而这也为 Python 编程提供了绝佳的舞台。

本章的案例将聚焦于期权投资及策略的 Python 编程，包含 10 个原创案例共计 33 个编程任务，通过这些案例的训练，读者能够熟练掌握运用 Python 完成包括期权定价、盈亏分析、希腊字母测算、风险对冲、隐含波动率计算、各类期权交易策略构建等编程工作。下面通过表 9-1 梳理出本章的结构与内容概要。

表 9-1　第 9 章的结构与内容概要

序号	案 例 标 题	学 习 目 标	编程任务数量	读者扮演的角色
1	期权定价与到期盈亏——以腾讯公司股票期权为分析对象	掌握布莱克-斯科尔斯-默顿模型的表达式、期权到期盈亏的表达式以及相关 Python 代码编写	4 个	投资顾问
2	期权希腊字母——以 2 只上证 50ETF 期权合约为分析对象	掌握期权每一个希腊字母的表达式以及相关 Python 代码编写	3 个	期权交易员

续表

序号	案 例 标 题	学 习 目 标	编程任务数量	读者扮演的角色
3	期权对冲策略——以 50ETF 沽 6 月 2050 期权为分析对象	掌握运用期权对冲基础资产价格风险的策略原理以及相关 Python 代码编写	4 个	投资经理
4	期权隐含波动率——以 3 只上证 50ETF 期权为分析对象	掌握运用二分查找法迭代计算期权隐含波动率的算法原理以及相关 Python 代码编写	3 个	资深分析师
5	单一期权与基础资产交易策略——以 50ETF 期权和基金为分析对象	掌握运用单一期权与单一基础资产构建交易策略的原理以及相关 Python 代码编写	3 个	投资总监
6	期权牛市价差策略——以阴极铜期权为分析对象	掌握构建牛市价差策略的原理以及相关 Python 代码编写	3 个	财务总监
7	期权熊市价差策略——以天然橡胶期权为分析对象	掌握构建熊市价差策略的原理以及相关 Python 代码编写	3 个	首席财务官
8	期权盒式价差策略——以 4 只上证 50ETF 期权为分析对象	掌握构建盒式价差策略的原理以及相关 Python 代码编写	3 个	首席量化策略官
9	期权蝶式价差策略——以豆粕期权为分析对象	掌握构建蝴式价差策略的原理以及相关 Python 代码编写	3 个	首席执行官
10	跨式组合与宽跨式组合策略——以白糖期权为分析对象	掌握构建跨式组合和宽跨式组合策略的原理以及相关 Python 代码编写	4 个	董事长
	合计		33 个	

在开始练习本章的案例之前，建议先学习《基于 Python 的金融分析与风险管理》（人民邮电出版社 2019 年 10 月出版）第 10 章和第 11 章的内容。

9.1 期权定价与到期盈亏——以腾讯公司股票期权为分析对象

9.1.1 案例详情

A 公司是一家总部位于我国香港的证券公司，该公司的部分经纪业务客户偏好于投资以香港联交所上市的股票作为基础资产的股票期权，丁先生就是其中的一位客户。

　　假定丁先生在 2019 年 9 月底对在香港联交所上市的腾讯控股有限公司（简称"腾讯"）未来股价走势保持乐观，并且希望通过投资基础资产是腾讯股票的欧式看涨期权来获得较高的预期投资回报。2019 年 10 月 2 日，丁先生正考虑投资基础资产是腾讯股票（股票代码 0700）、执行价格为 350 港元/股、期限为半年的欧式看涨期权，该期权合约的初始日是 2019 年 10 月 2 日，到期日是 2020 年 4 月 2 日，同时预期腾讯控股股票在未来的半年内不支付股息。

　　假定你是 A 公司的一名投资顾问，并且重点服务包括丁先生在内的 VIP 客户，现在丁先生希望你能够高效地提供关于期权价格、盈亏以及腾讯股价对该期权价格影响的专业建议。为此，你需要通过 Python 完成 4 项编程任务。

9.1.2　编程任务

　　【任务 1】运用布莱克-斯科尔斯-默顿模型（简称"BSM 模型"）对以上腾讯公司股票期权进行定价，为了今后计算定价的便利，通过 Python 自定义一个运用 BSM 模型计算期权价格的函数，并且在函数中能够输入包括定价日、期权到期日等具体日期的参数。

　　【任务 2】在 Python 中导入包含 2015 年 1 月至 2019 年 9 月期间腾讯股票日收盘价数据的 Excel 文件，并计算出腾讯股票收益率的年化波动率；此外，2019 年 10 月 2 日腾讯股票收盘价是 325 港元/股，当天 6 个月期的 HIBOR 利率是 2.313 93%并作为定价中的无风险利率；基于任务 1 自定义的运用 BSM 模型计算期权价格的函数，计算 2019 年 10 月 2 日该欧式看涨期权的价格。

　　【任务 3】假定在 2019 年 10 月 2 日市场上同时发行了基础资产是腾讯股票、执行价格为 310 港元/股、期限为 1 年的欧式看跌期权，该看跌期权的初始日是 2019 年 10 月 2 日，到期日是 2020 年 10 月 2 日，当天 12 个月期的 HIBOR 利率是 2.338 75%并将其作为定价中的无风险利率，同时也预期腾讯股票在未来的 1 年内不支付股息；基于任务 1 自定义的函数，计算当日该欧式看跌期权的价格。

　　【任务 4】针对上述的欧式看涨期权和欧式看跌期权，模拟计算当 2019 年 10 月 2 日腾讯股价取值是区间[250, 500]的等差数列所对应的期权价格数列；同时，模拟计算在期权合约到期日腾讯股价取值是区间[250, 500]的等差数列所对应的期权合约收益情况（不考虑期权费并且是多头），将模拟得到的当前期权价格与到期日期权收益进行可视化（要求看涨期权和看跌期权分开绘制）。

9.1.3 编程提示

- 针对任务 1 的编程需要用到 BSM 模型的数学表达式。假定 S_0 是基础资产在定价日的价格，K 是期权的执行价格，r 是连续复利的无风险收益率，σ 为基础资产价格百分比变化（收益率）的年化波动率，T 是期权合约的剩余期限（年），$N(\cdot)$ 表示标准正态分布的累积概率密度函数。根据 BSM 模型可以得到欧式看涨期权价格 c 的表达式如下：

$$c = S_0 N(d_1) - K\mathrm{e}^{-rT} N(d_2) \qquad (9\text{-}1)$$

同时，欧式看跌期权价格 p 的表达式如下：

$$p = K\mathrm{e}^{-rT} N(-d_2) - S_0 N(-d_1) \qquad (9\text{-}2)$$

其中，

$$d_1 = \frac{\ln(S_0/K) + (r + \sigma^2/2)T}{\sigma\sqrt{T}}$$

$$d_2 = d_1 - \sigma\sqrt{T}$$

- 针对任务 4 的编程。假设 K 代表期权的执行价格，S_T 是基础资产在期权合约到期时的价格，在期权到期时且不考虑期权费的情况下期权收益见表 9-2。

表 9-2 在期权到期时并且不考虑期权费的情况下期权收益的表达式

期 权 类 型	头 寸 方 向	期权到期日的收益（不考虑期权费）
欧式看涨期权	多头	$\max(S_T - K, 0)$
	空头	$-\max(S_T - K, 0)$
欧式看跌期权	多头	$\max(K - S_T, 0)$
	空头	$-\max(K - S_T, 0)$

9.1.4 参考代码与说明

任务 1 的代码

```
In [1]: import numpy as np
   ...: import pandas as pd
   ...: import matplotlib.pyplot as plt
```

```
...: from pylab import mpl
...: mpl.rcParams['font.sans-serif'] = ['KaiTi']
...: mpl.rcParams['axes.unicode_minus']=False

In [2]: def Value_BSM(S,K,sigma,r,T0,T1,types):
...:     '''运用布莱克-斯科尔斯-默顿定价模型计算欧式期权价格
...:     S: 代表期权基础资产的价格;
...:     K: 代表期权的执行价格;
...:     sigma: 代表基础资产收益率的年化波动率;
...:     r: 代表无风险收益率(连续复利);
...:     T0: 代表期权合约的定价日,以datetime时间对象格式输入;
...:     T1: 代表期权合约的到期日,格式与T0相同;
...:     types: 代表期权的类型,输入types='call'表示看涨期权,否则是看跌期权。'''
...:     from scipy.stats import norm          #从SciPy的子模块stats中导入norm函数
...:     T=(T1-T0).days/365                     #计算期权的剩余期限
...:     d1=(np.log(S/K)+(r+pow(sigma,2)/2)*T)/(sigma*np.sqrt(T))
...:     d2=d1-sigma*np.sqrt(T)
...:     if types=='call':
...:         value_call=S*norm.cdf(d1)-K*np.exp(-r*T)*norm.cdf(d2)    #看涨期权价格
...:         return  value_call                                       #输出看涨期权价格
...:     else:
...:         value_put=K*np.exp(-r*T)*norm.cdf(-d2)-S*norm.cdf(-d1)   #看跌期权价格
...:         return  value_put                                        #输出看跌期权价格
```

在以上的自定义函数 Value_BSM 中,输入基础资产价格、期权执行价格、波动率、无风险利率、定价日以及期权到期日等参数,就可以快速计算基于 BSM 模型的期权价格。

任务 2 的代码

```
In [3]: Tencent_price=pd.read_excel('C:/Desktop/腾讯控股股价的日收盘数据(2015年至2019年9月).xlsx',sheet_name="Sheet1",header=0,index_col=0)         #导入外部数据

In [4]: Tencent_return=np.log(Tencent_price/Tencent_price.shift(1)) #计算腾讯股价日收益率
...: Tencent_return=Tencent_return.dropna()             #删除缺失值的行

In [5]: Tencent_volatility=np.sqrt(252)*Tencent_return.std()       #腾讯股票收益率的年化波动率
...: print('股票收益率的年化波动率\n',round(Tencent_volatility,6))
股票收益率的年化波动率
腾讯控股    0.291239
dtype: float64

In [6]: import datetime as dt                            #导入datetime模块

In [7]: T_pricing=dt.datetime(2019,10,2)                 #设定期权定价日
...: T_mature_call=dt.datetime(2020,4,2)                 #设定看涨期权到期日
...: P_Oct2=325.0                                         #2019年10月2日的腾讯股价
...: Hibor_6M=0.0231393                                   #2019年10月2日的6个月期Hibor利率
...: K_call=350                                           #看涨期权的执行价格
...: Tencent_volatility=float(Tencent_volatility)         #转为浮点数类型
```

```
In [8]: call_BSM_Tencent=Value_BSM(S=P_Oct2,K=K_call,sigma=Tencent_volatility,r=Hibor_6M,
T0=T_pricing,T1=T_mature_call,types='call')        #计算 2019 年 10 月 2 日期权的价格
   ...: print('2019 年 10 月 2 日腾讯股票看涨期权的价格',round(call_BSM_Tencent,4))
2019 年 10 月 2 日腾讯股票看涨期权的价格 18.3206
```

从以上的输出结果可以看到，通过布莱克-斯科尔斯-默顿模型可以计算得到在 2019 年 10 月 2 日腾讯股票看涨期权的价格等于 18.320 6 港元。

任务 3 的代码

```
In [9]: T_mature_put=dt.datetime(2020,10,2)        #设定看跌期权到期日
   ...: K_put=310                                   #看跌期权的执行价格
   ...: Hibor_12M=0.0233875                         #2019 年 10 月 2 日的 12 个月期 Hibor 利率

In [10]: put_BSM_Tencent=Value_BSM(S=P_Oct2,K=K_put,sigma=Tencent_volatility,r=Hibor_12M,
T0=T_pricing,T1=T_mature_put,types='put')        #计算 2019 年 10 月 2 日欧式看跌期权的价格
   ...: print('2019 年 10 月 2 日腾讯股看跌期权的价格',round(put_BSM_Tencent,4))
2019 年 10 月 2 日腾讯股看跌期权的价格 26.3566
```

以上的输出结果表明，运用布莱克-斯科尔斯-默顿模型计算得到 2019 年 10 月 2 日腾讯股票看跌期权的价格等于 26.356 6 港元，明显要高于看涨期权的价格。

任务 4 的代码

```
In [11]: Tencent_list=np.linspace(250,500,1000)        #创建腾讯公司股价的等差数列

In [12]: return_call_list=np.maximum(Tencent_list-K_call,0)  #创建看涨期权到期日收益数列
   ...: return_put_list=np.maximum(K_put-Tencent_list,0)   #创建看跌期权到期日收益数列

In [13]: value_call_list=Value_BSM(S=Tencent_list,K=K_call,sigma=Tencent_volatility,r=
Hibor_6M, T0=T_pricing,T1=T_mature_call,types='call')  #创建 2019 年 10 月 2 日欧式看涨期权价格数列
   ...: value_put_list=Value_BSM(S=Tencent_list,K=K_put,sigma=Tencent_volatility,r=Hibor_12M,
T0=T_pricing,T1=T_mature_put,types='put')        #创建 2019 年 10 月 2 日欧式看跌期权价格数列

In [14]: plt.figure(figsize=(9,10))
   ...: plt.subplot(2,1,1)                         #第 1 行第 1 列的子图
   ...: plt.plot(Tencent_list,value_call_list,'r-',label=u'2019 年 10 月 2 日看涨期权价格
',lw=2.5)
   ...: plt.plot(Tencent_list,return_call_list,'b-',label=u'看涨期权到期日收益',lw=2.5)
   ...: plt.xticks(fontsize=13)
   ...: plt.yticks(fontsize=13)
   ...: plt.ylabel(u'收益',fontsize=13,rotation=90)
   ...: plt.legend(fontsize=13)
   ...: plt.grid()
   ...: plt.subplot(2,1,2)                         #第 2 行第 1 列的子图
   ...: plt.plot(Tencent_list,value_put_list,'r-',label=u'2019 年 10 月 2 日看跌期权价格',lw=2.5)
   ...: plt.plot(Tencent_list,return_put_list,'b-',label=u'看跌期权到期日收益',lw=2.5)
   ...: plt.xticks(fontsize=13)
```

```
...: plt.xlabel(u'腾讯股价',fontsize=13)
...: plt.yticks(fontsize=13)
...: plt.ylabel(u'收益',fontsize=13,rotation=90)
...: plt.legend(fontsize=13)
...: plt.grid()
...: plt.show()
```

从图 9-1 中不难发现，无论是看涨期权还是看跌期权，期权价格都高于期权到期日的收益，这是因为期权价格包含了两部分：一部分是期权的内在价值（intrinsic value），它表示假定期权在定价日就能行权所获得收益，金额等于期权到期日的收益；另一部分是期权的时间价值（time value），它反映了期权在存续期内实现更高收益的可能性。同时，当期权处于平值时（即基础资产价格等于执行价格），期权的时间价值达到最大。

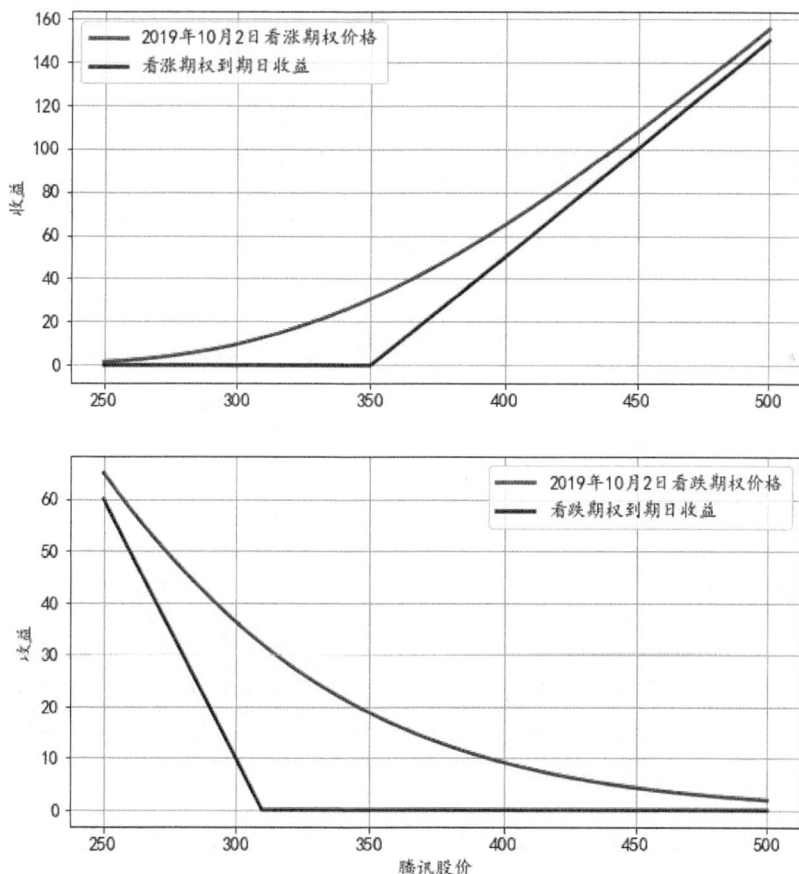

图 9-1　期权价格与期权到期收益的关系图

9.2　期权希腊字母——以 2 只上证 50ETF 期权合约为分析对象

9.2.1　案例详情

　　B 公司是一家总部位于杭州的私募基金管理公司，长期致力于运用包括期权在内的衍生产品开展量化对冲的创新与实践，在该公司已对外发行的多只私募基金产品中均用到在上海证券交易所挂牌交易的上证 50ETF 期权合约。同时，假定在 2019 年 6 月 28 日 B 公司买入了 2 只期权合约（即作为期权的多头）[①]，分别是 50ETF 购 8 月 3200 及 50ETF 沽 9 月 2800，这 2 只期权合约的基本要素如表 9-3 所示。

表 9-3　2 只上证 50ETF 期权合约的主要要素

期权合约名称	期权类型	挂牌日	到期日	执行价格	基础资产
50ETF 购 8 月 3200	欧式看涨期权	2019 年 6 月 27 日	2019 年 8 月 28 日	3.2 元	华夏上证 50ETF 基金
50ETF 沽 9 月 2800	欧式看跌期权	2019 年 2 月 21 日	2019 年 9 月 25 日	2.8 元	

数据来源：上海证券交易所。

　　假定你是 B 公司的一位期权交易员，日常负责期权交易和相关风险分析工作，现在投资总监要求你测算这 2 只期权的希腊字母——Delta、Gamma、Theta、Vega 和 Rho，并且提交相应的数值结果，从而更清晰地了解期权的风险状况。为了能够高效地开展工作，你希望运用 Python 完成 3 项编程任务。

9.2.2　编程任务

　　【任务 1】根据期权希腊字母的数学表达式，通过 Python 自定义计算期权希腊字母的一个函数，要求该函数可以计算不同期权类型的不同希腊字母，并且在函数中能够输入包括测算日、期权到期日等具体日期的参数。

　　【任务 2】导入包含 2018 年 7 月至 2019 年 6 月的华夏上证 50ETF 基金（期权合约标的

① 根据《上海证券交易所股票期权试点交易规则》中约定的交易术语，本案例中买入期权的交易行为（成为期权的多头）相当于是"买入开仓"，如果是成为期权的空头则对应于"卖出开仓"。

资产或基础资产）日单位净值数据的 Excel 文件，基于这些数据计算华夏上证 50ETF 基金收益率的年化波动率。

【任务 3】运用任务 1 自定义的函数，同时基于表 9-3 中的信息和任务 2 计算得到的波动率数据，依次测算在 2019 年 6 月 28 日 50ETF 购 8 月 3200 期权合约、50ETF 沽 9 月 2800 期权合约的每个希腊字母数值，这里用 3 个月期 Shibor 利率作为无风险利率且当天该利率等于 2.708%。

9.2.3 编程提示

表 9-4 整理了计算期权希腊字母的表达式，需要注意的是，针对 Delta、Theta 以及 Rho，看涨与看跌期权的希腊字母表达式是存在差异的；对于 Gamma 和 Vega，看涨与看跌期权的希腊字母表达式则是一致的。

表 9-4 期权的希腊字母与相关的数学表达式

希腊字母	期权类型	数学表达式（按照期权多头）
Delta（Δ）	欧式看涨期权	$\Delta = \dfrac{\partial C}{\partial S} = N(d_1)$
	欧式看跌期权	$\Delta = \dfrac{\partial P}{\partial S} = N(d_1) - 1$
Gamma（Γ）	欧式看涨期权	$\Gamma = \dfrac{\partial^2 C}{\partial S^2} = \dfrac{\partial^2 P}{\partial S^2} = \dfrac{1}{S_0 \sigma \sqrt{2\pi T}} e^{-d_1^2/2}$
	欧式看跌期权	
Theta（Θ）	欧式看涨期权	$\Theta = \dfrac{\partial C}{\partial T} = \dfrac{S_0 \sigma e^{-d_1^2/2}}{2\sqrt{2\pi T}} - rKe^{-rT} N(d_2)$
	欧式看跌期权	$\Theta = \dfrac{\partial P}{\partial T} = \dfrac{S_0 \sigma e^{-d_1^2/2}}{2\sqrt{2\pi T}} + rKe^{-rT} N(d_2)$
Vega（V）	欧式看涨期权	$V = \dfrac{\partial C}{\partial \sigma} = \dfrac{\partial P}{\partial \sigma} = \dfrac{S_0 \sqrt{T} e^{-d_1^2/2}}{\sqrt{2\pi}}$
	欧式看跌期权	
Rho	欧式看涨期权	$Rho = \dfrac{\partial C}{\partial r} = KTe^{-rT} N(d_2)$
	欧式看跌期权	$Rho = \dfrac{\partial P}{\partial r} = -KTe^{-rT} N(-d_2)$

注：针对上表中数学表达式的参数约定如下：S_0 是基础资产在定价日的价格，K 是期权的执行价格，r 是连续复利的无风险收益率，σ 为基础资产价格百分比变化（收益率）的年化波动率，T 是期权合约的剩余期限（年），$N(\cdot)$ 表示标准正态分布的累积概率密度，$d_1 = \dfrac{\ln(S_0/K) + (r + \sigma^2/2)T}{\sigma\sqrt{T}}$，$d_2 = d_1 - \sigma\sqrt{T}$。此外，上表的数学表达式仅针对期权多头而言，空头的相关结果是多头的相反数。

9.2.4 参考代码与说明

任务 1 的代码

```
In [15]: def Option_letter(S,K,sigma,r,T0,T1,letter,optype):
    ...:     '''计算欧式期权的希腊字母
    ...:     S: 代表期权基础资产的价格;
    ...:     K: 代表期权的执行价格;
    ...:     sigma: 代表基础资产收益率的波动率;
    ...:     r: 代表无风险收益率;
    ...:     T0: 代表期权希腊字母的计算日, 以 datetime 时间对象格式输入;
    ...:     T1: 代表期权合约的到期日, 格式与 T0 相同;
    ...:     letter: 代表希腊字母类型, 输入 letter='Delta'表示计算 Delta, 输入 letter='Gamma'
    ...:             表示计算 Gamma, 输入 letter='Theta'表示计算 Theta, 输入 letter='Vega'
    ...:             表示计算 Vega, 输入 letter='Rho'或其他则表示计算 Rho;
    ...:     optype: 代表期权的类型, 输入 types='call'表示看涨期权, 否则是看跌期权。'''
    ...:     from scipy.stats import norm          #从 SciPy 的子模块 stats 中导入 norm 函数
    ...:     T=(T1-T0).days/365                    #计算期权的剩余期限
    ...:     d1=(np.log(S/K)+(r+pow(sigma,2)/2)*T)/(sigma*np.sqrt(T))   #参数 d1 的表达式
    ...:     d2=d1-sigma*np.sqrt(T)                #参数 d2 的表达式
    ...:     if letter=='Delta':                  #计算希腊字母 Delta
    ...:         if optype=='call':
    ...:             delta=norm.cdf(d1)
    ...:         else:
    ...:             delta=norm.cdf(d1)-1
    ...:         result=delta
    ...:     elif letter=='Gamma':                #计算希腊字母 Gamma
    ...:         gamma=np.exp(-pow(d1,2)/2)/(S*sigma*np.sqrt(2*np.pi*T))
    ...:         result=gamma
    ...:     elif letter=='Theta':                #计算希腊字母 Theta
    ...:         if optype=='call':
    ...:             theta=-(S*sigma*np.exp(-pow(d1,2)/2))/(2*np.sqrt(2*np.pi*T))- r*K*np.exp
(-r*T)*norm.cdf(d2)
    ...:         else:
    ...:             theta=-(S*sigma*np.exp(-pow(d1,2)/2))/(2*np.sqrt(2*np.pi*T))+ r*K*np.exp
(-r*T)*norm.cdf(-d2)
    ...:         result=theta
    ...:     elif letter=='Vega':                 #计算希腊字母 Vega
    ...:         vega=S*np.sqrt(T)*np.exp(-pow(d1,2)/2)/np.sqrt(2*np.pi)
    ...:         result=vega
    ...:     else:                                #计算希腊字母 Rho
    ...:         if optype=='call':
    ...:             rho=K*T*np.exp(-r*T)*norm.cdf(d2)
    ...:         else:
    ...:             rho=-K*T*np.exp(-r*T)*norm.cdf(-d2)
    ...:         result=rho
    ...:     return result
```

通过以上自定义的 Option_letter 函数，在函数中输入基础资产的价格、期权的执行价格、基础资产波动率、无风险收益率、希腊字母的计算日、期权到期日、希腊字母的类型以及期权类型等参数以后，就可以快速、准确地得出不同期权类型下的不同希腊字母数值。

任务 2 的代码

```
In [16]: ETF_price=pd.read_excel('C:/Desktop/华夏上证 50ETF 基金净值日数据（2018 年 7 月至 2019
年 6 月）.xlsx',sheet_name="Sheet1",header=0,index_col=0)        #导入外部数据

In [17]: ETF_price.head()
Out[17]:
             华夏上证 50ETF 净值
日期
2018-07-02       2.409
2018-07-03       2.411
2018-07-04       2.391
2018-07-05       2.398
2018-07-06       2.426

In [18]: ETF_price.tail()
Out[18]:
             华夏上证 50ETF 净值
日期
2019-06-24       2.962
2019-06-25       2.923
2019-06-26       2.918
2019-06-27       2.952
2019-06-28       2.950

In [19]: ETF_return=np.log(ETF_price/ETF_price.shift(1))   #上证 50ETF 基金日收益率
    ...: ETF_return=ETF_return.dropna()                     #删除缺失值的行

In [20]: ETF_volatility=np.sqrt(252)*ETF_return.std()       #上证 50ETF 基金收益率年化波动率
    ...: ETF_volatility=float(ETF_volatility)               #将收益率年化波动率转为单一的浮点数
    ...: print('计算得到的上证 50ETF 基金收益率年化波动率',round(ETF_volatility,6))
计算得到的上证 50ETF 基金收益率年化波动率 0.234811
```

通过以上的测算可以得到上证 50ETF 基金收益率的年化波动率是等于 23.481 1%。此外，将波动率的输出结果转为单一的浮点数（浮点型），是为了在后续的编程中输出的希腊字母结果也能够是单一的浮点数，而不带其他的数据结构。

任务 3 的代码

```
In [21]: T_calculate=dt.datetime(2019,6,28)         #设定计算期权希腊字母的日期
    ...: T_mature_call=dt.datetime(2019,8,28)        #50ETF 购 8 月 3200 的到期日
    ...: T_mature_put=dt.datetime(2019,9,25)         #50ETF 沽 9 月 2800 的到期日

In [22]: K_call=3.2                                  #50ETF 购 8 月 3200 的执行价格
```

```
        ...: K_put=2.8                                    #50ETF沽9月2800的执行价格
        ...: Shibor=0.02708                               #2019年6月28日3个月期Shibor利率

In [23]: ETF_Jun28=float(ETF_price.loc['2019-06-28'])    #2019年6月28日ETF净值并转为单一的
浮点数

In [24]: Delta_call=Option_letter(S=ETF_Jun28,K=K_call,sigma=ETF_volatility,r=Shibor,
T0=T_calculate,T1=T_mature_call,letter='Delta',optype='call')
        ...: Gamma_call=Option_letter(S=ETF_Jun28,K=K_call,sigma=ETF_volatility,r=Shibor,
T0=T_calculate,T1=T_mature_call,letter='Gamma',optype='call')
        ...: Theta_call=Option_letter(S=ETF_Jun28,K=K_call,sigma=ETF_volatility,r=Shibor,
T0=T_calculate,T1=T_mature_call,letter='Theta',optype='call')
        ...: Vega_call=Option_letter(S=ETF_Jun28,K=K_call,sigma=ETF_volatility,r=Shibor,
T0=T_calculate,T1=T_mature_call,letter='Vega',optype='call')
        ...: Rho_call=Option_letter(S=ETF_Jun28,K=K_call,sigma=ETF_volatility,r=Shibor,
T0=T_calculate,T1=T_mature_call,letter='Rho',optype='call')
        ...: print('2019年6月28日50ETF购8月3200的Delta值',round(Delta_call,6))
        ...: print('2019年6月28日50ETF购8月3200的Gamma值',round(Gamma_call,6))
        ...: print('2019年6月28日50ETF购8月3200的Theta值',round(Theta_call,6))
        ...: print('2019年6月28日50ETF购8月3200的Vega值',round(Vega_call,6))
        ...: print('2019年6月28日50ETF购8月3200的Rho值',round(Rho_call,6))
2019年6月28日50ETF购8月3200的Delta值  0.225943
2019年6月28日50ETF购8月3200的Gamma值 1.061606
2019年6月28日50ETF购8月3200的Theta值  -0.271785
2019年6月28日50ETF购8月3200的Vega值   0.362547
2019年6月28日50ETF购8月3200的Rho值    0.105488

In [25]: Delta_put=Option_letter(S=ETF_Jun28,K=K_put,sigma=ETF_volatility,r=Shibor,
T0=T_calculate,T1=T_mature_put,letter='Delta',optype='put')
        ...: Gamma_put=Option_letter(S=ETF_Jun28,K=K_put,sigma=ETF_volatility,r=Shibor,
T0=T_calculate,T1=T_mature_put,letter='Gamma',optype='put')
        ...: Theta_put=Option_letter(S=ETF_Jun28,K=K_put,sigma=ETF_volatility,r=Shibor,
T0=T_calculate,T1=T_mature_put,letter='Theta',optype='put')
        ...: Vega_put=Option_letter(S=ETF_Jun28,K=K_put,sigma=ETF_volatility,r=Shibor,
T0=T_calculate,T1=T_mature_put,letter='Vega',optype='put')
        ...: Rho_put=Option_letter(S=ETF_Jun28,K=K_put,sigma=ETF_volatility,r=Shibor,
T0=T_calculate,T1=T_mature_put,letter='Rho',optype='put')
        ...: print('2019年6月28日50ETF沽9月2800的Delta值',round(Delta_put,6))
        ...: print('2019年6月28日50ETF沽9月2800的Gamma值',round(Gamma_put,6))
        ...: print('2019年6月28日50ETF沽9月2800的Theta值',round(Theta_put,6))
        ...: print('2019年6月28日50ETF沽9月2800的Vega值',round(Vega_put,6))
        ...: print('2019年6月28日50ETF沽9月2800的Rho值',round(Rho_put,6))
2019年6月28日50ETF沽9月2800的Delta值  -0.286038
2019年6月28日50ETF沽9月2800的Gamma值 0.994265
2019年6月28日50ETF沽9月2800的Theta值  -0.213928
2019年6月28日50ETF沽9月2800的Vega值   0.495408
2019年6月28日50ETF沽9月2800的Rho值    -0.221582
```

将以上输出的期权希腊字母计算结果汇总在表 9-5 中，并且从表中可以得出以下五点结论：

一是针对期权 Delta 值，看涨期权是正数，看跌期权是负数，并且当华夏上证 50EFT 基金（基础资产）净值上涨 1 元，看涨期权合约价格上升 0.225 9 元，看跌期权合约价格则下跌 0.286 0 元；

二是针对期权 Gamma 值，无论是看涨期权还是看跌期权均为正数，并且表明当华夏上证 50EFT 基金净值上涨 0.1 元，会导致看涨期权 Delta 值增加 0.1062、看跌期权 Delta 值增加 0.099 4；

三是针对 Theta 值，无论是看涨期权还是看跌期权均为负数，并且 1 个自然日过去后，看涨期权的价值下降 0.000 744 6 元（即−0.271 785/365），看跌期权的价值下降 0.000 586 1 元（即−0.213 928/365）；

四是针对 Vega 值，无论是看涨期权还是看跌期权也均为正数，并且当华夏上证 50EFT 基金收益率的年化波动率提高 1%，看涨期权的价值将提高 0.003 625 元，看跌期权的价值则提高 0.004 954 元；

五是针对 Rho 值，看涨期权是正数，看跌期权是负数，当无风险利率上升 1%，则看涨期权价值增加 0.001 054 元，看跌期权价值下降 0.002 216 元。

表 9-5　2019 年 6 月 28 日 2 只期权的希腊字母数值

期权合约名称	Delta 值	Gamma 值	Theta 值	Vega 值	Rho 值
50ETF 购 8 月 3200（欧式看涨期权）	0.225 943	1.061 606	−0.271 785	0.362 547	0.105 488
50ETF 沽 9 月 2800（欧式看跌期权）	−0.286 038	0.994 265	−0.213 928	0.495 408	−0.221 582

9.3　期权对冲策略——以 50ETF 沽 6 月 2050 期权为分析对象

9.3.1　案例详情

C 公司是一家新成立的保险资产管理公司（总部位于北京），出于谨慎的原则，在管理的权益类投资组合中仅配置了华夏上证 50ETF 基金共计 1 000 万份。假定你是该公司的一位投资经理，负责管理公司权益类证券投资工作。

在 2018 年末公司管理层经过分析认为 2019 年上半年 A 股市场可能面临较大的下行风险，要求你在 2019 年 1 月 3 日采用 50ETF 期权对冲华夏上证 50ETF 基金净值下跌的风险，同时又能够抓住基金净值上升的机会。你通过分析最终选择 50ETF 沽 6 月 2050 期权合约进行对冲，表 9-6 就列示了该期权合约的主要要素信息。此外，2019 年 1 月 3 日华夏上证 50ETF 基金净值是 2.265 元/份。

表 9-6　50ETF 沽 6 月 2050 期权合约的主要要素信息

合 约 代 码	合 约 简 称	执 行 价 格	上　市　日	到　期　日	合 约 单 位
10001672	50ETF 沽 6 月 2050	2.05	2019 年 1 月 3 日	2019 年 6 月 26 日	10 000

注：上表中的合约单位 10 000 表示该期权合约基础资产是对应 1 万份华夏上证 50ETF 基金。

数据来源：上海证券交易所。

在 2019 年 6 月末，按照公司要求，你准备向管理层提交一份关于 50ETF 沽 6 月 2050 存续期间内期权对冲策略有效性的总结报告，为了撰写这份报告，你需要运用 Python 完成 4 项编程任务。

9.3.2　编程任务

【任务 1】导入包含 2018 年 1 月至 2019 年 6 月期间华夏上证 50ETF 基金日净值数据的 Excel 文件，计算 2018 年期间基金日收益率以及年化的收益波动率；同时，假定用 3 个月期 Shibor 利率作为无风险利率，并且 2019 年 1 月 3 日该利率为 3.246%，计算 2019 年 1 月 3 日 50ETF 沽 6 月 2050 期权的 Delta 值以及当天需要运用多少张期权才能够最优对冲华夏上证 50ETF 基金净值下跌的风险。

【任务 2】基于任务 1 导入的基金净值数据，计算在 50ETF 沽 6 月 2050 期权合约存续期内（2019 年 1 月 3 日至 6 月 26 日），C 公司持有华夏上证 50ETF 基金的市值时间序列；此外，导入包含 50ETF 沽 6 月 2050 期权合约每日结算价数据的 Excel 文件（与任务 1 相同的 Excel 文件但是数据存放于 Sheet2 工作表），计算运用期权进行风险对冲后整个投资组合的市值时间序列。

【任务 3】为了对比的需要，你在报告中增加了 C 公司选择运用上证 50 股指期货对华夏上证 50ETF 基金进行套期保值的情景，同时选择上证 50 期货 1906 合约，表 9-7 就列示了该期货合约的主要要素信息。导入包含期货合约存续期内的上证 50 期货 1906 合约日结算价数据的 Excel 文件（与任务 1 相同的 Excel 文件但是数据存放于 Sheet3 工作表），计算在 2019

年 1 月 3 日套期保值所需上证 50 期货 1906 合约的最优合约数量，同时计算运用该期货套期保值后整个投资组合的市值时间序列。

表 9-7 上证 50 期货 1906 合约的主要要素信息

合 约 代 码	合 约 简 称	上 市 日	到 期 日	合 约 乘 数
IH1906	上证 50 期货 1906 合约	2018 年 10 月 22 日	2019 年 6 月 21 日	每点 300 元

数据来源：中国金融期货交易所。

【任务 4】基于任务 2 和任务 3 的计算结果，将 2019 年 1 月 3 日至 6 月 26 日期间未风险对冲的华夏上证 50ETF 基金市值时间序列、运用期权对冲风险后的整个投资组合市值时间序列以及运用期货套期保值后的整个投资组合市值时间序列（截止到 6 月 21 日）进行可视化，最终比较有无套期保值以及运用不同衍生产品对冲风险的效果。

9.3.3 编程提示

- 针对任务 1，可以运用本章 9.2 节通过 Python 自定义计算期权希腊字母的函数计算期权 Delta 值。此外，根据期权希腊字母 Delta 的定义，当基金净值变动金额为 ΔS 时，看跌期权价格变化金额 ΔP 的表达式如下：

$$\Delta P = Delta \times \Delta S \qquad (9\text{-}3)$$

考虑到 1 张 50ETF 期权的合约单位是 10000，对冲 1000 万份华夏上证 50ETF 基金所需要的 50ETF 沽 6 月 2050 期权合约数量就是 10 000 000/($Delta \times 10\ 000$)。

- 针对任务 3，可以运用第 8 章 8.3 节练习案例中通过 Python 自定义计算期货合约最优套保数量的函数，并且考虑到上证 50 期货 1906 合约的基础资产是上证 50 指数，而投资者投资的华夏上证 50ETF 是基于上证 50 指数的 ETF 基金，因此可以推测出期货最优套保比率 $h^* = 1$。

9.3.4 参考代码与说明

任务 1 的代码

```
In [26]: ETF_price=pd.read_excel('C:/Desktop/华夏 50ETF、50ETF 期权和上证 50 期货的数据.xlsx',
sheet_name="Sheet1",header=0,index_col=0)                    #导入外部数据并且是 Sheet1

In [27]: ETF_return=np.log(ETF_price/ETF_price.shift(1))       #计算华夏上证 50ETF 基金日收益率
```

```
          ...: ETF_return=ETF_return.dropna()                    #删除缺失值的行

    In [28]: ETF_return_2018=ETF_return.loc['2018-01-01':'2018-12-31']    #选取 2018 年华夏上证
50ETF 基金的日收益率

    In [29]: ETF_volatility=np.sqrt(252)*ETF_return_2018.std()     #计算 2018 年华夏上证 50ETF 基金
日收益的年化波动率
          ...: ETF_volatility=float(ETF_volatility)              #转为单一的浮点数
          ...: print('2018 年华夏上证 50ETF 基金收益的年化波动率',round(ETF_volatility,6))
    2018 年华夏上证 50ETF 基金收益的年化波动率 0.21711

    In [30]: T_calculate=dt.datetime(2019,1,3)                   #设定计算期权希腊字母的日期
          ...: T_mature=dt.datetime(2019,6,26)                   #50ETF 沽 6 月 2050 的到期日
          ...: K_put=2.05                                        #50ETF 沽 6 月 2050 的执行价格
          ...: Shibor=0.03246                                    #2019 年 1 月 3 日 3 个月期 Shibor 利率
          ...: ETF_Jan3=float(ETF_price.loc['2019-01-03'])       #取 2019 年 1 月 3 日的华夏上证 50ETF 基金净值
并且转为浮点数

    In [31]: Delta_put=Option_letter(S=ETF_Jan3,K=K_put,sigma=ETF_volatility,r=Shibor,
T0=T_calculate,T1=T_mature,letter='Delta',optype='put') #利用第 9.2 节练习案例中自定义的函数
          ...: print('2019 年 1 月 3 日 50ETF 沽 6 月 2050 的 Delta 值', round(Delta_put,6))
    2019 年 1 月 3 日 50ETF 沽 6 月 2050 的 Delta 值 -0.199471

    In [32]: units_put=10000                      #一张 50ETF 沽 6 月 2050 对应的华夏上证 50ETF 基金份数
          ...: ETF_shares=1e7                      #投资者投资华夏上证 50ETF 基金总份数

    In [33]: N_put=-ETF_shares/(units_put*Delta_put)    #用于对冲风险的 50ETF 沽 6 月 2050 张数

    In [34]: import math                           #导入 Math 模块
          ...: if math.modf(N_put)[0]>0.5:          #该函数返回包含小数部分和整数部分的元组
          ...:     N_put=math.ceil(N_put)           #实现小数位的四舍五入
          ...: else:
          ...:     N_put=math.floor(N_put)          #实现小数位的四舍五入

    In [35]: print('2019 年 1 月 3 日用于对冲风险的 50ETF 沽 6 月 2050 张数',N_put)
    2019 年 1 月 3 日用于对冲风险的 50ETF 沽 6 月 2050 张数 5013
```

从以上的输出可以得到，在 2018 年期间华夏上证 50ETF 基金收益的年化波动率为 21.711%，同时在 2019 年 1 月 3 日，50ETF 沽 6 月 2050 的 Delta 值等于–0.199 5，用于对冲华夏上证 50ETF 基金净值下跌风险的 50ETF 沽 6 月 2050 合约数量是 5013 张（多头头寸）。

任务 2 的代码

```
    In [36]: ETF_value=ETF_shares*ETF_price.loc['2019-01-03':'2019-06-26']   #计算期权存续期内投
资的 ETF 市值时间序列

    In [37]: put_price=pd.read_excel('C:/Desktop/华夏50ETF、50ETF期权和上证50期货的数据.xlsx',
sheet_name="Sheet2",header=0,index_col=0)           #导入外部数据并且是 Sheet2
```

```
In [38]: profit_put=N_put*units_put*(put_price-put_price.iloc[0])      #创建期权盈亏的时间序列

In [39]: port_hedged_value1=ETF_value+np.array(profit_put)             #创建运用期权对冲风险后的投
资组合市值时间序列
    ...: port_hedged_value1.columns=['运用期权对冲后的投资组合']              #将列名做个修改

In [40]: port_hedged_value1.head()
Out[40]:
          运用期权对冲后的投资组合
日期
2019-01-03    22650000.0
2019-01-04    22513479.0
2019-01-07    22378154.0
2019-01-08    22268102.0
2019-01-09    22337556.0

In [41]: port_hedged_value1.tail()
Out[41]:
          运用期权对冲后的投资组合
日期
2019-06-20    27404410.0
2019-06-21    27354410.0
2019-06-24    27459397.0
2019-06-25    27069397.0
2019-06-26    27014384.0
```

从以上输出的结果可以看出，由于是运用看跌期权对冲风险，因此当股票市场处于上升
通道时，运用期权对冲后的整个投资组合市值依然是处于上升的趋势。

任务 3 的代码

```
In [42]: future_price=pd.read_excel('C:/Desktop/华夏 50ETF、50ETF 期权和上证 50 期货的数据.xlsx',
sheet_name="Sheet3",header=0,index_col=0)                  #导入外部数据并且是 Sheet3

In [43]: ETF_value_Jan3=ETF_value.loc['2019-01-03']        #取 2019 年 1 月 3 日投资 ETF 的市值
    ...: units_future=300                                  #上证 50 期货 1906 合约的合约乘数
    ...: future_value_Jan3=units_future*future_price.loc['2019-01-03']  #计算 2019 年 1 月 3
日 1 张期货的价值
    ...: ETF_value_Jan3=float(ETF_value_Jan3)              #转为单一的浮点数
    ...: future_value_Jan3=float(future_value_Jan3)        #转为单一的浮点数

In [44]: def N(h,Q_A,Q_F):                  #第 8 章 8.3 节自定义计算期货合约最优套保数量的函数
    ...:     ''' 构建计算期货合约的最优套保数量的函数
    ...:     h: 代表了最优套保比率；
    ...:     Q_A: 代表了被套期保值资产的金额；
    ...:     Q_F: 代表了 1 张期货合约的规模。 '''
    ...:     import math                       #导入 math 模块
    ...:     N=h*Q_A/Q_F                       #计算期货合约的最优套保数量
    ...:     if math.modf(N)[0]>0.5:          #该函数将返回一个包含小数部分和整数部分的元组
    ...:         N=math.ceil(N)               #实现小数位的四舍五入
```

```
    ...:       else:
    ...:           N=math.floor(N)              #实现小数位的四舍五入
    ...:       return N

In [45]: N_future=N(h=1,Q_A=ETF_value_Jan3,Q_F=future_value_Jan3)   #计算 2019 年 1 月 3 日运用
期货套期保值的最优数量
    ...: print('2019 年 1 月 3 日运用上证 50 期货 1906 合约套期保值的合约数量（空头）', N_future)
2019 年 1 月 3 日运用上证 50 期货 1906 合约套期保值的合约数量（空头） 33

In [46]: profit_future=-N_future*units_future*(future_price.loc['2019-01-03':'2019-06-
21']- future_price.loc['2019-01-03'])        #计算从 2019 年 1 月 3 日后期货合约盈亏时间序列

In [47]: port_hedged_value2=ETF_value.loc['2019-01-03':'2019-06-21']+np.array(profit_future)
#创建经货套期保值后的整个投资组合价值
    ...: port_hedged_value2.columns=['运用期货套期保值后的投资组合']   #将列名做修改

In [48]: port_hedged_value2.head()
Out[48]:
          运用期货套期保值后的投资组合
日期
2019-01-03        22650000.0
2019-01-04        22620840.0
2019-01-07        22585100.0
2019-01-08        22580240.0
2019-01-09        22547400.0

In [49]: port_hedged_value2.tail()
Out[49]:
          运用期货套期保值后的投资组合
日期
2019-06-17        22952680.0
2019-06-18        23003480.0
2019-06-19        22962640.0
2019-06-20        23073520.0
2019-06-21        23021144.0
```

从以上的输出结果可以看到，运用上证 50 期货 1906 合约开展套期保值的最优合约数量是 33 张期货空头头寸。同时，运用期货套期保值以后，相比 2019 年初与 2019 年 6 月中下旬，整个投资组合的市值变化并不大。

任务 4 的代码

```
In [50]: plt.figure(figsize=(9,6))
    ...: plt.plot(ETF_value,'b-',label=u'未对冲风险的投资组合',lw=2.5)
    ...: plt.plot(port_hedged_value1,'r-',label=u'用期权对冲风险的整体投资组合',lw=2.5)
    ...: plt.plot(port_hedged_value2,'m-',label=u'用期货套期保值的整体投资组合',lw=2.5)
    ...: plt.xticks(fontsize=13)
    ...: plt.xlabel(u'日期',fontsize=13)
    ...: plt.yticks(fontsize=13)
```

```
   ...: plt.ylabel(u'市值',fontsize=13,rotation=90)
   ...: plt.title(u'未风险对冲与风险对冲的投资组合市值走势',fontsize=13)
   ...: plt.legend(fontsize=13)
   ...: plt.grid()
   ...: plt.show()
```

从图 9-2 中可以比较明显看到，由于在 2019 年上半年整个 A 股市场处于上涨行情，因此，对于未采用风险对冲的投资组合以及采用看跌期权多头进行风险对冲后的整体投资组合，市值均处于上升通道中。相比之下，采用期货空头进行套期保值的整体投资组合市值基本上处在一条水平线上。因此，运用看跌期权不仅规避了基础资产价格下跌的风险并且还可以获取了基础资产价格上升带来的收益；相比之下，运用期货套期保值虽然避免了基础资产价格下跌带来的亏损风险，但是也放弃了基础资产价格上升带来的潜在收益。

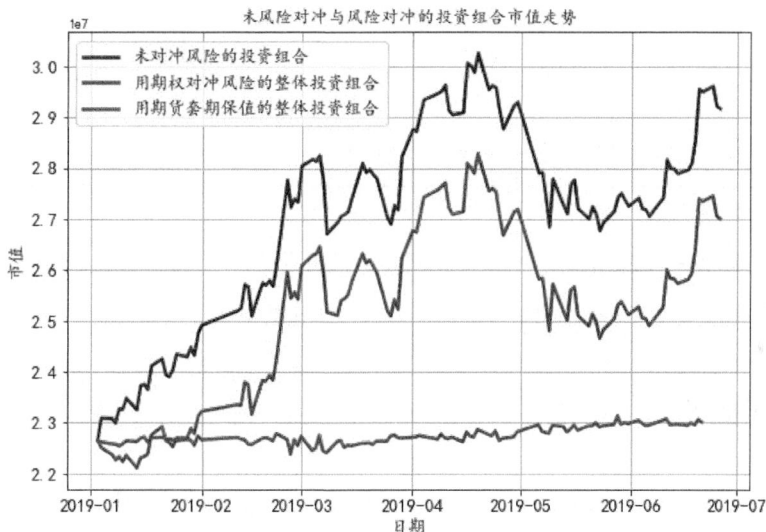

图 9-2 未风险对冲、用期权对冲风险、用期货套期保值的三类投资组合市值走势

9.4 期权隐含波动率——以 3 只上证 50ETF 期权为分析对象

9.4.1 案例详情

D 公司是总部位于上海的一家券商资产管理公司，为了进一步丰富资管产品线，公司近

期正在考虑推出一款以期权波动率交易策略作为主要策略的资管产品[①]，并且期权的选择范围主要是上证 50ETF 期权。

假定你是该公司的一位衍生产品资深分析师，日常工作就是研究并跟踪在上海证券交易所挂牌交易的上证 50ETF 期权，近期重点关注 50ETF 购 12 月 2800 合约、50ETF 购 12 月 3000 合约以及 50ETF 购 12 月 3200 合约这 3 只期权，表 9-8 就列示了这些期权合约在上市首日 2019 年 4 月 25 日的主要要素。

表 9-8 3 只上证 50ETF 期权在 2019 年 4 月 25 日（上市首日）的主要要素

期权代码	合约简称	执行价格	结算价（2019 年 4 月 25 日）	上市日	到期日	期权类型
10001828	50ETF 购 12 月 2800	2.8	0.343 2	2019 年 4 月 25 日	2019 年 12 月 25 日	欧式看涨期权
10001832	50ETF 购 12 月 3000	3.0	0.243 8			
10001834	50ETF 购 12 月 3200	3.2	0.168 8			

数据来源：上海证券交易所。

为了能够有效配合公司的产品团队研发期权波动率交易策略的产品，你负责提供关于表 9-8 中这些期权的隐含波动率数据信息，为此需要通过 Python 完成 3 项编程任务。

9.4.2 编程要求

【任务 1】依据期权价格的经典模型——布莱克-斯科尔斯-默顿模型计算期权的隐含波动率，同时为了计算的便捷性，通过 Python 自定义计算期权隐含波动率的函数，建议采用二分查找法作为迭代计算的方法，此外，在该自定义函数中可以输入包括计算日、期权到期日等具体日期的参数。

【任务 2】假定运用 3 个月期 Shibor 利率作为无风险利率，同时 2019 年 4 月 25 日华夏上证 50ETF 基金的单位净值是 2.913、3 个月期 Shibor 利率是 2.88%，并结合表 9-8 的信息以及

[①] 期权波动率交易策略的核心就是通过期权的隐含波动率与基础资产历史波动率之间的价差进行获利，属于市场中性类的策略，该策略收益对于整个市场的涨跌不是很敏感。针对相关策略的详细介绍可以阅读谢尔登·纳坦恩伯格（Sheldon Natenberg）的《期权波动率交易策略》（*Option Volatility Trading Strategies*）一书，该书中文版于 2014 年 11 月由机械工业出版社出版发行，大连商品交易所翻译。

任务 1 自定义计算期权隐含波动率的函数，依次计算 50ETF 购 12 月 2800 合约、50ETF 购 12 月 3000 合约以及 50ETF 购 12 月 3200 合约这 3 个期权合约在当天的隐含波动率。

【任务 3】假定在 2019 年 9 月末，产品部门要求你提供这 3 个期权在存续期内的隐含波动率时间序列数据。需要在 Python 中分别导入包含 2019 年 4 月 25 日至 2019 年 9 月末期间期权的每日结算价、华夏上证 50ETF 基金的每日净值和 3 个月期 Shibor 利率日数据的 3 个 Excel 文件（表 9-9 列示了部分数据），结合任务 1 自定义的函数，计算 3 个期权在存续期内的隐含波动率时间序列并且进行可视化。

表 9-9　3 只上证 50 期权、华夏上证 50ETF 基金以及 Shibor 部分日数据
（2019 年 4 月 25 日至 2019 年 9 月末）

日期	50ETF 购 6 月 2300（结算价）	50ETF 购 6 月 2400（结算价）	50ETF 购 6 月 2500（结算价）	华夏上证 50ETF 基金（单位净值）	3 个月期 SHIBOR
2019-04-25	0.343 2	0.243 8	0.168 8	2.913 0	2.880%
2019-04-26	0.317 7	0.222 1	0.150 1	2.878 0	2.896%
2019-04-29	0.330 3	0.230 0	0.155 8	2.924 0	2.923%
......					
2019-09-26	0.220 1	0.100 6	0.037 6	2.978 0	2.732%
2019-09-27	0.225 1	0.105 4	0.039 8	2.980 0	2.726%
2019-09-30	0.191 9	0.085 0	0.031 0	2.948 0	2.728%

数据来源：上海证券交易所、Shibor 网站。

9.4.3　编程提示

虽然通过本章 9.1 节的看涨期权定价公式（9-1）或看跌期权定价公式（9-2）可以将 σ 表示为变量 c（或 p）、S_0、K、r、T 的函数，但是由于无法直接反解这个函数，只能运用迭代方法求解出隐含的 σ 值。

常用的迭代方法包括牛顿迭代法和二分查找法。考虑到牛顿迭代法在计算隐含波动率的过程中，涉及的计算步骤会比较多，运算效率比较低，尤其是在求解隐含波动率的时间序列过程中需要耗费较多的时间，因此在本练习案例中不建议读者运用牛顿迭代法[①]。

---

① 读者若想了解运用牛顿迭代法求解期权隐含波动率的内容，可以参见由人民邮电出版社 2019 年 10 月出版的《基于 Python 的金融分析与风险管理》一书第 10 章 10.6 节关于牛顿迭代法的介绍。

9.4.4 参考代码与说明

任务 1 的代码

```
In [51]: def implied_volatility(P,S,K,r,T0,T1,optype):
    ...:     '''运用布莱克-斯科尔斯-默顿定价模型计算期权的隐含波动率
    ...:        并且运用的迭代算法是二分查找法
    ...:        P: 代表观察到的期权市场价格;
    ...:        S: 代表期权基础资产的价格;
    ...:        K: 代表期权的执行价格;
    ...:        r: 代表无风险收益率(连续复利);
    ...:        T0: 代表期权隐含波动率的计算日, 以 datetime 时间对象格式输入;
    ...:        T1: 代表期权合约的到期日, 格式与 T0 相同;
    ...:        optype: 代表期权类型, 输入 optypes='call'表示看涨期权, 否则是看跌期权。'''
    ...:     from scipy.stats import norm        #从 SciPy 的子模块 stats 中导入 norm 函数
    ...:     T=(T1-T0).days/365                  #计算期权的剩余期限
    ...:     sigma_min=0.00001                   #设置波动率的初始最小值
    ...:     sigma_max=1.000                     #设置波动率的初始最大值
    ...:     sigma_mid=(sigma_min+sigma_max)/2   #设置波动率的初始平均值
    ...:     if optype=='call':                  #当期权是看涨期权
    ...:         def call_BS(S,K,sigma,r,T):
    ...:             d1=(np.log(S/K)+(r+pow(sigma,2)/2)*T)/(sigma*np.sqrt(T))
    ...:             d2=d1-sigma*np.sqrt(T)
    ...:             call_value=S*norm.cdf(d1)-K*np.exp(-r*T)*norm.cdf(d2)
    ...:             return call_value
    ...:         call_min=call_BS(S,K,sigma_min,r,T)
    ...:         call_max=call_BS(S,K,sigma_max,r,T)
    ...:         call_mid=call_BS(S,K,sigma_mid,r,T)
    ...:         diff=P-call_mid
    ...:         if P<call_min or P>call_max:
    ...:             print('Error')
    ...:         while abs(diff)>1e-6:
    ...:             diff=P-call_BS(S,K,sigma_mid,r,T)
    ...:             sigma_mid=(sigma_min+sigma_max)/2
    ...:             call_mid=call_BS(S,K,sigma_mid,r,T)
    ...:             if P>call_mid:
    ...:                 sigma_min=sigma_mid
    ...:             else:
    ...:                 sigma_max=sigma_mid
    ...:     else:                               #当期权是看跌期权
    ...:         def put_BS(S,K,sigma,r,T):
    ...:             d1=(np.log(S/K)+(r+pow(sigma,2)/2)*T)/(sigma*np.sqrt(T))
    ...:             d2=d1-sigma*np.sqrt(T)
    ...:             put_value=K*np.exp(-r*T)*norm.cdf(-d2)-S*norm.cdf(-d1)
    ...:             return put_value
    ...:         put_min=put_BS(S,K,sigma_min,r,T)
    ...:         put_max=put_BS(S,K,sigma_max,r,T)
```

```
    ...:         put_mid=put_BS(S,K,sigma_mid,r,T)
    ...:         diff=P-put_mid
    ...:         if P<put_min or P>put_max:
    ...:             print('Error')
    ...:         while abs(diff)>1e-6:
    ...:             diff=P-put_BS(S,K,sigma_mid,r,T)
    ...:             sigma_mid=(sigma_min+sigma_max)/2
    ...:             put_mid=put_BS(S,K,sigma_mid,r,T)
    ...:             if P>put_mid:
    ...:                 sigma_min=sigma_mid
    ...:             else:
    ...:                 sigma_max=sigma_mid
    ...:     return sigma_mid
```

通过以上自定义的函数，只需要输入期权市场价格、基础资产的价格、执行价格、无风险收益率、期权隐含波动率的计算日、期权合约到期日以及期权类型等参数，就可以高效地利用二分查找法求解得到期权隐含波动率。

任务 2 的代码

```
In [52]: P_ETF_Apr25=2.913                        #2019 年 4 月 25 日华夏上证 50ETF 的单位净值
    ...: Shibor_Apr25=0.0288                       #2019 年 4 月 25 日 3 个月期 Shibor 利率
    ...: T_calculate=dt.datetime(2019,4,25)        #设定计算隐含波动率的日期
    ...: T_mature=dt.datetime(2019,12,25)          #设定期权到期日

In [53]: K_c28=2.8                                 #设定 50ETF 购 12 月 2800 合约的执行价格
    ...: K_c30=3.0                                  #设定 50ETF 购 12 月 3000 合约的执行价格
    ...: K_c32=3.2                                  #设定 50ETF 购 12 月 3200 合约的执行价格

In [54]: P_c28_Apr25=0.3432                        #2019 年 4 月 25 日 50ETF 购 12 月 2800 合约的结算价
    ...: P_c30_Apr25=0.2438                         #2019 年 4 月 25 日 50ETF 购 12 月 3000 合约的结算价
    ...: P_c32_Apr25=0.1688                         #2019 年 4 月 25 日 50ETF 购 12 月 3200 合约的结算价

In [55]: imp_vol_c28=implied_volatility(P=P_c28_Apr25,S=P_ETF_Apr25,K=K_c28, r=Shibor_Apr25,
T0=T_calculate,T1=T_mature,optype='call')
    ...: imp_vol_c30=implied_volatility(P=P_c30_Apr25,S=P_ETF_Apr25,K=K_c30, r=Shibor_Apr25,
T0=T_calculate,T1=T_mature,optype='call')
    ...: imp_vol_c32=implied_volatility(P=P_c32_Apr25,S=P_ETF_Apr25,K=K_c32, r=Shibor_Apr25,
T0=T_calculate,T1=T_mature,optype='call')
    ...: print('2019 年 4 月 25 日 50ETF 购 12 月 2800 合约的隐含波动率',round(imp_vol_c28,6))
    ...: print('2019 年 4 月 25 日 50ETF 购 12 月 3000 合约的隐含波动率',round(imp_vol_c30,6))
    ...: print('2019 年 4 月 25 日 50ETF 购 12 月 3200 合约的隐含波动率',round(imp_vol_c32,6))
2019 年 4 月 25 日 50ETF 购 12 月 2800 合约的隐含波动率 0.272885
2019 年 4 月 25 日 50ETF 购 12 月 3000 合约的隐含波动率 0.271151
2019 年 4 月 25 日 50ETF 购 12 月 3200 合约的隐含波动率 0.270942
```

根据以上的运算结果，这 3 只期权计算得到的隐含波动率是比较接近，处于 27% 至 27.3% 的区间内。此外，随着期权执行价格的上升，隐含波动率不断下降。

任务 3 的代码

```
In [56]: options_price=pd.read_excel('C:/Desktop/3 个 50ETF 期权、华夏上证 50ETF 和 3 个月期 Shibor
利率.xlsx',sheet_name="Sheet1",header=0,index_col=0)      #导入外部数据并且是 Sheet1
    ...: EFT_price=pd.read_excel('C:/Desktop/3 个 50ETF 期权、华夏上证 50ETF 和 3 个月期 Shibor
利率.xlsx',sheet_name="Sheet2",header=0,index_col=0)      #导入外部数据并且是 Sheet2
    ...: Shibors=pd.read_excel('C:/Desktop/3 个 50ETF 期权、华夏上证 50ETF 和 3 个月期 Shibor 利
率.xlsx',sheet_name="Sheet3",header=0,index_col=0)      #导入外部数据并且是 Sheet3

In [57]: impvol_c28_list=np.ones(len(options_price.index))      #创建一个存放 50ETF 购 12 月 2800
合约隐含波动率的初始数组
    ...: impvol_c30_list=np.ones(len(options_price.index))      #创建一个存放 50ETF 购 12 月 3000
合约隐含波动率的初始数组
    ...: impvol_c32_list=np.ones(len(options_price.index))      #创建一个存放 50ETF 购 12 月 3200
合约隐含波动率的初始数组

In [58]: for i in range(len(options_price.index)):  #通过 for 循环计算 3 个期权的隐含波动率时间序列
    ...:     T_calculate=str((options_price.index)[i])    #隐含波动率的计算日期并转为字符串格式
    ...:     T_calculate=dt.datetime.strptime(T_calculate,'%Y-%m-%d %H:%M:%S')    #转为 datetime
时间对象
    ...:     ETF_daily=float(EFT_price.iloc[i])           #提取计算日的 ETF 净值并转为单一的浮点数
    ...:     Shibor_daily=float(Shibors.iloc[i])          #提取计算日的 Shibor 并转为单一的浮点数
    ...:     impvol_c28_list[i]=implied_volatility(P=options_price['50ETF 购 12 月 2800'].
iloc[i], S=ETF_daily,K=K_c28,r=Shibor_daily,T0=T_calculate,T1=T_mature,optype='call')
    ...:     impvol_c30_list[i]=implied_volatility(P=options_price['50ETF 购 12 月 3000'].
iloc[i], S=ETF_daily,K=K_c30,r=Shibor_daily,T0=T_calculate,T1=T_mature,optype='call')
    ...:     impvol_c32_list[i]=implied_volatility(P=options_price['50ETF 购 12 月 3200'].
iloc[i], S=ETF_daily,K=K_c32,r=Shibor_daily,T0=T_calculate,T1=T_mature,optype='call')

In [59]: impvol_c28_list=pd.DataFrame(data=impvol_c28_list,index=options_price.index, columns=
['50ETF 购 12 月 2800 隐含波动率'])                         #生成数据框的格式
    ...: impvol_c30_list=pd.DataFrame(data=impvol_c30_list,index=options_price.index, columns=
['50ETF 购 12 月 3000 隐含波动率'])                         #生成数据框的格式
    ...: impvol_c32_list=pd.DataFrame(data=impvol_c32_list,index=options_price.index, columns=
['50ETF 购 12 月 3200 隐含波动率'])                         #生成数据框的格式

In [60]: plt.figure(figsize=(9,6))
    ...: plt.plot(impvol_c28_list,'b-',label=u'50ETF 购 12 月 2800',lw=2.5)
    ...: plt.plot(impvol_c30_list,'r-',label=u'50ETF 购 12 月 3000',lw=2.5)
    ...: plt.plot(impvol_c32_list,'m-',label=u'50ETF 购 12 月 3200',lw=2.5)
    ...: plt.xticks(fontsize=13)
    ...: plt.xlabel(u'日期',fontsize=13)
    ...: plt.yticks(fontsize=13)
    ...: plt.ylabel(u'隐含波动率',fontsize=13,rotation=90)
    ...: plt.title(u'3 只 50ETF 期权的隐含波动率走势',fontsize=14)
    ...: plt.legend(fontsize=13)
    ...: plt.grid()
    ...: plt.show()
```

通过图 9-3 可以得出以下 3 个结论：一是隐含波动率处于下行通道。在 2019 年 4 月

25 日至 2019 年 9 月期间，虽然期权隐含波动率出现了一定的震荡，但整体的趋势是下降；二是 3 只期权的隐含波动率呈现出"聚合→分化"的走势。具体而言，在期权上市的初期，不同执行价格期权的隐含波动率是非常接近的，随后就开始出现一定的差异和分化，并且随着期权到期日越来越临近，这种分化有加剧的态势；三是期权执行价与隐含波动率成正比。可以明显看到从 2019 年 8 月开始，执行价格越高对应的隐含波动率也越高，反之则反是。

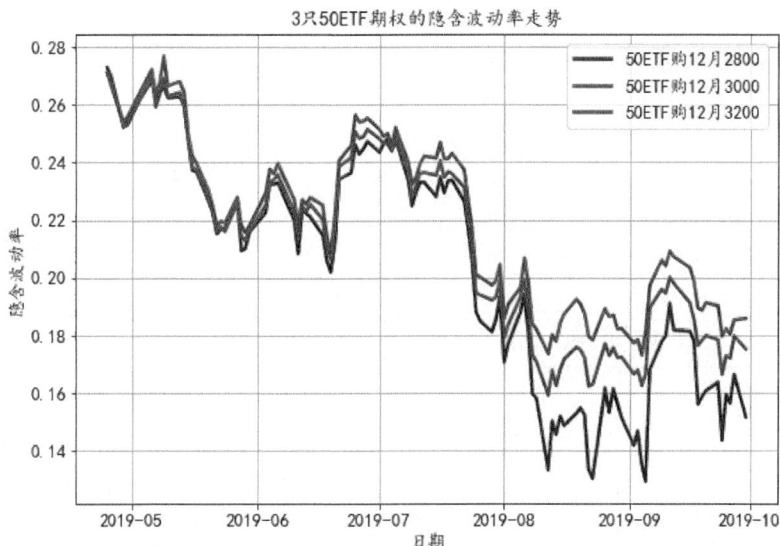

图 9-3　3 只上证 50ETF 期权隐含波动率的走势图（2019 年 4 月 25 日至 2019 年 9 月末）

9.5　单一期权与基础资产交易策略——以 50ETF 期权和基金为分析对象

9.5.1　案例详情

　　E 公司是总部位于天津的一家期货资管公司，该公司希望能够丰富产品的投资策略类型，提供具有良好收益风险比的产品以满足投资者的需求。为此公司计划在 2019 年年底之前推出一款全新的量化资管产品，该产品的投资策略之一就是基于单一期权与单一基础资产的交易策略，该策略将运用在上海证券交易挂牌交易的上证 50ETF 期权以及期权对应的基础资产——

华夏上证 50ETF 基金，并且希望构建买入备兑看涨期权、卖出保护看跌期权这两类不同的子策略。

　　在推出新款的量化资管产品之前，E 公司先运用一定金额的自有资金进行策略尝试，选择的期权合约包括 2019 年 9 月 25 日到期的 50ETF 购 9 月 2700、50ETF 购 9 月 2800、50ETF 购 9 月 2900、50ETF 沽 9 月 2750、50ETF 沽 9 月 2850 以及 50ETF 沽 9 月 2950 合约等 6 只期权合约，表 9-10 就列示了这些期权合约的主要要素信息。

表 9-10　6 只上证 50ETF 期权合约的主要要素信息

期 权 代 码	合 约 简 称	执 行 价 格	上 市 日	到 期 日	期 权 类 型
10001701	50ETF 购 9 月 2700	2.70	2019 年 2 月 11 日		欧式 看涨期权
10001717	50ETF 购 9 月 2800	2.80	2019 年 2 月 21 日		
10001744	50ETF 购 9 月 2900	2.90	2019 年 2 月 26 日	2019 年 9 月 25 日	
10001710	50ETF 沽 9 月 2750	2.75	2019 年 2 月 14 日		欧式 看跌期权
10001747	50ETF 沽 9 月 2850	2.85	2019 年 2 月 26 日		
10001749	50ETF 沽 9 月 2950	2.95	2019 年 2 月 26 日		

数据来源：上海证券交易所。

　　同时，E 公司构建交易策略的日期是 2019 年 3 月 1 日，策略到期日与期权到期日保持一致（即 2019 年 9 月 25 日），表 9-11 列示了在策略存续期间这些 50ETF 期权合约以及华夏上证 50ETF 基金的部分日数据，全部数据存放在 Excel 文件，并且期权结算价保存在 Sheet1 工作表、基金净值保存在 Sheet2 工作表。

表 9-11　6 只 50ETF 期权合约结算价和华夏上证 50ETF 单位净值的部分日数据
（2019 年 3 月 1 日至 9 月 25 日期间）

证券简称	50ETF 购 9 月 2700	50ETF 购 9 月 2800	50ETF 购 9 月 2900	50ETF 沽 9 月 2750	50ETF 沽 9 月 2850	50ETF 沽 9 月 2950	华夏上证 50ETF 基金
2019-03-01	0.304 9	0.249 2	0.199 6	0.146 9	0.192 3	0.246 0	2.805
2019-03-04	0.316 4	0.259 2	0.210 4	0.145 2	0.191 5	0.244 4	2.818
2019-03-05	0.320 4	0.267 7	0.221 1	0.149 7	0.199 0	0.254 4	2.814
......							
2019-09-23	0.281 7	0.182 1	0.081 4	0.000 2	0.000 4	0.004 3	2.981
2019-09-24	0.287 0	0.187 0	0.087 0	0.000 1	0.000 1	0.001 0	2.991
2019-09-25	0.277 0	0.177 0	0.077 0	0.000 0	0.000 0	0.000 0	2.979

数据来源：上海证券交易所。

假定你是 E 公司的投资总监，目前正在审阅投资团队提交的策略运作总结报告。为了验证报告中相关数据结论的正确性，你希望运用 Python 完成 3 项编程任务。

9.5.2 编程任务

【任务 1】首先 E 公司各运用 100 张 50ETF 购 9 月 2700、50ETF 购 9 月 2800、50ETF 购 9 月 2900 以及共 300 万份华夏上证 50ETF 基金构建 3 类不同的买入备兑看涨期权策略（每类策略用 100 万份华夏上证 50ETF 基金），并且导入包括 2019 年 3 月 1 日至 9 月 25 日（策略存续期间）6 只期权日结算价数据和华夏上证 50ETF 基金日单位净值数据的 Excel 文件，计算每类策略收益的时间序列。

【任务 2】同时，E 公司各运用 100 张 50ETF 沽 9 月 2750、50ETF 沽 9 月 2850 以及 50ETF 沽 9 月 2950 合约以及共 300 万份华夏上证 50ETF 基金构建 3 类不同的卖出保护看跌期权策略（每类策略依然用 100 万份华夏上证 50ETF 基金），基于任务 1 导入的数据，计算每类策略收益的时间序列。

【任务 3】将上述任务 1 和任务 2 得到的不同策略收益的时间序列进行可视化，为了便于对比建议采用 2×1 的子图形式呈现，第 1 张子图展示买入备兑看涨期权策略，第 2 张子图展示卖出保护看跌期权策略。

9.5.3 编程提示

- 针对任务 1，表 9-12 就梳理了构建买入备兑看涨期权策略在投资组合中涉及的相关金融资产以及具体的数量。

表 9-12 买入备兑看涨期权策略的投资组合情况

策　略	投资组合涉及的金融资产及数量
买入备兑看涨期权策略之一	100 张 50ETF 购 9 月 2700 的期权多头头寸，100 万份上证 50ETF 基金空头头寸
买入备兑看涨期权策略之二	100 张 50ETF 购 9 月 2800 的期权多头头寸，100 万份上证 50ETF 基金空头头寸
买入备兑看涨期权策略之三	100 张 50ETF 购 9 月 2900 的期权多头头寸，100 万份上证 50ETF 基金空头头寸

- 针对任务 2，表 9-13 也梳理了构建卖出保护看跌期权策略在投资组合中涉及的相关金融资产以及具体的数量。

表 9-13　卖出保护看跌期权策略的投资组合情况

策　略	投资组合涉及的金融资产及数量
卖出保护看跌期权策略之一	100 张 50ETF 沽 9 月 2750 的期权空头头寸，100 万份上证 50ETF 基金空头头寸
卖出保护看跌期权策略之二	100 张 50ETF 沽 9 月 2850 的期权空头头寸，100 万份上证 50ETF 基金空头头寸
卖出保护看跌期权策略之三	100 张 50ETF 沽 9 月 2950 的期权空头头寸，100 万份上证 50ETF 基金空头头寸

9.5.4　参考代码与说明

任务 1 的代码

```
In [61]: options_price=pd.read_excel('C:/Desktop/2019 年 9 月到期的 50ETF 期权与华夏上证 50ETF
的日数据.xlsx',sheet_name="Sheet1",header=0,index_col=0)        #导入外部数据并且是 Sheet1
    ...: ETF_price=pd.read_excel('C:/Desktop/2019 年 9 月到期的 50ETF 期权与华夏上证 50ETF 的日数
据.xlsx',sheet_name="Sheet2",header=0,index_col=0)              #导入外部数据并且是 Sheet2

In [62]: options_price.columns  #查看数据框的列名
Out[62]:
Index(['50ETF 购 9 月 2700', '50ETF 购 9 月 2800', '50ETF 购 9 月 2900', '50ETF 沽 9 月 2750',
       '50ETF 沽 9 月 2850', '50ETF 沽 9 月 2950'],
      dtype='object')

In [63]: ETF_price.columns       #查看数据框的列名
Out[63]: Index(['华夏上证 50ETF'], dtype='object')

In [64]: N_call27=100           #50ETF 购 9 月 2700 的总份数
    ...: N_call28=100           #50ETF 购 9 月 2800 的总份数
    ...: N_call29=100           #50ETF 购 9 月 2900 的总份数
    ...: units=10000            #1 张期权的基础资产是对应 10000 份华夏上证 50ETF 基金
    ...: N_ETF=1e6              #100 万份华夏上证 50ETF 基金（每类策略中使用的数量）

In [65]: return_call27=N_call27*units*(options_price['50ETF 购 9 月 2700']-options_price
['50ETF 购 9 月 2700'].iloc[0])        #50ETF 购 9 月 2700 期间日收益额时间序列
    ...: return_call28=N_call28*units*(options_price['50ETF 购 9 月 2800']-options_price
['50ETF 购 9 月 2800'].iloc[0])        #50ETF 购 9 月 2800 期间日收益额时间序列
    ...: return_call29=N_call29*units*(options_price['50ETF 购 9 月 2900']-options_price
['50ETF 购 9 月 2900'].iloc[0])        #50ETF 购 9 月 2900 期间日收益额时间序列

In [66]: return_ETF=N_ETF*(ETF_price-ETF_price.iloc[0])        #100 万份华夏上证 50ETF 基金的期间日
收益额时间序列

In [67]: return_covcall27=return_call27-return_ETF['华夏上证 50ETF']  #50ETF 购 9 月 2700（多
头）和华夏上证 50ETF 基金（空头）构建买入备兑看涨期权策略期间收益额时间序列
    ...: return_covcall28=return_call28-return_ETF['华夏上证 50ETF']  #50ETF 购 9 月 2800（多
头）和华夏上证 50ETF 基金（空头）构建买入备兑看涨期权策略期间收益额时间序列
```

```
    ...: return_covcall29=return_call29-return_ETF['华夏上证50ETF']  #50ETF购9月2900（多
头）和华夏上证50ETF基金（空头）构建买入备兑看涨期权策略期间收益额时间序列
```

任务 2 的代码

```
In [68]: N_put275=100          #50ETF沽9月2750的总份数
    ...: N_put285=100          #50ETF沽9月2850的总份数
    ...: N_put295=100          #50ETF沽9月2950的总份数

In [69]: return_put275=N_put275*units*(options_price['50ETF沽9月2750']- options_price
['50ETF沽9月2750'].iloc[0])      #50ETF沽9月2750期间日收益额时间序列
    ...: return_put285=N_put285*units*(options_price['50ETF沽9月2850']- options_price
['50ETF沽9月2850'].iloc[0])      #50ETF沽9月2850期间日收益额时间序列
    ...: return_put295=N_put295*units*(options_price['50ETF沽9月2950']- options_price
['50ETF沽9月2950'].iloc[0])      #50ETF沽9月2950期间日收益额时间序列

In [70]: return_protput275=-return_put275-return_ETF['华夏上证50ETF']  #50ETF沽9月2750(空
头）和华夏上证50ETF基金（空头）构建卖出保护看跌期权策略期间收益额时间序列
    ...: return_protput285=-return_put285-return_ETF['华夏上证50ETF']  #50ETF购9月2850(空
头）和华夏上证50ETF基金（空头）构建卖出保护看跌期权策略期间收益额时间序列
    ...: return_protput295=-return_put295-return_ETF['华夏上证50ETF']  #50ETF购9月2950(空
头）和华夏上证50ETF基金（空头）构建卖出保护看跌期权策略期间收益额时间序列
```

任务 3 的代码

```
In [71]: plt.figure(figsize=(9,11))
    ...: plt.subplot(2,1,1)       #第1行、第1列的子图
    ...: plt.plot(return_covcall27,'b-',label=u'50ETF购9月2700构建买入备兑看涨期权',lw=2.5)
    ...: plt.plot(return_covcall28,'r-',label=u'50ETF购9月2800构建买入备兑看涨期权',lw=2.5)
    ...: plt.plot(return_covcall29,'m-',label=u'50ETF购9月2900构建买入备兑看涨期权', lw=2.5)
    ...: plt.xticks(fontsize=13)
    ...: plt.yticks(fontsize=13)
    ...: plt.ylabel(u'收益',fontsize=13,rotation=90)
    ...: plt.legend(fontsize=13)
    ...: plt.grid()
    ...: plt.subplot(2,1,2)       #第2行、第1列的子图
    ...: plt.plot(return_protput275,'b-',label=u'50ETF沽9月2750构建卖出保护看跌期权', lw=2.5)
    ...: plt.plot(return_protput285,'r-',label=u'50ETF沽9月2850构建卖出保护看跌期权', lw=2.5)
    ...: plt.plot(return_protput295,'m-',label=u'50ETF沽9月2950构建卖出保护看跌期权', lw=2.5)
    ...: plt.xticks(fontsize=13)
    ...: plt.xlabel(u'日期',fontsize=13)
    ...: plt.yticks(fontsize=13)
    ...: plt.ylabel(u'收益',fontsize=13,rotation=90)
    ...: plt.legend(fontsize=13)
    ...: plt.grid()
    ...: plt.show()
```

图 9-4 分为上下两个子图，上方的子图是依次用 3 只看涨期权与华夏上证 50ETF 基金构建买入备兑看涨期权策略的收益序列，下方的子图是依次用 3 只看跌期权与华夏上证 50ETF 基金构建卖出保护看跌期权策略的收益序列。通过目测图 9-4 可以得到以下 4 个结论：

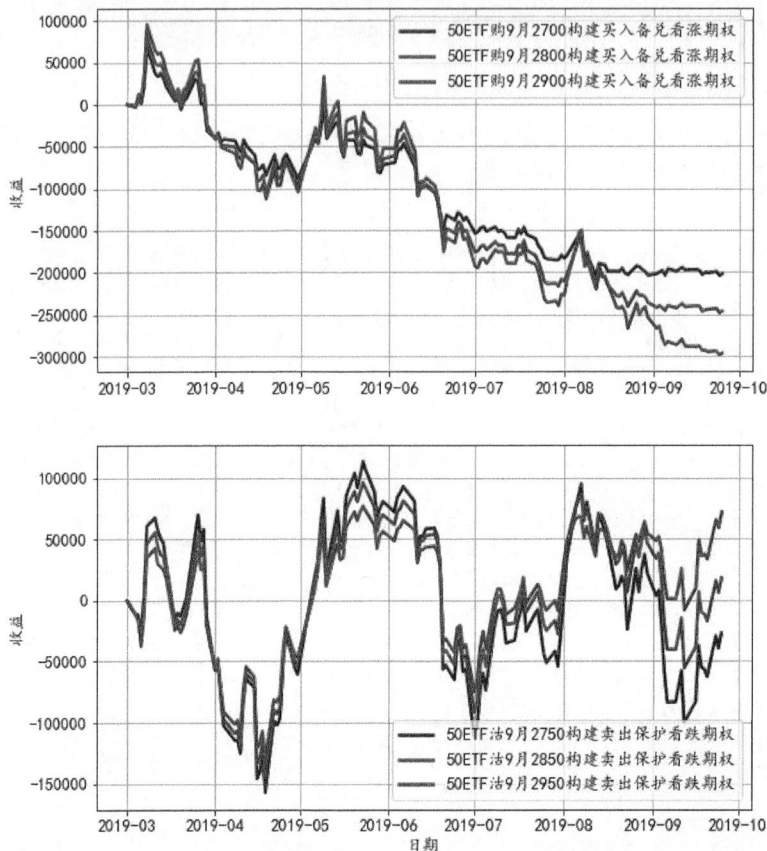

图 9-4 构建买入备兑看涨期权策略和卖出保护看跌期权策略的收益时间序列图
（2019 年 3 月 1 日至 9 月 25 日期间）

一是运用不同执行价格的期权所构建的期权策略在期间收益的走势上是具有一定同步性；

二是买入备兑看涨期权策略在大多数交易日是负收益，相比之下，卖出保护看跌期权策略实现正收益和负收益的交易日天数基本相当；

三是针对买入备兑看涨期权策略，运用执行价格较低的看涨期权所构建策略的收益波动要低于用执行价格较高的看涨期权所构建策略的收益波动；

四是针对卖出保护看跌期权策略，运用执行价格较高的看跌期权所构建策略的收益波动要低于用执行价格较低的看跌期权所构建策略的收益波动。

因此，选择期权执行价格时应当与投资者的风险承受能力匹配。对于风险承受能力偏低的投资者可以运用较低执行价格的看涨期权构建买入备兑看涨期权策略或者较高执行价格的看跌期权构建卖出保护看跌期权策略。相反，较高执行价格的看涨期权构建买入备兑看涨期权策略或者较低执行价格的看跌期权构建卖出保护看跌期权策略则更适合风险承受能力较高的投资者。

9.6 期权牛市价差策略——以阴极铜期权为分析对象

9.6.1 案例详情

F 公司是总部位于南昌并且以阴极铜作为原材料的一家生产厂商，如果阴极铜价格上涨就会给该公司带来生产成本的增加，进而对营业利润造成负面影响，相反如果阴极铜价格下跌则会增加公司的盈利。

该公司在 2018 年 10 月中旬经过充分研究后预计在未来近 1 年内阴极铜价格会大概率保持震荡上行的趋势，为规避阴极铜价格震荡上行的风险同时不愿意放弃阴极铜未来价格可能的下跌而带来成本下降的收益，公司拟采用在上海期货交易所挂牌交易的阴极铜期货期权合约构建期权的牛市价差策略（bull spread strategy）。表 9-14 就列示了阴极铜期货期权合约要素信息。

表 9-14 上海期货交易所挂牌交易的阴极铜期货期权合约要素信息

要 素 名 称	要 素 说 明
合约标的物（基础资产）	阴极铜期货合约（在上海期货交易所挂牌交易）
合约单位	5 吨
合约类型	欧式看涨期权、欧式看跌期权
交易单位	1 手阴极铜期货合约
报价单位	元/吨
最小变动价位	1 元/吨
涨跌停板幅度	与阴极铜期货合约涨跌停板幅度相同 涨跌停板幅度=标的期货合约上一交易日结算价×标的期货合约当日涨跌停板比例
合约月份	与上市标的期货合约相同
交易时间	上午 9:00～11:30、下午 13:30～15:00 及交易所规定的其他时间

续表

要 素 名 称	要 素 说 明
最后交易日	标的期货合约交割月前一个月的倒数第五个交易日，交易所可以根据国家法定节假日调整最后交易日
到期日	与最后交易日相同
行权价格	行权价格≤40 000 元/吨，行权价格间距 500 元/吨； 40 000 元/吨＜行权价格≤80 000 元/吨，行权价格间距 1 000 元/吨； 行权价格＞80 000 元/吨，行权价格间距 2 000 元/吨
交易代码（期权代码）	看涨期权：CU-合约月份-C-行权价格； 看跌期权：CU-合约月份-P-行权价格

数据来源：上海期货交易所。

同时，公司通过研究分析后，决定构建期权的牛市价差策略是运用 2018 年 10 月 16 日上市、2019 年 9 月 24 日到期的 4 只期权合约，具体包括沪铜 1910 购 45000 合约、沪铜 1910购 51000 合约、沪铜 1910 沽 46000 合约以及沪铜 1910 沽 52000 合约等 4 只期权合约用于构建两组牛市价差策略，相关期权合约的主要要素信息见表 9-15。

表 9-15　用于构建牛市价差策略的阴极铜期货期权合约要素信息

期权代码	期权简称	执行价格	期权类型	上市日	到期日	合约标的
CU1910C45000	沪铜 1910 购 45000	45 000 元/吨	欧式看涨期权	2018 年 10 月 16 日	2019 年 9 月 24 日	沪铜 1910 期货合约
CU1910C51000	沪铜 1910 购 51000	51 000 元/吨				
CU1910P46000	沪铜 1910 沽 46000	46 000 元/吨	欧式看跌期权			
CU1910P52000	沪铜 1910 沽 52000	52 000 元/吨				

数据来源：上海期货交易所。

假定你是 F 公司的财务总监，2019 年 9 月末正在阅读交易团队提交的关于公司开展牛市价差策略的总结报告，为了能够对报告中的相关信息进行有效验证，你希望运用 Python 完成3 项编程任务。

9.6.2　编程任务

【任务 1】F 公司首先运用 100 张沪铜 1910 购 45000 合约多头头寸和 100 张沪铜 1910购 51000 合约空头头寸构建期权牛市价差策略，要求在 Python 中导入包括 2018 年 10 月 16日至 2019 年 9 月 24 日（期权存续期）期权日结算价数据的 Excel 表，计算该策略的日收益额时间序列。

【任务 2】F 公司同时也运用 100 张沪铜 1910 沽 46000 合约多头头寸和 100 张沪铜 1910 沽 52000 合约空头头寸构造期权牛市价差策略作为对比策略，并基于任务 1 导入的数据，计算该策略的日收益额时间序列。

【任务 3】针对在任务 1 和任务 2 依次通过看涨期权、看跌期权构造的期权牛市价差策略，将策略日收益额时间序列进行可视化，为了满足对比的需要，建议通过 3×1 的子图形式分别展示牛市价差策略日收益金额（第 1 张子图）、2 只看涨期权的日结算价（第 2 张子图）和 2 只看跌期权的日结算价（第 3 张子图）。

9.6.3 编程提示

牛市价差（bull spread）策略是一种很流行的期权价差策略，该策略要求持有一个较低执行价格的欧式看涨期权多头头寸（或者较低执行价格的欧式看跌期权多头头寸），同时持有一个较高执行价格的欧式看涨期权空头头寸（或者较高执行价格的欧式看跌期权空头头寸），这两个期权的基础资产和合约期限均相同。

一般而言，如果投资者认为未来基础资产价格将保持震荡上行或温和上涨的趋势，就可采用牛市价差策略。此外，牛市价差策略虽然限制了策略的收益但同时也有效控制了潜在损失的幅度。

9.6.4 编程代码与说明

任务 1 的代码

```
In [72]: option_copper_price=pd.read_excel('C:/Desktop/上海期货交易所铜期权合约结算价数
据.xlsx',sheet_name="Sheet1",header=0,index_col=0)  #导入外部数据

In [73]: option_copper_price.columns              #查看数据框的列名
Out[73]: Index(['沪铜1910购45000', '沪铜1910购51000', '沪铜1910沽46000', '沪铜1910沽52000'],
dtype='object')

In [74]: N_call45=100                             #沪铜1910购45000期权合约的张数
   ...: N_call51=100                             #沪铜1910购51000期权合约的张数
   ...: units=5                                  #1张沪铜期权基础资产是5吨铜期货合约

In [75]: return_call45=N_call45*units*(option_copper_price['沪铜1910 购 45000']- option_
copper_price['沪铜1910 购 45000'].iloc[0])        #沪铜1910购45000合约的收益时间序列
   ...: return_call51=N_call51*units*(option_copper_price['沪铜1910 购 51000']- option_
copper_price['沪铜1910 购 51000'].iloc[0])        #沪铜1910购51000合约的收益额时间序列
```

```
In [76]: bullspread_call=return_call45-return_call51    #用沪铜1910购45000多头和沪铜1910购
51000空头构建牛市价差策略的日收益额时间序列

In [77]: bullspread_call.describe()
Out[77]:
count    2.330000e+02
mean    -3.476481e+05
std      3.307169e+05
min     -1.084000e+06
25%     -6.425000e+05
50%     -3.375000e+05
75%     -3.450000e+04
max      2.305000e+05
dtype: float64
```

从以上的输出结果中可以看到，运用沪铜 1910 购 45000 合约多头头寸和沪铜 1910 购
51000 合约空头头寸构建期权牛市价差策略，该策略的期间收益额在多数交易日是亏损的，
其中，最大的亏损超过 108 万元，同时，最大的盈利则为 23.05 万元。

任务 2 的代码

```
In [78]: N_put46=100                    #沪铜1910沽46000期权合约的张数
   ...: N_put52=100                     #沪铜1910沽52000期权合约的张数

In [79]: return_put46=N_put46*units*(option_copper_price['沪铜1910沽46000']- option_
copper_price['沪铜1910沽46000'].iloc[0])      #沪铜1910沽46000合约的收益额时间序列
   ...: return_put52=N_put52*units*(option_copper_price['沪铜1910沽52000']- option_
copper_price['沪铜1910沽52000'].iloc[0])      #沪铜1910沽52000合约的收益额时间序列

In [80]: bullspread_put=return_put46-return_put52    #用沪铜1910沽46000多头和沪铜1910沽52000
空头构建牛市价差策略的日收益额时间序列

In [81]: bullspread_put.describe()
Out[81]:
count    2.330000e+02
mean    -4.822403e+05
std      3.889192e+05
min     -1.317000e+06
25%     -8.450000e+05
50%     -4.530000e+05
75%     -1.165000e+05
max      1.200000e+05
dtype: float64
```

从以上的输出结果不难得出，运用沪铜 1910 沽 46000 合约多头头寸和沪铜 1910 沽 52000
合约空头头寸所构造出来的期权牛市价差策略，该策略在多数交易日依然是亏损，其中，最
大的亏损达到 131.7 万元，最大的盈利是 12 万元，明确弱于任务 1 中运用看涨期权构建相同
策略的收益水平。

任务 3 的代码

```
In [82]: plt.figure(figsize=(9,11))
    ...: plt.subplot(3,1,1)                    #第1行第1列的子图
    ...: plt.plot(bullspread_call,'b-',label=u'看涨期权构建牛市价差策略',lw=2.5)
    ...: plt.plot(bullspread_put,'r-',label=u'看跌期权构建牛市价差策略',lw=2.5)
    ...: plt.xticks(fontsize=13,rotation=0)
    ...: plt.yticks(fontsize=13)
    ...: plt.ylabel(u'收益',fontsize=13)
    ...: plt.legend(fontsize=13)
    ...: plt.grid()
    ...: plt.subplot(3,1,2)                    #第2行第1列的子图
    ...: plt.plot(option_copper_price['沪铜1910购45000'],'c-',label=u'沪铜1910购45000')
    ...: plt.plot(option_copper_price['沪铜1910购51000'],'m-',label=u'沪铜1910购51000')
    ...: plt.xticks(fontsize=13,rotation=0)
    ...: plt.yticks(fontsize=13)
    ...: plt.ylabel(u'结算价',fontsize=13)
    ...: plt.legend(fontsize=13)
    ...: plt.grid()
    ...: plt.subplot(3,1,3)                    #第3行第1列的子图
    ...: plt.plot(option_copper_price['沪铜1910沽46000'],'y-',label=u'沪铜1910沽46000')
    ...: plt.plot(option_copper_price['沪铜1910沽52000'],'g-',label=u'沪铜1910沽52000')
    ...: plt.xticks(fontsize=13,rotation=0)
    ...: plt.xlabel(u'日期',fontsize=13)
    ...: plt.yticks(fontsize=13)
    ...: plt.ylabel(u'结算价',fontsize=13)
    ...: plt.legend(fontsize=13)
    ...: plt.grid()
    ...: plt.show()
```

从图 9-5 中可以很清楚看到，在期权存续期的多数交易日内，运用看涨期权构建牛市价差策略的期间收益要高于看跌期权构建的相同策略收益。然而，无论是运用看涨期权还是看跌期权，在此期间的大多数交易日策略是负收益，考虑到该期权策略是为了对冲 F 公司的原材料价格上涨的风险，因此策略是否适用需要结合公司具体的生产经营情况进行综合评估。

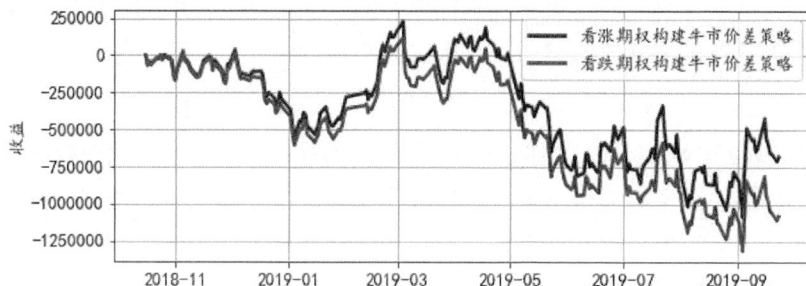

图 9-5 期权牛市价差策略的期间收益金额与相关期权结算价的走势图
（2018 年 10 月 16 日至 2019 年 9 月 24 日）

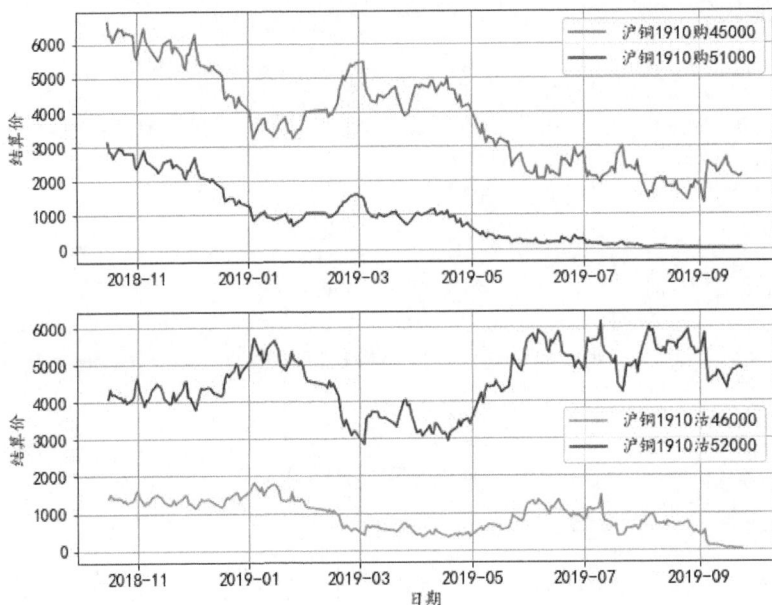

图 9-5 期权牛市价差策略的期间收益金额与相关期权结算价的走势图
（2018 年 10 月 16 日至 2019 年 9 月 24 日）（续）

9.7 期权熊市价差策略——以天然橡胶期权为分析对象

9.7.1 案例详情

G 公司是总部位于海口的一家生产天然橡胶的厂商，该公司的经营业绩会受到天然橡胶价格波动的影响，如果天然橡胶价格下行则会导致该公司收入下降，相反如果价格上涨则会提升公司收入。

该公司在 2019 年 1 月经过广泛的市场调研后认为在未来 7 个月天然橡胶的价格可能会保持震荡下行的趋势，为了规避价格下跌的风险，同时也希望获取天然橡胶价格未来可能的上涨而带来的收益，公司拟采用在上海期货交易所挂牌交易的天然橡胶期权合约构建期权的熊市价差策略。

上海期货交易所于 2019 年 1 月 28 日推出了全球第一个天然橡胶期权合约，表 9-16 就梳理了该期权合约的要素信息。

表 9-16 上海期货交易所挂牌交易的天然橡胶期权合约要素信息

合 约 要 素	要素的具体说明
合约标的物	天然橡胶期货合约（在上海期货交易所挂牌交易）
合约单位	10 吨
合约类型	美式看涨期权，美式看跌期权
交易单位	1 手天然橡胶期货合约
报价单位	元/吨
最小变动价位	1 元/吨
涨跌停板幅度	与天然橡胶期货合约涨跌停板幅度相同
合约月份	与上市标的期货合约相同
交易时间	上午 9:00 ~ 11:30，下午 13:30 ~ 15:00 及交易所规定的其他时间
最后交易日	标的期货合约交割月前一个月的倒数第五个交易日，交易所可以根据国家法定节假日等调整最后交易日
到期日	同最后交易日
行权价格	行权价格≤10 000 元/吨，行权价格间距为 100 元/吨； 10 000 元/吨 < 行权价格≤25 000 元/吨，行权价格间距为 250 元/吨； 行权价格 > 25 000 元/吨，行权价格间距为 500 元/吨
行权方式	买方（多头）可在期权到期日前任一交易日的交易时间提交行权申请
交易代码（期权代码）	看涨期权：RU-合约月份-C-行权价格 看跌期权：RU-合约月份-P-行权价格

数据来源：上海期货交易所。

同时，G 公司采用 2019 年 1 月 28 日上市、2019 年 8 月 26 日到期的 4 只期权合约，具体包括橡胶 1909 购 10500 合约、橡胶 1909 购 12500 合约、橡胶 1909 沽 11000 合约以及橡胶 1909 沽 13000 合约等 4 只期权构建两组熊市价差策略，具体期权要素信息见表 9-17。

表 9-17 用于构建熊市价差策略的相关天然橡胶期权合约主要要素信息

期权代码	期权简称	执行价格	期权类型	上市日	到期日	合约标的
RU1909C10500	橡胶 1909 购 10500	10 500 元/吨	美式看涨期权	2019 年 1 月 28 日	2019 年 8 月 26 日	天然橡胶 1909 期货 合约
RU1909C12500	橡胶 1909 购 12500	12 500 元/吨				
RU1909P11000	橡胶 1909 沽 11000	11 000 元/吨	美式看跌期权			
RU1909P13000	橡胶 1909 沽 13000	13 000 元/吨				

数据来源：上海期货交易所。

假定你是 G 公司的首席财务官，在 2019 年 8 月末审阅策略执行团队提交的开展熊市价差策略执行情况的全面回顾报告，为了亲自对报告中的部分关键信息进行验证，你需要借助 Python 完成 3 项编程任务。注意，G 公司在期权合约存续期间未对期权进行提前行权。

9.7.2　编程任务

【任务 1】G 公司首先运用看跌期权构建期权熊市价差策略，具体就是运用 100 张橡胶 1909 沽 11000 合约空头头寸和 100 张橡胶 1909 沽 13000 合约多头头寸构造期权牛市价差策略，要求从外部导入包括 2019 年 1 月 28 日至 2019 年 8 月 26 日（期权存续期）的表 9-17 中 4 只期权日结算价数据的 Excel 文件，计算该策略的日收益额时间序列。

【任务 2】G 公司同时也运用看涨期权构建期权熊市价差策略作为对比策略，具体就是运用 100 张橡胶 1909 购 10500 合约空头头寸和 100 张橡胶 1909 购 12500 合约多头头寸，计算该策略的日收益额时间序列。

【任务 3】针对在任务 1 和任务 2 分别通过看跌期权、看涨期权构造的期权熊市价差策略日收益额时间序列进行可视化，为了满足对比的需要，建议通过 2×1 的子图形式展示熊市价差策略日收益金额（第 1 张子图）、4 只天然橡胶期权的日结算价（第 2 张子图）。

9.7.3　编程提示

熊市价差策略（bear spread strategy）与本章 9.6 节的牛市价差策略刚好相反，该策略是持有较高执行价格的看跌期权多头（或者较高执行价格的看涨期权多头），同时持有较低执行价格的看跌期权空头（或者较低执行价格的看涨期权空头）构造而成。因此，当期权基础资产价格下跌的时候，该策略可以实现盈利，但是盈利有限；相反，当基础资产价格上涨的时候，策略将面临有限的亏损。

9.7.4　参考代码与说明

任务 1 的代码

```
In [83]: option_rubber_price=pd.read_excel('C:/Desktop/天然橡胶期权合约结算价.xlsx', sheet_name=
"Sheet1",header=0,index_col=0) #导入外部数据
```

```
In [84]: option_rubber_price.head()          #显示排在前五行的数据
Out[84]:
          橡胶 1909 购 10500   橡胶 1909 购 12500   橡胶 1909 沽 11000   橡胶 1909 沽 13000
日期
2019-01-28        1723              636              443              1522
2019-01-29        1555              519              457              1595
2019-01-30        1514              480              434              1582
2019-01-31        1391              416              478              1685
2019-02-01        1461              450              451              1623


In [85]: option_rubber_price.tail()          #显示排在最后五行的数据
Out[85]:
          橡胶 1909 购 10500   橡胶 1909 购 12500   橡胶 1909 沽 11000   橡胶 1909 沽 13000
日期
2019-08-20         300               1              603              2485
2019-08-21         138               1              633              2610
2019-08-22          91               1              642              2635
2019-08-23          83               1              640              2635
2019-08-26           1               1              660              2660


In [86]: N_put11000=100                      #橡胶 1909 沽 11000 合约的张数
    ...: N_put13000=100                      #橡胶 1909 沽 13000 合约的张数
    ...: units=10                            #1 张天然橡胶期权基础资产是对应 10 吨期货合约

In [87]: return_put11000=N_put11000*units*(option_rubber_price['橡胶 1909 沽 11000']-option_
rubber_price['橡胶 1909 沽 11000'].iloc[0])     #橡胶 1909 沽 11000 的收益额时间序列
    ...: return_put13000=N_put13000*units*(option_rubber_price['橡胶 1909 沽 13000']-option_
rubber_price['橡胶 1909 沽 13000'].iloc[0])     #橡胶 1909 沽 13000 的收益额时间序列

In [88]: bearspread_put=-return_put11000+return_put13000  #用橡胶 1909 沽 11000 空头和橡胶 1909
沽 13000 多头构建熊市价差策略的日收益额时间序列

In [89]: bearspread_put.describe()
Out[89]:
count      141.000000
mean     192624.113475
std      362208.750762
min     -366000.000000
25%      -79000.000000
50%       76000.000000
75%      420000.000000
max      921000.000000
dtype: float64
```

从以上的分析可以看到，运用两个看跌期权构建的熊市价差策略，在期权没有被提前行权的条件下，期权存续期的 141 个交易日内，策略最大亏损额是 36.6 万元，最高收益额则是

92.1 万元，并且在超过半数的交易日内实现正收益。

任务 2 的代码

```
In [90]: N_call10500=100                          #橡胶 1909 购 10500 合约的张数
    ...: N_call12500=100                          #橡胶 1909 购 12500 合约的张数

In [91]: return_call10500=N_call10500*units*(option_rubber_price['橡胶 1909 购 10500']-option_
rubber_price['橡胶 1909 购 10500'].iloc[0])       #橡胶 1909 购 10500 的收益额时间序列
    ...: return_call12500=N_call12500*units*(option_rubber_price['橡胶 1909 购 12500']-option_
rubber_price['橡胶 1909 购 12500'].iloc[0])       #橡胶 1909 购 12500 的收益额时间序列

In [92]: bearspread_call=-return_call10500+return_call12500  #用橡胶 1909 购 10500 空头和橡胶
1909 购 12500 多头构建熊市价差策略的日收益额时间序列

In [93]: bearspread_call.describe()
Out[93]:
count    1.410000e+02
mean     1.582979e+05
std      3.738563e+05
min     -3.610000e+05
25%     -1.160000e+05
50%      2.700000e+04
75%      3.270000e+05
max      1.087000e+06
dtype: float64
```

从以上的输出结果可以得到，当运用两个看涨期权构建的熊市价差策略，并且期权在没有提前行权的情况下，策略依然在超过一半的交易日实现了正收益，同时策略的亏损最大值达到 36.1 万元，收益最高额是 108.7 万元。如果仅仅以最大值作为评判策略优劣的标准，则用看涨期权构建的熊市价差策略是优于运用看跌期权构建的同一策略的。

任务 3 的代码

```
In [94]: plt.figure(figsize=(9,9))
    ...: plt.subplot(2,1,1)                    #第 1 行第 1 列的子图
    ...: plt.plot(bearspread_put,'b-',label=u'看跌期权构建熊市价差策略',lw=2.5)
    ...: plt.plot(bearspread_call,'r-',label=u'看涨期权构建熊市价差策略',lw=2.5)
    ...: plt.xticks(fontsize=13)
    ...: plt.yticks(fontsize=13)
    ...: plt.ylabel(u'收益',fontsize=13,rotation=90)
    ...: plt.legend(loc=9,fontsize=13)         #图列居于中间靠上位置
    ...: plt.grid()
    ...: plt.subplot(2,1,2)                    #第 2 行第 1 列的子图
    ...: plt.plot(option_rubber_price['橡胶 1909 沽 11000'],'c-',label=u'橡胶 1909 沽 11000')
    ...: plt.plot(option_rubber_price['橡胶 1909 沽 13000'],'m-',label=u'橡胶 1909 沽 13000')
    ...: plt.plot(option_rubber_price['橡胶 1909 购 10500'],'y-',label=u'橡胶 1909 购 10500')
```

```
...: plt.plot(option_rubber_price['橡胶 1909 购 12500'],'g-',label=u'橡胶 1909 购 12500')
...: plt.xticks(fontsize=13)
...: plt.xlabel(u'日期',fontsize=13)
...: plt.yticks(fontsize=13)
...: plt.ylim(0,3100)
...: plt.ylabel(u'结算价',fontsize=13,rotation=90)
...: plt.legend(loc=9,fontsize=12)
...: plt.grid()
...: plt.show()
```

从图 9-6 中可以得出以下 3 个结论。一是策略收益的同步性。在期权的存续期间，无论是运用看跌期权还是看涨期权构建的熊市价差策略在收益的趋势上存在同步性；二是策略的有效性。在多数交易日，熊市价差策略可以实现正收益，如果仅从收益的角度对策略进行评估，这意味着 G 公司构建的策略是合适和有效的；三是策略收益的差异性。运用看跌期权构建的熊市价差策略在多数交易日的收益要略高于用看涨期权构建的同一策略。

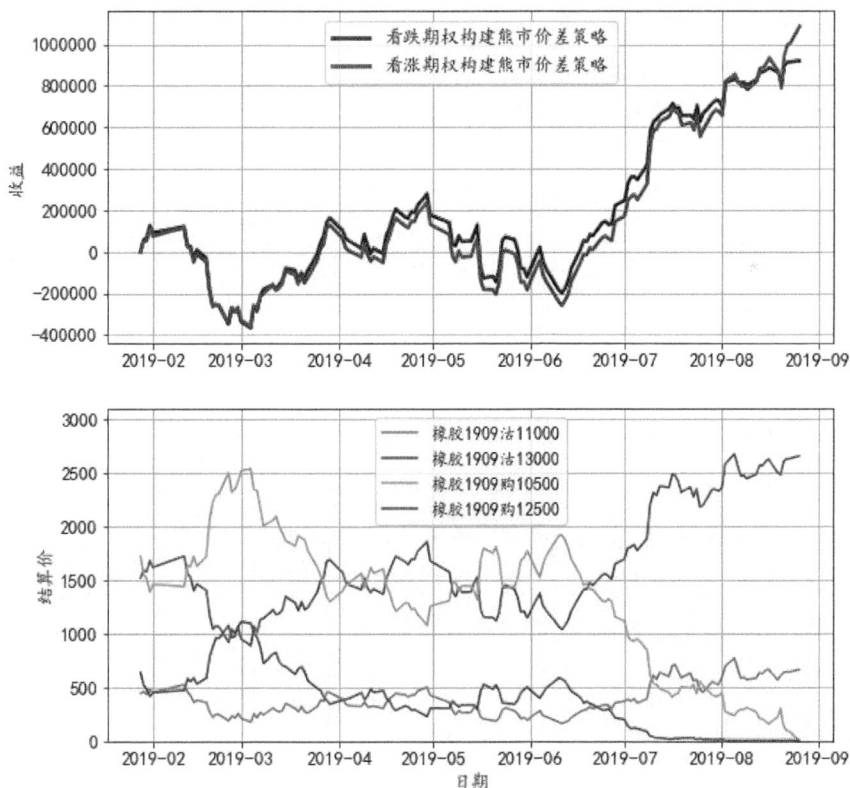

图 9-6 期权熊市价差策略的期间收益金额与天然橡胶期权结算价的走势图
（2019 年 1 月 28 日至 2019 年 8 月 26 日）

9.8 期权盒式价差策略——以 4 只上证 50ETF 期权为分析对象

9.8.1 案例详情

H 公司是注册地和总部均位于上海的一家外资控股证券公司,该公司在期权交易策略的研究与开发方面具有很强的市场竞争力,并且公司的衍生产品交易部门正在开发一款低风险的期权交易策略。具体而言该策略就是运用在上海证券交易所挂牌交易的上证 50ETF 期权构建一个期权盒式价差(box spread)策略,以此考察运用该策略是否存在无风险的套利机会。

对此,衍生产品交易部门运用 2018 年 12 月 3 日上市并且在 2019 年 6 月 26 日到期的 50ETF 购 6 月 2350、50ETF 购 6 月 2650、50ETF 沽 6 月 2350、50ETF 沽 6 月 2650 等 4 只期权构建盒式价差策略,在上市首日的期权要素信息如表 9-18 所示。

表 9-18　用于构建盒式价差策略的相关期权情况

期权代码	期权合约简称	执行价格	结算价 (2018 年 12 月 3 日)	期权类型	上市日	到期日
10001599	50ETF 购 6 月 2350	2.35 元	0.272 5 元	欧式看涨 期权	2018 年 12 月 3 日	2019 年 6 月 26 日
10001605	50ETF 购 6 月 2650	2.65 元	0.121 0 元			
10001608	50ETF 沽 6 月 2350	2.35 元	0.081 2 元	欧式看跌 期权		
10001614	50ETF 沽 6 月 2650	2.65 元	0.223 5 元			

数据来源:上海证券交易所。

假定你是 H 公司的首席量化策略官,负责公司衍生产品策略构建的日常工作,正在审阅由衍生产品交易部门提交的针对期权盒式价差策略的分析报告。你希望能够验证该报告中的核心信息,因此需要运用 Python 完成 3 项编程任务。

9.8.2 编程任务

【任务 1】为了今后测算的便利,通过 Python 自定义计算在期权到期日盒式价差策略收益金额的函数;同时,H 公司在 2018 年 12 月 3 日运用 100 张 50ETF 购 6 月 2350 合约多头头寸、100 张 50ETF 购 6 月 2650 合约空头头寸、100 张 50ETF 沽 6 月 2350 合约空头头寸以及 100 张 50ETF 沽 6 月 2650 合约多头头寸构建盒式价差策略,并且计算在期权到期日(2019 年 6 月 26 日)该策略的收益情况。

【任务 2】导入包含 2018 年 12 月 3 日至 2019 年 6 月 26 日期间 4 只期权结算价格数据的 Excel 文件,计算盒式价差策略的实际期间收益和理论期间收益,无风险收益率是运用 6 个月期 Shibor 利率并且在 2018 年 12 月 3 日该利率是 3.275%。

【任务 3】将任务 2 中计算得到的盒式价差策略的实际期间收益和理论期间收益进行可视化,为了满足对比的需要,建议通过 2×1 的子图形式展示盒式价差策略日收益金额(第 1 张子图)、4 只 50ETF 期权的日结算价(第 2 张子图)。

9.8.3 编程提示

盒式价差(box spread,也称为"箱式价差")策略是由一个牛市价差策略叠加一个熊市价差策略所构造。其中,牛市价差策略通常是由较低执行价格与较高执行价格的欧式看涨期权所构成,熊市价差策略通常是具有相同执行价格的欧式看跌期权所构成。

在期权到期日,无论期权基础资产价格如何变化,盒式价差策略的收益总是等于 $C_2-C_1+P_1-P_2+K_2-K_1$,其中,K_1 表示较低的期权执行价格,K_2 表示较高的期权执行价格,C_1 和 P_1 分别表示当前较低执行价格的看涨期权价格和看跌期权价格,C_2 和 P_2 分别表示当前较高执行价格的看涨期权价格和看跌期权价格。

盒式价差策略的理论期间收益就是该策略到期日收益的贴现值,具体就是 $(C_2-C_1+P_1-P_2+K_2-K_1)e^{-rT}$,其中 r 代表连续复利的无风险收益率,T 代表期权的剩余期限。

9.8.4 参考代码与说明

任务 1 的代码

```
In [95]: def boxspread_return(C1,C2,P1,P2,K1,K2,N,units):
    ...:     '''定义计算盒式价差策略到期日收益金额的函数
    ...:     C1: 表示在策略构建日较低执行价格的看涨期权价格;
    ...:     C2: 表示在策略构建日较高执行价格的看涨期权价格;
    ...:     P1: 表示在策略构建日较低执行价格的看跌期权价格;
    ...:     P2: 表示在策略构建日较高执行价格的看跌期权价格;
    ...:     K1: 表示较低的期权执行价格;
    ...:     K2: 表示较高的期权执行价格;
```

```
    ...:     N: 表示构建策略时运用的每一类期权运用的数量；
    ...:     units: 表示一份期权对应基础资产的数量。'''
    ...:     return N*units*(C2-C1+P1-P2+K2-K1)
```

在以上的自定义函数 boxspread_return 中，输入相应的期权价格、执行价格、期权数量以及 1 份期权对应基础资产的数量等参数，就可以快速计算出在期权到期日盒式价差策略的收益金额。

```
In [96]: P0_call2350=0.2725        #2018 年 12 月 3 日 50ETF 购 6 月 2350 的结算价
    ...: P0_call2650=0.121         #2018 年 12 月 3 日 50ETF 购 6 月 2650 的结算价
    ...: P0_put2350=0.0812         #2018 年 12 月 3 日 50ETF 沽 6 月 2350 的结算价
    ...: P0_put2650=0.2235         #2018 年 12 月 3 日 50ETF 沽 6 月 2650 的结算价
    ...: K_low=2.35                #较低执行价格（50ETF 购 6 月 2350、沽 6 月 2350 的执行价格）
    ...: K_high=2.65               #较高执行价格（50ETF 购 6 月 2650、沽 6 月 2650 的执行价格）
    ...: N_option=100              #每一类 50ETF 期权合约的张数
    ...: N_units=10000             #1 张 50ETF 期权对应的 50ETF 基金份数

In [97]: boxspread_maturity=boxspread_return(C1=P0_call2350,C2=P0_call2650,P1=P0_put2350,
P2=P0_put2650,K1=K_low,K2=K_high,N=N_option,units=N_units)   #计算期权盒式价差策略的到期收益额
    ...: print('2019 年 6 月 26 日（期权到期日）盒式价差策略的收益金额', round(boxspread_maturity,2))
2019 年 6 月 26 日（期权到期日）盒式价差策略的收益金额 6200.0
```

从以上的分析可以看到，在期权到期日，构建的盒式价差策略收益金额为 6 200 元，该收益是一个无风险的收益。

任务 2 的代码

```
In [98]: price_options=pd.read_excel('C:/Desktop/2019 年 6 月到期的上证 50ETF 期权日结算
价.xlsx',sheet_name="Sheet1",header=0,index_col=0)       #导入外部数据
    ...: price_options.columns                            #显示列名
Out[98]: Index(['50ETF 购 6 月 2350', '50ETF 购 6 月 2650', '50ETF 沽 6 月 2350', '50ETF 沽 6 月 2650'],
dtype='object')

In [99]: return_call2350=N_units*N_option*(price_options['50ETF 购 6 月 2350']-price_options
['50ETF 购 6 月 2350'].iloc[0])                            #50ETF 购 6 月 2350 的期间收益额
    ...: return_call2650=N_units*N_option*(price_options['50ETF 购 6 月 2650']-price_options
['50ETF 购 6 月 2650'].iloc[0])                            #50ETF 购 6 月 2650 的期间收益额
    ...: return_put2350=N_units*N_option*(price_options['50ETF 沽 6 月 2350']-price_options
['50ETF 沽 6 月 2350'].iloc[0])                            #50ETF 沽 6 月 2350 的期间收益额
    ...: return_put2650=N_units*N_option*(price_options['50ETF 沽 6 月 2650']-price_options
['50ETF 沽 6 月 2650'].iloc[0])                            #50ETF 沽 6 月 2650 的期间收益额

In [100]: boxspread_return_real=return_call2350-return_call2650-return_put2350+ return_
put2650                                                   #盒式价差策略的实际期间收益额

In [101]: r=0.03275                                       #无风险利率
    ...: T=np.zeros_like(boxspread_return_real)            #构建存放期权剩余期限的初始数组

In [102]: T_maturity=str((price_options.index)[-1])       #期权到期日的日期并转为字符串格式
```

```
                ...: T_maturity=dt.datetime.strptime(T_maturity,'%Y-%m-%d %H:%M:%S')   #转为 datetime
时间对象

    In [103]: for i in range(len(price_options.index)):   #通过 for 循环计算盒式价差策略理论期间收
益额的时间序列
                ...:    T_calculate=str((price_options.index)[i])   #计算理论期间收益额的日期并转为字符串格式
                ...:    T_calculate=dt.datetime.strptime(T_calculate,'%Y-%m-%d %H:%M:%S')       #转为
datetime 时间对象
                ...:    T[i]=(T_maturity-T_calculate).days/365   #计算每个交易日期权的剩余期限（年）

    In [104]: boxspread_return_theory=boxspread_maturity*np.exp(-r*T)   #期权存续期每个交易日盒式
价差策略的理论收益额

    In [105]: boxspread_return_theory=pd.DataFrame(data=boxspread_return_theory,index=price_
options.index,columns=['盒式价差策略的理论期间收益额'])   #转为数据框格式
```

任务 3 的代码

```
    In [106]: plt.figure(figsize=(9,9))
                ...: plt.subplot(2,1,1)            #第1行第1列的子图
                ...: plt.plot(boxspread_return_real,'r-',label=u'盒式价差策略的实际期间收益额',lw=2.5)
                ...: plt.plot(boxspread_return_theory,'b-',label=u'盒式价差策略的理论期间收益额',lw=2.5)
                ...: plt.xticks(fontsize=13)
                ...: plt.yticks(fontsize=13)
                ...: plt.ylabel(u'收益',fontsize=13,rotation=90)
                ...: plt.legend(fontsize=13)
                ...: plt.grid()
                ...: plt.subplot(2,1,2)            #第2行第1列的子图
                ...: plt.plot(price_options['50ETF购6月2350'],'c-',label=u'50ETF购6月2350')
                ...: plt.plot(price_options['50ETF购6月2650'],'m-',label=u'50ETF购6月2650')
                ...: plt.plot(price_options['50ETF沽6月2350'],'y-',label=u'50ETF沽6月2350')
                ...: plt.plot(price_options['50ETF沽6月2650'],'g-',label=u'50ETF沽6月2650')
                ...: plt.xticks(fontsize=13)
                ...: plt.xlabel(u'日期',fontsize=13)
                ...: plt.yticks(fontsize=13)
                ...: plt.ylim(0.0,0.85)
                ...: plt.ylabel(u'结算价',fontsize=13,rotation=90)
                ...: plt.legend(fontsize=12)
                ...: plt.grid()
                ...: plt.show()
```

从图 9-7 中不难发现，在期权的存续期间内，盒式价差策略的实际期间收益额围绕着理论期间收益额上下波动，并且通过目测可以得出，在多数交易日实际期间收益是低于理论期间收益这一结论，也就是仅在 2018 年 12 月中旬至 2019 年 1 月中旬期间以及其他少数交易日，策略的实际期间收益才高于理论期间收益，此外实际期间收益最高可以超过 2 万元。

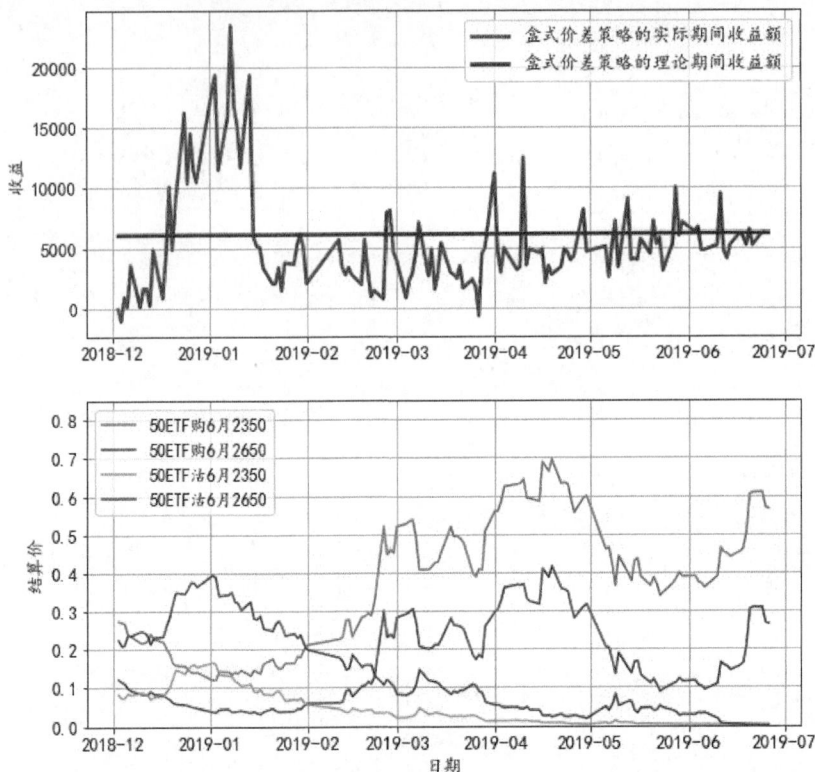

图 9-7　期权盒式价差策略的实际期间收益额与理论期间收益额
（2018 年 12 月 3 日至 2019 年 6 月 26 日）

9.9　期权蝶式价差策略——以豆粕期权为分析对象

9.9.1　案例详情

　　J 公司是总部位于哈尔滨的一家生产豆粕（soybean meal）的厂商[1]，由于生产经营的需要，该公司非常关注豆粕价格的变动。该公司在 2018 年 8 月中旬经过广泛的市场调研后做出

---

[1]　豆粕作为大豆提取豆油后的一种副产品，含有很高的蛋白质，是制作牲畜与家禽饲料的主要原料，还可以用于制作糕点食品、健康食品以及化妆品和抗菌素原料。豆粕是 12 种动植物油粕饲料产品中产量最大、用途最广的一种。根据美国期货业协会发布的数据，在 2019 年全球农产品期货的交易量排名中，豆粕期货位列首位。

预期，认为在未来一年的豆粕价格将围绕在 2 700～3 100 元的价格箱体内上下波动。为此，公司管理层经过集体讨论，做出以下两个决策。

一是运用在大连商品交易所挂牌交易的豆粕期权构建蝶式价差（butterfly spread）策略，表 9-19 列示了该期权合约的要素信息。

表 9-19　大连商品交易所挂牌交易的豆粕期权合约要素信息

合 约 要 素	要素的具体说明
合约标的（基础资产）	豆粕期货合约（在大连商品交易所挂牌交易）
合约单位	10 吨
合约类型	美式看涨期权，美式看跌期权
交易单位	1 手豆粕期货合约
报价单位	元/吨
最小变动价位	0.5 元/吨
涨跌停板幅度	与豆粕期货合约涨跌停板幅度相同
合约月份	与上市标的期货合约相同，即 1、3、5、7、8、9、11、12 月
交易时间	每周一至周五上午 9:00～11:30、下午 13:30～15:00 及交易所规定的其他时间
最后交易日	标的期货合约交割月前一个月的第五个交易日
到期日	同最后交易日
行权价格	行权价格≤2 000 元/吨，行权价格间距为 25 元/吨； 2 000 元/吨＜行权价格≤5 000 元/吨，行权价格间距为 50 元/吨； 行权价格＞5 000 元/吨，行权价格间距为 100 元/吨
行权方式	买方可在期权到期日前任一交易日的交易时间以及到期日 15:30 之前提交行权申请
交易代码	看涨期权：M-合约月份-C-行权价格 看跌期权：M-合约月份-P-行权价格

数据来源：大连商品交易所。

二是采用在 2018 年 8 月 16 日上市、2019 年 7 月 5 日到期的 6 只期权合约构建策略，考虑到 2018 年 8 月 16 日豆粕期货 1908 合约的结算价是 2 886 元/吨，因此具体采用的期权合约品种包括豆粕 1908 购 2700、豆粕 1908 购 2900、豆粕 1908 购 3100、豆粕 1908 沽 2700、豆粕 1908 沽 2900 以及豆粕 1908 沽 3100 等 6 只期权合约，这些期权的主要要素信息如表 9-20 所示。

假定你是 J 公司的首席执行官，正在审批由期权交易团队提交的蝶式价差策略执行过程的分析和总结报告，为了通过 Python 亲自核实报告中的一些重要信息，需要完成 3 项编程任务。

表 9-20 用于构建蝶式价差策略的相关豆粕期权主要要素信息

代码	合约名称	执行价格	期权类型	上市日	到期日	合约标的
M1908-C-2700	豆粕 1908 购 2700	2 700 元/吨	美式看涨期权	2018 年8 月 16 日	2019 年7 月 5 日	豆粕 1908 期货合约
M1908-C-2900	豆粕 1908 购 2900	2 900 元/吨				
M1908-C-3100	豆粕 1908 购 3100	3 100 元/吨				
M1908-P-2700	豆粕 1908 沽 2700	2 700 元/吨	美式看跌期权			
M1908-P-2900	豆粕 1908 沽 2900	2 900 元/吨				
M1908-P-3100	豆粕 1908 沽 3100	3 100 元/吨				

数据来源：大连商品交易所。

9.9.2 编程任务

【任务 1】J 企业首先运用看涨期权构建蝶式价差策略，具体就是运用 100 张豆粕 1908 购 2700 多头头寸、200 张豆粕 1908 购 2900 空头头寸以及 100 张豆粕 1908 购 3100 多头头寸构造期权蝶式价差策略，要求导入包含 2018 年 8 月 16 日至 2019 年 7 月 5 日（期权存续期）期权日结算价数据的 Excel 文件，计算该策略的日收益额时间序列。

【任务 2】J 企业也运用看跌期权构建蝶式价差策略作为对比，具体就是运用 100 张豆粕 1908 沽 2700 多头头寸、200 张豆粕 1908 沽 2900 空头头寸以及 100 张豆粕 1908 沽 3100 多头头寸，基于任务 1 导入的数据，计算这一策略的日收益额时间序列。

【任务 3】针对任务 1 和任务 2 分别通过看涨期权、看跌期权构造的蝶式价差策略日收益额时间序列进行可视化，为了满足对比的需要，建议通过 3×1 的子图形式依次展示策略日收益金额（第 1 张子图）、3 只看涨豆粕期权的日结算价（第 2 张子图）以及 3 只看跌豆粕期权的日结算价（第 3 张子图）。

9.9.3 编程提示

针对运用看涨期权构建蝶式价差策略，就是采用一个较低执行价格 K_1 的欧式看涨期权多头头寸，一个较高执行价格 K_3 的欧式看涨期权多头头寸，以及两个执行价格 K_2 的欧式看涨期权空头头寸，其中 K_2 为 K_1 与 K_3 的中间值，即 $K_2=(K_1+K_3)/2$，并且选择的 K_2 接近于在策略构建日期权基础资产的价格。

当运用看跌期权构建蝶式价差策略时，与看涨期权相类似，也是运用一个较低执行价格 K_1 与一个具有较高执行价格 K_3 的欧式看跌期权多头头寸，以及两个具有中间执行价格 K_2 的欧式看跌期权空头头寸。

9.9.4 参考代码与说明

任务 1 的代码

```
In [107]: price_options=pd.read_excel('C:/Desktop/2019 年 7 月到期的豆粕期权日结算价数据.xlsx',
sheet_name="Sheet1",header=0,index_col=0)            #导入外部数据
    ...: price_options.columns                       #显示列名
Out[107]:
Index(['豆粕 1908 购 2700', '豆粕 1908 购 2900', '豆粕 1908 购 3100', '豆粕 1908 沽 2700',
       '豆粕 1908 沽 2900', '豆粕 1908 沽 3100'],
      dtype='object')


In [108]: N_call2700=100                              #豆粕 1908 购 2700 的张数
    ...: N_call2900=200                               #豆粕 1908 购 2900 的张数
    ...: N_call3100=100                               #豆粕 1908 购 3100 的张数
    ...: units=10                                     #1 张豆粕期权对应基础资产的数量（10 吨）


In [109]: return_call2700=units*N_call2700*(price_options['豆粕 1908 购 2700']-price_options
['豆粕 1908 购 2700'].iloc[0])                          #豆粕 1908 购 2700 的期间收益额
    ...: return_call2900=units*N_call2900*(price_options['豆粕 1908 购 2900']-price_options ['
豆粕 1908 购 2900'].iloc[0])                             #豆粕 1908 购 2900 的期间收益额
    ...: return_call3100=units*N_call3100*(price_options['豆粕 1908 购 3100']-price_options ['
豆粕 1908 购 3100'].iloc[0])                             #豆粕 1908 购 3100 的期间收益额


In [110]: butterfly_call_return=return_call2700-return_call2900+return_call3100  #用看涨豆
粕期权构建的蝶式价差策略的期间收益额


In [111]: butterfly_call_return=pd.DataFrame(data=butterfly_call_return,index= price_options.
index,columns=['看涨期权构建蝶式价差策略的收益额'])        #转为数据框格式


In [112]: butterfly_call_return.describe()           #看涨期权构建蝶式价差策略期间收益额统计指标
Out[112]:
        看涨期权构建蝶式价差策略的收益额
count        214.00000
mean        6415.88785
std        18492.09779
min       -17500.00000
25%        -4375.00000
50%         1000.00000
75%         5500.00000
max        79000.00000
```

从以上的输出结果不难发现，用看涨期权构建蝶式价差策略，在期权存续的 214 个交易日内，该策略在超过一半的交易日实现了正收益，平均日收益额为 6 415.89 元，其中，最大收益达到了 7.9 万元，最大亏损达到–1.75 万元。

任务 2 的代码

```
In [113]: N_put2700=100                    #豆粕 1908 沽 2700 的张数
    ...: N_put2900=200                      #豆粕 1908 沽 2900 的张数
    ...: N_put3100=100                      #豆粕 1908 沽 3100 的张数

In [114]: return_put2700=units*N_put2700*(price_options['豆
粕 1908 沽 2700']-price_options['豆
粕 1908 沽 2700'].iloc[0])                    #豆粕 1908 沽 2700 的期间收益额
    ...: return_put2900=units*N_put2900*(price_options['豆粕 1908 沽 2900']-price_options['
豆粕 1908 沽 2900'].iloc[0])                  #豆粕 1908 沽 2900 的期间收益额
    ...: return_put3100=units*N_put3100*(price_options['豆粕 1908 沽 3100']-price_options['
豆粕 1908 沽 3100'].iloc[0])                  #豆粕 1908 沽 3100 的期间收益额

In [115]: butterfly_put_return=return_put2700-return_put2900+return_put3100  #用看跌豆粕期
权构建的蝶式价差策略的期间收益额

In [116]: butterfly_put_return=pd.DataFrame(data=butterfly_put_return,index= price_options.
index,columns=['看跌期权构建蝶式价差策略的收益额'])    #转为数据框格式

In [117]: butterfly_put_return.describe()        #看跌期权构建蝶式价差策略期间收益额统计指标
Out[117]:
       看跌期权构建蝶式价差策略的收益额
count          214.000000
mean          7114.485981
std          18467.640153
min         -18000.000000
25%          -3500.000000
50%           1500.000000
75%           6000.000000
max          79000.000000
```

从以上的输出结果可以得出，运用看跌期权构建的蝶式价差策略收益与运用看涨期权构建的相同策略收益比较接近，平均日收益额为 7 114.49 元，略高于用看涨期权构建的相同策略；此外，最大收益也是 7.9 万元，但最大亏损则是–1.8 万元，稍高于看涨期权构建的相同策略。

任务 3 的代码

```
In [118]: plt.figure(figsize=(9,12))
    ...: plt.subplot(3,1,1)           #第 1 行第 1 列的子图
    ...: plt.plot(butterfly_call_return,'b-',label=u'看涨期权构建蝶式价差策略',lw=2.5)
    ...: plt.plot(butterfly_put_return,'r-',label=u'看跌期权构建蝶式价差策略',lw=2.5)
    ...: plt.xticks(fontsize=13,rotation=18)
```

```
    ...: plt.yticks(fontsize=13)
    ...: plt.ylabel(u'收益',fontsize=13)
    ...: plt.legend(fontsize=13)
    ...: plt.grid()
    ...: plt.subplot(3,1,2)        #第2行第1列的子图
    ...: plt.plot(price_options['豆粕1908购2700'],'c-',label=u'豆粕1908购2700')
    ...: plt.plot(price_options['豆粕1908购2900'],'m-',label=u'豆粕1908购2900')
    ...: plt.plot(price_options['豆粕1908购3100'],'y-',label=u'豆粕1908购3100')
    ...: plt.xticks(fontsize=13,rotation=18)
    ...: plt.yticks(fontsize=13)
    ...: plt.ylim(0,400)
    ...: plt.ylabel(u'结算价',fontsize=13)
    ...: plt.legend(fontsize=13)
    ...: plt.grid()
    ...: plt.subplot(3,1,3)        #第3行第1列的子图
    ...: plt.plot(price_options['豆粕1908沽2700'],'c-',label=u'豆粕1908沽2700')
    ...: plt.plot(price_options['豆粕1908沽2900'],'m-',label=u'豆粕1908沽2900')
    ...: plt.plot(price_options['豆粕1908沽3100'],'y-',label=u'豆粕1908沽3100')
    ...: plt.xticks(fontsize=13,rotation=18)
    ...: plt.xlabel(u'日期',fontsize=13)
    ...: plt.yticks(fontsize=13)
    ...: plt.ylabel(u'结算价',fontsize=13)
    ...: plt.ylim(0,750)
    ...: plt.legend(fontsize=13)
    ...: plt.grid()
    ...: plt.show()
```

从图 9-8 中不难发现，虽然看涨期权和看跌期权的走势不尽相同，但是分别运用看涨期权、看跌期权构建的蝶式价差策略的期间收益额却是惊人的吻合。因此对于 J 公司而言，在构建蝶式价差策略中，无论是运用看涨期权还是看跌期权，得到的结果并无明显差异。

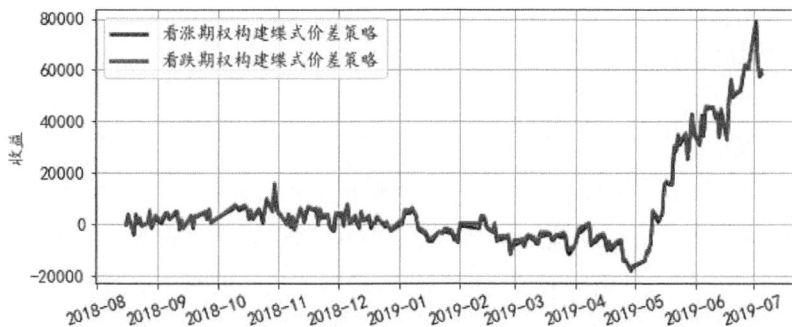

图 9-8　运用 2019 年 7 月到期的豆粕期权构建的蝶式价差策略的期间收益走势
（2018 年 8 月 16 日至 2019 年 7 月 5 日）

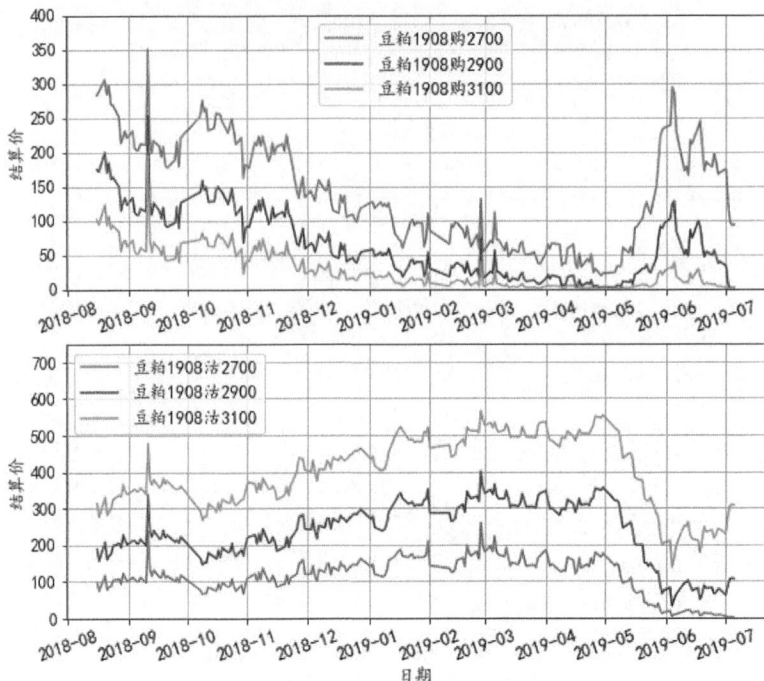

图 9-8 运用 2019 年 7 月到期的豆粕期权构建的蝶式价差策略的期间收益走势
（2018 年 8 月 16 日至 2019 年 7 月 5 日）（续）

9.10 跨式组合与宽跨式组合策略——以白糖期权为分析对象

9.10.1 案例详情

　　K 公司是总部位于广西南宁的一家白糖生产企业，白糖市场价格的波动将直接影响公司的经营业绩。在 2018 年 7 月初经过广泛的市场调研和全面论证后，公司认为在未来的 1 年时间，白糖价格会存在较大幅度地趋势性变化，但是无法准确预测价格究竟是上涨还是下跌。因此，为了能够在白糖价格上涨时尽可能地扩大经营业绩，同时又能规避白糖价格下跌的风险，公司管理层经过反复讨论后，做出如下两项重要的决定。

　　一是运用在郑州商品交易所挂牌交易的白糖期权分别构建跨式组合策略和宽跨式组合策略，关于白糖期权合约的主要要素见表 9-21。

表 9-21 在郑州商品交易所挂牌交易的白糖期权合约主要要素

合约要素	要素的具体说明
合约标的（基础资产）	白糖期货合约（在郑州商品交易所挂牌交易）
合约单位	10 吨
合约类型	美式看涨期权、美式看跌期权
交易单位	1 手（10 吨）白糖期货合约
报价单位	元/吨
最小变动价位	0.5 元/吨
涨跌停板幅度	与白糖期货合约涨跌停板幅度相同
合约月份	1 月、3 月、5 月、7 月、9 月、11 月
交易时间	每周一至周五上午 9:00 ~ 11:30，下午 13:30 ~ 15:00，以及交易所规定的其他交易时间
最后交易日	针对白糖期货 1909 合约前执行本合约，标的期货合约交割月份前二个月的倒数第 5 个交易日，以及交易所规定的其他日期； 针对白糖期货 1909 及其后合约执行本合约，标的期货合约交割月份前一个月的第 3 个交易日，以及交易所规定的其他日期
到期日	同最后交易日
行权价格	行权价格≤3 000 元/吨，行权价格间距为 50 元/吨； 3 000 元/吨＜行权价格≤10 000 元/吨，行权价格间距为 100 元/吨； 行权价格＞10 000 元/吨，行权价格间距为 200 元/吨
行权方式	买方（多头）可在到期日前任一交易日的交易时间提交行权申请，并且可在到期日 15:30 之前提交行权申请
交易代码	看涨期权：SR—合约月份—C—行权价格 看跌期权：SR—合约月份—P—行权价格

数据来源：郑州商品交易所。

二是公司运用在 2018 年 7 月 9 日上市、在 2019 年 8 月 5 日到期的 4 只白糖期权构建相应的策略，这些期权分别是白糖 1909 购 4700、白糖 1909 购 5300、白糖 1909 沽 4700 以及白糖 1909 沽 5300，这些期权的合约信息见表 9-22。

表 9-22 用于构建跨式组合策略或宽跨式组合策略的相关白糖期权合约主要要素信息

代码	合约名称	执行价格	期权类型	上市日	到期日	合约标的
SR909C4700	白糖 1909 购 4700	4 700 元/吨	美式看涨期权	2018 年 7 月 9 日	2019 年 8 月 5 日	白糖 1909 期货合约
SR909C5300	白糖 1909 购 5300	5 300 元/吨				
SR909P4700	白糖 1909 沽 4700	4 700 元/吨	美式看跌期权			
SR909P5300	白糖 1909 沽 5300	5 300 元/吨				

数据来源：郑州商品交易所。

假定你是 K 公司的董事长，非常关心公司在期权策略交易方面的运行情况，并在 2019 年 8 月中旬阅读了公司管理层提交董事会审议的关于期权策略交易执行情况的分析报告。同时，你希望能够借助 Python 亲自验证报告中的部分关键信息和数据，为此需要完成 4 项编程任务。注意，在期权存续期间，K 公司未对期权进行提前行权。

9.10.2 编程任务

【任务 1】K 公司首先运用 100 张白糖 1909 购 4700 合约多头头寸、100 张白糖 1909 沽 4700 合约多头头寸构建跨式组合策略，要求导入 2018 年 7 月 9 日至 2019 年 8 月 5 日期间表 9-22 中 4 只白糖期权日结算价格数据的 Excel 文件，计算构建该策略的初始成本、策略收益金额的时间序列以及期间策略收益率的最大值、最小值与平均值。

【任务 2】K 公司也运用 100 张白糖 1909 购 5300 合约多头头寸、100 张白糖 1909 沽 5300 合约多头头寸构建一个新的跨式组合策略作为对比，基于任务 1 导入的数据，计算构建新策略的初始成本、新策略收益金额的时间序列以及新策略期间收益率的最大值、最小值与平均值。

【任务 3】为了降低初始投资成本，K 企业还尝试运用 100 张白糖 1909 购 5300 合约多头头寸、100 张白糖 1909 沽 4700 多头头寸构建宽跨式组合策略，计算构建该宽跨式组合策略的初始成本、策略收益金额的时间序列以及策略期间收益率的最大值、最小值与平均值。

【任务 4】将任务 1 至任务 3 构建的 3 个策略期间收益额进行可视化，为了满足对比的需要，建议通过 2×1 的子图形式依次展示跨式、宽跨式组合策略日收益金额（第 1 张子图）、4 只白糖期权的日结算价（第 2 张子图）。

9.10.3 编程提示

跨式组合策略（straddle）就是通过相同执行价格、相同合约期限的一个欧式看涨期权多头头寸和一个看跌期权多头头寸构造而成。

宽跨式组合策略（strangle，也称为"勒式策略"）的构建方法就是持有合约期限相同、但执行价格不同的欧式看跌与看涨期权多头头寸，具体是一个较低执行价格的看跌期权多头头寸和一个较高执行价格的看涨期权多头头寸。

9.10.4 参考代码与说明

任务 1 的代码

```
In [119]: price_options=pd.read_excel('C:/Desktop/白糖期权日结算价数据.xlsx', sheet_name=
"Sheet1",header=0,index_col=0)          #导入外部数据

In [120]: price_options.columns #显示列名
Out[120]: Index(['白糖1909购4700','白糖1909购5300','白糖1909沽4700','白糖1909沽5300'],
dtype='object')

In [121]: N=100                          #构建策略时每类期权的张数
    ...: units=10                        #1张期权对应基础资产是10吨

In [122]: straddle_cost4700=N*units*(price_options['白糖1909购4700'].iloc[0]+price_ options
['白糖1909沽4700'].iloc[0])          #用执行价格4700的看涨、看跌期权构建跨式策略的初始成本
    ...: print('用白糖1909购4700和沽4700构建跨式策略的初始成本',straddle_cost4700)
用白糖1909购4700和沽4700构建跨式策略的初始成本 499500.0

In [123]: return_call4700=units*N*(price_options['白糖1909购4700']-price_options['白糖
1909购4700'].iloc[0])          #白糖1909购4700的期间收益额
    ...: return_put4700=units*N*(price_options['白糖1909沽4700']-price_options['白糖1909
沽4700'].iloc[0])          #白糖1909沽4700的期间收益额

In [124]: straddle_return4700=return_call4700+return_put4700          #用执行价格4700的看涨、看
跌期权构建跨式策略的期间收益额

In [125]: (straddle_return4700/straddle_cost4700).describe()          #显示策略期间收益率的统计指标
Out[125]:
count  263.000000
mean     0.008705
std      0.172734
min     -0.338338
25%     -0.088088
50%     -0.015015
75%      0.104104
max      0.470470
dtype: float64
```

从以上的输出结果可以看到，运用白糖 1909 购 4700 合约、沽 4700 合约构建的跨式组合策略，该策略的初始成本是 49.95 万元，并且策略的期间最高亏损率达到−33.83%、最高收益率为 47.05%、平均收益率为 0.87%，整体而言是亏多盈少，风险比较高。

任务 2 的代码

```
In [126]: straddle_cost5300=N*units*(price_options['白糖 1909 购 5300'].iloc[0]+price_
options['白糖1909沽5300'].iloc[0])    #用执行价格5300的看涨、看跌期权构建跨式策略的初始成本
```

```
    ...: print('用白糖1909购5300和沽5300构建跨式策略的初始成本',straddle_cost5300)
用白糖1909购5300和沽5300构建跨式策略的初始成本 537000.0

In [127]: return_call5300=units*N*(price_options['白糖 1909 购 5300']-price_options['白糖
1909购5300'].iloc[0])        #白糖1909购5300的期间收益额
    ...: return_put5300=units*N*(price_options['白糖1909沽5300']-price_options['白糖1909
沽5300'].iloc[0])        #白糖1909沽5300的期间收益额

In [128]: straddle_return5300=return_call5300+return_put5300        #用执行价格5300的看涨、看
跌期权构建跨式策略的期间收益额

In [129]: (straddle_return5300/straddle_cost5300).describe()        #显示策略期间收益率的统计指标
Out[129]:
count    263.000000
mean      -0.191307
std        0.231626
min       -0.998138
25%       -0.333333
50%       -0.105214
75%       -0.038641
max        0.221601
dtype: float64
```

根据以上的输出结果，通过白糖 1909 购 5300 合约、沽 5300 合约构建新的跨式组合策略，新策略初始成本不仅提高到 53.7 万元，同时策略期间收益率也大幅恶化，期间最高收益率降至 22.16%，最大亏损率却高达–99.81%，平均收益率为–19.13%，因此，当提高期权的行权价格以后，策略的风险大幅增加了。

任务 3 的代码

```
In [130]: strangle_cost=N*units*(price_options['白糖1909购5300'].iloc[0]+price_options['
白糖1909沽4700'].iloc[0])    #用执行价格5300的看涨期权、执行价格4700的看跌期权构建宽跨式策略的初始成本
    ...: print('构建宽跨式策略的初始成本',strangle_cost)
构建宽跨式策略的初始成本 226500.0

In [131]: strangle_return=return_call5300+return_put4700        #宽跨式策略的期间收益额

In [132]: (strangle_return/strangle_cost).describe()        #显示宽跨式策略期间收益率的统计指标
Out[132]:
count    263.000000
mean      -0.234600
std        0.333424
min       -1.000000
25%       -0.557395
50%       -0.169978
75%        0.050773
```

```
max          0.439294
dtype: float64
```

从以上的输出可以看到，构建宽跨式策略的初始成本下降至了 26.3 万元，均低于任务 1 和任务 2 构建的跨式策略的初始成本，与此同时，宽跨式策略的期间收益率波动幅度也非常高，最高收益率可以达到 43.93%，最高亏损可以达到–100%（血本无归），此外，平均收益率为–23.46%，策略风险依然很大。

表 9-23 就梳理了任务 1 至任务 3 依次计算得到的 2 个跨式策略和 1 个宽跨式策略的初始成本和期间收益率情况，从表中可以看到如果企业的资金比较有限但风险承受能力较高时，可以尝试采用宽跨式策略；如果企业的资金比较充裕但是风险承受能力较低时，则可以选择执行价格较低的期权所构建的跨式组合策略（本案例的任务 1）。

表 9-23　两个跨式策略与宽跨式策略的成本和期间收益率

策略情况	任务 1 的跨式组合策略（白糖 1909 购 4700、沽 4700 合约）	任务 2 的跨式组合策略（白糖 1909 购 5300、沽 5300 合约）	任务 3 的宽跨式策略（白糖 1909 购 5300、沽 4700 合约）
初始成本	49.95 万元	53.7 万元	26.3 万元
期间平均收益率	0.87%	–19.13%	–23.46%
期间最低收益率	–33.83%	–99.81%	–100.00%
期间最高收益率	47.05%	22.16%	43.93%

任务 4 的代码

```
In [133]: plt.figure(figsize=(9,9))
    ...: plt.subplot(2,1,1)        #第1行第1列的子图
    ...: plt.plot(straddle_return4700,'r-',label=u'跨式策略(执行价格4700期权)',lw=2.5)
    ...: plt.plot(straddle_return5300,'b-',label=u'跨式策略(执行价格5300期权)',lw=2.5)
    ...: plt.plot(strangle_return,'c-',label=u'宽跨式策略',lw=2.5)
    ...: plt.xticks(fontsize=13)
    ...: plt.yticks(fontsize=13)
    ...: plt.ylabel(u'收益',fontsize=13,rotation=90)
    ...: plt.legend(fontsize=13)
    ...: plt.grid()
    ...: plt.subplot(2,1,2)        #第2行第1列的子图
    ...: plt.plot(price_options['白糖1909购4700'],'c-',label=u'白糖1909购4700',lw=2.0)
    ...: plt.plot(price_options['白糖1909购5300'],'m-',label=u'白糖1909购5300',lw=2.0)
    ...: plt.plot(price_options['白糖1909沽4700'],'y-',label=u'白糖1909沽4700',lw=2.0)
    ...: plt.plot(price_options['白糖1909沽5300'],'g-',label=u'白糖1909沽5300',lw=2.0)
    ...: plt.xticks(fontsize=13)
    ...: plt.xlabel(u'日期',fontsize=13)
    ...: plt.yticks(fontsize=13)
    ...: plt.ylim(0,850)
```

```
    ...: plt.ylabel(u'结算价',fontsize=13,rotation=90)
    ...: plt.legend(fontsize=12)
    ...: plt.grid()
    ...: plt.show()
```

从图 9-9 中可以比较明显地看到，运用执行价格为 5 300 元/吨的白糖看涨、看跌期权构建的跨式策略期间收益表现是最差的，仅有极少数交易日的收益为正；相比之下，将执行价格降至 4 700 元/吨的期权所构建的跨式策略期间收益表现是最好的，一定数量的交易日的策略收益为正；宽跨式策略的期间收益表现居中，但亏损的交易天数占比依然很高。

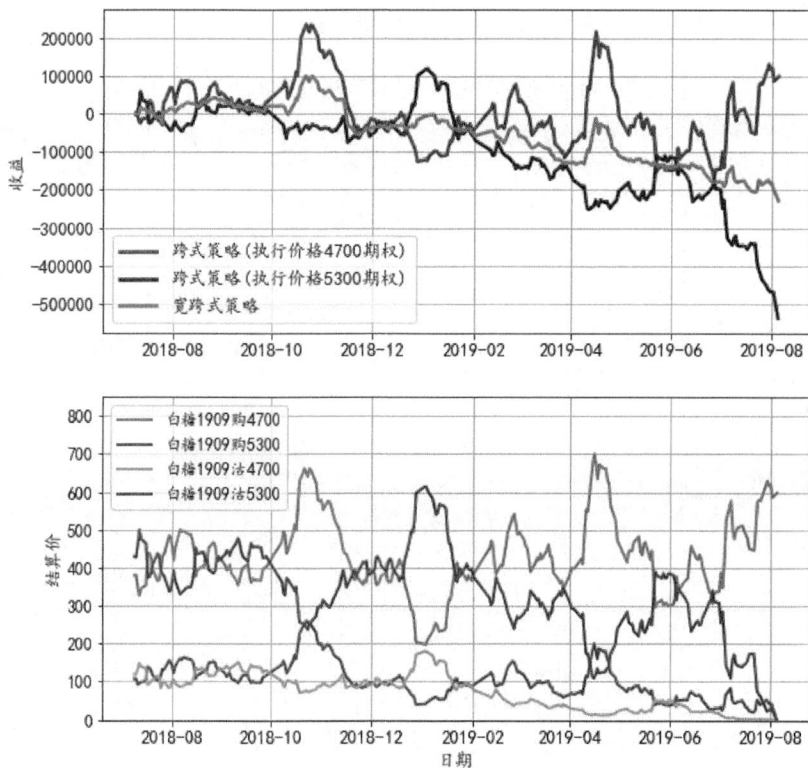

图 9-9　用白糖期权构建跨式、宽跨式组合策略的期间收益额
（2018 年 7 月 9 日至 2019 年 8 月 5 日）

到这里，你已经完成了第 9 章全部案例的练习，不仅充分领略了期权的魅力，同时你一定也牢固掌握了运用 Python 开展期权定价与交易策略的编程技能，下面就集中所有的“火力”向最后的第 10 章发起总攻吧！

9.11　本章小结

期权特定的收益模式和独特的定价表达式使期权在金融市场上拥有着一种特殊的"魔力",从而深深吸引着套期保值者、套利者和投机者,运用 Python 可以进一步焕发出期权这种独特的魅力。在本章中,读者通过 10 个原创案例共计 33 个编程任务,以股票期权、商品期权等期权合约作为分析对象,从而扎实掌握期权定价、期权盈亏分析、希腊字母测算、用期权对冲风险、隐含波动率计算以及常见的期权交易策略构建等 Python 编程技能。

10

第 10 章

用 Python 测度风险
价值的案例

本章导读

    金融业是经营风险的行业，有效、准确地测度风险不仅关乎一家金融机构的生存，而且还维系着整个金融行业的稳定。但是，"如何才能精准地测算出整个投资组合的风险"曾经是长期困扰金融行业的一大难题。1990 年，美国摩根大通银行首创的风险价值（Value at risk，VaR）为有效解决这一难题迎来了曙光，风险价值的简洁性、易懂性让这一风险管理工具在短短数年内风靡全球金融业，并且时至今日依然经久不衰，因此本章的案例将聚焦于风险价值测度的 Python 编程。

    本章包含 6 个原创案例共计 18 个编程任务，通过这些案例的训练，读者能够熟练掌握运用 Python 测算正常市场条件下的风险价值（方差-协方差法、历史模拟法、蒙特卡洛模拟法等）、风险价值模型的合理性检验、投资组合的压力测试以及压力风险价值测度等。下面通过表 10-1 梳理出本章的结构与内容概要。

表 10-1　第 10 章的结构与内容概要

序号	案 例 标 题	学 习 目 标	编程任务数量	读者扮演的角色
1	方差-协方差法——以公募基金重仓股为分析对象	掌握测度风险价值的方差-协方差法的数学表达式以及相关 Python 的代码编写	3 个	投资经理
2	历史模拟法——以社保基金重仓股为分析对象	掌握测度风险价值的历史模拟法的建模思路以及相关 Python 的代码编写	3 个	风险经理

续表

序号	案 例 标 题	学 习 目 标	编程任务数量	读者扮演的角色
3	蒙特卡洛模拟法——以 QFII 重仓股为分析对象	掌握测度风险价值的蒙特卡洛模拟法的建模思路以及相关 Python 的代码编写	3 个	投资总监
4	风险价值模型合理性检验——以保险资金重仓股为分析对象	掌握检验风险价值模型合理性的方法以及相关 Python 的代码编写	3 个	风险总监
5	投资组合压力测试——以蓝筹股和国债为分析对象	掌握设置压力情景的思路、压力测试的建模方法以及相关 Python 的代码编写	3 个	首席风险官
6	压力风险价值——以伯克希尔·哈撒韦公司重仓股为分析对象	掌握压力风险价值的概念、建模思路以及相关 Python 的代码编写	3 个	董事会主席

在开始练习本章的案例之前，建议先学习《基于 Python 的金融分析与风险管理》（人民邮电出版社 2019 年 10 月出版）第 12 章的内容。

10.1 方差–协方差法——以公募基金重仓股为分析对象

10.1.1 案例详情

A 公司是总部位于北京的一家信托公司，为了提高公司自有资金收益水平并且保持较高的流动性，该公司将自有资金主要用于配置 A 股股票，遵循的投资逻辑就是依据知名公募基金对外披露的重仓股票来配置投资组合。

假定你是 A 公司负责自有资金投资的投资经理，通过研究公募基金 2019 年二季报对外披露的信息，发现贵州茅台、中国平安、五粮液、格力电器、伊利股份、保利地产、中信证券、美的集团等 A 股股票是 2019 年上半年公募基金偏爱的重仓股。对此，你结合这些重仓股的基本面以及 A 公司自有资金的实际情况，向公司的投资决策委员会提交了一份公司自有资金配置股票的书面建议方案。

在该方案中，你建议公司于 2019 年 9 月末构建包含中信证券、中国平安、格力电器、保利地产、伊利股份、五粮液这 6 只 A 股股票的投资组合，总投资金额为 1 亿元。表 10-2 就列出了这些股票在投资组合中拟配置的权重以及 2015 年 1 月至 2019 年 9 月期间部分日收盘价数据，完整的股价数据存放在 Excel 文件中。

表 10-2　股票配置的权重和 2015 年 1 月至 2019 年 9 月期间股票的部分日收盘价　（单位：元/股）

证 券 名 称	中 信 证 券	中 国 平 安	格 力 电 器	保 利 地 产	伊 利 股 份	五 粮 液
证券代码	600030	601318	000651	600048	600887	000858
投资权重	25%	20%	20%	15%	10%	10%
2015-01-05	34.66	76.16	40.80	11.90	29.76	23.65
2015-01-06	34.71	73.73	41.67	11.41	29.88	23.76
2015-01-07	36.15	73.41	41.60	11.41	28.97	23.48
			……			
2019-09-26	22.72	88.35	57.62	14.46	28.05	134.10
2019-09-27	23.05	88.30	56.90	14.24	28.29	133.80
2019-09-30	22.48	87.04	57.30	14.30	28.52	129.80

数据来源（不包括投资权重）：上海证券交易所、深圳证券交易所。

在公司投资决策委员会审议该配置方案时，作为该委员会成员之一的首席风险官提出，为了应对未来投资中可能出现的风险，要求你运用风险价值计量该投资组合的风险，并且在测度风险价值过程中建议采用方差-协方差法（Variance-Covariance Method），同时将相关测算结果补充至原有的配置方案中。为此，你需要借助 Python 完成 3 项编程任务。

10.1.2　编程任务

【任务 1】为了今后计算的便捷性，需要在 Python 中自定义一个运用方差-协方差法测度风险价值的函数。

【任务 2】导入包含 2015 年 1 月至 2019 年 9 月末表 10-2 中这些股票日收盘价数据的 Excel 文件，同时结合任务 1 自定义的函数，分别计算持有期为 1 天和 10 天、置信水平为 95% 和 99% 情况下投资组合的风险价值。

【任务 3】当持有期取值是位于区间[1, 30]的等差数列时，计算置信水平分别为 95% 和 99% 条件下投资组合的风险价值；同时，当置信水平取值是位于区间[95%, 99%]的等差数列时，计算持有期分别为 1 天和 10 天的投资组合风险价值；最后，将相关的结果进行可视化。为了满足对比的需要，建议通过 1×2 的子图形式依次展示持有期与风险价值的关系图（第 1

张子图）、置信水平与风险价值的关系图（第 2 张子图）。

10.1.3 编程提示

在本案例中，需要运用方差-协方差法计算风险价值的公式。假定 VaR 表示投资组合持有期等于 1 天的风险价值，V_P 表示投资组合的最新市值，X 表示置信水平，z_c 表示标准正态分布条件下 c 的分位数（取正数）并且 c=1–X，$E(R_P)$ 代表投资组合的期望收益率（用以往平均日收益率代替），σ_P 表示投资组合收益率的日波动率，则方差-协方差法计算风险价值的数学表达式如下：

$$\text{VaR} = V_P[z_c\sigma_P - E(R_P)] \tag{10-1}$$

同时，假设投资组合是由 N 个资产组成，$E(R_i)$ 代表投资组合中第 i 个资产（证券）的期望收益率（依然用以往平均日收益率代替），w_i 表示第 i 个资产在投资组合中的权重，$Cov(R_i, R_j)$ 表示投资组合中第 i 个资产与第 j 个资产收益率之间的协方差，其中 i=1, 2, ···, N 以及 j=1, 2, ···, N，因此式子（10-1）中的变量 $E(R_P)$ 和 σ_P 的表达式如下：

$$E(R_P) = \sum_{i=1}^{N} w_i E(R_i) \tag{10-2}$$

$$\sigma_P = \sqrt{\sum_{i=1}^{N}\sum_{j=1}^{N} w_i w_j Cov(R_i, R_j)} \tag{10-3}$$

此外，针对同一种方法计算得到的风险价值，在相同的置信水平下，持有期为 N 天的风险价值与持有期为 1 天的风险价值之间近似满足如下的平方根法则：

$$N\text{天 VaR} = \sqrt{N} \times 1\text{天VaR} \tag{10-4}$$

10.1.4 参考代码与说明

任务 1 的代码

```
In [1]: import numpy as np
   ...: import pandas as pd
   ...: import matplotlib.pyplot as plt
   ...: from pylab import mpl
   ...: mpl.rcParams['font.sans-serif'] = ['KaiTi']
   ...: mpl.rcParams['axes.unicode_minus']=False

In [2]: def VaR_VarCov(S,W,R,N,X):
   ...:     '''运用方差-协方差法计算风险价值(VaR)
   ...:     S: 代表投资组合的最新市值;
   ...:     W: 代表投资组合中每个资产的权重,以数组格式输入;
```

```
     ...:         R: 代表投资组合中每个资产的日收益率序列，以数据框格式输入；
     ...:         N: 代表投资组合的持有期，用天数表示；
     ...:         X: 代表计算风险价值的置信水平。'''
     ...:     #为了更清晰展示设置代码的逻辑过程，分为以下两个步骤
     ...:     #第一步：计算投资组合的相关参数
     ...:     R_mean=R.mean()                          #投资组合中每个资产的日平均收益率
     ...:     Rp=np.sum(W*R_mean)                      #投资组合的日平均收益率
     ...:     R_cov=R.cov()                            #每个资产之间的协方差矩阵
     ...:     Vp=np.sqrt(np.dot(W,np.dot(R_cov,W.T)))  #按各资产权重计算投资组合收益率的波动率
     ...:     #第二步：计算投资组合的风险价值
     ...:     import scipy.stats as st                 #导入 SciPy 模块的统计子模块 stats
     ...:     z=st.norm.ppf(q=1-X)                     #计算标准正态分布下 1-X 的分位数
     ...:     z=np.abs(z)                              #取绝对值
     ...:     VaR=np.sqrt(N)*S*(z*Vp-Rp)               #计算风险价值的数值
     ...:     return VaR
```

在以上自定义的函数 VaR_VarCov 中，只需要输入投资组合的最新市值、投资组合中每个资产的权重、每个资产日收益率的时间序列、持有期以及置信水平等参数信息，就可以很方便地获取运用方差-协方差法计算得到在某个持有期和某一置信水平条件下的风险价值。

任务 2 的代码

```
In [3]: stock_price=pd.read_excel('C:/Desktop/6 只股票日收盘价（2015 年至 2019 年 9 月）.xlsx',
sheet_name="Sheet1",header=0,index_col=0)                  #导入外部数据
   ...: (stock_price/stock_price.iloc[0]).plot(figsize=(9,7),grid=True)
                                                           #将首个交易日数据归 1 处理并可视化
Out[3]:
```

从图 10-1 中可以清楚地看到，在 2015 年 1 月至 2019 年 9 月期间内，五粮液股价的走势最为强劲，增长了近 6 倍，给投资者带来的财富效应最大；中信证券股价的表现最糟糕，财富效应为负；其他 4 只股票价格在 2019 年 6 月末的股价与 2015 年初的价格相差不大，财富效应不显著，这说明在股票投资中择股的重要性。

```
In [4]: stock_return=np.log(stock_price/stock_price.shift(1))  #股票日收益率时间序列
   ...: stock_return=stock_return.dropna()                     #删除缺失值的行

In [5]: Value=1e8                                    #投资组合最新市值 1 亿元
   ...: weight=np.array([0.25,0.2,0.2,0.15,0.1,0.1])  #投资组合中每只股票的权重
   ...: days1=1                                       #持有期 1 天
   ...: days2=10                                      #持有期 10 天
   ...: X1=0.95                                       #置信水平为 95%
   ...: X2=0.99                                       #置信水平为 99%

In [6]: VaR95_1day=VaR_VarCov(S=Value,W=weight,R=stock_return,N=days1,X=X1)
                                                     #持有期 1 天、置信水平 95% 的风险价值
   ...: VaR99_1day=VaR_VarCov(S=Value,W=weight,R=stock_return,N=days1,X=X2)
                                                     #持有期 1 天、置信水平 99% 的风险价值
```

```
    ...: VaR95_10day=VaR_VarCov(S=Value,W=weight,R=stock_return,N=days2,X=X1)    #持有期 10
天、置信水平 95%的风险价值
    ...: VaR99_10day=VaR_VarCov(S=Value,W=weight,R=stock_return,N=days2,X=X2)    #持有期 10
天、置信水平 99%的风险价值

In [7]: print('方差-协方差法计算持有期 1 天、置信水平 95%的风险价值',round(VaR95_1day,2))
    ...: print('方差-协方差法计算持有期 1 天、置信水平 99%的风险价值',round(VaR99_1day,2))
    ...: print('方差-协方差法计算持有期 10 天、置信水平 95%的风险价值', round(VaR95_10day,2))
    ...: print('方差-协方差法计算持有期 10 天、置信水平 99%的风险价值', round(VaR99_10day,2))
方差-协方差法计算持有期 1 天、置信水平 95%的风险价值  3501196.07
方差-协方差法计算持有期 1 天、置信水平 99%的风险价值  4958252.58
方差-协方差法计算持有期 10 天、置信水平 95%的风险价值 11071754.13
方差-协方差法计算持有期 10 天、置信水平 99%的风险价值 15679371.37
```

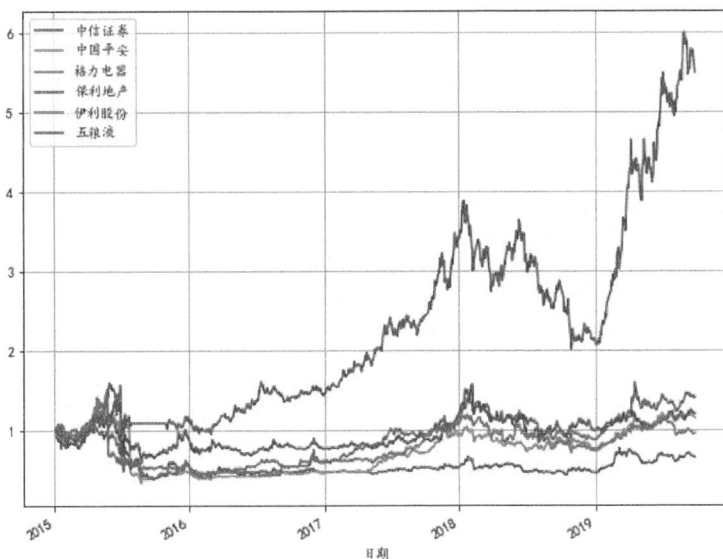

图 10-1 2015 年至 2019 年 9 月股票日收盘价走势（将首个交易日价格归 1 处理）

从以上的输出结果可以看到，配置方案中的投资组合在未来 1 个交易日内，有 95%的可能性亏损不会超过 350.12 万元，有 99%的可能性亏损不会超过 495.83 万元；在未来的 10 个交易日内，有 95%的可能性亏损不会超过 1 107.18 万元，有 99%的可能性亏损不会超过 1 567.94 万元。

任务 3 的代码

```
In [8]: days_list=np.arange(1,31)        #设置不同持有期的数组
    ...: X_list=np.linspace(0.95,0.99,50)  #设置不同置信水平的数组

In [9]: VaR95_list=VaR_VarCov(S=Value,W=weight,R=stock_return,N=days_list,X=X1)
                                          #置信水平 95%、但不同持有期的风险价值数组
```

```
    ...: VaR99_list=VaR_VarCov(S=Value,W=weight,R=stock_return,N=days_list,X=X2)
                              #置信水平 99%、但不同持有期的风险价值数组
    ...: VaR_1day_list=VaR_VarCov(S=Value,W=weight,R=stock_return,N=days1,X=X_list)
                              #持有期 1 天、但不同置信水平的风险价值数组
    ...: VaR_10day_list=VaR_VarCov(S=Value,W=weight,R=stock_return,N=days2,X=X_list)
                              #持有期 10 天、但不同置信水平的风险价值数组

In [10]: plt.figure(figsize=(10,6))
    ...: plt.subplot(1,2,1)              #第 1 行第 1 列的子图
    ...: plt.plot(days_list,VaR95_list,'r-',label=u'置信水平 95%的风险价值',lw=2.0)
    ...: plt.plot(days_list,VaR99_list,'b-',label=u'置信水平 99%的风险价值',lw=2.0)
    ...: plt.xticks(fontsize=13)
    ...: plt.xlabel(u'持有期（天数）',fontsize=13)
    ...: plt.yticks(fontsize=13)
    ...: plt.ylabel(u'风险价值',fontsize=13,rotation=90)
    ...: plt.title(u'持有期与风险价值的关系图', fontsize=13)
    ...: plt.legend(fontsize=13)
    ...: plt.grid()
    ...: plt.subplot(1,2,2)              #第 1 行第 2 列的子图
    ...: plt.plot(X_list,VaR_1day_list,'r-',label=u'持有期 1 天的风险价值',lw=2.0)
    ...: plt.plot(X_list,VaR_10day_list,'b-',label=u'持有期 10 天的风险价值',lw=2.0)
    ...: plt.xticks(fontsize=13)
    ...: plt.xlabel(u'置信水平',fontsize=13)
    ...: plt.yticks(fontsize=13)
    ...: plt.title(u'置信水平与风险价值的关系图', fontsize=13)
    ...: plt.legend(fontsize=13)
    ...: plt.grid()
    ...: plt.show()
```

通过观察图 10-2，我们可以得到以下 3 个有价值的结论：

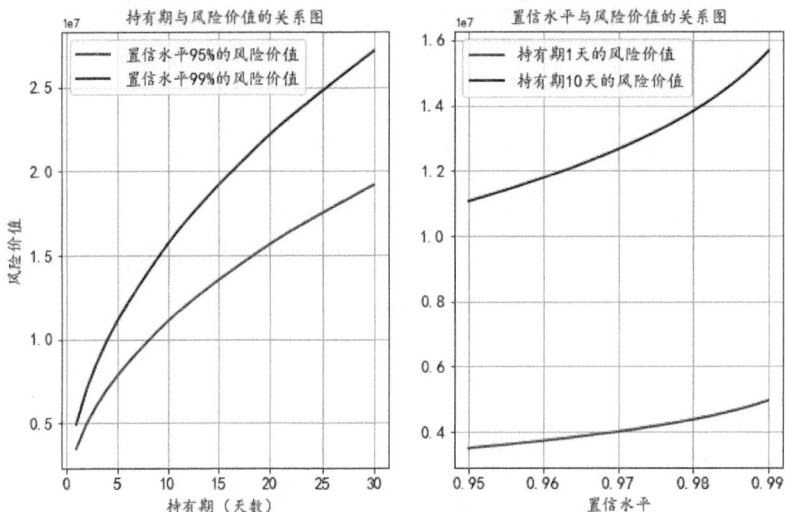

图 10-2　持有期、置信水平与风险价值的关系图

一是投资组合的风险价值是持有期变量、置信水平变量的递增函数；

二是根据第 1 张子图（持有期与风险价值的关系图），伴随着持有期拉长，不同置信水平条件下风险价值之间的差异会逐步拉大，在图中就呈现出一个"喇叭口"形状；

三是根据第 2 张子图（置信水平与风险价值的关系图），当投资组合的持有期越长，风险价值对置信水平的敏感性（即图中曲线的斜率）也就越高。

10.2 历史模拟法——以社保基金重仓股为分析对象

10.2.1 案例详情

B 公司是总部位于上海的一家私募基金管理公司，公司在 2019 年上半年发行了一只私募证券投资基金，该基金的投资逻辑主要是参考已对外披露的全国社保基金重仓股票进行投资组合的资产配置。

根据 Wind 统计，全国社保基金 2018 年末配置的股票资产中，持股比例超过 9%（占公司股票发行规模）的上市公司股票数量达到了 14 只，按照股票首次公开发行（IPO）不晚于 2015 年的择股原则，并且分析上市公司的最新基本面情况，B 公司从这 14 只股票中精选了 7 只股票构建一个投资组合，这些股票分别是浙江交科、新纶科技、云图控股、节能风电、银轮股份、奥佳华以及乐普医疗。表 10-3 就列出了在 2019 年 9 月 30 日该基金投资组合中每只股票的权重比例以及 2015 年 1 月至 2019 年 9 月期间的部分日收盘价数据，全部股价数据存放于 Excel 文件中。此外，该基金在 2019 年 9 月 30 日的市值是 10 亿元。

表 10-3　投资组合中每只股票的权重以及 2015 年至 2019 年 9 月末的部分日收盘价数据（单位：元/股）

证券简称	浙江交科	新纶科技	云图控股	节能风电	银轮股份	奥佳华	乐普医疗
证券代码	002061	002341	002539	601016	002126	002614	300003
投资权重	20%	18%	15%	15%	12%	10%	10%
2015-01-05	5.29	15.15	16.88	10.62	11.98	14.02	23.04
2015-01-06	5.26	15.62	16.14	10.69	12.58	14.02	23.85
2015-01-07	5.43	15.71	16.50	10.60	12.57	14.02	23.35
……							
2019-09-26	5.17	5.49	4.70	2.44	7.24	11.54	25.88
2019-09-27	5.20	5.36	4.82	2.46	7.27	11.71	25.58
2019-09-30	5.19	5.39	4.74	2.43	7.23	11.48	25.06

数据来源（不包括投资权重）：上海证券交易所、深圳证券交易所。

假定你是 B 公司的一位风险经理，主要负责针对这只基金产品的日常风险管理工作。根据公司首席风险官的要求，为了能够有效应对未来可能出现的极端风险，你需要运用风险价值并采用历史模拟法（Historical Method）测量该基金的风险，因此运用 Python 完成 3 项编程任务。

10.2.2   编程任务

【任务 1】为了今后能够高效地计算风险价值，需要在 Python 中自定义一个运用历史模拟法测度风险价值的函数。

【任务 2】导入包含了 2015 年 1 月至 2019 年 9 月表 10-3 中这些股票日收盘价数据的 Excel 文件，同时运用任务 1 自定义的函数，分别计算持有期为 1 天和 10 天、置信水平为 95% 和 99% 条件下投资组合的风险价值。

【任务 3】为了进行对比，公司首席风险官又要求你选取 2017 年 1 月至 2019 年 9 月作为测算风险价值的新时间区间，并且依据这一新的时间区间重新用历史模拟法测算持有期为 1 天和 10 天、置信水平为 95% 和 99% 条件下投资组合的风险价值。

10.2.3   编程提示

在历史模拟法中，假定在投资组合中共有 N 个资产，R_{it} 表示投资组合中第 i 个资产在过去第 t 个交易日的收益率，并且 $i=1, 2, \cdots, N$ 和 $t=1, 2, \cdots, T$，同时假设今天（风险价值计算日）是第 T 个交易日，今天的投资组合最新市值用 S_{PT} 表示，第 i 个资产在今天的权重用 w_i 表示，模拟得到过去第 t 个交易日投资组合收益 ΔS_{Pt} 的表达式如下：

$$\Delta S_{Pt} = \sum_{i=1}^{N} w_i R_{it} S_{PT} \qquad (10\text{-}5)$$

需要注意的是，当下标 t 取值越小就表示该交易日距离今天越远，相反取值越大则表示该交易日距离今天就越近。

然后，基于模拟测算的过去 T 个交易日投资组合收益金额形成投资组合的收益分布，持有期为 1 天、置信水平为 95% 的风险价值就是对应于收益分布中的 5% 分位数（取正数），持有期为 1 天、置信水平为 99% 的风险价值则是对应于分布中的 1% 分位数（取正数）。

10.2.4 参考代码与说明

任务 1 的代码

```
In [11]: def VaR_History(S,W,R,N,X):
    ...:     '''运用历史模拟法计算风险价值(VaR)
    ...:     S: 代表投资组合的最新市值;
    ...:     W: 代表投资组合中每个资产的权重,以数组格式输入;
    ...:     R: 代表投资组合中每个资产的日收益率序列,以数据框格式输入;
    ...:     N: 代表投资组合的持有期,用天数表示;
    ...:     X: 代表计算风险价值的置信水平。'''
    ...:     #为了更清晰展示设置代码的逻辑过程,分为以下两个步骤
    ...:     #第一步: 计算投资组合模拟的历史市值
    ...:     Value_assets=S*W                                #计算得到每个资产最新市值的数组
    ...:     Return_history=np.dot(R,Value_assets)           #计算每个资产历史的收益额时间序列
    ...:     #第二步: 计算投资组合的风险价值
    ...:     VaR_1day=np.abs(np.percentile(a=Return_history,q=(1-X)*100))  #计算持有期 1 天的
风险价值
    ...:     VaR_Ndays=np.sqrt(N)*VaR_1day                   #计算持有期 N 天的风险价值
    ...:     return VaR_Ndays
```

在以上自定义的函数 VaR_History 中,只需要输入投资组合的最新市值、投资组合中每个资产的权重、每个资产日收益率的时间序列、持有期以及置信水平等参数信息,就可以快速获取运用历史模拟法计算得到的风险价值。

任务 2 的代码

```
In [12]: P_stocks=pd.read_excel('C:/Desktop/7 只 A 股股票的日收盘价(2015 年至 2019 年 9 月).xlsx',
sheet_name="Sheet1",header=0,index_col=0)          #导入外部数据

In [13]: R_stocks=np.log(P_stocks/P_stocks.shift(1))  #股票日收益率时间序列
    ...: R_stocks=R_stocks.dropna()                     #删除缺失值的行

In [14]: R_stocks=R_stocks.dropna()                     #删除缺失值的行
    ...: value_port=1e9                                  #投资组合最新市值 10 亿元
    ...: weight=np.array([0.2,0.18,0.15,0.15,0.12,0.1,0.1])  #投资组合中每只股票的权重
    ...: days1=1                                         #持有期 1 天
    ...: days2=10                                        #持有期 10 天
    ...: X1=0.95                                         #置信水平为 95%
    ...: X2=0.99                                         #置信水平为 99%

In [15]: VaR95_1day=VaR_History(S=value_port,W=weight,R=R_stocks,N=days1,X=X1)
                                                        #持有期 1 天、置信水平 95%的风险价值
    ...: VaR99_1day=VaR_History(S=value_port,W=weight,R=R_stocks,N=days1,X=X2)
                                                        #持有期 1 天、置信水平 99%的风险价值
    ...: VaR95_10day=VaR_History(S=value_port,W=weight,R=R_stocks,N=days2,X=X1)
```

```
                            #持有期 10 天、置信水平 95%的风险价值
      ...: VaR99_10day=VaR_History(S=value_port,W=weight,R=R_stocks,N=days2,X=X2)
                            #持有期 10 天、置信水平 99%的风险价值
      ...: print('历史模拟法计算持有期 1 天、置信水平 95%的风险价值',round(VaR95_1day,2))
      ...: print('历史模拟法计算持有期 1 天、置信水平 99%的风险价值',round(VaR99_1day,2))
      ...: print('历史模拟法计算持有期 10 天、置信水平 95%的风险价值',round(VaR95_10day,2))
      ...: print('历史模拟法计算持有期 10 天、置信水平 99%的风险价值',round(VaR99_10day,2))
      历史模拟法计算持有期 1 天、置信水平 95%的风险价值    41888584.97
      历史模拟法计算持有期 1 天、置信水平 99%的风险价值    87122304.39
      历史模拟法计算持有期 10 天、置信水平 95%的风险价值 132463336.48
      历史模拟法计算持有期 10 天、置信水平 99%的风险价值 275504916.89
```

从以上的计算结果可以发现，在投资组合的最新市值为 10 亿元的情况下，在未来 1 个交易日内，有 95%的可能性投资组合的亏损不超过 4 188.86 万元，有 99%的可能性亏损不超过 8 712.23 万元；在未来 10 个交易日内，有 95%的可能性投资组合的亏损不超过 1.32 亿元，有 99%的可能性最大亏损不超过 2.76 亿元。

任务 3 的代码

```
In [16]: R_stocks_new=R_stocks.loc['2017-01-01':'2019-09-30']
         #生成 2017 年至 2019 年 9 月每只股票的日收益率时间序列

In [17]: VaR95_1day_new=VaR_History(S=value_port,W=weight,R=R_stocks_new,N=days1,X=X1)
         #持有期 1 天、置信水平 95%的风险价值
      ...: VaR99_1day_new=VaR_History(S=value_port,W=weight,R=R_stocks_new,N=days1,X=X2)
         #持有期 1 天、置信水平 99%的风险价值
      ...: VaR95_10day_new=VaR_History(S=value_port,W=weight,R=R_stocks_new,N=days2,X=X1)
         #持有期 10 天、置信水平 95%的风险价值
      ...: VaR99_10day_new=VaR_History(S=value_port,W=weight,R=R_stocks_new,N=days2,X=X2)
         #持有期 10 天、置信水平 99%的风险价值
      ...: print('新时间区间内用历史模拟法计算持有期 1 天、置信水平 95%的风险价值', round(VaR95_1day_
new,2))
      ...: print('新时间区间内用历史模拟法计算持有期 1 天、置信水平 99%的风险价值', round(VaR99_1day_
new,2))
      ...: print('新时间区间内用历史模拟法计算持有期 10 天、置信水平 95%的风险价值', round(VaR95_10day_
new,2))
      ...: print('新时间区间内用历史模拟法计算持有期 10 天、置信水平 99%的风险价值', round(VaR99_10day_
new,2))
      新时间区间内用历史模拟法计算持有期 1 天、置信水平 95%的风险价值    26892771.56
      新时间区间内用历史模拟法计算持有期 1 天、置信水平 99%的风险价值    55583647.08
      新时间区间内用历史模拟法计算持有期 10 天、置信水平 95%的风险价值  85042410.71
      新时间区间内用历史模拟法计算持有期 10 天、置信水平 99%的风险价值 175770925.43
```

从以上的输出结果可以看到，当时间区间重新选择为 2017 年 1 月至 2019 年 9 月，运用历史模拟法得到的风险价值相比任务 2（运用 2015 年 1 月至 2019 年 9 月）的风险价值有了较大幅度的降低，具体原因就是新的时间区间避开了 2015 年 6 月发生的 A 股股灾。表 10-4 就比较了两个不同时间区间并采用历史模拟法所得到的风险价值。

表 10-4　选取不同时间区间并运用历史模拟法得到的风险价值

持有期和置信水平		选择的时间区间	
		2015 年 1 月至 2019 年 9 月	2017 年 1 月至 2019 年 9 月
持有期 1 天	置信水平 95%	4 188.86 万元	2 689.28 万元
	置信水平 99%	8 712.23 万元	5 558.36 万元
持有期 10 天	置信水平 95%	1.32 亿元	8 504.24 万元
	置信水平 99%	2.76 亿元	1.76 亿元

从上表可以得出结论，运用历史模拟法得到的风险价值对所选择的时间区间是比较敏感的，并且有时候敏感程度还可能会比较高。因此，在采用历史模拟法过程中，对时间区间的选择需要十分谨慎，否则可能会高估或者低估投资的风险。

10.3　蒙特卡洛模拟法——以 QFII 重仓股为分析对象

10.3.1　案例详情

C 公司是总部位于深圳的一家券商资产管理公司，该公司近期发行了一只新的资管产品，该产品的投资逻辑就是密切跟踪合格境外机构投资者（Quanlified Foreign Institutional Investor，QFII）集中配置的 A 股股票，并且基于这些重仓股来构建起资管产品的投资组合。

假定你是该公司的投资总监并且负责这只新资管产品的日常投资工作。根据 Wind 统计，截止到 2018 年末，在 QFII 配置的股票资产中，持股比例超过 5%（占公司股票发行规模）并且不少于 3 家 QFII 同时持有的股票数量达到了 14 只。按照股票上市日早于 2015 年的原则以及基于这些上市公司的最新基本面情况，从这 14 只股票中精选了 7 只拟投资的股票，分别是重庆啤酒、首旅酒店、宝钛股份、安徽合力、启明星辰、海能达以及东方国信。

表 10-5 就列出了在 2019 年 9 月 30 日该资管产品投资组合中每只股票的配置权重比例以及 2015 年 1 月至 2019 年 9 月期间的部分日收盘价数据，全部股价数据存放于 Excel 文件中。此外，2019 年 9 月 30 日投资组合的最新市值是 1 亿元。

为了更加准确地评估整个投资组合的风险状况，努力提升投资团队的风险管理水平，你希望采用蒙特卡洛模拟法（Monte Carlo Simulation Method，MCSM）计量 2019 年 9 月 30 日该资管产品的风险价值。对此，你需要运用 Python 完成 3 项编程任务。

表 10-5　投资组合中每只股票的权重以及 2015 年 1 月至 2019 年 9 月的部分日收盘价数据（单位：元/股）

证券简称	重庆啤酒	首旅酒店	宝钛股份	安徽合力	启明星辰	海能达	东方国信
证券代码	600132	600258	600456	600761	002439	002583	300166
权重比例	22%	18%	16%	14%	12%	10%	8%
2015-01-05	16.50	16.92	18.18	15.65	26.24	10.13	26.00
2015-01-06	16.58	16.98	18.19	15.57	26.24	10.26	28.60
2015-01-07	16.67	16.85	18.27	16.04	26.24	10.13	29.20
……							
2019-09-26	41.28	16.85	25.55	9.12	32.25	10.22	12.81
2019-09-27	41.18	16.99	27.34	9.17	32.52	10.58	13.13
2019-09-30	41.03	16.79	26.88	9.05	31.98	10.26	12.83

数据来源（不包含权重比例）：上海证券交易所、深圳证券交易所。

10.3.2　编程任务

【任务 1】为了计算风险价值的便捷性，需要在 Python 中自定义运用蒙特卡洛模拟法测度风险价值的函数，同时假定每只股票收益率均服从标准正态分布。

【任务 2】导入包含 2015 年 1 月至 2019 年 9 月表 10-5 中这些股票日收盘价数据的 Excel 文件，通过任务 1 自定义的函数，同时假定模拟次数为 1 万次，分别计算在持有期为 1 天和 10 天、置信水平为 95% 和 99% 情况下投资组合的风险价值。

【任务 3】为了进一步提高测算结果的精确程度，将模拟次数分别增加至 10 万次、50 万次和 100 万次，重新计算持有期为 1 天和 10 天、置信水平为 95% 和 99% 情况下投资组合的风险价值。

10.3.3　编程提示

针对蒙特卡洛模拟法，具体的建模思路如下：假设一个投资组合由 M 个资产组成，S_i 表示第 i 个资产的当前价值，S_P 表示投资组合的当前价值，第 i 个资产价值在一个交易日内的百分比变化（收益率）用 x_i 表示。用蒙特卡洛模拟法计算投资组合的风险价值时，分为如下 6 个步骤。

第 1 步：利用第 i 个资产的当前价值 S_i 累加计算出投资组合的当前价值 $S_P = \sum_{i=1}^{M} S_i$；

第 2 步：在第 i 个资产价值的日百分比变化 x_i 所服从的分布中进行 1 次抽样得到 x_i^j，上标 j 表示第 j 次抽样并且 $j = 1, 2, \cdots, N$，其中 N 表示设定的模拟次数（即模拟的路径数量）；

第 3 步：由 x_i^j 模拟计算得到本次抽样中第 i 个资产在下一个交易日的收益金额 $x_i^j S_i$；

第 4 步：计算得到在本次抽样中，模拟的整个投资组合在下一个交易日的价值变动 $\Delta S_P^j = \sum_{i=1}^{M} x_i^j S_i$；

第 5 步：根据设定的模拟次数重复上面的第 2 步至第 4 步，最终基于每次抽样计算得出的 ΔS_P^j 建立投资组合在下一个交易日的收益金额 ΔS_P 的概率分布；

第 6 步：持有期为 1 天、置信水平为 X 的投资组合风险价值就对应于在 ΔS_P 分布中的 X 分位数。

此外，在模拟过程中需运用金融资产价格服从的随机过程公式，具体就是：

$$p_{t+\Delta t} = p_t \mathrm{e}^{\left(\mu - \frac{1}{2}\sigma^2\right)\Delta t + \sigma\varepsilon_i\sqrt{\Delta t}} \qquad (10\text{-}6)$$

式（10-6）与第 7 章 7.5 节"编程提示"部分的式（7-5）是相同的。

10.3.4 参考代码与说明

任务 1 的代码

```
In [18]: def VaR_MCSM(S,P,W,R,N,X,I):
    ...:     '''运用蒙特卡洛模拟法（假定资产收益率服从标准正态分布）计算风险价值(VaR)
    ...:     S: 代表投资组合的最新市值;
    ...:     P: 代表投资组合中每个资产的最新价格，以数组或者数据框格式输入;
    ...:     W: 代表投资组合中每个资产的权重，以数组格式输入;
    ...:     R: 代表投资组合中每个资产的日收益率序列，以数据框格式输入;
    ...:     N: 代表投资组合的持有期，用天数表示;
    ...:     X: 代表计算风险价值的置信水平;
    ...:     I: 代表蒙特卡洛模拟的次数。'''
    ...:     #为了更清晰展示设置代码的逻辑过程，分为以下三个步骤
    ...:     #第一步：设置蒙特卡洛模拟的参数
    ...:     import numpy.random as npr            #导入 NumPy 的子模块 random
    ...:     R_mean=R.mean()*252                   #计算每个资产的年化平均收益率
    ...:     R_vol=R.std()*np.sqrt(252)            #计算每个资产收益率的年化波动率
    ...:     dt=1/252                              #设定一个交易日的步长
    ...:     N_assets=len(R.columns)               #投资组合中资产的个数
    ...:     epsilon=npr.standard_normal(size=I)   #从标准正态分布中抽取随机数
```

```
...:        #第二步: 计算下一个交易日每个资产的价格
...:        P_new=np.zeros(shape=(I,N_assets))           #生成放置下一个交易日资产价格初始数组
...:        for i in range(N_assets):                    #运用 for 语句快速计算下一个交易日资产价格
...:            P_new[:,i]=P[i]*np.exp((R_mean[i]-0.5*R_vol[i]**2)*dt+ R_vol[i]*epsilon*np.
sqrt(dt))
...:        S_delta=(np.dot(P_new/(P.T)-1,W))*S          #计算模拟的下一个交易日投资组合盈亏额
...:        #第三步: 计算投资组合的风险价值
...:        VaR_1day=np.abs(np.percentile(a=S_delta,q=(1-X)*100))  #持有期 1 天的风险价值
...:        VaR_Ndays=np.sqrt(N)*VaR_1day                #计算持有期 N 天的风险价值
...:        return VaR_Ndays
```

在以上自定义的函数 VaR_MCSM 中,只需要输入投资组合的最新市值、投资组合中每个资产的最新价格、每个资产的权重占比、每个资产日收益率的时间序列、持有期、置信水平以及模拟次数等参数信息,就可以快速获取运用蒙特卡洛模拟法计算得到的风险价值。

此外,需要引起大家注意的是,由于每一次的随机数是随机生成的,因此重复运用蒙特卡洛模拟法得到的每一次风险价值数据是存在差异的。

任务 2 的代码

```
In [19]: Price_stocks=pd.read_excel('C:/Desktop/7 只 QFII 重仓股日收盘价(2015 年至 2019 年 9
月).xlsx',sheet_name="Sheet1",header=0,index_col=0)                    #导入外部数据

In [20]: R_stocks=np.log(Price_stocks/Price_stocks.shift(1))          #股票日收益率时间序列
    ...: R_stocks=R_stocks.dropna()                                   #删除缺失值的行

In [21]: value_port=1e8                                               #投资组合最新市值 1 亿元
    ...: weight=np.array([0.22,0.18,0.16,0.14,0.12,0.1,0.08])         #投资组合中每只股票的权重
    ...: Price_end=np.array(Price_stocks.iloc[-1])    #取 2019 年 9 月末的股价并且以数组格式
    ...: days1=1                #持有期 1 天
    ...: days2=10               #持有期 10 天
    ...: X1=0.95                #置信水平为 95%
    ...: X2=0.99                #置信水平为 99%
    ...: I_random1=10000        #模拟次数 1 万次

In [22]: VaR95_1day=VaR_MCSM(S=value_port,P=Price_end,W=weight,R=R_stocks,N=days1,X=X1,
I=I_random1)                   #持有期 1 天、置信水平 95%的风险价值
    ...: VaR99_1day=VaR_MCSM(S=value_port,P=Price_end,W=weight,R=R_stocks,N=days1, X=X2,
I=I_random1)                   #持有期 1 天、置信水平 99%的风险价值
    ...: VaR95_10day=VaR_MCSM(S=value_port,P=Price_end,W=weight,R=R_stocks,N=days2, X=X1,
I=I_random1)                   #持有期 10 天、置信水平 95%的风险价值
    ...: VaR99_10day=VaR_MCSM(S=value_port,P=Price_end,W=weight,R=R_stocks,N=days2,X=X2,
I=I_random1)                   #持有期 10 天、置信水平 99%的风险价值
    ...: print('蒙特卡洛模拟法(模拟 1 万次)计算持有期 1 天、置信水平 95%的风险价值', round(VaR95_1day,2))
    ...: print('蒙特卡洛模拟法(模拟 1 万次)计算持有期 1 天、置信水平 99%的风险价值', round(VaR99_1day,2))
    ...: print('蒙特卡洛模拟法(模拟 1 万次)计算持有期 10 天、置信水平 95%的风险价值', round(VaR95_10day,2))
    ...: print('蒙特卡洛模拟法(模拟 1 万次)计算持有期 10 天、置信水平 99%的风险价值', round(VaR99_10day,2))
蒙特卡洛模拟法(模拟 1 万次)计算持有期 1 天、置信水平 95%的风险价值  5174517.51
```

```
蒙特卡洛模拟法(模拟 1 万次)计算持有期 1 天、置信水平 99%的风险价值  7229903.17
蒙特卡洛模拟法(模拟 1 万次)计算持有期 10 天、置信水平 95%的风险价值 16317346.29
蒙特卡洛模拟法(模拟 1 万次)计算持有期 10 天、置信水平 99%的风险价值 22545368.97
```

　　根据以上代码运用蒙特卡洛模拟法并模拟 1 万次的情况下输出的结果，可以得出以下的结论：在投资组合市值为 1 亿元的情况下，在未来 1 个交易日内，有 95%的可能性亏损不超过 517.45 万元，有 99%的可能性亏损不超过 722.99 万元；在未来 10 个交易日内，有 95%的可能性亏损不超过 1 631.73 万元，有 99%的可能性亏损不超过 2 254.54 万元。需要注意的是，由于生成的随机数是随机的，因此每次运用蒙特卡洛模拟法计算得到的风险价值在数据上会有差异性，但是差异通常较小。

任务 3 的代码

```
In [23]: I_random2=100000    #模拟次数 10 万次

In [24]: VaR95_1day_1e5=VaR_MCSM(S=value_port,P=Price_end,W=weight,R=R_stocks,N=days1, X=X1,
I=I_random2)                      #持有期 1 天、置信水平 95%的风险价值
    ...: VaR99_1day_1e5=VaR_MCSM(S=value_port,P=Price_end,W=weight,R=R_stocks,N=days1, X=X2,
I=I_random2)                      #持有期 1 天、置信水平 99%的风险价值
    ...: VaR95_10day_1e5=VaR_MCSM(S=value_port,P=Price_end,W=weight,R=R_stocks, N=days2,
X=X1,I=I_random2)                 #持有期 10 天、置信水平 95%的风险价值
    ...: VaR99_10day_1e5=VaR_MCSM(S=value_port,P=Price_end,W=weight,R=R_stocks, N=days2,
X=X2,I=I_random2)                 #持有期 10 天、置信水平 99%的风险价值
    ...: print('蒙特卡洛模拟法(模拟 10 万次)计算持有期 1 天、置信水平 95%的风险价值', round(VaR95_
1day_1e5,2))
    ...: print('蒙特卡洛模拟法(模拟 10 万次)计算持有期 1 天、置信水平 99%的风险价值', round(VaR99_
1day_1e5,2))
    ...: print('蒙特卡洛模拟法(模拟 10 万次)计算持有期 10 天、置信水平 95%的风险价值', round(VaR95_
10day_1e5,2))
    ...: print('蒙特卡洛模拟法(模拟 10 万次)计算持有期 10 天、置信水平 99%的风险价值', round(VaR99_
10day_1e5,2))
蒙特卡洛模拟法(模拟 10 万次)计算持有期 1 天、置信水平 95%的风险价值  5212567.65
蒙特卡洛模拟法(模拟 10 万次)计算持有期 1 天、置信水平 99%的风险价值  7224330.19
蒙特卡洛模拟法(模拟 10 万次)计算持有期 10 天、置信水平 95%的风险价值 16618761.51
蒙特卡洛模拟法(模拟 10 万次)计算持有期 10 天、置信水平 99%的风险价值 23049820.44

In [25]: I_random3=500000  #模拟次数 50 万次

In [26]: VaR95_1day_5e5=VaR_MCSM(S=value_port,P=Price_end,W=weight,R=R_stocks,N=days1, X=X1,
I=I_random3)                      #持有期 1 天、置信水平 95%的风险价值
    ...: VaR99_1day_5e5=VaR_MCSM(S=value_port,P=Price_end,W=weight,R=R_stocks,N=days1, X=X2,
I=I_random3)                      #持有期 1 天、置信水平 99%的风险价值
    ...: VaR95_10day_5e5=VaR_MCSM(S=value_port,P=Price_end,W=weight,R=R_stocks, N=days2,
X=X1,I=I_random3)                 #持有期 10 天、置信水平 95%的风险价值
    ...: VaR99_10day_5e5=VaR_MCSM(S=value_port,P=Price_end,W=weight,R=R_stocks, N=days2,
X=X2,I=I_random3)                 #持有期 10 天、置信水平 99%的风险价值
    ...: print('蒙特卡洛模拟法(模拟 50 万次)计算持有期 1 天、置信水平 95%的风险价值', round (VaR95_1day_
```

```
5e5,2))
    ...: print('蒙特卡洛模拟法(模拟50万次)计算持有期1天、置信水平99%的风险价值', round(VaR99_
1day_5e5,2))
    ...: print('蒙特卡洛模拟法(模拟50万次)计算持有期10天、置信水平95%的风险价值', round(VaR95_
10day_5e5,2))
    ...: print('蒙特卡洛模拟法(模拟50万次)计算持有期10天、置信水平99%的风险价值', round(VaR99_
10day_5e5,2))
蒙特卡洛模拟法(模拟50万次)计算持有期1天、置信水平95%的风险价值  5189856.54
蒙特卡洛模拟法(模拟50万次)计算持有期1天、置信水平99%的风险价值  7264999.4
蒙特卡洛模拟法(模拟50万次)计算持有期10天、置信水平95%的风险价值 16394957.87
蒙特卡洛模拟法(模拟50万次)计算持有期10天、置信水平99%的风险价值 22940741.06

In [27]: I_random4=1000000  #模拟次数100万次

In [28]: VaR95_1day_1e6=VaR_MCSM(S=value_port,P=Price_end,W=weight,R=R_stocks,N=days1,X=X1,
I=I_random4)            #持有期1天、置信水平95%的风险价值
    ...: VaR99_1day_1e6=VaR_MCSM(S=value_port,P=Price_end,W=weight,R=R_stocks,N=days1,X=X2,
I=I_random4)            #持有期1天、置信水平99%的风险价值
    ...: VaR95_10day_1e6=VaR_MCSM(S=value_port,P=Price_end,W=weight,R=R_stocks,N=days2,X=X1,
I=I_random4)            #持有期10天、置信水平95%的风险价值
    ...: VaR99_10day_1e6=VaR_MCSM(S=value_port,P=Price_end,W=weight,R=R_stocks,N=days2,X=X2,
I=I_random4)            #持有期10天、置信水平99%的风险价值
    ...: print('蒙特卡洛模拟法(模拟1000万次)计算持有期1天、置信水平95%的风险价值', round(VaR95_
1day_1e6,2))
    ...: print('蒙特卡洛模拟法(模拟1000万次)计算持有期1天、置信水平99%的风险价值', round(VaR99_
1day_1e6,2))
    ...: print('蒙特卡洛模拟法(模拟1000万次)计算持有期10天、置信水平95%的风险价值', round(VaR95_
10day_1e6,2))
    ...: print('蒙特卡洛模拟法(模拟1000万次)计算持有期10天、置信水平99%的风险价值', round(VaR99_
10day_1e6,2))
蒙特卡洛模拟法(模拟1000万次)计算持有期1天、置信水平95%的风险价值  5204488.85
蒙特卡洛模拟法(模拟1000万次)计算持有期1天、置信水平99%的风险价值  7271708.95
蒙特卡洛模拟法(模拟1000万次)计算持有期10天、置信水平95%的风险价值 16461651.26
蒙特卡洛模拟法(模拟1000万次)计算持有期10天、置信水平99%的风险价值 22970046.19
```

根据以上蒙特卡洛模拟输出的结果，表 10-6 梳理出了在不同模拟次数以及不同持有期和置信水平条件下，计算得到的投资组合风险价值。

表 10-6　运用蒙特卡洛模拟法（不同模拟次数）计算得到的投资组合风险价值

持有期和置信水平	不同模拟次数得到的风险价值			
	1 万次	10 万次	50 万次	100 万次
持有期 1 天、置信水平 95%的风险价值	517.45 万元	521.26 万元	518.99 万元	520.45 万元
持有期 1 天、置信水平 99%的风险价值	722.99 万元	722.43 万元	726.50 万元	727.17 万元
持有期 10 天、置信水平 95%的风险价值	1 631.73 万元	1 661.88 万元	1 639.50 万元	1 646.17 万元
持有期 10 天、置信水平 99%的风险价值	2 254.54 万元	2 304.98 万元	2 294.07 万元	2 297.00 万元

注：由于是随机抽样，因此每次运用蒙特卡洛模拟得到的风险价值金额是存在变化的。

从表 10-6 的数据中可以得出两个结论：一是较低模拟次数（如 1 万次）与较高模拟次数（如 100 万次），所得到的风险价值存在较大的差异性；二是当模拟次数达到 50 万次及以上时，得到的风险价值在数值上差异性就变得较小。

10.4　风险价值模型合理性检验——以保险资金重仓股为分析对象

10.4.1　案例详情

D 公司是总部位于杭州的一家金融控股公司，该公司的自有资金偏好配置 A 股股票以提升潜在的收益回报水平，在构建投资股票池过程中将充分参考保险公司集中配置的 A 股股票。

根据 A 股上市公司对外披露的年报以及 Wind 统计，2017 年末保险公司配置的股票资产中，持股比例超过 5%（占公司股票发行规模）并且不少于 4 家保险公司同时持有的股票数量一共有 14 只。D 公司的证券投资部门根据投资风格、风险偏好并结合上市公司的基本面情况从这 14 只股票中精选出 6 只股票进行配置并长期持有，这些股票依次是同仁堂、建发股份、昆药集团、万科 A、金风科技以及国星光电，同时为了增厚投资的安全垫，也配置了工银纯债基金（开放式债券型基金）。

G 公司投资的初始日期是 2018 年 5 月 15 日并且按照收盘价买入[①]。表 10-7 列出了在 D 公司投资组合中每只证券的配置数量以及 2014 年至 2019 年 9 月的部分日收盘价数据，全部价格数据存放于 Excel 文件中。此外，由于 D 公司始终奉行价值投资的理念，从 2018 年 5 月 15 日至 2019 年 9 月期间一直未调整投资组合中的证券以及持有的数量。

表 10-7　证券的名称、数量和 2014 年至 2019 年 9 月部分日收盘价（基金累积净值）数据

证券简称	同仁堂	建发股份	昆药集团	万科 A	金风科技	国星光电	工银纯债基金
证券代码	600085	600153	600422	000002	002202	002449	164810
持有数量	100 万股	110 万股	120 万股	100 万股	110 万股	120 万股	9 000 万份
2014-01-02	21.46	7.03	25.37	7.99	8.47	8.81	1.027
2014-01-03	20.79	6.85	25.26	7.84	8.53	8.71	1.026
2014-01-06	20.24	6.70	24.56	7.48	8.16	8.53	1.026

---

① A 股上市公司 2017 年年报全部对外披露完毕是在 2018 年 4 月末。

续表

证券简称	同仁堂	建发股份	昆药集团	万科 A	金风科技	国星光电	工银纯债基金
				……			
2018-05-15	40.71	11.28	9.51	27.75	18.20	12.85	1.257
				……			
2019-06-26	28.91	8.95	11.84	27.79	12.36	12.87	1.309
2019-06-27	29.11	8.89	12.26	27.84	12.33	13.33	1.309
2019-06-28	29	8.88	11.53	27.81	12.43	13.28	1.309

注：上表中的持有数量是 2018 年 5 月 15 日的数据并且此后一直保持不变。

数据来源（不包含持有数量）：上海证券交易所、深圳证券交易所。

　　假定你是 D 公司的一位风险总监，日常的工作就是负责监测并计量公司证券投资业务的风险。根据公司风险管理制度的要求，在 2019 年 9 月 30 日需要开展针对风险价值模型合理性的检验，进而定期评估风险价值模型的有效性。因此，你需要运用 Python 完成 3 项编程任务。

10.4.2　编程任务

　　【任务 1】导入包含 2014 年 1 月至 2019 年 9 月期间表 10-7 中各只证券日收盘价数据的 Excel 表，计算 G 公司在 2018 年 5 月 15 日初始的投资金额；同时，基于 2014 年 1 月至 2018 年 5 月 15 日的数据并且运用本章 10.1 节 ~ 10.3 节自定义的计算风险价值函数，依次采用方差-协方差法、历史模拟法以及蒙特卡洛模拟法（模拟次数 100 万次），计算持有期 1 天、置信水平分别为 95% 和 99% 的投资组合风险价值（即 2018 年 5 月 15 日的投资组合风险价值）。

　　【任务 2】通过 Python 自定义一个检验风险价值模型合理性的函数，要求该函数输出两个结果：一是在新数据样本中超出风险价值的天数；二是该天数占整个交易日天数（新数据样本）的比重。

　　【任务 3】以 2018 年 5 月 16 日至 2019 年 9 月期间的数据作为测试的新样本数据，并且投资组合中每只证券的持有数量保持不变，运用任务 2 自定义的检验函数，评价任务 1 中运用不同模型得到投资组合风险价值的合理性。

10.4.3　编程提示

　　验证风险价值模型合理性的检验逻辑如下：假定计算得到投资组合持有期为 1 天、置信

水平 X 的风险价值用 V 表示；选取一个新的观测期间，新期间可以与原有观测期间重叠或者不重叠；假定新期间的交易日总天数是 D_1，在新期间内测算出每日的投资组合损失超出 V 的天数是 D_2，分以下两种情形进行判断。

情形 1：如果 $\dfrac{D_2}{D_1} < 1 - X$，可以认为计算风险价值的模型或方法是合理的。

情形 2：如果 $\dfrac{D_2}{D_1} > 1 - X$，有必要对计算风险价值的模型产生怀疑，只有对模型进行一定的校正后方可使用。

10.4.4　参考代码与说明

任务 1 的代码

```
In [29]: prices=pd.read_excel('C:/Desktop/6只保险公司重仓股和债券型基金的每日价格（2014年至2019
年9月）.xlsx',sheet_name="Sheet1",header=0,index_col=0)        #导入外部数据

In [30]: shares=np.array([1e6,1.1e6,1.2e6,1e6,1.1e6,1.2e6,9e7])  #生成投资组合中每只资产持有
数量的数组

In [31]: value_port=np.sum(shares*prices.loc['2018-05-15'])      #计算投资的初始金额
    ...: print('投资组合的初始投资金额（2018年5月15日）',value_port)
投资组合的初始投资金额（2018年5月15日） 240850000.0
```

通过以上的计算可以看到，G 公司投资组合的初始投资金额达到了 2.408 5 亿元。

```
In [32]: prices_2014to2018=prices.loc['2014-01-02':'2018-05-15'] #截取2014年至2018年5月
15日资产价格时间序列

In [33]: R_2014to2018=np.log(prices_2014to2018/prices_2014to2018.shift(1))  #2014年至2018
年5月15日每只资产日收益率时间序列
    ...: R_2014to2018=R_2014to2018.dropna()                  #删除缺失值的行

In [34]: weight=shares*prices.loc['2018-05-15']/value_port     #投资组合中每只资产的权重
    ...: print('投资组合中每只资产的权重\n',weight)
投资组合中每只资产的权重
同仁堂       0.169026
建发股份     0.051518
昆药集团     0.047382
万科A       0.115217
金风科技     0.083122
国星光电     0.064023
工银纯债基金 0.469711
Name: 2018-05-15 00:00:00, dtype: float64
```

从以上的权重输出结果来看，在整个投资组合中，工银纯债基金的占比最高，达到了 46.97%，在一定程度上起到了安全垫的功能，能够适度缓冲股票市场大幅的波动对投资组合业绩的负面影响。此外，在全部 6 只股票中，同仁堂和万科 A 这两只股票的占比是最高的，均超过 11%，相比之下，昆药集团的占比最低，尚不足 5%。

```
In [35]: days=1                    #持有期 1 天
    ...: X1=0.95                    #置信水平为 95%
    ...: X2=0.99                    #置信水平为 99%

In [36]: VaR95_1day_VarCov=VaR_VarCov(S=value_port,W=weight,R=R_2014to2018,N=days, X=X1)
#方差-协方差法计算持有期 1 天、置信水平 95%的风险价值
    ...: VaR99_1day_VarCov=VaR_VarCov(S=value_port,W=weight,R=R_2014to2018,N=days, X=X2)
#方差-协方差法计算持有期 1 天、置信水平 99%的风险价值
    ...: print('方差-协方差法计算持有期 1 天、置信水平 95%的风险价值', round(VaR95_1day_VarCov,2))
    ...: print('方差-协方差法计算持有期 1 天、置信水平 99%的风险价值', round(VaR99_1day_VarCov,2))
方差-协方差法计算持有期 1 天、置信水平 95%的风险价值 3812876.3
方差-协方差法计算持有期 1 天、置信水平 99%的风险价值 5431319.76

In [37]: VaR95_1day_History=VaR_History(S=value_port,W=weight,R=R_2014to2018,N=days, X=X1)
#历史模拟法计算持有期 1 天、置信水平 95%的风险价值
    ...: VaR99_1day_History=VaR_History(S=value_port,W=weight,R=R_2014to2018,N=days, X=X2)
#历史模拟法计算持有期 1 天、置信水平 99%的风险价值
    ...: print('历史模拟法计算持有期 1 天、置信水平 95%的风险价值', round(VaR95_1day_History,2))
    ...: print('历史模拟法计算持有期 1 天、置信水平 99%的风险价值', round(VaR99_1day_History,2))
历史模拟法计算持有期 1 天、置信水平 95%的风险价值 3345257.71
历史模拟法计算持有期 1 天、置信水平 99%的风险价值 8698705.2

In [38]: I_random=1000000     #模拟次数 100 万次

In [39]: price_2018May=np.array(prices.loc['2018-05-15'])     #选取 2018 年 5 月 15 日资产价格数组

In [40]: VaR95_1day_MCSM=VaR_MCSM(S=value_port,P=price_2018May,W=weight, R=R_2014to2018,
N=days,X=X1,I=I_random)          #蒙特卡洛模拟法计算持有期 1 天、置信水平 95%的风险价值
    ...: VaR99_1day_MCSM=VaR_MCSM(S=value_port,P=price_2018May,W=weight, R=R_2014to2018,
N=days,X=X2,I=I_random)          #蒙特卡洛模拟法计算持有期 1 天、置信水平 99%的风险价值
    ...: print('蒙特卡洛模拟法计算持有期 1 天、置信水平 95%的风险价值', round(VaR95_1day_MCSM,2))
    ...: print('蒙特卡洛模拟法计算持有期 1 天、置信水平 99%的风险价值', round(VaR99_1day_MCSM,2))
蒙特卡洛模拟法计算持有期 1 天、置信水平 95%的风险价值 5737277.72
蒙特卡洛模拟法计算持有期 1 天、置信水平 99%的风险价值 8091464.6
```

表 10-8 就是依据以上的输出结果，汇总并梳理了运用不同的方法计算得到的投资组合风险价值。从表中不难发现，针对持有期 1 天、置信水平 95%的风险价值，蒙特卡洛模拟法计算得到的结果是最大的，方差-协方差拟法得到的结果则最小；针对持有期为 1 天、置信水平为 99%的风险价值，历史模拟法得到的结果是最大的，方差-协方差法得到的结果依然是最小。

表 10-8 不同方法计算得到的投资组合风险价值

（投资组合初始成本 2.408 5 亿元）

持有期与置信水平	方差-协方差法	历史模拟法	蒙特卡洛模拟法（模拟 100 万次）
持有期 1 天、置信水平 95%的风险价值	381.29 万元	334.53 万元	573.73 万元
持有期 1 天、置信水平 99%的风险价值	543.13 万元	869.87 万元	809.15 万元

注：由于是随机抽样，因此每次运用蒙特卡洛模拟得到的风险价值金额是存在变化的。

任务 2 的代码

```
In [41]: def VaR_test(VaR,Return,X):
    ...:     '''构建一个针对风险价值进行检验的函数
    ...:     VaR: 代表持有期 1 天的风险价值金额;
    ...:     Return: 代表用于检验的收益金额时间序列，以数组或数据框格式输入;
    ...:     X: 代表计算风险价值的置信水平。'''
    ...:     n=len(Return)                 #用于检验的收益金额时间序列的交易日数量
    ...:     a=0                           #设置一个标量，用于计算日亏损额超出风险价值的天数
    ...:     for i in range(n):
    ...:         if Return[i]<-VaR:
    ...:             a=a+1
    ...:         else:
    ...:             pass
    ...:     ratio=a/n                     #计算日亏损额超出风险价值的天数占全部天数的比例
    ...:     if ratio<1-X:
    ...:         result='合理'
    ...:     else:
    ...:         result='不合理'
    ...:     return [a,ratio,result]       #输出日亏损额超出风险价值的天数、该天数占全部天数比重以及结论
```

在以上自定义的 VaR_test 函数中，只需要输入风险价值、投资组合收益金额的时间序列以及置信水平等 3 个参数信息，就可以高效地检验出在新的观测期间中采用不同方法计算得到的风险价值是否合理。

任务 3 的代码

```
In [42]: prices_2018to2019=prices.loc['2018-05-15':'2019-09-30']
             #截取 2018 年 5 月 15 日至 2019 年 9 月证券价格的时间序列

In [43]: prices_diff=prices_2018to2019.diff()
             #计算 2018 年 5 月 16 日至 2019 年 9 月股价日变化金额序列
    ...: prices_diff=prices_diff.dropna() #删除缺失值的行

In [44]: profit_port=np.sum(prices_diff*shares,axis=1)
             #生成 2018 年 5 月 16 日至 2019 年 9 月投资组合的日收益金额序列

In [45]: test_VarCov95=VaR_test(VaR=VaR95_1day_VarCov,Return=profit_port,X=X1)
             #回溯检验方差-协方差法得到持有期 1 天、置信水平 95%的风险价值
    ...: test_VarCov99=VaR_test(VaR=VaR99_1day_VarCov,Return=profit_port,X=X2)
             #回溯检验方差-协方差法得到持有期 1 天、置信水平 99%的风险价值
```

```
      ...: print('方差-协方差法得到持有期 1 天、置信水平 95%风险价值的检验结果\n', test_VarCov95)
      ...: print('方差-协方差法得到持有期 1 天、置信水平 99%风险价值的检验结果\n', test_VarCov99)
方差-协方差法得到持有期 1 天、置信水平 95%风险价值的检验结果
[7, 0.02064896755162242, '合理']
方差-协方差法得到持有期 1 天、置信水平 99%风险价值的检验结果
[3, 0.008849557522123894, '合理']

In [46]: test_History95=VaR_test(VaR=VaR95_1day_History,Return=profit_port,X=X1)
            #回溯检验历史模拟法得到持有期 1 天、置信水平 95%的风险价值
      ...: test_History99=VaR_test(VaR=VaR99_1day_History,Return=profit_port,X=X2)
            #回溯检验历史模拟法得到持有期 1 天、置信水平 99%的风险价值
      ...: print('历史模拟法得到持有期 1 天、置信水平 95%风险价值的检验结果\n', test_History95)
      ...: print('历史模拟法得到持有期 1 天、置信水平 99%风险价值的检验结果\n', test_History99)
历史模拟法得到持有期 1 天、置信水平 95%风险价值的检验结果
[8, 0.02359882005899705, '合理']
历史模拟法得到持有期 1 天、置信水平 99%风险价值的检验结果
[0, 0.0, '合理']

In [47]: test_MCSM95=VaR_test(VaR=VaR95_1day_MCSM,Return=profit_port,X=X1)
            #回溯检验蒙特卡洛模拟法得到持有期 1 天、置信水平 95%的风险价值
      ...: test_MCSM99=VaR_test(VaR=VaR99_1day_MCSM,Return=profit_port,X=X2)
            #回溯检验蒙特卡洛模拟法得到持有期 1 天、置信水平 99%的风险价值
      ...: print('蒙特卡洛模拟法得到持有期 1 天、置信水平 95%风险价值的检验结果\n', test_MCSM95)
      ...: print('蒙特卡洛模拟法得到持有期 1 天、置信水平 99%风险价值的检验结果\n', test_MCSM99)
蒙特卡洛模拟法得到持有期 1 天、置信水平 95%风险价值的检验结果
[2, 0.00589970501474926 25, '合理']
蒙特卡洛模拟法得到持有期 1 天、置信水平 99%风险价值的检验结果
[0, 0.0, '合理']
```

根据以上的检验结果，运用 3 种不同的方法所得到的结果均通过了合理性检验。但是，当运用历史模拟法和蒙特卡洛模拟法时，计算得出的持有期为 1 天、置信水平为 99%的风险价值，在检验中却未出现 1 个交易日的亏损额超过该风险价值，说明按照这两个模型测算得出的风险价值明显偏高，如果 D 公司是以这两个模型得到的风险价值来配置风险资本，则会过度挤占资本而导致有限的金融资源被白白浪费。

综上所述，针对 D 公司的证券投资组合，选择采用方差-协方差法计算的风险价值作为日常的风险管理工具会更合适，以此配置的风险资本既能够承受住风险，又能被充分、有效地利用。

10.5　投资组合压力测试——以蓝筹股和国债为分析对象

10.5.1　案例详情

E 公司是总部位于江苏南京的一家证券公司，该公司自营业务的投资组合在 2019 年 9 月

30 日配置了 4 只 A 股蓝筹股（中国银行、中国人寿、中国国航、三一重工）以及 3 只国债（13 附息国债 16、18 附息国债 27 以及 18 附息国债 20）。

表 10-9 就列出了这 4 只股票与沪深 300 指数在 2015 年至 2019 年 9 月期间的部分日收盘价以及投资组合中股票的持股数量，全部收盘价数据存放于 Excel 文件中。此外，表 10-10 显示了 2019 年 9 月 30 日投资组合中 3 只债券的要素信息以及持有面值金额。

表 10-9　4 只蓝筹股和沪深 300 指数在 2015 年 1 月至 2019 年 9 月期间部分日收盘价以及最新持股数量

证券简称	中国银行	中国人寿	中国国航	三一重工	沪深 300 指数
证券代码	601988	601628	601111	600031	000300
持股数量	800 万股	130 万股	600 万股	500 万股	无
2015-01-05	4.42	34.09	8.62	10.03	3 641.541 0
2015-01-06	4.56	32.40	8.98	9.75	3 641.059 0
2015-01-07	4.54	33.06	9.17	9.85	3 643.790 0
……					
2019-09-26	3.61	28.11	8.25	14.39	3 841.138 8
2019-09-27	3.60	28.06	8.20	14.41	3 852.653 4
2019-09-30	3.58	27.48	8.00	14.28	3 814.528 2

数据来源（不包含持股数量）：上海证券交易所。

表 10-10　3 只国债的要素信息以及持有的面值金额（2019 年 9 月 30 日）

债券简称	到期日期	票面利率	付息次数（每年）	到期收益率（连续复利）	债券价格（全价）	持有面值
13 附息国债 16	2033-08-12	4.32%	2 次/年	3.370 0%	111.036 2	0.5 亿元
18 附息国债 27	2028-11-22	3.25%	2 次/年	3.159 7%	101.875 4	0.6 亿元
18 附息国债 20	2025-09-06	3.60%	1 次/年	3.051 1%	103.180 1	0.8 亿元
合计						1.9 亿元

数据来源（不包含持有面值）：Wind。

根据相关的外部监管要求，E 公司在 2019 年 9 月末需要对公司的自营业务投资组合开展压力测试并形成书面报告提交至监管机构，在压力测试中根据以往金融市场的波动情况设置了以下的压力情景，具体见表 10-11。

表 10-11　针对投资组合设置的压力情景以及相关参数

压力情景类型	未来一周沪深 300 指数下跌幅度	未来一周国债收益率上涨情况
轻度压力情景	下跌 15%	上升 30 个基点（b.p.）
中度压力情景	下跌 20%	上升 40 个基点（b.p.）
重度压力情景	下跌 25%	上升 50 个基点（b.p.）

假定你是 E 公司的首席风险官，需要审核风险管理部门提交的压力测试报告，为了确保报告中相关分析数据的准确性，你希望亲自运用 Python 对数据进行验证，因此需要完成 3 项编程任务。

10.5.2　编程任务

【任务 1】导入包含 2015 年 1 月至 2019 年 9 月期间表 10-9 中这些股票和沪深 300 指数日收盘价数据的 Excel 文件，计算投资组合中持有股票的总市值以及投资组合中股票持仓的贝塔风险暴露金额。

【任务 2】利用表 10-10 中的信息，计算投资组合中持有债券的总市值以及债券持仓的利率风险暴露金额，为了计算的便捷性，此处仅考虑债券的久期，暂不考虑凸性。

【任务 3】基于任务 1 和任务 2 计算得到的风险暴露金额，结合表 10-11 中设置的压力情景参数，依次计算在轻度压力情景、中度压力情景以及重度压力情景条件下，投资组合的盈亏金额以及收益率。

10.5.3　编程提示

- 针对任务 1，假定投资组合中有 N 只股票，β_i 代表了第 i 只股票的贝塔值，p_i 代表了第 i 只股票的最新价格，s_i 代表了投资组合中第 i 只股票持股数量，并且 $i=1, 2, \cdots, N$，投资组合的股票贝塔风险暴露金额就等于 $\sum_{i=1}^{N} \beta_i p_i s_i$。

- 针对任务 2，假定投资组合中有 M 只债券，D_i 代表了第 i 只债券的麦考利久期，p_i 代表了第 i 只债券的价格（全价），v_i 代表了投资组合中持有第 i 只债券的面值金额，并且 $i=1, 2, \cdots, M$，投资组合的债券利率风险暴露金额就等于 $\sum_{i=1}^{M} D_i p_i v_i / 100$。

10.5.4　参考代码与说明

任务 1 的代码

```
In [48]: price_stock=pd.read_excel('C:/Desktop/4 只蓝筹股和沪深 300 指数日收盘价（2015 年至 2019
年 9 月）.xlsx',sheet_name="Sheet1",header=0,index_col=0)       #导入外部数据
    ...: price_stock.columns                                    #输出列名
Out[48]: Index(['中国银行', '中国人寿', '中国国航', '三一重工', '沪深 300 指数'], dtype='object')
```

```
In [49]: share_stock=np.array([8e6,1.3e6,6e6,5e6])       #投资组合中每只股票持有数量的数组
    ...: price_end=price_stock.loc['2019-09-30']          #2019年9月30日的股票和指数价格序列

In [50]: value_stock=np.sum(share_stock*price_end[0:4])   #2019年9月30日投资组合中的股票市值
    ...: print('2019年9月30日投资组合中的股票市值',round(value_stock,2))
2019年9月30日投资组合中的股票市值 183764000.0
```

通过以上的输出可以得到，在 2019 年 9 月末，E 公司自营业务投资组合中的股票市值达到了 1.837 64 亿元。

```
In [51]: def Beta_calculate(stock,index):
    ...:     '''构建一个计算单只股票贝塔值的函数
    ...:     stock: 代表股票收益率的时间序列（因变量），以数据框类型输入；
    ...:     index: 代表股票指数收益率的时间序列（自变量），以数据框类型输入。 '''
    ...:     import statsmodels.api as sm            #导入statsmodels的子模块api
    ...:     index_addcons=sm.add_constant(index)    #对自变量的样本值增加一列常数项
    ...:     model=sm.OLS(endog=stock,exog=index_addcons)  #构建线性回归模型
    ...:     result=model.fit()                      #拟合线性回归模型
    ...:     return result.params[1]                 #输出贝塔值
```

为了更加高效地计算每只股票的贝塔值，通过 Python 自定义一个计算股票贝塔值的函数 Beta_calculate，在该函数中只需要输入相关股票的收益率时间序列以及股票指数收益率时间序列就可以快速得出股票的贝塔值。

```
In [52]: return_stock=np.log(price_stock/price_stock.shift(1))  #股票和指数的日收益率时间序列
    ...: return_stock=return_stock.dropna()                    #删除缺失值的行
    ...: name_stock=(return_stock.columns)[0:4]                #设置包括4只股票名称的数列
    ...: Beta_array=np.zeros(len(name_stock))                  #生成一个存放每只股票的初始数组

In [53]: for i in range(len(name_stock)):
    ...:
Beta=Beta_calculate(stock=return_stock.iloc[:,i],index=return_stock.iloc[:,-1])
    ...:     Beta_array[i]=Beta
    ...:     print(name_stock[i],'贝塔值',round(Beta_array[i],4))
中国银行 贝塔值 0.619
中国人寿 贝塔值 1.0247
中国国航 贝塔值 1.0971
三一重工 贝塔值 1.2201
```

从以上输出的贝塔值来看，三一重工的贝塔值最高，中国银行的贝塔值最低，中国国航和中国人寿的贝塔值居中并且超过 1.0。

```
In [54]: Beta_exposure=np.sum(Beta_array*share_stock*price_end[0:4])  #计算2019年9月30日
投资组合中股票的贝塔风险暴露金额
    ...: print('2019年9月30日投资组合中股票持仓的贝塔风险暴露金额', round(Beta_exposure,2))
2019年9月30日投资组合中股票持仓的贝塔风险暴露金额 194109114.21
```

通过计算得到投资组合中股票持仓的贝塔风险暴露金额达到 1.941 亿元，比股票市值

1.838 亿元略高一些，该风险暴露意味着当沪深 300 指数上涨 1%时，投资组合中股票持仓将盈利 194.1 万元（1.941 亿元×1%）。相反，当沪深 300 指数下跌 1%时，投资组合中股票持仓将亏损 194.1 万元。

任务 2 的代码

可以运用本书前面第 6 章 6.8 节中自定义计算麦考利久期的 Python 函数 Macaulay_Duration 直接计算债券的麦考利久期，鉴于篇幅所限，这里省略了在 Python 中对自定义函数 Macaulay_Duration 的代码输入过程而直接使用该函数。

```
In [55]: import datetime as dt          #导入 datetime 模块

In [56]: t0=dt.datetime(2019,9,30)      #计算债券久期的日期
    ...: t1_1316=dt.datetime(2033,8,12) #13 附息国债 16 的到期日
    ...: t1_1827=dt.datetime(2028,11,22) #18 附息国债 27 的到期日
    ...: t1_1820=dt.datetime(2025,9,6)  #18 附息国债 20 的到期日

In [57]: c_1316=0.0432                  #13 附息国债 16 的票面利率
    ...: c_1827=0.0325                  #18 附息国债 27 的票面利率
    ...: c_1820=0.036                   #18 附息国债 20 的票面利率
    ...: m_1316=2                       #13 附息国债 16 的每年票息支付次数
    ...: m_1827=2                       #18 附息国债 27 的每年票息支付次数
    ...: m_1820=1                       #18 附息国债 20 的每年票息支付次数
    ...: p_1316=111.0362                #13 附息国债 16 的价格
    ...: p_1827=101.8754                #18 附息国债 27 的价格
    ...: p_1820=103.1801                #18 附息国债 20 的价格
    ...: y_1316=0.0337                  #13 附息国债 16 的到期收益率
    ...: y_1827=0.031597                #18 附息国债 27 的到期收益率
    ...: y_1820=0.030511                #18 附息国债 20 的到期收益率
    ...: par_1316=5e7                   #持有 13 附息国债 16 的面值金额
    ...: par_1827=6e7                   #持有 18 附息国债 27 的面值金额
    ...: par_1820=8e7                   #持有 18 附息国债 20 的面值金额

In [58]: D_1316=Macaulay_Duration(c=c_1316,m=m_1316,y=y_1316,T0=t0,T1=t1_1316)
                                        #计算 13 附息国债 16 的麦考利久期
    ...: D_1827=Macaulay_Duration(c=c_1827,m=m_1827,y=y_1827,T0=t0,T1=t1_1827)
                                        #计算 18 附息国债 27 的麦考利久期
    ...: D_1820=Macaulay_Duration(c=c_1820,m=m_1820,y=y_1820,T0=t0,T1=t1_1820)
                                        #计算 18 附息国债 20 的麦考利久期
    ...: print('2019 年 9 月 30 日 13 附息国债 16 的麦考利久期',round(D_1316,4))
    ...: print('2019 年 9 月 30 日 18 附息国债 27 的麦考利久期',round(D_1827,4))
    ...: print('2019 年 9 月 30 日 18 附息国债 20 的麦考利久期',round(D_1820,4))
2019 年 9 月 30 日 13 附息国债 16 的麦考利久期 10.7106
2019 年 9 月 30 日 18 附息国债 27 的麦考利久期  7.9066
2019 年 9 月 30 日 18 附息国债 20 的麦考利久期  5.4497
```

通过以上的输出不难发现，13 附息国债 16 的麦考利久期最大，达到了 10.710 6。相比之

下，18 附息国债 20 的麦考利久期最小，仅为 5.449 7，这意味着 13 附息国债 16 的利率风险最高，18 附息国债 20 的利率风险最低。

```
In [59]: price_bonds=np.array([p_1316,p_1827,p_1820])        #生成包含每只债券价格的数组
    ...: par_bonds=np.array([par_1316,par_1827,par_1820])     #生成包含每只债券持有面值的数组
    ...: duration_bonds=np.array([D_1316,D_1827,D_1820])       #生成包含每只债券久期的数组

In [60]: value_bond=np.sum(price_bonds*par_bonds/100)         #计算投资组合中持有债券的市值
    ...: duration_exposure=np.sum(duration_bonds*price_bonds*par_bonds/100)  #计算投资组合
中债券的利率风险暴露金额
    ...: print('2019年9月30日投资组合中债券持仓的市值',round(value_bond,2))
    ...: print('2019年9月30日投资组合中债券持仓的利率风险暴露金额', round(duration_exposure,2))
2019年9月30日投资组合中债券持仓的市值          199187420.0
2019年9月30日投资组合中债券持仓的利率风险暴露金额 1527770459.67
```

通过以上的输出可以看到，在整个投资组合中，债券的市值为 1.992 亿元，但是债券持仓的利率风险暴露金额则高达 15.28 亿元，这是由于投资组合中配置的债券久期比较长。这也就意味着当国债收益率上涨 1 个基点（1 b.p.）时，债券持仓将近似亏损 15.28 万元（15.25 亿元×0.01%），相反当国债收益率下跌 1 个基点（1 b.p.）时，债券持仓将近似盈利 15.28 万元。

任务 3 的代码

```
In [61]: HS300_change_light=-0.15        #轻度压力情景下沪深300指数的跌幅
    ...: HS300_change_middle=-0.2        #中度压力情景下沪深300指数的跌幅
    ...: HS300_change_heavy=-0.25        #重度压力情景下沪深300指数的跌幅

In [62]: yield_change_light=0.003        #轻度压力情景下国债收益率上升的基点数
    ...: yield_change_middle=0.004       #中度压力情景下国债收益率上升的基点数
    ...: yield_change_heavy=0.005        #重度压力情景下国债收益率上升的基点数

In [63]: stock_loss_light=Beta_exposure*HS300_change_light     #轻度压力情景下投资组合中股票的亏损额
    ...: stock_loss_middle=Beta_exposure*HS300_change_middle   #中度压力情景下投资组合中股票的亏损额
    ...: stock_loss_heavy=Beta_exposure*HS300_change_heavy     #重度压力情景下投资组合中股票的亏损额

In [64]: bond_loss_light=-duration_exposure*yield_change_light
                                           #轻度压力情景下投资组合中债券的亏损额
    ...: bond_loss_middle=-duration_exposure*yield_change_middle
                                           #中度压力情景下投资组合中债券的亏损额
    ...: bond_loss_heavy=-duration_exposure*yield_change_heavy  #重度压力情景下投资组合中债券的亏损额

In [65]: port_loss_light=stock_loss_light+bond_loss_light      #轻度压力情景下整个投资组合的亏损额
    ...: port_loss_middle=stock_loss_middle+bond_loss_middle   #中度压力情景下整个投资组合的亏损额
    ...: port_loss_heavy=stock_loss_heavy+bond_loss_heavy      #重度压力情景下整个投资组合的亏损额
    ...: value_port=value_stock+value_bond       #2019年9月30日整个投资组合的总市值

In [66]: print('轻度压力情景下整个投资组合亏损额',round(port_loss_light,2))
    ...: print('轻度压力情景下整个投资组合亏损比例',round(port_loss_light/value_port,4))
    ...: print('中度压力情景下整个投资组合亏损额',round(port_loss_middle,2))
```

```
    ...:     print('中度压力情景下整个投资组合亏损比例',round(port_loss_middle/value_port,4))
    ...:     print('重度压力情景下整个投资组合亏损额',round(port_loss_heavy,2))
    ...:     print('重度压力情景下整个投资组合亏损比例',round(port_loss_heavy/value_port,4))
轻度压力情景下整个投资组合亏损额 -33699678.51
轻度压力情景下整个投资组合亏损比例 -0.088
中度压力情景下整个投资组合亏损额 -44932904.68
中度压力情景下整个投资组合亏损比例 -0.1173
重度压力情景下整个投资组合亏损额 -56166130.85
重度压力情景下整个投资组合亏损比例 -0.1467
```

为了更好地展示不同压力情景与投资组合绩效之间的关系，根据以上计算的结果，表 10-12 汇总并梳理了针对不同压力情景下整体投资组合的亏损金额与亏损比例。对于 E 公司的管理层而言，压力测试的结果将为整个公司做好应对极端情形的风险管控预案提供数据支持。

表 10-12　不同压力情景对应的整个投资组合的盈亏情况

压力情景类型	未来一周沪深300 下跌幅度	未来一周国债收益率上涨情况	整体投资组合亏损金额	整体投资组合亏损比例
轻度压力情景	下跌 15%	上升 30 个基点（b.p.）	−3 369.97 万元	−8.80%
中度压力情景	下跌 20%	上升 40 个基点（b.p.）	−4 493.29 万元	−11.73%
重度压力情景	下跌 25%	上升 50 个基点（b.p.）	−5 616.61 万元	−14.67%

10.6　压力风险价值——以伯克希尔·哈撒韦公司重仓股为分析对象

10.6.1　案例详情

F 公司是总部位于纽约的一家资产管理集团，该公司管理层中的多位成员是全球顶级投资大师——沃伦·巴菲特（Warren Buffett）的忠实拥趸。为了向大师致敬，该公司近期推出了一款模仿巴菲特旗下的伯克希尔·哈撒韦公司（Berkshire Hathaway Inc.）的投资组合进行资产配置的基金产品。

2019 年 8 月 14 日伯克希尔·哈撒韦公司对外披露了 2019 年第二季度末公司投资组合中的持仓信息，权重占比排名前 5 位的重仓股依次是苹果公司、美国银行、可口可乐、富国银行和美国运通公司。因此，F 公司的这款基金就仅配置这 5 只股票，采用的配置策略就是将伯克希尔·哈撒韦公司投资组合中这些股票的权重比例按照等比例放大并且权重之和等于 100%。

表 10-13 就列出了 2019 年 9 月 30 日该基金在投资组合中配置的相关股票权重，这些股票对应在当年二季度伯克希尔·哈撒韦公司投资组合中的比重以及 2015 年至 2019 年 6 月期间部分日收盘价，全部股价数据存放于 Excel 文件。此外，截止到 2019 年 9 月 30 日 F 公司该基金投资组合的最新市值是 1 亿美元。

表 10-13   在 F 公司基金产品的投资组合中配置相关股票名称、权重以及

2015 年 1 月至 2019 年 9 月期间的部分日收盘价（单位：美元/股）

证 券 名 称	苹果公司	美国银行	可口可乐	富国银行	美国运通
证券代码	AAPL.O	BAC.N	KO.N	WFC.N	AXP.N
在 F 公司基金产品投资组合的权重	36.66%	19.95%	15.12%	14.39%	13.88%
在伯克希尔·哈撒韦公司投资组合的权重	23.74%	12.92%	9.79%	9.32%	8.99%
2015-01-02	109.33	17.90	42.14	54.70	93.02
2015-01-05	106.25	17.38	42.14	53.20	90.56
2015-01-06	106.26	16.86	42.46	52.09	88.63
……					
2019-06-26	219.89	29.13	54.39	48.87	118.91
2019-06-27	218.82	29.35	54.31	50.71	118.59
2019-06-28	223.97	29.17	54.44	50.44	118.28

注：在 F 公司基金产品投资组合中的股票权重比例是 2019 年 9 月 30 日的数据，并且权重比例合计等于 100%；在伯克希尔·哈撒韦公司投资组合中的股票权重比例是 2019 年 6 月 30 日的数据。

数据来源（不包含权重数据）：美国纽约证券交易所、纳斯达克。

假定你是 F 公司的董事会主席，正在审阅公司关于该基金投资组合的风险管理报告。在该报告中列出了投资组合的风险价值和压力风险价值（stressed VaR），为了能够亲自验证这些风险价值数据的准确性，你需要运用 Python 完成 3 项编程任务。

10.6.2   编程任务

【任务 1】导入包含 2015 年 1 月至 2019 年 9 月期间表 10-13 中这些股票日收盘价数据的 Excel 文件，将股票的价格进行可视化（按照 2015 年首个交易日价格归 1 处理），并且计算这些股票的平均年化收益率、收益率的年化波动率以及这些股票收益率的相关系数。

【任务 2】运用本章 10.1 节 ~ 10.3 节中自定义的计算风险价值函数，依次采用方差-协方差法、历史模拟法以及蒙特卡洛模拟法（模拟次数 100 万次），计算持有期 1 天和 10 天、置

信水平分别为 95% 和 99% 的投资组合风险价值。

【任务 3】在 2007 年至 2008 年期间，美国爆发了震惊全球的次贷危机，这次危机对欧美的股票市场产生了严重的负面影响，导致欧美主要股票指数的大幅下跌。表 10-14 梳理了 2007 年至 2008 年期间欧美主要股指的跌幅情况。因此，将 2007 年至 2008 年作为压力期间，导入包含 2007 年至 2008 年期间表 10-13 中这些股票日收盘价数据的 Excel 文件（与 2015 年 1 月至 2019 年 9 月期间的日收盘价数据存放于同一个 Excel 文件中，但保存在 Sheet2 工作表），计算持有期 1 天和 10 天、置信水平分别为 95% 和 99% 的投资组合压力风险价值。

表 10-14　2007 年至 2008 年期间欧美主要股指的跌幅

指数名称	道琼斯指数	标普 500指数	纳斯达克综合指数	法国 CAC40指数	富时 100指数	德国 DAX指数	多伦多综合指数
区间涨跌幅	−29.58%	−36.31%	−34.71%	−41.93%	−28.72%	−27.08%	−30.37%

数据来源：同花顺。

10.6.3　编程提示

压力风险价值是指当市场变量处于一定压力条件下（如极端市场行情），通过历史模拟法计算得到的风险价值。根据该定义，计算压力风险价值的建模思路与本章 10.2 节中运用历史模拟法计算风险价值是很相似的。当然，计算压力风险价值的关键与核心就是如何寻找到合适的压力期间，最常规的做法就是直接选取在现实金融市场中出现极端事件的期间，例如，1997 年的亚洲金融危机、2001 年美国"9·11"恐怖袭击、美国次贷危机、欧洲主权债务危机（简称"欧债危机"）等。

10.6.4　参考代码与说明

任务 1 的代码

```
In [67]: price_stock=pd.read_excel('C:/ Desktop/5 只巴菲特重仓股的日收盘价.xlsx', sheet_name="Sheet1",header=0,index_col=0)          #导入外部数据并且是 Sheet1 工作表
    ...: (price_stock/price_stock.iloc[0]).plot(figsize=(9,6),grid=True)
                                          #将首个交易日价格归一处理并且可视化
Out[67]:
```

从图 10-3 中不难看出，在 2015 年 1 月至 2019 年 9 月期间内，这 5 只股票中的苹果公司和美国银行股价走势相对比较强劲，但是相应的价格波动也比较高，富国银行股价的表现最

不尽如人意。

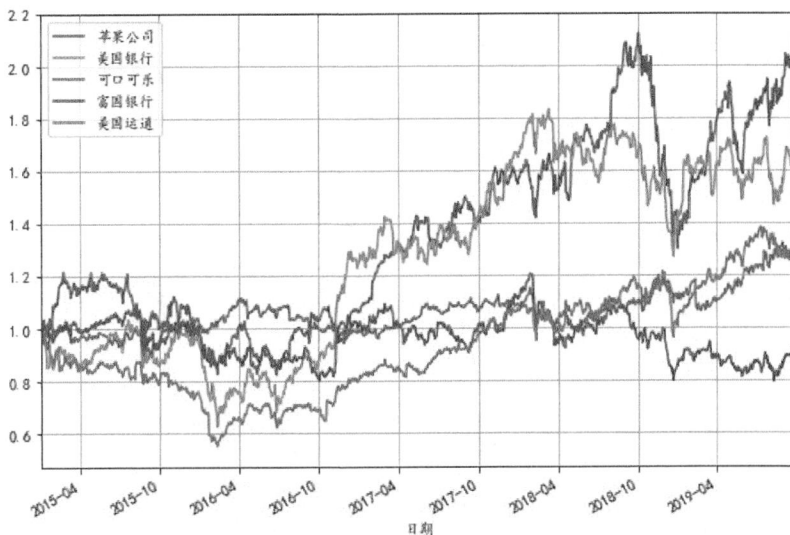

图 10-3 2015 年 1 月至 2019 年 9 月期间 5 只股票价格走势图（将首个交易日价格归 1 处理）

```
In [68]: return_stock=np.log(price_stock/price_stock.shift(1))      #股票日收益率时间序列
    ...: return_stock=return_stock.dropna()                          #删除缺失值的行

In [69]: return_mean=return_stock.mean()                             #计算每只股票的日平均收益率
    ...: volatility=return_stock.std()                               #计算每只股票收益率的日波动率
    ...: corr_stock=return_stock.corr()                              #计算每只股票收益率的相关系数

In [70]: print('2015 年至 2019 年 9 月期间平均年化收益率\n',round(return_mean*252,4))
    ...: print('2015 年至 2019 年 9 月期间收益率的年化波动率\n', round(np.sqrt(252)*volatility,4))
    ...: print('2015 年至 2019 年 9 月期间每只股票收益率的相关系数\n',round(corr_stock,4))
2015 年至 2019 年 9 月期间平均年化收益率
苹果公司     0.1515
美国银行     0.1032
可口可乐     0.0541
富国银行    -0.0171
美国运通     0.0507
dtype: float64
2015 年至 2019 年 9 月期间收益率的年化波动率
苹果公司     0.2520
美国银行     0.2608
可口可乐     0.1438
富国银行     0.2139
美国运通     0.2085
dtype: float64
2015 年至 2019 年 9 月期间每只股票收益率的相关系数
```

	苹果公司	美国银行	可口可乐	富国银行	美国运通
苹果公司	1.0000	0.3977	0.2338	0.3525	0.3538
美国银行	0.3977	1.0000	0.1998	0.7772	0.5677
可口可乐	0.2338	0.1998	1.0000	0.2605	0.2783
富国银行	0.3525	0.7772	0.2605	1.0000	0.5278
美国运通	0.3538	0.5677	0.2783	0.5278	1.0000

基于以上的计算结果可以发现，在 2015 年 1 月至 2019 年 9 月期间，只有富国银行的年化平均收益率为负数，其他股票的年化平均收益率均为正数；同时，就波动率而言，可口可乐的波动率是最低的，其他 4 只股票的波动率均超过 20%，美国银行的波动率最高；此外，从相关系数的角度分析，美国银行、富国银行和美国运通这 3 只金融股的相关性较高，这在一定程度上表明，巴菲特投资的部分重仓股是存在较高的收益相关性，风险分散化程度并不是很高。

任务 2 的代码

```
In [71]: value_port=1e8                                              #投资组合的市值 1 亿美元
    ...: weight=np.array([0.3666,0.1995,0.1512,0.1439,0.1388])       #投资组合中每只股票的权重

In [72]: D1=1                        #持有期 1 天
    ...: D2=10                       #持有期 10 天
    ...: X1=0.95                     #置信水平为 95%
    ...: X2=0.99                     #置信水平为 99%

In [73]: VaR95_1day_VarCov=VaR_VarCov(S=value_port,W=weight,R=return_stock,N=D1,X=X1)
                    #方差-协方差法计算持有期 1 天、置信水平 95%的风险价值
    ...: VaR99_1day_VarCov=VaR_VarCov(S=value_port,W=weight,R=return_stock,N=D1,X=X2)
                    #方差-协方差法计算持有期 1 天、置信水平 99%的风险价值
    ...: VaR95_10day_VarCov=VaR_VarCov(S=value_port,W=weight,R=return_stock,N=D2,X=X1)
                    #方差-协方差法计算持有期 10 天、置信水平 95%的风险价值
    ...: VaR99_10day_VarCov=VaR_VarCov(S=value_port,W=weight,R=return_stock,N=D2,X=X2)
                    #方差-协方差法计算持有期 10 天、置信水平 99%的风险价值
    ...: print('方差-协方差法计算持有期 1 天、置信水平 95%的风险价值', round(VaR95_1day_VarCov,2))
    ...: print('方差-协方差法计算持有期 1 天、置信水平 99%的风险价值', round(VaR99_1day_VarCov,2))
    ...: print('方差-协方差法计算持有期 10 天、置信水平 95%的风险价值', round(VaR95_10day_VarCov,2))
    ...: print('方差-协方差法计算持有期 10 天、置信水平 99%的风险价值', round(VaR99_10day_VarCov,2))
方差-协方差法计算持有期 1 天、置信水平 95%的风险价值  1712241.51
方差-协方差法计算持有期 1 天、置信水平 99%的风险价值  2436267.4
方差-协方差法计算持有期 10 天、置信水平 95%的风险价值 5414583.08
方差-协方差法计算持有期 10 天、置信水平 99%的风险价值 7704153.97

In [74]: VaR95_1day_History=VaR_History(S=value_port,W=weight,R=return_stock,N=D1,X=X1)
                    #历史模拟法计算持有期 1 天、置信水平 95%的风险价值
    ...: VaR99_1day_History=VaR_History(S=value_port,W=weight,R=return_stock,N=D1,X=X2)
                    #历史模拟法计算持有期 1 天、置信水平 99%的风险价值
    ...: VaR95_10day_History=VaR_History(S=value_port,W=weight,R=return_stock,N=D2,X=X1)
                    #历史模拟法计算持有期 10 天、置信水平 95%的风险价值
    ...: VaR99_10day_History=VaR_History(S=value_port,W=weight,R=return_stock,N=D2,X=X2)
                    #历史模拟法计算持有期 10 天、置信水平 99%的风险价值
```

```
    ...: print('历史模拟法计算持有期 1 天、置信水平 95%的风险价值', round(VaR95_1day_History,2))
    ...: print('历史模拟法计算持有期 1 天、置信水平 99%的风险价值', round(VaR99_1day_History,2))
    ...: print('历史模拟法计算持有期 10 天、置信水平 95%的风险价值', round(VaR95_10day_History,2))
    ...: print('历史模拟法计算持有期 10 天、置信水平 95%的风险价值', round(VaR99_10day_History,2))
历史模拟法计算持有期 1 天、置信水平 95%的风险价值    1743143.3
历史模拟法计算持有期 1 天、置信水平 99%的风险价值    3183912.65
历史模拟法计算持有期 10 天、置信水平 95%的风险价值   5512303.11
历史模拟法计算持有期 10 天、置信水平 95%的风险价值  10068415.84

In [75]: I_random=1000000                              #模拟次数 100 万次
    ...: price_end=price_stock.loc['2019-09-30']        #取 2019 年 9 月 30 日的股票价格
    ...: price_end=np.array(price_end)                  #转化为数组的类型

In [76]: VaR95_1day_MCSM=VaR_MCSM(S=value_port,P=price_end,W=weight,R=return_stock, N=D1,
X=X1,I=I_random)   #蒙特卡洛模拟法计算持有期 1 天、置信水平 95%的风险价值
    ...: VaR99_1day_MCSM=VaR_MCSM(S=value_port,P=price_end,W=weight,R=return_stock, N=D1,
X=X2,I=I_random)    #蒙特卡洛模拟法计算持有期 1 天、置信水平 99%的风险价值
    ...: VaR95_10day_MCSM=VaR_MCSM(S=value_port,P=price_end,W=weight,R=return_stock, N=D2,
X=X1,I=I_random)    #蒙特卡洛模拟法计算持有期 10 天、置信水平 95%的风险价值
    ...: VaR99_10day_MCSM=VaR_MCSM(S=value_port,P=price_end,W=weight,R=return_stock, N=D2,
X=X2,I=I_random)    #蒙特卡洛模拟法计算持有期 10 天、置信水平 99%的风险价值
    ...: print('蒙特卡洛模拟法计算持有期 1 天、置信水平 95%的风险价值', round(VaR95_1day_MCSM,2))
    ...: print('蒙特卡洛模拟法计算持有期 1 天、置信水平 99%的风险价值', round(VaR99_1day_MCSM,2))
    ...: print('蒙特卡洛模拟法计算持有期 10 天、置信水平 95%的风险价值', round(VaR95_10day_MCSM,2))
    ...: print('蒙特卡洛模拟法计算持有期 10 天、置信水平 99%的风险价值', round(VaR99_10day_MCSM,2))
蒙特卡洛模拟法计算持有期 1 天、置信水平 95%的风险价值    2286116.53
蒙特卡洛模拟法计算持有期 1 天、置信水平 99%的风险价值    3235541.31
蒙特卡洛模拟法计算持有期 10 天、置信水平 95%的风险价值   7229168.26
蒙特卡洛模拟法计算持有期 10 天、置信水平 99%的风险价值  10208061.17
```

从以上输出的结果可以看到，蒙特卡洛模拟法得到 F 公司基金投资组合的风险价值金额是最大的，历史模拟法计算的结果次之，方差-协方差法得到的数值则最小。

任务 3 的代码

```
In [77]: price_crisis=pd.read_excel('C:/Desktop/5 只巴菲特重仓股的日收盘价.xlsx', sheet_name=
"Sheet2",header=0,index_col=0) #导入外部数据并且是 Sheet2 工作表
    ...: (price_crisis/price_crisis.iloc[0]).plot(figsize=(9,6),grid=True)   #将首个交易日
价格归 1 处理并且可视化
Out[77]:
```

从图 10-4 中不难看出，由于次贷危机的起因是源于美国金融机构对信用衍生产品的滥用，因此危机对金融机构股价的负面影响是首当其中。在次贷危机期间，美国银行、美国运通公司的股价大幅跳水并且下跌幅度超过 70%，富国银行的股价也出现了重挫，最大跌幅接近 40%。相比之下，苹果公司和可口可乐股价上演了过山车式行情，2018 年末的股价接近于 2017 年年初。

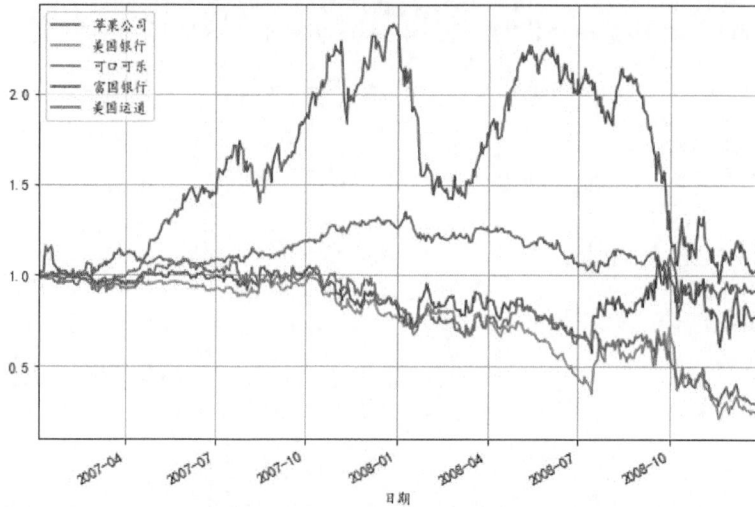

图 10-4　美国次贷危机期间（2007 年至 2008 年）相关股票价格的走势
（按照 2007 年首个交易日价格归 1 处理）

```
In [78]: return_crisis=np.log(price_crisis/price_crisis.shift(1))    #次贷危机期间股票日收益率
时间序列
    ...: return_crisis=return_crisis.dropna()          #删除缺失值的行

In [79]: return_crisis_mean=return_crisis.mean()        #计算每只股票的日平均收益率
    ...: volatility_crisis=return_crisis.std()          #计算每只股票收益率的日波动率
    ...: corr_crisis=return_crisis.corr()               #计算每只股票收益率的相关系数
    ...: print('美国次贷危机期间股票平均年化收益率\n',round(return_crisis_mean*252,4))
    ...: print('美国次贷危机期间股票收益率的年化波动率 \n', round(np.sqrt(252)*volatility_
crisis,4))
    ...: print('美国次贷危机期间每只股票收益率的相关系数\n',round(corr_crisis,4))
美国次贷危机期间股票平均年化收益率
苹果公司    0.0092
美国银行   -0.6672
可口可乐   -0.0354
富国银行   -0.0965
美国运通   -0.5911
dtype: float64
美国次贷危机期间股票收益率的年化波动率
苹果公司    0.4964
美国银行    0.7262
可口可乐    0.2679
富国银行    0.6081
美国运通    0.5586
dtype: float64
美国次贷危机期间每只股票收益率的相关系数
            苹果公司    美国银行    可口可乐    富国银行    美国运通
苹果公司    1.0000    0.4638    0.3906    0.4078    0.5334
```

美国银行	0.4638	1.0000	0.3940	0.8363	0.7569
可口可乐	0.3906	0.3940	1.0000	0.4214	0.5107
富国银行	0.4078	0.8363	0.4214	1.0000	0.7405
美国运通	0.5334	0.7569	0.5107	0.7405	1.0000

观察以上的计算结果可以得出，在美国次贷危机期间，针对股票的年化收益率，只有苹果公司略微为正，其余 4 只股票均为负数，并且美国银行、美国运通公司的股票表现非常糟糕。此外，针对相关系数，我们可以发现在美国次贷危机期间，股票收益率的相关性明显要高于正常市场条件（即 2015 年 1 月至 2019 年 9 月期间）。据此，我们可以预计在次贷危机期间，投资组合的风险价值也会更高。

下面，采用本章 10.2 节中自定义的运用历史模拟法测度风险价值的函数 VaR_History，并且结合 2007 年至 2008 年美国次贷危机时期相关股票价格的数据，计算 F 公司基金投资组合的压力风险价值。

```
In [80]: VaR95_1day_Stress=VaR_History(S=value_port,W=weight,R=return_crisis,N=D1,X=X1)
#计算持有期 1 天、置信水平 95%的压力风险价值
    ...: VaR99_1day_Stress=VaR_History(S=value_port,W=weight,R=return_crisis,N=D1,X=X2)
#计算持有期 1 天、置信水平 99%压力的风险价值
    ...: VaR95_10day_Stress=VaR_History(S=value_port,W=weight,R=return_crisis,N=D2,X=X1)
#计算持有期 10 天、置信水平 95%的压力风险价值
    ...: VaR99_10day_Stress=VaR_History(S=value_port,W=weight,R=return_crisis,N=D2,X=X2)
#计算持有期 10 天、置信水平 99%的压力风险价值
    ...: print('次贷危机期间持有期 1 天、置信水平 95%的压力风险价值', round(VaR95_1day_Stress,2))
    ...: print('次贷危机期间持有期 1 天、置信水平 99%的压力风险价值', round(VaR99_1day_Stress,2))
    ...: print('次贷危机期间持有期 10 天、置信水平 95%的压力风险价值', round(VaR95_10day_Stress,2))
    ...: print('次贷危机期间持有期 10 天、置信水平 99%的压力风险价值', round(VaR99_10day_Stress,2))
次贷危机期间持有期 1 天、置信水平 95%的压力风险价值   4017592.28
次贷危机期间持有期 1 天、置信水平 99%的压力风险价值   8125777.56
次贷危机期间持有期 10 天、置信水平 95%的压力风险价值  12704742.33
次贷危机期间持有期 10 天、置信水平 99%的压力风险价值  25695964.84
```

为了便于对比分析，表 10-15 整理了前面任务 2 和任务 3 输出的关于风险价值的计算结果。从表 10-15 中可以比较清晰地看到，压力风险价值要远远高于正常条件下测算得到的风险价值。

表 10-15　不同方法计算得到的风险价值以及压力风险价值

持有期与置信水平	方差-协方差法的风险价值	历史模拟法的风险价值	蒙特卡洛模拟法的风险价值	压力风险价值
持有期 1 天、置信水平 95%	171.22 万元	174.31 万元	228.61 万元	401.76 万元
持有期 1 天、置信水平 99%	243.63 万元	318.39 万元	323.55 万元	812.58 万元
持有期 10 天、置信水平 95%	541.46 万元	551.23 万元	722.92 万元	1 270.47 万元
持有期 10 天、置信水平 99%	770.42 万元	1 006.84 万元	1 020.81 万元	2 569.60 万元

注：由于是随机抽样，因此每次运用蒙特卡洛模拟得到的风险价值金额是存在变化的。

因此，通过以上的分析，我们可以做出这样的推断，在爆发金融危机的极端市场中，即便是全球最顶级投资大师的重仓股票也会面临较高的亏损，而这恰好印证了我们中国的一句成语"覆巢之下，焉有完卵"。因此，金融风险十分重要，风险管理的重要性也就不言而喻了。

到这里，你已经完成了本书全部 88 个原创案例的练习，此刻胜利的红旗已经插在了最后的高地上。相信在金融实务工作中，你已经能够娴熟和自如地驾驭 Python 了，恭喜你成为了金融领域的 Python 新达人！

10.7 本章小结

本章是全书的收官部分，从单一的金融产品拓展到整个投资组合，练习案例围绕着测度投资组合的风险价值这一极其重要的风险管理工具展开。读者通过本章 6 个原创案例共计 18 个编程任务，不仅能够熟练掌握适用于正常市场条件下测度风险价值的方法（包括方差-协方差法、历史模拟法、蒙特卡洛模拟法等）、风险价值模型的合理性检验、投资组合的压力测试、压力风险价值测度等 Python 编程技能，而且还能够真正理解风险价值的深刻内涵以及其在风险管理工作中的实用价值。